科学图书馆　机敏问答

THE HANDY SCIENCE ANSWER BOOK

机敏问答 科学

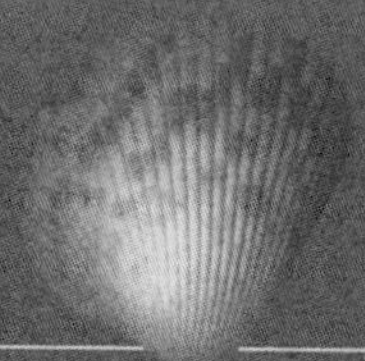

[美]詹姆斯·E.博比克　内奥米·E.巴拉班　著　　郎淑华　主译

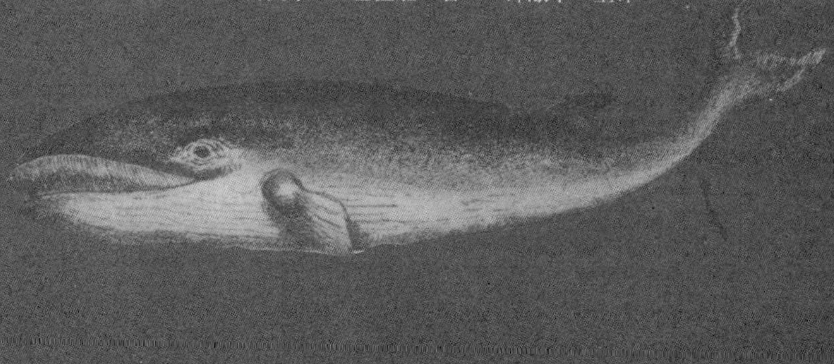

上海科学技术文献出版社

图书在版编目（CIP）数据

科学/(美)詹姆斯·E.博比克等著；郎淑华主译.--上海:上海科学技术文献出版社，2011.1
(机敏回答)
ISBN 978-7-5439-4601-9
I.①科··· II ①詹··· ②郎··· III.①科学知识-普及知识 IV.①Z228

中国版本图书馆CIP数据核字(2010)第235442号

The Handy Science Answer Book

图字：09-2008-716

责任编辑：刘红焰
封面设计：许 菲

机敏问答
科 学
[美]詹姆斯·E.博比克 内奥米·E.巴拉班 著 朗淑华 主译
*
上海科学技术文献出版社出版发行
(上海市长乐路746号 邮政编码200040)
全国新华书店经销
江苏常熟市人民印刷厂印刷
*
开本 740×970 1/16 印张 38.25 字数 793 000
2014 年 4 月第 2 次印刷
ISBN 978-7-5439-4601-9
定价：68.00 元
http://www.sstlp.com

内容简介

本书精选了1 700多个人们问得最多、最有趣或最不同寻常的自然和科技知识方面的问题，按照物理和化学、太空、地球、气候和天气、矿物、能源、环境、生物、植物、动物、人体、健康和医学、度量、工具和武器、建筑与桥梁、交通工具、通讯、基础科学等分类。内容丰富，图文并茂，简明易懂，有助于满足人们对世界的好奇心。

简 介

各个领域一直都在发生着重大变化。科学技术方面进展迅猛，就好像在和光速(186 282 英里/秒)赛跑。我们怎样才能赶上科技发展的步伐，我们到哪里才能找到日常问题——从平淡无奇的问题到复杂难懂的问题——的答案？一张 3.5 英寸软盘能容纳多少数据(从 400 千—200 多万字节)？我想要一只狗，但不想要一只会掉毛的狗。我该选什么样的狗呢？是贵宾狗、克里蓝色小猎狗，还是德国雪纳瑞犬呢？太阳何时消亡？是在大约 50 亿年后吗？我每天订阅的报纸产生多少废纸？是每年 550 磅吗？火星上有生命吗？

科学技术已成为现代生活的基础。设想一下没有计算机的世界将会是怎么样的世界。在不到 20 年前，大众的普遍印象是：计算机将依然是大企业高度专业化的工具。一台普通个人计算机的技术能力现在已超过不久前巨大的大型主机。虽然普通公众目前主要利用计算机的这种计算能力来浏览万维网、进行电子购物、制作贺卡、看数字照片、下载音乐、将凯鲁亚克激发的意识流电子邮件发给毫无戒备之心的朋友，但是家庭计算机网络也用于做复杂的科学计算。家庭理财也依靠计算机。家庭事务计算机现在已成为我们日常生活方式的一部分，成为改变其操作者行为的实用工具。

利用计算机进行绘图和分析的科学家们正在破解遗传密码的奥秘。对基因的操纵可能成为找到癌症及重要基本治疗方法和延长人类寿命的工具。现在，科学家已能克隆动物，而政客们对克隆的道德性表示恼怒，并防止克隆人类(也许作为一个公共部门，他们已认识到，一个克隆的政治家对社会无疑是一种威胁)。手机可以随时随地将一个人与另一个人联系上。由于在轨望远镜和计算机对来自深空信号的分析,我们对宇宙了解的深度和广度以极大的速度扩展。也许在将来不太遥远的某一天,我们将亲眼目睹宇宙大爆炸。我们依赖科学技术取得了这些巨大飞跃。但是随着我们对世界和宇宙方面专业化知识的增长,生活也变得比以往更加复杂,我们对基础科学技术的一般理解明显不足。我们有问题要问,我们感到困惑,但是我们找不到答案。当今时代发展迅猛,我们已迷惑了。我们现在所需的就是"机敏问答"《科学》。

简明易懂的"机敏问答"《科学》精选了从人体的内部活动方式到外层空间、从数学和计算机到飞机、火车和汽车等许许多多有趣的科学技术方面的问题。1902年,匹兹堡卡耐基图书馆(1895年开馆,由钢铁大王安德鲁·卡耐基资助建成)成为美国建立独立的科技部的首个大型公共图书馆。从此以后,这个科学技术部一直在耐心地回答顾客提出的各种问题,每年回答的问题有6万多个。回答方式有个人拜访、传真、电子邮件、定期邮递或新近实施的基于全球信息网的虚拟咨询服务。比如一桶油有42加仑;土拨鼠在土拨鼠日预报天气的准确率只有28%;覆盖南极洲的冰层最厚处深达15 700英尺。从天文学到动物学,科技部积累了大量可靠的参考文献。"机敏问答"《科学》收集有科学和技术方面1 700多条人们问得最多的、最有趣的或最不同寻常的问题及答案,以此来庆祝科学技术部成立100周年。由科学技术部主任詹姆斯·博比克(James Bobick)和诺伊米·巴拉班(Noami Balaban)编辑的"机敏问答"《科学》第三版已经过全面修订,增加了近400个新问题。此外,书中增加了125幅插图和许多图表。

在某种程度上,科学触及到的生活方面是如此之广——无论是我们的环境、我们的家园、我们的工作场所,还是我们的身体本身——以至于很难分清究竟是什么构成了科学。"机敏问答"《科学》没有特别地将问题局限于纯科学,而是关注那些通过普及性、受大众喜欢的程度、研究过程中的耗时性或独特性而使人特别关注的问题。电影特技中使用的玻璃是怎样制成的? 燕子何时回到卡皮斯特莱诺? 狗听到警报器的声音时为什么会叫? 玫瑰的不同颜色和不同种类象征什么? 众所周知的"芝麻开门"与芝麻种子有关系吗? 排名前10位的狗都叫什么名字? 什么是麻筋儿?停车计时收费器最早何时采用的?有能预测天气并告知时间的树吗? 驾驶速度如何影响汽油的行驶里数?

卡耐基图书馆的工作人员已尽其所能地对书中的数字和日期进行了核实。

别忘了，甚至科学中的数字也会有出入。很多时候，这种差异可归因于权威们看问题的角度不同，更常见的原因是对数字进行简单的数学计算的结果。有时所列的数字或日期与查阅的资料一致。有时不一致的地方会给以注释，并给出替代的数字或日期。

“机敏问答”《科学》作为家庭使用的参考书，便于孩子阅读，有助于满足人们对世界的好奇心。问题的回答用非专业技术语言写成。根据问题的性质，回答问题时或简明扼要，或进行更详尽的解释。科学术语的定义包含在回答中。书中同时列出了公制量度单位和美国惯用的计量单位。

自从 1994 年“机敏问答”《科学》第一版出版以来，卡耐基图书馆科技部收到了许多有关书中有趣内容的有益评论。看来人们很喜欢将所有这些信息编入一本便于使用的书中。安德鲁·卡耐基为科学技术部和本书的这次出版感到骄傲。

鸣谢

撰写一部书是一项很费力的事，需要来自其他许多人的大量帮助方可完成这项任务。许多人对“机敏问答”《科学》第三版的编写作出了重大贡献。担任这项任务的主要负责人诺伊米·巴拉班(Naomi Balaban)以快速、准确、灵活、充满热情、可靠的态度完成了本书的修订工作。她成了尽善尽美的专业资料管理员。我肯定,她很欣赏她丈夫凯瑞(Carey)和她女儿们提供的并随后给以回答的问题。我要感谢科学技术部的图书管理员们，他们无论是个人还是集体都做出了极大的努力,他们收集、评价、回答、核实和校订的问题比这本书中所包含的问题多得多。感谢格蕾丝·阿尔巴(Grace Alba)、琼·安德森(Joan Anderson)、格雷格·卡特(Gregg Carter)、约翰·唐斯维克(John Doncevic)、玛丽·弗莱(Mary Fry)、戴安·格伯(Diane Gerber)、特瑞·兰姆珀斯基(Terry Lamperski)、朱迪·利索(Judy Lesso)、麦特·马斯特勒(Matt Marsteller)、戴夫·默多克(Dave Murdock)和唐娜·斯特劳布里奇(Donna Strawbridge)。这些图书管理员在满足图书馆读者永无止境的要求的同时,在按最后期限完成并提交各章节问题方面做得非常出色。他们所有人都知道,我对他们的努力是多么的感激。匹兹堡大学信息研究学院在我的“科学和技术资源与服务”班级里的学生在过去几年中,提供了一些有趣的、具有挑战性的问题。我对他们所有人表示感谢。

感谢 Visible Ink Press 出版社的编辑马蒂·康纳斯(Marty Connors),总编辑克里斯塔·布莱林(Christa Brelin),审稿凯文·海尔(Kevin Hile),校对者玛丽·麦克尼(Marie MacNee)和苏珊·萨尔特(Susan Salter),索引制作者拉里·贝克(Larry Baker),图片研究者查德·乌鲁姆斯(Chad Woolums),图片处理者鲍勃·赫夫曼

(Bob Huffman),广告文撰写人 P. J. 巴特兰德(P. J. Butland),设计者玛丽·克莱尔·克兹温斯基(Mary Claire Krzewinski)和排字员马可·迪维塔(Marco Di Vita)。这一新版本出版的正是时候。100 多年前的 1902 年,匹兹堡卡耐基图书馆成为美国第一个建立独立科学技术部的主要公共图书馆。很高兴这本书将作为科学技术部成立 100 年的一部分而出版。

最后,感谢我妻子桑迪(Sandy)和儿子安德鲁(Andrew)和迈克尔(Michael)的鼓励、耐心和理解。

詹姆斯·E.博比克

匹兹堡卡耐基图书馆科学技术部主任

目 录

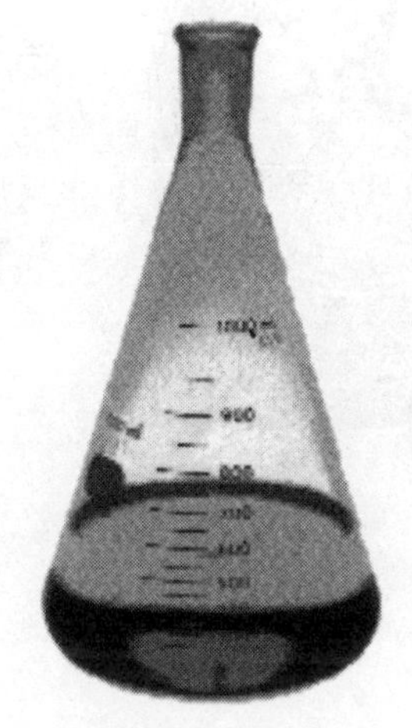

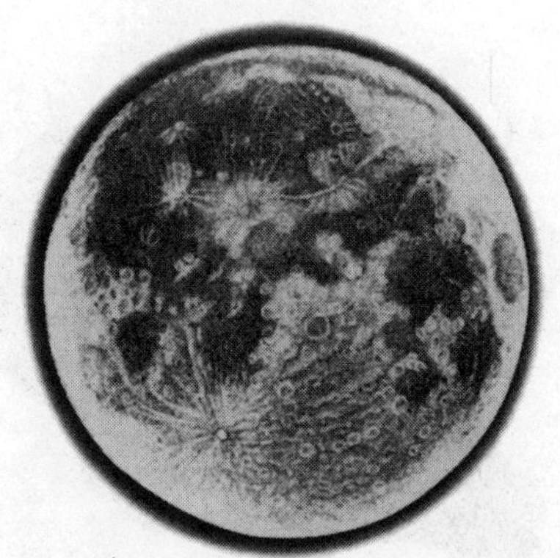

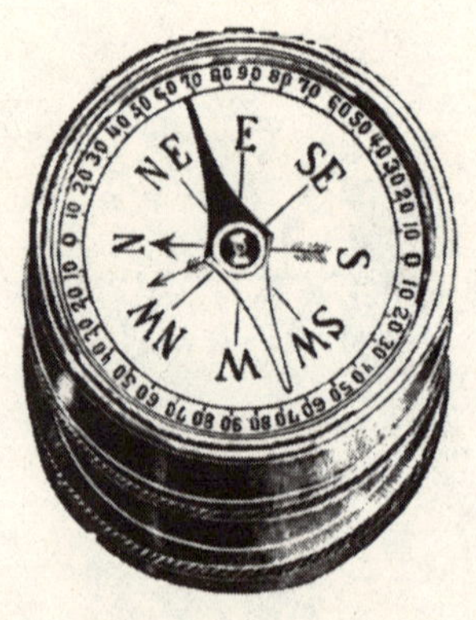

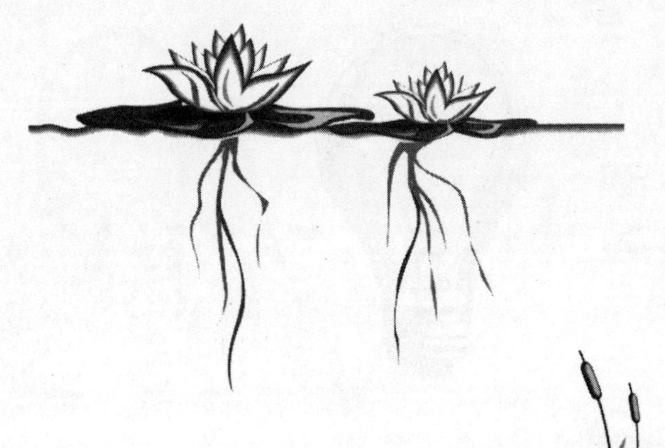

植物世界 *263*

物理特征、作用等……乔木和灌木……花和其他植物……园艺、农艺等

动物世界 *291*

生理特性等……名称……昆虫、蜘蛛等……水生生物……爬行动物和两栖动物……鸟类……哺乳动物……宠物

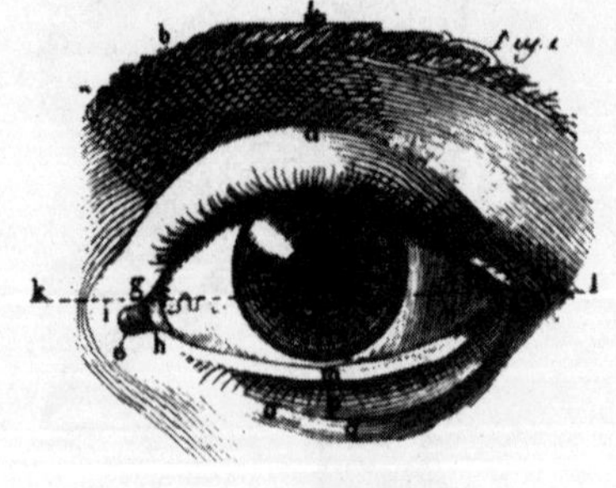

人体 *353*

功能、过程和特征……骨骼、肌肉和神经……器官和腺体……体液……皮肤、毛发和指甲……感觉和感觉器官

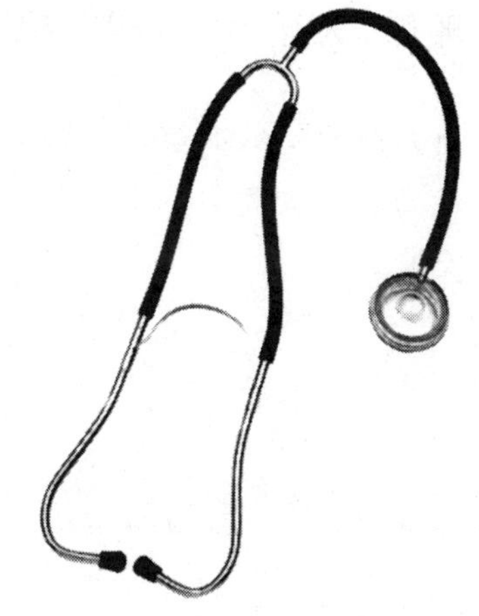

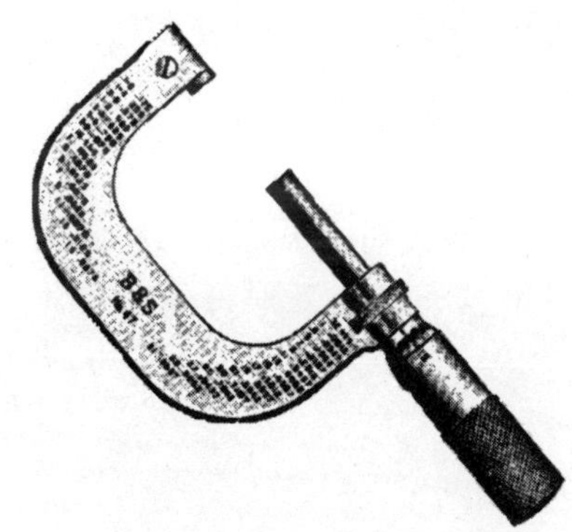

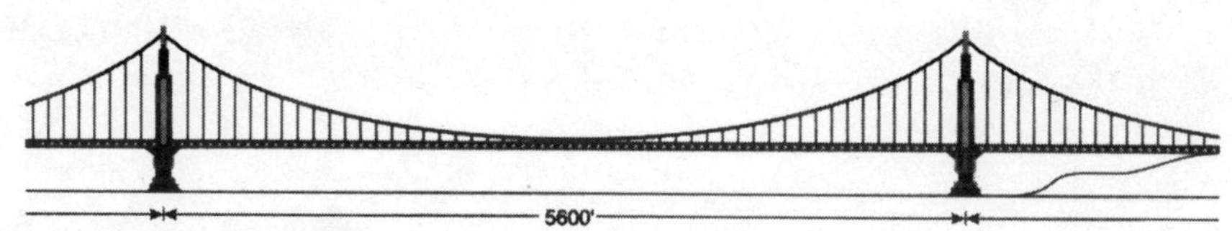
5600'

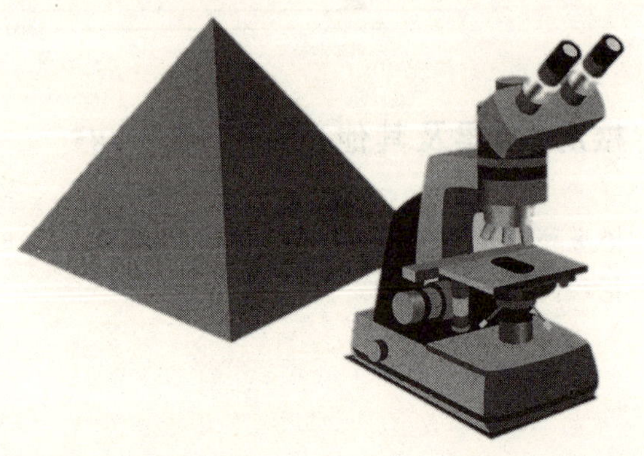

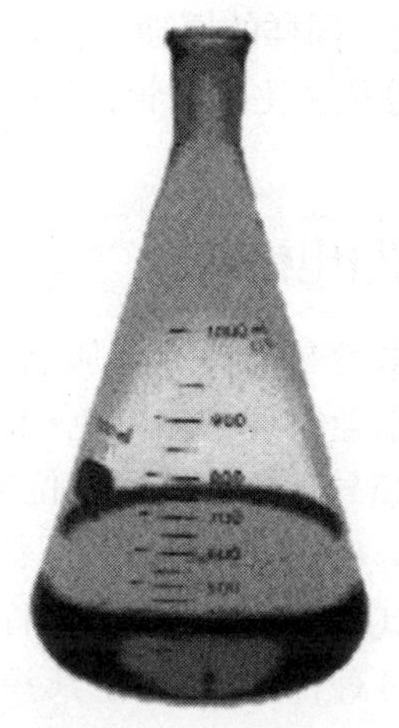

物理和化学

能量、运动、力和热

参见:能源

“绝对零度”是如何定义的?

绝对温度是指物质处于零热能状态时的理论温度。起初,绝对零度被认为是一种理想的气体在持续的压力下,其体积收缩为零时的温度。绝对温度在热力学方面具有重要意义,被用作绝对温度计的固定值。零度用 0 K(–459.67°F 或 –273.15℃)表示。

物质分子运动的速度决定该物质的温度。分子运动得越快,分子所需要的空间(体积)就越大,温度上升得就越高。人们实际上达到的最低温度是十亿分之二度(2×10^{-9} K)。这一温度是芬兰赫尔辛基理工大学低温试验室的一个研究小组在 1989 年 10 月达到的。

热水比冷水结冰快吗?

一桶热水不会比一桶冷水结冰更快。可是,如果一桶水事先被加热或烧开,然后再冷却到跟那桶冷水一样的温度，那么这桶水就可能比那桶冷水结冰要快。在加热或烧开过程中，水中的一些气泡就会冒出来。因为气泡降低了热传导性，所以这些气泡能抑制结冰。同样的原理，之前加热过的水比没有加热过的水结冰要密实。这就是为什么热水管往往比冷水管先被冻裂的原因。

什么是超导电性？

超导电性是指许多金属、合金、化合物及陶瓷，通常在低温时所呈现的零电阻的特性。荷兰物理学家海克·卡莫林·昂纳斯（Heinke Kamerlingh Omnes）于 1911 年首次发现超导现象。美国 3 位物理学家——约翰·巴丁（John Bardeen）、利昂·N. 库珀（Leon N. Cooper）和约翰·罗伯特·施里弗（John Robert Schrieffer）发展了有关这一现象的现代理论。这一理论被称作 BCS 理论，是以这三位物理学家姓氏的首字母命名的。BCS 理论认为，由于某些材料中的电子在流动时不是自由无序地到处乱撞，而是形成有序的电子对，并且不损失能量，这些材料因此就出现了超导现象。巴丁、库珀和施里弗因在建立超导电性理论方面的研究，于 1972 年获得诺贝尔物理学奖。在超导电性领域方面的进一步突破是 J.乔治·贝德诺兹（J. George Bednorz）和 K. 亚历山大·穆勒（K. Alex Müller）在 1986 年完成的。贝德诺兹和穆勒发现一种由镧、钡、铜和氧构成的陶瓷材料，这种材料在 30 K（–238°C）时出现超导电性，超导温度远远超过其他任何材料。贝德诺兹和穆勒在 1987 年获得诺贝尔物理学奖。这是一项意义重大的成就，因为在大多数情况下，诺贝尔奖仅授予那些颁奖前 20—40 年间所做出的发现。

超导电性有哪些实际应用？

对于超导电性，人们已经提出了各种各样的应用，其应用领域非常广泛，如电子、交通、电能等领域。现在还在继续研究开发功率更强大、效率更高的电动机及能够测量极其微小磁场的医学诊断装置。在电力传输过程中，由于传统铜线的电阻作用，要损耗掉 15%的电能，因此说，超导电性在电子传输领域具有很大的研发潜力。人们将应用功率更强大的电磁铁，制造高速磁悬浮列车，叫做“磁悬浮”。

什么是细脉学说？

细脉学说是粒子物理学中一种相对较新的理论，认为粒子不是点形的，而是线形的或环形的。这些“细脉”观点是纯理论上的，因为在实验上还没有发现任何细脉。细脉学说的最终解释可能需要一种新几何学——一种也许涉及无穷大的几何学。

什么是惯性？

宇宙中所有物体和物质保持静止不动，或运动中的物体或物质在没有外力作用下保持同一方向的运动。这种趋势称作惯性。艾萨克·牛顿(Isaac Newton,1642—1727)因此创立了牛顿第一定律。要移动某一静止的物体，必须要有足够大的外力克服该物体的惯性。物体越大，移动它所需要的力也就越大。牛顿在1687年发表的《自然哲学的数学原理》一书中，提出了他的三大运动定律。牛顿第二定律为：移动某一物体的力等于该物体的质量乘以其加速度（$F=MA$）。牛顿第三定律为：每个作用力都有一个大小相等方向相反的反作用力。

1687年，牛顿发表了《自然哲学的数学原理》，为力学奠定了基础。

为什么高尔夫球有微凹坑？

高尔夫球上的微凹坑使作用于高尔夫球上的空气阻力（当物体穿过气体时使物体失去能量的力）减少到最小，使球运动的距离超过光滑的球运动的距离。当空气流过有微凹坑的高尔夫球表面时，会较长时间地附着在球体上，从而减少消耗球体能量的涡流或气流的影响。一只有微凹坑的高尔夫球能运行300多码(275米)，而一只光滑的球只能行进70码(65米)。一只高尔夫球上可能有300—500个小凹坑，坑深0.01英寸（0.25毫米）。影响球运动距离的另一个因素是给球一个逆转。有了逆转，作用于球顶部的空气压力就会变小，所以球就会在空中停留更长的时间(就像飞机一样)。

为什么曲线球曲线前进？

曲线球实际上是否在沿着曲线前进，还是曲线运行过程中的明显变化只是一种视觉错感，这一问题已争论了许多年。在1959年，莱曼·布里格斯(Lyman Briggs)证明，球在投球手和击球手之间运行的60英尺6英寸(18.4米)距离中，球能沿曲线前行17.5英寸(44.45厘米)。一只快速旋转的棒球受到两次上升力的作用，使球出现曲线飞行。其中一种上升力叫马格努斯力，是以它的发现者——德国物理学家马格努斯（H. G. Magnus,1802—1870）的姓氏命名的。另一种上升力叫做前行迹偏斜力

(wake deflection)。马格努斯力使曲线球向侧边移动,因为作用于球两侧的力不平衡。棒球上的缝线使球一边的压力小于另一边。这就使球的一边比另一边旋转得快,结果造成球的"曲线前进"。前行迹偏斜力也使球向一边偏斜。这是因为,空气在运动行进并自我旋转着的球体表面上停留的时间较长,所以球的飞行轨迹就发生了偏移。

为什么回旋镖投出后会回到投掷者手里?

两个著名的科学原理说明了回旋镖的独特飞行:(1) 在回旋镖上方,空气的流动对回旋镖弯曲的表面产生上升力;(2) 旋转陀螺仪不愿从其位置上移开。

当一个人投出回旋镖后,投掷者正确地投掷会使回旋镖垂直旋转。结果,回旋镖就会产生举力,但这个力不是垂直向上的力,而是向一边的力。当回旋镖垂直旋转向前运动时,流过回旋镖旋翼上面的空气,在某一时刻的速度超过同一旋翼下面同一时刻空气流过的速度,于是,旋翼上面的压力小于旋翼下面的举力,这样就产生了上升力。回旋镖试图扭曲过来,但是由于回旋镖在快速旋转,动作就像陀螺仪一样,并以弧形向侧边转动。如果回旋镖有足够长的时间停留在空中的话,就会绕个满圆,回到原处。每一个回旋镖都有一个内置的轨道直径,它不会因投掷者投掷力强度的大小或回旋镖旋转的快慢而受到影响。

什么是麦克斯韦磁通量?

一位想象中的人,他通过开、关两团气体之间的一道微小的门,在理论上就能使一团运动速度较慢的气体分子浓缩(使气体变得更冷),也能使另一团运动速度较快的气体分子浓缩(使气体变得更热),因而打破了热力学中的第二定律。这一定律的基本陈述是:热量不会自然地从较冷的物体流向较热的物体,要做到这一点,必须消耗能量。这一假说是詹姆斯·C. 麦克斯韦(James C. Maxwell,1831—1879)在 1871 年提出来的,他被认为是 19 世纪最伟大的理论物理学家。磁通量使分子产生有效的流动,从而使它的热力学能量增加,这种额外的热能对做功是有用的,这一系统会成为一种永动机。大约 1950 年,法国物理学家莱昂·布里渊(Lēon Brillouin) 证明了麦克斯韦的假设不正确。他证明在运动速度快的分子和运动速度慢的分子的选择中,由于磁通量的作用而产生的熵的减少将会少于熵的增加。

磁学学科的创立者是谁?

英国物理学家威廉·吉伯特(William Gilbert,1544—1603)认为地球是一个巨大的磁体, 并详细研究了地球倾角磁场和变化磁场。他探索了许多其他的磁和静电现象。磁通量单位是吉伯特(符号 Gb),即以他的姓命名。

美国物理学家约翰·H.范扶累克(John H. Van Vleck,1899—1980)对现代磁学理论作出了重大贡献。他的配体场理论解释了许多元素及化合物的磁性、电性和光性,证明了温度对顺磁材料的影响(称为范扶累克顺磁性),并创立了关于原子及其成分的磁性理论。

威廉·吉伯特最早解释了电与磁之间的关系。

谁首次记载了自燃现象?

自燃指的是大量储存的材料自行着火燃烧。它是由于材料内部的氧化使得材料的热量增加而引起的。氧化通常是失去电子的反应,特别是当氧与一种物质结合,或当化合物中的氢被移走时。因为氧化产生的热不能散入周围的空气中,因此材料的温度一直上升,直到材料的温度达到燃点并起火。

公元 290 年,中国有一本书在描述储存的油布着火时,就记载了这种自燃现象。西方最早对自燃现象的认识是在 1757 年。那年杜哈莫(J. P. F. Duhamel)讨论到在 7 月的阳光下晾晒的一堆浸油帆布燃起的大火。在认识到自燃现象以前,这样的事件通常归咎于纵火犯。

什么是燃素?

燃素是 18 世纪时使用的一个词语,认为燃素是燃烧过程中释放出的一种物质。燃素理论是德国化学家兼物理学家乔治·恩斯特·斯塔尔(George Ernst Stahl,1660—1734)在 18 世纪初期建立的。

斯塔尔认为,可燃材料(如煤或木头)富含一种叫做“燃素”的物质。燃烧后的残留物中没有燃素,因此再也不能燃烧。金属生锈也涉及燃素的转移。这一公认的理论解释了以前化学家不知道的许多问题。例如金属冶炼就符合燃素理论,正如碳燃烧时失去重量一样。因此燃素的失去也会减少或增加重量。

法国化学家安托万·洛朗·拉瓦锡(Antoine Laurent Lavoisier,1743—1794)证明,金属变成金属灰时,其增加的重量恰好等于容器中失去空气的重量。拉瓦锡还证明,一部分空气(氧)对燃烧来说是必不可少的,没有任何材料会在无氧情况下燃烧。斯塔尔燃素理论到拉瓦锡氧化理论的过渡,标志着 18 世纪末现代化学的诞生。

纸的燃点是多少?

纸在 450°F(230℃)时会燃烧。

什么是绝热过程?

绝热过程指系统与周围环境之间没有热交换的热力学系统。

北半球和南半球的下水旋转方向不同吗?

在北半球,如果水从完全对称的浴缸、水池或马桶中流出,水就会逆时针方向旋转。在南半球,水会顺时针方向旋转流出。其原因在于科里奥利效应(地球的自转对地球表面任何运动的空气气体和风体的影响)。然而,有些科学家认为,这种影响对小型水体则不起作用。水在赤道上会垂直向下流。

谁发明了回旋加速器?

回旋加速器是由美国物理学家厄内斯特·劳伦斯(Ernest Lawrence,1901—1958)于 1934 年在加利福尼亚伯克利大学发明的,用于研究原子核的结构。回旋加速器产生高能粒子,高能粒子沿螺旋形线向外高速运动,且不断加速,而不是通过极长的线状加速。

什么是莱顿瓶?

莱顿瓶是最早储存电荷的容器。最初由 E. 乔治·冯·克莱斯特 (E. Georg van Kleist,约 1700—1748)于 1745 年提出,最早进行这样描述是因为莱顿大学物理学教授皮德·冯·穆申布鲁克(Pieter Van Musschenbroek,1692—1761)也使用这个装置。这个装置后来就叫做莱顿瓶, 它是第一个能够存储大量电荷的装置。莱顿瓶中有一个与水、水银或电线相连的内部电极。外部电极是拿着瓶子的人的手。改进的莱顿瓶的内外层分别涂以金属箔。内部的金属箔与导线相连,终端为一个球型导体,这样就不需要电解液。在使用时,莱顿瓶通常由静电发电机充电。莱顿瓶现在仍然用于课堂上的静电演示。

光、声音和其他波

光速是多少?

光在真空中每秒运行速度 186 282 英里(299 792 千米)。

光的原色是什么?

光的颜色取决于可见光的波长(沿光波传播方向两个相邻波峰之间的距离)。组合成“白光”的颜色从最长波长到最短波长的顺序依次为:红、橙、黄、绿、蓝、靛、紫。除了靛色外,所有这些单色光占据光谱的大部分(电磁辐射光束折射时产生的整个波长范围)。光束经过棱镜时产生折射,这时可以见到这些颜色的色带。有些人认为,光的基本颜色是占据大部分光谱的六种单色,即红、橙、黄、绿、蓝和紫。许多物理学家承认 3 种基本颜色:红、黄和蓝。把两种基本颜色以不同比例合在一起,可以构成所有其他颜色。科学家已经在光谱内发现了 55 种不同颜色。在光谱两端的红外线和紫外线是肉眼无法看见的。

偏光太阳镜是如何降低强光的?

水、玻璃和雪的水平面反射的阳光发生部分偏振,偏振的方向主要是水平面方向。这样的反射光可能会很强烈, 产生强光。墨镜中的拍立得材料会阻挡与传播轴垂直方向的偏振光。拍立得墨镜在制作时,其镜片传播轴就是垂直的。

服装的颜色在太阳光下和在商店里荧光灯下看到的颜色为什么不同?

白光是由所有颜色的光合成的,但每一种颜色的光都有不同的波长。虽然阳光和荧光看起来都像“白光”,但每种光都是含有略微不同波长的混合光。当日光和荧光(白光)被一件服装吸收时,只有构成白光的部分波长从服装上被反射。当眼睛视网膜观察到服装“颜色”时,其实看到的只是这些反射的波长。波长的混合决定观察到的颜色。同样一件服装,其颜色在商店里与在室外街上看到的不一样,原因就在于此。

安德斯·埃斯特朗对光谱学的发展作出了怎样的贡献?

瑞典物理学家及天文学家安德斯·琼斯·埃斯特朗(Anders Jonas Ångstrom,

1814—1874)是光谱学创立者之一。他早期的研究工作为光谱分析(发出或吸收的电磁辐射范围的研究)奠定了基础。他对太阳光谱及北极光光谱进行了研究。在1868年,他确立了大于100夫琅和费的波长的测量方法。1907年,光谱谱线波长单位埃(符号Å,等于10^{-10}米)被正式采用。

麦克尔逊-莫雷的实验有何重要性?

光波实验最初是在1881年由物理学家阿尔伯特·A.麦克尔逊(Albert A. Michelson,1852—1931)和莫雷(E. W. Morley,1838—1923)在美国进行的,它是物理学上最具有历史意义的实验之一,实验结果导致了爱因斯坦相对论的发展。最初的试验利用麦克尔逊干涉仪,试图借助假设的“以太”(当时认为光在太空中的传播介质是“以太”)来测定地球的速度。实验测量了地球运动方向上的光速和与地球运动方向成直角方向的光速,没发现两种光速有什么差异。试验结果证明,“以太”理论是不可信的,最终使爱因斯坦提出,光速是一个普通的常数。

第一个打破声障的人是谁?

1947年10月14日,查理斯·E.(查克)·耶格尔[Charles E.(Chuck)Yeager,1923—]成为打破声障的第一位飞行员。他驾驶着一架贝尔X-1飞机,以750英里/小时(1 207千米/小时)的飞行速度飞行在加利福尼亚州维克多维尔(Victorville)镇上空。打破声障的第一位女性是杰奎琳·科克伦(Jacqueline Cochran)。1953年5月18日,她驾驶一架北美F-86“佩刀”(Saber)飞机,在加利福尼亚爱德华兹空军基地上空飞行,飞行速度达到了760英里/小时(1 223千米/小时)。

为什么航天飞机进入大气时会出现双声爆现象?

空中的物体,例如飞机,低于音速(1马赫)飞行的飞机,受到干扰的空气会在飞行器前保持均匀分布。但是当飞行器的速度超过1马赫,以超音速状态飞行时,飞行器前面的空气压力就会急剧升高。在某种意义上来说,空气分子被聚集压缩在一起。飞行器这时穿越空气分子时,就会与已经压缩了的空气分子发生碰撞,从而产生冲击波。冲击波传播到地面时,听起来有如轰隆隆的雷鸣,称为声爆或超音速巨响。超音速飞行的飞机产生许多震动,但这些震动通常凑在一起形成两个主要的震动,一个来自机头部位,另一个来自机尾部位。两个震动以不同的速度运动,如果两个震动波之间的时间差超过0.10秒,就会听到两次声爆。当飞机速度上升或下降时,就会发生这种现象。如果飞机飞行得较慢,对观察者来说,两次声爆听起来就像只有一次声爆。

贝壳内所听到的声音是什么引起的?

将一只贝壳放到耳边，听到的声音是贝壳将周围轻柔的声音在贝壳腔内进行回声并放大的效果。人耳对声音的极度敏感性由贝壳的共鸣效应表现出来。

什么是多普勒效应?

奥地利物理学家克里斯琴·多普勒(Christian Doppler,1803—1853)在1842年解释了由运动的物体(波源)或正在移动的接受者发出的辐射(如声波或光波)的波长明显变化现象。当运动的波源接近时,波频率增加,且波长减小,从而产生高音和蓝色光(叫做蓝移)。同样地,当波源离开接受者时,波频率减小,音高降低,光变成红色(叫做红移)。这种多普勒效应通常由从远处驶近的列车的汽笛声或喷气式飞机的轰鸣声得到证明。

声学多普勒效应和光学多普勒效应之间有3个差异。光频的变化不取决于移动的光源或观察者,也不受光波移动时穿过的介质的影响,但声频却受到这些方面的影响。如果光源或观察者进行与光源和观察者连线垂直的角度移动,光频的变化就会受到影响。在这种情况下观察到的声频的变化却没有受到影响。

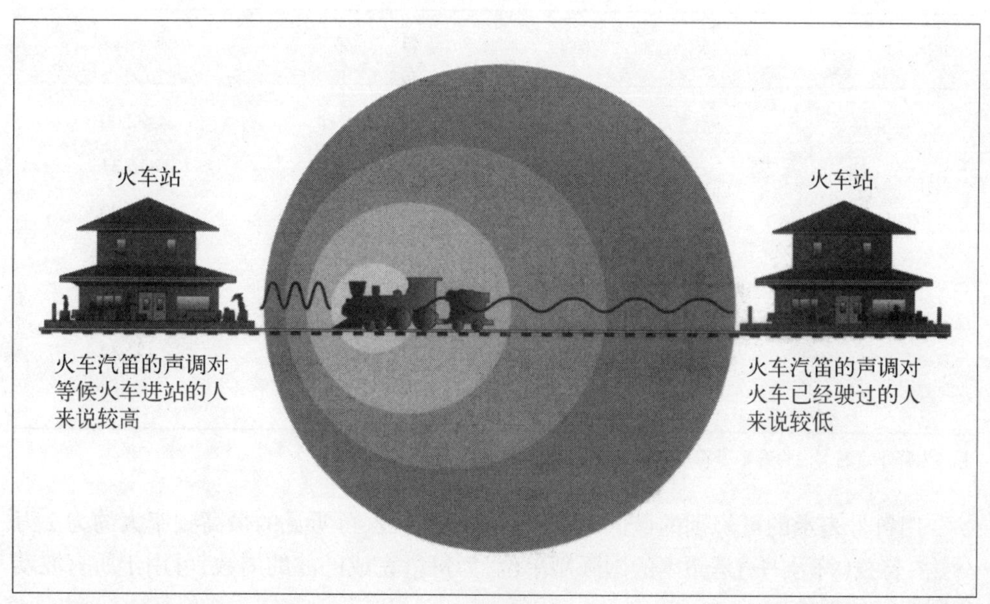

多普勒效应。

什么是分贝?

分贝是声音的强度单位(符号为dB)。20分贝的声音是10分贝声音的10倍;30分贝的声音是10分贝声音的100倍,以此类推。1分贝是人刚能听到的声音。

分贝数	声音
10	轻声耳语
20	小声说话
30	正常讲话
40	很少车辆行驶
50	大声讲话
60	嘈杂的办公室
70	一般车辆行驶,静静行驶的卡车
80	摇滚乐,地铁
90	很多车辆行驶,雷声
100	喷气式飞机起飞

什么是音阶的声频?

等调和音阶

符号	频率	符号	频率
C♭	261.63	G	392.00
C#	277.18	G#	415.31
D	293.67	A	440.00
D#	311.13	A#	466.16
E	329.63	B	493.88
F	349.23	C♮	523.25
F#	261.63		

注:♭为降半音符号;#为升半音符号;♮指本位音。

用符号表示的可辨别的最低声频大约为20赫兹,可听见的最高频率大约为2万赫兹。赫兹(符号Hz)是频率的国际制单位,为每秒完成的波的周数,可用于所有波动和周期性的现象。

声速是多少?

声速是一个常数,它随传播的介质不同而变化。在空气介质中测量声速要考虑许多因素,包括空气的温度、压力及纯度。在海平面32°F(0℃)时,科学家们对声速的标准数值没有取得一致的意见，估计在 740—741.5 英里/小时（1 191.6—1 193.22 千米/小时）之间。当空气温度升高时，声速也随之增加。声音在水中比在空气中传播得快，在钢铁中甚至更快。在空气中，声音 5 秒钟内传播 1 英里，而在水下 1 秒钟就可传播同样的距离，在钢铁中仅需要 1/3 秒。

阿尔法（α）、贝塔（β）和伽玛（γ）射线分别具有哪些特性?

辐射是一个术语，描述由原子、中子或带电粒子发射能量的所有方式，如 X 射线、γ 射线。大多数原子是稳定的，非放射性的。有些原子是不稳定的，放射出粒子或 γ 射线。被放射性粒子撞击的物质可以变成放射性的，并释放出 α 粒子、β 射线及 γ 射线。

α 粒子，最初由法国物理学家安东尼·亨利·贝克勒尔（Antoine Henri Becquerel, 1852—1908）发现，由于质量巨大，α 粒子只能行进很短的距离，在空气中射程约为 2 英寸（5 厘米），一张纸就能使它停止。

β 粒子由英国物理学家欧内斯特·卢瑟福（Ernest Rutherford, 1871—1937）发现，是以光速运动的速度极高的电子。β 粒子可以在真空中传播很远，可以穿过几毫米厚的固体物体。

γ 射线由居里（Pierre Curie, 1859—1906）和居里夫人（Marie Curie, 1867—1934）发现。γ 射线与 X 射线相似，但波长较短。γ 射线是迸发出光子或波长很短的电磁辐射，以光速传播。其穿透性比 α 粒子或 β 粒子高很多，可以穿透 7 英寸（18 厘米）的铅板。

物　质

原子理论是谁提出来的?

现代原子结构理论最初是由日本物理学家长冈半太郎（Hantaro Nagaoka, 1865—1950）于 1904 年提出的。在他的模型中，电子围绕一微小中央原子核旋转。1911 年，欧内斯特·卢瑟福（Ernest Rutherford, 1871—1937）发现了更多证据，证明了原子核极其微小且密度极大，并有一群体积大得多且密度较小的电子环绕在周围。1913 年，丹麦物理学家尼尔斯·玻耳（Niels Bohr, 1885—1962）提出原子理论，即电子围绕原子核以与电子能量相当的同心量子壳作轨道运动。

什么是第四物态?

由自由电子及离子或原子核组成的物质为电浆，有时也称为物质的“第四种状态”。电浆出现在热核反应中,如太阳、荧光灯的光及恒星内部都会有电浆。当气体温度升到足够高时,原子发生激烈碰撞,电子就会被撞松,离开原子核。气体带有松散的带负电荷的电子和带有较重的带正电荷的原子核的结果叫做电浆。

所有物质都是由电原子构成的。动物和植物是有机物质，矿物质和水是无机物质。物质呈现固态、液态或气态,取决于分子在化学元素中的约束方式。固体的分子原子中具有刚性结构。液体中的分子密集在一起,但没有形成硬块。气体中的分子间隔很大,四处流动,偶尔会相互碰撞,但通常几乎没有相互作用。固体、液体和气体是物质的前 3 种状态。

核裂变和核聚变的区别是什么?

核裂变是指一个原子核分裂成至少两个大致相等的部分。核聚变是指两个较轻原子核聚合在一起,形成一个较重的原子核的核反应过程,如氢和氦。在核裂变和核聚变过程中,都会产生大量的能量。

通常认为谁是电子、质子和中子的发现者?

1897 年，英国物理学家约瑟夫·约翰·汤姆生爵士（Sir Joseph John Thomson, 1856—1940)在研究气体的电传过程中发现,阴极射线是由称为电子的阴极带电粒子组成的。电子的发现开创了原子的电理论,汤姆生也因这一重大发现以及其他研究成果而被认为是现代原子物理学的创立者。

欧内斯特·卢瑟福(Ernest Rutherford,1871—1937)于 1919 年发现质子。他还预测了中子的存在。后来,他的同事詹姆斯·查德威克(James Chadwick,1891—1974)发现了中子,因此而获得 1935 年诺贝尔物理学奖。

日全食如何证明爱因斯坦的广义相对论?

阿尔伯特·爱因斯坦(Albert Einstein,1879 —1955)在他创立的广义相对论中提出,在质量较大的物体(如太阳)附近发生的时空弯曲,会使在其附近经过的星光发生弯曲。例如,日食期间,在太阳边缘附近看到的恒星似乎离正常的位置移动了 1.75 弧度秒。英国天文学家阿瑟·爱丁顿(Arthur Eddington,1882—1944)在 1919 年 5 月 29 日观测恒星在日食期间的位置时,第一次对爱因斯坦的广义相对论作出直接证明。后来人们对爱丁顿的发现的关注,使爱因斯坦获得科学上最伟大人物之一的美称。

夸克因何得名?

盖尔曼建立了基本粒子理论——他称为“夸克”的理论。

夸克是理论上的粒子，被认为是物质的基本成分。夸克是由美国理论物理学家、诺贝尔奖获得者默里·盖尔曼(Murray Gell-Mann,1929—)命名的。夸克起初是盖尔曼随意想出来的一个词，听起来像“Kwork(阔克)”。后来,盖尔曼读到了詹姆斯·乔伊斯(James Joyce)的小说《为芬尼根守灵》中的一句话,“向麦克老大三呼夸克(Three quarks for Master Marks)”，于是这个词就变成了夸克(Quark)。现在已知的夸克有 6 种,分别用上、下、奇异、粲、顶和底来区别。每种夸克有三种不同颜色(红、蓝和绿)。18 种夸克都有不同的电荷(这是所有基本粒子的一个基本特征)。三个夸克组成一个质子(带有一个单位的正电荷)或一个中子(带有零电荷),两个夸克(一个夸克和一个反夸克)组成一个介子。同所有已知的粒子一样,夸克有自己的反物质对立物,称为反夸克(具有相同的质量,但相反的电荷)。

理查德·费因曼对物理学作出了怎样的贡献?

理查德·费因曼(Richard Feynman,1918—1988)发展了量子电动力学理论,描述了电子、正电子和质子的相互作用,为物理学家研究电子提供了一种新的研究方法。费因曼用自己的方式重构了量子学和电动力学，发明了表示量子场论计算中特定项的图,被称为费因曼图。费因曼因为在量子电动力学方面的研究成果,获得 1965 年诺贝尔物理学奖。

什么是亚原子粒子?

亚原子粒子是比原子小的粒子。从历史上来说,人们认为亚原子粒子是电子、质子和中子。然而,亚原子的定义现在已经扩大到包括基本粒子在内。基本粒子非常小,以至于它们似乎不能再由更小的单位组成。在 20 世纪,随着越来越先进复杂设备技术的发展,使对这种基本粒子的物理研究成为可能。在 20 世纪下半叶,已经发现许多新的粒子。

根据粒子的旋冲质量或它们的共性组织粒子,人们提出了许多建议。有一个体系观现在普遍称为标准模型。这个体系说明了基本粒子的两大基本类型:夸克和轻子。其他载力粒子称作玻色子,如光子、胶子和引力子都是玻色子。轻子包括电子、u 介子、乙介子及三类微中子。夸克在本质上从不单独发生，它们总是组合在一起，形成粒子，称作强子。根据标准模型，所有其他的亚原子粒子都是由夸克及其反粒子的某些组合而构成。质子由三个夸克组成。

什么是依数性？

依数性只和溶质的粒子数目有关，而与溶质粒子本身的性质无关。依数性包括蒸汽压降低、沸点升高、凝固点降低以及渗透压等。对生物体系来说，最重要的依数性是渗透压。

除水以外，什么物质固态时比液态时密度小？

只有铋和水具有这一特性。密度（质量与体积的关系或物体的质量除以它的体积）指一种物质有多紧密或坚实。例如，水的密度为 1 g/cm^3(克/立方厘米)或 1kg/L(千克/升)。岩石的密度为 3.3 g/cm^3。纯铁的密度为 7.9 g/cm^3。地球(作为一个整体)的密度是 5.5 g/cm^3(平均)。水在固态状态下(即冰)会浮起，这是好事，否则，冰就会沉到所有湖泊或河流的底部。

为什么液态水比冰的密度大？

纯液态水在 39.2°F(3.98℃)时密度最高，当水结成冰时密度减小。这是因为当水形成冰时，氢键使分子形成相对固定的几何模式，产生展开的有渗透性的结构。液态水具有较少的氢键，因此，更多的分子能占据同样的空间，使液态水的密度比冰更大。

何谓半衰期？

半衰期是指放射性原子核的数目衰变到其原来数目的一半所需要的时间。因此，如果某一样品的半衰期是一年，从年初到年末时，其放射性将衰减到其原来的一半；到第二年末，则衰变到原来的 1/4。某种物理放射性核的半衰期总是一样的，不受温度、化学结合或其他任何条件的影响。自然辐射是法国物理学家安东尼·贝克勒耳(Antoine Becquerel，1852—1908)在 1896 年发现的。这项发现导致了现代核物理学的开端。

谁首先用无机成分人工合成了有机化合物？

1828 年，德国化学家弗里德里希·亨利·维勒（Friedrich Henri Wohler，1800—1882)用氰酸铵合成尿素。这项合成给生命活力理论以致命的打击。生命活力理论认为，有机化合物和无机化合物之间存在着明确的、根本的差异。瑞典化学家琼斯·雅可比·贝采利乌斯（Jöns Jakob Berzelius，1779—1848）提出，这两种化合物是根据完全不同的定律，由化合物的元素中产生的。有机化合物是在生命活力的影响下产生的，因此不能由人工产生。这一区分因维勒的合成而宣告结束。

谁被认为是晶体学的创始人？

法国教士及矿物学家勒内-加斯特·霍伊（René-Just Haüy，1743—1822）被称为"晶体学之父"。1781 年，霍伊遇到一件幸运的事，他把一块方解石摔到了地上，并摔成小碎片。他注意到碎片沿着直直的并以固定角度相交的平面破裂。霍伊假设，每一个晶体都由一连串现在称作晶胞的东西构成，形成带有固定角度的简单几何形状。晶体形状的一致性或差异意味着化学成分的相同或不同。这就是晶体学的开始。

19 世纪早期，许多物理学家进行晶体实验，他们尤其对晶体能折射光并将光分成其组成颜色的能力感兴趣。新兴光性矿物学的一位重要成员是英国科学界的大卫·布儒斯特（David Brewster，1771—1868），他根据晶体的光学特性，成功地对大多数已知晶体进行分类。

19 世纪中期，法国化学家路易·巴斯德（Louis Pasteur，1822—1895）的研究工作为晶体测偏振术奠定了基础。皮埃尔·居里（Pierre Curie，1859—1906）和其兄雅克·居里（Jacques Curie，1855—1941）发现了某些晶体呈现的另一种现象——压电现象。压电现象也叫做压电效应，是某些晶体在施加应力后呈现的电场效应。

对晶体的最重要应用也许是在 X 射线晶体学这个学科中。德国物理学家马克思·冯·劳厄（Max von Laue，1879—1960）最早进行了这个领域的实验。这项研究工作因威廉·亨利·布拉格（William Henry Bragg，1862—1942）与其子威廉·劳伦斯·布拉格（William Lawrence Bragg，1890—1971）而得以完善，他们因此一起荣获诺贝尔物理学奖。青霉素和胰岛素的合成因 X 射线晶体学的使用而成为可能。

什么是化学花园？它是如何制作的？

将 4 餐匙的靛青漂白粉、4 餐匙盐、1 餐匙家用氨水混合在一起，将混合物放到装在适当盘子或碗中的煤块或砖块上。在煤块的各个不同地方滴几滴红色或绿色墨水或红药水，然后放置几天不要动。

一个化学花园（一盘长得像植物，看起来像珊瑚的结晶体）开始出现。结晶体开始出现的时间取决于室内的温度和湿度。不久，煤块在盘子上及盘子边上长出了结晶体。结晶体为纯白颜色，呈现出雪花一样的纹理。

化学元素等

参见:金属和其他材料

近代化学的创始人有哪些?

几位竞争者享有这一荣誉:

瑞典化学家琼斯·雅可比·贝采利乌斯(Jöns Jakob Berzlius,1779—1848)提出了现代的化学符号,测定了原子量,对原子学说作出了杰出的贡献,并发现几种新的元素。1810—1816 年,他对 2 000 多种化合物的准备、提纯和分析过程进行了描述。他测定了 40 多种元素的原子量;简化了化学符号,采用一套符号(带数字的字母)来取代之前人们使用的图形符号。今天人们仍然使用他提出的符号。贝采利乌斯发现了元素铈[在 1803 年与威廉·希辛格(Wilhelm Hisinger)一同发现]、硒(1818)、硅(1824)和钍(1829)。

英国自然哲学家罗伯特·玻意耳(Robert Boyle,1627—1691)被认为是现代化学创立者之一。他最著名的发现是玻意耳定律(恒温下气体的压力与体积成反比),他是探索使用实验和科学方法的先驱者之一。他还是皇家学会的创始人之一。他努力除掉化学中炼金术的神秘面纱,使化学成为一门纯科学。

以发现元素周期表而著称的俄国化学家德米特里·伊万诺维奇·门捷列夫。

法国化学家安托万-洛朗·拉瓦锡(Antoine-Laurent Lavoisier,1743—1794)被奉为现代化学又一创始人。他对现代化学作出的大量贡献包括推翻燃素理论。在很长一段时间里,燃素理论一直是真正理解化学的障碍。他制定了化学物质的现代命名法,最早进行了有机定量分析实验。人们有时认为是他发现并验证了化学反应的质量守恒定律。

英国化学家约翰·道尔顿(John Dalton,1766—1844)提出了物质原子理论,使其成为现代化学的一项基本理论。他的这一理论最初是在 1803 年提出的,认为每一种化学元素都是由其自己种类的原子构成的,都有同样的相对重量。

谁发现了元素周期表?

德米特里·伊万诺维奇·门捷列夫(Dmitry Ivanovich Mendeleyev,1834—1907)是俄国化学家,他的名字将永远与元素周期表的建立联系在一起。他是第一个真正理解所有元素都是某一有序系统的相关成员的化学家。他将一个杂乱无章的、推测性的化学分支,变成一项有逻辑的真正科学。他被提名为1906年诺贝尔化学奖,但仅以一票之差落选。但是50年后,第101号元素却以他的姓氏命名为"钔",他的名字永远载入史册。

根据门捷列夫的观点,元素的性质以及它们的化合物的性质是原子量的周期函数(在20世纪20年代,人们发现,原子序数是关键,而不是原子量),门捷列夫编制成了第一个真正的元素周期表,列出了当时已知的所有63种元素。门捷列夫在周期表里预留了一些空位。他预言,最终会发现更多的元素来填上这些空位。在门捷列夫的有生之年,人们先后发现了3种元素:镓、钪和锗。

约有90种天然存在的元素。在其余的元素(元素96—109)中,有10种是无异议的。在《化学文摘》上注册的由这些元素产生的化合物大约有1 700万种之多。

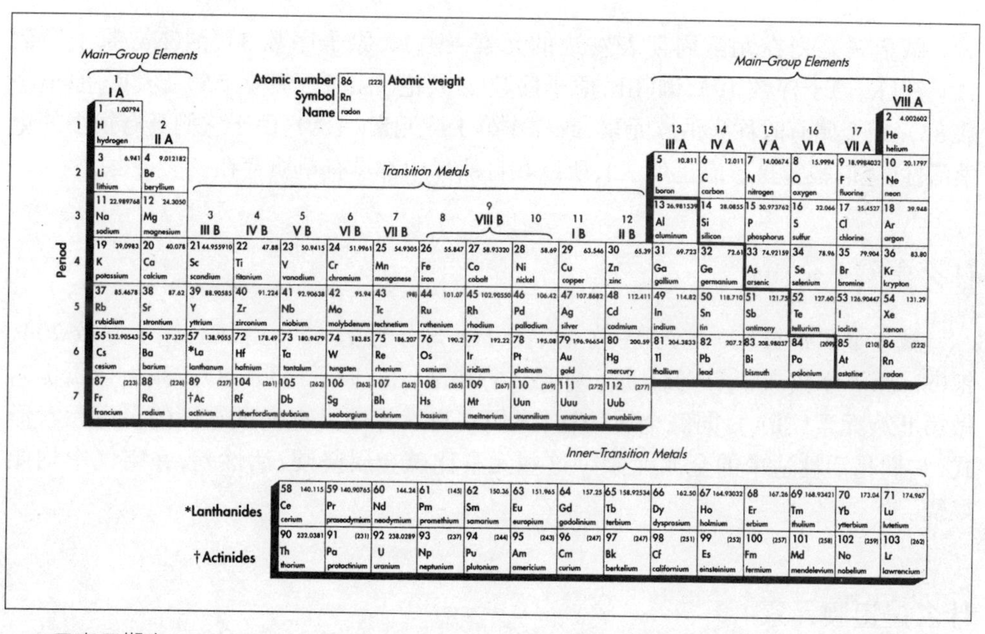

元素周期表。

人们最早发现的元素是什么?

1669年,德国化学家何尼格·布兰德(Hennig Brand)在从尿素中榨取出可在黑暗中发光的蜡样白色物质时,最早发现了磷,但布兰德并没有发表他的发现结果。1680年,磷由英国化学家罗伯特·玻意耳(Robert Boyle)再次发现。

最甜的化合物是什么?

最甜的化合物是 Sucronic acid。

甜 物 质	相对甜度(蔗糖=1)
Sucronic acid	200 000
糖精	300
甜味剂	180
磺酸盐	30
食糖(蔗糖)	1

什么是碱金属?

碱金属是列在元素周期表左边的元素:锂(Li,原子序数 3)、钠(Na,原子序数 11)、钾(K,原子序数 19)、铷(Rb,原子序数 37)、铯(Cs,原子序数 55)、钫(Fr,原子序数 87)。碱金属有时称为钠族元素,或称作第Ⅰ族元素(ⅠA)。由于它们具有很强的化学活性(它们很容易形成正离子),所以在自然界中都没有单质存在。

什么是碱土金属?

碱土金属指铍(Be,原子序数 4)、镁(Mg,原子序数 12)、钙(Ca,原子序数 20)、锶(Sr,原子序数 38)、钡(Ba,原子序数 56)和镭(Ra,原子序数 88)。碱土金属也叫做第Ⅱ族元素(ⅡA)。同碱金属一样,人们在自然界中没有发现它们的自由元素形式,它们是活性适中的金属元素。这些元素比碱金属坚硬,活性差,在空气中均能燃烧。

什么是过渡元素?

从第四个周期开始,在第Ⅱ族和第ⅩⅢ族之间的 10 个亚族元素叫做过渡元素,包括金(Au,原子序数 79)、银(Ag,原子序数 47)、铂(Pt,原子序数 78)、铁(Fe,原子序数 26)、铜(Cu,原子序数 29)及其他金属。所有过渡元素都是金属。同碱金属和碱土金属相比,它们通常更坚硬、更脆,且有较高的熔点。过渡金属还是热和电的良导体。

它们具有变化不定的化合价，其化合物常常是有色化合物。之所以这么称呼过渡元素，是因为它们从第Ⅰ族和第Ⅱ族的强阳性元素逐渐转移到第Ⅵ族和第Ⅶ族的阴性元素。

什么是超铀化学元素，93—109号元素的名称是什么？

超铀元素是元素周期表中原子序数超过92的那些元素。超铀元素中的许多元素寿命短暂，不能在实验室外和自然界中存在，且原子核极不稳定。

93—109号元素

原子序数	元素名称	符号
93	镎	Np
94	钚	Pu
95	镅	Am
96	锔	Cm
97	锫	Kb
98	锎	Cf
99	锿	Es
100	镄	Fm
101	钔	Md
102	锘	No
103	铹	Lr
104	铲	Rf
105	钍	Db
106	镥	Sg
107	铍	Bh
108	镙	Hs
109	铥	Mt

110—116号元素的名称正在国际纯粹化学与应用化学联合会的审核中。

在元素周期表中仅有两种元素以女性命名，它们是什么？

锔，原子序数96，是以放射性研究先驱居里夫人（Marie Curie，1867—1934）和皮埃尔·居里（Pierre Curie，1859—1906）的姓氏命名的。麦（Mt），原子序数109，是以核裂变发现者之一——莉泽·迈特纳(Lise Meitner,1878—1968)的姓氏命名的。

什么是"点金石"?

中世纪炼金术士认为能将贱金属转变成黄金或白银的物质,叫做点金石。根据一些炼金术士的观点,点金石具有延年益寿及治疗各种伤痛的魔力。炼金术士对点金石的执著追求,导致几种化学元素的发现。然而,具有魔法的点金石从此被证明是虚幻的。

哪些元素是"贵金属"?

贵金属是金(Au,79)、银(Ag,47)、汞(Hg,80)和铂族金属,包括铂(Pt,78)、钯(Pd,46)、铱(Ir,77)、铑(Rh,45)、钌(Ru,44)和锇(Os,76)。这个称法指的是抗化学反应或抗氧化(抗腐蚀)能力非常强的金属,与抵抗能力不那么强的"贱"金属形成对比。这个词语在古代炼金术中有它的来源。炼金术寻求将普通金属转变成黄金是通过金属及化合物的不同性来进行的。这个词语与"贵重金属"具有不同的含义,虽然像铂金这样的金属可能既属于金属,也属于贵重金属。

铂族金属有各种不同的用途。在美国,所有铂族金属中95%以上都用于工业目的。虽然在珠宝首饰制作中,铂是人们梦寐以求的材料,但铂金还用于汽车催化转换器中,以控制汽车尾气的排放,就像铑和钯一样。铑还能与铂和钯熔合,用于熔炉绕组、热电偶元素及飞行器发动机火花塞的电极中。锇用于制药和仪器钮轴以及留声机唱片针头的合金。

金元素和银元素的区别是什么?

金和银除了用作贵重金属外,还具有不同于其他化学元素的特性。黄金是延展性最好的金属。最薄的金箔只有0.000 1毫米厚。白银是所有金属中最易反光的金属,因此用于制镜中。

什么是哈金规则?

原子序数为偶的原子在世界上比原子序数为奇的原子丰富。元素的化学性质取决于其原子序数。原子序数是原子核中质子的数目。

哪些化学元素符号不是由其英文名称得来的?

现代名称	符号	旧名称
锑	Sb	Stibium
铜	Cu	cuprum
金	Au	aurum
铁	Fe	ferrum
铅	Pb	plumbum
汞	Hg	hydrargyrnm
钾	K	kalium
银	Ag	argentum
钠	Na	natrium
锡	Sn	stannum
钨	W	wolfram

哪些化学元素在常温下是液体?

汞(“水银”,Hg,原子序数 80)和溴(Br,原子序数 35)在常温 68°F—70°F(20℃—21℃)下是液态。镓(Ga,原子序数 31)的熔点为 85.6°F(29.8℃)下,铯(Cs,原子序数 55)的熔点为 83°F(28.4℃)下,在稍高于常温、常压下是液态。

宇宙中哪种化学元素最丰富?

氢(H,原子序数 1)占宇宙质量的 75%。据估计,宇宙中 90%以上的原子是氢。其他原子中大部分是氦(He,原子序数 2)原子。

地球上哪些化学元素最丰富?

在地壳、水和大气中,氧(O,原子序数 8)是最丰富的元素,占化合物总质量的 49.5%。硅(矽)(Si,原子序数 14)是第二丰富的元素。二氧化矽和矽硅酸盐约占地壳材料的 87%。

稀有气体和稀土元素名称中的“稀”因何而来?

稀有气体又称惰性气体,指的是氦、氖、氩、氪、氙。它们之所以称为“稀有气体”,是因为在常温下，它们是非常稀薄（密度非常小）的气体。稀有气体仅分散地存在于大气及某些物质中，且量很小。此外，稀有气体化合价为零，一般不与其他元素结合，形成化合物。

稀有金属元素是在元素周期表中原子序数从58—71的各元素，加上钇（Y，原子序数39）和钍（Th，原子序数90）。它们之所以称为“稀有元素”，是因为它们很难从其存在的矿物中分离出来。这一词语在本质上与不足或稀有根本没有关系。

哪些元素是最良电导体，哪些是最差电导体？

在标准条件下，具有最低电阻（因而具有最高电传导性质）的元素是银。接下来依次为铜、金和铅。金属中最差的电导体是锰、钆和铽。

铅酸性蓄电池的工作原理是什么？

铅酸性蓄电池是由悬于称为电解液的稀硫酸溶液中的正、负铅板组成。在不起化学反应、不导电的容器里装有铅酸所有物质。当电池放电时，电解液中的硫分子与铅板结合，释放出多余电子而形成的电子流即为电。

哪些元素具有最多的同位素？

有最多同位素（36个）的元素有氙（Xe）——带有9个稳定的同位素（1920—1922年确认）和27个放射性同位素（1939—1981年确认），铯（Cs）——有一个稳定同位素（1921年确认）和35个放射性同位素（1935—1983年确认）。

同位素数目最少的元素是氢（H），仅有3个同位素，包括2个稳定同位素——气（1920年确认）和氘（1931年确认），还有一个放射性同位素——氚（1934年首次确认，但后来在1939年被认为是放射性同位素）。

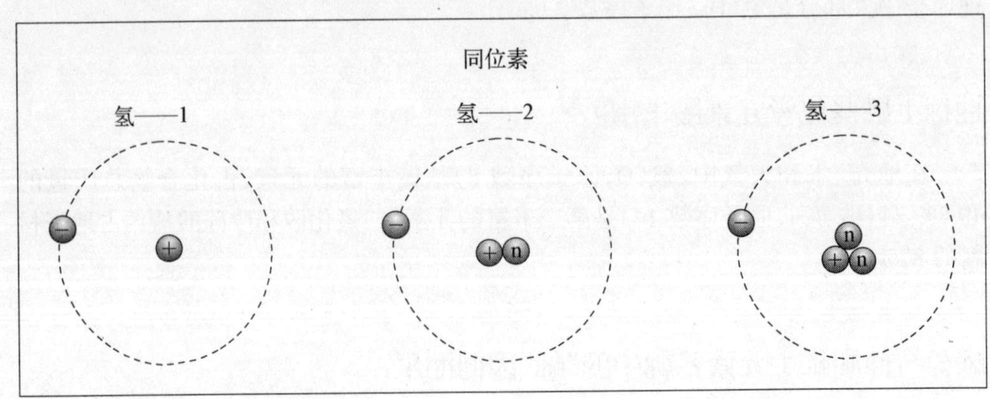

氢同位素

偶数碳原子的化合物比奇数碳原子的化合物多吗?

一组化学家最近注意到,在存有大约700万种有机化合物的贝尔斯坦(Beiltein)信息系统数据库中,带有偶数碳原子的物质要比带奇数碳原子的物质多得多。对较小组的有机化合物进行的系统分析(如《剑桥晶体学数据库》或《CRC物理化学手册》),都得到同样的结果。对观察到的不对称性的合理解释也许在于,有机化合物从根本上说都来源于生物,及在有机化合物的合成过程中,不断使用醋酸盐的本质。因此,似乎可以这样解释说,由于生产商和合成化学家偏爱使用相对经济的、源于自然资源的原始材料,因而在化学出版物及数据库中留下了永久的记录。

什么元素的沸点最高,什么元素的沸点最低?

在所有元素中,氦的沸点最低,为-452.074°F(-268.93℃)。位居第二的是氢,沸点为-423.16°F(-252.87℃)。沸点最高的元素是铼,沸点为10 104.8°F(5 596℃)。紧随其后的是钨,沸点为10 031°F(5 555℃)。

空气的密度是多少?

在温度为32°F(0℃)、大气压为29.92英寸水银柱(760毫米)的海平面上,干燥空气的密度为每升1.29克。

在一个大气压下,一立方英尺的干燥空气的重量为:

温　度(°F)	每立方英尺的重量(磅)
50	0.077 88
60	0.076 40
70	0.074 95

哪些元素的密度最高?

锇或铱是密度最高的元素。然而,科学家还得收集令人信服的足够多的数据,在二者之中选择一个。当采用传统的测量方法测量时,锇好像是密度最高的元素。然而,如果在空间点阵(晶格)基础上进行计数(鉴于这两种元素的本性,这种方法也许是最可靠的测量方法),铱的密度为22.65,而锇为22.61。

什么元素最硬，什么元素最软？

碳在两种不同形式——钻石和石墨中，既是最硬也是最软的元素。在标准为 90 的努氏硬度标中，单个钻石晶体具有绝对最大的值。以信息量（数值）较少的莫氏磨蚀硬度计测量，钻石的硬度为 10。石墨是极软的材料，莫氏硬度只有 0.5，努氏硬度为 0.12。

什么是同分异构体？

同分异构体是分子式相同，但因分子内部原子排列不同而具有不同结构的化合物。其主要类型有：构造异构体，原子以不同的方式连接；几何异构体，由于围绕双键的旋转受阻碍，二者的原子排列不同；光学异构体（即旋光异构体或对映异构体），同分异构体互为实物与镜像的关系。

什么是气体定律？

气体定律是关于气体行为的物理定律，包括玻意耳定律和查理定律。玻意耳定律为：恒温下给定质量的气体体积与压力成反比。查理定律为：恒温下，给定质量的气体体积与其绝对温度成正比。这两个定律可以结合起来，形成一个总的通用气体定律，可以用公式表示为：

$$(压力\times体积)/温度=常数$$

阿伏伽德罗定律为：在相同的温度和压力下，相同体积的气体含有相同的分子数。

这些定律并不是所有真正的气体都遵循，但是许多普通气体在某些条件下，尤其是在高温、低压条件下遵循这些定律。

什么是重水？

重水也称为氧化氘（D_2O），由一个氧原子和两个氘（氢的同位素）原子构成。氘的质量大约是正常氢的两倍。结果，重水的分子量约为 20，而普通水的分子量约为 18。在 6 500 份普通水中，仅可以找到大约 1 份重水。重水可以通过分馏获得。重水用于热核武器和核反应器中。作为一种同位素示踪剂，它还用于化学和生物化学过程的研究中。重水是哈罗德·C. 尤里（Harold C. Urey，1893—1981）在 1931 年发现的。

什么是刘易斯酸？

刘易斯酸以美国化学家吉尔伯特·牛顿·刘易斯（Gilbert Newton Lewis，1875—

1946)的姓氏命名。刘易斯理论将酸定义为能够从另一个原子中接受电子对的一种物质,而碱则是能够提供电子对以完成另一个原子的价壳层。氢离子(质子)就是最简单的刘易斯酸。刘易斯酸包括许多化合物,如三氟化硼(BF_3)和氯化铝($AlCl_3$),它们能同氨反应,获得电子对,形成另外化合物,或称为刘易斯盐。

哪种化学制品用量最大?

氯化钠(NaCl)或称食盐,有 1.4 万多种用途,使用量及用途方面可能超过其他任何化学制品。

哪种化学制品现在被用作尸体防腐剂?

在 19 世纪,尸体防腐在美国已成为一种习惯做法。一般情况下,重金属盐(如砷、锑、铅、汞、铜)用以保存人类尸体,抑制细菌生长。然而到 20 世纪初,通过了禁止保存尸体时使用金属盐的法律。甲醛很快成为人们选用的化合物，并一直是尸体保存液中最常用的防腐剂。甲醛之所以受到人们的欢迎,其原因在于,甲醛成本低,可用的形式多,使用简单。甲醛还可以在各种 pH 值条件下,为细胞提供良好的保护。在排出尸体的体液后,殡葬业人员通常向尸体内注入甲醛溶液(福尔马林)。甲醛溶液中还有各种各样的缓冲剂,用以抑制尸体上出现“甲醛颜色”。甲醛会使尸体的皮肤变成灰色,还可能出现甲醛致癌效应。对这些可能不良后果的担心使人们开始进行各种不懈的努力,寻找一种代替品。戊酸二醛就是一种替代品,最早使用于 1955 年,尽管它有一些显著的优点,但是甲醛依然是人们选用的尸体防腐液。

测量法、方法论等

美国组织的第一个国家物理协会是什么?

美国组织的第一个国家物理协会是美国物理学会,1899 年 5 月 22 日在纽约市哥伦比亚大学成立。第一任会长是亨利·奥古斯特·罗兰(Henry Augustus Rowland)。

美国组织的第一个国家化学协会是什么?

美国组织的第一个国家化学协会是美国化学学会,1876 年 4 月 20 日在美国纽约市成立。学会的第一位会长是约翰·威廉·德雷珀(John William Draper,1811—1882)。

化学的四大分支是什么?

传统上,化学分为有机化学、无机化学、分析化学和物理化学。有机化学是专门研究碳水化合物结构和反应的化学分支。在所有已知的化学品中,90%以上都是有机化学品。无机化学是对除碳以外其他所有元素的化合物进行研究的化学分支学科。分析化学家研究的是如何测定化合物和混合物的结构和构成,他们还研究、操作进行化学分析的仪器和技术。物理化学家用物理原理来理解化学现象。

爱因斯坦最重要的贡献是什么?

阿尔伯特·爱因斯坦(Albert Einstein,1879—1955)是现代理论物理学的主要奠基人。他的相对论(光速是恒定的,与观测者或电源无关)和质能关系($E=mc^2$)从根本上改变了人类对物质世界的理解。

仅在1905年里,爱因斯坦就发表了三篇具有划时代意义的论文。这些论文阐述了粒子运动,称为布朗运动本质;光电效应所证明的电磁辐射的量子本质;特殊相对论。虽然爱因斯坦可能以这些研究工作的最后一项最著名,但他却因为对光电效应的量子解释获得1921年诺贝尔物理学奖,成为20世纪最杰出的人物之一。

什么是反物质?

反物质是与正常物质正好相反的物质。英国物理学家保罗·狄拉克(Paul Dirac,1902—1984)描述了一系列方程,预言了反物质的存在。他试图将相对论同约束电子行为的方程式结合起来。为了使他的方程式成立,他不得不预言存在着一种与电子相似,但电荷相反的粒子。这种粒子在1932年被发现,是相当于电子的反物质,叫做正电子(带正电荷的电子)。其他反物质粒子直到1955年以后才被发现。那时,粒子加速器终于能够证实反中子和反质子(带负电荷的质子)的存在。其他反物质的例子有反原子(正电子对和反质子对)。

阿尔伯特·爱因斯坦彻底改变了20世纪人类对物质世界的理解。

谁是量子力学的创始人?

德国理论物理学家韦纳尔·卡尔·海森伯(Werner Karl Heisenberg,1901—1976)

被认为是量子力学(研究微观物理现象的基本规律的力学体系)之父。他在1927年提出了测不准原理,推翻了传统的古典力学和关于能量和运动的电磁理论。这一理论表明,精确测量原子的位置和瞬时速率(质量X速度)是不可能的,它们只能预测。

谁发明了温度计?

亚历山卓港的希腊人知道空气遇热膨胀。希罗(公元1世纪)和拜占庭的斐罗(Philo)制作了简单的"测温器(thermoscope)",但那不是真正的温度计(thermometer)。1529年,伽利略(Galileo,1564—1642)制作了一种也可以当作气压计使用的温度计。1612年,伽利略的朋友桑托里奥·桑托里奥(Santorio Santorio,1561—1636)改装了空气温度计(空气的膨胀迫使带颜色的液体下降的装置),用以测量生病及康复期间人体温度的变化。但是直到1713年,丹尼尔·华伦海特(Daniel Fahrenheit,1686—1736)才开始研制有固定刻度的温度计。他以两个"固定"的点来制定刻度:冰的融点和健康人体的热度。他认识到,冰的融点是个恒定的温度,而水的结冰点却变化不等。华伦海特将他的温度计放进冰、水和盐的混合物液体(他标为0℃),并把这一点作为刻度的开始。他标出融冰为32℃,血液的热度为96℃。在1835年,人们发现正常的血液温度为98.6°F。华伦海特有时把酒精用作温度计管中的液体,但他更经常使用的是经过特别提纯的水银。后来,水的沸点(212°F)成为刻度的上标固定点。

什么是pH值?

pH值是溶液中H^+(氢离子)浓度的量度,用于测量溶液的酸度或碱度。pH值的标度在0—14之间。中性溶液的pH值为7,高于7的pH值显示碱度,低于7的pH值显示酸度。pH值在7以下越低,溶液的酸度越高。pH值每下降一个整数,表示酸度增加10倍。

pH 值	溶液例子
0	盐酸(HCl),蓄电池酸
1	胃酸(1.0—3.0)
2	柠檬汁(2.3)
3	醋、葡萄酒软饮料、啤酒、橙汁、某些软饮料
4	西红柿、葡萄、香蕉(4.6)
5	黑咖啡、多种剃须液、面包、正常的雨水
6	尿(5—7)、奶(6.6)、唾液(6.2—7.4)

续 表

pH 值	溶 液 例 子
7	纯净水、血液(7.3—7.5)
8	蛋白(8.0)、海水(7.8—8.3)
9	小苏打、磷酸盐洗涤剂、漂白水、止酸剂
10	肥皂液、镁乳
11	家用氨水(10.5—11.9)、非磷酸盐洗涤剂
12	碳酸钠
13	毛发清洗剂、烤箱除垢剂
14	烧碱(NaOH)

什么是开氏温标?

温度是指气体、液体或固体的冷热程度。在公制温标(百分温标或摄氏)和英制温标(华氏)中,水的结冰点和沸点都用作标准量度。在百分温标中,冰点和沸点之间的温差分成100等份,叫做摄氏度(℃)。在英制温标中,温差分成180等份,每一等份代表1华氏度(°F)。但温度还能从绝对零度(没有热,没有运动)量起,这一原理规定了热动力学温度,建立了一个向上测量温度的方法。这种温标叫做开尔文温标,是以它的发明者威廉·汤姆生·开尔文勋爵(Lord William Thomson Kelvin,1824—1907)的姓氏命名的。开尔文在1848年发明开氏温标。开尔文温标(符号K)与摄氏温标(水结冰点和沸点之间的温差是100度)有同样的量度,但两种温标相差273.15度(绝对零度,摄氏温标为-273.15℃)。

下面是3种温标的比较:

特 征	K	℃	°F
绝对零度	0	-273.15	-459.67
水的结冰点	273.15	0	32
人体的正常体温	310.15	37	98.6
水的沸点	373.15	100	212

摄氏温标转换为开氏温标,须加273.15(K=C+273.15)。华氏温标转换为摄氏,须减32,所得差乘以5;乘积再除以9,即(C=5/9(F-32))。摄氏温标转换成华氏温标,须乘以1.8,然后加32,即(F=9/5C+32或F=1.8C+32)。

最初的摄氏温标与现在的有何不同?

1742 年,瑞典天文学家安德斯·摄尔修斯(Anders Celsius,1701—1744)将水的冰点定为 100℃,沸点定为 0℃。林奈(Carolus Linnaeus,1707—1778)把这种温度顺序倒了过来。但后来的教科书把改动的温标归功于摄尔修斯,摄氏温标这个名称就一直保留下来。

如何在摄氏温度和华氏温度之间进行转换?

摄氏温标转换成华氏温标(及反过来转换)的公式如下:

$$F=(C\times 9/5)+32$$

$$C=(F-32)\times 5/9$$

下面是这两种温标的一些有用的对比:

温　　度	华氏(°F)	摄氏(℃)
绝对零度	–459.67	–273.15
相等点	–40.0	–40.0
零华氏	0.0	–17.8
水的冰点	32.0	0.0
人体正常血液温度	98.4	36.9
100°F	100.0	37.8
水的沸点(标准大气压下)	212.0	100.0

谁发明了色谱法?

色谱法最早由俄国植物学家米哈伊尔·茨维特(Mikhail Tswett,1872—1919)于 20 世纪初发明。这一技术最初用于分离不同植物的色素。色谱法现已经发展成为一种广泛使用的方法，用以分离物质的各种成分。3 种色谱法分别为高效液相色谱法(HPLC)、气相色谱法和纸色谱法。不同的色谱技术用在法医科学和分析实验室中。

什么是核磁共振?

核磁共振(NMR)是原子核吸收外界磁场能量的过程。分析化学家利用核磁共振光谱学,鉴别未知的化合物,检测杂质,研究分子的形状。他们使用的核磁共振的原理为,不同的原子在稍微不同的频率下就会吸收电磁能量。

什么是标准温度和压力(STP)?

缩写词STP常常指标准温度和压力。为方便起见,科学家选择了一个特定的温度和压力作为比较气体量的标准。标准温度为0℃(273 K),标准压力是760托(1个大气压)。

电学术语安培是怎么得来的?

安培是以法国物理学家安德烈·玛丽·安培(Andre Marie Ampere,1775—1836)之姓氏命名的。他得出电动力学的基本定律。安培(符号A)是电流单位,常缩写为amp。安培定义为:两个无限长且平行的直线导体,相距1米,置于真空中,产生2×10^{-7}牛顿/米的力所需流经导体的恒定电流。例如,流经一只100瓦灯泡的电流量为1安培,流经面包片加热器的电流量为10安培;电视为3安培,汽车电瓶为50安培(转动曲柄时)。1牛顿(符号N)定义为使质量为1千克的物体产生1米/秒^{2}的力,即1N=1 kg^{ms-2}。

电学单位伏(特)是怎么得来的?

电压的单位是伏特,以意大利物理学家亚历山德罗·伏特(Alessandro Volta,1745—1827)的姓氏命名。他制造了第一个现代电池组(古埃及也用铅棒和醋制造电池)。电压是测量推动电荷穿过某一材料的力。一些常见的电压中,手电筒电池电压为1.5伏,汽车蓄电池为12伏,美国一般家庭用电源插座为115伏,大负荷家庭用电源插座为230伏。

电学单位瓦(特)是怎么得来的?

瓦特,简称瓦(符号W),是以苏格兰工程师兼发明家詹姆斯·瓦特(James Watt,1736—1819)的姓氏命名的,是电功率的计量单位。1伏特电压驱动1安培电流过负载装置时,用电1瓦特。

什么是化学摩尔?

摩尔(符号mol)是专有名词,即物质的量的基本测量单位,指物质的1克原子的重量或1克分子的重量。每摩尔含有6.02×10^{23}个原子、分子或该种物质分子式单位的物质。这个数叫做阿伏伽德罗常数，以意大利科学家阿莫迪奥·阿伏伽德罗（Amadeo Avogadro，1776—1856）的姓命名。阿伏伽德罗被认为是物理学创立者之一。

什么是摩尔日?

摩尔日由国家摩尔日基金会组织，以促进人们对化学的意识及热情，每年在10月23日庆祝。

克原子量与克分子量有何不同?

克原子量是以克表示的等于其原子量的元素（由具有同样原子数的原子结构的物质）的量。克分子量是以克表示的等于其分子量的化合物(元素混合物)的量。

太　空

宇　宙

什么是宇宙大爆炸?

宇宙大爆炸是被天文学家普遍接受的对宇宙起源的解释。认为宇宙始于150亿—200亿年前的一次大规模爆炸。两项观测结果构成了这一宇宙学的基础。首先,正如埃德温·哈勃(Edwin Hubble,1889—1953)验证的那样,宇宙在不断膨胀,天体的后退速度与观察者的距离成正比,即距离越远,退行的速度就越大。其次,地球沐浴在辐射光中,辐射具有远古炽热太阳余迹的特点。这种辐射的发现者是贝尔电话实验室的阿诺·A.彭齐亚斯(Arno A.Penzias,1933—　)和罗伯特·W.威尔逊(Robert W. Wilson,1936—　)。最后,大爆炸产生的物质大团块地聚在一起,形成星系。星系内较小团块形成恒星。至少一个团块的各部分形成一群行星——我们的太阳系。

什么是大收缩理论?

根据大收缩理论,在未来非常遥远的某一时间,所有物质将改变方向,缩回到物质起始的那个点。其他两个预测宇宙未来的理论为大乏味理论和稳态理论。大乏味理论，叫这个名是因为这个理论说起来没有什么让人兴奋之处。这个理论声称，一切物质将继续离开所有其他物质，宇宙将永远膨胀下去。根据稳态理论，宇宙的膨胀将减慢到几乎停止，那时，宇宙将达到稳定状态，并基本上保持不变。

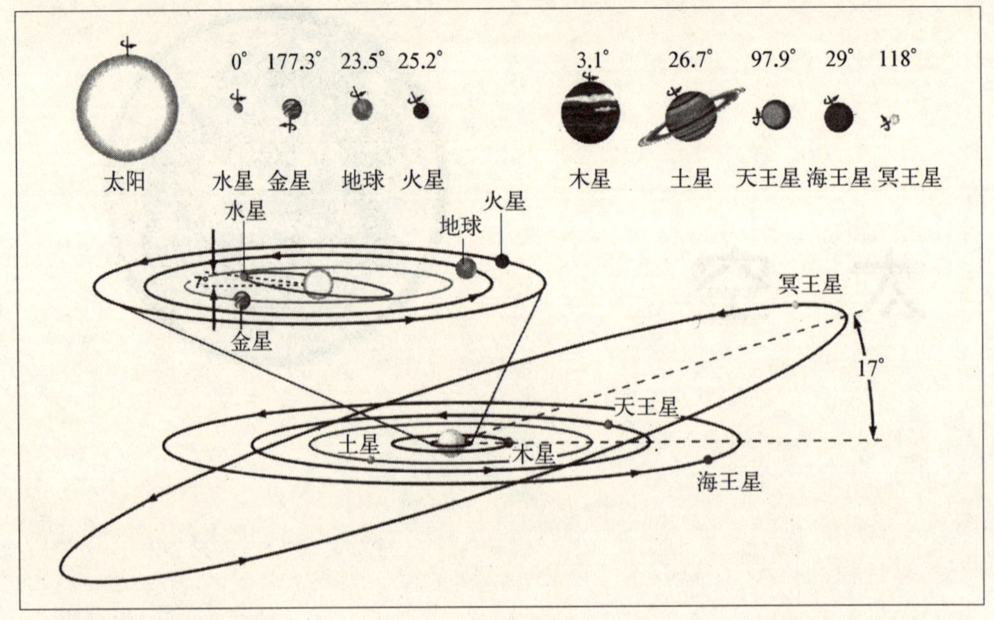

目前太阳系示意图。

宇宙的年龄是多少？

哈勃太空望远镜最近收集的数据表明，宇宙的年龄可能只有 80 亿年。这与以前认为宇宙年龄大约 130 亿—200 亿年的说法相矛盾。早期的数字来自这样的概念，即宇宙自从大爆炸诞生以来，一直以同样的速度在膨胀。膨胀速度是一个称为哈勃常数的比值，是通过星系退离地球的速度除以星系离地球的距离计算出来的。把哈勃常数倒过来计算，即星系的距离除以退行速度，就计算出了宇宙的年龄。对星系退行的速度和星系离地球的距离的两项估算可能是不确定的。况且，并不是所有科学家都接受宇宙始终在以同样的速度膨胀这一观点。因此，许多科学家仍然认为，宇宙的年龄还只是有待讨论的问题。

太阳系有多大？

太阳系的大小，可以通过将太阳（直径 86.4 万英里/1.38 万千米）缩小成直径 1 英寸的球（大约一只乒乓球大小）来想象。用同样的比例，地球将是直径 0.01 英寸（0.25 毫米）一个小斑点，离乒乓球大小的太阳约有 9 英尺（2.7 米）远。月球的直径仅有

0.002 5 英寸(0.06 毫米,一根头发丝的厚度),离地球的距离只是 1/4 英寸(6.3 毫米)多一点。太阳系中最大的行星——木星,看起来像一颗小豌豆粒大小[直径 0.1 英寸(2.5 毫米)],离太阳 46 英尺(16 米)远。冥王星——太阳系中最小的行星,像一个几乎看不见的小点儿[直径 0.000 83 英寸(0.02 毫米)],离太阳距离 355 英尺(108 米)远。

常常被认为是 20 世纪末期最伟大的理论物理学家的斯蒂芬·霍金。

谁是斯蒂芬·霍金?

英国物理学家、数学家霍金(William Hawking,1943—)被人们认为是 20 世纪末期最伟大的理论物理学家。尽管因肌萎缩侧索硬化症(ALS)而严重残疾,他却通过研究时空的性质及其异常现象,在黑洞和宇宙起源及演化科学知识方面作出了重大贡献。例如,霍金提出,黑洞会发出热辐射。他预言,黑洞在所有质量转变成辐射(称为"霍金辐射")时,就会消失。霍金目前的目标是,将量子力学和相对论结合成量子重力理论。他的科普作品也颇引人注目,特别是通俗畅销的书《时间简史》。

什么是类星体?

类星体作为"准星体"辐射源收缩体而得此名。类星体看起来像恒星,但它们的光谱中有巨大的红移,由此表明它们在以巨大的速度退离地球,有的红移速度高达光速的 90%。这些类星体的特性尚不可知,但许多人认为它们是最遥远的可见天体——遥远星系的核。类星体,也叫做似星体或 QSO,最早由天文学家于 1963 年在加利福尼亚州的帕洛玛(Palomar)天文台确认。

什么是朔望?

朔望是3个天体在一条直线上时所发生的天文现象,如日食或月食期间,太阳、地球和月亮的分布情况。从地球上看,行星与太阳分列于地球两侧,行星的距角(即地球和行星的连线与地球和太阳的连线的交角)为180°时的特殊朔望,叫做冲。

什么星系离我们最近?

仙女座星系是离我们地球所在的银河系最近的星系。据估计,它离地球有220万光年。仙女座星系比银河系大,是漩涡星系,也是在地球天空中看到的最亮的星系。

恒　　星

什么是超新星?

超新星是指导致大质量恒星毁灭的罕见而壮观的爆炸。超新星爆发时的光度超过整个星系,然后逐渐减弱变暗。超新星确实是相当不易见到的。在我们银河系里观测到的最后一颗超新星是在1604年。在1987年2月,超新星1987A出现在银河系附近的一个星系——大麦哲伦云星系中。

星云分哪4种类型?

星云的4种类型为发射星云、反射星云、暗星云和行星状星云。星云是恒星的主要诞生地,是太空中的气体和尘埃组成的云雾状天体。发射星云和反射星云是亮星云。发射星云是能自己发光的彩色的云。反射星云是由尘埃和气体组成的冷星云,由近旁亮星的光照亮,而不是靠自身能量发光。暗星云,也叫做吸收星云,附近没有高亮度或高温恒星,因而不发光,看起来像天空的洞。猎户座中的马头星云就是一个暗星云的例子。行星状星云由恒星爆发后的残骸组成。

什么是星尘,我们真的是由星尘构成的吗?

构成地球的重金属,如铁、硅、氧和碳,最初是由遥远的恒星爆发产生的。恒星爆发时,向太空发射重元素。实际上,地球及地球上的所有生命都是再造星体残骸。

为什么星星会闪烁?

星星实际上会发恒定的光,对地球上观看星星的人来说,它们好像在闪烁,这主要是由于大气层气流干扰的结果。分子颗粒和尘埃颗粒在地球上的大气覆盖层中飘浮着。当这样的飘浮颗粒在恒星和观察者之间经过时,光束就会出现短暂的终止。这些短暂的终止不断地出现,就出现了星星闪烁的现象。

什么叫双子星?

双子星是围绕共同质心旋转的两颗星体。在所有恒星中,大约有一半属于双子星系或多星系。多星系由两个以上的恒星组成。

天狼星是一颗亮星,距地球大约 8.6 光年远,是由两颗恒星构成的:其中一颗的质量大约是太阳质量的 2.3 倍,另一颗是白矮星,大约是木星质量的 980 倍。半人马座 δ 是除太阳以外距地球最近的恒星。它实际上是 3 颗星:半人马座 δA 和半人马座 δB,两颗像太阳的恒星相互绕轨道运行,还有半人马座 δC,一颗低质量的红星围绕它们的轨道运行。

什么是黑洞?

当一颗质量比太阳质量大 4 倍的恒星塌缩时,即使中子也不能阻止其引力。没有任何东西可以阻止其塌缩,因此恒星永远塌缩下去。塌缩后物质的密度非常大,任何东西甚至光都不能逃逸出去。美国物理学家约翰·惠勒(John Wheeler)在 1967 年给这种天文现象起名“黑洞”。因为没有光能从黑洞中逃逸出来,所以黑洞不能直接被观察到。然而,如果黑洞是在另一个恒星附近,就会将那颗星的物质吸引到自己的体内,结果产生 X 射线。在天鹅座中,有一种很强的 X 射线源,叫做天鹅座 X-1。它在一颗恒星附近,这两颗星相互绕轨道运行。这个看不见的 X 射线源的万有引力至少是 10 个太阳的引力,因此被认为是一个黑洞。另一个黑洞是原本就存在的黑洞,它从大爆炸时就存在,那时气体和尘埃组成的区域具有巨大的压力。最近,天文学家观测到银河系中心附近区域的人马座 A 发出的短暂 X 射线脉冲。这个脉冲的起源及脉冲的行为使科学家们得出一个结论,即在我们的星系中心,很可能存在一个黑洞。

还有 4 种其他可能的黑洞:史瓦兹契尔德黑洞没有电荷,没有角动量;不旋转带电黑洞(Reissner-Nordstrom)有电荷,但没有角动量;克尔黑洞有角动量,但没有电荷;克尔纽曼黑洞有电荷和角动量。

什么是脉冲星?

脉冲星又称射电脉冲星,能发射极其规则的射电脉冲,是快速旋转的中子星,自旋速度在0.01—4秒之间。恒星通过将氢转化成氦而燃烧。当氢耗尽时,恒星内部开始收缩。在收缩过程中,恒星内部的能量被释放出来,恒星外层被推挤出去。这些外壳巨大而寒冷,恒星这时变成一颗红色巨星。质量超过太阳质量两倍的恒星继续膨胀,变成超巨型。这时它就会爆炸,称为超新星爆发。之后,恒星核的剩余物质向内塌缩,电子和质子变成中子。质量为太阳的1.4—4倍的恒星可以压缩成直径只有约12英里(20千米)的中子星。中子星自旋的速度非常快。位于蟹状星云中心部位的中子星,每秒旋转30周。

质量为太阳质量的1.4—4倍的恒星塌缩,形成脉冲星。一些中子从磁极向地球方向发射无线电信号。这些信号最先由剑桥大学乔丝琳·贝尔(Jocelyn Bell,1943—　)于1967年发现。因为这些脉冲信号的周期性非常有规律,所以有些人推测,这是地外智慧生命向我们发来的外星人信号。但这一说法最终被排除了,因高速自转的中子星观点逐渐被接受,成为这些脉冲无线电波源的最好解释。

星体呈现的颜色说明什么?

恒星的颜色表明恒星的温度和年龄。恒星按照光谱类型分类。从最老到最年轻、从最热到最冷,恒星的分类如下:

类　型	颜　色	温　度(°F)	温　度(℃)
O	蓝色	45 000—75 000	25 000—40 000
B	蓝色	20 000—45 000	11 000—25 000
A	蓝白色	13 500—20 000	7 500—11 000
F	白色	10 800—13 500	6 000—7 500
G	黄色	9 000—10 800	5 000—6 000
K	橙色	6 300—9 000	3 500—5 000
M	红色	5 400—6 300	3 000—3 500

每种类型又可细分为0—9共10个次类型。太阳属于G2类型的恒星。

质量最大的恒星是什么?

恒星手枪星(Pistol)是目前已知的最明亮、同时也是质量最大的恒星。这颗年轻的恒星(年龄为100万—300万年)有2.5万光年远,位于人马座,有1 000万个太阳那么亮。在其年轻生命的某个时候,其质量可能是太阳的200倍。

最亮的恒星有哪些?

恒星的亮度叫做星等。视星等是肉眼看到的恒星的亮度。星等越低,星就越亮。在晴朗的夜空,肉眼可看到星等大约为+6的星星。大型望远镜可观测到星等低到+27的天体。非常明亮的天体有负星等。例如,太阳的星等为-26.8。

恒　星	星　座	视　星　等
天狼星	大犬座	-1.47
老人星	船底座	-0.72
大角星	牧夫座	-0.06
南门二	半人马座	+0.01
织女星	天琴座	+0.04
五车二	御夫座	+0.05
参宿七	猎户座	+0.14
南河三	小犬座	+0.37
参宿四	猎户座	+0.41
水委一	波江座	+0.51

什么是银河?

银河是跨夜空的一条肉眼能见到的云雾状光带。银河的光来自组成河系的恒星。太阳和地球就属于银河系。星系是由巨大空间而使其相互分开的恒星组成的巨大体系。天文学家估计,银河系的恒星至少有1 000亿颗,直径约10万光年。银河系呈扁平状,中间微凸,称为核球,还有4条悬臂。

什么是北斗星?

北斗星是大熊座中的7颗亮星组成的星群。这7颗星排列的形状看起来像一把带有长柄的斗(或勺子)。在英国,这个星群被称作the plough。北斗七星在北半球几乎总能看得到,它是指示方向和认识星座的重要标志。例如,距北斗星斗柄最远的两颗星的连线几乎直指北极星,故又称为“指极星”。

大熊星座，又称作大熊，含有 7 颗组成北斗星的星群。

北极星在哪里？

如果从北极向太空画一条线，就会到达一颗星，称作北极星，距北天极不足 1°。由于地球绕轴自转，北极星就像一个中心点，北半球所有可见的星好像都在围绕着北极星转动，而北极星本身却保持不变。

北极星总是指极星吗？

地球有数个北极星。地球旋转时，缓慢地绕轴摆动。这种运动称作岁差。地球的自转轴在太空中绕黄道轴旋转，画出一个圆锥面，周期为 2.6 万年。在法老时期，北极星是右枢星(Thuban)。现在指极星是北极星。到公元 1.4 万年左右，北极星将是织女星。

什么是夏日大三角？

夏日大三角是由天津四、织女星和河鼓二(俗称牵牛星或牛郎星)3 颗星组成的三角形，在夏天的银河系中可以看到。

太空中有多少星座，它们是如何命名的？

星座是由形成某种特殊形状(如人形、动物形或物体形等)的恒星群构成。一群恒星看起来仅形成一种形状，从地球上看，这些恒星相互距离很近。实际上，一个星座里的恒星往往距离很远。现在被认可的星座共有 88 个。各星座之间的界限于 20 世纪 20 年代由国际天文学联合会划定。

世界所有地区的各种不同文化都有自己的星座。然而,因为现代科学主要是西方文化的产物,所以许多星座都以古代希腊或罗马神话中的人物或动物命名。在 16—17 世纪,欧洲人开始探索南半球时,他们以当时的技术奇迹,如显微镜,来描述某些新的星图。

星座的命名通常使用拉丁语表示。星座中的恒星通常按亮度次序,使用希腊字母命名。最亮的星是 α 星,第二亮的星叫 β 星,依此类推。星座名称的属有格形式也被使用。猎户座 α 星是猎户星座中最亮的星。

星　座	属有格	简　写	意　思
仙女座	Andromedae	And	被缚的少女
唧筒座	Antliae	Ant	泵
天燕座	Apodis	Aps	天堂鸟
宝瓶座	Aquarii	Aqr	水容器
天鹰座	Aquilae	Aql	鹰
天坛座	Arae	Ara	祭坛
白羊座	Arietis	Ari	公羊
御夫座	Aurigae	Aur	驭者
牧夫座	Boötis	Boo	牧人
雕具座	Caeli	Cae	凿子
鹿豹座	Camelopardalis	Cam	长颈鹿
巨蟹座	Cancri	Cnc	蟹
猎犬座	Canum Venaticorum	CVn	猎狗
大犬座	Canis Majoris	CMa	大狗
小犬座	Canis Minoris	CMi	小狗
摩羯座	Capricorni	Cap	山羊
船底座	Carinae	Car	船的龙骨
仙后座	Cassiopeiae	Cas	埃塞俄比亚王后
半人马(射手)座	Centauri	Cen	半人马
仙王座	Cenhei	Cep	埃塞俄比亚国王
鲸鱼座	Ceti	Cet	鲸
蝘蜓座	Chamaeleonis	Cha	变色龙
圆规座	Circini	Cir	罗盘
天鸽座	Columbae	Col	鸽子
后发座	Comae Berenices	Com	伯伦尼斯的头发

续表

星座	属有格	简写	意思
南冕座	Coronae Australis	CrA	南方的王冠
北冕座	Coronae Borealis	CrB	北方的王冠
乌鸦座	Corvi	Crv	乌鸦
巨爵座	Crateris	Crt	杯子
南十字	Crucis	Cru	南方的十字形
天鹅座	Cygni	Cyg	天鹅
海豚座	Delphini	Del	海豚
剑鱼座	Doradus	Dor	金鱼
天龙座	Draconis	Dra	龙
小马座	Equuleus	Equ	小马
波江座	Eridani	Eri	厄里达诺斯河
天炉座	Fornacis	For	熔炉
双子座	Geminorum	Gem	双生子
天鹤座	Gruis	Gru	鹤
武仙座	Herculis	Her	海克里斯
时钟座	Horologii	Hor	时钟
长蛇座	Hydrae	Hya	蛇怪,希腊怪物
水蛇座	Hydri	Hyi	海蛇
印第安座	Indi	Ind	印第安人
蝎虎座	Lacertae	Lac	蜥蜴
狮子座	Leonis	Leo	狮子
小狮座	Leonis Minoris	LMi	小狮子
天兔座	Leporis	Lep	野兔
天秤座	Librae	Lip	天平
豺狼座	Lupi	Lup	狼
天猫座	Lyncis	Lyn	猞猁
天琴座	Lyrae	Lyr	里拉琴或竖琴
山案座	Mensae	Men	高原
显微镜座	Microscopii	Mic	显微镜
麒麟座	Monocerotis	Mon	独角兽
苍蝇座	Musca	Mus	苍蝇
矩尺座	Mormae	Nor	木匠的丁字尺

续 表

星座	属有格	简写	意思
南极座	Octanis	Otc	八分仪
蛇夫座	Ophiuchus	Oph	蛇夫
猎户座	Orionis	Ori	猎户,狩猎人
孔雀座	Pavonis	Pav	孔雀
飞马座	Pegasi	Peg	有翅膀的马
英仙座	Persei	Per	柏修斯,希腊英雄
凤凰座	Phoenicis	Phe	长生鸟
绘架座	Pictoris	Pic	画家
双鱼座	Piscium	Psc	鱼
南鱼座	Piscis Austrini	PsA	南方的鱼
船尾座	Puppis	Pup	船尾
罗盘座	Pyxidis	Pyx	船上的指南针
网罟座	Reticuli	Ret	网
天箭座	Sagittae	Sge	箭
人马座	Sagittarii	Sgr	弓箭手
天蝎座	Scorpii	Sco	蝎子
玉夫座	Scorpiuor	Scl	做雕塑或雕刻的人
盾牌座	Scuti	Sct	盾
巨龟座	Serpentis	Ser	蛇
六分仪座	Sextantis	Sex	六分仪
金牛座	Tauri	Tau	公牛
望远镜座	Telescopii	Tel	望远镜
三角座	Trianguli	Tri	三角形
南三角座	Triangulum	Tra	南三角形
杜鹃座	Tucanae	Tuc	妥鸟
大熊座	Ursae Majoris	UMa	大熊
小熊座	Ursae Minoris	UMi	小熊
船帆座	Velornm	Vel	船帆
室女座	Virginis	Vri	处女
飞鱼座	Volantis	Vol	飞鱼
狐狸座	Vulpeculae	Vul	小狐狸

最大的星座是什么星座?

长蛇座是最大的星座,从双子座一直延伸到室女座的南边。它有一条可识别的长长的星带。"长蛇"这个星座名称源于古代神话中被海克力斯杀死的水蛇怪。

哪颗恒星距离地球最近?

太阳是距离地球最近的恒星,与地球的平均距离为 92 955 900 英里(149 598 000 千米)。在太阳之后,距离地球最近的恒星是半人马座 α 星三星系统中的 3 颗恒星(半人马座 αA、半人马座 αB 和半人马座 αC,有时称作半人马座比邻星)。它们距地球 4.3 光年远。

太阳有多热?

太阳中心温度约为 2 700 万°F(1 500 万℃),太阳表面或称光球层的温度大约是 1 万°F(5 500℃)。光球内的磁异常现象导致一些区域比周围暗,且温度较低。这些太阳黑子的温度约为 6 700°F(4 000℃)。太阳较低的大气层——色球层,厚度只有几千英里。在色球层底部,温度大约为 7 800°F(4 300℃),但温度随着到日冕(太阳大气的最外层)高度的增加而上升,温度达到 180 万°F(100 万℃)。

太阳是由什么构成的?

太阳是一个炽热的气体球,其质量为 1.8×10^{27} 吨或 1.8 个千的 9 次方,是地球质量的 33 万倍。

元 素	质 量 百 分 比
氢	73.46
氦	24.85
氧	0.77
碳	0.29
铁	0.16
氖	0.12
氮	0.09
矽	0.07
镁	0.05
硫	0.04
其他元素	0.10

太阳将会在什么时候消亡?

太阳的年龄大约为45亿年。从现在开始大约50亿年后,太阳中的所有氢燃料将燃烧形成氦。在这个过程中,太阳将由现在的黄色变成红色巨星,其直径将延长,超过金星轨道,甚至可能超过地球轨道。无论哪种情况发生,地球都将被烧成灰烬。

什么是黄道?

黄道指太阳在地球上的周年视运动轨迹,即太阳在天空中穿行视路径的大圈。在春天,北半球的黄道带高高地斜挂在夜晚的天空中。到了秋天,黄道接近地平线。

太阳的颜色为什么会发生变化?

阳光含有彩虹中的所有颜色,这些颜色混合后,形成白光,使阳光看起来是白光。有时候,这些色光波长的一部分,尤其是蓝光,分散在地球大气中,这时阳光看起来就有了颜色。当太阳高高地悬挂于天空中时,一些蓝色光线分散在地球大气中。这时,天空看起来是蓝色的,太阳显得发黄。在日出或日落时,阳光得穿过较长的距离透过地球大气层,这时的太阳看上去是红色的(红色的波长最长)。

光从太阳到地球需要多长时间?

阳光以每秒186 282英里(299 792千米)的速度,大概需要8分20秒到达地球。它随着地球在其轨道位置的不同而稍有变化。在1月份,阳光需要大约495秒到达地球。在7月,需要约505秒。

太阳活动周期有多长?

太阳活动周期指太阳黑子数目的周期性变化。这个周期是太阳黑子数目两个最小值之间的间隔,周期长约为11.1年。在太阳活动周期过程中,耀斑、太阳黑子及其他活动,从剧烈到相对平静,再到剧烈。太阳活动周期是10项ATLAS太空任务进行研究的领域,旨在探究地球大气物理和化学。在太阳活动周期中的这些研究将对地球大气及其对太阳变化的反应有更详尽的了解。

什么是太阳黑子周期?

它是在11年周期内,太阳黑子的波动数目。太阳黑子数目上的变化似乎与太阳耀斑数目的增加或减少相一致。太阳黑子数目的增加意味着太阳耀斑数目的增加。

什么时候出现日食?

当月球运动到地球与太阳之间,且 3 个天体在同一直线时,就会发生日食。当月球完全遮盖住太阳在地球上的视线面和本影,或月球影子的黑暗部分投向地球时,就发生日全食。日全食只发生在距地面 100—200 英里(160—320 千米)的狭窄带内,叫全食带。就在日全食发生前,太阳上的可见部分只是几个发光亮点,称为贝利珠,即在日全食时,由于太阳光线通过月亮山谷而瞬间形成日面边缘断续的亮点环。有时可以看到阳光的最后一次耀眼的闪烁,即钻石环效应。日全食时间平均为 2.5 分钟,最多能持续 7.5 分钟。在日全食期间,天空一片黑暗,恒星和其他行星很容易看到。太阳大气的最外层——日冕,也能看见,好似一轮粉红色光环。

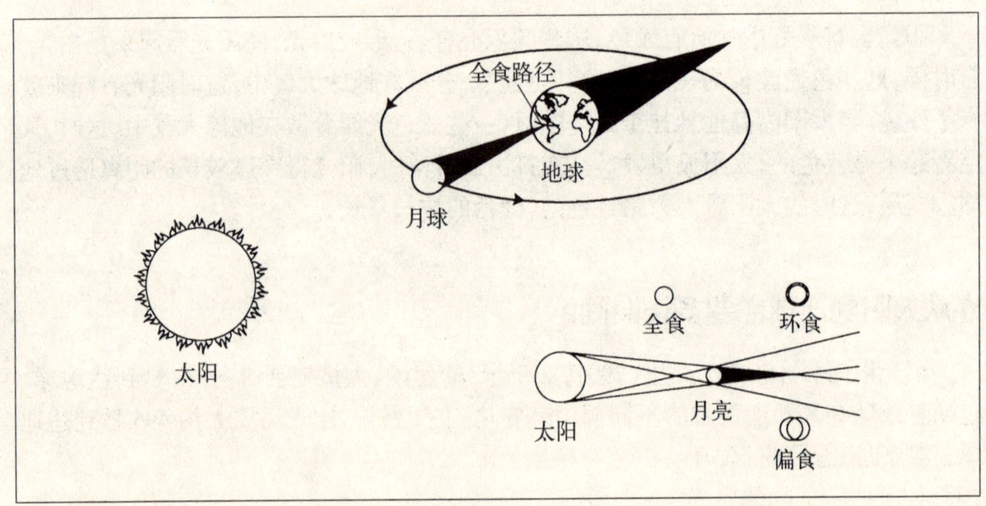

日食。

如果月球在天空中看起来不是很大,不能完全遮掩住太阳,太阳上好像衬托出月球的轮廓,有一圈明亮的太阳光环围绕着月球,这种情况称为环。因为太阳没有被完全遮住,所以看不到日冕。尽管天空可能会暗下来,但不会黑得能看见星星。

在日偏食期间,地面的某部分处在月亮半影内,那里的人会见到日面的一部分被月球遮掩。在日全食或日环食的路径两侧,也能看到日偏食。在日偏食期间,月球遮住一部分太阳,天空不会明显地变黑。

什么是幻日?

幻日(sun dog)也叫假日(mock sun, false sun,22° parhelia)或 22°幻日,是明亮的

亮点，有时在太阳的任一边与当地太阳同一高度处出现，因在地平线上，并与太阳成22°角相离，像太阳一样。

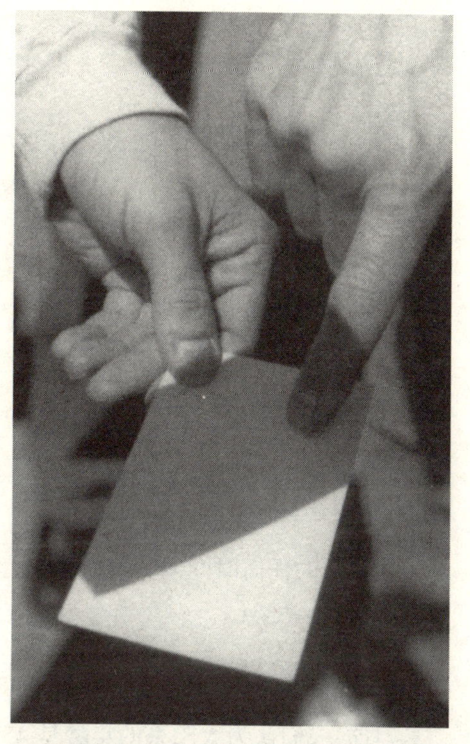

简单的针孔照相机可以用来安全地观看日全食影像。

什么是太阳风?

太阳风是太阳最外层大气——日冕中的气体膨胀引起的。因为日冕具有极高的温度[180万°F(100万℃)]，日冕中的气体不断加热，气体中的原子不断碰撞。原子失去电子并成为带电离子。这些离子流产生太阳风。太阳风的速度310英里/秒(500千米/秒)，密度约为每平方英寸82个离子(每平方厘米5个离子)，由于地球被强大的磁场(磁层)包围，使地球免受太阳风粒子的影响。1959年，苏联探测器“月球2号”确认了太阳风的存在，并对太阳的特性进行了首次探测。

观看日食最安全的方法是什么?

在索引卡片上打个孔，把它拿到另一张卡片前2—3英尺处。通过这个小孔，就能安全地观看日全食了。用带小孔的铝箔，把索引卡片放进一个盒子里，这样你就会看到更清晰的日全食像。你还可以买带铝制聚酯薄膜(密拉)镜片的特殊眼镜。在观看日食时，如果用其他的装置，如摄像滤光镜、曝过光的软片、灰色玻璃、摄像镜头、望远镜或双目望远镜等，就会损伤视网膜。

未来10次日食将在何时、何地发生?

2003年11月23日	南极洲
2005年4月8日	南太平洋
2006年3月29日	非洲、土耳其、俄罗斯
2008年8月1日	格陵兰岛、西伯利亚、中国
2009年7月22日	印度、中国、太平洋
2010年7月11日	南太平洋
2012年11月13日	澳大利亚、太平洋

2015年3月20日	北大西洋
2016年3月9日	印度、北太平洋
2017年8月21日	美国

2017年8月21日发生在美国的日全食将掠过从俄勒冈州的塞勒姆到南卡罗来纳州的查尔斯顿70英里(113千米)的区域。

行星和卫星

参见:地球

哪些行星是肉眼可以看到的?

在一年的任何时间内,水星、金星、火星、木星和土星肉眼都是可以看得到的。

太阳系的年龄是多少?

目前,人们认为太阳系的年龄是45亿年。地球和太阳系的其余部分都是由巨大的气体和尘埃云团形成的。重力和旋转力使云团扁化为星云盘,云团的大部分物质凝聚形成中心。这些材料变成太阳。云团的剩余部分形成小天体,称为微行星。这些微行星互相碰撞,渐渐地形成越来越大的物体,其中一些成为行星。人们认为这个过程用了大约2 500万年。

行星距离太阳有多远?

行星以太阳为椭圆的焦点,以椭圆形轨道围绕太阳运转。因此,行星有时距太阳较近,有时较远。下面列出的距离是行星距太阳的平均距离。排列从距太阳最近的行星——水星开始,以从近到远的顺序依次排列。

行　星	平均距离(英里)	平均距离(km)
水星	35 983 000	57 909 100
金星	67 237 700	108 208 600
地球	92 955 900	149 598 000
火星	141 634 800	227 939 200
木星	483 612 200	778 298 200

续 表

行　星	平均距离(英里)	平均距离(km)
土星	888 184 000	1 427 010 000
天王星	1 782 000 000	2 869 600 000
海王星	2 794 000 000	4 496 700 000
冥王星	3 666 000 000	5 913 490 000

哪些行星有环?

木星、土星、天王星、海王星都有光环。木星光环是1979年3月"航海家1号"发现的。光环从木星中心向外延伸80 240英里(129 130千米),环宽度约为4 300英里(7 000千米),厚度至少有20英里(30千米)。木星有一个较暗的内环,延伸到木星大气层的外缘。在太阳系中土星的光环最大、最壮观。1659年,荷兰天文学家克里斯蒂安·惠更斯(Christiaan Huygens,1629—1695)最先发现的,土星被一环状系统所环绕。土星光环直径为16.98万英里(27.32万千米),但厚度不到10英里(16千米)。有6个不同的光环,由水冰块组成。水冰块从极小的颗粒到直径几十码的大小不等冰块。

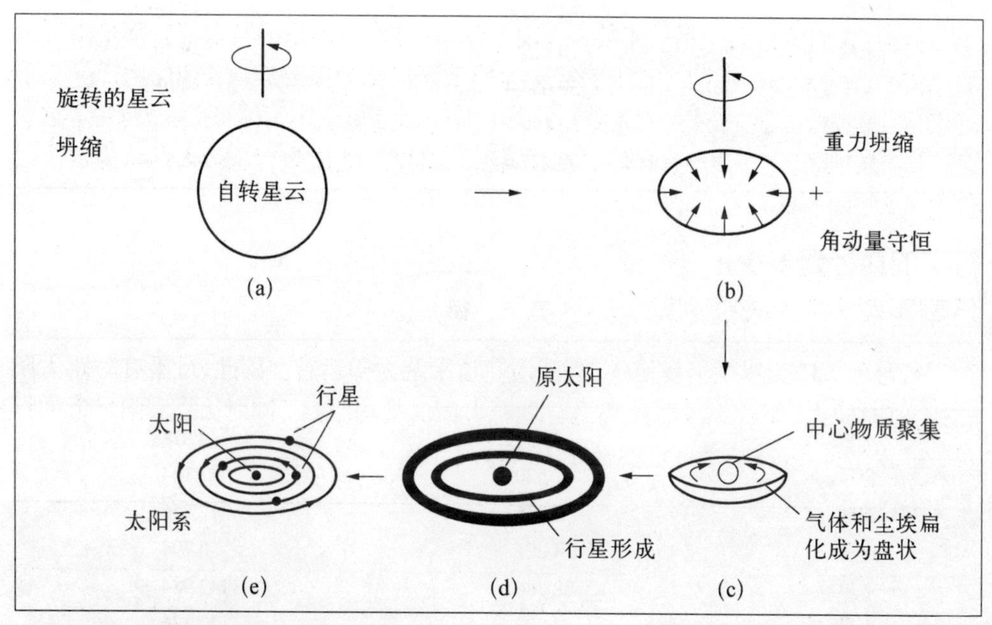

太阳系从星云(a)演化成目前的结构(e)。

1977年当天王星掩盖住一恒星(即在恒星前通过)时,科学家观测到在天王星遮蔽这颗恒星之前,恒星的光闪烁数次。在掩盖现象发生以后,同样的闪烁又以相反的次序出现。这一现象的原因被确认为是天王星环所致。最初证实天王星有9条环。"旅行者 2 号"在 1986 年又发现了另外两条星环。这两个行星环非常暗弱、狭小。

"旅行者 2 号"在 1989 年还发现了一系列至少 4 个海王星环。有些环看起来有弧状结构,那里物质密度高于环的其他部分。

土星环有多厚?

土星的大环实际上是由数千个小环组成。这些环的厚度差异很大,有时环的厚度不足 100 米。

行星绕太阳一周需要多长时间?

行　星	地球天数	地球年
水星	88	0.24
金星	224.7	0.62
地球	365.26	1.00
火星	687	1.88
木星	4 332.6	11.86
土星	10 759	29.46
天王星	30 685.4	84.01
海王星	60 189	164.8
冥王星	90 777.6	248.53

行星的直径是多少?

	直　径	
行　星	英　里	千　米
水星	3 031	4 878
金星	7 520	12 104
地球	7 926	12 756
火星	4 221	6 794
木星	88 846	142 984
土星	74 898	120 536
天王星	31 763	51 118
海王星	31 329	50 530
冥王星	1 423	2 290

注:所有直径都是从行星赤道测量所得。

行星是什么颜色的?

行　星	颜　色
水星	橙色
金星	黄色
地球	蓝色、褐色、绿色
火星	红色
木星	黄色、红色、褐色、白色
土星	黄色
天王星	绿色
海王星	蓝色
冥王星	黄色

谁发现了土星的环?

1610年,伽利略可能是第一个发现土星环的人。因为伽利略使用的望远镜太小,他不可能看清这些环,他以为这些环是卫星。1656年,克里斯蒂安·惠更斯(Christiaan Huygens)用更大的望远镜又发现了一个土星环。后来,在1675年,让·多米尼克·卡西尼(Jean Domenique Cassini)辨认出环绕土星的两个环。再后来,有更多的星环被发现。截至1980年,小土星环被观测到。

以地球为参照,太阳、月球及每颗行星相对地球的引力分别是多大?

如果把地球的引力定为1,那么相对的引力如下:

太阳	27.9
水星	0.37
金星	0.88
地球	1.00
月球	0.16
火星	0.38
木星	2.64
土星	1.15

续 表

天王星	0.93
海王星	1.22
冥王星	0.06

利用这个表可以进行重量比较。如果地球上的某人体重 100 磅(45.36 千克),那么这个人在月球上的重量就是 16 磅(7.26)或表示为 100×0.16。

什么叫恒星时?

以地球相对于遥远恒星(而不是太阳,太阳时是民用时间的基础)转动为依据所测量的时间。一个恒星日为 23 小时 56 分 4 秒,比太阳日少了近 4 分钟。

哪些行星是"内"行星,哪些是"外"行星?

太阳系行星的一种分类。以地球轨道为界,轨道在地球轨道以内的行星叫"内"行星,亦称"地轨内行星",位于太阳系内圈。地内行星有两颗,即距离地球最近的水星和次近距离的金星。轨道在地球轨道以外的行星叫"外"行星,亦称"地轨外行星",是地内行星的对称。地外行星位于太阳系外圈,有 6 颗,距离由近而远的顺序依次为火星、木星、土星、天王星、海王星和冥王星。行星的这些称法与每个行星的特性毫无关系。

所有行星上的一天都一样长吗?

不一样长。行星绕轴运行 1 周所需的时间为 1 天。这一天各行星均不相同。金星、天王星和冥王星为逆向运行。也就是说,它们的自转方向与其他行星方向相反。下列表中列出了每个行星自转一天的长度。

行　星	地球天数	天的长度	
		小　时	分　钟
水星	58	15	30
金星	243		32
地球		23	56
火星		24	37
木星		9	50
土星		10	39
天王星		17	14

续表

行　星	地球天数	天的长度	
		小　时	分　钟
海王星		16	3
冥王星	6	9	18

什么是类木行星和类地行星?

木星、土星、天王星和海王星的物理性质和天体特点与木星类似,称为类木行星。它们体积大而密度小,主要由轻元素,如氢和氦组成。水星、金星、地球和火星的物理性质和天体特点与地球类似,称为类地行星。它们体积小而密度大,有坚实的表面,由岩石和铁构成。冥王星似乎像一颗类地行星,但它的起源与其他行星不同。

金星的自转方式有什么独特之处?

与地球和大部分其他行星不同的是,金星自转的方向与其他行星绕太阳轨道运行方向相反。金星自转的速度非常慢,每个金星年只有两次日出和日落。天王星和冥王星的自转也都是相反方向的。

地球的自转速度真的是变化的吗?

地球的自转速度在7月末和8月初最大,在4月最小。一天内长短的差距为0.001 2秒钟。大约从1900年以来,地球自转以每年大约1.7秒的速度减慢。在地球的过去时期,地球的自转周期比现在快得多,一天的时间更短,一年有更多的天数。大约3.5亿年前,一年有400—410天。2.8亿年前,一年有390天。

在北半球,地球在冬天比在夏天离太阳更近,这是真的吗?

的确如此,不过,地球绕其质心转动的轴线——地轴,相对于绕太阳公转平面有23.5°的倾斜角度。当地球距太阳最近时(近日点,大约在1月3日),北半球倾斜离开太阳。这使北半球处于冬天,而南半球则处于夏天。当地球离太阳最远时(远日点,在7月4日左右),情况则相反,北半球向太阳倾斜。这时北半球是夏天,南半球则是冬天。

地球的周长是多少?

地球是一个扁形椭圆体——两极稍扁,赤道略鼓。赤道部位的地球圆周长为

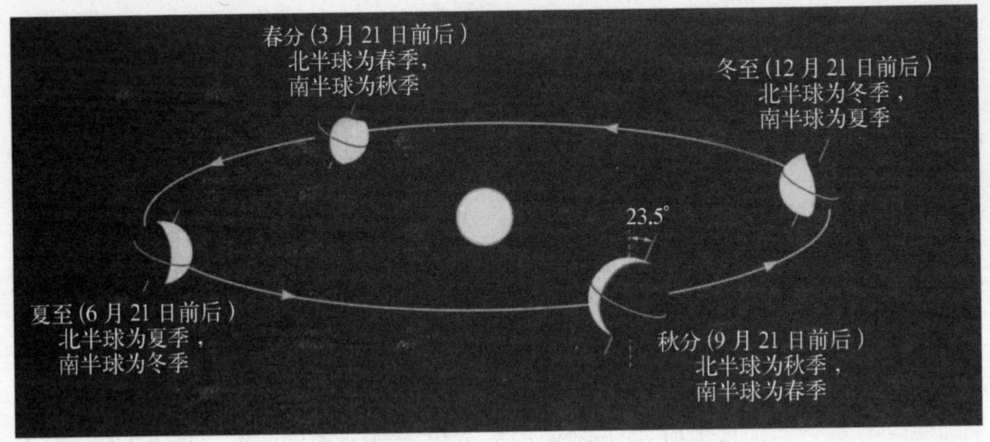

季节。

24 902 英里（40 075 千米），穿过两极的地球周长为 24 860 英里（40 008 千米）。

什么是岁差?

地轴在太空中绕黄道缓慢旋转，结果使春分点逐渐向后运动，其旋转周期为 2.6 万年。这种现象叫做分点岁差。太阳和月球的引力在地球赤道的凸出部分拖拉地球，使地球的自转轴旋转，南北极每 2.6 万年转完一圈。每年太阳在二分点时刻通过地球赤道时，其位置与前一年都稍有不同。这种运动持续向东运动，最后转成一个圆。

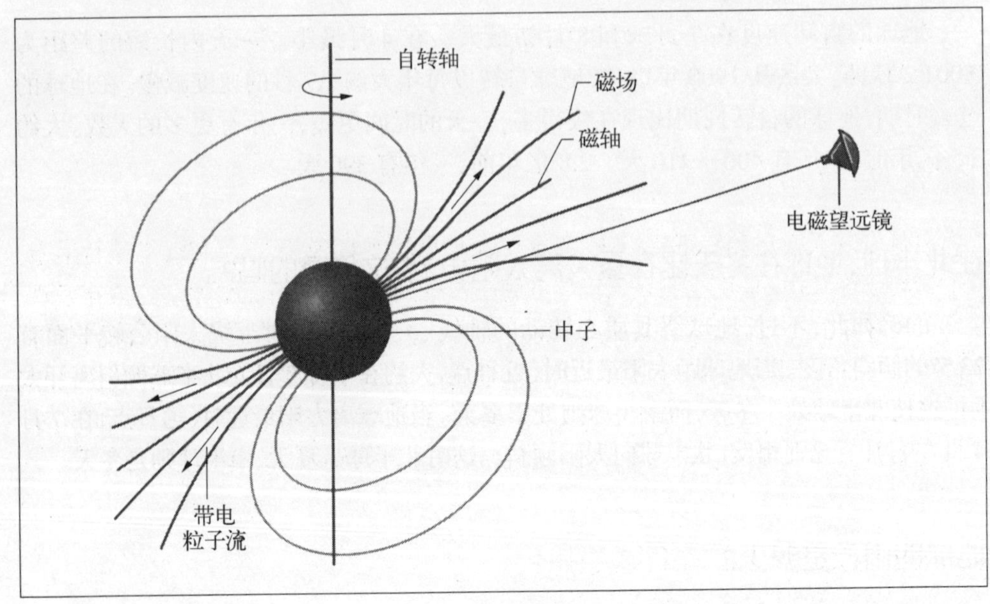

地球的岁差运动。

火星上有生命吗?

对于这个问题的回答似乎没有结果。火星上有冰水的痕迹。人们对海盗号太空船获取的火星样品结果提出了质疑。火星陨石上微化石般的印迹表明,火星上可能有早期的生命形式。要解答这一问题,还需要进行更复杂的探测。

冥王星并不总是太阳系中最外边的行星,这是真的吗?

冥王星非常偏离中心的轨道将它在 1979 年 1 月 23 日转进海王星轨道的里边,并一直在那里持续转到 1999 年 3 月 15 日。在那段时间里,海王星成了太阳系中最外边的行星。由于它们相距甚远,这两颗行星没有相撞的危险。

冥王星是 1930 年由美国天文学家克莱德·汤博(Clyde Tombaugh,1906—　)发现的,是太阳系中最小的一颗行星。它由岩石和水构成,表面有甲烷冰和一薄层甲烷气体的大气层。冥王星只有一颗卫星:冥卫一号,是詹姆斯·克里斯蒂(James Christy)于 1978 年发现的。冥卫一号的直径为 741 英里(1 192 千米),是冥王星直径的一半,这使冥卫一号成为相对于其行星来说非常大的一颗卫星。有些天文学家认为,冥王星和它的卫星属于一个双行星系。

什么是天体音乐?

“天体音乐”是一种理论上的和声或音乐,人耳听不见,是行星和天体运动创作出来的。毕达哥拉斯和其他数学家声称这种音乐是存在的。

什么是X行星?

自从发现天王星和海王星以来,天文学家们已经观察到,天王星和海王星轨道上发生摄动或称微扰。他们推测是天王星和海王星受到另一个天体的影响。1930 年发现的冥王星好像没有大得足以引起这些摄动。于是人们提出,一定存在着另一个行星(称作行星 X),在冥王星轨道以外运行。然而迄今为止,还没有见到这第十颗行星,但对它的搜寻还在继续着。也很有可能正飞出太阳系的无人太空探测器“先锋 10 号”和“先锋 11 号”及“旅行者 1 号”和“旅行者 2 号”,将会找到这个令人难以捉摸的星体。

某一颗行星在冲日,这是什么意思?

太阳系中的一个星球,当其经度与太阳相差 180°时,它就在冲日。在冲日点上,行星在天空中恰好与太阳相对，并在子夜时穿过子午线。

观察者怎样才能区分行星与恒星？

通常行星发恒定的光，而恒星好像在闪烁。恒星闪烁效应是，恒星与地球之间的距离和地球大气对恒星星光的折射效应相结合产生的。而行星比恒星距地球相对较近，它们形状的相似性综合了闪烁效应，除非是在地平线附近观察行星。

月球距离地球有多远？

因为月球的运行轨道是椭圆的，它离地球的距离也不是一样的。近地点（距离地球最近的点）约为 221 463 英里（356 334 千米），远地点（距离地球最远的点）为 251 968 英里（405 503 千米），平均距离为 238 857 英里（384 392 千米）。

每颗行星有多少颗卫星？

行星	卫星数	一些卫星的名称
水星	0	
金星	0	
地球	1	月球（也称作月亮）
火星	2	福波斯（火卫一），德莫斯（火卫二）
木星	39	墨提斯（木卫十六），阿德拉斯蒂尔（木卫十五），阿曼尔提亚（木卫五），亚特斯提尔（木卫十四），伊俄（木卫一），欧罗巴（木卫二），盖尼米德（木卫三），卡利斯托（木卫四），雷塔（木卫十三），希马利亚（木卫六），丽西提亚（木卫十），艾拉华（木卫七），安纳克（木卫十二），卡姆（木卫十一），帕西法尔（木卫八），斯诺普（木卫九）
土星	30	埃庇米修斯（土卫十一），杰纳斯（土卫十），美马斯（土卫一），恩克拉朵斯（土卫二），特提斯（土卫三），泰莱斯托（土卫十三），卡吕普索（土卫十四），狄俄涅（土卫四），海琳（土卫十二），雷亚（土卫五），泰坦（土卫六），西玻璃瓮（土卫七），伊阿珀托斯（土卫八），菲比（土卫九）
天王星	20	科迪莉亚，奥菲莉亚，比安卡，克莱希德，苔丝狄蒙娜，朱丽叶，波提亚，罗萨琳德，贝琳达，帕克，米兰达（天卫五），艾瑞尔（天卫一），乌姆柏里厄尔（天卫二），泰塔尼亚（天卫三），欧贝隆（天卫四）
海王星	8	奈阿得，塔拉萨（海卫四），戴斯比那，加拉悌亚，拉里萨，普洛透斯，特里顿（海卫一），纳瑞德（海卫二）
冥王星	1	卡隆（冥卫一）

木星的卫星最多。随着科学家对木星的继续观测,他们希望还会发现甚至更多的木星卫星。木星最大的4颗卫星——木卫一到木卫四,是伽利略于1610年发现的。

月亮上有大气吗?

月亮上的确有大气,但却非常稀少,密度仅为每立方厘米约50个原子。

月亮的直径和周长是多少?

月亮的直径为2 159英里(3 475千米),圆周长为6 790英里(10 864千米)。月球是地球大小的27%。

什么是月相?

月相是月球在一个月内盈亏圆缺变化出现的各种形象，是由月球被照亮半球的不同部分朝向地球引起的。月球在地球和太阳之间时,以黑暗半球对着地球,因而看不见它,这时的月相称为"新月"。月球继续围绕地球转动,可见部分越来越大,这时的月相称为"上峨嵋月"。新月之后一星期左右,可看到半个月面,叫"上弦月"。在接下来的一个星期里,可以看见月面的大部分,称为"凸月"。最后,在新月两个星期以后,月球和太阳在地球正相反的两边,月球面对太阳的一面此时也正是面对地球,可看见整个月球被照亮的一面,称为"满月"或"望月"。在以后的两个星期里,月球又经历同样的月相,但次序相反,从残月到下弦月,再到下峨嵋月。月球可见的明亮部分逐渐缩小,最后重新回到新月。

为什么月球总是保持同一面向着地球?

在地球上只能看见月球的一个面,这是因为月球的自转周期与绕地球转动的周期完全相等。这种运动的结合(称为"俘获转动")意味着月球永远是以同一面对着地球。

什么叫月震?

月震与地震相似，它是熔化或部分熔化的物质在月球内部不断移动变化的结果。月震强度通常非常小,其他月震可能是陨石撞击月球表面造成的。还有些月震在月球旋转周期内定期发生,这表明地球引力对月球产生影响,类似于月球对海洋潮汐的影响。

每个月里满月的名字叫什么?

月	美国民间名字	月	美国民间名字
1月	狼月	7月	雄鹿月
2月	雪月	8月	鲟鱼月
3月	树液月	9月	收获月
4月	粉红月	10月	狩猎月
5月	花月	11月	海狸月
6月	草莓月	12月	冷月

在蓝月期间月亮真的是蓝色的吗?

一个月中出现的第二次满月称为“蓝月”,跟月亮的颜色没有关系。蓝月平均每2.72年出现一次。因为两次满月之间(会合周期)的时间为29.53天,所以2月永远不会出现蓝月。在极个别情况下,一年当中可以看到两次蓝月,但只能在世界上的某些地区看到。未来要出现的蓝月如下:

即将发生的蓝月

2004年7月31日	2018年3月31日
2007年6月30日	2020年10月31日
2009年12月31日	2023年8月31日
2012年8月31日	2026年3月31日
2015年7月31日	2028年12月31日
2018年1月31日	

看起来蓝色的月亮是地球大气影响的结果。例如,在1950年9月26日,由于加拿大发生森林大火,灰尘散发到极高的高空,北极很大范围内都能看到蓝月亮这一罕见现象。

狩猎月和收获月有什么区别?

收获月是最靠近秋分(9月22日或前后)的满月。收获月连续几个晚上在日落后很快升起。在南半球,收获月是在最靠近秋分(3月21日或前后)的月满时。这就使农民有更多的明亮时间收割庄稼。收获月之后的满月称作狩猎月。

为什么会出现月食?

月食只发生在满月时,此时月亮在地球的一边,而太阳在地球的后边,并且三者位于同一条直线上,地球遮掩月亮,使它得不到阳光的照射。在月全食时,整个月亮进入地球的自身阴影中,月亮好像从天空中消失了。一次月全食可能会持续长达 1 小时 40 分钟。如果只是月亮的一部分进入地球的自身影子中,就会发生月偏食。如果月亮被地球的本影全部或部分遮掩,就会出现半影食。从地球上很难观测到这种月食。从月球上可以看到,地球只遮掩了部分太阳。

天文学家发现的月球尾巴是什么?

发着光的 1.5 万英里(2.4 万千米)长的钠原子长尾在月球后飘荡着。暗淡的、橙色钠原子光用肉眼是看不到的,但利用仪器是可以检测到的。对这些钠原子的来源,天文学家也不太清楚。

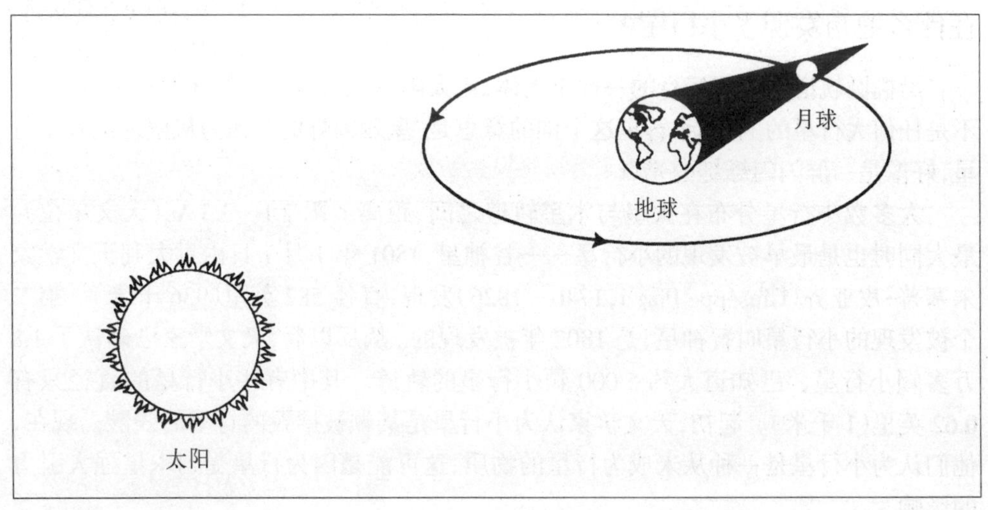

月食。

月球上最大的陨石坑是什么?

月球上最大的陨石坑叫做比利(Billy)陨石坑,其直径为 184 英里(296 千米)。

月球上以著名的居里家族命名的环形山有哪些?

居里——以法国化学家、诺贝尔奖获得者皮埃尔·居里 (Pierre Curie,1859—1906)的名字命名。

斯卡洛多斯卡（Sklodowska）——法国物理学家、诺贝尔奖获得者玛丽亚·居里(Marie Curie,1867—1934)娘家的姓。

约里奥——以皮埃尔与玛丽亚的女婿,诺贝尔奖获得者、物理学家弗雷德里希·约里希—居里(Frederic Joliot-Curie,1900—1958)的名字命名。

什么是靳尼西斯岩石?

靳尼西斯岩石是"阿波罗 15 号"太空船从月球上带到地球上的一块岩石。岩石大约有 41.5 亿年,比普遍认可的月球年龄只少 5 亿年。

彗星、陨石等

在什么地方发现了小行星?

沿椭圆轨道绕太阳运行的一种小天体,比太阳系九大行星中的任何一个都小,也不是任何大行星的卫星。小行星这个词的意思是"星般闪烁的",因为从望远镜看小行星,好像是一群闪闪烁烁的光点。

大多数小行星分布在火星与木星轨道之间,距离太阳 2.1—3.3 Au(天文单位)。最大同时也是最早被发现的小行星——谷神星,1801 年 1 月 1 日由意大利天文学家朱塞普·皮亚齐(Giuseppe Piazzi,1746—1826)发现,直径 582 英里(936 千米)。第二个被发现的小行星叫智神星,是 1802 年被发现的。从那以后,天文学家已确认了 1.8 万多颗小行星，已知道大约 5 000 颗小行星的轨道。其中有些小行星的直径只有 0.62 英里(1 千米)。起初,天文学家认为小行星是某颗被摧毁的行星的残骸。现在,他们认为小行星是一种从未成为行星的物质,这可能是因为行星受到木星强大引力的影响。

并非所有小行星都处于这个小行星主带内。有 3 族小行星位于太阳系内。属近地小行星阿登族小行星的轨道主要在地球轨道内侧。而在它们距离太阳最远处，它们可能会穿过地球轨道。阿波罗族小行星穿越地球轨道，有些行进到距离地球的距离比月球还要近。阿莫丁族小行星穿过火星轨道,有些接近地球轨道。特洛伊族群小行星的轨道运动几乎与木星相同,但运行在木星前方 60°或后方 60°的地方。1977 年,美国天文学家查理斯·科瓦尔(Charles Kowal)发现一个在土星和天王星轨道之间运行的天体,现在称作喀戎。起初喀戎被列为小行星,可是后来又观察到,喀戎有一个彗星发(气体光晕),因此喀戎可以重新被归类为彗星。

什么是通古斯卡事件?

1908 年 6 月 30 日,在中西伯利亚一个遥远的地方,石通古斯河(Podkamennaya)古荒野地区上空的低层大气中,发生了一次巨大爆炸。爆炸能量相当于 1 枚原子弹的爆炸力,摧毁了数千英里的森林。600 英里(960 千米)以外都能听到爆炸声。对于这一次爆炸事件的起因,现在已有好几种说法。

有些人认为是一块巨大的陨石或一个反物质降落到地球上。但是,由岩石和金属元素组成的陨石撞击地球表面时,会形成陨石坑,可是撞击现场却没有任何坑。那个地面也没有反物质和物质相撞产生的高辐射。其他两种说法是,微型黑洞撞击地球或外星太空船坠毁。然而,微型黑洞会穿过地球,而在地球的另一边却没有相应的爆炸痕迹和记录。至于太空船,也没有发现这种飞船的残骸。

一块彗星进入地球大气层,将会产生一个巨型的火球和极大的冲击波,这可能是这次大爆炸最可能的原因。因为彗星主要是由冰组成的,在进入地球大气过程中,彗星碎片会融化,因而不会留下撞击坑,也不会有残骸。由于通古斯卡事件与地球经过恩克彗星轨道的时间正好同时发生,据此可以推断,这次大爆炸是由那颗彗星的一块造成的。

2002 年曾有一颗小行星向地球靠拢,
如果当时撞击到了地球,会造成多大损害?

这颗小行星 2002EM 为 7.70 米长的岩石,据估计能释放相当于一颗 400 万吨级核弹的能量。

彗星起源于哪里?

根据荷兰天文学家简·奥尔特(Jan Oort,1900—1992)提出的理论,认为在冥王星外 10 万天文单位(Au)处,有一个由气体、尘埃和彗星组成的巨大云团。在这个云团附近偶然经过的恒星,会干扰一些彗星的运行轨迹,使它们进入太阳系。

彗星有时也叫做“脏雪球”,主要是由冰组成,混有一些尘埃。当某些彗星运行到距离太阳较近时,彗核中的尘埃和冰就会变热,产生一个尾巴拖在后边。彗尾被太阳风向外吹拂着,因此总是朝背着太阳的方向延伸而去。

大部分彗星的轨道都是椭圆轨道,使它们围绕太阳转动,然后再将它们抛出太阳系外围,一去不复返。然而,有时候,彗星行进到一颗行星附近时,行星的引力就会改变彗星的轨道,使彗星留在太阳系中间。这样的彗星叫做短周期彗星,因为它周期性地运行到太阳附近。最著名的短周期彗星是哈雷彗星,到达近日点(彗星轨道上距离太阳最近

埃德蒙·哈雷于 1682 年观测到并以他的姓命名的彗星，并在以前看到彗星记录的基础上，预言了彗星每 76 年返回一次。

的点)的时间约为每 76 年一次。恩克彗星是另一个短周期彗星，其轨道周期为 3.3 年。

哈雷彗星下一次将何时再出现?

哈雷彗星大约每 76 年返回一次。最近一次回归是在 1985/1986 年，据预测，下次将于 2061 年出现，然后在 2134 年再现。现在称作哈雷彗星的每次出现，自从公元前 239 年就被天文学家记录下来。

哈雷彗星是以英国第二个皇家天文学家埃德蒙·哈雷(Edmund Halley,1656—1742)的姓氏命名的。1682 年，哈雷观测到一颗明亮的彗星，并注意到，它正以与 1531 年和 1607 年看到的彗星类似的轨道运行着。因此他断定，这 3 次出现的彗星实际上是同一颗彗星，其轨道周期为 76 年。1705 年，哈雷发表了《哈雷天文学概要》。书中，他预言，1531 年、1607 年和 1682 年出现的彗星，在 1758 年将会再次出现。1758 年圣诞节的夜晚，德国农民，一名业余天文学家约翰·帕利奇(Johann Palitzsch)就在哈雷预言的那片天空区域看到了这颗彗星。

在哈雷之前，彗星的不定期出现，常常被人们认为是灾难的前兆，神灵愤怒的征兆。哈雷证明了彗星是遵循重力定律的自然天体。

如何区别陨石和流星体?

陨石是高速穿过地球大气并坠落地球表面而残存下来的行星际岩石块，又称陨星。陨石经常与流星体或流星相混淆。流星体是指太空中的小型物体，通常直径不足 30 英尺(10 米)。流星(有时也称作 Shooting Star)是物体闯入地球大气时，与大气摩擦燃烧而产生如箭掠过的光迹。流星体进入地球大气层时就成为流星。流星体的任何部分坠落到地球上时，就成为陨石。

陨石有 3 种类型。铁陨石含有 85%—95%的铁，其余的部分主要是镍。石铁陨石是相对极为稀少的一种陨石，由约 50%的铁和 50%的硅酸盐组成。石陨石主要是硅酸盐和其他石质材料组成。

什么时候会出现流星雨?

有许多流星体成群地绕太阳运动，就像地球绕太阳运动一样。当地球轨道拦截到这些流星体群中其中一群的路径时，其中一些流星体就会进入地球大气层。流星体与地球大气摩擦燃烧，产生的光痕迹叫做流星。大量的流星可以在夜空中产生壮观的流星雨。流星雨常以其发生时所在的星座命名。下面列出的是 10 种流星雨以及在 1 年中可以看到的流星雨的日期。

流星雨名称	日　　期
象限仪座流星雨	1 月 1—6 日
天琴座流星雨	4 月 19—24 日
宝瓶座流星雨	5 月 1—8 日
英仙座流星雨	7 月—8 月
猎户座流星雨	10 月 16—26 日
金牛座流星雨	10 月 20 日—11 月 20 日
狮子座流星雨	11 月 13—17 日
凤凰座流星雨	12 月 4—5 日
双子座流星雨	12 月 7—15 日
Ursids 座流星雨	12 月 17—24 日

平均每年坠落到地球上的陨石有多少?

一年当中，坠落到地球上的陨石大约有 2.6 万块，每块重量超过 3.5 盎司(99.2 克)。其中 3 000 多块陨石的重量超过 2.2 磅(1 千克)。这个数字是由加拿大摄像网络观察到的火流星的数量而编辑的。其中只有 5—6 个火流星被人们亲眼看到或造成财产损害(大部分落入占地球表面 70%以上的海洋中)。

迄今为止世界上所发现的最大陨石有哪些?

陈列在纽约美国自然历史博物馆中的著名的威廉米特(Willamette)(俄勒冈州)铁陨石，是美国所发现的最大的标本，有 10 英尺(3.048 米)长，5 英尺(1.524 米)高。

名　称	地　点	重　量	
		吨	公吨
荷巴陨石	纳米比亚	66.1	60
阿尼西托陨石	格陵兰岛	33.5	30.4
百库伯里托	墨西哥	29.8	27
姆伯斯	坦桑尼亚	28.7	26

续表

名称	地点	重量	
		吨	公吨
阿帕里克	格陵兰岛	22.2	20.1
阿曼提	蒙古	22	20
威廉米特	美国俄勒冈州	15.4	14
库巴德罗斯	墨西哥	15.4	14
卡姆伯德西罗	阿根廷	14.3	13
蒙德拉比拉	澳大利亚西部	13.2	12
毛利托	墨西哥	12.1	11

科学家怎样知道在南极洲发现的一些陨石是来自月球的?

由于与登月飞船采集回来的月亮样品的组成成分一致，由此可证明，1979年在南极洲发现的陨石和随后发现的10块陨石是来自月球的陨石。

观察与测量

第一位皇家天文学家是谁?

第一位皇家天文学家是约翰·弗拉姆斯蒂德(John Flamsteed，1646—1719)。1675年皇家格林威治天文台创立时，他被任命为皇家天文学家。直到1972年，皇家天文学家还担任皇家格林威治天文台台长。

谁被认为是系统天文学的创始人?

希腊科学家希波克斯(Hipparchus，公元前146—127年)，又译“喜帕恰斯”、“伊巴谷”、“希帕库斯”，他被认为是系统天文学之父。他尽可能精确地测量了空中天体的方向。他编制了西方第一部星表，有大约850个条目，清楚地标出了每颗恒星在天球上的坐标，表明其在天空的位置。希波克斯还根据恒星的视亮度或星等，对恒星进行了分等。

什么是光年?

光年是计量天体距离的一种单位，而不是时间。光年是光在真空中1年(365.25

天)内以 168.282 英里/秒(299.729 千米/秒)的速度运行所经过的距离,约合 5.87×10^{12} 英里(9.46×10^{13} 千米)。

除光年外,天文学中还用什么其他单位来测量距离?

天文单位(Au)常常用于计量太阳系范围内的距离。1 Au 等于地球到太阳的平均距离,即 92 955 630 英里(149 597 870 千米)。秒差距等于 3.26 光年,即 1.918×10^{13} 英里(3.082×10^{13} 千米)。

新发现的天体是如何命名的?

许多恒星和恒星的名字可上溯至古代。天文学家专业组织——国际天文学联合会(IAu)力争在 21 世纪,将新发现的天体及表面特征的名字进行规范。

恒星通常按照传统的名字命名,其中大部分名称来源于希腊语、罗马语或阿拉伯语。恒星也根据他们所在的星座命名后,按照亮度附加希腊字母。因此,天狼星也称作"大犬座 α 星",意思是大犬座最亮的恒星。其他恒星根据编号命名,包括恒星坐标,使许多天文学家惊恐的是,有几个商业恒星登记注册处,为获取酬金,可以为你提供为恒星命名机会。但这些名称并不会得到国际天文学联合会的正式承认。

国际天文学联合会已经为行星表面特征及其卫星的命名方法提出了一些建议。例如,水星上的特征以作曲家、诗人和作家命名;金星的特征以女人命名;土星卫星,土卫一上的特征以亚瑟王传奇中的人名和地名命名。

彗星以它们的发现者命名。新发现的小行星首先起个暂时的名称,用发现的年份附加两个字母组成。第一个字母表示发现小行星时的那半个月,(A=1 月的前半个月,B=1 月的后半个月,C=2 月的前半个月,以此类推),第二个字母表示那半个月里小行星被发现的次序。所以,小行星 2002EM 的意思就是 2002 年 3 月前半个月(E)里发现的第 13 颗(M)小行星。小行星的运行轨道被确定后,就会给它一个永久的号,小行星的发现人可以荣幸地为它命名。小行星的命名多种多样,如以神话中的人物命名(谷神星、灶神星),以航空公司命名(瑞士航空公司),以披头四乐团命名(蓝侬、麦卡尼、哈里森、斯塔尔)。

什么是星盘?

星盘是测量天体的二维天文仪器,带有窥管。大约公元前 100 年前或更早时,由希腊人或亚利山大港人发明。星盘有两个同心圆盘,其中一个圆盘是固定的,代表地球上的观测者,另一个是移动的,可以旋转,对准某一时刻的天球。在某一纬度、日期和时,观测者可以得到太阳、最亮的恒星以及行星的地平高度和方位角。通过测量某一天体的高度,人们可以知道时间。星盘还可以用于测知日出、日落、黎明及黄昏的时间,塔的高度或是井的深度。1600年后,星盘被六分仪和其他更精确的仪器所取代。

望远镜是谁发明的?

德裔荷兰眼镜制造商汉斯·利伯希(Hans Lippershey,约1570—1619年),通常被认为是他于1608年发明了望远镜,因为他是第一个申请专利的科学家。另外两位发明家查卡里亚斯·詹森(Zacharias Janssen)和雅各布·梅提斯(Jacob Metius),也研制了望远镜。现代历史学家认为,利伯希和詹森是两位最有可能荣获望远镜发明者头衔的人,其中尤以利伯希的呼声最高。利伯希利用他的望远镜观测远处的地面物体。

1609年,伽利略也研制了用于天文研究的折射望远镜。尽管按照现在的标准他的望远镜很小,但是却能使伽利略观测到银河,确认月球表面上的凹陷为陨击坑。

反射式望远镜和折射式望远镜有什么区别?

反射式望远镜利用反射镜将光线集中于焦点,而折射式望远镜是用透镜将光线集中于焦点。反射望远镜的优点是:1)用反射镜使光聚焦,因而没有色差;2)因为背后有反射镜支持,所以没有大小限制。为了克服透镜总会产生的色差问题,牛顿在1668年制作了一架用反射镜聚焦的反射望远镜。

哪座天文台被公认为是最早的天文台之一?

在公元前2500—公元前1700年期间,英国建造的巨石阵是最早的天文台或观象台庙之一。人们普遍认为,巨石阵的基本功能是观测夏至和冬至。

什么叫甚大阵(VLA)?我们对此有哪些了解?

甚大阵(VLA)亦称“甚大天线阵”和“巨无霸列阵”,是现今世界上最大的综合孔径射电望远镜阵之一。由27架抛物面天线排列成巨大的Y形,口径达22英里(36千米),大概是华盛顿特区长度的1.5倍,每架天线直径有81英尺(25米),用电子计算机联合起来,分辨率相当于口径22英里(36千米)的一架单抛物面天线,具有口径422英尺(130米)单抛物面天线的灵敏度。甚大阵27架射电望远镜中的每一架都有一座房子大,可以在下面的铁轨上移动。在甚大阵使用的第22年时,它已成为世界上最富有成效的天文台之一,有2 200多名科学家利用甚大阵进行1万多个不同物体的观测。利用甚大阵已发现水星上有水、环绕普通恒星的射电日冕、银河系中的微类

一系列射电抛物面天线组成了新墨西哥州的甚大阵。

星体、环绕遥远星系由重力引发的爱因斯坦环和相对于宇宙中遥远的γ射线爆发的射电爆炸等。极大的甚大阵使天文学家能够研究速度极快的宇宙喷射的细节情况，甚至能绘制出银河系的中心。

其名字被用来命名哈勃太空望远镜的人是谁?

埃德温·鲍威尔·哈勃(Edwin Powell Hubble，1889—1953)是美国天文学家，以研究星系著称。他对星云(星际空间中看似一片模糊不清的微亮光点)的研究表明，其中一些光亮天体其实是由很多恒星组成的巨大恒星族群系。哈勃根据星系的不同形状，将星系分为漩涡星系、椭圆星系或不规则星系等。

哈勃定律确立了星系退行速度与距离之间的关系，星系退离太阳系的速度(通过星系红移测得，光谱特征向长波波长方向偏移，这种现象通常认为是由多普勒效应引起的结果)与星系距离太阳系的距离成正比。

1990年4月25日，哈勃空间望远镜由美国“发现者号”航天飞机送入轨道。由于在地球大气以外观测，因此不受大气干扰和吸收影响，因而比地面上的任何望远镜都能进行更深入的空间观测。1990年6月27日，美国航空航天局宣布，哈勃空间望远镜中的一个镜面有缺点，使它不能正常聚焦。尽管其他仪器，包括用于紫外线光观测的仪器，仍然在工作，但是望远镜接近40%的实验工作不得不等到望远镜修好后才能做，1993年12月2日，宇航员能够对其进行必要的修复。除了更换两个太阳电池板外，还替换了哈勃空间望远镜6个陀螺仪中的4个。带有问题镜面的哈勃主照相机也被更换。在那次替换修复任务后，又进行了另外4次维修任务，大大地提高了哈勃空间望远镜的观测能力。

探 索

第一个提出太空火箭的人是谁？

1903年，俄罗斯的一位中学教师康斯坦丁·E.齐奥尔科夫斯基(Konstantin E. Tsiolkovsky, 1857—1935)完成了第一篇关于将火箭用于太空旅行的科学论文。几年后，美国的罗伯特·H.戈达德(Robert H. Goddard, 1882—1945)和德国的赫尔曼·奥伯特(Herman Oberth)激起了人们对太空旅行更广泛的科学兴趣。这3个人对火箭技术和太空旅行中的许多技术问题进行了各自的研究。他们因此被称为“航天之父”。1919年，戈达德写了“到达极大高空的方法”论文，论文阐述了火箭如何能用于探测上层大气，描述了将火箭发射到月球的方法。在20世纪20年代，齐奥尔科夫斯基写了一系列新的研究成果，包括对多数火箭的详细描述。1923年，奥伯特发表“进入行星际空间的火箭”一文，文中讨论了太空飞行方面的技术，对太空船将会是什么样子也进行了描述。

零重力与微重力有什么区别？

零重力是缺乏重力，是感觉不到的重力效应的一种状态，是失重。微重力是重力非常低，尤其指接近失重的一种状态。当宇航器处于零重力或微重力环境中时，宇航器上的物体就会自由飘浮。然而，零重力和微重力这两种称法从技术上来说都是不正确的。轨道上的重力只是略小于地球上重力。宇航器及其内部的物体始终朝向地球降落。在这同时，宇航器巨大的向前运动速度好像使地球表面沿曲线运动。这种持续向地球降落的力似乎抵消了宇航器内部一切物体的重力。正是因为这一原因，这种状态有时被称为失重状态或零重力状态。

其他行星上存在智慧生命的可能性有多大？

智慧生命的可能性取决于几个原因。利用最初由美国天文学家弗兰克·德雷克(Frank Drake, 1930—)提出的公式，可以计算出地外智慧生命存在可能性的估算值。德雷克的公式为$N=N_{*}f_{p}n_{e}f_{1}f_{c}f_{l}$。这个公式的意思是，地外高级文明数值

(N)等于:

N_*,银河系恒星数,乘以

f_p,带有行星的恒星部分,乘以

n_e,能支持生命的恒星数,乘以

f_1,实际上已有生命出现的行星部分,乘以

f_c,带有发展了技术上高度文明的智慧生命的行星部分,乘以

f_l,技术文明持续的时间部分。

这个公式很显然有些主观,其结果取决于是分配给各种因素的数是乐观的,还是悲观的。然而,银河系是如此巨大,地外生命存在的可能性是不能被排除的。

"星系绿化"一词是什么意思?

这个词语的意思是,人类生命、技术和文化传播到星际空间,最后穿越地球母星系——整个银河系。

外层空间条约是什么时候签订的?

联合国《外层空间条约》于1967年1月23日签订。该条约为探索和分享外层空间提供了一个基本框架。它调整那些希望开发和利用太空、月球及其他天体的各国在外层空间的活动。它以人道主义、和平主义原则、太空非专用原则及所有国家拥有探索、利用空间的自由原则为基础。很大一部分国家签署了这一协定,包括西方结盟国家、前东欧集团和不结盟国家。

自从1957年联合国大会成立和平利用外层空间委员会(COPUOS)以来,空间法,或调整各个国家、国际组织和私营企业空间活动的那些规则就一直在演化中。其中一个小组委员会帮助起草了1967年的《外层空间条约》。

什么是"第三类近距离接触"?

UFO专家J. 艾伦·海尼克(J. Allen Hynek,1910—1986)提出了这种描述与外星人或外星飞船相遇的等级:

第一类近距离接触——近距离看到UFO,但没有其他实际证据。

第二类近距离接触——近距离看见UFO,但有一些证据,如照片或来自UFO的智能制品。

第三类近距离接触——看见真实的外星人。

第四类近距离接触——被外星人绑架。

有人在寻找地球以外的生命吗？

一个叫做SETI(外星人探索计划)的活动始于1960年。那时美国天文学家弗兰克·德雷克(Frank Drake,1930—)在位于弗吉尼亚州格林班克的美国国家射电天文学天文台，用了3个月时间，搜索来自附近两颗恒星鲸鱼座的天仓五(Tau Ceti)和波江座的天苑四(Epsilon Eridani)的电波信号。虽然他没有发现任何信号，而且对SETI感兴趣的科学家还经常受到嘲笑，但是对要在宇宙中找出智慧生命这一想法的支持程度却有增无减。

哨兵计划(Project Sentinel)，利用一个位于马萨诸塞州哈佛大学橡树岭的射电抛物面天线，能够同时监控12.8万个频道。这个计划在1985年升级到META(百万频道地外测定)。这次升级部分归功于美国电影导演史蒂芬·斯皮尔伯格(Steven Spielberg)的捐赠。META计划能够接受840万个频道。美国国家航空航天局利用射电望远镜，在波多黎各的阿里斯博(Arecibo)天文台和加利福尼亚州的巴斯塔(Barsta)天文台于1992年开始进行为期10年的搜寻。

科学家们后来在寻找由自然物体引起的混乱噪声发出的电波信号。这种信号可能以一定的间隔时间重复发出，或具有数学次序。无线电频道有百万条，天空大部分已被检测。从1995年10月起，BETA计划(10亿频道地外Assay)一直在扫描25 000万个频道。这个新计划在META计划基础上提高了300倍，使扫描上百万条无线电频道的挑战显得不那么令人震惊。此后，SETI已开发了其他计划，射电望远镜除正常使用外，还搭载一些其他任务。1999年发起的一项计划—SETI@21OME，他们都在休息时可以利用家庭计算机的力量。

苏联空军上校尤里·加加林在1961年4月12日，成为进入太空第一人。

谁是进入太空第一人？

苏联宇航员尤里·加加林(Yuri Gagarin,1934—1968)于1961年4月12日，乘坐“东方号”宇宙飞船完成绕地球一周的飞行，成为第一个在太空旅行的人。加加林在太空的飞行时间虽然只有10小时48分钟，但是作为进入太空的第一人，他因而成为世界英雄。部分由于这次苏联的成功，美国总统约翰逊·F.肯尼迪(John F. Kennedy,1917—1963)于1961年5月25日宣布，美国要在20世纪60年代结束前，将一个人送上月球。在1962年2月20日，将第一位美国人送入轨道,向目标迈出了第一步。宇航员约翰·格林(John Glenn Jr.,1921—)乘坐“友谊7号”太空船完成了围绕轨道飞行,航行约8.1万英里(130 329千米)。在此之前,即1961年5月5日,小阿兰·B.谢波德(Alan B.Shepard Jr.,1923—)登上“自由7号”宇宙飞船,成为驾驶飞船进行太空飞行的第一个美国人。这次亚轨道宇宙飞行到达了116.5英里(187.45千米)的高度。

美国国家航空航天局(NASA)说“旅行者1号”和“旅行者2号”宇宙飞船要进行一次行星“巡回大旅行”是什么意思?

巨大的外行星—木星、土星、天王星和海王星——每176年一次排成一线,这样,对从地球发往木星的宇航器是难得的最佳时机,宇航器就能够在这同一次任务中同时拜访其他3个行星。一种称为“重力加速度”的技术将每颗行星的重力用作动力增量,将“旅行者号”推向下一颗行星。“巡回大旅行”第一个适宜年是1977年。

“旅行者号”宇宙飞船携带的信息是什么?

“旅行者1号”(1977年9月5日发射)和“旅行者2号”(1977年8月20日发射)是无人驾驶的太空探测器,旨在探索外行星,然后再飞出太阳系。每个探测飞船上都载有一个外面涂金的铜制唱片,目的是给可能遇到它的任何有可能的外星人。唱片上不但刻录有地球和地球向其他星球发送信息的文明者的录像,还刻录有他们的声音图像。

唱片上首先是118幅图片,表明地球在银河系中的位置;其他图片中使用的数学符号略语表;太阳;太阳系中的其他行星;人类的解剖结构和繁衍;各种地形(海岸、沙漠、高山);植物和动物生活实例;进行多种活动的所有年龄段的男人和女人以及各个种类的人;表明各种不同建筑风格的结构(从草棚到泰姬·玛哈陵,到悉尼的歌剧院);运输方式,包括道路、桥梁、飞机和宇宙飞船。

接下来的图片后面,是美国当时总统吉米·卡特(Jimmy Carter)和联合国当时的秘书长库尔特·瓦尔德海姆(Kurt Waldheim)录制的问候,简短的问候语包括从古俄语到英语等54种语言,就像座头鲸的“歌声”。

下一部分是一系列地球上常见的声音,这些声音包括雷声、雨声、风声、狗叫声、脚步声、笑声、人类的说话声、婴儿啼哭声以及人的心跳声和脑波发出的声音。

唱片录有大约90分钟的音乐:“地球上最伟大的流行歌曲”。这些精选的音乐来自非常广泛的文化范围,种类繁多,如俾格米女孩唱的歌,来自阿塞拜疆的风笛音乐,路德维希·冯·贝多芬(Ludwig von Beethoven)的第五交响曲之第一乐章,查克·贝瑞(Chuck Berry)的“回到未来”(Johnny B. Goode)。

哪些宇航员在月球上行走过?

有12名宇航员在月球上行走过。“阿波罗”宇宙飞船每次飞行都载有3人的乘员组。一位宇航员在指挥舱里,留在月球轨道上,而登月舱则载着另外两名宇航员降落在月球表面上。“阿波罗11号”宇宙飞船,1969年7月16日—24日:

尼尔·A.阿姆斯特朗

小埃德温·E.奥尔德林

迈克尔·考林斯(指挥舱驾驶员,没在月球上行走)

“阿波罗12号”宇宙飞船,1969年11月14日—24日:

查尔斯·P.康拉德

阿兰·L.比恩

小理查德·F.戈登(指挥舱驾驶员,没在月球上行走)

“阿波罗14号”宇航员,1971年1月31日—2月9日:

小阿兰·B.谢波德

爱德加·D.米切尔

斯图尔特·A.罗萨(指挥舱驾驶员,没在月球上行走)

“阿波罗15号”宇宙飞船,1971年7月26日—8月7日:

大卫·R.斯各特

詹姆斯·B.阿尔文

阿尔弗雷德·M.沃尔登(指挥舱驾驶员,没在月球上行走)

“阿波罗16号”宇宙飞船,1972年4月16日—27日:

约翰·W.杨

小查尔斯·M.杜克

汤姆斯·K.马丁利二世(指挥舱驾驶员,没在月球上行走)

“阿波罗17号”宇宙飞船,1972年12月7日—19日:

尤金·A.赛尔南

哈里森·H.史密斯

罗纳德·E.埃万斯(指挥舱驾驶员,没在月球上行走)

哪次载人太空飞行时间最长?

1994年1月8日,瓦雷利·波列柯夫(Valerij Polyakov)博士飞向“和平号”空间站。1995年3月22日,他登上“联盟-TM-20号”宇宙飞船返回,在太空的全部时间为438天零18小时。

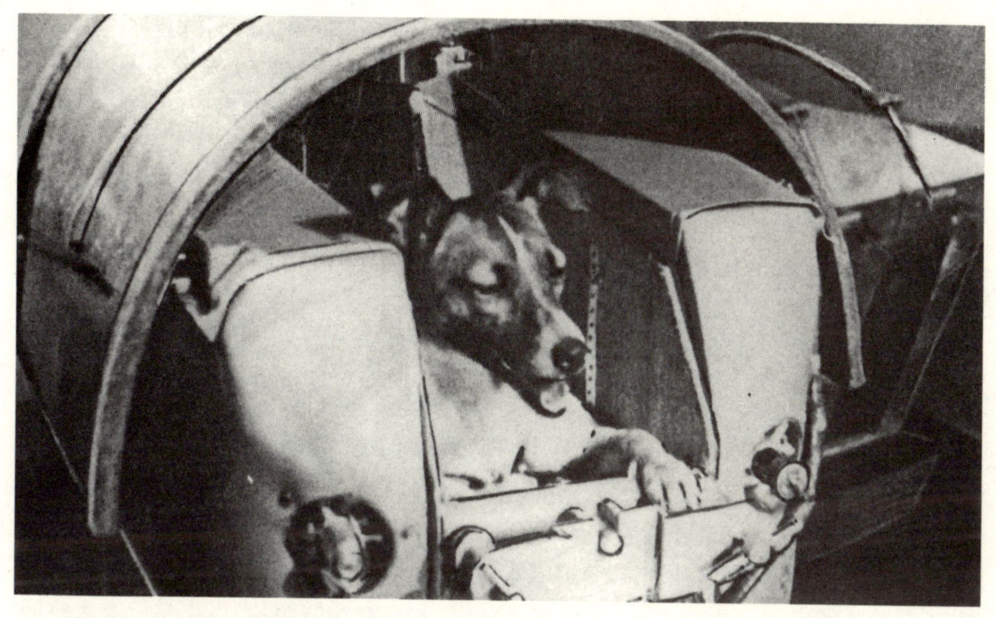

莱卡乘坐苏联的“卫星-2号”，作为第一个绕地球轨道飞行的动物而载入史册。

送入轨道的第一只动物是什么？在什么时间？

一只叫莱卡的雌性小狗，乘坐苏联“卫星-2号”，于1957年11月3日发射升空，成为第一只进入轨道的动物。这是继1957年10月4日，苏联成功地将“卫星-1号”——第一颗人造地球卫星——发射入轨后发射的。莱卡被安置在一个重1 103磅(500千克)的太空舱内的增压舱里。入轨几天后，莱卡死去，“卫星-2号”于1958年4月14日再入地球大气层。

送入太空的第一批猴子和黑猩猩叫什么？

1958年12月12日，在美国发射的一次名叫“木星”计划飞行中，一只叫做“老可靠(Old Reliable)”的松鼠猴被送上太空，但是没有进入轨道。猴子在回收时被淹死。

1959年5月28日，在美国一艘“木星号”宇宙飞船的飞行中，两只雌猴被发射到300英里(482.7千米)高。阿贝尔(Able)是一只6磅(2.7千克)重的恒河猴，贝克(Baker)是一只重11盎司(0.3千克)的松鼠猴。两只都被活着回收。

1961年1月31日，在另一次“水星”飞船的飞行中，一只叫做汉姆(Ham)的黑猩猩被送到157英里(253千米)高的太空，但是没有进入轨道。它所乘坐的太空舱最大速度达到了5 857英里/小时(9 426千米/小时)，在大西洋下航区422英里(679千米)外着陆，汉姆在此被平安回收。

1961年11月29日,美国将一只名为恩诺斯(Enos)的黑猩猩送入轨道,并在绕地球轨道飞行了两圈后,被活着回收。苏联通常用狗作入轨试验,美国同苏联一样,在真的将人发送进入太空之前,不得不首先获得关于太空飞行时对动物产生影响的信息。

在太空漫步的第一位男性和第一位女性分别是谁?

1965年3月8日,苏联宇航员亚历克斯·列昂诺夫(Alexei Leonov,1934—)在他所乘坐的"上升-2号"太空船外停留了10分钟,成为在太空行走的第一人。在太空行走的第一个女人是苏联的斯韦特兰娜·萨维茨卡娅(Svetlana Savitskaya,1947—)。在她乘坐"联盟T-12号"(1984年7月17日)进行第二次飞行过程中,在舱外的空间活动时间达3.5小时。

在太空行走的第一个美国人是爱德华·怀特二世(Edward White Ⅱ,1930—1967)。1965年5月3日,他从"双子星-4号"宇宙飞船进入太空,由一根安全绳与"双子星"相连,在舱外的空间自由飘浮了22分钟。怀特在太空飘浮的照片,也正是所有太空照片中人们最熟悉的照片。凯瑟琳·沙利文(Kathryn. D. Sullivan,1951—)在1984年10月11日执行航天飞机41G任务期间,在"挑战者号"轨道器外活动了3.5个小时,成为在太空中行走的第一个美国女人。

美国宇航员布鲁斯·麦克坎德莱斯二世(Bruce McCandless Ⅱ,1937—)利用MMU(手动装置)背面,在1984年2月7日,从"挑战者号"航天飞机中走出,进行首次不系绳太空行走。

进入太空的第一位女性是谁?

苏联宇航员瓦莲京娜·捷列什科娃(Valentina V. Tereshkova-Nikolaeva,1937—),是第一位进入太空的妇女。她登上1963年6月16日发射的"东方-6号"宇宙飞船,绕地球飞行3天,完成轨道飞行48圈。她接受的宇航员训练虽然很少,但她确实是一名合格的跳伞运动员,尤其适合太空旅行的艰苦。

美国太空计划直到20年后才将一名妇女送上太空。1983年6月18日,萨莉·K.莱德(Sally K. Ride,1951—)乘坐"挑战者号"航天飞机执行STS-7任务。1987年,她进入NASA的行政管理层,帮助发布"莱德报告",为美国国家航空航天局未来的任务和发展方向提出建议。1987年8月,她在任职负责调查"挑战者号"航天飞机灾难事故的最高委员会之后,就离开了美国国家航空航天局而成为斯坦福大学的研究员。现在,她在圣地亚哥加利福尼亚担任加利福尼亚太空研究所所长。

"阿波罗11号"飞船在登月舱降落到月球上时宇航员所说的第一句话和宇航员登上月球后所说的第一句话分别是什么?

1969年7月20日,东部时间下午4时17分43秒(格林威治平时20:17:43),尼尔·A. 阿姆斯特朗(Neil A. Armstrong,1930—)和小埃德温·E.奥德林(Edwin E. Aldrin, Jr.,1930—)驾驶的"小鹰号"登月舱在月球的静海着陆,阿姆斯特朗通过无线电说:"休斯敦,这里是静海基地。""小鹰号已经着陆"。几个小时后,阿姆斯特朗从登月舱的梯子上走下,在"小鹰号"和月球表面之间跳出了一小步,他宣布:"这是人的一小步,但却是人类的一大步。"在声音实况转播中,冠词"a"听不见,后来在记录中插入,并改成"One small step for a man"。

宇航员尼尔·阿姆斯特朗和小艾德温·奥尔德林插在月球上的美国国旗是用什么材料制作的?

这两名宇航员在月球上竖起了一面3×5英尺的尼龙制美国国旗,旗的上边用带有弹性的金属丝支撑,使其向侧伸展。

在月球上吃的第一餐是什么?

美国宇航员尼尔·A. 阿姆斯特朗(Neil A. Armstrong,1930—)和小埃德温·E.奥德林(Edwin E. Aldrin, Jr.,1930—)在1969年7月20日进行具有历史意义的月球行走之前,吃了4块腌猪肉、3块甜饼干、桃、菠萝-葡萄柚饮料和咖啡。

谁是在月球上打高尔夫球的第一人?

小阿兰·B. 谢波德(Alan B. Shepard Jr.,1923—)是1971年1月31日发射的"阿波罗-14"号宇宙飞船上的指挥官,他在月球上打出高尔夫球的第一击。他将一个6铁头球棒安装在能返回的样品容器柄上,在月球上挥棒击了两次单手球。第一次未击中,但第二次击中了。但报告中说,这只球滑行了很远的距离。

美国女宇航员做出了哪些成就?

进入太空的第一位美国妇女:萨莉·K. 莱德——1983年6月18日,"挑战者号"STS-7。

在太空行走的第一位美国妇女:凯瑟琳·D.沙利文(Kathryn D. Sullivan)——1984年10月11日乘坐"挑战者号"STS-41G。

宇航员萨利·K.莱德于 1983 年 6 月 18 日成为进入太空的第一位美国妇女。

进行 3 次太空飞行的第一位美国妇女：珊农·W. 露西德(Shannon W. Lucid)——1985 年 6 月 17 日,1989 年 10 月 18 日和 1991 年 8 月 2 日。

进入太空的第一位非裔美国妇女：梅·卡洛尔·杰米森(Mae Carol Jemison)——1992 年 9 月 12 日乘坐“奋进号”航天飞机。

美国第一位女性航天飞机驾驶员：艾琳·M.柯林斯(Eileen M. Collins)—— 1995 年 2 月 3 日乘坐“发现者号”航天飞机。

进入太空的第一位非裔美国人是谁?

在“挑战者号”航天飞机执行 STS-8 飞行任务时(1983 年 8 月 30 日—9 月 5 日),吉昂·S. 布鲁福德(Guion S. Bluford Jr., 1942—)成为在太空飞行的第一位非裔美国人。宇航员布鲁福德是一位航天航空工程博士。她乘坐“挑战者号”执行 STS-61-A/空间实验室 D1 任务，进行第二次太空飞行(1985 年 10 月 30 日—11 月 6 日)。在太空飞行的第一位黑人男子是古巴宇航员阿纳尔多·塔玛尤-曼德兹(Arnaldo Tamayo-Mendez)。1980 年 9 月间,他乘坐“联盟-38 号”宇宙飞船,在苏联“礼炮-6 号”空间站生活 8 天。1992 年 9 月 12 日,梅·C. 杰米森(Mae C. Jemison)博士乘坐“奋进号”航天飞机执行空间实验室-J 任务,成为进入太空的第一位非裔美国女性。

一起进入太空的第一对夫妇是谁?

宇航员简·戴维斯(Jan Davis)和马克·李(Mark Lee)是进入太空的第一对夫妻。他们于 1992 年 9 月 12 日乘坐“奋进号”航天飞机执行历时 8 天的太空任务。通常,美国国家航空航天局禁止夫妻一同执行飞行任务。戴维斯和李是个例外，因为他们没有孩子,况且他们在结婚前很久就开始为这项飞行任务进行培训。

2000年进行了多少次成功的太空飞行? 分别是由哪些国家进行的?

2000 年,到达地球轨道或地球以外轨道的成功飞行共有 82 次：

国家或组织	发射次数
苏联(俄罗斯)	35
美国	28
欧洲空间局	12
中国	5
乌克兰	2

1990年,这种发射共116次,其中75次是苏联发射的,27次(包括7次商用发射)是美国发射的;5次由欧洲空间局发射,5次由中国发射,1次由以色列发射。

在太空停留时间最长的人是谁?

到2001年12月31日,俄罗斯宇航员谢尔盖·阿夫耶夫(Sergei Vasilyevich Avdeyev)在太空的飞行时间累计最长,3次共飞行747.6天。

美国第一颗人造地球卫星是什么时间发射的?

美国陆军于1958年1月31日发射的"探险者1号",是美国发射入轨的第一颗地球人造卫星。这颗重31磅(14.06千克)的卫星上装有基本的辐射计数器,发现了被地球磁场俘获的高能带电粒子带,以依阿华大学科学家詹姆斯·A.范·艾伦(James A. Van Allen)的姓氏命名的。这颗卫星是继世界上第一颗人造地球卫星——苏联发射"卫星-1号"4个月后发射的。1957年10月3日,苏联将一颗重184磅(83.5千克)的大型人造卫星送入近地轨道。卫星载有科学测量仪器,以探测上层大气的密度和温度。它的发射是一次太空壮举,开创了太空时代。

"伽利略号"航天器的任务是什么?

"伽利略号"航天器于1989年10月18日发射,在环绕金星飞行一圈、环绕地球飞行两圈后,用了近6年时间到达木星。"伽利略号"航天器的目的是要在几年内,对木星及其卫星和环带进行详细研究。1995年12月7日,它释放一枚探测器,用以分析木星大气的不同大气层。"伽利略号"航天器记录了木星、木星最大的4颗卫星及木星巨大的磁场等大量的探测结果。"伽利略号"原计划持续探测到1997年底,因为它一直成功飞行,所以在1997年、1999年和2001年,它又增加了探测木星卫星的任务。"伽利略"计划于2003年9月进入到木星大气内。

苏联太空计划的创始者是谁?

谢尔盖·P. 科罗廖夫(Seigei P. Korolev,1907—1966)对苏联载人太空飞行的发展作出了极大的贡献,他的名字与苏联最具有重大意义的太空成就密不可分。科罗廖夫接受过航空工程的培训,他领导莫斯科小组研究火箭推进原理,并于1946年接管苏联发展远程弹道火箭计划。在科罗廖夫的领导下,苏联人将这些火箭用于太空工程,并且在1957年10月4日成功发射了世界上第一颗人造地球卫星。除了要进行无人驾驶的、巨大的行星际研究计划外,科罗廖夫的目标是将人类送上太空。在用动物做了太空飞行试验后,他的载人太空飞行计划开始实施,尤里·加加林(Yuri Gagarin,1934—1968)被成功地送入地球轨道。

在与太空相关的任务中,已经造成的死亡人数有多少?

下面列出14名宇航员死亡与太空相关的事故。

日期	宇航员	任务
1967年1月27日	罗杰·查菲(美国)	阿波罗-1
1967年1月27日	爱德华·怀特(美国)	阿波罗-1
1967年1月27日	维尔基尔·格里森(美国)	阿波罗-1
1967年4月24日	弗拉迪米尔·科马洛夫(苏联)	联盟-1
1971年6月29日	维克托·帕塔萨耶夫(苏联)	联盟-2
1971年6月29日	弗拉季斯拉夫·沃尔科夫(苏联)	联盟-2
1971年6月29日	格奥尔基·多布罗沃尔斯基(苏联)	联盟-2
1986年1月28日	格雷戈里·杰维斯(美国)	STS-51L
1986年1月28日	克里斯塔·麦考利夫(美国)	STS-51L
1986年1月28日	罗纳德·麦克纳克(美国)	STS-51L
1986年1月28日	埃利森·奥尼朱卡(美国)	STS-51L
1986年1月28日	朱迪恩·雷斯尼克(美国)	STS-51L
1986年1月28日	弗朗西斯·斯科比(美国)	STS-51L
1986年1月28日	迈克尔·史密斯(美国)	STS-51L

查菲、格里森和怀特在"阿波罗-1号"进行地面模拟演练试验点火时,火箭起火,导致3名宇航员死于驾驶舱内。科马洛夫是由于"联盟-1号"密封舱的降落伞出现故障而遇难。多布罗沃尔斯基、帕塔萨耶夫和沃尔科夫是在"联盟-2号"再入大气层时,一个阀门突然出现问题,密封舱内的空气泄出,而导致死亡。杰维斯、

麦考利夫、麦克纳克、奥尼朱卡、雷斯尼克、斯科比和史密斯是在美国航天飞机“挑战者号”STS-51L发射73秒后,因航天飞机在高空突然爆炸,致使7名机组人员全部遇难。

此外,还有19名其他宇航员死于与太空任务不相关的事故。其中14人死于飞机坠毁,4人死于自然原因,还有1人死于汽车撞车事故。

美国太空计划中最惨重的灾难是什么?灾难的原因是什么?

“挑战者号”航天飞机于1986年1月28日发射,执行STS-51L任务,但是在发射升空后仅73秒钟就发生了爆炸。7名机组人员全部遇难,航天飞机被完全炸毁。对“挑战者号”悲剧的调查任务由罗杰斯调查委员会进行。调查团是由调查团主席、美国前国务卿威廉·罗杰斯(William Rogers)组建,并以他的姓命名。

罗杰斯调查委员会(对事故进行了数月研究)和参与调查的各个机构一致认为,事故的原因在于航天飞机右边固定火箭发动机的两个较低部位的接口出现了问题。确切的事故是,在火箭发动机推进剂燃烧时,用于防止热气体从接口处泄露的密封圈破裂。调查团收集的证据表明,航天飞机系统的任何其他部分都不会造成这种事故。

虽然调查团没有将事故责任归咎于任何个人,但是公众记录却清楚地表明,那天的发射是不应该进行的。当时卡纳维拉尔角的天气异常寒冷,夜间的温度降到了冰点以下。试验数据表明,固体火箭助推器连接处的密封圈(又叫做O形圈)在非常冷的天气里,就会失去作用。

“挑战者号”航天飞机的前9次太空飞行都取得了哪些成绩?

将美国第一位妇女送入太空——萨利·莱德(Sally Ride)

将第一位非裔美国人送入太空——小吉昂·S. 布鲁福德(Guion S. Bluford Jr.)

第一位在太空行走的美国妇女——凯瑟琳·沙利文(Kathryn Sullivan)

首次乘坐航天飞机的行走——唐纳德·彼得森(Donald Peterson)和斯多里·马斯格雷夫(Story Musgrave)

首次不系绳太空行走——罗伯特·斯图尔特(Robert Stewart)和布鲁斯·麦克坎德莱斯(Bruce McCandless)

首次在轨修理人造地球卫星——品克·尼尔森(Pinky Nelson)和奥克斯·范·霍夫藤(Ox Van Hoften)

最早在轨道上饮用可口可乐和百事可乐——1985年

航天飞机底部的板子是什么材料合成的？可以耐多高温度？

航天飞机底部的 2 万块板子是由密度低、纯度高的二氧化硅纤维隔热物制成，由陶瓷黏结料硬化。

板子的表面温度最高可达 922K—978K（649℃—704℃或 1 200°F—1 300°F）。

航天飞机使用的液体燃料是什么？

液态氢用作燃烧剂，液态氧用作氧化剂。这两种燃料分别储存在储箱里。在工作时，两种燃料才混合并进行燃烧。因为氧必须在温度低于-183℃时才能保持液体，而氢必须在低于-253℃时才能保持液体，所以它们是很难储存的气体，但都是极好的火箭燃料。

地 球

空 气

参见：气候和天气

地球大气层由哪些成分组成?

除了水汽和污染物质外，地球大气由78%的氮气、21%的氧气和各自不到1%的氩气以及二氧化碳等气体组成。此外,还有微量的氢、氖、氦、氪、氙、甲烷和臭氧等气体。地球最初的大气可能是由氨和甲烷组成。2 000万年前,空气开始含有种类更多的气体元素。

地球大气层有多少层?

地球大气层是包围地球的气体“外壳”。根据大气温度随高度而变化的情况,大气自地球向上主要可分为6层:

对流层:是最低层,平均厚度约为7英里(11千米),从两极5英里(8千米)到赤道地区10英里(16千米)厚度不等。大部分云和天气现象主要发生在这一层里。温度随高度递增而递减。

平流层:(在对流层之上)在距离地球表面7—30英里(11—48千米)之间。臭氧层就处于这一层。太阳辐射的有害紫外线绝大部分被该层吸收，对人类和其他生物起到重要的保护作用。因此,臭氧层非常重要。平流层的温度随着高度的增加而略有升高,最高可达32°F(0℃)。

中层:(在平流层以上)是距离地面30—55英里(48—88千米)的大气层。温度随高度增加而降低,可降到-130°F(-90℃)。

热层:又称为“非均和层”,是距离地面55—435英里(88—700千米)之间的大气层。温度随高度增加而递增,最高可达到2 696°F(1 475℃)。

外气层:也称作“外逸圈”、“散逸层”、“逃逸层”,常指距离地球表面435英里(700千米)以上的大气层。在这一层,温度已没有任何意义。

电离层:地球大气层上部高度为30—250英里(48—402千米)的区域。在这个区域中,空气在太阳光(主要是紫外线)照射下,高空气体分子或原子部分被电离为正离子和自由电子。被电离的层面可反射无线电波,从而使远距离无线电通信成为可能。电离层根据自由电子密度分为3层:其底层称为D层[35—55英里(56—88千米)],以上依次为E层[亥维塞—肯涅利层,55—95英里(88—153千米)]和F层[阿普顿层,95—250英里(153—402千米)]。

什么是范艾伦带?

范艾伦辐射带(或区域)是被地球磁场俘获的高能带电粒子形成的环绕地球的两个巨大环形带,也叫做磁层。第一个辐射带在地球表面以上几百英里延伸到约2 000英里(3 200千米),第二个辐射带距离地面9 000—1.2万英里(1.45万—1.9万千米)之间。带电粒子主要由质子和电子组成,来自太阳风和宇宙射线。美国物理学家詹姆斯·范艾伦(James Van Allen,1914—　)在1958年,借助于人造地球卫星“探险者-1号”(1958)和“先驱-3号”(1959)装载的辐射计数器,发现了这两个辐射带。辐射带因此就以范艾伦的姓氏命名。

在1998年,出现了一系列的大型太阳扰动,致使在内范艾伦辐射带和外范艾伦辐射带之间所谓的“狭槽区域”形成一条新范艾伦辐射带。太阳活动一旦平息,新辐射带就逐渐消失。在这同一时间,还会出现许多人造卫星的干扰,如“星系Ⅳ”卫星、铱卫星和其他一些卫星。人们在同一区域观测到暂时的新辐射带形成现象已不是第一次。但是这种现象的出现需要太阳激烈活动很长时间,才能使这一区域聚集足够多的带电粒子。

为什么天空是蓝色的?

日光与地球大气的相互作用,使天空呈蓝色。在外层空间,因为那里没有大气,所

詹姆斯·范艾伦在地球赤道上方发现了两个高能带电粒子区。图中为范艾伦(中间)与威廉·皮克林(William Pickering)和沃纳·冯·布劳恩(Wernher von Braun),举着美国首次成功发射的“探索者号”卫星模型。

以宇航员看到的是一片黑暗。太阳的白光具有许多不同的波长。单独看来,每一种波长都对应着一种颜色。构成大气的空气分子和物质粒子在太阳光照向地球的时候将其截获并散射。太阳白光中的大部分蓝色被散射,因为蓝色的波长最短,所以被散射的蓝色远大于其他颜色。当大气粒子小于颜色的波长时,就会出现选择性的散射——大气粒子只散射一种颜色,因而大气就呈现那种颜色。蓝色光的波长尤其会受其影响,被空气中的粒子散射,成为可见光。这也是太阳看上去呈现黄色的原因(黄色等于太阳白光减去蓝光)。傍晚的太阳颜色发红,因为随着太阳落向地平线,阳光要穿过更多的大气,因而失去更多的蓝色。橙色和红色光波较长,成为阳光的大部分,最可能被空气粒子散射。

自然特征等

参见:太空——行星和卫星

地球的质量是多少?

据推测,地球的质量为 6×10^{21} 或 588×10^{18} 短吨(6.6×10^{21} 短吨)或 5.79×10^{24} 千克。

地球的平均密度是水的 5 515 倍。这是利用国际天文学联合会于 1964 年采纳,并被国际大地测量学与地球物理学联合会于 1967 年承认的椭圆参数计算出来的。

地球的内部构造是怎样的?

地球内部分成许多不同的层。最上面的一层是地壳,约占地球总体积的 0.6%。地壳的厚度从海洋下方 3.5—5 英里(5—9 千米)到厚实一些的山脉下面的 50 英里(80 千米)厚度不等,地壳主要由岩石构成,如花岗岩和玄武岩。

在地壳和地幔之间的分界面称为莫霍洛维奇界面,简称“莫霍面”或“莫界面”,它是由克罗地亚地震学家安德里亚·莫霍洛维奇(Andrija Mohorovičić,1857—1936)于 1909 年根据研究地震冲击波数据而发现,并以发现者的姓氏命名的。在莫霍面以下的部分是地幔,向下延深约 1800 英里(2 900 千米)的地幔约占地球总体积的 82%。地幔主要是由氧、铁、硅和镁构成。地幔大部分是固体,但是地幔的上层称作软流圈的部分,则有一部分是液体。

核-幔界面,也称为古登堡间断面,1914 年由美籍德国地震学家本诺·古登堡

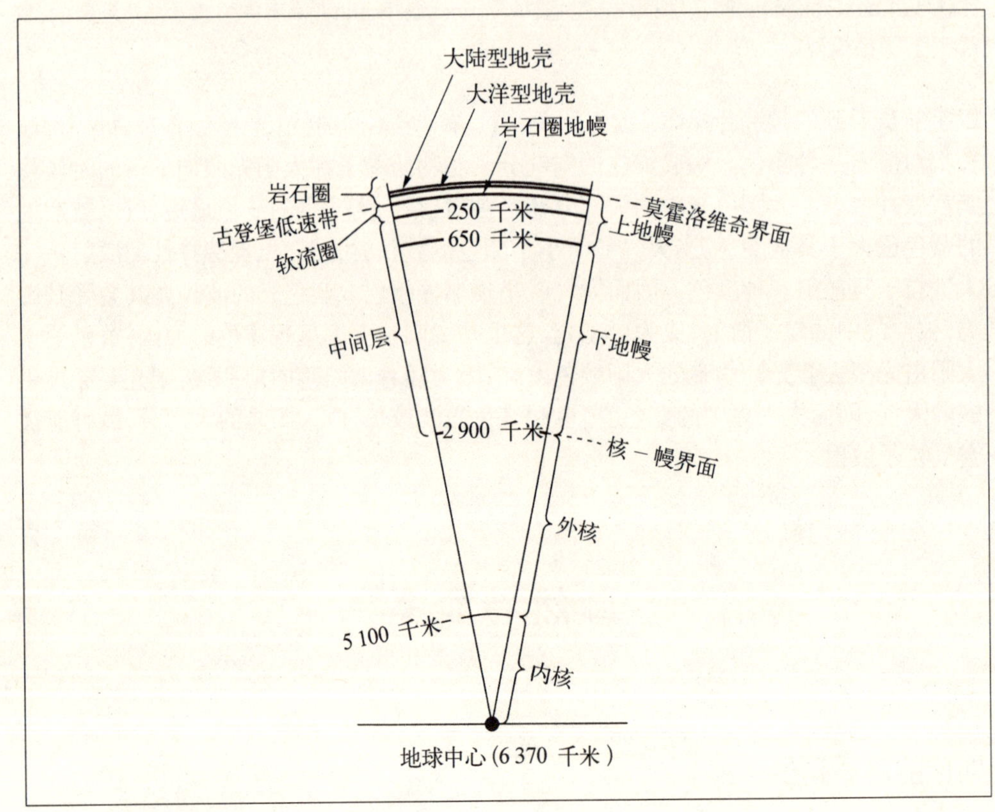

地球内部示意图。

(Beno Gutenberg,1889—1960)从地震资料中推断得出,并以他的姓氏命名。地核约占地球体积的17%,主要由镍和铁构成。从地幔基底延伸至约3 200英里(5 155千米)的深处,地球外核是液态。固体内核从外核底部一直延伸到地心,约3 956英里(6 371千米)深。内核的温度估计约有7 000°F(3 850℃)。

渗坑是由什么导致而成的?

渗坑是出现于陆地表面上的一种大洞,形状像井或漏斗。常见于碳酸岩地区,通常由地下水的溶解作用或地上溪流渗漏进入地下的石灰岩,引起地下岩石出现断裂或破碎而形成。洞穴顶部的塌陷也能造成大型渗坑。渗坑的直径可能达到数英里。

地球的中心是什么?

20世纪40年代以来,地球物理学家认为,地球的内核部分是逐渐冷却并不断扩张的晶体状的铁、镍球体。内核在冷却过程中,向外核释放能量。外核称为液态核,由铁、镍和较轻的元素构成,包括硫和氧。另一种称作"核地球模式"的学说认为,在地球中心有一个小核,也许只有5英里宽,由铀和钚构成,其周围是镍-硅化合物。铀和钚就像自然核反应堆一样,以热的形式产生放射能量,这些能量反过来又驱使带电粒子产生地磁场。传统的地核模式仍占主导地位。然而,科学家们有待证明核地球模式是错误的。

地球的温度是如何随着地球深度的增加而变化的?

地球的温度随着地球深度的增加而上升。在深矿井和钻井进行的测量表明,世界各地的地温变化率是因地而异的,从深度每下降1千米,温度增加59°F—167°F(15℃—75℃)不等。在深度超过6.2英里(10千米)的最深的钻孔以下,不可能进行实际温度测量。据推测,地球中心的温度能达到5 000°F(2 760℃)或更高。

地球的最高点和最低点分别在哪里?

地球上陆地的最高点是珠穆朗玛峰(位于尼泊尔与中国西藏边界的喜马拉雅山)的峰顶,海拔29 028英尺(8 848米),因雪的因素±10英尺(3米)。这个高度是印度测量员在1954年测得,并得到美国国家地理学会认可。在此之前,人们测得的珠穆朗玛峰的高度为29 002英尺(8 840米)。1987年卫星测量数据表明,珠峰为29 864英尺(9 102米)高,但这一测量结果还未被美国国家地质学会采纳。

陆地上最低点是以色列和约旦之间的死海，在海平面以下1 312英里(399米)。地球表面上的最低点是位于太平洋西部的马里亚纳海沟。海沟从关岛东南部向马里亚纳群岛西北部延伸，最深处达到36 198英里(11 034米)。

地壳中包含有哪些元素?

下列表中列出了地壳中含量最多的元素。此外，镍、铜、铅、锌、锡和银含量不足0.02%，其他所有元素占0.48%。

元素	百分比	元素	百分比
氧	47.0	钾	2.5
硅	28.0	钛	0.4
铝	8.0	氢	0.2
铁	4.5	碳	0.2
钙	3.5	磷	0.1
镁	2.5	硫	0.1
钠	2.5		

美国的最高点和最低点各是哪里?

在美国阿拉斯加州，以美国总统威廉·麦金利(William McKinley，1843—1901)的姓氏命名的麦金利山，高20 320英尺(619千米)，是美国和北美洲的最高点。麦金利山位于阿拉斯加州中部，是阿拉斯加山脉的一部分。山的南峰高20 320英尺(619米)，北峰高19 470英尺(5 931米)。麦金利山引以为傲的是，它有一座世界上最大的、未被破坏的峭壁，是迪纳利(Denali)国家公园的主要景点。迪纳利的意思是"第一高"，是美国土著居民的名字，有时用于指麦金利山。位于加利福尼亚州的惠特尼山高14 494英尺(4 421米)，是美国大陆的最高点。加利福尼亚州的死谷在海平面以下282英尺(86米)，是美国和西半球的最低点。

地球表面有多少是陆地，多少是水?

地球表面大约30%是陆地，约等于5 725.9万平方英里(14 830万平方千米)。地球表面的海洋面积约13 969.2万平方英尺(36 180万平方千米)，海洋的面积约占地球表面总面积的70%。

水

海水在循环吗?

海水一直处于不停的运动状态中,海水的水平运动叫做洋流,垂直运动叫做上升流和下降流。风、潮汐运动及由于温度或盐度造成的海水浓度差异,是导致海水循环运动的主要原因。赤道附近的海水比两极地区的海水暖,因而就出现温度差异。北半球的洋流顺时针方向循环,而南半球的洋流则是逆时针方向循环。在赤道附近海域,洋流以相反的方向运动——在北半球从左向右,在南半球从右向左。从赤道海域向南、向北运动的洋流带去温暖的海水,而从两极向赤道方向运动的洋流带去寒冷的海水。

主要寒流	主要暖流
加利福尼亚寒流	北大西洋暖流(大湾流)
洪堡洋流(秘鲁寒流)	南大西洋暖流
拉布拉多寒流	南印度洋暖流
加那利寒流	南太平洋暖流
本格拉寒流	北太平洋暖流
福克兰寒流	季风洋流
西澳大利亚寒流	鄂霍次克海暖流

海水里有黄金吗?

海水中的黄金含量极其微小。找遍地球上所有海水,只能为地球上的每个人找到9英镑(4千克)的黄金。

如果地球是个均匀的球体,覆盖地球表面的水会有多深?

据推测,世界上所有水的97%或超过 1×10^{15} 英亩英尺(1 234×10^{15} 立方米)的水都在海洋中。如果地球是个均匀的球体,这些水将会淹没地球达800英尺(244米)深。

如果全世界的冰都融化了,海水将涨高多少?

如果全世界的冰都融化了,将会有大约550万立方英里(2 300立方千米)的水,海洋将会上升1.7%,或大约180英尺(60米),足以将帝国大厦的20层楼淹没在水下。

冰山有多大部分浮在水面?

冰山只有 1/7—1/10 浮在水面以上。

冰山是什么颜色的?

大多数冰山的颜色呈蓝白色。然而，在南极洲，1 000 座冰山中就有一座是翠绿色。翠绿色的冰山只有在南极洲才能看到，因为北半球寒冷的程度还不够。当海水冷冻到浮冰架底部时，就形成了这些冰山。黄色和蓝色相结合，形成的冰看起来是绿色的。黄色来源于在海水中溶解并冻在冰水中的死亡的浮游生物黄棕色遗骸。冰呈现蓝色的原因在于，虽然冰实际上反射可见光中所有波长的光，但是冰吸收的红色光略多于蓝色光。

什么是蓄水层?

地壳靠上边部分的一些岩石具有许多小洞或空隙，如果这些孔较大或连接起来，水能很容易地穿过时，人们就会认为这样的岩石具有透水性。水能流过并能被储存的大型透水性岩石体被称为蓄水层。砂岩和砾石就是透水性岩石的极好例子。

蓄水层作为天然水库，为美国人提供了大约 60%的饮用水。在大约 200 万亩的北美大平原地表以下，巨大的奥加拉拉(Ogallala)蓄水层是美国中部主要的水源。据估计，继海洋[含 8.5 亿立方英里(13.7 亿立方千米)]之后，含有 3 100 万立方英里(1 500 立方千米)水的蓄水层，是第二大储存水库。水从岩石中渗出时得到了净化。但是溢水口、垃圾、酸雨及其他原因，可能会使水受到污染。此外，雨水对地下水的补给常常弥补上因大量抽取而失去的水量。到 2020 年，奥加拉拉蓄水层的水量可能会减少 25%。

海水由哪些化学成分构成?

海水中含有自然界存在的所有已知的元素及各种气体、化合物和矿物质。下表列出了海水含量最丰富的化学物质。

成　　分	浓度(每百万所含部分)
氯化物	18 980
钠	10 560
硫酸盐	2 560
镁	1 560

续 表

成　分	浓度(每百万所含部分)
钙	400
钾	380
碳酸氢盐	142
溴化物	65
锶	13
硼	4.6
氟化物	1.4

为什么大海是蓝色的?

导致海水呈现蓝色的原因不是单一的。人们所看到的大海颜色部分取决于人们观看大海的时间和地点。人们能够找到几乎任何支持对海水颜色解释的权威理论。一些解释包括纯净水、海水中的悬浮物质、大气等对阳光的吸收与散射,天空的颜色和亮度变化等。例如,有一种理论认为,当阳光照耀在海面上时,由不同波长的各种色光组成的白光的一部分被海水吸收,有些波长的光在与水分子相撞后被散射。在清洁的水中,红光和红外线光被大量吸收,但蓝光被吸收得较少,因此,蓝色光被从海水中反射回来。蓝光效应要求水深最低为 10 英尺(3 米)。

海洋为什么会起波浪?

海洋表面的海浪最常见的起因是空气运动(风)。导致海洋里出现海浪的因素有很多,可以是潮汐、洋流的相互作用、海底地震或火山的活动以及大气干扰等等。海浪的大小取决于风速、风力持续时间以及风吹过水面的距离。风在水面上吹过的时间越长,或吹得越猛烈,海浪就越高。当风在水面上吹过时,风试图将水面的水一同拖走。但水面的水移动的速度不可能像风那样快,所以水面就升高。当水升高时,重力将水拉回,使下落的水的动量低于海平面。下面水的压力又将这股波浪向上推回去。重力和水压之间的往复拉锯战就形成了海浪运动。表面张力波是由不到两节的微风引起的。在风速为 13 节时,海浪变得非常高,速度又非常快,超过长度的增长,其陡峭斜度使海浪破碎,形成白浪。海浪的高度必须是两个波峰之间距离的 1/7,才能形成白浪。

海洋有多深?

海床的平均深度是 13 124 英尺(4 000 米)。世界四大洋的平均深度如下:

海　洋	英　尺	米
太平洋	13 740	4 188
大西洋	12 254	3 735
印度洋	12 740	3 872
北冰洋	3 407	1 038

因为海洋的底部总是起伏不平，因此深度也有很大变化。最大的深度变化发生在沿大陆架边缘处深深的狭长形凹地，称为海沟。最深的海沟位于马里亚纳群岛以东的马里亚纳海沟，海沟深 36 198 英尺（11 034 米），深度超过世界上最高山峰的高度。1960 年 1 月，法国海洋学家雅克·皮卡德（Jacques Piccard）与美国海军上尉大卫·沃尔什（David Walsh）一起乘坐的"里雅斯特号"深海潜艇到达马里亚纳海沟的底部。

海　洋	最 深 点	英　尺	米
太平洋	马里亚纳海沟	36 200	11 033
大西洋	波多黎各海沟	28 374	8 648
印度洋	爪哇海沟	25 344	7 725
北冰洋	南森海沟	17 881	5 450

太阳光能照射进海洋多深处?

因为海水是相对透明的，所以大约 5%的太阳光能穿透干净的海水，到达 262 英尺（80 米）的深度。当海水因为海流、泥沙混流、不断增长的藻类或其他因素而导致混浊不清时，太阳光的穿透深度就减少到不足 164 英尺（50 米）。

什么是涌潮?

涌潮也叫做"暴涨潮"或"怒潮"，是出现在喇叭形河口或海湾的特殊潮汐现象。涨潮时，海水涌进河口，遇到河床或海湾地形急剧缩窄、水深变浅时所引起的水位暴涨，形成巨大的陡立水墙向前推进，同时轰鸣作响，来势凶猛，异常壮观。涌潮的高度可达到10—16 英尺（3—5 米），以涨潮速度或超过涨潮速度的速度（10—15 节）向上游涌进。

世界上最高的涌潮出现在哪里?

芬地湾（加拿大东部伯伦瑞克）拥有世界上最高的涌潮。在海湾北部，涌潮高度平均达到 45 英尺（14 米），远远超过 2.5 英尺（0.8 米）的世界平均高度。

海平面有数值吗?

海平面是指海洋表面的平均高度。科学家根据在全世界观测的基础上,已经计算出了一个平均海平面。该平均海面采用 19 年观测海浪所有阶段的资料的平均值来确定海面。海洋表面的无数个凹凸不平和陡坡,使人们很难测算出一个准确的海平面。

海和洋之间有什么区别?

海和洋之间没有确切的区别。有一个定义将大洋描述为占地球表面 71%的巨大连续咸水水域。世界大洋分为 4 大洋——太平洋、大西洋、印度洋和北冰洋。但有些资料没有将北冰洋包括进去,而把北冰洋称为边缘海。“海”和“洋”这两个词经常可互换使用,但海通常被认为比洋小。海常用以指大洋边缘的咸水海域,如地中海。

微咸水的含盐量是多少?

微咸水中盐的含量介于淡水和海水之间,既不咸也不淡,而是处于咸、淡之间。人们认为微咸水通常是每千克水中含 0.5—30 份盐,海水平均盐度为 3.5%。

海水的咸度是多大?

海水盐度平均为 3.3%—3.7%。在不同地区,海水含盐量变化很大。在有大量的融化冰水、河水或雨水等淡水注入的地区,像北极或南极地区,海水的盐度水平较低。像波斯湾和红海水域,海水的含盐量超过 4.2% 。如果将海洋中的盐都提取晒干,就会形成像非洲那么大的一个巨大的盐堆。海洋中的大部分盐来源于地球岩层经过数十亿年的溶解和渗出。有些盐是在含盐火山喷发及含盐岩浆流经海洋盆地的巨大裂缝过程中,向上涌动而产生的。

什么是激流,为什么激流非常危险?

激流是海水水面升降幅度最大时的潮汐。在波浪很高的沿海地区,海岸附近聚集的水越来越多。大量的海水沿海岸运动,最后到达波浪较低的地方。在这个地点,海水会突然涌入较低的海浪,并从海边退去,犹如一股猛烈的海面潮浪,其流动速度异常快,称为退潮。在退潮海流中精疲力竭的游泳者,若不以与海岸线平行的方向游动的话,可能会被淹死。退潮流有时被错误地称作大潮。

死海真的是“死”的吗?

死海是以色列和约旦边境大裂谷中的内陆湖。因为死海是地球表面上最低的水体，所以，流入死海中的水从不外流。它之所以称为“死海”，是因为它的盐度极高，除了细菌以外，任何动物和植物都不能在那里生长。由约旦河或其他小河流带入死海里的鱼会立即死亡。仅有的植物主要由盐土植物构成(能在含盐量或碱性土壤中生长的植物)。死海中盐的浓度向湖底逐渐减少。海水浓度之高，能使游泳者很容易地浮在水面上。

湖面上的结冰能承受多大重量?

下面表中列出了湖面结冰的最大安全负载量。此数据只适用于没有经过大量行走的干净湖冰。对于初冬时的软冰来说，冰的厚度应增加一倍，以确保安全。

冰的厚度		举例	最大安全负载量	
英寸	厘米		吨	千克
2	5	光脚一个人		
3	7.6	排成单排的一队人		
7.5	19	汽车或雪车	2	907.2
8	20.3	轻型卡车	2.5	1 361
10	25.4	中型卡车	3.5	1 814.4
12	30.5	重型卡车	9	7 257.6
15	38		10	9 072
20	50.8		25	22 680

世界上最深的湖在哪里?

贝加尔湖位于俄罗斯西伯利亚东南部，最深处约为 5 371 英尺(1 638 米)，是世界上最深的湖。位于坦桑尼亚和扎伊尔边境的坦噶尼喀湖是世界上第二深的湖，深度为 4 708 英尺(1 435 米)。

世界上5个最大的湖位于什么地方?

位置	面积		长度		深度	
	平方英里	平方公里	英里	公里	英尺	米
黑海，欧-亚[b]	143 244	370 922	760	1 225	3 363	1 025
苏必利尔湖，北美	31 700	82 103	350	560	1 330	406

续 表

位 置	面 积		长 度		深 度	
	平方英里	平方公里	英 里	公 里	英 尺	米
维多利亚湖,非洲	26 828	69 464	250	360	270	85
咸海,亚洲	24 904	64 501	280	450	220	67
休伦湖,北美	23 010	59 600	206	330	750	229

b=咸水湖

什么是亚祖河?

亚祖河是与河流平行流动的支流河。由于河两边建造起了高高的河岸,所以支流不能汇入河流。这个名字来源于密西西比河的一条支流——亚祖河,因为它有这种特点。

北美五大湖中哪个湖最大?

湖	湖的面积		湖的深度	
	平方英里	平方公里	英 尺	米
苏必利尔湖	31 700	82 130	1 333	406
休伦湖	23 010	59 600	750	229
密歇根湖	22 300	57 757	923	281
伊利湖	9 910	25 667	210	64
安大略湖	7 540	9 529	802	244

苏必利尔湖是五大湖中最大的湖。北美五大湖形成仅有的一个分水岭,即有一个出水口通向大海——圣劳伦斯航道。5 个流域的整体水量为 6×10^{15} 加仑(2.27×10^{13} 升),约相当世界淡水量的 20%。只有密歇根湖全部位于美国境内,其他 4 个湖位于美国和加拿大边境线上。有些人认为,休伦湖和密歇根湖是一个湖的两片水域,因为它们的水位一样高,并由 120 英尺(36.5 米)深、3.6—5 英里(6—8 千米)宽的麦基诺水道相互连通。水文测量记录表明,休伦湖和密歇根湖的水位相似,长期的水文变化情况相当。所以,从水文学上来说,它们就像一个湖。但有些人认为这是误称。

世界上最长的河流有哪些?

世界上最长的两条河流是非洲的尼罗河和南美洲的亚马孙河。可是,哪一条河最长仍有些争议。亚马孙河有数个入海口,在南大西洋处变宽,所以河流终止的确切地点是不确定的。如果算上帕拉(Pará)河口湾(最远的河口),其长度大约是 4 000 英里(6 404 千米)。由于阿斯旺水坝建成后形成了纳赛尔湖,尼罗河失去了数英里长蜿蜒的河流。在此之前,尼罗河进行的测量长度为 4 145 英里(6 670 千米)。下表列出的是世界上最长的 5 条河流水系。

河流	长度	
	英里	千米
尼罗河(非洲)	4 145	6 670
*亚马孙河(南美洲)	4 000	6 404
长江(亚洲)	3 964	6 378
密西西比河-密苏里河水系(北美)	3 740	6 021
叶尼塞河-安加拉河水系(亚洲)	3 442	5 540

* 不包括帕拉河口

世界上最高的瀑布是哪个?

位于委内瑞拉卡拉奥河支流上的安赫尔瀑布,以美国探险家、飞行员吉米·安赫尔(Jimmy Angel)的姓氏命名,是世界上最高的瀑布。瀑布的总高度为 3 212 英尺(979 米),是最长且不间断的瀑布,落差为 2 648 英尺(807 米)。

瀑布的高度很难判定,因为许多瀑布都由几部分组成,而不是由单独一个落差组成。美国最高的瀑布叫做约塞米蒂瀑布,位于加利福尼亚州约塞米蒂国家公园中的默塞德河的一条支流上,总落差为 2 425 英尺(739 米)。约塞米蒂瀑布有 3 部分:上约塞米蒂瀑布为 1 430 英尺(435 米),喀斯喀特瀑布(中间部分)为 675 英尺(205 米),低层瀑布为 320 英尺(97 米)。

为什么尼亚加拉瀑布在1848年断流了30个小时?

尼亚加拉瀑布的水流量取决于位于布法罗的伊利湖的高度。这一因素随着风向及风的强烈程度变化而有所不同。有记录的尼亚加拉河源头伊利湖的水位变化多达 8 英尺(2.5 米)。1848 年 3 月 29 日,一阵大风将伊利湖上的浮冰刮到湖的出水河道,迅速堵塞住了狭窄的水道,阻断了大部分河水流出。根据亲眼目睹此事的人士叙述,光着脚就可以通过该瀑布,但仅限于那一天。

尼亚加拉瀑布什么时候会消失?

尼亚加拉瀑布落下的水在落水点底部已砸出了巨大的水池,毁坏了叶岩峭壁的底部,导致坚硬的石灰岩层出现塌陷。尼亚加拉瀑布自从1万年前形成以来,自身已经向上游侵蚀了7英里(114米)。按这个速度进行下去,尼亚加拉瀑布将会在2.28万年以后消失,成为伊利湖的一部分。尼亚加拉河将伊利湖和安大略湖连通,是美国—加拿大边境(纽约州—安大略省)的标志。

陆　　地

参见:太空——行星

地球的固体部分也像水中一样有潮吗?

地球固体部分因太阳和月亮引潮力的作用而发生形变4.5—14英寸(11.4—35.6厘米)。引起潮汐的正是这种引力。当月球引力拉动面向月球方向的地球表面海水向月球靠近时,将地球另一面的固体部分拉离水体,使地球两面的水凸起,形成大潮。这种潮汐每隔12.5小时发生一次。低潮是水在天文引力作用下流向高潮地方去时的低水位的地方。太阳在地球上引起的潮汐的高度是月球引起潮汐高度的33%—46%。在新月或满月时,太阳和月球处在同一直线上,月球和太阳的引潮力相叠加,此时可使高潮的潮位更高。这种潮汐叫做大潮。在上弦月和下弦月时,太阳和月亮不同步(互成直角),潮汐的潮位比较低,这时的潮汐叫做小潮。规模较少的水体,如湖泊,没有潮汐现象,因为整个水体连同水下的陆地都会被突然提升。

大陆会移动吗?

1912年,德国地质学家阿尔弗雷德·韦格纳(Alfred Lothar Wegener,1880—1930)提出一种理论,认为大陆是分离漂移到目前位置的,所有的大陆曾经是靠近南极洲的一整块庞大的陆地,称为“联合大陆”或“盘古大陆”(源于希腊语,意思是“泛大陆”)。大约2亿年前,联合大陆分裂成两大古陆,称为劳拉西亚古陆和冈瓦纳古陆。这两块大陆继续漂移、分裂,最后演变成目前的形态和位置。韦格纳的理论在当时并没有受到重视,但是人们从此发现,大陆的确是以每年约0.75英寸(19毫米)的速度向侧面移动(不是漂移),这也正符合板块构造学说。美国地质学家威廉·默里斯·尤因(William Maurice Ewing,1906—1974)和哈利·哈蒙德·赫斯(Harry Hammond Hess,1906—1969)提出,地壳不是一个固体板块,而是由8大板块和7小板块构成。这些板块能够互相移开、滑动,相互碰撞或俯冲。这些板块的汇合处是造山、地震和火山的主要区域。

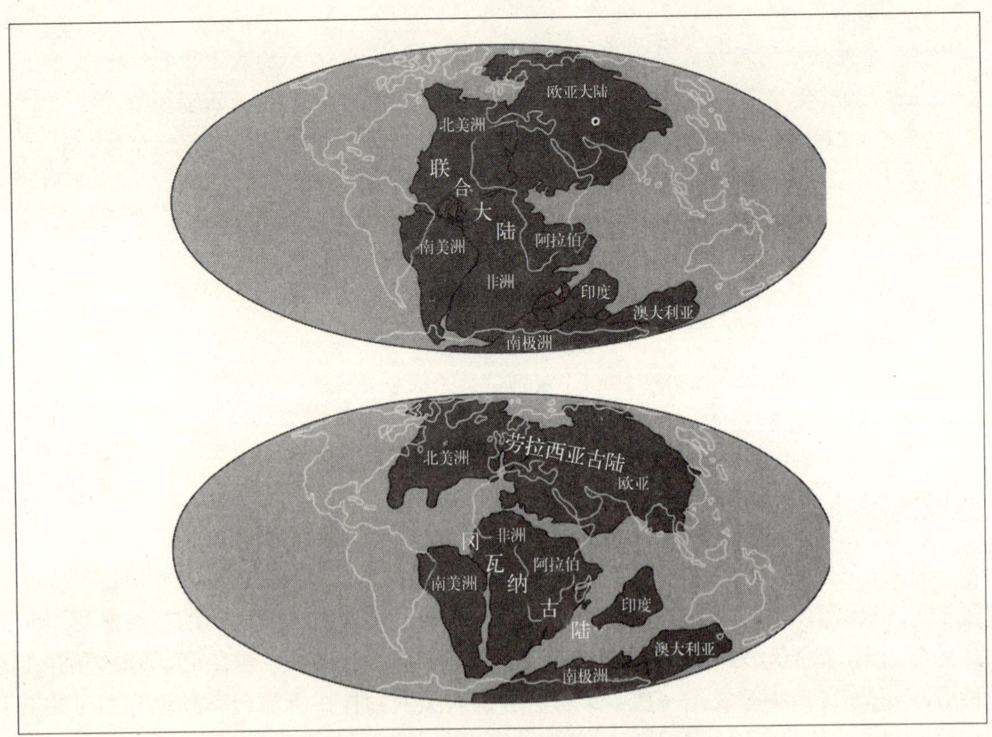

盘古超级大陆(顶部)及其分裂成的劳拉西亚古陆和冈瓦纳古陆。

地球表面有多大部分被冰覆盖着?

地球表面的陆地上大约10.4%是冰川,或被冰永久覆盖。大约602万平方英里(1 560万平方千米)的陆地表面是被冰盖、冰帽或冰川的形式覆盖。冰盖是覆盖住一块陆地的冰川,陆地上的山和山谷被完全覆盖。冰盖覆盖面积超过1.9万平方英里(5万平方千米),而冰帽覆盖的面积则较小。冰川是更大的冰体,在重力作用下,以每年10—1 000英尺的速度移动。位于陡峭斜坡的冰川移动的速度较快。例如,格陵兰岛上的夸拉尤克(Quarayoq)冰川,每天平均移动65—80英尺(20—40米)。世界一些地区受到冰川作用的面积如下:

地区	面积	
	平方英里	平方千米
南极	5 250 000	12 588 000
北极地区(格陵兰、加拿大北部、北冰洋岛屿)	799 000	2 070 000
亚洲	44 000	115 800
阿拉斯加州和落基山脉	29 700	76 900
南美洲	10 200	26 500

续 表

地　　区	面　　积	
	平方英里	平方千米
冰岛	4 699	12 170
欧洲阿尔卑斯山	3 580	9 280
新西兰	391	1 015
非洲	5	12

哪种冰更纯净——是冰川的冰还是普通的冰?

冰川雪粒中的杂质大部分都被移动到雪粒边缘并被冲掉。冰川冰就像经过3次净化的水一样,因此比普通的冰更纯净。

地球表面有多大部分是永冻的?

地球表面大约1/5是永冻层。这种划分方法完全以温度为基础,不考虑陆地的构成情况。永冻层包括基岩、草皮、冰、沙子、砾石以及温度在冰点以下达两年以上的任何种类的材料。几乎所有永冻层都有数千年之久。

陆地的最北点和最南点在哪里?

陆地的最北点是位于格陵兰岛最东北角的莫里斯·杰塞普(Morris K. Jesup)角,北纬83°39′,距离北极440英里(708千米)。然而《吉尼斯纪录》上却说,一个宽100英尺(30米)、名为欧达克(Oodaq)的水湾位置更靠北,处于北纬83°40′,距离北极438.9英里(706千米)。陆地的最南点是南极(因为与北极不同的是,南极处在陆地上)。

美国陆地的最北点位于阿拉斯加的巴罗角(Point Barrow)(北纬71°23′)。陆地的最南端在夏威夷岛上的卡拉也(Ka Lae)或南角(South Cape)(北纬18°55′)。在48个相连的州中,最北点是明尼苏达州的西北角(Northwest Angle)(北纬49°23′),最南点是佛罗里达州的基韦斯特(Key West)(北纬24°33′)。

覆盖南极洲的冰层有多厚?

覆盖南极洲的冰层最厚点达1.57万英尺(4 785米)深,比芝加哥的西尔斯大厦大约高10倍。然而,冰层的平均厚度仅为7 100英尺(2 164米)。

谁是踏上南极洲的第一人?

历史学家不能肯定是谁最先登上南极洲的。南极洲的面积为540万平方英里(1 400平方千米),占地球表面总面积的10%,是世界上第五大洲。在1773—1775年期间,英国船长詹姆斯·库克(1728—1779)进行了环绕南极大陆的航行。美国探险家纳萨尼尔·帕尔默(Nathaniel Palmer,1799—1877)于1820年发现帕尔默半岛,但他并没有认识到这是一个大洲。在同一年,法比安·戈特利布·冯别林斯高晋(Fabian Gottlieb von Bellingshausen,1779—1852)见到了南极大陆。美国海豹狩猎者约翰·戴维斯(John Davis)于1821年2月7日在休斯湾登陆。1823年,海豹狩猎者詹姆斯·威德尔(James Weddell,1787—1834)航行到了当时人们能够到达的最南端(南纬74°),进入了现在称为威德尔海的地方。1840年,美国人查尔斯·威尔克斯(Charles Wilkes,1798—1877)沿海岸航行1 500英里后,宣布南极是一个大陆。1841年,詹姆斯·克拉克·罗斯爵士(Sir James Clark Ross,1800—1862)发现了维多利亚地、罗斯岛、埃里伯斯山和罗斯冰架。捕鲸人亨瑞克·布尔(Henryk Bull)在南极大陆登陆。挪威探险家罗尔德·阿蒙森(Roald Amundsen,1872—1928)于1911年12月14日最早到达南极。34天后,阿蒙森的对手罗伯特·法尔孔·斯科特(Robert Falcon Scott,1868—1912)登上了南极,成为第二个到达南极的人。但是斯科特和他的同伴都死于返回的途中。

冰期时代发生在什么时候?

冰期时代亦称“冰川时期”、“冰河时代”或“冰河期”,冰期时代在23亿年来不定期发生。在冰川期间,冰层覆盖地球大陆的大部分。地球气候变化的确切原因尚未查明,但有些人认为,气候变化是因地球环绕太阳旋转轨道发生变化而引起的。

大冰期发生在更新世,始于200万年前,并持续到1.1万年前。在大冰期的高峰时,大约整个世界陆地面积的27%被冰雪覆盖。在北美,冰雪覆盖了加拿大,并向南移动到美国的新泽西州。在美国的中西部,冰川向南移动,到达圣路易斯。小型冰川和冰帽也覆盖了西部山脉。格陵兰岛如同目前一样,被冰雪所覆盖。在欧洲,冰川从斯堪的纳维亚向南移动,进入德国和波兰。英国诸岛和阿尔卑斯山脉也有冰帽。冰川还覆盖了俄罗斯北部平原、中西伯利亚高原和堪察加半岛。

冰川对美国的影响仍然明显可见。俄亥俄河的排水系统和五大湖的位置都是冰川影响的结果。中西部富饶的土地起初也是冰川造成的。冰川南部地区的降雨,在犹他州、内华达州和加利福尼亚州形成了大面积的湖泊。犹他州的大盐湖就是其中一个湖泊遗留下的遗迹。大面积的冰层锁住了大量的水。海平面降到目前海平面以下约450英尺(137米)处。所以,美国的一些州,如佛罗里达州,在冰川时期要比现在大得多。

最后一次冰期时代的冰川出现在大约1.1万年前后。有些人认为,冰期时代还没有结束,冰川进退循环很多次。地球上似有一些地区被冰雪覆盖,这可能是冰川前进

南极洲罗斯冰架200英尺厚海洋面一直延伸到地平线，在埃里伯斯山中间，显得很小。

中的一个时期。

什么是冰碛？

在冰川的直接作用下沉积而成的难以分类、没有层次的物质或沙堆所构成的山，或其他任何明显的堆积物即冰碛。

什么是“胡都”？

“胡都”(hoodoo)是对形状奇特的岩石山峰或基岩的一种形象的称呼。胡都通常由砂岩构成，形成于半干旱地区，因风化而成。美国犹他州布莱斯峡谷沃萨奇(Wasatch Formation)中的石林就是一个典型的例子。

大的声响能引起雪崩吗？

雪崩不是由大的声响引起的，但却是由人引发的一种自然危险情况。雪崩是大雪团块沿着斜坡滑落的现象。有粉状雪，沿着压实的旧的积雪下滑。有从山坡上滚落下来的块状雪团，还有沿山坡下滑的冰雪混合物，这些混合物常常夹带着石块和其他碎片杂物。干雪崩(冷雪崩)是最危险的，其滑落速度达到60—80英里/小时。

位于亚利桑那州奇里卡瓦国家纪念公园(Chirichua National Monument)的石林结构。

什么是沙丘?沙丘是如何形成的?

在沙漠和沿海地区,沙粒在风力作用下堆积成山丘状或垄岗形状的地貌,这种地貌叫做沙丘。风向、沙子的种类及植物的数量决定沙丘的类型。沙丘的称法或按照其形状命名(如星形沙丘和抛物线形沙丘),或根据沙丘与风向的关系命名(如横向沙丘和纵向沙丘)。

世界上最大的沙漠在哪里?

沙漠是几乎没有降水量、且植被极少或没有植被的地区。许多沙漠在赤道南纬或北纬 20°的地区形成一个沙带,因为含有水分的风在这些地区不降雨。当来自较高纬度并富含水分的风接近赤道时,风的温度升高,因此含水分的风在大气中的高度越来越高。当风到达赤道附近地区的上空与较冷的地球大气接触时,风就冷却下来,并释放出风中所携带的所有水分,这样赤道附近便形成了热带雨林。

世界上最大的沙漠——撒哈拉沙漠,其面积是地中海的 3 倍。美国最大的沙漠是位于加利福尼亚南部的木哈末沙漠,面积为 1.5 万平方英里(3.89 万平方千米)。

沙　漠	位　　置	平方英里	平方千米
撒哈拉沙漠	北非	350 万	906.5 万
阿拉伯沙漠	阿拉伯半岛	90 万	233 万
澳大利亚沙漠	澳大利亚	60 万	155.4 万
戈壁沙漠	蒙古和中国	50 万	129.5 万
利比亚沙漠	利比亚、埃及西南部、苏丹	45 万	116.55 万

加利福尼亚州的这些沙丘呈现出具有各种不同形状和结构的沙丘景色。

什么是流沙?

流沙是含有大量水的沙和泥组成的混合物。沙粒被薄薄的一层水隔离开,因此泥沙混合物具有液体的性质。流沙常见于大型河流的入海口或其他具有长期水源的地区。较重的物体(包括人)遇到流沙时就会沉下去。但是,由于沙-水混合物的密度比人体的密度稍大一些,因此大部分人实际上能够浮在流沙上面。

洞穴探险和洞穴学的区别是什么?

洞穴探险或洞穴探险运动,是将洞穴探险当作一项嗜好或者消遣。洞穴学是对洞穴或其他地下景物的科学性探测和研究,包括勘测范围、形成史和结构以及相关的生态史。例如,世界上最深的洞穴是位于法国上沙瓦省(Haute Savoie)的让·贝尔纳洞(Reseau Jean Bernard),深度为 5 256 英尺(1 602 米)。世界上最长的洞穴是位于肯塔基州的猛犸洞穴,其长度为 348 英里(560 千米)。

所有陷坑都是火山的一部分吗?

不,并不是所有的陷坑都来源于火山。陷坑是由变形的沉积岩构成并接近圆形的地区,常为漏斗形洼地。有些陷坑是因地下盐或石灰岩溶解时,地表塌陷造成的。地下水的排出和冰川的融化，也能引起地面的坍塌，形成陷坑。

大型陨石、彗星及小行星撞击地球也可以形成陷坑。亚利桑那州温斯洛(Winslow)附近的流星陨石坑就是一个著名的流星冲击形成的陷坑。陨石坑直径为4 000英尺(1 219米)，深度为600英尺(183米)，据估计是3万—5万年前形成的。

洞穴是怎样形成的?

水的侵蚀造成海岸地区可见到的大部分洞穴。海浪长时间地冲击岸边岩石，将一部分岩石冲蚀掉，形成洞穴。内陆洞穴也是由于水的侵蚀作用形成的，尤其是地下水对岩石的侵蚀。当石灰岩溶解时，地下通道和洞穴就形成了。

洞穴堆积物的定义是什么?

洞穴堆积物(speleothem)是指洞穴自身形成后，所形成的那些洞穴特征的一个术语。洞穴堆积物是流体凝结或化学溶解所产生的二次矿物堆积物。这些矿物堆积物通常包括碳酸钙($CaCO_3$)或石灰岩，但也可能会见到硫酸钙或二氧化硅。钟乳石、石笋、石管、石珊瑚、格子石和穴珠，都是各种类型的洞穴堆积物。

什么是石灰华?

石灰华亦称“钙华”，是碳酸钙($CaCO_3$)沉淀构成渗透性多孔石灰岩的统称，常见

巨大的钟乳石和石笋柱占据了南北干果洞(Cango Caves)的中央位置。

于石灰岩地区的泉水处，或有大量钟乳石或石笋沉淀的洞穴中。石灰华源于意大利词语“软岩石”，是由来自河流或泉水的方解石沉淀而成的。

美国最深的洞穴是什么洞穴?

位于新墨西哥州卡尔斯巴德洞窑国家公园内的列楚基耶(Lechuguilla Cave)是美国最深的洞穴，深度为1 565英尺(477米)。大多数洞穴是由二氧化碳与雨水混合所产生的碳酸形成的，而卡尔斯巴德洞穴却不同，它是由硫酸形成的。硫酸是溶解于地下水的氧和来自洞穴表面以下很深地方的硫化氢之间进行反应的产物。

怎样区分钟乳石和石笋?

钟乳石是悬于洞顶的一种锥形或圆柱形方解石($CaCO_3$)结构。从洞穴顶部石灰岩中缓慢下滴的水中沉淀的矿物质，经过长达几个世纪的增长，就形成了钟乳石。这种含有碳酸氢钙的水，从洞顶部往下滴时，因为水分蒸发和二氧化碳的逸出，使水中析出的少量碳酸钙(石灰石)沉淀下来，并从上而下地增长，最后形成钟乳石。

石笋是从洞底向上增长的石质结构，形如倒立的冰锥。溶有碳酸钙的水从石灰岩洞顶和洞壁滴落到洞底，因水蒸发和碳酸钙沉淀而形成。石笋有时与钟乳石相接，形成石柱。

北美洲的大陆分水岭是什么? 在什么地方?

大陆分水岭也称为大分水岭，是由落基山脉中的许多山峰形成的连续的分界线，将北美洲向东流的水与向西流的河水分隔开来。在大陆分水岭的东边，河水流入哈得逊湾或密西西比河，最后流入大西洋。在大陆分水岭的西边，河水通常流经哥伦比亚河或科罗拉多河，最后进入太平洋。

美国最著名的国家公园有哪些?

公园/位置	游客(2001年)
大雾山国家公园(北卡罗来纳州和田纳西州)	9 457 323
大峡谷国家公园(亚利桑那州)	4 219 726
约塞米蒂国家公园(加利福尼亚州)	3 453 345
奥林匹克国家公园(华盛顿州)	3 401 245

续 表

公 园/位 置	游客(2001 年)
洛杉矶国家公园(科罗拉多州)	3 211 689
黄石公家公园(怀俄明州)	2 769 775
大蒂顿国家公园(怀俄明州)	2 531 844
阿卡迪亚国家公园(缅因州)	2 504 708
锡安国家公园(犹他州)	2 086 264
猛犸洞穴国家公园(肯塔基州)	1 889 096

大峡谷有多长?

大峡谷位于美国亚利桑那州北部,由科罗拉多河经过 1 500 年冲蚀而成,是世界上最大的陆地峡谷。大峡谷的边缘处宽 4—13 英里(6.4—21 千米),深达 4 000—5 500 英尺(1 219—1 676 米),长为 217 英里(349 千米),从小科罗拉多河口一直延伸到大瓦士崖(Grand Wash Cliffs)。如果算上大理石峡谷(Marble Canyon),山谷长 277 英里 600 英尺(445 88 千米)。

但是,大峡谷却不是美国最深的峡谷,这一殊荣当归属于国王峡谷(Kings Canyon)。国王峡谷贯穿加利福尼亚州西弗雷斯诺附近的雪梨山(Sierra)和红杉国家森林公园,最深点为 8 200 英尺(2 500 米)。位于爱达荷州和俄勒冈州之间界河蛇河上的赫尔河谷,是美国最深的峡谷。赫尔河谷又称作蛇河大峡谷,从魔鬼山(Devil Mountain)跃入蛇河,跨度为 7 900 英尺(2 408 米)。

什么是拉贝瑞阿焦油坑?

拉贝瑞阿焦油坑(LaBrea)位于加利福尼亚州落基山的一个地区,以前称为兰乔·拉·布雷(Rancho LaBrea)。重质、黏稠的焦油从那里的地壳中慢慢流出来。这些浮渣来自地下很深处的油藏。油藏曾是无数动物残酷的陷阱。现如今,沥青坑成为汉考克(Hancock)公园的一部分。在这个公园里,许多化石遗迹与这些同实物大小一样的史前物种一同展出。

焦油坊最初在 1875 年被认为是化石遗址。科学家们直到 1901 年才对这一地区进行系统性发掘。通常兰乔·拉·布雷的化石标本与最近的生物新族相比较,古生物学家们对这一地区在冰川时代期间的气候、植物和动物生活有了更深的了解。在所发掘出来的石骨中,最令人难以忘却的也许是大型已灭绝的哺乳动物的骨化石,如巨大的猛犸和长有长长的锐利犬齿的猫。古生物学家们甚至还发现了西方马和骆驼的遗骸。西方马和骆驼源于北美洲,并迁徙到世界其他地区,在冰川时代末期,在北美洲灭绝。

美国拉什莫尔山国家历史纪念碑是在什么岩石上雕刻而成的?

花岗岩纪念碑位于美国南达科他州西南部的布莱克山上,碑上面雕刻着4座60英尺(18米)高的美国总统巨型雕像。这4位总统是乔治·华盛顿(George Washington)、托马斯·杰斐逊(Thomas Jefferson)、亚伯拉罕·林肯(Abraham Lincoln)和西奥多·罗斯福(Theodore Roosevelt)。雕塑家加特森·博格勒姆(Gutzon Borglum,1867—1941)设计了这组巨型雕像,但遗憾的是,他在这一工程完工之前便去世了。他的儿子林肯完成了这一雕刻工程。从1927—1941年,有360人(其中大部分人是建筑工人、钻孔工人和矿工)采用黄色炸药对这些雕像进行雕刻。

直布罗陀岩石的成分是什么?

直布罗陀山是由灰色的石灰岩构成,在西山坡的有些地方,上面覆盖着一层黑色的叶岩。直布罗陀山位于西班牙最南端的一个半岛上,处于直布罗陀海峡的东端。直布罗陀海峡是大西洋和地中海之间的狭窄通道。直布罗陀山的最高点为1 398英尺(425米)。

火山和地震

最著名的火山是哪座?

公元79年8月,意大利维苏威火山的喷发也许是历史上最著名的火山喷发。维苏威火山休眠了很多年。当它喷发时,好几座城市整个被摧毁、掩埋,包括庞贝、施塔比亚和赫库兰尼姆。庞贝和施塔比亚被掩埋在火山灰下,而赫库兰尼姆则被泥石流覆盖。

火山分为哪几种类型?

火山是地球内部熔化的岩石或岩浆,以大规模的喷发或爆炸等形式,从一个出口处喷射到地面后冷凝、堆积成的山体。火山通常为锥状山丘或高山。熔岩有时在地下气体压力的作用下被向上推动,直到突破地壳中的某个薄弱点。岩浆向上喷出熔岩流,或向空中喷射出岩浆碎屑、灰和尘雾。火山喷发后形成的残留物的堆积,使火山越来越大。根据组成物质的形态,火山的类型分4种:

火山渣锥,全部由岩浆碎渣组成。坡度较陡,一般为30°—40°,高度很少超过1 640英尺(500米)。亚利桑那州的落日(sunset)火山口和墨西哥的帕利库廷火山就是火山渣锥的例子。

层状火山，亦称“复合火山”，由火山碎屑物质和熔岩交替堆叠而成，是火山锥的主要类型。其特点为，山顶的坡度高达30°，到火山基底则逐渐缩窄到5°。日本的富士山和华盛顿的圣海伦火山都是复合火山锥形火山。

盾形火山，主要由熔岩流组成。坡度平缓，形状如盾牌。山顶的坡度很少超过10°，基底的坡度不超过2°。夏威夷岛就是由一群盾形火山组成的。夏威夷中部的冒纳罗亚火山是世界上最大的活火山，海拔高度为13 653英尺(4 161米)。

穹状火山，由黏稠、糊状的熔岩组成，如同牙膏管里挤出的牙膏，形似穹丘。穹状火山的例子有加利福尼亚的拉森峰和莫洛丘(Mono Dome)。

我们如何测定古代火山喷发的时间?

鉴定古代火山喷发的年代最基本的方法是碳含量年代测定法，即经由测定有机物中放射性同位素碳-14的衰变率，来断定考古年代的方法。这种方法用于测定200多年前火山喷发的日期。在火山喷发期间，树木燃烧后形成的木炭几乎是纯炭，是查找微量碳-14的理想样品。

“火环”在哪里?

环太平洋的地震带常常被称为“火环”或“火圈”。地球的岩石圈是由15块板块构成。这些板块在下面部分熔融的地层(软流圈)之上“漂浮着”。火山、地震和造山运动大部分都发生在不稳定的板块之间的边界处。火环从美洲西海岸向北，从智利到阿拉斯加(穿越安第斯山脉、中美洲、墨西哥、加利福尼亚、喀斯喀特山和阿留申群岛)，沿亚洲东海岸向南，从西伯利亚到新西兰(穿过堪察加半岛、千岛群岛、日本、菲律宾、西里伯岛、新几内亚、所罗门群岛、新喀里多尼亚到新西兰)。世界上的850座活火山中，75%以上位于“火环”上。

哪个岛屿拥有最集中的活火山?

20世纪90年代早期，在复活节岛上及其周围地区，发现了1 133座海底山(在海面以下的山)和火山锥。很多火山在海底高达1英里多。有些火山近7 000英尺(2 134米)高，但其峰顶仍然在海平面以下2 500—5 000英尺(760—1 500米)。

在美国相连的48个州中，哪些火山是活火山?

在美国相连的48个州中，有7大火山被认为是活火山。其中有3个火山在加利

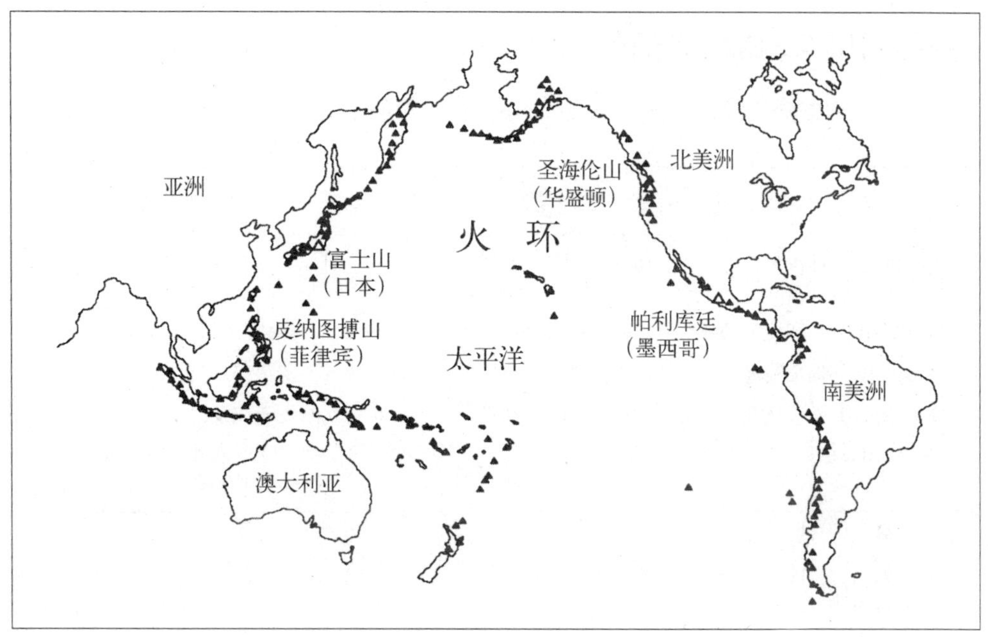

“火环”是环太平洋的火山带。

福尼亚州，即火山渣锥（Cinder Cone）、拉森峰（Lassen Peak）和沙斯塔山（Mt. Shasta）。华盛顿州拥有3个，即贝克山（Mt. Baker）、雷尼尔山（Mt. Rainier）和圣海伦山（Mt. St. Helens）。在俄勒冈州有一个，即胡德山（Mt. Hood）。

圣海伦山什么时候喷发过？

圣海伦火山坐落在喀斯喀特山脉中，位于华盛顿州的西南部，于1980年5月18日喷发，有61人死于火山喷发。这是美国相连的48个州中第一次已知的、夺去人生命的火山喷发。地质学家称圣海伦山为复合火山（由熔岩流、火山灰和其他火山碎屑物质交替成层堆积而成，且坡度较大，常呈现对称分布的锥形山地）。复合火山往往会猛烈爆发。在喀斯喀特山脉的圣海伦山和其他活火山，都是太平洋地带“火环”的一部分，火山活动不仅频繁，而且具有破坏性。

活火山不仅在华盛顿州表现得很活跃，而且在美国其他3个州也呈现活跃状态。这3个州是：加利福尼亚州、阿拉斯加州和夏威夷州。拉森峰是喀斯喀特山脉中几个火山之一，它最后一次喷发是在1921年。阿拉斯加州的卡特迈山（Mount Katmai）在1912年喷发过一次，大量炽热的火山灰在15英里（24千米）之外形成了“万烟谷”。夏威夷著名的火山为冒纳罗亚火山，它是世界上最大的火山。火山底部宽度为60英里（97千米）。

哪些火山是最具破坏性的火山?

1700年以来,5次最具破坏性的火山喷发列表如下:

火　　山	喷发日期	死亡数目	死　亡　原　因
坦博拉火山,印度尼西亚	1815年4月5日	9.2万	1万人直接死于火山喷发,8.2万人死于之后的饥饿
喀拉喀托火山,印度尼西亚	1883年8月26日	36 417	90%人死于海啸
培雷火山,马提尼克岛	1902年8月30日	29 025	火山碎屑流
鲁伊斯火山,哥伦比亚	1985年11月13日	2.3万	泥石流
云仙火山,日本	1729年	1.43万	70%的人死于火山锥体坍塌,30%死于海啸

什么是海啸?

海啸又称地震波浪、津浪,是由海底大型地震引发海底产生升降运动,海水在强烈的扰动下而产生的一种巨大波浪。海底的这种升降运动推动着前边的海水,从而引发海啸。海啸的波浪波长很长[100—200英里(161—322千米)],波速很快[500 mph(805 kph)]。当海啸波浪传播到浅海时,因其波长急剧减少,浪高可达到100英尺(30.5米)。低于里氏震级6.5级的海底地震,以及只引起海底水平方向运动的那些地震,不会产生这种具有破坏力的海浪。世界上有记载的最大海啸发生于1958年7月9日,沿美国阿拉斯加州例图雅湾(Lituya Bay)一带地区,海浪波峰高达1 719英尺(524米)。它是由巨大的海底滑坡引发的,以100英尺/小时的速度移动。这么高的波浪会淹没马来西亚吉隆坡的双子塔(Petronas Towers)。双子塔有1 483英尺(452米)高,被认为是世界上最高的塔。

有多少种不同类型的断层?

断层是地球岩石的断裂,沿此断裂处因受挤压而使岩石层发生位移。断层有正断层、逆断层或平移断层。构成断层的破裂面称为断层面。当断层面倾斜时,位于断层面上侧的岩层称为断层上盘,位于其下的称为断层下盘。当断层的上盘沿着断层面发生向上移动时,就产生逆断层。平移断层也称"走滑断层"或"平推断层"。断层的两盘沿着断层面作水平滑动,则产生平移断层。在斜断层中,则同时具有上下运动和水平运动。

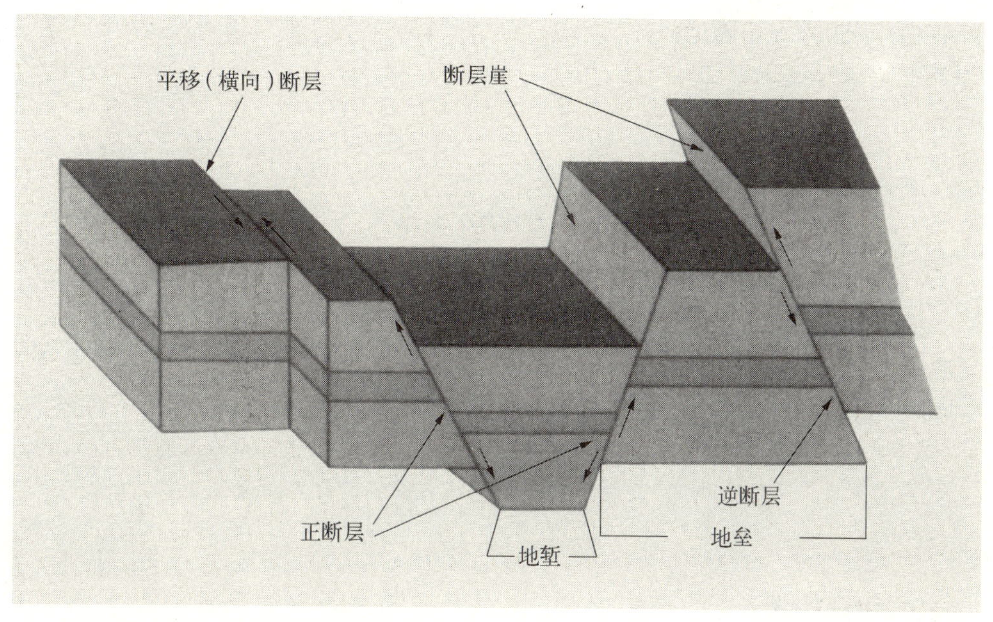

3 种主要类型的断层运动示意图。

圣安德烈斯断层在哪里?

世界上最著名的断层或许是圣安德烈斯断层。断层从墨西哥北部开始,并贯穿大部分加利福尼亚州。圣安德烈斯断层不是一个单独的断层,而是由一系列断层组成。在旧金山附近断层的北半段有一些逆断层,且大部分是山地。在洛杉矶附近的南半段,大部分是正断层。由于陆地开发,除了在少数几个地方以外,已很难看到断层,这在旧金山南部圣安德烈斯湖附近尤为明显。圣安德烈斯断层是为了纪念安德鲁·劳森(Andrew Lawson,1861—1952)——研究 1906 年旧金山大地震的地质学家——而命名的。

地震仪的工作原理是什么?

地震仪是由地震检波器收集资料的记录仪器,它能记录和测量来自遥远地震区域传来的地震波。地震发生时会产生 3 种波。前两种波——P 波和 S 波,在地球内部传播。第三种波由拉夫(Love)波(L 波)和瑞利(Rayleigh)波(R 波)组成,沿地球表面传播。P 波的传播速度约为每秒 3.5 英里(5.6 千米),是最早到达地表的波。S 波的传播速度比 P 波速度的一半稍微快一些。如果知道不同种类波的传播速度,就可以通过测量快波(P 波)和慢波(S 波)到达地表观测站的时间间隔,来推断出地震震源与观测站之间的距离。

地震时,地震仪的其他部分随着地面一起振动,这时只有拾震器的"摆"(重锤)由于惯性作用几乎是不随地面同步运动。但"摆"与仪器其他部分的相对运动却传到记录器上,并留下记录。

谁发明了中国古代地震仪?

科学家张衡(78—139)在公元132年发明了测定地震方位的候风地动仪,地动仪是一个有穹顶的铜制瓮,瓮外面铸有8条龙,分别朝着8个方向。每个龙的口中衔着一枚小铜球。瓮里边悬着一根摆锤,地面震动时,摆锤就会摆动并将龙口中的铜球撞出,被撞出的小铜球落入与龙口对应的那个张着嘴的铜铸蛤蟆口中。铜球落入蛤蟆口中时,会发出很大的声响,表明有地震发生。知道了哪个球落下来,人们就能判定地震震中的方向(地震震源正上方地球表面的最大震动点)。

什么是里氏震级?

里氏震级是测量地震强度的标度表,即在地震震源产生的面波的大小。里氏震级由美国地质学家查尔斯·里希特(Charles W. Richter,1900—1985)于1935年设计完成。震级分为1—8级。每增加一级,地震的强度就增加10倍。

强　度	里氏震级可能产生的结果
1	只有专业设备才能侦测到
2	即使在震中附近也几乎检测不到
3	室内可感觉到
4	大多数人能感觉到;破坏轻微
5	所有人都能感觉到;破坏程度为轻度到中度
6	破坏力为中等
7	重大破坏
8	大面积的重大破坏

什么是修订的麦加利地震烈度?

修订的麦卡利地震烈度是一种测量地震强度的方法。里氏震级是通过数学计算,测定地震波。与此不同的是,修订的麦卡利地震烈度评定标准的依据是地震对某地区建筑物造成的影响及破坏程度。它是由麦卡利(Guiseppe Mercalli,1850—1914)在1902年发明的。哈利·伍德(Harry Wood)和法兰克·纽曼(Frank Neumann)考虑到汽车和摩

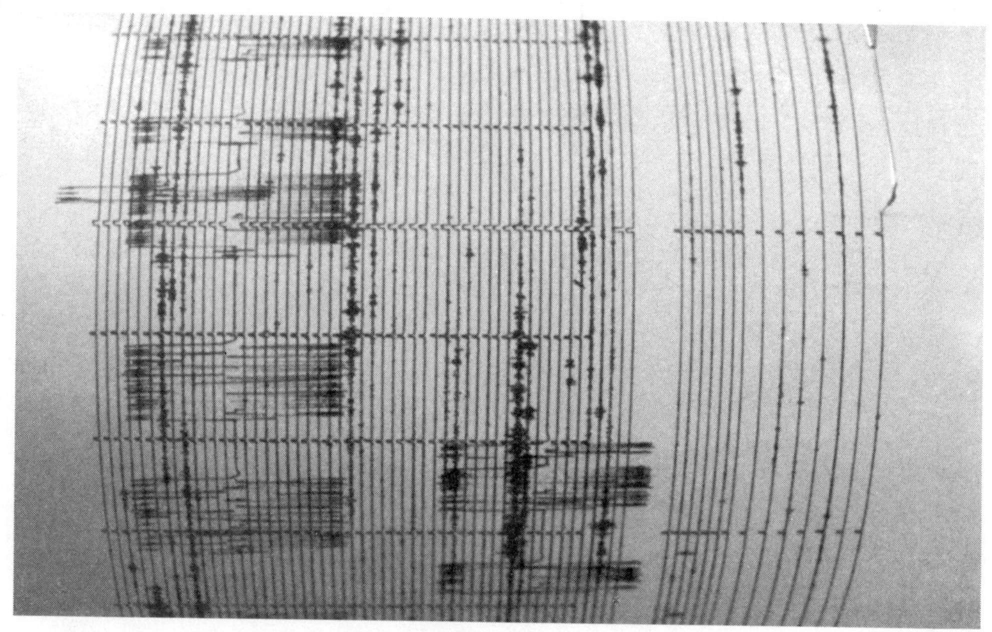

地震仪记录的发生在菲律宾山的地震活动。

天大楼这样的现代发明，在20世纪30年代，对麦卡利的地震烈度进行了修订。

修订后的麦卡利地震烈度表

Ⅰ. 在特别适宜的环境下，只有很少的人能够感觉到。

Ⅱ. 只有很少在睡眠的人能够感觉到，尤其是在高层楼上的人。一些悬挂的物体会出现摇摆。

Ⅲ. 在室内感觉相当明显，尤其是位于上面的楼层，但可能不会被认为是地震。停放的汽车会轻微晃动。地面震动犹如卡车通过。

Ⅳ. 在白天很多人在室内能够察觉到，室外很少人会察觉。在夜间，有些人会被震醒。盘子、窗子、门等会受到干扰。墙壁会吱嘎作响。感觉像重型卡车在撞击楼房。停放着的汽车有明显的晃动。

Ⅴ. 几乎人人都有察觉，许多人会被震醒。一些盘子、窗子等被震坏。少数一些地方墙上的灰泥被震裂。摆放不牢的物体被震倒。有时会看到树木、线杆及其他高的物体受到干扰。钟摆或钟可能会停止。

Ⅵ. 所有人都会感觉到。很多人因为害怕而跑出室外。有些重的家具会晃动。会有少数墙皮脱落，烟囱受损。破坏力轻微。

Ⅶ. 大家都会跑出室内。设计和建筑良好的建筑物的损坏微不足道。建筑良好的建筑物破坏程度轻微到中等。建筑不良或设计很差的建筑物受到的破坏程度较大。有些烟囱被震断。驾车的人会注意到地震发生了。

Ⅷ. 特殊设计的建筑物破坏轻微。建筑坚实的普通楼房破坏相当大,楼房有些部分倒塌。建造很差的建筑物破坏严重。墙壁镶嵌板从框架建筑物上抛出。烟囱倒塌,工厂坍塌成堆,支柱、纪念碑和墙壁等倒塌。重家具翻倒,喷水泛沙、井水发生变化。开车的人受到影响。

Ⅸ. 特殊设计的建筑物破坏相当严重。设计良好的框架结构移位。建筑坚实的楼房受损严重,楼房出现部分坍塌。楼房移位离开原地基。大地裂缝明显。地下管道破裂。

Ⅹ. 一些建筑良好的木制建筑物被震毁。大部分框架建筑连同地基毁坏。大地严重开裂。铁轨弯曲。河岸和陡峭的斜坡滑坡情况相当严重。沙石、泥土移位。河水喷溅,溢出河岸。

Ⅺ. 没有几个砖石建筑物直立不倒。桥梁损毁。地面出现又深又宽又长的裂缝。地下管线完全失去功能。软质地面的土地会塌陷,出现地滑。铁轨严重弯曲变形。

Ⅻ. 造成全面破坏。大地表面会看到波状运动。视线和水平被扭曲。物体被抛入空中。

美国历史上最严重的地震发生在什么时候?

新马德里系列地震(1811 年 12 月 6 日开始,并一直持续到 1812 年 3 月的一系列地震)被人们认为是美国历史上最严重的地震。地震波及 2/3 多的美国领土,且加拿大也有震感。地震使陆地水平高度变化多达 20 英尺(6 米),改变了密西西比河的河道,造成了新的湖泊,如密西西比州西部的圣弗朗西斯湖(Lake St. Francis)和田纳西州的里尔富特湖(Reelfoot Lake)。因为这一地区人烟稀少,没有发生已知的生命损失。科学家们一致认为,至少有 3 次,也可能是 5 次地震的面波震级达到 8 级或更高。最大一次地震可能为 8.8 级,比加利福尼亚遭受的任何一次地震的震级都高。

1906年4月1日旧金山地震震级是多少?

历史上著名的 1906 年旧金山大地震,对旧金山市和周边地区造成重大人员伤亡和财产损失。有 700 多人死于地震,耗资高达 600 万美元新建的市政厅被摧毁。索纳玛葡萄酒公司(Sonoma Wine Company)坍塌,致使 1 500 万加仑(5 700 公升)的酒精被毁。地震震级为里氏 8.3 级,总计持续 75 秒。许多建筑较差的楼房被夷为平地。地震摧毁了几乎所有的煤气和自来水总管道。地震后不久燃起了大火。当大火最终被扑灭时,市内 3 000 英亩面积的土地,即相当于 520 个街区,全部被烧为焦土。损失估计达到 5 亿美元。许多保险机构因赔偿而破产。

1989 年 10 月 17 日,旧金山又遭受到一次大型地震。震级为里氏 7.1 级,67 人被夺去生命，造成数亿美元的损失。

观察与测量

什么是盖亚假说?

英国科学家詹姆斯·拉伍洛克（James Lovelock，1919— ）和林恩·马古利斯（Lynn Margulis，1938— ）在20世纪70年代提出盖亚假说（Gaia Hypothesis）。按照这一理论，地球上所有生命有机体和非生物有机体形成一个单一的统一体，有机体本身能自行调节，保持平衡。因此，整个星球可以看成是一个巨大的单一生命体。支持这一理论的证据是，亿万年中大气一直处于稳定状态。

什么是磁偏角?

地球表面某一点上测量的北磁极与真正的北极之间的夹角叫做磁偏角。不同地点的磁偏角一般均不同。同一地点的磁偏角也随时间而变化。

指南针的指针在北极指向哪里?

在北磁极，指南针（罗盘）的指针会受到地面的吸引而垂直指向地面。

什么是傅科摆?

傅科摆是证实地球自转的仪器，法国物理学家让·傅科（Jean Foucault，1819—1868）于1851年发明。摆锤由一根细长金属丝和悬挂在其末端的重金属球体构成。摆锤下面的沙子记录下摆锤随时间推移而产生的摆动平面。

重建的傅科摆放置在俄勒冈州波特兰的会议中心。摆锤在90英尺（27.4米）长的钢丝绳上摆动，成为世界上最长的摆。

什么是皮瑞·雷斯地图?

1929年，君士坦丁堡发现了一张地图，这张地图的发现引起了极大的轰动。这张地图绘制在羊皮纸上，绘制时间为穆斯林历919年（按基督教历为1541年）。图上有土耳其海军上将皮瑞·雷斯(Piri Re'is)的签名。这是最早的美洲地图之一。图上显示出的美洲和非洲处在正确的成比例的经度上。地图制作者还指出，他绘制地图时，曾使用了哥伦比亚所画的一张西方地图。这是一项令人兴奋的说明，因为几个世纪里，地理学家们一直试图找到认为是哥伦比亚在西印度群岛所画的“遗失的哥伦比亚地图”。

地质学中表示时间的代、纪和世分别是什么意思?

现代年代测定技术已确立出各种地质年代开始的时间范围，列表如下：

代	纪	世	距今年龄(百万年)
新生代	第四纪	全新世	10 000 年前
		更新世	1.9
	第三纪	上新世	6
		中新世	25
		渐新世	38
		始新世	55
		古新世	65
中生代	白垩纪		135
	侏罗纪		200
	三叠纪		250
古生代	二叠纪		285
	石炭纪(在美国有些人将石炭纪分为密西西比纪和宾夕法尼亚纪)		350
	泥盆纪		410
	志留纪		425
	奥陶纪		500
	寒武纪		570
前寒武纪	元古代		2 500
	太元古代		3 800
	无生代		4 600

什么是本初子午线?

在地图上，连接地球南北两极的南北方向的线叫做经线。经线(meridian)的意思是“正午”。当本线上某一点处于正午时,线上任何其他地点也是正午,因此它又叫做“子午线”。经线用于测量经度,即某一地点在东边或西边多远的位置。经线在赤道相距 69 英里(111 千米)。地图上东西方向的线叫做纬线,它与经线不同的是,纬线是相互平行的。纬线用于测量纬度,即某一地点在北面或南面多远的位置。环绕地球有 180 条纬线,每一纬度有一条纬线。每一经度和纬度都分别分成 60 份,每份再进一步分成 60 秒。

本初子午线是 0°经度,用作地球上经度的起始经线,又叫零度经线。通过英国伦敦格林尼治天文台的经线为全球本初子午线。

什么是麦卡托地图投影法?

麦卡托地图投影法是标准圆柱投影的一种变形,即将地球球形表面上的经纬线转换到一个与地球相切或相割的圆柱面上。纬线离两极越近,距离就越大,结果两极地区的面积被极度夸大。例如,格陵兰岛看上去比实际大 5 倍。麦卡托地图投影法是法兰德斯地图制作者麦卡托(Gerardus Mercator,1519—1594)于 1569 年设计绘制的。地图投影有很大用途,主要是因为指南针所指的方向看起来是直线,使地图投影成为理想的导航地图。

谁被看做是美国地质学的创始人?

美国人威廉·麦克卢尔(William Maclure,1763—1840)出生于苏格兰,从 1803—1807 年,他是为解决美国和法国两国之间权利之争所成立委员会成员之一。1809 年,他绘制了一张美国地图,图中他将陆地部分按岩石类型分开。1817 年,他做了一些修正,并扩大了地图。麦克卢尔创作了最早的关于美国地质学的英语文章和著作。

地形图最早是在什么时候使用的?

中国是最早使用地形图的国家。地形图中的地形轮廓线用模型来表示。中国地形图至少要追溯到公元 3 世纪。有些早期地形图是用稻米塑造,或木头雕刻。编制地形图的思想很可能是从中国传播到阿拉伯,然后再传播到欧洲去的。欧洲已知最早的地形图是一幅由保罗·多克斯(Paul Dox)于 1510 年绘制的,展现了部分奥地利的地图。

谁是绘制墨西哥湾流图的第一个人?

本杰明·富兰克林(Benjamin Franklin,1706—1790)做外交官期间,在往返于美国和法国之间的海上旅途时注意到，驶向法国和驶向美国两个方向的船速有差异。于是他成为第一个认真研究船只报告的人，目的是为了确定船速变化的原因。结果他发现，有一股来自墨西哥湾的暖流，暖流流向欧洲方向并横穿北大西洋。1770年，富兰克林绘制出墨西哥湾暖流。

富兰克林认为这股暖流始于墨西哥湾。实际上湾流是从西加勒比海开始，向西北流动，流经墨西哥湾、佛罗里达海峡，然后沿美国东海岸向北，到达北卡罗来纳州的哈特拉斯角(Cape Hatteras)，之后再向东北流去。墨西哥湾暖流最后在加拿大纽芬兰岛附近结束，此时湾流形成较小的洋流或涡流。有些涡流流向不列颠群岛和挪威，使这些地区的气候较欧洲西北部的其他地区的气候暖和。

人造卫星从多远距离拍照?

美国国防部卫星在地球上空以各种不同距离绕轨道运行。有些卫星的飞行轨道较低，在地面上空100—300英里(160—483千米)。其他一些卫星运行于500—1 000英里(804—1 609千米)的中等高度。还有些卫星的海拔高度为22 300英里(35 880千米)。

什么是地球资源卫星图?

地球资源(勘测)卫星图是沿轨道运行的陆地卫星或ERTS(地球资源技术卫星)，在海拔567英里(912千米)高空拍摄使用的地球影像。地球资源卫星最初是在20世纪70年代发射的。地球资源卫星拍摄使用的不是摄像机，而是多光谱扫描仪。该扫描器观测可见绿光谱和蓝光谱，以及4个红外线光谱波段和近红外线光谱波段。扫描仪能观测到土壤、岩石、水和植物之间的差异；植被的种类；植物的状态(例如，健康状态或是不健康状态，在水面以下还是部分在水中)；矿物的含量。使用多光谱扫描仪比较多种波长时，这些差异尤其准确。甚至可见光的影像也证明很有用。一些最早的地球资源卫星影像表明，太平洋中的一些小岛屿同图表上的位置相差较远，达到10英里(16千米)。

地球资源卫星图的拍摄结果显示在“伪色”图上。在“伪色”图上，扫描仪数据用易于辨别的颜色表示。通常，红外线用红色表示，红色用绿色表示，绿色用蓝色表示。使用这种影像图的人有农民、石油公司、地质学家、林业工作者、外国政府及对土地管理感兴趣的人员。地球资源卫星图上每个影像拍摄的面积约为115平方英里(185平方千米)。影像图的销售由美国地质调查局提供。

获取类似影像的系统包括法国的SPOT卫星，俄罗斯的“礼炮号”和“联盟号”载人空间站及美国国家航空航天局(NASA)的航空成像光谱仪(Airborne Imaging Spectrometer)，它能感受到128个红外线光谱波段。NASA的喷气推进实验室正在研制能感受 224 个红外光谱波段的仪器,它能够观测到植物吸收的具体矿物。

什么是全球定位系统(GPS),它是如何工作的?

全球定位系统(GPS)由 3 部分组成:卫星网、用户设备和地面测控站网。卫星网由布设在均匀间隔的 6 个轨道平面近似圆形的半同步轨道上的 24 颗卫星组成。轨道高度为 1.1 万海里(2.03 万千米)。用户设备即 GPS 接收机,有手持、车载、船载、机载等形式。地面控制站网由分设在全球的 5 个地面监控站组成,以确保卫星正常工作。利用 GPS 接收机,人们可以确定自己在地球上或地球上方的位置,定位精度约 300 英尺(90 米以内)。

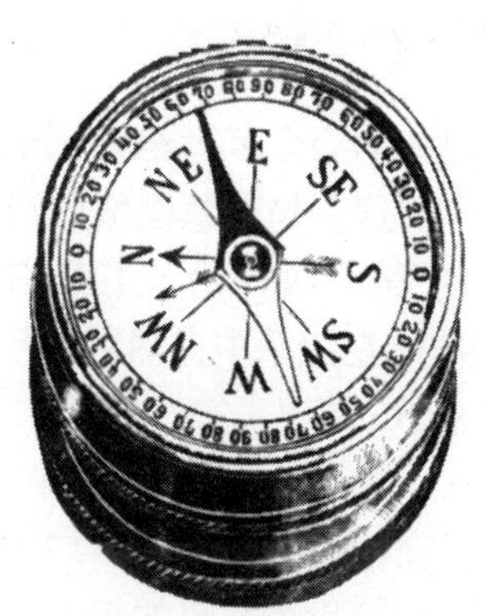

气候和天气

温　　度

什么是厄尔尼诺现象?

厄尔尼诺现象,简称厄尔尼诺,是赤道东太平洋大部分海域表层水温出现异常升高的现象,一般在圣诞节前后发生。厄尔尼诺(EL Niño)在西班牙文中为“圣婴”之意,故得此名。厄尔尼诺现象每隔3—7年不定期发生,该现象的发生会导致全球出现具有破坏性的异常气候,如给秘鲁、厄瓜多尔和美国加利福尼亚州南部带来大量雨水,造成洪水泛滥;使美国东北部冬季温和少雪。研究表明,厄尔尼诺不是个别现象,而是海洋和大气全球循环变化模式的一部分。1982—1983年发生了厄尔尼诺现象,无论是从其影响到的地理范围,还是从海水变暖的程度上(14°F或8℃)来说,都是20世纪中最严重的气候事件之一。

什么是拉尼娜现象?

拉尼娜现象,简称拉尼娜,是与厄尔尼诺现象相反的天气现象。表现为赤道附近太平洋东部海面温度降低,并为该地区带来更多的雨水。在拉尼娜现象出现的冬季,美国东北部地区的气候变得极其严酷,伴有大量降雪。在太平洋东北部则有大量降雨。

全球真的在变暖吗?

在过去的一个多世纪里,全球地表温度以近 1.1°F/100 年的速度在升高。在过去的 25 年里,这一趋势急剧增加到约 3.6°F/100(2.0℃/100)的速度。全球出现过两次持续变暖期,第一次开始于 1910 年前后,结束于 1945 年前后。最近的一次始于 1976 年。1998 年是记录中最热的一年, 陆地平均温度比 1880—2000 年间陆地平均温度 47.3°F(8.5℃)高出 1.35°F(0.75℃)。记录中排名第二最热的年份为 2001 年,全球平均温度为 57.9°F(14.4℃),比 1880—2000 年长期平均温度高出 0.9°F(0.5℃)。美国大陆在 2001 年的年平均温度为 54.3°F(12.4℃),比 1895—2001 年平均温度高 1.5°F(0.8℃),成为记录中第六个最热的年份。

北极和南极哪个更冷?

南极比北极冷得多。南极的平均温度为-56°F(-49℃),比北极的平均温度低约 35℃。南极位于南极洲巨大的冰雪大陆上,因此太阳辐射很少能保留在南极地区的地表。此外,气候观测站位于海拔 1.2 万英尺(3 660 米)的高度。在那么高的地方,能留住太阳辐射热量的空气很少。

地球上最高和最低温度记录分别是多少?

世界上最高的温度记录于 1922 年 9 月 13 日, 地点是在北非利比亚的阿齐济耶(Al Aziziyah),温度为 136°F(58℃)。美国的最高温度记录为 134°F(60℃),是 1913 年 7 月 10 日在加利福尼亚州的死谷记录下的。1953 年 8 月在墨西哥三角洲(Delta)记录下的 140°F(60℃)温度和 1933 年 8 月 11 日在墨西哥圣路易斯记录下的 136.4°F(58℃),没有得到国际上的公认。地球上记录的最低温度为-128.6°F(-89.6℃),记录于 1983 年 7 月 21 日,是在南极洲的苏联“东方科学站”测量到的。在有居民居住地区记录到的最低温度是-90.4°F(-68℃),记录于 1933 年 2 月 6 日,地点在西伯利亚的奥姆雅克恩(Oymyakon)(人口为 4 000 人)。这个温度与 1885 年 1 月 3 日和 1892 年 2 月 5 日和 7 日在西伯利亚维尔霍杨斯克(Verkhoyansk)记录下的温度读数一致。美国记录的最低温度为-79.8°F(-62.3℃),是 1971 年 1 月 23 日在阿拉斯加州的普罗斯佩克特(Prospect Creek)。美国相连的 48 个州的最低温度为-69.7°F(-56.5℃),是 1954 年 1 月 29 日在蒙大拿州罗杰斯山口(Rogers Pass)记录的。

什么是热浪?

热浪是指在连续两天的时间里,美国国家气象局热指数的体感温度超过 105°F—110°F(40℃—43℃)的现象。热浪温度标准因地点不同而有很大变化。热浪会带来极大的危害。根据国家气象局的统计记录,在正常的夏天,美国有 175—200 人死于炎热。在 1936—1975 年期间,美国有多达 1.5 万人死于与炎热有关的原因。1980 年,在美国的中西部地区,有 1 250 人死于一场残酷的热浪。1995 年,芝加哥市约有 500 人死于与热相关的原因。死亡人数中绝大部分是老年人。他们居住在高层公寓大楼里,却没有适当的空调设施。楼房、停车场和道路的大型集中区,在城市中形成"城市热岛"。

什么是热指数?

热指数是指在各种不同温度及相对湿度情况下,一般人对炎热天气的感受状况的一种量度。当热指数达到 105°F(40℃)时,人们往往就会出现热虚脱和中暑现象。下表中列出了某些温度和相对湿度的热指数。

	空气温度(℉)										
	70	75	80	85	90	95	100	105	110	115	120
相对湿度	感　受(℉)										
0%	64	69	73	78	83	87	91	95	99	103	107
10%	65	70	75	80	85	90	95	100	105	111	116
20%	66	72	77	82	87	93	99	105	112	120	130
30%	67	73	78	84	90	96	104	113	123	135	148
40%	68	74	79	86	93	101	110	123	137	151	
50%	69	75	81	88	96	107	120	135	150		
60%	70	76	82	90	100	114	132	149			
70%	70	77	85	93	106	124	144				
80%	71	78	86	97	113	136					
90%	71	79	88	102	122						
100%	72	80	91	108							

美国哪个地方拥有的阳光最多?

美国亚利桑那州的尤马(Yuma)平均一年中有 90%为阳光充足的晴天,即每年有

4 000 多小时日照时间。佛罗里达州的圣彼得斯堡市(St. Petersbury)在 1967 年 2 月 9 日—1969 年 3 月 17 日期间,拥有 768 个阳光明媚的日子。另一个极端是,南极每年无阳光日为 182 天,北极为 176 天。

为什么说1816年是没有夏天的一年?

1815 年,印度尼西亚火山——坦博拉(Tambora)火山爆发,将数十亿立方码的火山灰抛向 15 英里(24 千米)多高的大气中。因为火山灰进入平流层,所以气流将火山灰传播到了全球。由于这次火山活动,1816 年的正常天气模式被大大改变。欧洲一些地区和大不列颠岛经历了比正常平均温度低 2.9°F—5.8°F(1.6℃—3.2℃)的温度。在新英格兰,6 月 6 日—6 月 11 日期间降下了大雪,且 1816 年每月都有霜冻出现。除新英格兰外,西欧和加拿大也遭遇农业歉收。到 1817 年,大量的灰尘降落下来,气候又恢复到正常状态。

如何根据蟋蟀叫声的频率来判断温度?

听树螽或蟋蟀的唧唧叫声,数出一分钟内的叫声次数。在下面的公式中,"C"等于每分钟的鸣叫数:

对树螽来说,华氏温度=60+(C-19)/3

对蟋蟀来说,华氏温度=50+(C-50)/4

为什么夏天炎热、潮湿的日子被称为"三伏天"?

一年中天气极其炎热、潮湿、闷热的日子称为"三伏天(dog days)"。传统上,三伏天发生在北半球的 7—8 月间。"三伏天"的名称来源于大犬座中的天狼星(Dog star)。在一年中的这段时间内,天空中肉眼可见的最亮的星——天狼星,与太阳在同一时间从东方升起。古埃及人认为,这颗明亮的恒星发出的热增加了太阳的热量,因此才出现这种炎热天气。人们把这段时间发生的严重干旱、疾病和不适归咎于天狼星。传统的三伏天始于 7 月 3 日,在 8 月 11 日结束。

什么是"印第安夏天"?

"印第安夏天"这个词至少要追溯到 1778 年。这个词可能与美国土著人利用这段好天气,增加其冬季食物储备有关。印第安夏天指在仲秋至晚秋,通常在第一次霜冻之后出现的天气异常温暖、干燥、宜人的日子。

空 气 现 象

什么是比肖普光环?

比肖普光环(Bishop's ring)是环绕太阳的晕环,通常带有略呈红色的外缘。这可能是由于空气中的灰尘颗粒造成的,因为这种现象在每次火山剧烈爆发后就能看到。

绿色闪光现象发生在什么时候?

在极个别时候,当太阳最后一部分没入地平线的瞬间,太阳会闪现出绿色光。这种绿色闪光现象发生的原因是,太阳的红色光线隐没于地平线以下,而蓝色光线散射到大气中。低空大气因灰尘和污染的原因,绿光线很少能看到。当空中晴朗无云,遥远的地平线天地界线分明,如同在海上时,太阳的绿色光线可能看得最清楚。

极光多长时间出现一次?

极光的出现取决于太阳风(太阳发射的带电粒子)和太阳黑子的活动情况,因此

北极光照亮了加拿大北方森林的夜空。

极光出现的频率是难以测定的。通常在太阳闪焰(太阳表面高能粒子等的激烈爆发)两天后出现极光,在太阳黑子11年活动周期中的两年后达到高峰。在两极地区出现的极光,通常在夜晚呈现辉煌瑰丽的彩色光。在北极的称为北极光,在南极的称为南极光。

谁在什么时候最早将云分类?

法国博物学家让·拉马克(Jean Lamarck,1744—1829)在1802年最早提出云的分类方法。然而他的努力却没有得到广泛的赞誉。一年后，英国人路克·霍华德(Luke Howard,1772—1864)提出了现在已被普遍接受的云的分类方法。这种分类方法已沿用至今。云根据其形状(“积云”和“层云”)和距离地面的高度来划分。云的这些特征用拉丁名称和拉丁前缀来描述。表示云形状的名称有卷云(cirrus,卷曲的或似纤维的云),层云(stratus,分层的云)和积云(cumulus,成块或成堆的云)。表示高度的前缀是cirro[云底距离地面2万英尺(6 067米)的高层云]和alto[云底距离地面6 000—2万英尺(1 820—6 067米)的中层云]。低云没有前缀。Nimbo或nimbus也用作名称或前缀,表示产生降水的云。

四大主要云族及其类型是什么?

1.**高云**——几乎全部由冰晶构成。云底距离地面1.65万—4.5万英尺(5 000—13 650米)。

卷云(源于拉丁语,意为“发束”)——成团状或细长条带形的白色带有柔丝光泽的羽毛状冰晶云。下面经常拖着丝缕分明的尾巴的大型冰晶云称为“马尾云”。

卷层云——白色薄片云层。层云可能为丝缕状或纤维结构。因云中有冰晶,所以这些云可以折射光,在遮蔽日、月时,造成太阳或月亮的晕圈或光环。

卷积云——看起来像白色小薄片或棉花的薄层云,可能含有过冷水滴。

2. **中云**——主要由水滴组成。云底距离地面的高度为6 500—2.3万英尺(2 000—7 000米)。

高层云——灰白或浅蓝色成层的云幕,逐渐与高积云合拢。透过高层云,可以模糊地看到太阳的轮廓,但是厚度较大的扁形高层云会遮蔽住太阳。

高积云——白色或灰色的云层或圆形的云团。

3. **低云**——几乎全部由水滴构成。有时可能是超冷水滴。在半冻结温度下,也可能会出现雪和冰晶。在中纬度地区,低云的云底从地表附近开始,一直伸展到6 500英尺(2 000米)的高空。

层云——低而弥漫的灰白色云幕。云体均匀,云底高度相对较低。层云也可能是片状、无形的灰白色低云。层云薄得足以透过阳光。层云常常带来毛毛细雨和雪。

层积云——具有独特积云或圆状云的低层云。云层滚动成圆团状，呈白色或灰色。

雨层云——云体呈暗灰色，厚而浓密，含雨、雪和冰球。雨层云下常有移动速度较快、支离破碎的云片或云团，称为"碎雨云"。

4. **直展云**——在冻结温度以上，含有超冷水滴。垂直向上发展到很高的高度。云底距离地面高度从 1 000—1 万英尺(300—3 000 米)不等。

积云——顶部呈穹形、底部近于水平的孤立分散云团。由水滴组成。常见于晴天。积云通常不大范围地垂直向上发展。不产生降水。

积雨云——垂直向上发展，云体庞大，顶部呈丝缕状冰晶结构，不稳定，底部黯黑。积雨云出现时，常伴有阵雨、冰雹、雷和闪电。

闪电都有哪些颜色?

闪电的颜色取决于大气状况。云体内部的蓝色闪电预示着冰雹的出现。云体内部的红色闪电表明雨的到来。黄色或橙色闪电说明空气中聚集着大量灰尘。白色闪电是空气湿度低的象征。

闪电的温度有多高?

闪电周围的空气温度约为 5.4 万°F(3 万℃)，比太阳表面温度高 6 倍。然而有很多次，人们在遭受闪电袭击后却幸存下来。例如，美国公园护林员罗伊·沙利文(Roy Sullivan)在 1942—1977 年期间，曾 7 次遭受闪电袭击。在云体与地面之间的闪电中，其能量总是走最短的途径接近地球。闪电接触到人体时穿过人体的肩膀，沿着身体的一侧经过大腿，到达地面。只要闪电不直接穿过人的心脏或脊柱，遭受雷电袭击者通常不会死亡。

闪电有多少伏特?

一次闪电释放的电可达 10—100 百万伏。平均一次闪电的电流为 3 万安培。

一次闪电有多长时间?

一道闪电的可见长度取决于地形，且长度变化很大。在山区，因云层较低，闪电可能短到只有 300 码(273 米)。在平坦地区，因云层较高，闪电可达 4 英里(6.5 千米)。闪电的长度一般约为 1 英里(1.6 千米)。长达 20 英里(32 千米)的闪电已被记录下来。闪电通道非常狭窄——也许窄到只有半英寸(1.27 厘米)。闪电通道被直径 10—

20英尺(3—6米)宽的"电晕套"或闪光放电包围。向下主要路径的闪电速度从100—1 000英里/秒(161—1 610千米/秒)不等。闪电回击的速度为8.7万英里/秒(140 070千米/秒)(几乎是光速的一半)。

闪电会在同一地点袭击两次吗?

闪电不会在同一地点袭击两次,这个说法是不正确的。事实上,高大的建筑物,如美国纽约帝国大厦,可能会在同一次暴雨中遭到数次闪电的袭击。在某一次雷暴过程中,闪电袭击帝国大厦的次数达到12次。

如何计算闪电的距离?

数出看到闪电和听到雷声之间时间间隔的秒数,然后用这个数字除以5,就能得出闪电在多远以外发生的英里数。

什么是球状闪电?

球状闪电是闪电的一种罕见形式。球状闪电发生时,人们会看到一个移动的持续发光的白色或红色球体。闪电能持续几秒钟到几分钟,并以步行的速度移动。据报道,球状闪电消失时不会造成伤害。它还会进入室内或从室内出来。有时会在其通过的路径留下痕迹,如在窗玻璃上击出个洞。球形闪电的大小不等,但一般直径都在4—8英寸(10—20厘米)之间。

闪电的其他类型有常见的条状闪电(从云体到地面之间的一条或多条弯弯曲曲的闪电)、叉状闪电(同时有两个分支的闪电)、片状闪电(大面积的稳定闪光)、带状闪电(被风吹斜的带状闪电、看起来像平行的连续闪电)、串珠状或链状闪电(一道闪电被中断或被均匀地分成几部分或几个珠状小球)和热闪电(在炎热天气中看到的沿地平线以下发生的闪电反射)。

什么是闪电熔岩?

闪电熔岩(源自拉丁语fulgur,意思是闪电),又名雷公石,是闪电击中干燥的沙子地区产生的熔岩。炽热的闪电将被闪电击中区的沙子熔化成粗糙玻璃般的管状结构体,形成闪电路径的一个熔化记录。这些管状结构体直径从半英寸到两英寸(1.5—5厘米),长度达到10英尺(3米)。质地脆弱,上面黏附着沙子颗粒。闪电熔岩的颜色通常为黄褐色或黑色,但也有人发现半透明的白色闪电岩。

什么是圣艾尔摩火？

圣艾尔摩火被描述成在位置较高地面上的金属物体、烟囱顶部和船桅上出现的由放电产生的电晕现象。因为这种现象常常发生在雷暴天气中，所以产生电晕的电源可能是闪电。这种现象的另一种说法是，带电荷的云团接触到处在地面高处的毫无遮蔽的地面物体的尖端时，所形成的弱静电。物体尖端周围空气中的气体分子被电离，发出光辉。圣艾尔摩火的名字来源于一些水手，这些水手是那些最早亲眼见到船只的桅杆顶部出现矛状或束状火焰的人。圣艾尔摩是水手的守护神，所以他们将这种火光命名为圣艾尔摩火。

彩虹颜色的顺序是怎样排列的？

赤、橙、黄、绿、蓝、靛和紫色是彩虹的颜色，但是观测者观测到的彩虹颜色未必就是这个顺序。彩虹是雨滴反射太阳光而形成的彩色拱形光谱。当阳光射入雨滴时，组成阳光的各种不同波长（颜色）的光经过折射后，产生一个彩色光谱。每个观测者在一个稍微不同的角度，就会看到一组不同的雨滴。观测者从不同角度看到的雨滴向观测者的眼睛传播不同波长（颜色）的光。因为彩虹的颜色顺序是折射阳光的结果，因此彩虹的色彩次序取决于观测者如何从其视力角度看到这种折射。

北卡罗来纳州布朗山之光来源于什么地方？

人们对于在布朗山（Brown Mountain）看到的布朗山之光（Brown Mountain Lights）在30年左右的时间里都不能解释其原因。1922年，美国地质测量局对这一神秘现象进行了调查研究。这个地区具有特别的大气状况，数英里远的汽车灯光、机车灯光和固定的灯光等被反射在大气中。

风

哈布尘暴发生在什么地方？

哈布尘暴（Haboobs）来源于阿拉伯语“habb”，意思是吹。它是强风夹带大量尘沙或干土的猛烈沙暴，又称为“尘暴”或“沙尘暴”，常见于非洲撒哈拉地区及美国西南部、澳大利亚和亚洲的沙漠中。

什么是风切变?

风切变指在短距离内风速、风向的突然变化现象,通常与雷暴天气有关,风切变对飞机特别危险。

微暴流对飞机产生什么影响?

微暴流(microburst),又称微下击暴流,是直径2.5英里(4千米)左右的下沉暴流,常常与雷暴有关,能够产生突然改变方向的强烈大风。顶头风会在几秒钟内迅速变成顺风,使飞机空速减小,高度降低。20世纪70年代和80年代,微暴流造成了多次重大空难。后来,美国联邦航空局(FAA)在机场安装了警报和雷达系统,用来提醒飞行器驾驶员注意风切变和微暴流的变化情况。

什么条件导致微气候?

微气候有时也称为小气候,指范围较小的区域或地方,一般天气状况明显不同于周边较大区域或地方的气候。温度、降水、风或云层的差异,都能产生微气候。导致微气候产生的因素常常是改变风模式高度的高山、海岸、湖岸及能改变模式的人工建筑物,如大楼等。

什么是科里奥利效应?

19世纪,法国工程师加斯帕尔·科里奥利(Gaspard C. Coriolis,1792—1843)发现,地球的自转改变气流的方向。因为地球自西向东旋转,所以北半球的所有运动物体的路径向右偏移,而在南半球则向左偏移。科里奥利效应解释了热带和极地地区没有北风和南风的原因。东北信风、东南信风以及极地的东风向西偏移,均归因于科里奥利效应。

喷射气流是在什么时候发现的?

喷射气流,也称喷流,是指比周围大气运动得更快的高速狭窄风带。喷流是第二次世界大战期间,由飞行在日本和地中海上空的美国轰炸机驾驶员发现的。随着能够在3万英尺(9 144米)以上高空并以中速飞行的飞机的到来,喷流变得日趋重要。喷射气流从西向东吹,通常厚度有几英里,宽度为100英里(160千米),长度超过1 000英里(1 600千米)。气流必须以57.5英里/小时(92千米/小时)以上的速度移动。

地球上有两个极地喷流,南北半球各一个。它们在纬度30°—70°之间,蜿蜒流动,高度在2.5万—3.5万英尺(7 620—10 668米)之间,最大速度超过230英里/小时(368

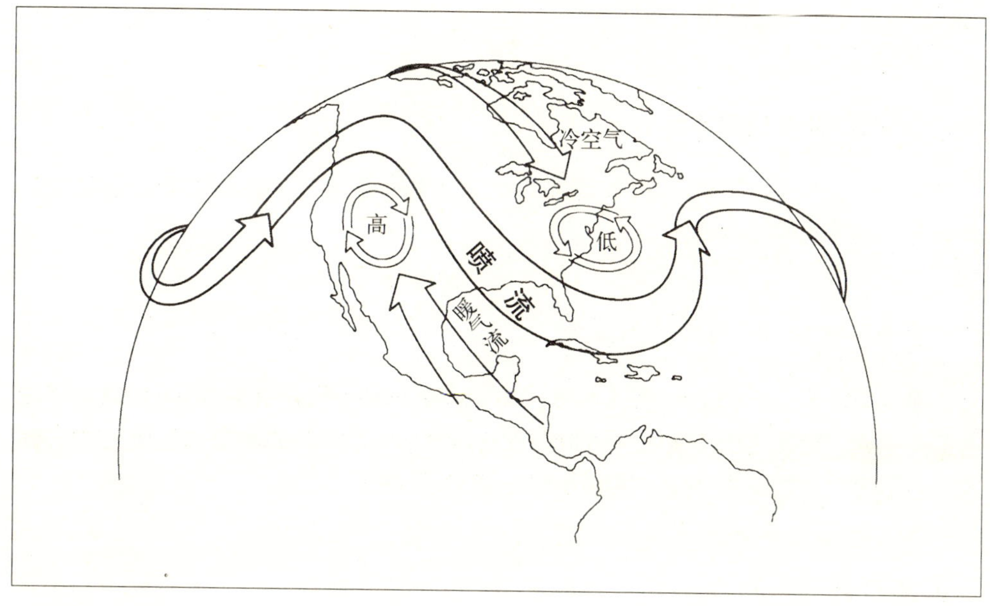

喷射气流

千米/小时)。副热带喷流(南北半球也是各有一个)在纬度 20°—50°之间流动,其高度为 3 万—4.5 万英尺(9 144—13 715 米),速度在 345 英里/小时(552 千米/小时)以上。

副热带无风带这个名称是怎样得来的?

副热带无风带也称为“回归线无风带”(Horse latitudes),指位于赤道南北纬度 30°太平洋上空几乎长年存在的两个高压无风带。使早期海员感到恐惧的是,这两个区域风力微弱,风向不定。在北半球,尤其是在百慕大附近,从西班牙到新大陆的运马帆船经常行驶到这里时,海上风平浪静却无法航行。当船上水贮备即将耗尽时,这些牲畜是最早实行用水定量配给的。它们要么被渴死,要么被抛入海中,以便给人留下足够的水。探险者和水手们报告说:海面上“扔满了马的尸体”。这可能就是这个区域被称为马纬度(Horse Latitudes)的原因。这个词语还可能来源于水手的抱怨。他们拿到预付的工资,但却没有得到因船缓慢驶过这一区域的超时费。在这段时期里,人们说他们的工作是在“用工作来清偿死马”。

什么是太平的日子?

这个词常用来指和平或顺利的时期。对海员来说,太平日子是指一年中最短那天前后,大约在 12 月 21 日之前或之后无风的两周时间。这个词源于太平鸟,即古希腊人给翠鸟取的名字。根据传说,翠鸟(太平鸟)将巢建在海平面上。在小鸟孵化期间,它们能施法使大海风平浪静。

什么是西伯利亚快车?

这个词指的是极其寒冷的、气旋式的风暴。风暴起源于加拿大北部和阿拉斯加，南下向美国其他地区移动。

什么是阿尔伯塔剪刀式回旋风暴?

阿尔伯塔剪刀式回旋风暴(Alberta Clipper)是一种小规模旋转风暴,在太平洋沿岸发展生成，通常处于加拿大阿尔伯塔省内落基山脉地区。这种移动速度非常快的风暴向东南移入北美大平原。风暴经过之处,天气变冷。

什么是奇努克风?

奇努克风(Chinook)是源于美国落基山脉东坡的一种暖风。常常从西南向山下移动,使流经地区的温度明显升高,有助于温暖落基山脉正东部的平原地区。

奇努克风归属于下降风。下降风产生的原因是,较冷和密度较大的空气向下坡地区流动,推动它前边较轻、较温暖的空气向前移动。空气沿山坡向下流动时,变得既干又热。有时下降的空气变得比它所取代的空气还温暖。有些下降风被取了一些有趣的名字:如塔库风(Taku),是阿拉斯加的一种寒冷的冷下降风;圣安娜风(Santa Ana),是源于塞拉斯(Sierras)的一种暖下降风。

芝加哥是风力最大的城市吗?

芝加哥在美国 68 个风力较大的城市中排名第 21 位,其平均风速为 10.3 英里/小时(16.6 千米/小时)。怀俄明州的夏延市平均风速为 12.9 英里/小时(20.8 千米小时),位居第一。紧随其后的是蒙大拿州的大瀑布城,平均风速为 12.8 英里/小时(20.6 千米/小时)。有记录的最高地表风出现在美国新罕布什尔州的华盛顿山上,海拔高度为 6 288 英尺(1.9 千米)。1934 年 4 月 12 日,其风速达到 231 英里/小时(371.7 千米/小时),平均风速为 35 英里/小时(56.3 千米/小时)。

谁与风寒指数这个概念的发展有关?

南极探险家保罗·A.塞普尔(Paul A. Siple,1908—1968)在他 1939 年所写的论文“探险者对南极洲气候的适应性”中,创造了这个词。塞普尔是 1928—1930 年间海军上将理查德·伯德(Richard Byrd,1888—1957)率领的南极探险队中最年轻的成员。后来,他作为伯德探险队的一员,被美国内政部委派到美国南极考察队,对南极进行数次旅行探险。他还从事与寒冷气候研究相关的许多其他工作。

风寒指数是什么意思?

风寒指数(wind chill factor 或 wind chill index),指不同温度下流动空气对物体的冷却效应指数。它表明人体表面有多少热量被带走。1973 年,美国国家气象局开始连同与实际的空气温度一起报告相应的风寒指数。很多年以来,人们认为风寒指数过高估计了风对皮肤的冷却效应。在 2001—2002 年间,新的风寒指数制定出来。其他方面的修正有望在未来的几年后进行。

有计算风寒指数的公式吗?

下面是计算旧风寒指数的公式:

$$T_{wc}=0.081\times(3.71\times\sqrt{V}+5.81-0.25\times V)\times(T-91.4)+91.4$$

下面是计算新风寒指数的公式(2001—2002)

$$T_{wc}=35.74+0.6215T-35.75(V^{0.16})+0.4275T(V^{0.16})$$

公式中,T_{wc} 是风寒指数(°F),V 是风速(英里/小时),T 是温度(°F)。

怎样区别气旋和飓风或龙卷风?

这 3 种风都属于向低压中心盘旋上升的旋转风。它们之间的差异在于它们的大小、移动速度及停留时间。总的来说,风旋转的越快,风就变得(时间上)越短、(规模上)越小。

气旋的风速为 10—60 英里/小时(16—97 千米/小时),直径高达 1 000 英里(1 600 千米),移动速度约 25 英里/小时(40 千米/小时),持续时间为 1—7 周。飓风(或台风,发生在太平洋区域的飓风称作台风)的速度从 75—200 英里/小时(120—320 千米/小时)不等,移动速度在 10—20 英里/小时(16—32 千米/小时)之间,直径可达 600 英里(960 千米),停留时间从几天到 1 周以上。龙卷风的风速达到 300 英里/小时(400 千米/小时),移动速度为 25—40 英里/小时(40—64 千米/小时)。尽管有些龙卷风持续时间长达 5—6 小时,但一般仅持续数分钟。其直径从 300 码(274 米)—1 英里(1.6 千米)不等,路径长度平均为 16 英里(26 千米),最长为 300 英里(483 千米)。

台风、飓风和气旋往往在海洋上空的低纬度带生成,一般为南纬或北纬 5°—15°之间。龙卷风一般形成于离地面几千英尺的上空,通常发生在温暖、潮湿的天气里。龙卷风经常伴随着雷鸣、闪电和大雨一同出现。虽然龙卷风可以在很多地方发生,但大多数出现在北美洲的大陆平原上(即从美国中西部的平原各州向东,一直到纽约州西部和大西洋沿岸各州的东南部)。而所有龙卷风活动中的23%出现在下午4—6点的时间段。

什么是傅皮龙卷风级?

傅皮龙卷风级(Fujita and Pearson Tornado Scale)是由美籍日裔气象学家藤田博士(T. Theodore Fujita)和艾伦·皮尔森(Allen Pearson)提出来的,有时简称为藤田风级。综合风速大小、路径、长度和宽度各项指标,将龙卷风级别分为从F0(较轻)—F6几个级别。

F0——轻度破坏:树木、露天大广告牌和烟囱受到破坏。

F1——中等破坏:可移动式房车被掀翻,汽车被刮离路面。

F2——较重破坏:屋顶被掀掉,可移动式房车被毁坏,大树被连根拔起。

F3——严重破坏:甚至建筑物结实的房屋被撕成碎片,树木被连根拔起,汽车被从地面上卷起。

F4——毁灭性破坏:房子被夷为平地,汽车被抛起,物体变成了飞弹。

F5——难以想象的破坏:建筑物被刮离地面并被刮跑,汽车变成飞弹。达到这一级别的龙卷风不到2%。

F6——最大的龙卷风风速预计不超过318 mph(511 kph)。

傅皮龙卷风级

级别	速度 英里/小时	路径长度 英里	路径宽度
0	≤72	≤0.1	≤17码
1	73—112	1.0—3.1	18—55码
2	113—157	3.2—9.9	56—175码
3	158—206	10.0—31.0	176—556码
4	207—260	32.0—99.0	0.34—0.9英里
5	261—318	100—315	1.0—3.1英里
6	319—380	316—999	3.2—9.9英里

什么是蒲福风级?

蒲福风级是英国上将弗朗西斯·蒲福爵士(Sir Francis Beaufort,1774—1857)于1805年定出的风力等级,以便帮助水手操控船只。蒲福风级用0—17的一系列数字来表示风速。它既适用于海上,也适用于陆地。

蒲福等级数	名　称	风　速	
		英里/小时	千米/小时
0	无风	不到 1	不足 1.5
1	软风	1—3	1.5—4.8
2	轻风	4—7	6.4—11.3
3	微风	8—12	12.9—19.3
4	和风	13—18	21—29
5	清风	19—24	30.6—38.6
6	强风	25—31	40.2—50
7	疾风	32—38	51.5—61.1
8	大风	39—46	62.8—74
9	烈风	47—54	75.6—86.9
10	狂风	55—63	88.5—101.4
11	暴风	64—73	103—117.5
12—17	飓风	74 及以上	119.1 及以上

美国历史上龙卷风最多的是哪一年?

在 1916 年（这一年开始留有记录)—1999 年这段时期内,1998 年出现的龙卷风比其他任何年份都多。那一年,有 1 424 次龙卷风发生,夺去了 130 人的生命。龙卷风最大的一次爆发发生在 1974 年 4 月 3—4 日。在这次龙卷风的"超级爆发"中,北美大平原和美国中西部各州记录下 148 次龙卷风。其中有 6 次龙卷风的速度超过 260 英里/小时(420 千米/小时),有一些是记录到的最强的龙卷风。在 20 世纪 90 年代,每年有数目更多的龙卷风被报道出来:

时 间 (年)	龙 卷 风 数 量(次)
1995 年	1 234
1996 年	1 173
1997 年	1 148
1998 年	1 424

谁是风暴追踪者?

风暴追踪者是追踪并拦截强烈雷暴和龙卷风的科学家和业余风暴爱好者。追踪风暴的原因有两个:(1)收集用于研究强烈风暴的数据;(2)为远处雷达站指示的强烈风暴提供直观的观察资料。此外,电视台工作人员追踪风暴的目的是为了制作给人印象深刻的风暴录像。追踪风暴是一项极其危险的活动,因为狂风、暴雨、冰雹和闪电都威胁着人的生命安全。追踪风暴的人在强烈风暴的行为特性方面受过训练。

美国哪个月的龙卷风最危险?

根据一项研究,5月是美国龙卷风最危险的月份,平均有329次龙卷风。而2月是最安全的月份,平均只有3次。在另一项研究中,12月和1月通常是最安全的,而龙卷风次数最多的月份是4月、5月和6月。在2月份,龙卷风发生的频率开始增加。2月份的龙卷风往往出现在美国中部墨西哥湾沿岸的一些州。在6月,龙卷风移向大平原北部和五大湖区域(进入纽约州西部)。造成损失最大的龙卷风爆发在1999年5月,至少有74次龙卷风在不到48小时内,触及俄克拉何马州和堪萨斯州的地面。其中包括发生在俄克拉何马市郊区的一次F5级龙卷风(见上面的龙卷风级),造成11亿美元的损失。

怎样区分飓风的级别?

萨菲尔/辛普森(Saffir/Simpson)飓风潜在破坏等级分为1—5级,用于测定飓风及与其相伴的风暴潮的破坏力。飓风等级是赫伯特·萨菲尔(Herbert Saffir)和罗伯特·辛普森(Robert Simpson)于1971年拟定。其目的是为了帮助受灾机构从援助的角度来判断这些风暴的潜在影响。

萨菲尔/辛普森飓风等级表

飓风等级(级 别)	大气压(英 寸)	风 速(英里/小时)	风暴潮(英 尺)	破坏强度
1	≥28.94	74—95	4—5	最低
2	28.50—28.91	96—110	6—8	中等
3	27.91—28.47	111—130	9—12	重大
4	27.17—27.88	131—155	13—18	极大的
5	<27.17	>155	>18	灾难性的

破坏级别:

最低——对建筑结构不会造成真正的破坏。有些树木、灌木和可移动式房车会受到破坏。海岸边的道路被洪水淹没,小码头受到破坏。

中等——一些房顶、窗户和门受到破坏。植被、可移动式房车和码头受到破坏。在风暴中心到来之前,沿岸及位置较低的逃离路线被淹 2—4 小时。未受保护地区的小型船只会挣脱系船设备。

重大——某些小屋或大楼受到一些破坏。可移动式房车被摧毁。海岸附近的洪水摧毁大小建筑物。内陆 6 英里(9.5 千米)远的土地洪水泛滥,水位达到海平面以上 5 英尺(1.5 米)。

极大——大部分房顶、窗户和门被破坏。海滨附近建筑物的较低楼层破坏严重,小型住宅的屋顶毁坏。整个海滩被冲刷。在远至内陆 6 英里(9.5 千米)、海平面以上 10 英尺(3 米)的被淹没地带,要求大量住宅撤空。

灾难性——大部分楼房的屋顶被完全损毁。有些楼房整个被摧毁。小型功能性建筑物被吹走。在离海边 500 码(547 米)、海平面以上 19 英尺(5.75 米)的所有建筑物的较低楼层均受到重大破坏。离海岸 5—10 英里(8—16 千米)的低洼地上的绝大部分居住区要求撤空。

飓风是怎样得名的?

1950 年以来,飓风的名称从图书资料中已正式选出,并在世界气象组织举行的国际会议上决定采用。他们一次就拟出了 6 年要使用的名字。所选择的飓风名称要反映大西洋、加勒比海地区和夏威夷地区的文化和语言。当风速达到 39 英里/小时(63 千米/小时)的热带气旋形成时,位于佛罗里达州迈阿密附近的国家飓风中心,就从为地区 4(大西洋和加勒比海地区)选用的 6 组名单中的其中一组选用一个名字。名字按首字母的顺序排列并使用。首字母为 Q、U、X、Y、Z 的名字不包括在内,因为以这些字母开头的名字很少。不过如果某一飓风造成了巨大“损失”,这个名字就从 6 年一循环的名单中“退休”,也就是说至少 10 年以内不能再次使用。

2002—2007年飓风名称

2002	2003	2004	2005	2006	2007
阿瑟	安娜	艾力克斯	艾琳	亚伯托	安德里亚
伯莎	比尔	邦尼	布雷特	贝瑞尔	巴里
克里斯托贝尔	克劳德特	查理	辛迪	克里斯	强铎
多利	丹尼	达尼埃尔	丹尼斯	黛比	迪安
爱德华	埃里卡	艾尔	艾米莉	厄尼斯多	厄琳
费伊	费边	法兰西斯	富兰克林	弗罗伦斯	费利克斯
古斯塔夫	格雷斯	加斯顿	格特	戈登	加布烈尔
汉娜	亨利	赫敏	哈维	海伦恩	汉伯托
伊西多尔	伊莎贝尔	伊万	艾琳	伊萨克	英格里德

续 表

2002	2003	2004	2005	2006	2007
约瑟芬	胡安	珍妮	乔斯	乔伊斯	杰瑞
凯尔	凯特	卡尔	卡特里娜	柯克	凯伦
莉莉	拉里	丽莎	李	莱斯利	罗伦佐
马尔科	明迪	马修	玛丽亚	迈克尔	梅丽莎
娜娜	尼居拉斯	尼可	赖特	纳丁	诺伊尔
奥马尔	奥德特	奥图	奥菲莉娅	奥斯卡	欧加
帕洛玛	彼得	保拉	菲利普	帕蒂	巴勃罗
勒内	罗斯	理查德	丽塔	拉斐尔	利百加
萨莉	萨姆	莎瑞	斯坦	桑迪	塞巴斯蒂安
泰迪	特雷	托马斯	塔米	托尼	坦尼亚
维基	维克托	维基尼	文斯	瓦莱丽	范
维尔弗雷德	万达	沃尔特	威尔玛	威廉	温迪

哪些飓风的名字已经退休了?

退出飓风历史的大西洋风暴:

阿格尼斯(Agnes,1927):佛罗里达州,美国东北部

艾丽西亚(Alicia,1983):得克萨斯州北部

艾伦(Allen,1980):大小安的列斯群岛,墨西哥州,得克萨斯州南部

安德鲁(Andrew,1992):巴哈马,佛罗里达州东南部,路易斯安那州

阿妮塔(Anita,1977):墨西哥州

奥黛莉(Audrey,1957):路易斯安那州,得克萨斯北部

贝特西(Betsy,1965):巴哈马,佛罗里达东南部,路易斯安那州东南部

比尤拉(Beulah,1967):大小安的列斯群岛,墨西哥州,得克萨斯州南部

鲍勃(Bob,1991):北卡罗来纳州和美国东北部

卡米尔(Camille,1969):路易斯安那州,密西西比州和阿拉巴马州

卡拉(Carla,1961):得克萨斯州

卡门(Carmen,1974):墨西哥州,路易斯安那州中部

开萝尔(Carol,1954):美国东北部

塞萨尔(Cesar,1996):洪都拉斯

西莉亚(Celia,1970):得克萨斯州南部

克莱奥(Cleo,1964):小安的列斯群岛,海地,古巴,佛罗里达东南部

康妮(Connie,1955):北卡罗来纳州

大卫(David,1979):小安的列斯群岛,Hispañda,佛罗里达州和美国东部

戴安娜(Diana,1990):墨西哥州

戴安(Diane,1955):美国大西洋中部和美国东北部

唐娜(Donna,1960):巴哈马,佛罗里达州和美国东部

多拉(Dora,1964):佛罗里达州东北部

埃德娜(Edna,1968)

艾伦娜(Elena,1985):密西西比州,阿拉巴马州,佛罗里达州西部

艾萝依(Eloise,1975):大小安的列斯群岛,佛罗里达西北部,阿拉巴马州

菲菲(Fifi,1974):尤卡坦半岛,路易斯安那州

弗洛拉(Flora,1963):海地,古巴

弗洛伊德(Floyd,1999):北卡罗来纳州,东部沿海地区

弗兰(Fran,1996):北卡罗来纳州

弗雷德里克(Frederic,1979):阿拉巴马州,密西西比州

吉尔伯特(Gilbert,1988):小安的列斯群岛,牙买加,尤卡坦半岛,墨西哥

格洛丽亚(Gloria,1985):北卡罗来纳州,美国东北部

哈蒂(Hattie,1961):伯利兹,危地马拉

黑兹尔(Haze,1954):大小安的列斯群岛,南卡罗来纳州和北卡罗来纳州

希尔达(Hilda,1964):路易斯安那州

奥尔唐斯(Hortense,1996)

雨果(Hugo,1989):大小安的列斯群岛,南卡罗来纳州

伊内兹(Inez,1966):小安的列斯群岛,Hispañola,古巴,佛罗里达群岛,墨西哥

艾农(Ione,1955):北卡罗来纳州

珍妮(Janet,1955):小安的列斯群岛,伯利兹,墨西哥

琼(Joan,1988):库拉索岛,委内瑞拉,哥伦比亚,尼加拉瓜(进入大西洋,变成热带低气压米里亚姆)

克劳斯(Klaus,1990):马提尼克岛

莱尼(Lenny,1999):大小安的列斯群岛

路易斯(Luis,1995)

玛丽莲(Marilyn,1995):百慕大

米奇(Mitch,1998):中美,尼加拉瓜,洪都拉斯

澳宝(Opal,1995):佛罗里达狭长地带

罗克珊(Roxanne,1995):尤卡坦半岛

美国哪些飓风造成了最多的死亡人数?

美国最致命的 10 次飓风列表如下:

飓　　风	年	死亡人数
1. 得克萨斯州(加尔维斯顿)	1990	6 000
2. 佛罗里达州(欧基乔比湖)	1928	1 836
3. 佛罗里达州(群岛/南得克萨斯州)	1919	600—900+
4. 新英格兰	1938	600
5. 佛罗里达州(群岛)	1935	408
6. 路易斯安那州/得克萨斯州	1957	390
7. 美国东北部	1944	390
8. 路易斯安那州(格兰德岛)	1909	350
9. 路易斯安那州(新奥尔良)	1915	275
10. 得克萨斯州(加尔维斯顿)	1916	275

美国历史上最大的自然灾难是什么?

美国历史上最大的自然灾难是1900年9月8日发生在得克萨斯州加尔维斯敦(Galveston)的一场飓风。这次飓风导致6000人丧生。然而,迄今为止美国损失最惨重的灾难是安德鲁(Andrew)飓风。这场飓风在1992年8月31日袭击佛罗里达州,在1992年9月1日袭击路易斯安那州。早期预警使得人员死亡人数较少,但财产损失估计有200亿美元。

美国哪些飓风最具破坏力?

飓　　风	年	级别	损　　失
1. 安德鲁(Andrew) (佛罗里达州东南部/路易斯安那州东南部)	1992	4	26 500 000 000 美元
2. 雨果(Hugo) (南卡罗来纳州)	1989	4	7 000 000 000 美元
3. 弗雷伊德(Floyd) (美国大西洋中部/美国东北部)	1999	2	4 500 000 000 美元
4. 弗兰(Fran) (北卡罗来纳州)	1996	3	3 200 000 000 美元
5. 澳宝(Opal) (佛罗里达西部/阿拉巴马州)	1995	3	3 000 000 000 美元

续 表

飓　　风	年	级别	损　失
6. 乔治(Georges) (佛罗里达群岛,密西西比州,阿拉巴马州)	1998	2	2 310 000 000 美元
7.弗雷德里克(Frederic) (阿拉巴马州/密西西比州)	1979	3	2 300 000 000 美元
8.阿格尼斯(Agnes) (美国东北部)	1979	3	2 100 000 000 美元
9. 艾丽西亚(Alicia) (得克萨斯州北部)	1983	3	2 000 000 000 美元
10. 鲍勃(Bob) (北卡罗来纳州和美国东北部)	1991	2	1 500 000 000 美元

降　水

什么是"雪茫"?

"雪茫(white-out)",又称雪盲,正式定义并不存在。它是用来描述严重影响能见度的降雪状况的一个口语用语，指暴风雪或雪暴等。如果有阳光的话，那将会更糟——那就像在雾中驾车,车的前大灯都开到最亮。灯光向后直接反射进你的眼睛,使你无法看到东西。

什么是露点?

露点是空气中的水汽达到饱和时的温度。当相对湿度为 100%时,露点温度与气温一样,或低于气温。如果一薄层空气接触到地面,并且冷却到露点以下,就会形成露。露常常在夜间或清晨形成的原因是:当空气温度下降,空气中的水汽含量也随之减少。所含水汽的过度饱和部分就在所接触到的地面物体或地表面上凝结成非常小的水球。当大量的空气冷却到露点以下的温度时,就形成雾和云。

雨点的形状是什么样的?

尽管雨点的形状被描述成犁形或泪珠状,但高速拍摄出的照片表明,大型雨滴是一个球形,上面有一个没有完全穿透的洞(使其外观像炸圈饼)。水表面张力将雨点拉成这种状态。当一滴直径大于 0.08 英寸(2 毫米)的雨点落下时,其形状就会改变。空气压力使其底部变平，而周边凸起。

如果雨滴直径大于0.25英寸(6.4毫米)，那么下落时，它就会一直从中间向四处散开，使其周边凸起得更多。与此同时，雨点的中间部分变薄，变成蝶形领结形状。在雨点下落途中，雨点最后会变成两个更小的球状雨滴。

有测量记录的最大降雨量是多少?

持续时间	降水量		地点
	英寸	厘米	
1分钟	1.50	3.80	西印度群岛中瓜德罗普岛的巴斯特(Barst) 1970年11月26日
24小时	73.62	187.00	印度洋中留尼汪岛的西拉奥斯(Cilaos, La Rēunion) 1952年3月15—16日
24小时，在美国	19.00	48.30	得克萨斯州的阿尔文(Alvin) 1997年7月25—26日
历月	366.14	930.00	印度梅加拉亚邦的乞拉朋齐(Cherrapunji, Meghalaya) 1861年7月
12个月	1 041.78	2 646.00	印度梅加拉亚邦的乞拉朋齐(Cherrapunji, Meghalaya) 1860年8月1日—1861年7月31日期间
12个月，在美国	739.00	1 877.00	夏威夷毛伊岛的库库伊(Kukui) 1981年12月—1982年12月

地球上降雨最多的地方在哪里?

世界上降雨量最多的地区是哥伦比亚的图屯恩多(Tutunendo)，每年的平均降雨量为463.4英寸(1 177厘米)，每年下雨最多的地方是夏威夷州考爱岛上的威阿雷阿雷(Wai-'ale'ale)山。每年的下雨天多达350天。

与此截然不同的是，世界上最长的无雨期从1903年10月一直延续到1918年1月——共计14年，发生在智利的阿里卡(Arica)。美国最长的干旱期为767天。地点为加利福尼亚州的巴格达(Bagdad)，时间从1912年10月3日—1914年11月8日。

雨滴降落的速度有多快?

降雨的速度随雨滴的大小和风速而变化。通常，静止空气中雨滴的降落速度约为每分钟600英尺(182米)，即每小时约7英里(11千米)。

雷暴在什么时间发生?

雷暴是伴有雷声和闪电的天气现象。在美国,雷暴通常出现在夏季,尤其是5—8月这段时期。在早春和夏季,大量热带海洋空气流经美国,这时往往容易发生雷暴。雷暴通常是在地表空气被太阳辐射加热到最大程度(下午2—4点)时形成。在新英格兰地区、北达科他州、蒙大拿州和其他北部各州(北纬60°),雷暴现象相对来说很少出现,因为那里的空气温度常常太低。在太平洋沿岸地区也很罕见,这是因为那里的夏天太干燥,因而不能形成雷暴。佛罗里达州、墨西哥湾沿岸诸州及美国东南部各州出现的雷暴最多。雷暴次数年平均为70—90次。西南山区的雷雨次数平均为50—70次。世界上,在北纬35°和南纬35°之间的区域,雷暴最多。在一夜12小时之内,这些地区可能会有多达3 200次雷暴发生。在全世界,同时可能会出现多达1 800处雷暴。

闪电在雷暴中起着至关重要的作用。闪电将从地球上逃进大气层的负电荷的大部分返还给地球。在美国,每年因闪电导致死亡的人数多于龙卷风或飓风造成的死亡人数。美国每年因闪电相关原因死亡的人有150人,250人受伤。

在多远处能听到雷声?

雷是伴随闪电出现的隆隆声或爆炸般的声音。由闪电通道中的高温使水滴汽化,空气体积迅速膨胀而产生。由此产生的声波在6—7英里(9.7—11.3千米)远的地方能够清楚地听到。有时这样隆隆的雷声在远至20英里(32.2千米)处也可以听见。

冰雹能有多大?

常见的冰雹直径约为0.25英寸(0.64厘米)。但是有报告称,重达7.5磅(3.4千克)的大冰雹块在1939年降落在印度南部的海德拉巴。但是科学家们认为,这些巨大的冰雹可能是由几个部分融化的冰雹粘连在一起构成的。有报告说,1986年4月14日,重2.5磅(14千克)的冰雹降落到孟加拉的高帕尔港(Gopalgang)地区。

美国记录的最大冰雹是1970年9月30日降落在堪萨斯州的科菲维尔(Coffeyville)。冰雹直径5.57英寸(14.15厘米),重1.67磅(0.75千克)。

美国记录下的最大的冰雹重量近2磅,比高尔夫球标本大许多倍。

冰雹是由小冰球或碎冰片组成的降水形式。冰雹有一个微小的核心。半融化并再次冻结的雪围绕着该核心,形成一个同心或成洋葱形式的冰层交替的冰球。当积雨云或雷雨云中的极冷的水滴附着在空气中的像灰尘一样的微小颗粒上时,冰雹就在积雨云或雷雨云中形成了。云中的风吹动颗粒,经过不同温度的区域,使颗粒聚集更多层的冰和融化的雪,因而体积不断增大。

冰雹大小估计值

描　述	大　小	描　述	大　小
豌豆粒大小	0.25 英寸	乒乓球	1.50 英寸
1 便士/1 角硬币	0.75 英寸	高尔夫球	1.75 英寸
5 分镍币	0.88 英寸	鸡蛋	2.00 英寸
2 角 5 分硬币	1.00 英寸	网球	2.50 英寸
半美元硬币或苏珊安东尼 1 美元硬币	1.25 英寸	棒球	2.75 英寸
		葡萄柚	4.00 英寸

冻雨和雨夹雪有什么区别?

冻雨是液态形式的降雨,但一接触到冷冻物体,就会凝结成固态的冰,形成光滑的冰覆盖层,称为雨凇。冻雨通常只持续很短的时间,因为它不是变成雨就是变成雪。雨夹雪是以冰球的形式降落下来的冷冻或半冷冻的雨。当雨从温暖的大气层下降时,穿过地表附近的冷冻空气层,就形成了坚硬、透明的微小冰球。这些冰球降落的速度非常快,以至于会伴随着尖锐的咔嗒声而弹开。

雪是怎样形成的?

雪不是冻结的雨,而是水汽在空气中直接凝华而成。即水汽不经过液态,而是直接变成冰的过程。当温度达到露点时,地面高空处的寒冷水汽就变成冰。凝华的结果是,水汽凝结成一个个冰晶,通常为六角形。雪以这种微小的六角形冰晶形式开始在较高的云层中形成。小小的冰晶是雪花成长的种子。随着水汽被上升气流带入空中,越来越多的水附着在冰晶上,使冰晶的体积越来越大,不久,这些较大的冰晶最终降落到地球上。如果雪花降落到地球上时还是凝结着的,也就成为雪。

所有雪花的形状都相似吗?

有些雪花可能具有极其相似的形状,但这些孪生雪花很可能在分子组成上不完全相同。1986年,云物理学家南希·奈特(Nancy Knight)认为,她发现了唯一克隆的一对雪晶。她是在挂在飞机上的一个被油覆盖的滑槽上发现的。这对雪晶可能是由一个星形冰晶分裂所致,或是并列粘在一起,因而同时经历了同样的天气状况。遗憾的是,每片冰晶的更小面不能进行研究,因为拍照不能捕捉到可能的分子差异。因此,即使人眼可能看到了两片相像的雪花,但是从更微小的层面上来说,它们还是不同的。

雪花的外形可能看起来一样,但是在分子层面上,它们却都是独一无二的。

天气是否会因为太冷而不下雪?

无论空气变得多么寒冷,空气中仍会含有一些水分,并会以非常小的雪晶形式从空气中落下来。非常寒冷的空气让人想到不下雪,因为从北纬入侵的气流与冷锋后边的晴朗天气状况有关。大雪与暖锋前面相对温和的空气有关。北极地区的雪越堆越多,年复一年。这个事实说明,天气从不会冷得不下雪。

霜在什么时间形成?

霜是在冰点或冰点以下温度时,空气中的水汽在地面或地面物体上形成的水晶般的微小冰晶体。当空气中的水汽不是先变成液态水,而是直接凝结成冰时,就出现霜。这个过程叫做凝华。霜一般出现在晴朗无风的夜间或清晨,尤其是在地球上空的空气相当湿润的早秋。永冻土层是永远不会完全融化的、终年冻结的土地。

一英寸的雪中有多少水?

一般来说,10英寸(25厘米)的雪所含有的水量相当于1英寸(2.5厘米)的雨量。又重又湿的雪携带大量的水分。4—5英寸(10—12厘米)的雪可能就会含有1英寸(2.5厘米)的水。干燥的粉状雪可能需要15英寸(38厘米)才能化出1英寸(2.5厘米)的水。

美国最大的降雪记录是多少?

一次暴风雪中降雪最多的记录是189英寸(480厘米),地点是在加利福尼亚州的沙斯塔山滑雪场(Shasta Ski Bowl),时间是1959年2月13—19日。一天24小时下雪最多的记录要数1921年4月14—15日,出现在科罗拉多州银湖上的降雪,达72英寸(1 937厘米)。年降雪量最大的记录发生在华盛顿州雷尼尔山的伊甸园(Paradise)。从1971年2月19日—1972年2月18日,降雪量达到1 224.5英寸(3 110厘米)。平均最高年降雪量为241英寸(612厘米),发生在加利福尼亚州蓝峡谷(Blue Canyon)。1911年3月,加利福尼亚州塔马洛克(Tamarack)下了最深的一场雪,积雪超过37.5英尺(11.4厘米)。

天 气 预 报

美国国家气象局的气象报告、建议预报、警戒预报和警报之间有什么区别?

美国国家气象局要发布一个报告,作为可能要发生严重天气变化的"最初警告"。当天气状况没有生命威胁,但人们需要警惕天气变化情况时,就发布建议预报。当天气状况变得比以往更易于向危险天气状况转变时,如龙卷风或更强烈的雷暴,就发布天气警戒预报。警戒预报就是建议人们要做计划、准备,增强意识(即关注变化中的天气状况,注意收听更多的信息,考虑到危险来临时要做些什么)。当某种天气危险即将发生或已被报告时,就发出警报。警报说明需要采取措施以保护生命和财产的安全。危险的类型在警报种类(例如龙卷风警报、暴风雪警报)中反映出来。

什么是多普勒雷达?

多普勒雷达是测量信号从物体发出并返回的频率差。通过测定传播频率和接受频率之间的差,多普勒雷达计算出雨、雪、冰晶,甚至昆虫所在空气中移动的速度。因此,多普勒雷达可以用来预测风速、风向及与某次风暴相关的降雨量。美国国家气象局在全国各地安装了一系列的NEXRAD(下一代雷达)多普勒雷达系统。它们在探测龙卷风速度和其他强烈雷暴速度方面起着特殊的作用。

现代天气预报是从什么时候开始的?

1692年5月14日,《农牧业与贸易改进展》周刊列出了前一年相应日期的7天风和气压的读数，期望读者从这些数据中做出他们自己的预测。其他报刊随之很快有了自己的天气专题报道。1771 年，一份叫做《天气周报》的新刊物完全致力于天气预报。1861 年，英国气象局开始发布每日天气预报。第一次天气预报是 1921 年 1 月 3 日，由位于威尼斯康星州麦迪逊的威斯康星大学的 9XM 站进行播送的。

什么是大气压力?

气压指与大气接触的物体表面上所受到的空气分子施加的压力。测定空气压强的仪器叫气压表。因为空气分子受到其上面空气重量的挤压，气压随海拔的减少而增加。因此，虽然海平面上的平均气压为每平方英寸 14.7 磅(1 013.53 百帕)，但是在海拔 1 000 英尺(304 米)的高度，气压却降到每平方英寸 14.1 磅(972.1 百帕)。而在海拔 1.8 万英尺(5 486 米)的高度，气压只有每平方英寸 7.3 磅(503.32 百帕)，约为海平面气压的一半。气压的变化引起天气的变化。高压地区具有晴朗无云的好天气。低压区域常伴随有云、雨和大风的出现。气压非常低的地区会出现强暴风雨，如飓风。

土拨鼠能准确预报天气吗?

在 60 年的时间里，土拨鼠准确预报天气(也就是春天何时到来)的成功率只有 28%发生在土拨鼠日，即 2 月 2 日。土拨鼠日最初是德国庆祝的节日。德国农民们等待獾从冬眠中醒来。如果那是个艳阳高照的晴天，睡眼蒙眬的獾就会被自己的影子吓坏，而且它还会回到洞穴中再睡 6 周的时间。如果是多云的天气，獾就会待在外边，不再冬眠。因为它知道，春天已经来临。移居到美国宾夕法尼亚州的德国农民，将这一庆祝节日带到了美国。他们在宾夕法尼亚州找不到獾，所以他们就选择土拨鼠代替獾，作为预报春天的对象。

能以毛虫身上条纹的宽窄来预测天气吗?

有一种古老的迷信说法，未来冬天的严寒程度可以通过秋天毛虫身上的棕色条纹或斑纹的宽度来预测。根据这个迷信的说法，如果毛虫身上的棕色条纹宽，那么冬天就会温和。而如果棕色条纹很窄的话，就预示着将是严酷的冬季。在美国纽约州自然历史博物馆进行的研究表明，天气和毛虫之间没有任何联系。这种说法是一种迷信，没有任何科学依据。

有能预测天气并告知时间的树吗?

观测树叶可能是预测天气的一种过时的方法。但是农民们注意到，当枫树的叶子卷起,树叶的背面在风中翻转过来时,肯定要下雨。伐木工声称,他们能够根据坚果树上苔藓的密度预知未来冬天的严寒情况。在树蠡醒来以前,美国黑胶树能够预示即将来临的冬天的好坏。树木还可以成为特别的时钟。在西非热带地区的加纳籽(Griffonia)有2英寸(5厘米)的膨胀荚。当荚啪的一声炸开时,表示阿克拉平原(Accra Plains)的农民们该种庄稼了。老虎楝(Trichilia)是一种高60英尺(18米)的树。树在2月开花。在8月再次开花时,表明该播种第二茬谷物了,也就是在第二次雨季来临以前。在斐济岛,薯蓣的种植是在珊瑚树开花时进行的。

日晕或月晕是雨或雪即将来临的征兆吗?

日晕的出现,或更常见的夜空中月晕的出现,预示着高空中有冰晶构成的卷层云。晕轮越亮,降雨(雪)的可能性就越大,降雨(雪)的时间可能就越早。雨或雪并非一定会下,但三次中会有两次,雨或雪都会在12—18小时内开始下,这些卷云是暖锋即将来临和相应低压系统出现的前兆。

什么会导致青蛙和蟾蜍如同下雨一般从天而降?

有文件记载的降青蛙雨的事例是从1794年开始有记录的,通常发生在夏季强烈暴风雨中。旋风、水龙卷和龙卷风是人们公认的造成这种现象的原因。天空中降下大量的鱼、鸟和其他动物的事例也有报告。

岩石与矿物

参见:能源

岩石是如何分类的?

岩石的种类很多,按其成因可分成火成岩、沉积岩和变质岩 3 大类。

火成岩:亦称“岩浆岩”,是由高温岩浆结晶形成的岩石。包括来自地壳深处或上地幔的熔融岩浆在火山活动作用下,浸入到地壳中或喷出地表,冷却凝固而形成的岩石,如花岗岩、伟晶岩、流纹岩、黑曜石、辉长岩、玄武岩等。火成岩晶体的性质和特性差异很大,部分原因在于最初岩浆的组成成分不同,部分在于岩浆凝固时的环境差异。火成岩的种类有数千种。例如,花岗岩是由来自地球内部的高温熔融岩浆上升到地壳的上层(并不到达地表),经缓慢冷却而形成的岩石。花岗岩含有大量的石英、长石和云母。

沉积岩:旧称“水成岩”,是地球表面的沉积物质经固结而形成的岩石,如角砾岩、砂岩、页岩、石灰岩、燧石、煤等。沉积岩为精细岩石颗粒或碎片、微生物骨骼化石或从雨浸风蚀等风化作用下沉积固结的岩石中浸出的矿物质。这些沉积岩再次沉积在水底,随着时间的推移,压缩成层。最常见的沉积岩是砂岩,主要为石英晶体。

变质岩:变质岩是已经形成的岩石(火成岩和沉积岩)受到温度、压力和化学环境等因素变化的影响,在固体状态下,变质而成的一种新岩石,如大理石、板岩、片岩、片麻岩、石英岩等。这些物理和化学变化的一个例子是,石灰岩受热重结晶,变成大理石。

什么是岩石学?岩石学家是做什么的?

岩石学是研究岩石的组成、矿物学性质、产状和起源的科学。研究岩石的矿物性及岩石内包含的地理历史记录的人叫做岩石学家。通过岩石,岩石学家可以了解过去的气候和地理、地球过去和现在的构成,以及地球内部存在的状况。

化石是如何形成的?

化石是有历史记载以前保留在岩石中的动物或植物遗迹。很少有完整的有机体保留下来。化石通常展现的都是动物、植物的坚硬部分,如动物的骨骼或贝壳,植物的叶子、种子或木质部分。

有些化石本身就是骨头、牙齿或硬壳,这些可以保留相对较短的一段时间。另一种化石是埋藏在地下的动物或植物的痕迹。这些动、植物分解后,留下碳质薄膜,且生物的形状保持不变。

一些埋藏在地下的物质已经被硅以及那些能渗透生物并在石化过程中替代原有

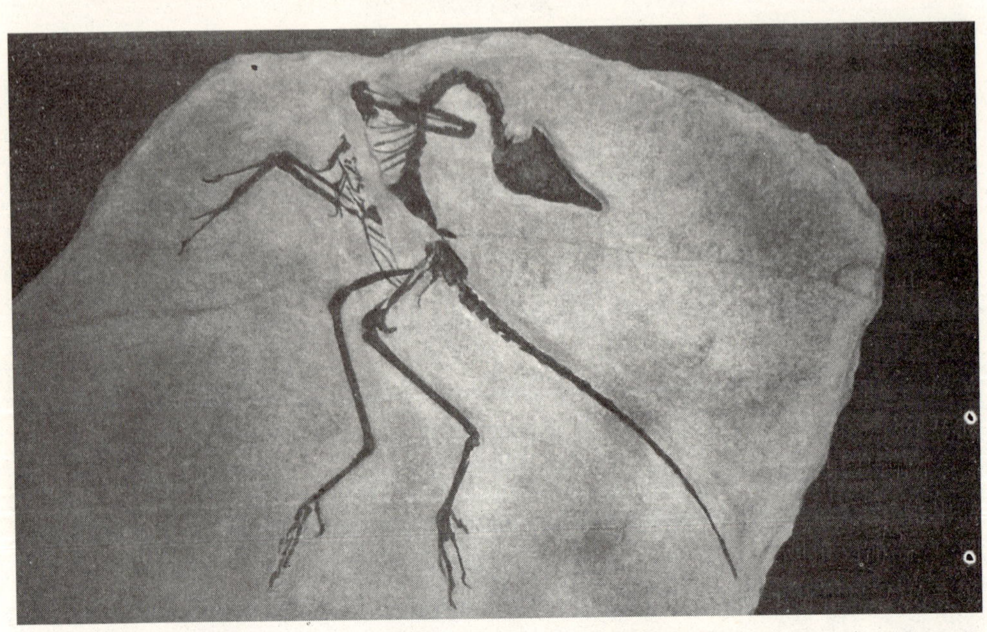

始祖鸟的化石遗迹。

白蕨的化石遗迹。

物质的其他物质所取代。一些木头完全被玛瑙或蛋白石所取代，甚至细胞结构也被复制。最佳的例子可以在美国亚利桑那州的国家石化森林公园里找到。

模型化石和铸型化石也是很常见的化石。模型化石是由生物在软泥或淤泥上留下的印痕形成的，如恐龙的脚印。这种印迹可能先硬化，然后被其他物质覆盖。最初的足印形成一个印模，充填模子的沉积物就形成了足迹的铸型化石。

化石年龄是多少？

已知的最古老的化石是细菌化石，在大约35亿年前留下它们的痕迹。最古老的动物化石是生活在大约7亿年前的无脊椎动物的化石。最大数量的化石来自5.9—5.05亿年前的寒武纪时期。那时，动物开始进化，生长骨骼和硬质部分。因为这些部分往往比一般组织持续的时间长，所以它们更可能保留在黏土里，变成化石。

什么是熔融石？

熔融石(tektite)，又称玻陨石、雷公墨，是富含硅的玻璃物质(岩石)，散落在地球表面的某些区域。它们通常为黑色，矩形，呈泪滴状或哑铃形，有几厘米长。当陨石、小行星或彗星碎片冲击地球表面时，熔化的岩石就形成了熔融石。熔化的岩石被高高地旋入大气中，在空中迅速冷却，形成特有的形状和物理特性。熔融石形成的模式被人们看做是这种冲撞所造成的无可争议的证据。熔融石的石龄从70万—3500万年不等。

什么叫辰砂?

辰砂是矿物水银的主要矿石,其猩红色使它成为一种五彩斑斓的矿物质。辰砂主要产于美国(加利福尼亚州、俄勒冈州、得克萨斯州和阿肯色州)、西班牙、意大利和墨西哥。辰砂常常用作颜料。

“印第安美元”是什么意思?

“印第安美元”是六面体、圆盘状、双晶体霰石(CaCO3),已经变成了方解石,但外部形状保持未变。它们在科罗拉多州北部大量出现,在当地被称为“印第安美元”。在新墨西哥州,它们被称为“阿兹特克钱”,在堪萨斯州西部被叫做“先锋美元”。

岩石与矿物有何不同?

矿物学家用“矿物”一词来指那些具有下面所有4个特征的物质:一定能在自然界找到;一定是由非活性的(有机物)构成;无论在哪里发现,它都有同样的化学组成;其原子按规则排列,形成固体晶体。

而“岩石”有时被描述成聚成岩或是一种或更多种矿物质的组合。地质学家扩展了这一定义,将黏土、松散的沙子和某些石灰石也包括进去。

什么叫做莫氏硬度计?

莫氏硬度计是用来测量矿物质硬度的10种矿物质标准。莫氏硬度计由德国矿物学家弗里德里希·莫斯(Friedrich Mohs,1773—1839)在1812年首次采用。矿物由最软到最硬排列。较硬的矿物数值较高,能刻划数值较低的矿物。

硬　度	矿　物	说　明
1	滑石	硬度1—2级能被手指甲刻划
2	石膏	硬度2—3级能被铜币刻划
3	方解石	硬度3—6级能被钢制小刀刻划
4	萤石	
5	磷灰石	
6	正长石	硬度6—7级不能刻划玻璃

续 表

硬 度	矿 物	说 明
7	石英	
8	黄玉	硬度8—10级能刻划玻璃
9	钻石	
10	金刚石(钻石)	

如果钻石是最硬的物质,那么第二硬的物质是什么?

立方氮化硼——最硬的陶瓷,是世界上第二硬的物质。

将颜色标准化方法用于矿物的第一人是谁?

德国矿物学家亚伯拉罕·戈特洛伯·维尔纳(Abraham Gottlob Werner,约1750—1817)发明了一种利用矿物外部特征(包括颜色)来描述矿物的方法。他研究出了颜色排序方法及颜色名称,并用一组实际的矿物来说明。

战略矿物这个词是什么意思?

战略矿物是国防上至关重要的矿物——国家使用但目前不能生产的矿物储备。工业上使用的80种矿物中,1/3到一半的矿物可以被归入战略矿物类。富裕国家,如美国,储备了大量的战略矿物。其目的在于,一旦因国际政治环境影响,这些矿物供应被切断,他们可以避免其经济或军事力量受到严重影响。例如,美国储备有铝土矿(1 050万吨)、锰(170万吨)、铬(140万吨)、锡(59 993吨)、钴(189吨)、钽(635吨)、钯(125万金衡盎司)和铂系金属(铂:4 704千克;钯:16 715千克;铱:784千克)。

什么是沥青铀矿?

沥青铀矿是种类众多的铀矿或氧化铀,可在金属矿脉中找到,属放射性材料,是最重要的铀矿。1898年,居里夫妇发现沥青铀矿中含有稀有元素镭。从那以后,镭一直用于医学和科学中。

什么是方铅矿?

方铅矿是一种硫化铅(PbS),是最常见的铅矿石,含有86.6%的铅,颜色是铅灰色,具有明亮的金属光泽,比重为7.5,莫氏硬度为2.5级。方铅矿通常以立方体或八面体的变形形式存在,产于澳大利亚,加拿大、中国、墨西哥、秘鲁和美国(密苏里州、堪萨斯州、俄克拉何马州、科罗拉多州、蒙大拿州和爱达荷州)也发现了方铅矿。

什么是辉锑矿?

辉锑矿(stibnite)是带有金属光泽的铅灰色硫化锑(Sb_2S_3)矿物,是最重要的锑矿石,也称作antimony glance。辉锑矿的硬度为莫氏2级,比重为4.5—4.6,是容易在火柴火焰中熔化的很少几种矿物之一,常见于低温热液矿脉或温泉沉积物中。辉锑矿开采于德国、罗马尼亚、法国、玻利维亚、秘鲁和墨西哥。爱达荷州的黄松辉锑矿是美国最大的辉锑矿生产矿。加利福尼亚州和内华达州也有辉锑矿床。

什么是开普梅钻石?

开普梅(Cape May)钻石是纯石英体,有不同大小和各种颜色,发现于新泽西州开普梅市美国海岸巡逻队驻地周围地区。这些晶体被切割打磨后,具有天然钻石的外形。在现代宝石检验设备研制出来以前,许多人被这些石英晶体所蒙骗。游人自己就可以找到开普梅钻石,那里也有已切割打磨好的石头出售。这些都是开普梅地区长期以来吸引游人之处。

美国有钻石矿吗?

美国没有商业性钻石矿。北美唯一重要的钻石矿床是位于阿肯色州莫夫里斯波洛(Murfreesboro)附近的"钻石坑"国立公园。这里的土地归政府所有,并且从来没有进行过系统性开发。游客付一点费用就可以在那里挖掘,寻找钻石。在那里发现的最大的晶体重达40.23克拉,被命名为"山姆大叔"钻石。

钻石直接由岩石熔体结晶而成。这种岩体富含镁,里面充满经受过高压和超过2 559°F(1 400℃)高温的二氧化碳气体。这种岩熔体最初来自深达93英里(150千米)的地幔深处。

钻石是完全由碳元素构成的矿物,具有等轴晶体结构,是已知最硬的自然物质,密度为3.53。但黑钻石(焦炭般的微晶体黑色碳石料)的密度可能要低至3.15。钻石具有已知物质的最高热导率。这一特性使钻石用于切割工具。因为切割时,钻石不会发热。

什么是愚人金？

黄铁矿(FeS_2)是一种众所周知的叫做“愚人金”的矿物。由于其呈现的金属光泽及淡黄颜色，常常被误认是黄金。真正的黄金要重得多，不易碎，没有沟纹。

如何才能鉴别天然钻石?

有用几种不用工具就能鉴别钻石真假与否的方法。行家能通过钻石表面的光泽、刻面的直度和平度及对光反射能力的高低来识别。钻石在温暖的室内变暖，而在冷的环境下变凉。可以做一个简单的测试。将宝石放在冷热不同的环境中，然后用嘴唇接触一下，就能确定其温度。把这种测试结果与已知的天然钻石的测试结果相比较，这种方法尤其有效。另一种测试方法是用弄湿的指尖粘起钻石。如果能粘起来的话，这块钻石就很有可能是真的。大多数其他石头用这种方式是粘不起来的。

水测试法是另一种简单的检验方法。将一滴水滴在桌面上。完全洁净的钻石具有几乎能“磁化”水的能力，能使水不散开。一种叫做钻石探测仪的仪器甚至能鉴别最复杂高明的赝品。宝石学家总是把这用作他们检查钻石真伪的一部分。

钻石的质量是如何确定的?

需求、美观、耐久、稀有、无瑕疵及切割的完美，这些通常决定宝石的价值。但是决定钻石价格的主要因素是对钻石产量的控制以及中央销售组织(CSO)钻石贸易有限公司对价格的管理。中央销售组织是德比尔斯(DeBeers)联合矿业有限公司的一个附属公司。

什么是钻石的4C?

钻石的 4C 指的是切工(Cut)、颜色(Color)、净度(Clarity)和克拉(Carat)。切工指宝石的加工工艺，包括钻石切割后的均衡性、光洁度、对称性和抛光等。切工的优劣影响钻石的闪亮程度、火彩的出现与否、色彩的显现等，是评价钻石质量的重要因素。颜色指钻石含有的颜色多少及深浅。钻石的颜色从无色到浓淡不同的黄色、灰色或棕色不一。还有从金黄到更罕见的蓝、绿、粉红色和红色不等的颜色。净度指钻石的洁净无瑕或纯净的程度，在很大程度上取决于钻石中所含瑕疵的多少和大小。克拉指钻石的重量。

矿工拿着卡利南钻石——世界上发现的最大钻石——由它切割成的钻石后来被镶嵌在英国皇冠和权杖上。

钻石是如何称重的?

计量钻石重量的基本单位是克拉(英文carat 的音译),1 克拉为 200 毫克（0.007 04 盎司或常衡盎司的 1/142)。一克拉切工规范、精细的弧面型钻石,其直径几乎恰好是 0.25 英寸(6.3 毫米)。另一个常用单位是分,亦称“磅音”(英文 point 的音译)。1 分为 0.01 克拉。一克拉的宝石重 100 分。克拉作为计量宝石重量的单位不应与计量饰金成色(纯度)的单位开(英文 Karat 首音节的音译)相混淆。

世界上最大的钻石是哪一颗?

卡利南钻石是世界上迄今发现的最大钻石,重 3 106 克拉。1905 年 1 月 25 日发现于南非的特兰斯瓦省布莱未尔钻石矿,以发现此矿的布莱未尔钻石公司主席托马斯·M.卡利南爵士(Sir Thomas M. Cullinan)的姓氏命名。卡利南钻石被切割成 9 颗大钻石和 96 克小钻石。切割加工后的钻石总重量为 1 063 克拉,仅为原有重量的 35%。

“卡利南 I 号”钻石也称为“非洲巨星”或“非洲第一星”。它是一颗梨形的钻石,重 530.2 克拉。钻石长 2.12 英寸(5.4 厘米),宽 1.75 英寸(4.4 厘米),最厚点厚 1 英寸(2.5 厘米)。1907 年进献给英国国王爱德华七世,镶嵌在带十字架的英王权杖上。它现在仍然是世界上最大的切割加工过的钻石。

“卡利南 Ⅱ 号”钻石,也称为“非洲第二星”,是一枚重 317.4 克拉的长方形宝石,镶嵌在英帝国皇冠上。

宝石的常用切工是什么?

对大多数透明宝石来说,现代宝石切割是使用小面积(刻面)的切割方法。在刻面切割过程中,宝石表面切割出若干平整光滑的小面。从几何学角度来说,这样处理的目的是使宝石的亮度和火彩达到最佳程度。最常见的 4 种刻面切割是多角形、玫瑰花形、阶梯形和桌形。桌形也称为翡翠形,用于翡翠的切割。多角形和玫瑰花形常用于钻石的切割。

什么是立方氧化锆?

立方氧化锆是两位德国矿物学家于 1937 年发现的。20 世纪 70 年代，苏联科学家学会如何在实验室里“生长”矿物后，立方氧化锆立刻受到珠宝设计者们的青睐。市场上销售的立方氧化锆大部分都是由氧化锆和氧化钇经化学合成的人造宝石。这两种化合物利用渣壳熔炼方法，在极高温度（约 5 000°F）（2 760℃）下一起熔化。人们用射频发生器为氧化锆加热。在混合物冷却后，就变成了毫无瑕疵的晶体。经切割琢磨后，就变成了立方氧化锆宝石。

立方氧化锆和钻石有什么区别?

立方氧化锆是常被用来仿冒钻石的一种人造宝石材料。这里的“仿冒”是个关键词。美国联邦贸易委员会将仿冒材料定义为只在外观上与天然材料相似。立方氧化锆可以同钻石一样用同样的方法切割加工，具有很高的密度和硬度，重量是同样大小钻石的 1.7 倍。

除卡利南钻石外，世界上其他最大的贵重宝石是什么?

世界上最大的红宝石重 8 500 克拉，有 5.5 英寸（14 厘米）高，被雕刻成自由钟形。最大的星光红宝石来自印度，重 6 465 克拉，呈六射星光。最大的已切割的祖母绿是 1974 年 8 月在巴西的巴纳伊巴发现的，重 86 136 克拉。来自澳大利亚昆士兰州阿那基（Anakie）的一颗重 2 302 克拉的蓝宝石，被雕刻成亚伯拉罕·林肯的头像后，重 1 318 克拉，成为世界上最大的雕刻蓝宝石。重 9 719.5 克拉的“孤星”（The Lone Star）是最大的星光蓝宝石。最大的天然珍珠被称为“安拉之珠”，是 1934 年 5 月在菲律宾巴拉望群岛海域的一只巨型蛤壳中发现的。这颗珍珠重达 14 磅 1 盎司（6.4 千克）。

祖母绿的颜色是怎样形成的?

祖母绿是绿柱石（$Be_3Al_2Si_6O_{18}$）的一个变种，因在绿柱石结构中含取代铝（Al）的微量铬（Cr）而呈绿色。还有其他呈绿色的绿柱石，但是如果里面不含铬的话，从技术上来说，就不是祖母绿。

星光蓝宝石中的星光是怎样产生的?

蓝宝石是由宝石质刚玉（Al_2O_3）构成的。宝石中含有少量铁和钛时，则呈现各种不同的颜色。星光蓝宝石含有金红石矿物的细针状包裹体。若宝石被切割琢磨成无刻面的弧面(穹形或凸面)形,这些细针状包裹体的反射光就会呈现六射星光。最为名贵的星光蓝宝石是鲜蓝(矢车菊蓝)色品种的宝石。黑色或白色星光蓝宝石次之。因为红宝石就是刚玉的一个红色宝石品种,所以也存在星光红宝石。

什么是猫眼?

猫眼也称为“猫儿眼”,是次贵重的石英宝石。猫眼有一条垂直的发冷光带,如同猫的眼睛一样。要获得猫眼的效果,蓝色平行的石棉状纹理首先要改变为氧化铁,然后被硅取代。猫眼宝石的颜色有鲜黄色、棕黄色或棕色等。

金　属

什么是钶-钽铁矿?

钶-钽铁矿是金属矿石钶铁矿-钽铁矿的简称。钶-钽铁矿经提炼后,变成耐热粉末——钽,含大量电荷。这种性质使它成为制造电容器的一种极其重要的元素——电子电阻丝,用于控制微型电路板中电流的流量。钽电容器用于几乎所有的手机、笔记本计算机、传呼机及其他电子装置。

最丰富的金属元素是什么?

铝是地表和月球上最丰富的金属元素,占地壳的 80%以上。铝从不以单质元素形式出现,而是与氧、铁、钛等元素组成化合物。含铝矿物主要是铝土矿(铝的青氧化物)。几乎所有岩石,尤其是火成岩,都含有铝,如铝硅酸盐矿物。拿破仑三世(1808—1873)认识到,铝较轻这一物理特性能彻底改变武器制造业。所以,他批准拨款给法国化学家圣克莱尔·德维尔(Sainte-Claire Deville,1818—1881)一大笔科研经费,让他研究一种将铝用于商业的切实可行的方法。1854 年,德维尔通过将氯化铝还原的方法,获得第一批纯铝金属。1886 年,美国人查尔斯·马丁·霍尔(Charles Martin Hall,1863—1914)和法国人保罗·夏洛特(Paul Heroult,1863—1914)分别发现了将铝土矿还原成铝的电解法。由于铝具有抗腐蚀性、密度低、且导热性能极佳的特点,包装行业大量使用制造食品和饮品容器和盖子,以及铝箔袋子和包装材料。铝是电的良导体,因而被广泛应用于电业电缆和电话电缆、灯泡和电器设备。在生产制造各种类型的交通工具中,使用大量的铝。铝合金具有很大的抗拉强度,因此对航空航天工业具有相当大的工业使用价值。楼房建筑业将铝合金应用于这样一些材料中，如排水设备、镶嵌板、挡板、窗框和屋顶等。含有铝合金的众多其他的产品如厨房用具、高尔夫球棒、空调、汽车牌照、涂料、冰箱、火箭燃料和拉链等等。

为什么炼金术中的金属符号和占星学中的行星符号完全一样？

古希腊人和罗马人知道 7 种金属，也知道 7 颗行星（5 颗较近的行星加上太阳和月球）。他们将每颗行星与某种金属联系起来。炼金术始于约公元前 3 世纪，其主要目的是将普通金属（如铜、铝、锡等）转变成黄金。尽管炼金术有时近乎神秘主义，但却包含着几个世纪的化学经验，为现代化学的发展奠定了基础。

英语名称	化学符号	拉丁名称	炼金符号
金	Au	*aurum*	☉（太阳）
银	Ag	*argentum*	)（月亮）
铜	Cu	*cuprum*	♀（金星）
铁	Fe	*ferrum*	♂（火星）
汞	Hg	*hydrargyrum*	（水星）
锡	Sn	*stannum*	（木星）
铅	Pb	*plumbum*	ん（土星）

什么是贵金属？

贵金属有金、银、汞和铂族元素（包括钯、铱、铑、钌和锇）。贵金属这个说法指本质上不起化学反应和不易腐蚀的金属，与抗化学反应和腐蚀性不强的“贱”金属相对。这个词源于古代的炼金术。炼金术是根据金属和化学物质的不同性质，来达到改变和完善这些贵金属的目的。这个词与“贵重金属”不同义，虽然有的金属（如铂系金属）可能既是贵重金属也是贵金属。

什么是贵重金属？

贵重金属是对用于制造硬币、珠宝及装饰物的昂贵金属的总称。这个叫法只限于金、银和铂。金属的费用或稀有性并不能使其成为宝贵的金属，金属的价值是由法律规定的。按照法律，由这些金属制成的物品具有一定的内在价值。贵重金属与“贵金属”不同义，但某种金属（如铂）可能既是贵金属，也是贵重金属。

白金真的是金吗?

白金是指珠宝商将其用作铂的替代品的一类白色合金。不同级别的合金在成分上相差很大,但通常合金由20%—50%的镍构成,其余部分为金。上等白金由90%的金和10%的钯组成。合金中所使用的其他元素还有铜和锌。这些合金的主要用途是让金属拥有白的颜色。

什么是24开金?

开(或K,Karat的首字母)指一种宝石或一件装饰品中,黄金相对合金所占的百分比。因为黄金太软,纯金形式不适用,所以得与其他合金混合使用。1开等于纯金的1/24。因此,24开金的纯度为100%,而18开金的纯度为18/24或75%。

开值	纯金的百分比	开值	纯金的百分比
24	100	12	50.25
22	91.75	10	42
18	75	9	37.8
14	58.5	8	33.75

一金衡盎司的金若拉成一根细丝,能拉伸多远而不断?

延性是物质能经受变形和延展的特点。1金衡盎司的金(31.1035克)能拉成一根50英里(80千米)长的细丝。

金箔有多厚?

金箔是用金子捶成或碾平的薄片,这些薄片极薄,30万张金箔摞在一起才有1英寸高。一张金箔的厚度通常为0.000 003 5英寸(1英寸的100万分之3.5)。根据金箔制作者的不同,金箔的厚度可能差异很大。金箔也称作金叶,用作建筑物的遮盖物及皮革上的浮凸印刷。

世界上主要产金国是哪几个国家?

南非共和国在金矿生产和黄金储备量上居世界前列,并拥有世界大约1/2的黄金资源。美国是世界第二大黄金生产国。1998年的商业用金量估计如下:珠宝和艺术

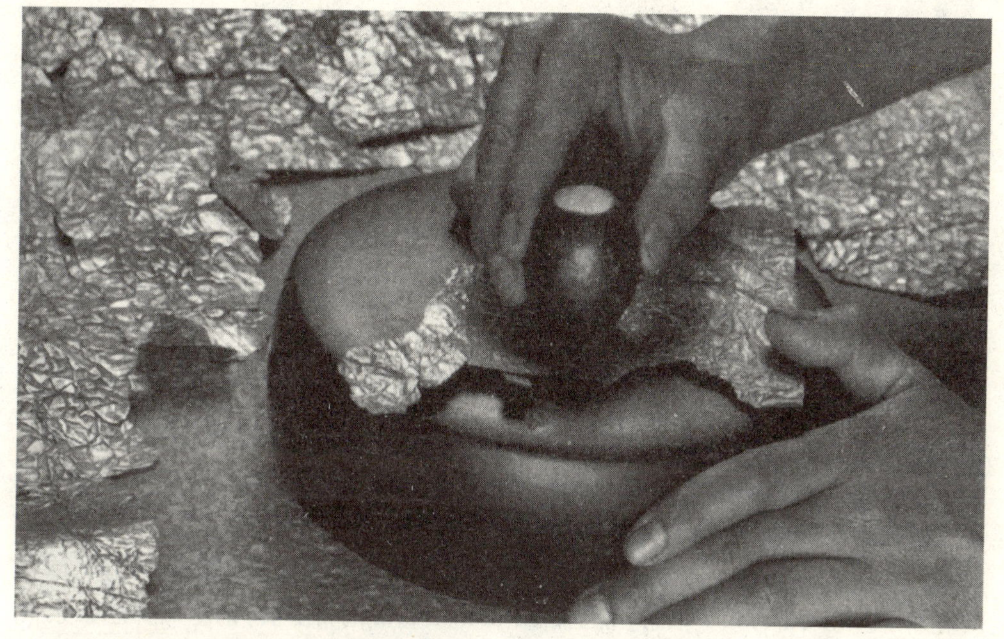

图中是正在光滑的石头上被捶平的金箔。

占79%；工业（主要是电子工业）占4%；牙科占2%；其他工业用量为15%。在美国，内华达州是最重要的产金州。加利福尼亚州的黄金产量相距很远，位居第二。接下来是南达科他州。

2001年世界黄金产量居前6位的国家是：

国　家	黄金产量	国　家	黄金产量
南非	400公吨（400 000千克）	中国	185公吨（185 000千克）
美国	350公吨（350 000千克）	加拿大	160公吨（160 000千克）
澳大利亚	290公吨（290 000千克）	俄罗斯	155公吨（155 000千克）

什么是标准纯银?

标准纯银是指在1 000份银中，含银量至少有925份的优质合金（即92.5%银，7.5%另一种金属——通常为铜）。

什么是德银?

镍银有时也称为德银或镍铜，是银白色金属，由52%—80%的铜、10%—35%的锌和5%—35%的镍构成。镍银也可能含有少量铅和锡。镍银还有其他形式，但“德银”这个称法是银器业所使用的词。

白镴的主要组成成分是什么金属?

白镴即铅锡合金,主要组成成分是锡,锡至少占90%。锑、铜和锌可能取代铅加入白镴中,以增加白镴的硬度和强度。白镴中可能含有铅,但含铅量高不仅会使物件生锈,使其表面失去光泽,而且还会溶于食品和饮料中,使其有毒。目前用于优质物件的合金,最少含有91%—95%的锡,最多8%的锑,最多2.5%的铜和最多0—5%的铋。这是欧洲标准化组织对白镴所规定的成分含量比例。

美国首家成功的钢铁厂是在什么地方建立的?

虽然美国的铁矿最早于1585年在北卡罗来纳州发现,铁的生产最早于1619年在弗吉尼亚州进行(但一直未成功),但是美国首家成功的钢铁厂却是由托马斯·德克斯特(Thomas Dexter)和罗伯特·布里吉斯(Robert Bridges)在马萨诸塞州林恩市索格斯河附近建立起来的。作为这一行业的最初发起者,他们雇用英国的小约翰·温斯罗普(John Winthrop, Jr.)开始进行钢铁厂的生产。到1645年,高炉已开始运转。到1648年,煅铁炉开始工作。

什么是高速钢?

高速钢,也称锋钢,是对那些在高温下保持硬度,用于金属切削工具的高温合金钢的统称。所有高速钢都将钨或钼(或两者)作为基本耐热合金成分的基础。这些钢需要经过特殊的高温处理,其独特性能才能充分表现出来。其生产过程为:将钢加热到2 150°F—2 400°F(1 175℃—1 315℃),使其变成大比例的合金碳化物溶解状态。淬火到室温,然后回火到1 000°F—1 150°F(535℃—620℃),之后再冷却到室温。

谁发明了不锈钢?

好几个国家的冶金学家们研发出了不锈钢。不锈钢是铁合金通过添加铬,使其具有耐锈蚀和耐化学腐蚀特性的钢。1872年,在建筑密西西比河伊兹(Eads)大桥时,所用的钢材中添有少量的铬,以提高钢材的强度。但是直到20世纪初,真正抗锈蚀的合金才研制出来。多个国家的冶金学家们在1903—1912年期间研制出了不锈钢。美国人埃尔伍德·海恩斯(Elwood Haynes)研制出了几种合金钢。1911年,他制造出了不锈钢。英国人哈里·布里尔利(Harry Brearly)所获荣誉的大部分都来自不锈钢的研制。美籍加拿大冶金学家弗雷德里克·贝尔特(Frederick Beckett)、德国科学家P. 蒙纳尔茨

(P. Monnartz)和W. 博彻斯(W. Borchers)也属于不锈钢早期研制者。

什么材料用于制作音叉?

音叉是有两个叉头的金属乐器,打击时发出固定的音高。音叉一般是由钢制成的。有些音叉是由铝-镁合金、熔化石英或其他弹性材料制成。

哪些国家拥有铀矿?

铀是放射性金属元素,是能够维持核裂变的唯一一种天然存在的物质。但只有一种同位素——U_{235},在中子轰击下能进行裂变。铀在世界各地均可开采,但在提炼过程中,肯定要被转化成二氧化铀(UO_2)。整个世界都有铀矿。最大的铀矿在美国(科罗拉多州高原,低品位铀矿在佛罗里达州、田纳西州、北达科他州和南达科他州)、加拿大(安大略、西北地区和中西部地区)、南非(威特沃特斯兰德)和加蓬(奥克洛)。拥有重要低品位铀矿的其他国家和地区有巴西、俄罗斯、北极和瑞典。扎伊尔以前重要的铀矿现在几乎已经枯竭。

什么是锝?

锝(符号Tc,原子序号43)是放射性金属元素,它既不以纯锝形式天然纯在,也不作为化合物的形式自然出现,而是在核裂变过程中产生的。锝是钼(Mo,原子序号42)的裂变产物,还可能是铀(U,原子序号92)的裂变产物。1937年,锝被C. 佩里尔(C. Perrier)和埃米利奥·塞格雷(Emilio Segrè,1905—1989)分离、提取,成为人工制造的第一种元素。

锝在诊断成像和核医学上具有重大应用。口服的可溶性锝化合物往往集中在肝部,这对肝脏器官做标记和放射性检查很有益。此外,借助锝对血液成分进行标识,有关血液循环系统的疾病就能检查出来。

自 然 物 质

参见:能量

什么是黑曜石?

黑曜石是火山喷发出来的熔岩迅速冷凝而形成的火山玻璃岩石。胚胎晶体成长称为微晶,使玻璃质岩石形成不透明的黑色或灰黑色。如果黑曜石中含有氧化铁,则呈红色或褐色。世界上有一些著名的黑曜石岩层，如美国黄石公园的黑曜石悬崖和冰岛的赫克拉(Hekla)火山。

天然磁石是磁体吗?

天然磁石(lodestone)是天然磁性极强的氧化铁矿或磁铁矿。因为天然磁石吸引铁质物体并具有极性，因此经常被称为天然磁体。早期水手用它来寻找磁北极。天然磁石的其他英文称法有 loadstone，leading stone 和 Hercules stone。

什么是灰面?

灰面(red dog)是煤坑废料燃烧后的残留物。煤坑废料由煤矿开采中产生的废料组成。在废料堆的压力下，废料经常自燃起火，产生红色的灰。这些灰面可用于铺设车道、停车场和道路等。

除了用作能源外，煤还有什么其他用途?

过去，许多芳香族化合物，如苯、甲苯和二甲苯，都由煤制得。这些化合物现在主要是石油的副产品。萘和菲仍然从沥青(煤焦油)中获得。沥青是煤的副产品，用于盖屋顶材料。

什么是硅藻土?

硅藻土是一种易碎、多孔的白色或浅黄色硅质岩石，由硅藻(细胞壁硅化的微型水生生物)遗体化石组成，其主要矿物成分为蛋白石。这些化石在洋底越聚越多，形成硅藻土。在某些地方，这些区域已变成干燥的土地或含硅藻的土地。硅藻土的化学性质呈惰性，质地粗糙，还有其他一些特别的物理性质，因此适用于许多科学和工业方面的用途，如用作过滤剂，建筑材料，绝缘、隔热、隔冷、隔音材料，催化剂的载体，填充物吸附剂，磨料和药剂材料。黄色炸药是通过将硅藻土浸泡在爆炸性液体硝化甘油中制得。

什么是粉煤灰?

粉煤灰(fly ash)，也称飞灰、烟灰，是煤燃烧产生的精细粉末，即灰残留物。粉煤灰部分通常通过静电方式从煤的燃烧气体中处理掉以后，才被释放到大气中。美国每年产生的粉煤灰有 5 700 万吨，其中约 31%得到了有益的使用。其余部分在池塘或在垃圾场被处理掉。

煤矿开采中的危险气体是指什么?

危险气体是指煤矿中的有毒或易爆气体。危险气体最常见的类型是沼气,也称为甲烷。白色的危险气体是一氧化碳。矿井内缺氧空气,即窒息性空气,是煤矿大火和矿内沼气爆炸后形成的氮和二氧化碳混合气体。缺氧空气使大火熄灭,也使矿井中的受害者窒息死亡。

什么是漂白土?

漂白土是天然存在的含有硅铝酸盐的白色或棕色黏土。漂白土是一种催化剂,以一种浆洗过程(用来清洗羊毛和布上油污的过程)而得名。漂白土现在用于减轻油或脂肪的颜色,用作颜料稀释剂、过滤层、吸附剂(例如吸收小箱子中的动物垃圾等),还用于清洁地板中的化合物。

木炭是怎样制成的?

商业木炭生产用木头加工的残余物,如锯末、刨花、碎木头和树皮作为原材料。根据材料情况,将这些木头残余物放入窑里或炉子里,在低氧浓度下将其加热,蒸馏出挥发性成分。一个哈里肖夫(Herreshoff)焙烧炉一小时至少生产一吨木炭。

造一吨纸要用多少木头?

在美国,造纸的木头主要来源于直径较小的木头和纸浆用木材。木头通常以考得(量木材体积的单位)或重量来计量。虽然造纸使用的纤维绝大部分是木头纤维,但还需要许多其他材料。制造 1 吨普通的纸需要 2 考得的木头。此外,还需要 5.5 万加仑(20.8 万升)的水,102 磅(46 千克)的黏土,1.2 吨煤,112 千瓦时的电,20 磅(9 千克)的染料和颜料,108 磅(49 千克)粉浆以及其他一些成分。

什么产物来源于热带雨林?

来源于热带雨林的产物

木　材	室内栽培植物	香　料	食　物
轻木	火鹤花	多香果香料	鳄梨
桃花心木	巴豆	黑胡椒粉	香蕉

续表

木　　材	室内栽培植物	香　　料	食　　物
黄檀木	花叶万年青	小豆蔻	椰子
檀香木	千年蕉	胡椒粉	葡萄柚
柚木	无花果	辣椒	柠檬
	虎尾兰	桂皮	酸橙
纤维	室内常青藤	丁香	芒果
竹子	蔓绿绒	姜	橙子
黄麻纤维	橡胶树植物	肉豆蔻干皮	香木瓜
木棉	鹅掌柴	肉豆蔻	百香果
酒椰叶纤维	银瓶凤梨	甜辣椒	菠萝
萱麻纤维	斑马植物	芝麻	大蕉
藤条		姜黄根	红柑
		香草醛豆	巴西果
			蔗糖
			腰果
树胶,树脂	油等		巧克力
糖胶树	樟脑油		咖啡
苦配巴香脂	苦香油		黄瓜
柯巴脂	椰子油		棕榈果
杜仲胶	桉树油		澳洲古桃
橡胶胶乳	八角油		木薯
桐油	棕榈油		秋葵
	广藿香油		花生
	黄檀木油		胡椒树
	妥鲁凤仙花油		可乐豆
	胭脂树		茶
	毒箭		
	薯蓣香素		
	奎宁		
	血压平		
	羊角拗		
	士的宁		

什么木头最适宜做肉墩？

制作肉墩最好的木头是美国西克莫木材（西方悬铃木属），因其材质极其坚硬。西克莫木材也称为美国悬铃木、北美筱悬树、法国梧桐和水山毛榉木材。西克莫木材还用作装饰面的镶饰以及铁路枕木、栅栏支柱和燃料。

石化木头块散落在亚利桑那州彩色沙漠国家纪念馆的园林地上。

一英亩树木被砍伐、加工后能产生什么？

一英亩的林地上大约有 660 棵树。这一英亩的树都砍伐后，可能生产出大约 10.5 万板英尺木材，或 30 多吨纸，或 16 考得的木柴。

什么木材用于电话线杆？

美国作电话线杆的主要木材有美国南方产的松木、杉木，西部产的红木和海滩松。北美黄松、红松，北部产白崖柏木、其他松木以及西部产落叶松木等，也用作电话线杆。

什么木材用作铁路枕木？

许多种类的木材都可以用作铁路枕木。用作枕木较常见的木材有橡木、桉树木、美国杉木、复合硬木材、铁杉木、南方产松木和复合软木材等。

有在水中下沉的木材吗？

铁木是许多密度高、质地坚硬木料的统称。有些铁木的密度非常高，比重超过

1.0,因此不能漂浮在水中。北美的铁木有美国的鹅耳枥木、豆科灌木、荒漠铁木和铅木。铅木的比重在1.34—1.42之间,是美国最重的木材。

世界上最重的木材是黑铁木(*Olea laurifolia*),也称为南非铁木,发现于西印度群岛,其比重为1.49,每英尺重量高达93磅(42.18千克)。最轻的木材是合萌(*Aeschynomene hispida*),发现于古巴。其比重为0.044,每英尺重2.5磅(1.13千克)。轻木(*Ochroma pyramidale*),每英尺的重量从2.5—2.4磅(1—10千克)不等。

石化木是怎样形成的?

当含有溶解的像碳酸钙、硅酸盐这样的矿物水慢慢渗入木头或其他结构中时,就形成了石化木。这一过程要经历数千年的时间。外来物质或取代或填充有机物,而且常常保留原有植物所有结构上的细节。植物学家发现,这类化石非常重要,因为这为研究灭绝植物的内部结构提供了有利条件。经过一段时间之后,木头原有的形状和结构保持不变,好像已经变成了石头。其实木头本身并没有变成石头。

什么是琥珀?

琥珀是由地质时期的植物和树脂经石化而成的有机宝石。琥珀的两大产地为多米尼加共和国和波罗的海诸国。琥珀来源于现已灭绝的一种针叶树。琥珀通常呈黄色或橙色,表面平滑光亮,为非晶质透明或不透明块体。工匠和科学家都使用琥珀。

什么是松香?

松香是从松节油蒸馏残渣中所得的树脂。松香可从好几种松树中获得,尤其是长叶松(*Pinus palustris*)和湿地松(*Pinus caribaea*)。松香有很多工业用途,常用于油墨、胶粘剂、油漆、密封胶、肥皂及化学药品等。运动员和音乐家们也使用松香,以便使光滑的表面不滑手。

什么是船用品?

船用品是来源于像松树和云杉类针叶树的产品。这些产品包括焦油、松脂、松节油和烯等。"船用品"这个词源于17世纪。那时,这些材料用于建造木制帆船以及帆船的维修和保养等。

为什么香精油被称之为"香精"?

香精油易溶于酒精形成香精,所以如此称呼。香精油用于制作香料、香水、消毒剂、药品及其他产品中。香精油是植物的各部分(叶、荚等)内部产生的一种天然的具有挥发性并带有芳香气味的油。这种油含有的主要成分之一是一种属于烯的物质。香精油的例子有很多,如麝香薄荷油、桉树油、姜油、松节油、绿薄荷油和冬青油等。香精油可通过蒸馏和机械压榨等方法提取。现在可以人工合成香精油。

什么是杜仲胶?

杜仲胶是一种与橡胶很相似的黑色物质,但无弹性,由印度尼西亚和马来西亚的山榄科(Sapotaceae)树种的胶乳制得。杜仲胶曾经具有很大的经济价值,现在正被塑料所取代,但在某些电绝缘、补牙等方面仍在使用。英国自然历史学家约翰·特雷迪思康特(John Tradescant,约 1570—1638)在 17 世纪 20 年代将杜仲胶引入到欧洲。杜仲胶的固有特性,使其在世界贸易中慢慢地获得越来越重要的地位。可是到第二次世界大战结束时,许多生产商从杜仲胶的生产转向塑料,因为塑料用途更广,且生产成本更低。

什么是细刨花?

细刨花是始于 19 世纪的一个商标名称,指的是运输易碎物品时,用作包装材料的卷曲、精细木头刨花。细刨花也用作弹性垫料和填料。杨木、白杨木、椴树木和河杨木常常是生产细刨花的木材。

什么是龙涎香?

龙涎香是抹香鲸(*physeter catodon*)肠道的分泌物,气味极浓,呈蜡状,常漂浮在热带海洋中。鲸分泌龙涎香的目的是保护肠道,使其不受所吞食的乌贼(类似枪乌贼的海洋软体动物)尖利骨头的伤害。龙涎香用作香水的定香剂,以延长香水的使用寿命。还用作食物和饮料的调料。今天,龙涎香可由人工合成制得,并被香水业采用。香水业现已自动拒绝购买天然龙涎香,以保护抹香鲸不被过度捕杀。

乳香和没药来源于什么?

乳香(frankincense)是一种有香味的树脂,是割伤乳香树(*Boswellia*)的树干所分泌的树脂。刚采割的新鲜树脂是一种黏滞乳状液体。暴露在空气中后,逐渐凝固,形成不规则团状。市场上出售的乳香通常都是这种团块状。乳香的英文又称作 Olibanum。乳香常用于药物及熏蒸剂和香中，还用作香水、定香剂等。没药(myrrh)来源于产自阿拉伯和非洲东北部没药属(*Commiphora*)的一种树，它也是通过割伤树干所获得的一种树脂。没药用于制造药物、香水和牙膏等。

鱼胶来自什么地方?

鱼胶是鱼体内最纯的明胶，是用鲟鱼或其他鱼类的鳔熬制而成的胶。其独特的用途是澄清发酵饮料，如葡萄酒和啤酒。它还用于制造某些水泥、果酱和汤等。

开司米究竟是什么?

克什米尔山羊生活在从中国北部到蒙古的高原地区的高处。山羊的皮毛外层长有粗糙的羊毛，可以抵御寒冷严酷的天气，保护山羊。粗糙的外层毛下面生长有一层又软又细的毛，称为绒毛，是羊的保温层。这层细羊毛每年被剪掉，加工制成绒线，称为开司米。一只克什米尔山羊每 4 年产的开司米足以制作一件套头毛衣。

人 造 产 品

陶瓷的显著特征有哪些?

陶瓷是金属元素和非金属元素的晶体化合物，是所有材料中最刚硬的，几乎完全没有延展性。在已知材料中，陶瓷的熔点最高，有些陶瓷的熔点高达 7 000°F(3 870℃)，许多陶瓷在温度 3 500°F(1 927℃)时熔化。玻璃、砖、水泥和石膏、餐具、工艺品和陶瓷珐琅等都是陶瓷。

为什么聚苯乙烯泡沫塑料是良好的隔热材料?

聚苯乙烯泡沫塑料隔热效果好的原因是，泡沫形式增长了材料中热量流通路径的长度，还减少了热量横向流通的有效截面面积。

干冰是怎样制成的?

干冰是二氧化碳(CO_2)的固态形式，主要用于冷藏从一地运往另一地的易腐物质。在常温下呈气态的二氧化碳，在每平方英寸 1 073 磅的压力下压缩成液体，储存于罐中，或用罐运输。在制造干冰时，将二氧化碳液体从罐中取出，让其在多孔袋子中在常压下蒸发。二氧化碳的快速蒸发，消耗掉大量热能，使部分液态二氧化碳冷却到-109°F(-78℃)。然后，将冷冻的二氧化碳用机器压制成“干冰”块。这些干冰块置于室温时，还会再次融化成气体。

经过托马斯·本顿·斯雷特(Thomas Benton Slate)的努力，纽约州长岛市普莱斯特空气设备公司(Prest-Air Device Company)于 1925 年制造出第一批商用干冰。1925 年 7 月，纽约州的施拉夫(Schrafft's)使用干冰来防止冰淇淋的融化。干冰的首次大量销售是在那一年的晚些时候，对纽约布雷耶(Breyer)冰淇淋公司出售。干冰主要用作制冷剂或冷却剂，但在其他方面也有许多应用。例如，在医疗处置方面的应用包括冰冻疣、喷丸清洗，为现场表演及电影创造特殊效果等。

硫酸为什么很重要?

硫酸(H_2SO_4)，有时称为“矾油”或简称“矾”，现在已成为最重要的化学工业产品之一。硫酸在 18 世纪成为碳酸钠(苏打)生产中必不可少的原料，而在此之前则很少使用。在工业上，硫酸通过水与三氧化二硫反应制得，而三氧化二硫则是通过二氧化硫与氧经过催化、氧化制得。常用的许多加工产品在某些方式上要依靠硫酸来生产。硫酸广泛应用于炼油和化肥生产中，也用于生产化学产品、汽车蓄电池、炸药、颜料、铁和其他金属以及纸浆等。

什么是王水?

“王水”，又称“王酸”，即硝基盐酸，是一份浓硝酸和三份浓盐酸的混合物。两种酸混合产生的化学反应能溶解除水银(汞)以外的所有金属。金属与硝基盐酸的反应一般包括将金属氧化成金属离子及将硝酸还原为一氧化氮。“王水”这个词来源于拉丁语，意思是“皇家之水”。它是由炼金术士命名的，因为它具有溶解被称为“贵重金属”的金和铂的能力。

谁发明了制造氨的方法?

从古时起，人们就已经知道了氨(NH_3)。100 多年来，氨已成为商业上具有重要意义的化学工业产品。大规模合成氨的首次突破起因于弗里茨·哈伯 (Fritz Haber, 1863—1934)的研究。1913 年，哈伯发现，将氮和氢($N_2+3H_2=2NH_3$)与催化剂(氧化铁与少量的铈和铬)在 131°F(55℃)和约 200 个大气压下进行化合，就可制得氨。这种制造氨的方法被卡尔·博施(Karl Bosch, 1847—1940)用于工业大规模生产。此后，在哈伯-博施制氨法的基础上,许多改进的氨合成方法用于商业化生产。氨是美国生产的五大无机化学产品之一,主要用于制冷剂、洗涤剂和其他去污制品、炸药、纺织品及化肥中。美国生产的氨大部分用作化肥。已有研究表明,人体每千克(2.2 磅)体重摄入 1 000 毫克剂量的氨,可导致皮肤癌。

符号H_2O_2是什么意思?

H_2O_2是过氧化氢的符号,是一种糖浆状的液体化合物,用作漂白剂、氧化剂和消毒剂,通常用自然氧化法或电解方式制得。过氧化氢的主要用途是漂白木浆。更常见的一种用途是 3%的过氧化氢溶液用作防腐剂和杀菌剂。未稀释的过氧化氢能灼伤人体的皮肤和黏膜,具有燃烧和爆炸危险,而且有剧毒性。

美国消耗的盐中有多少用于道路除冰?

美国消耗的盐中有 35%用于道路除冰。

已知最轻的固体是什么?

最轻的固体是硅气凝胶。硅气凝胶是由黏结在一起的微小球体硅与氧原子结合在一起, 形成看起来几乎就像冷冻的烟缕一样的物质。硅气凝胶还具有最低的传导性、最低的固体密度、最高的渗透性、最大的表面积和最高的介电常数。这些性质使硅气凝胶具有多种用途的潜力。可以理解的是,由于制造费用较高,硅气凝胶在目前还没有得到广泛的应用。硅气凝胶的强大绝缘能力使其应用于玻璃纤维和聚胺甲酸酯泡沫中,这会极大地减小全球能量消耗和温室气体的排放。

什么是富勒烯?

富勒烯,又称富氏烯、福乐烯,是一种近似球形的大分子,含有 60 个碳原子,其结构呈平截 20 面体(有 32 个面的球形空心体,其中 12 个面为五边形,其余 20 个面为六边形)。这种分子被命名为富勒烯的原因是,其结构与美国设计师 R.巴克明斯特·富勒(R. Buckminster Fuller, 1895—1983)设计的美国万国博览馆球形圆顶薄壳建筑结构极为相似。富勒烯是通过激光器将石墨表面的物质蒸发而形成的。已知只含碳原子的大分子存在于某些含碳丰富的恒星周围。类似的分子也存在于有机物质不完全燃烧而形成的黑烟灰中。化学家理查德·斯莫利(Richard Smalley)于 1985 年验证了富勒烯的存在,并认为富勒烯在整个宇宙中都可能相当常见。从那时起,其他稳定的、大型偶数碳簇被生产出来。这种新类型的分子被称作"富勒烯"(fullerene),因为这些分子好像都具有多面体穹形结构。这种分子也被广泛称为“巴基球”或“巴克球”(bucky balls)。富勒烯(C_{60})似乎可在各种各样的化合物中起到绝缘体、半导体和超导体的作用。虽然对富勒烯的实际应用还没有开发出来，但对这方面的研究有望产生新型材料、润滑剂、镀膜、催化剂、光电装置以及医学应用等。

玻璃是固体还是液体?

即使在室温下,玻璃这个词在通常意思上都是固体。可是,玻璃实际上是具有极高黏度的流体。黏度指一部分流体在另一部分流体上滑动而产生的内摩擦。黏度是流体的一个性质,黏度使流体的速度逐渐减慢,并会因热而消失。黏性是日常生活中人们很熟悉的一种现象。一瓶打开盖的葡萄酒能倒出来,因为酒在重力作用下很容易流动,而枫糖浆就不能那么容易地倒出来。在重力作用下,枫糖浆缓慢流动。糖浆的黏度比葡萄酒高。有资料表明,古老的窗户有流动的迹象。

玻璃通常是由石灰(氧化钙)、苏打(碳酸钠)、硅石(二氧化硅)熔融而成的透明或半透明产物。玻璃是一种非常好的绝缘体,通常与化学产品不起任何反应。商用玻璃通常将沙子(硅,SiO_2)、石灰岩(CaC_2)和苏打(碳酸钠,Na_2CO_3)置于 2 552°F—2 732°F (1 400℃—1 500℃)左右的温度下熔融制得。在冷却过程中,熔体变得非常黏稠。当冷却到约 932°F(500℃,称为玻璃过渡温度)时,熔体“凝固变硬”,形成钠玻璃。添加少量氧化金属可制得带颜色的玻璃,加入其他物质可改变玻璃的物理性能。例如,加入氧化铅可增加其软度、密度及雕玻璃和铅晶体的折射能力,加入硼砂能大大降低炊具和实验设备的热膨胀率。其他材料若能从液相或气相迅速冷却,防止其形成有序的晶体结构,也可以形成玻璃。

玻璃物体可能早在公元前 2500 年时，就已经在埃及和美索不达米亚制造出来。玻璃吹制法在大约公元前 100 年在腓尼基(Phoenicia)就已研制出来。

什么是冕玻璃?

19 世纪初,窗玻璃被称为冕玻璃。这种玻璃是通过先吹制一个圆泡,然后旋转成扁平状。这就会在玻璃片中心处留下一个凸起,或称为王冠。窗玻璃制造中的这种吹制法要求有很高的技术,而制造费用非常高。此外,冕玻璃制成品扭曲变形,透过玻璃看东西,所有物体都出现奇怪的波纹状,而且玻璃本身也有问题,且凹凸不平。到 19 世纪末,平板玻璃能纵向切割、重新加热,并能在铁制桌子上在自身重力作用下变平。新型熔炉和更好的磨光机器使厚玻璃板的生产成为一个真正的行业。今天,几乎所有的平板玻璃都是由“浮法”拉制法制成,即将刚形成的玻璃带重新加热,然后让其不接触固体表面而冷却。这样制出的廉价玻璃既平坦又没有扭曲变形。

钢化玻璃的优点是什么?

钢化玻璃即经过热处理的玻璃。玻璃首先被加热,然后表面被迅速冷却。玻璃边缘最先冷却,使得中心部位相对于表面来说相对较热。当中心部位冷却时,迫使玻璃表面和边缘压缩。钢化玻璃的坚固程度大约是退火玻璃的 4 倍, 能够经受 200°F—300°F(90℃—150℃)的温度差异。因钢化玻璃具有抗破坏能力强的安全特点,所以它应用在许多方面,如汽车、门、盆、淋浴设备和天窗等。

玻璃砖是什么时间发明的?

回溯到 1847 年,玻璃砖最初作为电极和绝缘体。这些玻璃砖比建筑用玻璃砖小得多,也厚得多,主要在美国的东南部使用。最后,玻璃砖被瓷和其他类型的绝缘材料所取代。建筑用玻璃能够被格框支撑。自从位于匹兹堡的匹兹堡康宁公司开始在 1938 年生产建筑用玻璃板以来,玻璃板在美国的生产一直未断。那时制造的玻璃板大约为 8 英寸见方,厚度近 5 英寸。当光线穿过时,投射出浅绿色。今天的玻璃砖大小有 1 平方英尺,形状更趋一致,且有许多不同的规格、质地和颜色。

防弹玻璃是怎样制成的?

防弹玻璃由两片厚玻璃板中间夹一层透明树脂薄片,在热和压力作用下压制而成。当受到重击时,玻璃只裂不碎。今天的防弹玻璃是层压玻璃或安全玻璃,由法国化学家爱德华·班尼迪克特斯(Edouard Benedictus)发明。它基本上是玻璃和塑料层结构的多层压制物。

隔热窗玻璃是谁发明的?

隔热窗玻璃是 C. D. 黑文(C.D.Haven)于 1930 年在美国发明的。隔热窗玻璃由两片玻璃粘在一起,玻璃之间留有空间。空间经常充满惰性气体,以便提高窗户的隔热效果。玻璃还是一种最佳透明材料,因为太阳辐射的短波光线能穿透玻璃照射进来,但却阻止几乎所有反射辐射的长波光线,使长波光线不能穿透玻璃而返回。

什么是浮法玻璃制作法?

大面积和工业所需的高质量平板玻璃的大量生产依赖浮法生产法。这种方法是阿拉斯泰尔·皮尔金顿(Alastair Pilkington)在 1952 年发明的。浮法制作法与所有其他玻璃制造方法不同的是，熔融的玻璃液从熔化窑流进漂浮室，即一个熔融的锡池。锡池长约160英尺(49米)，宽12英尺(3.5米)。炽热的玻璃溶液在熔融锡的表面上连续流动过程中，变得与锡表面一样完美平坦，且厚度完全均匀一致。制成品又平又光滑，无需打磨或抛光。

电影特技表演中使用的玻璃是如何制成的?

这种“玻璃”可能是由糖(煮浓的食糖变成透明的玻璃片形)或塑料制成的，看起来像玻璃，会像玻璃那样破裂，但不会割伤表演者。

玻璃纤维是谁发明的?

粗糙的玻璃纤维被古埃及人用于装饰。其他类型的玻璃纤维是罗马时代制造出来的。巴黎工匠杜伯斯·伯尼尔(Dubus-Bonnel)在1836年获得玻璃拉丝的纺织和编织专利。1893年，在芝加哥举行的世界哥伦比亚博览会上，利比(Libbey)玻璃公司展出了由粗糙玻璃丝与丝线一起编织成的灯罩，但这并不是真正的编织玻璃。在1931—1939年间，欧文斯·伊利诺玻璃公司和康宁玻璃制造厂研究出了商业上制造玻璃纤维的实际方法。一旦拉制出的玻璃丝细到原细度的几分之一——基本上是薄如1/5 000英寸(0.005毫米)的连续不断的玻璃细丝线——这个问题解决了，工业就开始生产用于热绝缘、空气过滤器及其他用途的玻璃纤维。第二次世界大战期间，当玻璃纤维与塑料结合在一起时，一种新材料形成了。玻璃纤维对于塑料就像钢材对混凝土一样，增加了强度和韧性。玻璃纤维增强塑料(GFRP)在现代工程中变得非常重要。玻璃纤维嵌在环氧树脂或热固聚酯纤维中制成的加强塑料，现在广泛用于制造船及艇的外壳、运动物品、汽车车体和电子产品中的电路板。

水泥最早是什么时候使用的?

水泥是磨得很细的粉末，当与水混合时，凝固变成硬块。埃及人用的水泥是烧制石膏，而希腊人和罗马人使用的都是烧制石灰石水泥。罗马混凝土(水泥、沙子和某种其他骨料的混合物)是由嵌在火山灰质石灰浆中的破碎砖头制成。这种灰浆由石灰与砖粉灰或火山灰混合而成。在有湿气的情况下，延长这些成分之间的化学反应时间，使其硬化。随着罗马帝国的衰亡，混凝土被放弃，停止了使用。恢复使用混凝土的第一步始于1765年。那时，英国工程师约翰·斯密顿(John Smeaton，1724—1792)发现，当含有一定量黏土的石灰被烧制以后，会在水下凝结硬化。这种水泥像以前罗马人所制的水泥。詹姆斯·帕克(James Parker)在同一年代所做的进一步调查研究，导致自然水凝水泥的商业性生产。1824年，英国人约瑟夫·阿斯普丁(Joseph Aspdin，

1799—1855)获得他称之为“波特兰”水泥的专利。这种水泥是由石灰石和黏土混合加工而成。因为很像从多塞特郡沿海的波特兰岛上采集的建筑用石头，所以他把这种水泥叫做“波特兰”水泥,即现在使用的普通水泥。到1870年,这种水泥的生产技术已迅速传播到欧洲和美国。今天使用的混凝土常常是钢筋混凝土或预应力混凝土,承载能力大大增强。

早期的碎石路与现代铺砌的路有什么区别?

碎石路(macadam)最初出现于英国和法国,并以苏格兰道路建筑者、工程师约翰·鲁登·麦克亚当(Jonh Louden MacAdam,1756—1836)的姓氏命名。“碎石路”这个词原指道路表面或路基。干净、破碎或砸碎的坚石岩经由特别重的物体滚压而机械地挤压在一起,由填补空隙的石粉碎屑接合起来,然后用水使之“凝结硬化”。随着沥青材料(柏油或沥青)的开始使用,“普通碎石路”、“平常碎石路”或“水结碎石路”这样的词用来将最初类型的碎石路与较新的柏油路区别开。水结碎石路面现在在美国已不再建设,其主要原因是,这样的路造价太高,而且机动车产生的真空效果会使路面松动。许多沥青碎石道路仍在使用,但这些道路的主要缺点是路面狭窄,拐弯处路面较高。今天承担繁重交通任务的道路,通常是用非常耐久的波特兰水泥铺成的路面。

什么是比利时石块?

比利时石块是一种筑路材料，最早用于比利时布鲁塞尔,1850年引进到美国纽约。其形状为一截角锥,锥底约5—6英寸(13—15厘米)见方,厚7—8英寸(18—20.5厘米)。石块的底部比顶部多不到1英寸(2.5厘米)。最初的石块是从新泽西州帕利赛兹断崖上的暗色岩切割下来的。

比利时石块取代了鹅卵石，这主要是因为前者规则的形状使其比后者能更好地固定就位。但比利时石块并没有被全世界所采用,因为石块会被磨圆,产生接缝或豁口,形成车辙或凹陷处。与高低不平的鹅卵石相比,比利时石块铺成的路面平坦,但仍然会使车辆行驶时颠簸起伏,产生噪音。

什么是焊料?

焊料是在适宜的温度下很容易熔化的两种或两种以上金属的合金，用于其他金属表面的连接。铅和锡平均各占一半组成的焊料就是一个例子。用于焊料的其他金属有铅、镉、锌、镍、金、银、钯、铋、铜和锑。用于焊料的各种不同熔点通过改变金属的比例而获得。

焊料焊接是一种古老的连接方法,这在《圣经》(以赛亚第41章第7节)中也提到

电路板的基本性能大大依赖焊料的使用。

过。有证据表明，大约 5 000 年前，美索不达米亚使用过焊料。后来，埃及、希腊和罗马也使用过。目前各种类型的焊料应用广泛，形式多样，而且未来的应用前景也很好。只要由导体、半导体和绝缘体组成的、以电和磁脉冲为基础的电路系统继续使用下去，焊料就依然是不可或缺的。

什么是熔渣？

熔渣是冶炼生铁时从高炉中的生铁表面上排出的非金属副产品。熔渣还能从熔融的铜、铅和其他金属中产生。来自炼钢熔炉的熔渣含有石灰、氧化铁和硅。来自铜和铅熔炉的熔渣含有硅酸铁和少量其他金属氧化物。熔渣除了用作铺筑铁路、公路等路基的石料外，还用于水泥、混凝土和盖屋顶用的材料中。

什么是杂酚油？

杂酚油是煤焦油或木焦油蒸馏产生的油状液体，颜色微黄，有毒性。未提炼的杂酚油也称作重油（dead oil 或 Pitchoil），通过蒸馏煤焦油（在“干”蒸馏或煤炭化成焦炭过程中所获得的液体浓缩物中占主要部分的煤焦油）获得，用作木材防腐剂。铁路枕木、杆子、栅栏桩、船用木座基及室外使用的木材，都是在大型圆筒状容器内用杂酚油浸泡过的。这种处理方法能极大地延长木材在风吹雨打等各种恶劣天气中的使用寿命。从木焦油中蒸馏出的杂酚油可用于药物。杂酚油的其他用途还包括消毒剂和溶剂。因为杂酚油具有毒性，且含有致癌物质，从 1986 年开始，美国环境保护总署(EPA)限制将杂酚油用作木材防腐剂。

什么是牛蹄油?

牛蹄油(neatsfoot oil),也称 bubulum oil 或 hoof oil,中文又称为牛脚油、牛趾油,是一种浅黄色、不可食用的油,由牛蹄和牛颈骨在水中熬煮而制得。牛蹄油曾经被用作皮革鞣料及精致机器的润滑油。

什么是炭黑?

炭黑是甲烷或其他碳氢化合物经不完全燃烧(让火焰在冷表面上起作用)而产生的微细粉末。炭黑是极好的颜料,含有高达 95%的炭,能产生极浓的黑色,因而广泛用于涂料、墨水和保护涂层,还用作纸和塑料的着色剂。轮胎制造业在生产硫化橡胶过程中也大量使用炭黑。

使手表在黑暗中发光的化学品是什么?

通常,用放射性涂料来使手表在黑暗中发光可见。涂料不需要外界光源使其产生放射性,就能发光数年。过去,镭元素常常用于手表表面发光涂料中的放射性物质。但是,当发现镭元素会发射出危险的 γ 射线时,这一做法就停止使用了。今天使用的放射性材料发出的辐射少得多,能很容易地被玻璃或塑料表蒙阻挡住。这些物质包括氚、氪 85、钷 146 和铊 204。

仿羊皮纸是怎样制成的?

大部分仿羊皮纸现在都是植物羊皮纸，以破棉布或称为幌菊的阿尔法纤维素制成的原纸制造,不含胶料或填料材料。幌菊用硫酸处理后,一部分纤维素变成明胶样的淀粉。硫酸冲洗掉以后,淀粉膜在纸上变硬,纸的强度增加,甚至在完全湿透的情况下也不会碎裂。仿羊皮纸不但耐热,且不粘其他任何东西。

砂纸是怎样制成的?

砂纸是带涂层的磨料,由柔韧型材料(纸)做背衬,背衬上面的一薄层胶粘剂固定并支撑磨料颗粒。各种各样的树脂和兽皮胶用作胶粘剂。涂层磨料的最早记录出现于13世纪时的中国。那时,碾成粉末的贝壳用天然树胶粘成羊皮纸。已知关于涂料磨料最早的文章发表于1808年。文章描述了浮石烧成灰、磨成粉末后,怎样与清漆混合,然后用刷子涂在纸上的过程。虽然用砂纸打光这个词仍然在使用,但现在大部分磨料纸都是用氧化铅或碳酸硅制成的。石英磨粒也用于为木材抛光。石英磨粒使用的纸既重又粗糙,还有柔韧性。磨粒用强力胶粘在纸上。

为什么二氧化钛是使用得最广泛的白色颜料?

二氧化钛(TiO_2),也称为金红石、钛酐、氧化钛或钛白。因其折射指数高、不吸收可见光,能在适当的大小范围内生产,稳定性好,所以已成为世界上占主导地位的白色颜料。二氧化钛是已知最白的颜料,在颜色、不透明性、抗锈蚀和耐久性方面都无与伦比。它还是无毒颜料。二氧化钛主要用于涂料、印刷油墨、塑料和陶瓷制品。二氧化钛还用于地板涂层、纸、橡胶和焊条等。

火药是何时何地发明的?

硝石(硝酸钾)、硫和木炭组成的爆炸性混合物称作火药,中国炼金术士在探寻制造人造金子成分时发现。早期火药混合物中的硝石含量太低(50%),还不能称为真正的炸药。火药中的硝石含量至少要达到75%才能起爆。火药混合物最初用来制作烟火。后来,中国人将火药用于燃烧弹式的武器中。人们认为,中国人最终发现了将火药爆炸效果用于火箭和“竹子子弹”的正确比例。然而,有些火药权威人士仍坚持认为,“中国火药”实际上只用于制造烟火,“真正”的火药是欧洲人发明的。罗杰·培根(Roger Bacon,1214—1292)拥有火药的配方。德国修道士贝特霍尔德·施瓦茨(Berthold Schwartz,1353)可能也有火药的配方。火药在欧洲的最初应用是在14世纪火器发明之后。直到17世纪,火药才应用于和平时期的采矿和土木工程。

彩色烟火是怎样制成的?

中国在9世纪时就有了烟火。烟火是由硝石(硝酸钾)、硫和木炭混合而成,能产生光闪耀眼的效果。镁燃烧时能产生明亮的白光,广泛用于闪光灯和烟火。向烟火中添加某些物质,就会产生各种各样不同的颜色。锶化合物使烟火产生鲜红色彩,钡化合物产生黄绿色,铜产生蓝绿色,锂产生紫色,钠产生黄色。铁和铝微粒分别产生金黄色和白色火花 。

TNT的化学分子式是什么?

TNT是2,4,6三硝基甲苯[$C_7H_5N_3O_6$或$C_6H_2(CH_3)(NO_2)_3$]的英文简称。TNT是威力强大且极易爆炸的混合物，广泛用于常规炮弹。1863年由J. 维克布兰德(J. Wilbrand)发明,是由甲苯经硝酸和硫酸硝化制成的烈性炸药。这种黄色的固体熔点较低,冲击灵敏度不高,甚至会燃烧而不爆炸。这使TNT可以安全运输和处理。但是一旦起爆,就会产生强烈的爆炸。

谁发明了黄色炸药?

黄色炸药不是偶然发现的，而是瑞典发明家阿尔弗雷德·诺贝尔（Alfred Nobel, 1833—1896)系统性研究的结果。硝化甘油在1849年就被意大利有机化学家阿斯卡尼奥·索布雷罗(Ascanio Sobriero,1812—1888)研制成功。但是由于硝化甘油灵敏度高,难以掌控处理,因而几乎不能使用。诺贝尔试图通过将硝化甘油吸进一种渗透性物质中的方法,将硝化甘油变成一种易于处理的固体。1866—1867年间,他尝试一种特别的矿物——硅藻土,制成了可控制的面团状的炸药。他还发明了用雷酸汞制成的雷管。有了雷管,硝化甘油就能随意起爆了。诺贝尔发了大财。他将这笔财富遗赠给一个基金会,用以奖励在科学、文化和在和平方面作出突出贡献的人。

塑料最早是在什么时间发明的?

在19世纪50年代中期,亚历山大·帕克斯(Alexander Parkes,1813—1890)用硝酸纤维素(或称火棉)进行实验。他将火棉与樟脑混合,制成一种坚硬但却有弹性的透明材料,他称之为“帕克森”(Parkesine)。他与一个制造商合作,生产帕克森。但是因为没有市场需求,公司很快就破产了。美国人约翰·韦斯利·海厄特(John Wesley Hyatt, 1837—1920)在1868年取得了用人造象牙生产台球的专利。他改进了配方,采用高效率的生产方法,开始以赛璐珞的名字推销这种材料,意图用于制造一些家庭用品。很快,赛璐珞用于生产一些精致的小玩意儿。纽扣、开信用小刀、盒子、帽针、梳子及其他类似的东西,常常是用赛璐珞制作的。这种材料也成为电影摄制艺术的存储媒体:赛璐珞带子外涂一层感光“薄膜”,就成为拍摄和放映电影的理想材料。

赛璐珞在1904年前是唯一的塑料材料。比利时科学家利奥·汉里克·贝克兰德(Leo Hendrik Baekeland,1863—1944)在1904年成功地用甲醛和苯酚制造出合成虫胶,称为酚醛塑料,也称为“胶木”、“电木”。胶木是最早的热固塑料(也就是一旦受热受压后,即变得极其坚硬并耐高温的合成材料)。酚醛塑料和其他塑料,更多的是多用途塑料,最终使赛璐珞相形见绌。到20世纪40年代,赛璐珞市场大大萎缩,不再具有商业价值。

金属烹调器皿为什么不能用于微波炉?

金属烹调器皿不能用于微波炉(除生产厂家有特别说明外),因为微波遇到金属材料会被反射,使热量不能穿透金属加热食物。如果炉内的食物量不够大,不能吸收所有的微波能量,那么微波炉就会因烹调器皿和炉膛内部之间产生的电弧而受到损坏。

什么是凯夫拉?

凯夫拉(Kevlar)为一注册商标,是一种叫做液体结晶聚合物的合成纤维。它由斯蒂芬尼·克沃勒克(Stephanie Kwolek,1923—)发明,是一种质地牢固的细纤维。凯夫拉最著名的用途是制造防弹衣。

谁发明了特氟隆?

1938 年,美国工程师罗伊·J. 普凯特(Roy J. Plunkett,1910—1994)在杜邦公司(DuPont de Nemours)偶然发现了四氟乙烯聚合物(PTFE)。这种碳氟化合物在英国以氟隆为商业名称销售,而在美国则以特氟隆的名称推销。PTFE 在 1939 年取得专利权,在 1954 年首次进行商品化生产。PTFE 能抵抗所有的酸类,具有罕见的稳定性和极好的电绝缘性。PTFE 在管道制造中用作防腐材料,用于无线电发射机中的绝缘设备及各种泵的密封圈和计算机芯片等。此外,PTFE 的不粘特性使它成为表面涂料的理想材料。1956 年,法国工程师马克·格里高利(Marc Gregoire)研究出了一种能将一薄层特氟隆固定在铝表面的方法。随后他就取得将特氟隆应用于炊具这一工艺的专利权。不粘煎锅从此诞生。

谁发明了维可牢?

瑞士工程师乔治·德梅斯特拉尔(George deMaestral)发现,芒刺类杂草极易粘到诸如狗毛和你特别喜欢的袜子上。这非常令人讨厌。他对此进行了仔细的研究,于是就激发了他制造维可牢(Velcro,专利名,尼龙搭扣)的灵感。他将这一发现制成了一种新型的粘扣,两面一碰即粘合,一扯即可分开。

哪种高科技材料因其耐热性而用于宇宙飞船?

碳-碳复合材料(CCCs)是适用于各种高温用途的基本材料,如再入飞船的船首、火箭发动机的喷管及太空飞船轨道器的前缘。碳-碳是一种非金属混合材料,由碳基体中的碳纤维构成,其工作能力范围从低温到5 000℉(2 760℃)。各种碳纤维类型和编制模式具有广泛的物理性能,可为碳-碳成分的组合提供灵活的设计方式。碳-碳是质轻、强度高、耐热性能好等性能的独特组合体。

谁最早成功地制造出了合成宝石?

1902年,法国化学家奥古斯特·维克多·路易斯·维尔纳叶(Auguste Victor Louis Verneuil,1856—1913)用合成法制造出了第一颗人造宝石——红宝石。在很短的时间内,维尔纳叶完善了制造红宝石晶体和其他刚玉的"火焰-熔合"方法。

能 源

非核燃料

不断地流到地球表面的3种主要能源是什么?

地热能是蕴藏在地壳下面以蒸汽或热水形式到达地表的热能。地下热能贮藏的5大主要来源是:地表下干燥超热蒸汽、来自间歇泉的热水和湿气混合体、(冷水被挤压进岩石而产生的蒸汽) 干燥岩石、海床下被挤压水域的热水和天然气以及地壳下5—30英里(8—48千米)的火山或火山附近的岩浆。冰岛的大多数建筑利用地热采暖。美国的一些社区,比如爱达荷(Idaho)的博伊西(Boise),使用地热进行家用取暖。电力生产、工业加工、空间加热等均由地热能源提供热能。加利福尼亚州间歇泉工程是世界上最大的地热发电企业,有200个蒸汽井,提供发电功率约13亿瓦。第一个地热发电站是1904年在意大利拉德瑞罗(Larderello)建立的。

太阳能的利用取决于天气、阴天天数和能量储备设备供夜间使用的能力。太阳能的采集和贮藏既困难又昂贵。位于莫哈韦(Mojave)沙漠的太阳能设施(LUZ国际太阳能电厂)现在发电功率为2.74亿瓦特,是洛杉矶公用事业公司能源的补充。日本的屋顶上有400万块太阳能电池板,以色列2/3的房屋顶装有太阳能电池板,塞浦路斯90%的家庭也使用太阳能电池板。太阳光电伏打电池在阳光下可以产生电流。实际上,1958年以来,所有太空船、卫星都使用这一能源。

潮汐波能包含巨大的可利用能量。第一座潮汐电厂在1100年建于英国。1170年建于伍德布里奇(Woodbridge)的另一座潮汐发电站已运行800多年。法国朗斯河(Lance River)发电站于1966年发电,是首个大型潮汐发电站,发电功率1.6亿千瓦。潮汐发电站与水坝发电站工作原理相似,潮汐流过水轮机,推动水轮机旋转发电。不利的是,潮汐周期为13.5小时,这使得高峰值用电量和峰值发电能力出现不一致的问题。海洋波浪同样能驱动发电机发电。

被动式太阳能采暖系统和主动式太阳能采暖系统的区别是什么?

被动式太阳能采暖系统利用建筑上的设计、自然材料或吸热建筑结构,作为蓄能系统。建筑物本身就是太阳能的集热、蓄热装置。例如,厚壁砖石房屋在日间会逐渐吸收热量,夜间再慢慢释放出去。被动式太阳能采暖系统几乎不需要其他辅助采暖方式。

主动式太阳能采暖系统需要单独的集热器、蓄热装置、与泵或风扇连接的控制器。控制器在需要时可将蓄热送出。主动式太阳能集热采暖系统通常通过集热器抽出吸热的流体介质(如空气、水或防冻液)。集热器,比如绝缘水箱,其大小不一,由当地的无阳光天数决定。另一种蓄热系统使用共晶(相变化)化学物质在狭小空间贮存大量能量。

太阳能电池是如何发电的?

太阳能电池由几层硅基材料构成。顶层,即P型硅层,吸收光能。光能在结合层释放电子,释放出来的电子聚集到底部,即N型硅层。顶层电子的流失使这一层产生"空洞",随后由其他电子填充。当P型层与N型层连接完成,电路接通时,电子的流动就产生电流。

什么是生物量能量?

生物量是一个包罗万象的词,它包括一个地区所有现存的有机物。树木、农作物、农作物废料、植物废料、矿物质、动物及其排泄物都是生物量的组成部分。生物量能量大多存在于垃圾中,通过燃烧可以产生热能,或使垃圾腐化产生甲烷气体。有些农作物是为获得能源而特别种植的,如甘蔗、高粱、海带、水葫芦和各种树木。据估计,美国90%的废物可用来燃烧,产生相当于1亿吨煤产生的能量(其中20%没有燃烧,但能回收利用)。生物量能量在美国能源消耗总量中所占比例不到5%。发展中国家的电力、汽车较少,因而对生物质能的使用率要高得多。例如,印度差不多55%的能源来自生物量能量。在西欧,有200多家电厂利用燃烧垃圾发电。法国、丹麦、瑞士收回的城市垃圾分别为50%、60%和80%。生物量能量可转化成生物燃料,如沼气(即甲烷)、甲醇、乙醇等。然而,这一转化过程比传统化石燃料工艺成本高。埋在地下的垃圾能通过有氧分解产生甲烷。1吨垃圾能产生8 000立方英尺(227立方米)的甲烷。

哪些木材燃烧时热量值最高?

燃烧热量值高的木材1考得相当于200—250加仑(757—946升)燃油或250—300立方英尺(7—8.5立方米)天然气。这样的木材有:山胡桃木、山毛榉、黄桦树、槐木、铁树、糖槭和苹果树。

燃烧热量值中等的木材1考得相当于150—200加仑(567—757升)燃油或200—250立方英尺(5.5—7立方米)天然气。这样的木材有:白桦树、美国枞树、红枫树、东部落叶松、大叶槭树和榆树。

燃烧热量值低的木材1考得相当于100—150加仑(378—567升)燃油或150—200立方英尺(4—5.5立方米)天然气。这样的木材有:白杨木、红桤木、白松、红杉、西部铁杉、东部铁杉、西特卡云杉、杨木、西部红柏和洛奇波尔松树(黑松)。

哪种植物被查明为石油源?

许多种类的植物已被查明可作为潜在的石油来源。叫做地鼠植物(大戟属豆科)

研究人员测量产油植物——地鼠植物的产油量

的灌木能产生相当数量的奶状汁液乳胶，这是一种水中碳氢化合物乳液。另一种备选植物叫海桐，原产菲律宾，它的果实被称为“石油坚果”，从果实中获得的油常用来照明。还有很多使用蔬菜、种子油做农场机械柴油替代品的实验正在进行中。

为什么煤、石油和天然气被称作化石燃料?

煤、石油和天然气都是由生活在5亿年前的生物体遗骸构成的。这些生物体如浮游植物，与底层沉积物结合在一起，随着时间的推移，演变成石油和天然气。煤是植物、树木的遗骸埋在地下，经历数百万年的压力、温度和化学变化过程而生成的（先变成泥煤，然后变成褐煤）。

煤是何时、如何形成的?

植物遗骸经历一系列影响深远的变化，变成一种叫做泥炭的物质。这一物质又被埋在地下，经过数百万年地壳褶皱和断裂变化，使泥炭沉积层经受高压而变成煤。含炭期或含煤期出现在2.5亿年前。美国的地质学家有时把这一时期分为密西西比时期和宾夕法尼亚时期。大部分高等级煤层在宾夕法尼亚时期的矿层发现。

煤分为几种类型?

煤形成的第一阶段是泥炭（泥煤）变成褐煤。褐煤是一种深褐色的煤。当表面沉积层物质的压力增加时，褐煤变成次烟煤。在更大压力作用下，生成一种较硬的煤：烟煤或叫软煤。更大的压力将烟煤变成最硬的煤：无烟煤。

什么是烛煤?

烛煤是一种具有某些石油特性的煤，其主要价值在于它的易燃性，燃烧持久，火焰明亮。由煤样的物质混合黏土、页岩构成，外观像黑色页岩，结构紧凑，颜色黯黑。

地下煤炭是怎样开采的?

地下采煤方法主要有两种：房柱式和长壁式。房柱式开采煤矿是在坚硬的煤层挖掘巷道，留下煤柱支撑顶部。长壁式采煤在较长回采工作面上连续使用支护。美国2/3的地下煤矿使用房柱式开采，另1/3的煤矿使用长壁式开采。美国的煤层厚度从薄薄一层跨越到50多英尺（15米）。最厚的矿床在西部各州，厚度从犹他州和新墨西哥州的10英尺（3米）到怀俄明州的50英尺（15米）不等。其他国家使用长壁式采煤，如英国。

“矿工的金丝雀”指什么?

“矿工的金丝雀”指矿工用来测试矿井空气纯度的鸟。矿工至少用3只鸟来测试。其中任何一只鸟遇险,即表明一氧化碳浓度高,有危险。还有些矿工使用老鼠而不是鸟。这一安全方法的使用要早于现今复杂安全设备的使用。

美国和世界上最大的石油天然气田分别在什么地方?

1948年在沙特阿拉伯发现的加瓦尔(Ghawar)油田是世界上最大的石油天然气田,面积为150×22英里(241×35千米)。美国最大的石油天然气田是帕米亚盆地(Permian Basin),大约10万平方英里,位于新墨西哥州东南部、得克萨斯州的西部和西北部。

美国第一口油井是什么时候开采的?

宾夕法尼亚州泰特斯维尔(Titusville)的德雷克油井竣工于1859年8月28日(有些文献记载的日期是8月27日)。钻机威廉·史密斯“比利大叔”下到69.5英尺(21米)深处,为油井的主人埃德温·德雷克(Edwin L. Drake ,1819—1880)找到了石油。15年间,宾州油田的产量就达到每年1 000万桶[每桶360磅(163千克)]。

海上钻井是什么时候开始采油的?

第一座成功的海上钻井在1896年建于加利福尼亚州圣巴巴拉县夏陆(Summer-land)沿岸。

为什么宾州的原油有很高的价值?

因为宾州像蜡一样的石蜡油可以炼成高品质的润滑油和油脂，因此被认为价值很高。相同等级的原油在弗吉尼亚州西部、俄亥俄州东和纽约州南都有。不同种类原油的稠密度、颜色都不相同。有稀薄透明的,也有稠密沥青状的。

烃类裂解的过程是什么样的?

裂解是一种用高温分解复杂成分的工艺。烃类裂解是在高温作用下,使用或不使用催化剂,分解石油或重石油馏分,生成低沸点物质的化学过程。热裂解是由威廉·伯顿(William Burton)在1913年提出的,使用高温和压力使大碳氢分子变成汽油极小分子。裂解的碳氢化合物被送到闪蒸室后,不同的馏分被分开。热裂解不仅能使石油产量倍增,而且还能改进汽油质量,生成有良好抗爆性能的汽油。

为什么汽油中要加铅?为什么汽车要使用无铅汽油?

四乙基铅已经使用了40多年,用来改进汽油的燃烧特性。它能减少或消除大型高性能发动机和小型高压发动机的爆震(爆震是发动机不正常燃烧产生的震颤声响)。四乙基铅可为结合紧密的发动机零件提供润滑,否则汽油可能会磨损或烧坏发动机零件。但是铅会损毁或破坏新车中安装的排放控制装置中使用的催化剂。因此,只可使用无铅汽油。

美国是何时强制使用无铅汽油的?

含铅汽油的销售于1996年终止。在美国销售的1974年7月以后生产的汽车都要求使用无铅汽油。

什么是新配方汽油?

石油公司被要求提供新的汽油,即燃烧干净,对环境危害小的汽油。新配方汽油含有低浓度的苯、芳烃和烯烃;少量的硫;低列式蒸气压力(RVP)和一定百分比的氧化剂(非芳香族成分),如甲基叔丁基醚(MTBE)。MTBE是异丁烯和甲醇乙醚反应生成的高辛烷值汽油混合成分,用来满足臭氧空气质量标准。但它是水污染物,这一特征在满足《清洁空气法案》、《安全饮用水法案》、《地下储藏罐计划》要求时,对美国环境保护总署(EPA)构成挑战。《清洁空气法案》要求,自1995年1月1日起,在9个最差的臭氧环保地区销售新配方汽油。

汽油中有哪些添加剂?为什么添加这些添加剂?

汽油中的添加剂及作用如下表所示:

添 加 剂	作 用
抗爆剂	增加辛烷值
净化剂	消除抗爆剂燃烧的产物
燃烧室	抑制表面点火和火花塞沉积物改性剂的污垢

续表

添加剂	作用
抗氧化剂	提供贮存稳定性
金属减活剂	补充贮存稳定性
防锈剂	防止汽油处理系统生锈
防冻剂	抑制化油器和燃料系统冻结
清洁剂	保持化油器和感应系统清洁
上缸润滑剂	润滑上缸区域，控制进气系统沉积物
染料	指示抗爆剂多少，识别汽油的型号和等级

汽油的辛烷值是什么意思?

辛烷值是用来衡量汽油抗爆震能力的。爆震是发动机的一种不正常燃烧产生的震颤声响。将正庚烷和异辛烷两种燃料混合，用来测试确定辛烷值。正庚烷辛烷值为0，异辛烷辛烷值为100。与待测燃料进行对比，抗震性与样品相等的混合液中所含异辛烷百分比数即为该样品的辛烷值。例如，待测样品含85%异辛烷，该汽油辛烷值为85。汽油泵上显示的辛烷值，是发动机低速运转时在实验室测量的研究型辛烷值与发动机高速运转时测量的发动机辛烷值的平均值。

加油站是什么时候开始有的?

第一个汽车加油站(即兼作汽车维修等的加油站)是A.巴洛尔(A. Barol)于1895年12月在法国波尔多开设的，提供夜间停车、修理服务和加油服务。布莱顿汽车公司于1897年4月在英格兰布莱顿建立，是一个提供停车和加油的机构。

用来加油的泵是印第安纳州韦恩堡的席勒那斯·鲍瑟(Sylanus Bowser)发明的，不过在1885年9月时，只用来加煤油。20年后，鲍瑟制造出第一台自动记数的加油泵。1912年，在田纳西州孟菲斯开设了一个名叫路易丝安娜标准油加油站，有13个加油泵，一位女士洗手间，一个为等候的客人提供冰水的女服务员。1913年12月1日，宾州匹兹堡的海湾炼油公司开设了第一家24小时营业的不用下车加油的加油站，营业第一天只卖出了30加仑(114升)汽油。

作为汽车动力的汽油替代品有什么利弊?

因为汽油排放物是美国大多数城市空气污染的主要原因，所以研究者们正在寻找汽油替代品。目前，还没有一种替代品能产生与汽油一样多的能量，因此要想行驶与汽油驱动的汽车相同的距离,需要消耗更多的新燃料。最可行的替代品是一种灵活燃料:甲醇和汽油的混合物。这样,汽车的价格至少需要增加300美元,用于支付一个昂贵的燃料感应器和一个更长的油箱。

替代品	优点	缺点
电(由电池提供)	无排放,停车、启动方便	电池体积大,寿命短,行程有限
乙醇(由谷物、生物质能提供)	相对清洁的燃料	成本高,有腐蚀性损坏
氢(电解等产生)	供给充足,无毒排放	成本高,高度易燃
甲醇(甲醇气体、煤、生物质能、木材)	燃烧更清洁、波动幅度小	有腐蚀性,有刺激性排放
天然气(来自碳氢化合物和石油沉积物)	便宜,相对清洁	改造汽车大型储存容器的费用昂贵;运行迟钝

乙醇汽油是怎样制造的?

乙醇汽油是90%无铅汽油和10%乙醇的混合物,是一种被认可的汽车燃料。其性能与100%无铅汽油相似,抗爆性能比100%无铅汽油要好(无不正常燃烧)。使用乙醇汽油无需改造发动机。

玉米是美国盛产的一种粮食作物,主要用来生产乙醇。还可用其他有机原料来制造这一燃料,比如燕麦、大麦、小麦、高粱、甜菜或甘蔗。土豆、木薯(淀粉类植物)和纤维素(水解可成发酵糖)都可成为原料。原料经过研磨、蒸煮加工成玉米淀粉,再加工使淀粉转化成糖。糖在酵母作用下转化成乙醇。乙醇被蒸馏,除去水分,达到200标准酒精度,即100%乙醇。

一亩玉米可产250加仑(946升)乙醇;一亩甜菜产350加仑(1 325升)乙醇;一亩甘蔗产630加仑(2385升)乙醇。将来,汽车的燃料可能专门由垃圾产生,但目前这一转化工艺成本较高。

汽车尾气的主要成分是什么?

汽车尾气的主要成分有氮、二氧化碳和水。还有少量的含氮化合物、一氧化碳、碳氢化合物、醛类和其他不完全燃烧产生的成分。最污染空气的成分按排放量排列是:一氧化碳、含氮化合物和碳氢化合物。

什么是热电联产?

热电联产是同一电厂中同时生产热能(蒸汽或热水)和电能的能源生产过程。使用同一设备生产两种有用燃料,主燃料产生的净能量从30%—35%提高到80%—

90%。热电联产可节约成本,减少传统发电可能对环境造成的影响。热电联产设备可安装在各种地点——炼油厂、化工厂、造纸厂、公用事业公司和煤矿。

最大的风力发电场在哪里?

风力发电场是由一群发电的风涡轮机组成。世界上最大的3个风力发电场在加利福尼亚州:一个在旧金山东部的阿塔孟特·帕斯,一个在克恩县的蒂哈查皮山,还有一个在棕泉市北的圣高格尼罗·帕斯。加利福尼亚州拥有最大风力发电场的原因有许多:加利福尼亚州风力发电场的位置位于有利于发电的风向上,而且位于电力传输线路和大城市附近。这一区域风力的高峰与城市用电高峰差不多同时发生,这就增加了顾客用电价值。另一个原因是加利福尼亚州要求电力公用事业向涡轮机(电场)主以合理的价格购买电力。

哪些州有最大的风能潜力?

美国多风的州在蒙大拿州、北达科他州、怀俄明州和位于大平原的其他各州。北达科他州、南达科他州和得克萨斯州有足够的风力资源满足整个美国的用电需求。

谁发明了燃料电池?

最早的燃料电池是“天然气电池”,1839年由威廉·格罗夫(William Grove,1811—1896)发明。格罗夫的燃料电池将分别装有氢气和氧气的试管安装在铂条上。后来,弗朗西斯·托马斯·培根(Francis Thomas Bacon,1914—1992)用镍条取代铂条,改进了这一电池。燃料电池相当于一部发电机,将燃料的化学能直接转化为电能。

谁是尼古拉·特斯拉?

尼古拉·特斯拉(Nikola Tesla,1856—1943)是电学领域领先的创新者,有100多项专利,其中包括交流电专利、无线电专利。19世纪80年代末,他在西屋公司的研究工作促成电的商品化生产,其中包括1895年的“尼亚加拉瀑布电能项目”。经过长时间的激烈争议,特斯拉的交流电系统被证明优于爱迪生的直流电系统。特斯拉还有许多其他的创新,包括特斯拉线圈、无线电控制船只和霓虹灯、荧光灯等。

美国最早的水力发电站建在哪里?

威斯康星的阿普尔顿(Appleton)是美国第一座水力发电站的所在地,建于1882年。

核能

核电站的工作年限是多久?

尽管对这一问题有争议,但核电站的工作年限差不多是40年,与其他形式的电站寿命大体相当。

美国最早投入使用的核电站建在哪里?

美国最早投入使用的核电站是新泽西州的牡蛎湾电站,1969年12月投入使用。马萨诸塞州罗威的扬基电站建于1960年,1991年关闭,是美国第一座商业性核电站。

哪些核反应堆有过公开报道的重大事故?

核反应堆堆芯损坏事件

事件描述	地点	日期	成人甲状腺量(雷姆)
轻微堆芯损坏(无放射物质泄漏)	加拿大安大略乔克河	1952	不适用
	爱达荷州增殖反应堆	1955	不适用
	西屋测试反应堆	1960	不适用
	密歇根州底特律爱迪生费米	1966	不适用
重大核心损坏(放射、泄漏)			
非商用	英格兰文斯盖	1957	16
	爱达荷州爱达荷瀑布 SL-1	1961	0.035
商用	宾州三里岛	1979	0.005
	苏联切尔诺贝利	1986	100(估计值)

三里岛究竟发生了什么事故?

宾夕法尼亚州三里岛核电站经历了一场核反应堆核心局部熔毁,导致放射性物质泄漏的事故。1979年3月28日凌晨4点刚过,二回路的二次冷却系统的一个水泵失灵,卸压阀被挤开,使安全壳体内充满放射性的水。备用的泵水系统因维修而不能

核电站的估计使用寿命约为 40 年。

工作。由于放射性铀核心没有被冷却剂覆盖达 40 分钟，反应堆核心的温度上升，燃料棒破裂，发生部分(52%)熔毁。反应堆厚厚的金属加固的安全壳构筑阻止了所有放射性物质的泄漏，泄漏到空气中的辐射量是切尔诺贝利泄漏的百万分之一。然而，如果没有及时补充冷却剂，熔化的燃料就可能渗透安全壳体，与水结合，导致蒸汽爆炸，冲破反应堆顶，造成这一区域出现与切尔诺贝利事故相似的放射性污染。

全世界有多少座核电站?

到 2000 年，正在运转的核电站有 437 座，另有 34 座核电站在建。

国家(地区)	单位数量	国家(地区)	单位数量
阿根廷	2	捷克共和国	5
亚美尼亚	1	芬兰	4
比利时	7	法国	59
巴西	2	德国	19
保加利亚	6	匈牙利	4
加拿大	14	印度	14
中国	3	日本	53

续 表

国家(地区)	单位数量	国家(地区)	单位数量
哈萨克斯坦	1	斯洛伐克	6
韩国	16	斯洛文尼亚	1
立陶宛	2	西班牙	9
墨西哥	2	瑞典	11
荷兰	2	瑞士	5
巴基斯坦	2	中国台湾	6
罗马尼亚	1	乌克兰	13
俄罗斯	29	英国	33
南非	2	美国	104

截止到2000年,美国有104座核电站在运转,共发电7 194亿千瓦时,是1999年美国国内发电量的19.54%。

什么是拉斯穆森报告?

1975年,麻省理工学院(MIT)的诺曼·拉斯穆森博士(Dr. Norman Rasmussen)为美国原子能委员会进行了一项核反应堆安全性的研究。这项研究花费400万美元,历时3年。得出的结论是:发生最严重事故的可能性极小,概率为10 000 000∶1。据推测,最严重的事故可致3 000人死亡,核污染造成140亿美元财产损害。随后,因为此事故每年可能有1 500人患癌症。研究结果表明,建核电站时,安全功能的设计完全有可能防止反应炉核心发生熔毁的严重后果。其他研究小组批评了拉斯穆森的报告,指出他低估了危险。1986年切尔诺贝利事故后,一些科学家估计,大的核事故实际上每10年就可能发生一次。

什么导致了切尔诺贝利事故?

发生在乌克兰切尔诺贝利核电站的事故是历史上最严重的核事故。这次事故以各种不同形式影响了乌克兰共和国20%的人口(220万)。1986年4月26日凌晨1点23分40秒,操作人员在未被授权的实验中故意绕过安全系统,查看核电厂的运行状况。4个反应堆中的其中一个骤然过热,水冷却剂变成蒸汽,蒸汽中的氢与石墨减速器发生反应,导致两次大爆炸和一场大火。爆炸炸飞了907公吨(1 000吨)重的反应堆盖,使放射性物质释放到高空中。据估计,核反应堆3.5%的燃料,石墨气冷堆本身10%的成分释放到空气中。人为失误加上设计特点(正无效系数型反应堆、使用石墨建反应堆、缺少安全壳构筑)成为公认的事故原因。31人死于扑救反应堆的大火中,另外240多人遭受严重的核辐射疾病的折磨。最终有15万居住在核反应堆附近的居民被疏散并重新安置,其中很多人永远不能回到自己的家乡。爆炸产生的含有放射性同位素铯137的放射性落尘,随风向西一直飘到欧洲。

切尔诺贝利灾难产生的影响至今仍存在,而且还相当严重。尤其严重的是,到1990—1991年,白俄罗斯儿童中,甲状腺癌的发病率增加了5倍。在事故重灾区戈梅利(Gomel)和莫吉廖夫(Mogilev),儿童中一般疾病的发病率均有显著增加。

什么是熔毁?熔毁与"中国综合征"有什么关系?

熔毁是核反应堆内燃料核心熔化,导致放射性物质泄漏量达到危险程度的一种严重事故。在大多数情况下,将反应堆包围起来的大型安全构筑能防止辐射的外溢。但是还有很小的可能性:融化的核心温度高得足以烧穿安全壳构筑顶或烧进地球里面。核能工程师称这种情形为"中国综合征"。这一名称源自一次可能由熔毁引发的理论问题的讨论。一位科学家指出,熔融的核心可能会在地球上烧出个洞。如果这个洞从美国开始,那么这个洞很可能会烧穿地球,一直烧通到中国。尽管提出此说法的科学家过分夸张,但有些科学家却认为此事非同小可。实际上,核心可能只产生一个大约30英尺(10米)的洞。但即使这样,也会产生严重后果。所以,所有反应堆都应配备应急系统,以防止此类事故发生。

测量单位和测量

每加仑常见燃料的重量是多少?

1加仑燃料	重量(磅/千克)
丁烷	4.86/2.2
丙烷	4.23/1.9
煤油	6.75/3.1
汽油	6.00/2.7
航空汽油	6.42—6.99/2.9—3.2

一桶油有多重?

一桶油重约 306 磅(139 千克)。

一桶油合多少加仑?

一桶油合 42 美制加仑或 34.97 英制加仑。桶是原油常见计量单位。

不同能源如何比较?

下表是不同能源的比较:

能量单位	相当物
1 BTU(英制热量单位)能量	1 个火柴头
	250 卡(国际蒸汽表)
	0.25 千卡(食物卡路里)
1 000 BTU 能量	25 盎司酒
	250 千卡(食物卡路里)
	0.8 花生酱和果冻三明治
1 百万 BTU 能量	90 磅煤
	120 磅干硬木
	8 加仑汽油
	10 撒姆(therm,煤气热量单位,千卡)干天然气
	11 加仑丙烷
	1 个劳动力 1 个月食物摄入量
1 千万亿 BTU 能量	4 500 万短吨煤
	6 千万短吨干硬木
	1 兆(1 012)立方英尺干天然气
	1.7 亿桶原油
	每天 47 万桶原油使用 1 年
	美国 28 天进口的石油
	美国 26 天汽油使用量
	世界 26 小时能源使用量(1989 年)
1 桶原油	5 600 立方英尺干天然气
	0.26 短吨(520 磅)煤

续 表

能量单位	相当物
1 短吨煤	1 700 千瓦时电 3.8 桶原油 21 000 立方英尺干天然气
1 000 立方英尺天然气	6 500 千瓦时电 0.18 桶(7.4 加仑)原油 0.05 短吨(93 磅)煤
1 000 千瓦时电	300 千瓦时电 0.59 桶原油 0.15 短吨(310 磅)煤 3 300 立方英尺干天然气

注:1 千万亿等于 10^{15}。

因为发电的同时能量要有所损失,发 1 000 千瓦时的电要消耗 3 倍的化石燃料,即:1.8 桶油,0.47 短吨煤,或者 1 万立方英尺(283 立方米)干天然气。

燃料的热值是多少?

燃料	BTU	计量单位
油	14.1 万	加仑
煤	3.1 万	磅
天然气	1 000	立方英尺
蒸汽	1 000	立方英尺
电	3 431	千瓦时
汽油	12.4 万	加仑

BTU(British Thermal Unit,英制热量单位)是常见能量计量单位,定义是加热 1 磅水使其温度升高 1 华氏度所需的能量。

产生1千万亿能量的燃料当量是多少?

1 000 万亿相当于:

1×10^{15} BTU

252×10^{15}卡，或 252×10^{12} 千卡

化石燃料中，1 000 万亿相当于：

1.8 亿加仑（6.81 亿升）原油

0.98 兆立方英尺（0.028 兆立方米）天然气

3 788 万吨无烟煤

3 846 万吨烟煤

核燃料中，1 000 万亿相当于 2 500 吨 U_3O_8（如果只用 U_{235}）。

电力输出中，1 000 万亿相当于 2.93×10^{13} 千瓦时电。

燃烧100立方英尺天然气能产生多少热量？

100 立方英尺天然气能提供 10 万 BTU 热量。BTU（英制热量单位）是一种常见能量的计量单位，是使 1 磅水温度升高 1°F 所需的热量。

“采暖度日”是如何定义的？

上世纪初，工程师们提出了“采暖度日”概念，作为取暖燃料需求的有效指标。他们发现，当日平均气温低于 65°F（18℃）时，大多数建筑物需要将温度保持在 70°F（21℃）的热量。每低于 65°F（18℃）1°算作是“1 采暖度日”。每增加一个采暖度日，就需要更多燃料使室内温度保持在 70°F（21℃）。例如，平均气温为 35°F（1.5℃）的天为 30“采暖度日”，要比平均气温为 50°F（10℃ 15“采暖度日”）的天多需求一倍燃料。“采暖度日”这一概念对燃料公司估算燃料使用率和有效安排运送燃料极有价值。美国国家气象局供暖站通常计算出每日、每月及每季的详细总量。

“冷却度日”是什么意思？

“冷却度日”是估计冷却一幢建筑所需能量的单位。1 冷却度日指平均气温超过 75°F（24℃）时高于日平均气温的每一度。

怎样读电表、煤气表？

老式电表、煤气表有 4—5 个刻度盘，标记消耗能量的数量。刻度盘从左向右读，如果指针在两个数字之间，记录较小的数字。煤气表读数单位为百进制立方英尺。新式的仪表都有数字显示。

1吨制冷量相当于多少BTU?

1 吨=28.8 万 BTU/24 小时或者 1.2 万 BTUs//小时。

1考得是多少木材?

1 考得为 4 英尺(1.2 米)宽×4 英尺(1.2 米)高×8 英尺(2.4 米)长的一堆原木量,有 77—96 立方英尺木材。原木越大,间隙越大,1 考得木材的实际量就越小。

消耗和保护

美国现有的能量能满足消耗需求吗?

不能。1958 年以来,美国能量的消耗量大于其生产量,这一缺口由进口补足。1999 年,美国生产的能量总量为 71.88 千万亿 BTU,消耗能量为 96.87 千万亿 BTU。同年,中国生产能量为 30.87 千万亿 BTU,消耗能量为 31.88 千万亿 BTU。

哪些国家耗能最多?

耗能国家榜(1999 年,单位:千万亿 BTU)

国家	耗能	国家	耗能
美国	96.87	加拿大	12.52
中国	31.88	印度	12.18
俄罗斯	26.01	法国	10.26
日本	21.71	英国	9.92
德国	13.98	巴西	8.51

美国现在人均能量消耗是多少?

1999 年,美国人均能量消耗约为 3.509 亿 BTU。BTU(British Thermal Unit,英制热量单位)是常见能量单位,定义是加热 1 磅水使温度升高 1°F 所需的能量。下面列出了一些代表性年份的人均能量消耗量:

年　份	最终使用量(百万 BTU)	年　份	最终使用量(百万 BTU)
1950	194	1990	256
1960	212	1994	260
1970	270	1999	351
1980	259		

(最终使用量是指电力在生产、传输和配送过程中损失较少的总能量消耗。)

以现在的能量消耗速度,现有主要能量储备可维持多少年?

最乐观的估计表明,石油还可供全世界使用 50 年。煤和天然气的可采储量已经大大扩大。现有的天然气供给量,按逐渐增加的消耗速度计算,可维持 60 年。已知煤的储量可维持到 2225 年。总之,考虑到可能发现新的化石燃料矿和地下或海洋燃料新开采技术的开发,总能量储备很快会达到现在世界消耗水平的 600 倍。

什么是货物被?

货物被是为运输对温度敏感的冷藏货物而研制出的一种方法。货物装上拖车或集装箱里后,用货物被覆盖货物,货物被起保温瓶的作用。无论冷的还是热的货物,货物被可保持货物的温度 5—30 天。

"能源之星"计划是如何促进能源的有效利用的?

"能源之星"是一项动态的政府、企业合作项目,它给商业和消费者提供有效利用能源的解决方案。在为后代保护环境的同时,又节省了金钱。1992 年,美国环保总署(EPA)启动了"能源之星"项目。这个项目是自愿地贴标签,旨在识别、推广节能产品,减少温室气体排放。计算机和监控器是首批贴标签产品。"能源之星"标签现在主要用于大型家电、办公设备、照明设备及消费类电子产品等。美国环保总署已将该项目扩展到新的民用建筑、商业建筑和工业建筑上。通过与 7 000 多家私营和公共领域机构的合作,"能源之星"项目向各类机构和消费者提供了技术信息和工具,帮助他们选择节能办法和最佳管理策略。该项目已在全国成功地达到节省能源和节约成本的目的,为商业、各类机构、消费者每年节省 50 多亿美元。过去 10 年中,"能源之星"已成为广泛推广应用技术革新的推动力,推动了液晶(LED)交通信号灯、节能荧光灯、办公设备能源管理系统、低待机耗能等技术的应用。

调低家用暖气炉的温度定位挡会节省多少钱?

测试表明,将家用暖气炉恒温器的温度挡调低 5°F 约 8 个小时,燃料费用可节省 10%。

调高空调温度可以节省多少能源?

室内温度每上升 1°F,空调所需能源减少 3%。如果所有空调温度挡升高 6°F,每天可节省 19 万桶石油。

家里隔热好会节省多少燃料?

使用 EPS(可膨胀聚苯乙烯)或 XPS(多孔聚苯乙烯)隔热的一户家庭,在 50 年里就可节省 80 公吨采暖用油。这相当于满载的大型喷气式客机从法兰克福飞到纽约所需的燃油。

不同电器所需能量是多少?

估计某种电器所耗能量的公式如下:

(瓦数×每天使用小时数)/1 000 = 每日消耗千瓦时(kWh)

将每日消耗千瓦时数乘以一年使用电器的天数就得到年耗能量。

下表是各种家用电器年耗能量估计值。

电　　器	使 用 时 间	估计年耗能千瓦时
钟控收音机	每天 24 小时	44
洗衣机	每周 2 小时	31
咖啡机	每天 30 分钟	128
除湿机	每天 12 小时	700
洗碗机(不包括烧热水)	每天 1 小时	432
电热毯	每天 8 小时,每年 120 天	175
取暖炉风扇	每天 12 小时	432
吹风机	每天 15 分钟	100
电熨斗	每周 1 小时	52
微波炉	每周 2 小时	89

续表

电器	使用时间	估计年耗能千瓦时
便携式加热器	每天 3 小时,每年 120 天	540
收音机(立体声)	每天 2 小时	73
冰箱(无霜,16 立方英尺)	每天 24 小时	642
冰箱(无霜,18 立方英尺)	每天 24 小时	683
电视(彩色)	每天 4 小时	292
烤箱	每天 1 小时	73
吸尘器	每周 1 小时	38
录像机	每天 4 小时	30
热水器(40 加仑)	每天 2 小时	2 190
水泵(深井)	每天 2 小时	730
整个房子用的风扇	每天 4 小时,每年 120 天	270
窗式风扇	每天 4 小时,每年 180 天	144

不同品牌的电器能量利用率能否进行比较?

1980 年,美国贸易委员会的电器标签法开始实施。法规要求所有新的冰箱、冰柜、热水器、洗碗机、洗衣机、室内空调、热泵、采暖炉、锅炉等都要贴能量指示标签。带有黑色字体的黄色标签上标明各种不同家电中,每种家电能量消耗量和运行成本。能量标签显示使用该产品的年耗电量,并有一张相似型号产品耗能比较表。比较表显示类似型号产品最高和最低耗能量。

煤气照明是何时发明的?

1799 年,菲利普·勒本(Philippe Lebon)取得了从木材中提取气体用于照明灯的专利。1802 年,威廉·默多克(William Murdock)在英格兰伯明翰的一家工厂内安装了煤气灯。这一广泛使用的、可靠的室内照明方法使商业和制造业发生了巨大变化。

和白炽灯相比,小型荧光灯有哪些优点?

和白炽灯灯泡相比,小型荧光灯灯泡(CFLs)有以下优点:如果使用得当,荧光灯寿命是白炽灯的 10 倍,消耗能量是白炽灯的 1/4,每瓦产生的光能多,少产生 90%的热量。例如,一只 27 瓦小型荧光灯可提供 1 800 流明(Lumen,光的能量单位),而一只 100 瓦的白炽灯提供 1 750 流明。在长期照明情况下,荧光灯更节能。

什么时候关荧光灯省电?

开荧光灯要用大量电流。频繁地开关灯会缩短荧光灯寿命,降低使用效率。只有在1小时或1个多小时不使用荧光灯时,关灯才能节能。

有哪些方法使玻璃更节能?

目前透明玻璃是安装窗户的主要玻璃材料。尽管玻璃很耐久,可使绝大部分阳光进入建筑物,但是它阻隔热流的能力却非常小。在过去20年中,窗玻璃技术有了大大改进。现在先进的玻璃体系中有几种类型可控制热量的损失与获得。这样的玻璃包括:2层或3层窗户玻璃、带有低发射率(low-e)涂层、光谱选择性涂层、热吸收(着色)涂层、反光涂层或以上几种的组合涂层;窗户还可填充氙气、氩气或氪气隔热。

汽车行车速度是如何影响油耗的?

多数汽车在以50英里/小时(80.5千米/小时)的速度行驶时,每加仑燃油的行驶里程要比70英里/小时(112千米/小时)的速度行驶的汽车多行驶28%的里程。若以55英里/小时(88.5千米/小时)的速度行驶,则会多行21%的里程。

回收一只铝罐可节省多少能量?

有资料显示,一只回收的铝罐可节约的能量能看4小时电视,或相当于半加仑(1.9升)汽油提供的能量。生产一吨铝,差不多需要9 000磅(4 086千克)铝土矿和1 020磅(463千克)的石油焦炭。回收铝罐可节省生产铝所需原料的95%和所需能量的90%。

开车时开窗比使用空调更节约吗?

汽车以40英里/小时(64千米/小时)以上速度行驶时,关窗使用空调要比开窗省油。这是因为空气阻力的影响——空气阻力是汽车在流动介质如空气中运动时所遇到的阻力。汽车内,发动机克服空气阻力的功率以汽车行驶速度的立方增加:2倍的速度需要8倍功率。例如:汽车以40英里/小时(64千米/小时)行驶时,发动机克服空气阻力需要5马力;每小时60英里(97千米)时,需要18马力;每小时80英里(128千米)时需要42马力。改进空气动力使风阻系数(空气阻力的量度)减少,可大大提高燃料利用率。1990年生产的汽车平均风阻系数为0.4。20世纪60年代初生产的汽车风阻系数平均为 0.5。70 年代平均为 0.47。可能的最低系数为 0.15。

重新启动汽车比让汽车空转更节省吗?

美国环保总署的测试表明,如果汽车空转超过 60 秒,则关闭发动机更节油。

轮胎充气不足会耗费多少汽油?

充气不足的轮胎每 20 加仑(91 升)汽油中多耗 1 加仑(4.5 升)。要想省油,按照汽车制造商推荐的轮胎空气压力水平的指示做。按轮胎侧壁标明的最大气压充气,可减少滚动阻力,从而更省油。

不同交通工具的能量消耗分别是多少?

交 通 工 具	乘 客 数 量	每个乘客每英里能量消耗(BTU)
自行车	1	80
汽车	4	600
摩托车	1	2 100
城际公共汽车	45	600
地铁	1 000	900
747 喷气飞机	360	3 440

不同飞机燃料消耗分别是多少?

飞机(加仑)	乘客数量	每 1 千英里燃料消耗量
737	128	1 600
加长 737	188	1 713
747–400	413	6 584
协和 SST	126	6 400
涡轮螺旋桨式飞机 DHC–8	37	985
F–15 战斗机	1	750
C–17 军用运输机	126 000 磅货物	5 310

环 境

生态学、资源等

什么是生物多样性?

生物多样性是指一物种的遗传变异性、种群数量的多样性、自然群落物种的多样性或自然群落和生态系统的广泛分布。科学家估计,世界上有 1 500 万—1 亿个物种。当前,生物多样性受到的威胁比历史上任何时候都更为严重。自从北美大陆有人定居以来,多达 500 种动植物已经消失。最近在美国生物多样性受到威胁的事例有:美国有一半土地不再适合原始植被的生长;美国大平原上,99%的原始大草原不见了;在全美,每年 10 万英亩湿地被毁掉。

什么是生物群落?

生物群落是指生活在较大区域内动植物的总和。气候、地质、土壤类型、水资源和纬度位置的互相联系,这些都决定着生长在不同地方的动植物种类。14 个"生物群落"的生态区域主要分布在 5 个主要的气候区和 8 个动物地理区。一些重要的陆地生物群落包括冻原、针叶林、落叶林、草地、热带草原、沙漠、查帕拉尔和热带雨林。

什么是湖沼学?

湖沼学是研究淡水生态系统,特别是湖泊、池塘和溪流的科学。这些生态系统比海洋环境更脆弱,因为它们经常受到极端温度变化的侵袭。湖沼学对这些水体进行化学、物理学和生物学等方面的研究。瑞士教授佛瑞尔(F. A. Forel,1848—1931)被公认为是湖沼学之父。

食物链的工作原理是什么?

一片树形仙人掌林茁壮生长在亚利桑那州图森市附近索诺拉沙漠的生物群落中。

食物链通过一系列生物的捕食与被捕食的关系,将源于植物的食物能量进行转移。这一系列步骤或"链条"的数量通常是4—5个。第一食性层次(以同样方式获得能量的生物群)是植物。吃植物的动物(食草动物)构成第二食性层次。第三层次包括以草食动物为食的初级肉食动物(像狼那样以动物为食的动物)。第四层次是以初级肉食动物为食的动物(如逆戟鲸)。由于许多生物不单以一种食物为食,食物链会交叉重叠,这些食物链看起来更像食物网。食物链概念是1891年德国动物学家卡尔·森佩尔(Karl Semper)引入的。

什么是食物网?

食物网由互相链接的食物链组成。许多动物以不同的食物为食,而不是以单一的某种猎物或植物为食。食物来源丰富的动物比食物来源单一的动物存活的几率更大。复杂的食

富养湖泊的结构。

物网使生物群落更具稳定性。

什么是“杀手水藻”？

杉叶蕨藻，俗名“杀手水藻”，在20世纪80年代中期被引入到地中海。当时摩纳哥海洋学博物馆清洗鱼缸时，将翠绿色的海草倒入大海中。杉叶蕨藻类的面积如今已达3.2万英亩，遍及法国、西班牙、意大利和克罗地亚沿海，破坏了地中海的生态系统。该物种现仍在继续侵入地中海，似乎已无法阻止。

什么是富营养化？

富营养化指湖泊或池塘植物养分的供应量大量增加的过程。自然富营养化是由于植物过度生长，最后使曾经有水流过的地方变得干旱。

从土壤中冲来的天然肥料导致植物的加速生长，形成植物过度密集的局面。植物死后，腐败的植物会大量消耗湖泊中的氧气，导致鱼类死亡。死亡动植物的日益累积，最终将一个深湖变成了浅湖，然后变成沼泽，最后形成了旱地。

虽然富营养化过程是自然形成的，但是由于人类活动，它的进程大大加快。农场的化肥、污水、工业废物和一些清洁剂都起到了推波助澜的作用。

南极臭氧层空洞有多大?

大众媒体报道臭氧层时,经常使用“空洞”一词。然而,这一措词可以用来更确切地描述浓度低的臭氧。2000 年 9 月,美国国家航空航天局的科学家宣布,1985 年首次发现的南极上空的“空洞”现已扩大到 1 100 万平方英里,成为有记录以来最大的空洞。

美国的湿地消失了多少?

湿地是介于水域和陆地之间的地域,如沼泽、泥洼、草泽和近海水域。以前湿地曾一度被视为荒地,但现在科学家承认,湿地在改善水质、稳定水位、防止洪水、控制侵蚀和维持生物多样性等方面,起着重要的作用。从殖民时期开始到 20 世纪 70 年代,美国已经失去了大约 1 亿英亩的湿地。1993 年的《湿地规划》确定的目标是,扭转湿地的流失趋势,恢复 10 万英亩的湿地面积。

臭氧对地球上的生命有何益处?

臭氧是有剧毒的,它有 3 个原子,而通常的氧气有 2 个原子;浓度不到百万分之一的这种浅蓝色的气体就会使人中毒。臭氧存在于地球的高层大气(平流层)中,是形成地球生命的主要因素。地球上 90%的臭氧都集中在臭氧层。臭氧层能遮蔽和过滤太阳产生的过多的紫外线。科学家预言,臭氧层消失或过度消耗,会导致人类的健康问题,如皮肤癌、白内障和免疫力降低等。紫外线的增加还会导致粮食减产和水域生态系统(包括海洋食物链)的紊乱。尽管平流层中的臭氧有很多益处,但在近地面,它却是形成光化学烟雾和酸雨的污染物。

什么是“温室效应”?

“温室效应”是指地球大气吸收太阳的辐射热量,导致近地表温度升高的现象。大气的作用更像是一间温室的玻璃幕墙和顶棚。1861 年,约翰·廷托尔(John Tyndall,1820—1893)对该效应进行了描述。1896 年,瑞典化学家斯凡特·阿累尼乌斯(Svante Arrhenius,1859—1927)将其形象地比喻为“温室”。“温室效应”使地球适宜人类居住。大气中如果没有水蒸气、二氧化碳和其他气体的存在,许多热量就会逃逸,地球温度过低则不能维持生命的存在。二氧化碳、甲烷、一氧化二氮和其他温室气体吸收地球发出的红外辐射,并在大气中保存这种热量,而不是将热量反射到太空中去。

20 世纪燃烧化石燃料,致使二氧化碳日益累积,引起人们的广泛关注。地球平均

温室气体处于自然水平状态的大气(左)与温室效应增强的大气(右)相比较。

气温的升高是源于二氧化碳和其他气体的排放量的增加,还是另有其他原因,人们对此仍存有争议。火山活动、雨林的破坏、按钮式喷雾器的使用和日益频繁的农业活动,这些都是造成气温升高的原因。

造成平流层中臭氧大量减少的化合物是什么?

20 世纪 70 年代的研究,将氯氟烃(CFCs)(如氟利昂)同臭氧层的大量消耗联系起来。1978 年,美国禁止使用喷罐推进剂。1987 年,签署《蒙特利尔议定书》,签约国承诺,减少氟利昂和其他耗臭氧物质的使用。

什么是温室气体?

科学家认为,主要的温室气体有二氧化碳(CO_2)、甲烷(CH_4)、氯氟烃(CFCs)、一氧化二氮(N_2O)和水蒸气。温室气体占地球大气总量不到 1%。这些气体吸收地球大气中的热量,阻止热量逃到太空中去。人类活动,如使用汽油做汽车燃料,是二氧化碳和氧化氮排放的主要来源。

美国1990—2000年温室气体的排放量(百万吨气体)

气　体	1990	1995	1996	1997	1998	1999	P2000
二氧化碳	4 969.4	5 273.5	5 454.8	5 533.0	5 540.0	5 630.7	5 805.5
甲烷	31.7	31.1	29.9	29.6	28.9	28.7	28.2

续 表

气　体	1990	1995	1996	1997	1998	1999	P2000
一氧化二氮	1.2	1.3	1.2	1.2	1.2	1.2	1.2
HFCs,PFCs 和 SF_6	*	*	*	*	*	*	*

P 表示初级资料,* 表示不足 0.05 吨气体,HFCs 是氟代烷烃, PFCs 是全氟碳,SF_6 是六氟化硫

为什么“厄尔尼诺”有害?

沿着南美洲西部海岸,每年临近年底,一股温暖的热带贫养水流向南移动,取代寒冷的富养表层水。由于这种情形经常发生在圣诞节前后,当地居民将其称为“厄尔尼诺”(西班牙语的意思是“小孩”),指圣婴。大多数时候,这种温暖情况仅持续几周。然而,如果厄尔尼诺现象持续几个月,就会对经济造成灾难性的影响。科学家现在将这种极其温暖的水流持续期间称为“厄尔尼诺”。“厄尔尼诺”严重时,会有大量的鱼和水生植物死亡。分解死亡动植物会消耗水中大量的氧气,导致细菌产生大量难闻的硫化氢。鱼类(特别是鳀鱼)的大量减少,影响到世界鱼粉的供应,结果使通常以鱼粉为食的家禽和其他动物的价格上涨。鳀鱼和沙丁鱼又是海洋哺乳动物(如海狮和海豹)的主要食物来源。食物短缺时,这些动物只好远离家园去寻找食物。不仅有很多海狮和海豹饿死,还有相当部分的幼仔死去。1997—1998 年的厄尔尼诺现象,间接导致全球范围内 2 100 起死亡事故和 330 亿美元的经济损失。

热带雨林占地球表面的百分比是多少?

热带雨林约占地球表面的 7%,即约 300 万平方英里(770 万平方千米)。

热带雨林中物种灭绝的速度有多快?

据生物学家估计,地球上动植物物种有一半都生活在热带雨林。这些森林中包括所有已知的 25 万种植物中的 15.5 万种植物,还有不计其数的动物和昆虫。每天约有 100 个物种灭绝,相当于每小时有 4 个物种灭绝。按照这个速度,每 10 年就会有 5%—10%的热带雨林物种灭绝。

什么是赤潮? 赤潮的成因是什么?

“赤潮”一词表示海洋、河流或湖泊水域中出现的褐色或微红色变色污染。它

是由多种有毒生物快速繁殖造成的，特别是属于新纪录属裸甲藻和膝沟藻的有毒的红色沟鞭藻。有的赤潮是无害的，但大量的鱼会在藻类繁殖(聚集)期间死去。有的赤潮会毒害贝类海产，使吃了污染食物的鸟类和人类中毒。科学家还没有彻底解开赤潮发生的真正原因。

最大的热带雨林是什么？

亚马孙流域是世界上最大的连续热带雨林区，它占地 270 万平方英里(690 万平方千米)。

森林减少的速度有多快？

发展农业、过度伐木和森林大火成为森林减少的主要原因。

1990—2000年森林面积的变化

区域	1990 年森林面积（千公顷 *）	2000 年森林面积（千公顷 *）	森林面积年变化（千公顷 *）	森林覆盖率年变化率(%)
非洲	702 502	649 866	–5 262	–0.8
亚洲	551 448	547 793	–364	–0.1
欧洲	1 030 475	1 039 251	881	0.1
中北美洲	555 002	549 304	–570	–0.1
大洋洲	201 271	197 623	–365	–0.2
南美洲	922 731	885 618	–3 711	–0.4
总计	3 963 429	3 869 455	–9 391	–0.2

* 1 公顷=2.47 英亩

热带雨林被破坏的速度有多快？

地球上曾经有 40 亿英亩(16 亿公顷)的热带雨林。但如今，几乎一半的热带雨林都消失了。每年约有 3 380 万英亩的热带雨林消失。这相当于每月消失 280 万英亩，即每天 9.3 万英亩，每小时 3 800 英亩，每分钟 64 英亩。消失的面积约等于新罕布什尔州、佛蒙特州、马萨诸塞州、罗德岛州、康涅狄格州、新泽西州和德拉华州的面积总和。按照这个速度，科学家推测，到 21 世纪中叶，地球上将不再有热带雨林。

雨林有什么重要作用?

世界上可开列出的药物中有一半源于野生产品。美国国家癌症研究所已经发现2 000多种具有抗癌潜力的热带雨林植物。橡胶、木材、树胶、树脂、蜡;杀虫剂、润滑剂;坚果、水果、香料、染料;类固醇、胶乳、精油、食用油和竹子都是热带雨林产品。热带雨林的大量砍伐会大大影响这些产品的供应。

美国西部大部分森林火灾的起因是什么?

雷电是美国西部诸州森林火灾最主要的起因。

哪些国家拥有的保护区数量最多?

保护区包括国家公园、自然保护区、国家纪念馆和其他地点。全世界至少有4.43万个保护区,占整个陆地面积的10%以上。

国　　家	保护区(平方英里)	保护区(平方千米)	占国土面积的百分比
委内瑞拉	217 397	563 056	61.7
格陵兰	379 345	1 025 405	45.2
沙特阿拉伯	318 811	825 717	34.4
美国	902 091	2 336 406	24.9
印度尼西亚	138 002	357 425	18.6
澳大利亚	395 911	1 025 405	13.4
加拿大	357 231	925 226	9.3
中国	263 480	682 410	7.1
巴西	215 312	557 656	6.6
俄罗斯	204 273	529 067	3.1

最先用"林宫熊"作森林防火标志是什么时候?

"林宫熊"的起源可以追溯到第二次世界大战期间。当时美国农业部林业局为供战事需要而保持稳定的木料供应而忧心忡忡,他们希望公众认识到森林火灾的危险。他们向战争广告理事会寻求广告支持。1944年8月9日,著名的动物漫画家阿尔伯特·史代赫尔(Albert Staehle)塑造了"林宫熊"这一形象。自从1944年以来,林宫熊不仅成为美国,而且已经成为加拿大和墨西哥(在墨西哥被称为"西蒙")全国森林防火的标志。这次公益广告(PSA)运动是美国历史上持续时间最长的广告运动。1947年,洛杉矶一家广告公司设计了宣传口号——“只有你能阻止森林火灾”。50多年后的2001年4月23日，针对2000年爆发的山火，这个著名的广告口号被改为“只有你能阻止野外山火”。1950年，这项运动获得了一个活的吉祥物，当时一队消防队员从新墨西哥州凯匹坦山森林大火中解救出一头雄性幼熊，它被送到首都华盛顿的国家动物园后,成为“林宫熊”。此熊在1976年死去之前，一直都是森林防火的活标志。它的遗体埋葬在新墨西哥州凯匹坦的州立林宫熊历史公园中。

自1944年以来，林宫熊已成为便于识别的森林防火图形。

哪一个公园是美国第一个国家公园?

1872年3月1日,尤利塞斯·格兰特(Ulysses S. Grant)签署了一份国会法案,确立美国第一个国家公园——黄石国家公园,掀起了世界范围内设立国家公园的热潮。

美国国家公园管理局是何时成立的?

1916年8月25日,国家公园管理局由伍德罗·威尔逊(Woodrow Wilson)总统签署法案而设立。

美国最大的国家公园有哪些?

美国在阿拉斯加州的最大国家公园有:

公园名称	面积(英亩)
兰格尔-圣伊莱亚斯国家公园	8 323 148
北极之门国家公园	7 523 898
迪纳利国家公园	4 740 912
卡特迈国家公园	3 674 530
冰川湾国家公园	3 224 840
克拉克湖国家公园	2 619 733
科伯克河谷国家公园	1 750 737

位于美国本土48个毗连州内的5个最大的国家公园是:

公园名称	位置	面积(英亩)
死亡谷国家公园	加利福尼亚州	3 291 779
黄石国家公园	爱达荷州,蒙大拿州,怀俄明州	2 219 791
大沼泽地国家公园	佛罗里达州	1 398 903
国立大峡谷公园	亚利桑那州	1 217 403
冰河国家公园	蒙大拿州	1 013 572

鹰山禁猎区在哪里?

鹰山禁猎区建立于1934年，是世界上第一个对迁徙的鹰和雕提供保护的禁猎区。禁猎区位于宾夕法尼亚州的哈里斯堡附近的基塔逖尼山岭上。每年8—12月,有超过1.5万只候鸟经过这里。在这里,可以看到金雕这样的稀有鸟类。

现代环保的创始人是谁?

美国博物学家约翰·缪尔(John Muir,1838—1914)被称为“环保之父”和喜耶拉山友会的创始人。他致力于加利福尼亚州喜耶拉-内华达山脉的保护,创立了约塞米蒂国家公园。他领导了大部分喜耶拉山友会的环保活动,并且是赞成《文物法案》的院外活动集团成员之一。

另一个有突出影响的人物是佛蒙特律师、学者乔治·帕金斯·马什(George Perkins Marsh,1801—1882)。他的杰作《人类与自然》强调了人类文明犯下的破坏自然资源的严重错误。在19世纪的最后30年里,随着环保运动在全国的风起云涌,许多杰出人士通力合作,保护自然资源和野生环境。作家约翰·巴勒斯(John Burroughs)、林务员吉福

喜耶拉山友会和现代环保运动的创始人约翰·缪尔(左)与环保倡议者约翰·巴勒斯合影。

德·平肖(Gifford Pinchot)、植物学家查尔斯·斯普拉格·萨俊特(Charles Sprague Sargent)和编辑罗伯特·安德伍德·江森(Robert Underwood Johnson)都是早期环保的倡议者。

"太空船地球"一词是谁创造的?

美国发明家和环保主义者巴克明斯特·富勒 (Buckminster Fuller,1895—1983)创造了"太空船地球"一词。他指出二者的相似之处:都需要进行自我控制和防止浪费的技术。

环境保护总署是何时成立的?

1970年,美国总统理查德·尼克松(Richard M. Nixon)通过行政命令,设立了环境保护总署(EPA),作为美国政府直接管理的独立机构。以行政命令而没有通过立法部门就直接设立联邦机构有点违背常理。环保总署是针对公众对有害空气、河流和地下水污染、不安全饮用水、濒危物种和危险废物处理的深度关注而设立的。环保总署的职责包括环境研究、监测和加强规范环保活动的立法工作。

什么是"绿色产品"?

"绿色产品"是指不含氯氟烃类的产品。绿色产品是可降解(能够分解)并且由再生材料制成的。一小部分供应商标榜建立在环保美德上的产品，美其名曰“深绿产品”。工业巨头对既有品牌进行环保优化的产品叫做“绿色名牌”。

提倡设立“地球日”的人是谁？

1970年的4月22日是第一个“地球日”，是丹尼斯·海斯(Denis Hayes)应美国威斯康星州参议员盖洛·尼尔森(Gaylord Nelson)的提议共同提出的。因此，有时人们称尼尔森为“地球日之父”。他的主要目标是，组织一次全国范围内的公众游行示威，以引起政界的注意，促使环保问题列入国家政治对话。庆祝第一个“地球日”后不久开始的重要的官方活动有：成立环境保护总署(EPA)；设立总统环境质量委员会；通过《清洁空气法案》，确定了国家空气质量标准。由于对环保运动的突出贡献，1995年，盖洛·尼尔森被授予总统自由奖章。

灭绝的和濒危的动植物

“恐龙”一词最早是何时使用的？

1841年，理查德·欧文(Richard Owen)在他的关于英国的爬行动物化石报告中首次使用“恐龙”一词。该词义为“可怕的蜥蜴”，被用来描述历史上成群的大型爬行动物。它们的遗体化石已被许多收藏家发现。

现如今已灭绝的早期侏罗纪哺乳动物的名字是什么？

哺乳动物吴氏巨颅兽的化石遗址位于中国云南省。这个刚刚被发现的哺乳动物至少有1.95亿岁了。估计整个动物的重量约为0.07盎司(2克)。它微小的头骨比人的拇指甲还小。

恐龙和人曾共同生活在同一个时代吗？

否。恐龙最先出现在三叠纪时期(约2.2亿年前)，在白垩纪末期(约6 500万年前)消失。现代人类(智人)的出现仅在约2.5万年前。电影中展现的人和恐龙共同生活在一起的场景只不过是好莱坞的虚构而已。

最小的和最大的恐龙分别是什么?

侏罗纪晚期(1.31 亿年前)的食肉动物美颌龙只有一只鸡大小,从鼻尖到尾端长 35 英寸(89 厘米),平均重 6 磅 8 盎司(3 千克),最重的也仅达 15 磅(6.8 千克)。

长臂龙是已知整个骨骼最大的恐龙。柏林洪堡博物馆的一个标本长 72.75 英尺(22.2 米),高 46 英尺(14 米),重约 34.7 吨(31 480 千克)。长臂龙是四足食草恐龙,颈部和尾部都较长,生活在 1.55 亿—1.21 亿年前。

恐龙的寿命有多长?

恐龙的寿命估计有 75—300 岁。这种估计是有根据的。通过检查恐龙骨骼的细微结构,科学家已经推断出,由于它们成熟缓慢,所以寿命也很可能相应延长。

乳齿象和猛犸有何区别?

尽管两词有时可互换使用,但乳齿象和猛犸是不同的两种动物。乳齿象似乎出现得更早,它的一支则进化成了猛犸。

乳齿象曾生活在非洲、欧洲、亚洲和南北美洲。它出现在渐新世(2 500 万—3 800 万年前),并一直持续生存到 100 万年前。站立身高 10 英尺(3 米),体表覆盖浓密的卷毛。两颗长牙几乎平行排列,笔直向前生长。

猛犸出现在 200 万年前,大约 1 万年前灭绝。猛犸曾生活在北美洲、欧洲和亚洲。同乳齿象一样,猛犸长有浓密的卷毛,较长的粗糙的外层毛发可以防寒。它比乳齿象体形稍大,站高 9—15 英尺(2.7—4.5 米)。猛犸的长牙往往外展,盘旋向上生长。

地球气候的逐渐变暖和环境的变化很可能是乳齿象和猛犸灭绝的主要原因。早期人类进行的大肆猎杀,也加速了它们灭绝的进程。

恐龙为什么会灭绝?

关于 6 500 万年前恐龙消失的原因存在许多理论提法。在恐龙是逐渐灭绝的还是突然灭绝的论断上,科学家有很大争议。“逐渐论”者认为,恐龙的数量在白垩纪末期逐渐减少。有许多证据支持这一论断。有人声称是生物变化导致了恐龙的灭绝。生物变化使得恐龙在与其他生物,尤其是刚刚出现的猛犸的竞争中处于劣势地位。数量过剩理论得到了进一步论证,认为猛犸吃掉了太多的恐龙蛋,以至于恐龙后代得不到繁衍。还有人认为是疾病(佝偻病或便秘)使恐龙灭绝。此外,气候变化、大陆漂移、火山喷发、地轴及地球轨道和磁场的偏转都对恐龙的灭绝有一定的影响。

“灾害突现论”者认为,一次灾难性事件不仅导致了恐龙的灭绝,而且还造成了和恐龙同时代的其他物种的灭绝。1980年,美国物理学家路易斯·阿尔瓦雷茨(Luis Alvarez,1911—1988)和他的儿子地质学家瓦尔特·阿尔瓦雷茨(Walter Alvarez,1940—)提出,曾有一颗巨大的彗星或流星体在6 500万年前撞击了地球。他们指出,白垩纪和第三纪间的沉积物中有高浓度的铱元素。地球上铱元素非常稀少,如此大量的来源只有来自外太空。世界上的50多个地方都已经发现了这种铱元素的异常。1990年,在海地发现了一些可能是撞击高温产生的微小玻璃碎片。尤卡坦半岛一个覆盖着沉积物的直径110英里(177千米)的陨石坑,经测定形成于6 498万年前,成为外来天体撞击地球的代表性地点之一。

一个约6英里(9.3千米)宽的巨大的外天体撞击地球,很可能会对地球的气候造成灾难性的影响。大量的灰尘和碎片会散播到大气中,使到达地球表面的阳光减少。撞击产生的热量会造成森林大火,这更加重了烟灰向大气中的排放。阳光的缺乏会使植物灭绝,并且对食物链中的其他生物产生“多米诺效应”,其中恐龙就包括在这些动物之中。

恐龙灭绝的原因有可能是上述两个理论的综合原因。不管什么原因,恐龙有可能是逐渐衰亡的。宇宙天体的撞击恰恰是给恐龙灭绝以致命的最后一击。

恐龙的灭绝证明了它们的劣势和进化过程的失败。然而,这些动物繁盛了1.5亿年。相比之下,最早的人类祖先也仅仅出现在300万年前。人类要取得与恐龙同样的成就还有很长的路要走。

最后一只候鸽死于何时?

在200年前,候鸽是世界上数量最多的鸟。尽管该物种仅见于北美东部,但其数量达30亿—50亿之多(占北美陆生鸟类的25%)。过度的捕猎导致候鸟的数量急剧降低到得以维持物种存续的最低限度以下。19世纪90年代,美国几个州通过法律保护这种鸽子,但为时已晚。最后一只野生候鸽于1900年被射杀。1914年9月1日,最后一只候鸽“玛莎”死于辛辛那提动物园。

渡渡鸟是怎样灭绝的?

渡渡鸟是在1800年前后灭绝的。人们为了获取鸟肉,捕杀了成千上万只渡渡鸟。但猪和猴子对渡渡鸟蛋的破坏,有可能是渡渡鸟灭绝的主要原因。渡渡鸟原生于中印度洋马斯克林群岛。1680年后不长时间,生活在毛里求斯的渡渡鸟灭绝。留尼汪岛上的渡渡鸟在大约1750年绝迹。在罗德里格斯的渡渡鸟一直生活到1800年。

“濒危物种”和“受胁物种”的区别是什么?

“濒危物种”是指全部或大部分种类都有灭绝危险的物种。“受胁物种” 是指在可预见的将来有可能成为“濒危物种”的物种。

仅仅 200 年间,候鸽就从世界上数量最多的鸟类沦为已经灭绝的物种。

物种被视为“濒危”的条件是什么?

确定“濒危”的条件是个复杂的过程。没有固定的标准可以一成不变地适用所有的物种。一个物种的已知生存数量并不是唯一的决定性因素。已知生存数量有100 万的一个物种，如果仅生活在一小块地域,也被视为“濒危”物种。而另一物种虽然生存数量不多,但如果遍布区域较广,就不能视为“濒危”物种。繁殖频率、后代出生的平均数目、存活率等繁殖数据都是决定因素。美国鱼类和野生动植物署（隶属美国内务部)署长凭借科学研究和专家、生物学家、植物学家和博物学家提供的现场数据,来决定哪些物种应被列为濒危物种。

根据 1973 年颁布的《濒危物种法》，如果某个物种受到下列任何一种情况的威胁,就可被列入濒危物种：

1. 栖息地或生活环境正在被破坏、改变、减少或受到破坏、改变、减少的威胁。
2. 以商业开发、体育运动、科研教育为目的的活动对物种产生有害影响。
3. 发生重大疾病或被捕食殆尽。
4. 防止物种数量减少或栖息地退化的监管机制的匮乏。
5. 影响物种存续的其他自然或人为因素。

如果物种受到上述威胁,署长就会确定“濒危栖息地”——保护物种所必需的、基本的生理或生物特征的栖息地。濒危栖息地可以包括对于保护物种很有必要的无人居住区。

自从1973年颁布《濒危物种法》以来，灭绝的物种有哪些？

有 7 个本土的物种已经灭绝。

首次列入保护日期	删除名录(宣布灭绝)日期	灭绝物种名称
1967 年 3 月 11 日	1983 年 9 月 2 日	长颌白鲑
1980 年 4 月 30 日	1987 年 12 月 4 日	阿米食蚊鱼
1976 年 6 月 14 日	1984 年 1 月 9 日	沙氏前嵴蚌
1967 年 3 月 11 日	1983 年 9 月 2 日	青大眼鰤鲈
1970 年 10 月 13 日	1982 年 1 月 15 日	内华达鳉
1967 年 3 月 11 日	1990 年 12 月 12 日	滨海灰雀
1973 年 6 月 4 日	1983 年 10 月 12 日	圣塔芭芭拉歌带雀

哪些濒危物种由于数量恢复被从《濒危物种名录》中删除？

13 种濒危物种由于数量得到恢复，现已从《濒危物种名录》中删除。

首次列入日期	删 除 日 期	物 种 名 称
1967 年 3 月 11 日	1987 年 6 月 4 日	美国短吻鳄
1970 年 6 月 2 日	1985 年 9 月 12 日	帕老鸡鸠
1970 年 6 月 2 日	1999 年 8 月 25 日	美洲游隼
1970 年 6 月 2 日	1994 年 10 月 5 日	北极游隼
1970 年 6 月 2 日	1985 年 9 月 12 日	帕老扇尾鹟
1967 年 3 月 11 日	2001 年 3 月 20 日	阿留申鹅
1974 年 12 月 30 日	1995 年 3 月 9 日	大灰袋鼠
1974 年 12 月 30 日	1995 年 3 月 9 日	大赤袋鼠
1974 年 12 月 30 日	1995 年 3 月 9 日	西部灰大袋鼠
1978 年 4 月 26 日	1989 年 9 月 14 日	黄芪
1970 年 6 月 2 日	1985 年 2 月 4 日	褐鹈鹕
1970 年 6 月 2 日	1994 年 6 月 16 日	灰鲸

由于生物分类学的修订，5 个物种的状况已经发生了变化。人们发现了其他 4 个物种的新信息。

全球有多少受到威胁的或濒危的动植物?

2002年4月30日制定的《濒危物种及物种恢复规划》一览表

物　　种	濒危数目		受胁数目		物种总计	美国计划恢复数目
	美国	外国	美国	外国		
哺乳动物	65	251	9	17	342	53
鸟类	78	175	14	6	273	75
爬行动物	14	64	22	15	115	32
两栖动物	11	8	8	1	28	12
鱼类	71	11	44	0	126	95
蚌	62	2	8	0	72	56
蜗牛	21	1	11	0	33	27
昆虫	35	4	9	0	48	29
蛛形纲动物	12	0	0	0	12	5
甲壳纲动物	18	0	3	0	21	12
动物小计	387	516	128	39	1 070	396
开花植物	568	1	144	0	713	556
针叶林和苏铁科植物	2	0	1	2	5	2
蕨类和同类植物	24	0	2	0	26	26
地衣	2	0	0	0	2	2
植物小计	596	1	147	2	746	586
总计	983	517	275	41	1 816	982

美国濒危物种总计——983 种(动物 387 种,植物 596 种)
美国受胁物种总计——275 种(动物 128 种,植物 147 种)
美国物种总计——1 258 种(动物 515 种,植物 743 种)

巨鲸的现存数量和状况如何?

种　类	拉 丁 名 称	原有数量(千)	现 在 数 量	状　况
抹香鲸	Physeter macro cephalas	2 400	未知;最多 100 万—200 万	易危
蓝鲸	Balenoptera musculus	226	5 000 以下	濒危
长须鲸	Balaenoptera physalus	543	5 万—9 万	易危

续表

种类	拉丁名称	原有数量（千）	现在数量	状况
驼背鲸	Megaptera novaeangliae	146	约 2.8 万	易危
北大西洋露脊鲸	Eubalaena glacialis	120	北大西洋西部 300—350 北大西洋东部几乎灭绝	濒危
南露脊鲸	Eubalaena australis		约 7 000	依赖保护
鳁鲸	Balaenoptera borealis	254	约 5 万	濒危
灰鲸	Eschrichtius robustus	20	约 2.7 万	依赖保护；北太平洋西部极危
北极露脊鲸	Balaena mysticetus	20	8 500 以下	依赖保护且个别地方极危
小布氏鲸	Balaenoptera edeni	92	约 4 万—8 万	数据不足
小须鲸	Balaenoptera acutorostrata	295	61 万—128.4 万	低危——接近濒危

非洲象的生存状况如何?

1979—1989 年的 10 年间，由于偷猎和非法象牙贸易，非洲象有一半已经消失了（数量由 130 万锐减到 60 万）。这使得 1989 年 10 月《濒危物种国际贸易公约(CITES)》将非洲象由受胁状态转为濒危状态。《象牙贸易禁令》也于 1990 年 1 月 18 日开始生效。博茨瓦纳、纳米比亚和津巴布韦已经达成一致意见，将象牙销售由各国内一个政府部门控制。所有国家进一步承诺，对销售、包装和运输进行独立监管，以确保遵守各项条款。最后，上述 3 个国家承诺，将象牙销售的年纯收入用来保护大象，如用于对大象保护进行监控、研究、执法及其他管理方面的开支，或在大象生活区域内进行地方性保护计划。

海龟是濒危动物吗?

世界范围内海龟数量的减少是由于以下几个原因：栖息地遭毁坏；人类过度掠夺海龟以获取龟蛋、皮革和龟肉；不幸误陷渔网中。数量只有几百只的肯氏龟尤其处于危险之中。其他濒危种类包括中美洲河龟（泥龟）、绿海龟（海龟）和革龟（棱皮龟）。濒危的陆龟包括角龟（安哥洛卡陆龟）、沙漠陆龟（沙漠地鼠陆龟）和加拉帕戈斯象龟。

什么是“不会对海豚造成伤害的金枪鱼”?

大约在 1 万年前的更新世末期，大型哺乳动物都已灭绝，但包括鲸鱼、海豚和小鲸在内的鲸目哺乳动物却幸存了下来。自公元前 1000 年以后，鲸目哺乳动物（尤其是鲸鱼)被人类无情地捕杀,以获取珍贵的产品。随着多种技术的进步,20 世纪成为鲸目哺乳动物受害最为严重的时期。1972 年,美国国会通过了《海洋哺乳动物保护法》,其目的就是在商业捕鱼活动中,减少对小型鲸目哺乳动物(尤其是原海豚和真海豚)的捕杀和伤害,例如海豚误入捕捞金枪鱼的大型船曳渔网(可以收紧形成巨球状并能吊到甲板上的渔网)中。海豚经常和成群的黄鳍金枪鱼在一起游动,因此使用大型船曳渔网的渔民会将海豚和金枪鱼一同捕获。这种捕鱼方式会溺死海豚，因为它们需要呼吸空气。1972 年,在导致海豚意外死亡和伤害事件中,由美国渔船造成的估计有 3.68 万起,他国船只造成的有 55 078 起。1979 年,这组数字分别下降到 17 938 起和 6837 起。在 20 世纪 80 年代,外国船只杀死海豚的事件急剧上升到 1 年 10 万余起。大部分伤害事件发生在智利到南加利福尼亚州的太平洋东部地区。1999 年,美国试图提出"金枪鱼对海豚无害"的说法,允许金枪鱼作业船队追赶并捞捕海豚。但这一做法并没有得到美国地方法院的支持。

为了进一步减少捕捞金枪鱼过程中伤害海豚的事件，由斯达克斯公司牵头的美国 3 个最大的金枪鱼罐头销售商决定，不出售以这种伤害海豚的捕鱼方法捕捞到的金枪鱼。

污　　染

参见:健康与医学——健康的隐患、危险等

有害废物是如何分类的?

有害废物有 4 种——腐蚀性的废物、可燃废物、反应性废物和有毒废物。

腐蚀性物质可以腐蚀或破坏物质。大部分酸都具有腐蚀性,可以破坏金属,烧伤皮肤,放出刺激眼睛的气体。

可燃物质很容易燃烧。这些物质会酿成火灾,刺激皮肤、眼睛和肺。汽油、油漆和家具上光剂都具有可燃性。

反应性物质和其他化学物质混合时,能够爆炸或产生有毒气体。例如,将漂白粉和氨混合会产生有毒气体。

有毒物质可以使人和其他生命体中毒。如果吞食或被皮肤吸收,将导致生病和死亡。杀虫剂和家用洗涤剂都具有毒性。

什么是生物整治?

生物整治是指通过细菌、真菌和蓝细菌等微生物的作用，对污染物进行降解、分解或稳定的过程。在这一过程中，在被污染的土壤或水中(如漏油)注入氧气和有机物。其中的微生物会吞噬并清除污染物。污染物去除后，该有机物随即消亡。

什么是污染物标准指数?

美国环保总署和加利福尼亚州埃尔蒙特地区南部海岸空气质量监管部门制定了污染物标准指数，用来监视大气中污染物的浓度，同时向公众发布对健康有影响的信息。自从1978年以来，这一衡量污染程度的标准一直在全国范围内使用。

污染物标准指数	健康影响	注意等级
0	良好	
50	中等	
100	不健康	
200	很不健康	警惕:老人和病人应待在室内，减少户外活动
300	危险	警告:普通人应待在室内，减少户外活动
400	高危	紧急:所有人待在室内，门窗紧闭，不活动
500	有毒	严重伤害:同上

什么是《毒物释放清单》?

《毒物释放清单》(TRI) 是美国制造业排放的650余种有毒化学物质和有毒化学种类的汇编，它由政府授权制定并对外公开。法律要求制造企业公布直接排放到大气、陆地或水中或转运到废物处理场的化学物质的数量。美国环保总署将这些报告汇编成一份年度清单，并将信息存入计算机数据库。2000年，23 484家企业排放了71亿磅(32亿千克)有毒化学物质。总共超过2.6亿磅(1.18亿千克)的有毒化学物质被排放到了水中;19亿磅(86万千克)被排放到大气中;超过41.3亿磅(18.7亿千克)被排放在陆地上;2.87亿磅(1.26亿千克)注入下水井中。2000年，有毒化学物质的总排放量比1999年低6.7%。

哪些国家向大气中排放的二氧化碳最多?

二氧化碳是温室气体。2000年，消耗和燃烧化石燃料排放二氧化碳最多的10个国家是:

国家	二氧化碳(CO_2)排放量(百万吨)	国家	二氧化碳(CO_2)排放量(百万吨)
美国	1 571.14	加拿大	157.95
中国	775.01	英国	147.77
俄罗斯	450.70	意大利	116.66
日本	313.69	韩国	115.33
印度	253.28	全世界	6 443.38
德国	219.72		

哪些曾经被誉为造福社会的“神奇化学物质”而如今却被禁止使用或受到严格控制?

滴滴涕(DDT,二氯二苯基三氯乙烷)、多氯联苯(PCB_3)和氯氟烃(CFCs)都曾被广泛使用。由于人们逐渐意识到这些化学物质对环境的破坏作用，现在都被禁止使用或受到严格控制。

DDT对环境有怎样的影响?

尽管奥斯玛·泽德勒(Othmar Zeidler)早在1874年就合成DDT(滴滴涕),但DDT的杀虫功效却是瑞士化学家保罗·穆勒(Paul Müller,1899—1965)在1939年发现的。由于发展了二氯二苯基三氯乙烷(即DDT)的用途,穆勒获得了1948年的诺贝尔医学奖。与当时使用的含砷化合物不同,DDT对杀死害虫有特殊功效,但不会伤害其他动植物。在以后的20年中,它有效地控制了传播疾病的昆虫(如传播疟疾和黄热病的蚊子和传播伤寒的虱子)，并杀死许多破坏庄稼的害虫。1962年，蕾切尔·卡逊(Rachel Carson)的《寂静的春天》的出版,引起了科学家对DDT的破坏作用的警觉。随着昆虫逐渐对DDT有了抵抗力和DDT对动植物生活周期累积的危害作用的突现,许多国家在20世纪70年代停止了DDT的使用。

哪些行业排放有毒化学物质最多?

2000年,金属采矿业排放的有毒化学物质最多,占全部化学物质排放量的47.3%。

行业	总排放量(磅)	占总排放量的百分比
金属采矿业	3 357 765 313	47.3
制造业	2 284 399 698	32.2

续 表

行　　业	总排放量(磅)	占总排放量的百分比
电力公共事业	1 152 242 786	16.2
危险废物/溶剂回收	284 950 589	4.0
煤矿开采业	15 968 001	0.2
石油集散站/大量贮存场	3 878 087	0.1
化学物品批发商	1 611 790	0.02

什么是多氯联苯?

1970年以前,多氯联苯(PCBs)是电子行业中用作变压器冷却剂和电容器及其他电子装置中广泛使用的一些化合物。由于多氯联苯不能分解,并且能够在水、土壤和空气中传播,所以会对环境造成污染。有的科学家认为,多氯联苯与癌症和生殖功能紊乱有关,并且会导致肝功能异常。因此,多氯联苯的使用、处理和生产在包括美国在内的全球范围内受到政府的严格控制。

氯氟烃是如何影响地球的臭氧层的?

氯氟烃(CFCs)是氢原子的一部分或全部被氟原子取代的碳氢化合物,如氟利昂。氯氟烃可以是液态或气态,不能燃烧且耐热,可用作制冷剂、气溶胶喷雾剂和各种溶剂。当被释放到空气中,会逐渐升高到达地球的大气上层,在那里被太阳紫外线分解。结果,一些分子碎片同大气中的臭氧发生反应,减少了臭氧量。氯氟烃分子的氯原子在一套复杂的反应中充当催化剂。在这一反应中,两个臭氧分子变成了3个普通的氧分子。臭氧层的消耗要比自然修复过程快得多。结果留下的"黑洞"让更多的紫外线进入地球表面,给人类的健康带来危害(如白内障和皮肤癌),扰乱脆弱的生态系统(如使植物产生更少的种子)。1978年,美国政府禁止使用碳氟喷雾剂,并且现行的气溶胶喷雾剂由碳氟化合物改为碳氢化合物,如丁烃。1987年,《蒙特利尔议定书》在全球范围内开展合作,减少氟氯烃的使用。

20世纪80年代后期,人们开始大规模地减少破坏臭氧的两大主要化合物(CFC11和CFC12)在大气中的集结。在这些措施的基础上,专家指出,这些氯氟烃的浓度在世纪之交前将达到峰值,臭氧层也可以缓慢地进行自我修复。据说仅靠大气中的自然反应,得需要50—100年才能将破坏臭氧层的氯和溴的浓度恢复到原来水平。在那之前,这些化学物质还将继续侵蚀地球的臭氧层。

烟雾的成分是什么?

美国最普遍的污染物霾,即烟雾,是形成地表臭氧的一种光化学反应的产物。臭氧是无臭、无味的气体,在光线中能够进行一系列的化学反应。臭氧是大气平流层中理想的气体,但地球表面对流层中的臭氧会危害到人体健康。如汽车排放的碳氢化合物、烃衍生物和一氧化氮,都是光化学反应的原料。在氧气和日光照射条件下,一氧化氮与有机化合物(如未燃烧汽油中的碳氢化合物)结合生成一种发白的薄雾,有时伴有黄褐色。在这一过程中,产生大量新的碳氢化合物和碳氢氧化合物。雾霾较重时期,这些二代碳氢化合物可能占全部有机物的95%之多。

减轻空气污染的一个具体方法是什么?

清除废气是指清除空气污染的主要成分二氧化硫(SO_2)和一氧化氮(NO)。湿式洗涤器利用石灰、石灰石、钠碱或稀释硫酸等化学溶剂来清除燃烧生成的二氧化硫。干式洗涤器将石灰(生石灰)泥浆或氨水喷洒到废气中。

1986年切尔诺贝利事件后放射性落尘的分布状况如何?

同位素铯 137 和核污染的放射性落尘波及地区广泛,包括白俄罗斯、拉脱维亚、立陶宛、苏联的中部地区、斯堪的纳维亚国家、乌克兰、波兰、奥地利、捷克斯洛伐克、德国、瑞士、意大利北部、法国东部、罗马尼亚、保加利亚、希腊、南斯拉夫、荷兰和英国。由于风力和风向的变化,核辐射落尘极其不均,从事故发生地一直蔓延 1 200—1 300 英里(1 930—2 090 千米)之外。约有 5%的核燃料——即含 5 000 万—1 亿居里的 7 吨燃料——泄漏。由于这次核泄漏的影响,估计未来 50 年内,将有 2.8 万—10 万人死于癌症或遗传缺陷。尤其是降水丰富地区的家畜受到的辐射程度更是达到了难以承受的剂量。

什么是酸雨?

"酸雨"一词是英国化学家罗伯特·安格斯·史密斯(Robert Angus Smith,1817-1884)创造的。1872 年,他出版了《空气和雨水:化学气候学的起点》一书。从那以后,酸雨不幸成为使用越来越多的词汇,被用来表示被酸(如硫酸和硝酸)污染的雨、雪、冻雨和其他形式的降水。

当汽油、煤炭或油料燃烧时,燃烧废物二氧化硫和二氧化氮在复杂的化学反应中与云中的水汽结合,形成酸。仅美国一国就向大气中排放了 4 000 万吨氧化硫和氧化氮。它们与自然界中释放的硫化物和氮化物结合,对生态造成了极大的破坏。北美(尤其是加拿大东北部和美国）和斯堪的纳维亚的上百个湖泊的酸性非常强，以至于鱼类难以生存。庄稼、森林和建筑材料（如大理石、石灰石、砂岩和青铜）也都受到影响，但受到什么程度的影响并没有记载。然而在欧洲，许多树木发育不良或枯死，"森林死亡"这一新词被用来描述这一现象。

1990年，美国《空气净化法》修正案增加了对造成酸雨的排放要加以控制的条款，规定每年二氧化硫的排放由1 900万吨减少到910万吨，工业一氧化氮的排放由600万吨减少到400万吨。

年　　度	二氧化硫排放（百万吨）	一氧化氮排放（百万吨）
1990	15.73	6.66
1995	11.78	6.09
1996	12.51	5.91
1997	12.96	6.04
1998	13.13	5.97
1999	12.45	5.49
2000	11.28	5.11

释放气球有何危害？

乳胶气球和金属气球都是有害的。乳胶气球可以降落在水中，失去颜色，好像一个海蜇，因为不能被消化，如果被海洋动物误食会致命。金属气球可能会刮到电线上，造成电力中断。

酸雨有多酸？

酸度和碱度是通过pH（氢元素的潜在量）值来衡量的。它的标值是介于0—14之间。由于是对数关系，一个单位的变化相当于增加或减少10倍。因此，pH值为2的溶液酸性要比pH值为3的溶液酸10倍，其酸度是pH值为4的溶液的100倍。0表示极酸，7表示中性，14则表示碱性很强。任何pH值为5以下的雨水都被视为酸雨；有的科学家的界定值为5.6以下。正常的溶有二氧化碳（一种弱酸）雨雪的pH值为5.6。实际的pH值因地理位置的不同而有所变化。东欧和部分斯堪的纳维亚地区酸雨的界定值为4.3—4.5；欧洲的其他地区为4.5—5.1；美国东部和加拿大介于4.2—4.6之间，密西西比河谷介于4.6—4.8之间。北美最差的地区为4.2，集中出现在伊利湖和安大略湖周围。为了便于比较，一些常见的物质和对应的pH值列出如下：

浓硫酸	1.0	正常湖水与河水	5.6—8.0
柠檬汁	2.3	蒸馏水	7.0
醋	3.3	人的血液	7.35—7.45
酸雨	4.3	海水	7.6—8.4
正常雨水	5.0—5.6		

第一次重大的漏油事件发生在哪里?

第一次重大的商用油泄漏事件发生在 1967 年 3 月 18 日。当时,“托利峡谷”号油轮搁浅,撞到了英格兰康沃尔海岸七石礁上,将 83 万桶(11.9 万吨)科威特原油泄漏到大海中。然而在第二次世界大战中,1942 年 1—6 月,德国潜艇在美国东海岸攻击油轮,造成 59 万吨原油泄漏。1989 年,“埃克森-瓦尔蒂兹”号油轮泄漏了 3.5 万吨原油,引起了世人的轰动,但与 1991 年 1 月 25 日人为故意将原油由科威特的悉兰德泄入波斯湾相比,简直是小巫见大巫。据估计,这次原油泄漏接近 150 万吨。1994 年 10 月还有一次重大的漏油事件,地点位于俄罗斯北极附近的科米地区。据报道,漏油量多达 200 万桶(28.6 万吨)。

除了上述的大灾难外，还有钻井平台日复一日的污染，如钻井生活产生的废物(包括人类粪便、油脂、化学物质、淤泥、钻出的岩石)也都排放到水中。

日　期	原　　因	漏油量(千吨)
1942 年 1 月—6 月	第二次世界大战中德国潜艇攻击美国东海岸油轮	590
1967 年 3 月 18 日	“托利峡谷”号油轮在英吉利海峡搁浅	119
1970 年 3 月 20 日	“奥赛罗”号油轮在瑞典特拉哈维湾与另一艘轮船相撞	60—100
1972 年 12 月 19 日	“海星”号油轮与另一艘轮船在阿曼湾相撞	115
1976 年 5 月 12 日	“乌古拉”号在西班牙拉科鲁尼亚搁浅	100
1978 年 3 月 16 日	“阿莫科-卡迪兹”号油轮在法国西北海岸搁浅	223
1979 年 6 月 3 日	南墨西哥湾“埃托斯一号”油井爆炸	600
1979 年 7 月	“大西洋快递”号与“爱琴海船长”号在特立尼达和多巴哥相撞	300
1983 年 2 月 19 日	波斯湾诺尔伍兹油田爆炸	600
1983 年 8 月 6 日	南非开普敦“卡斯蒂洛-德-比利佛”号甲板大火	250
1991 年 1 月 25 日	伊拉克故意在科威特的悉兰德将原油倒入波斯湾	1 450
1994 年	石油管道防漏构件失效,俄罗斯北部科米共和国漏油	约 28.6 万
1999 年	“新卡丽莎”号油轮在俄勒冈州库斯湾漏油	7 万加仑(238 吨)

海洋中的石油污染源是什么?

石油污染大部分是由于原油在油轮装卸过程中意外泄漏和油箱溢流造成的。其他的石油污染源包括机油清理不当、汽车漏油、轮船例行维护、输油管线泄漏及仓储设施和炼油厂的意外事故。

污染源	占漏油总量的百分比
江河和地表水的排放	31%
油轮活动(装卸等)	20%
污水处理厂和炼油厂	13%
海底自然渗出物	9%
小型船舶(渔船、渡船等)	9%
油轮意外事故	3%—5%

海岸边最常见的成堆的废物都有什么?

废物名	总数(2000年报道)	所占百分比(2000年)
烟头	1 027 303	20.25%
塑料制品	337 384	6.65%
塑料食物包装袋(纸)	284 287	5.6%
泡沫塑料制品	268 945	5.3%
塑料瓶盖儿	255 253	5.03%
废纸	219 256	4.32%
饮料罐	184 294	3.63%
玻璃饮料瓶	177 039	3.49%
吸管	161 639	3.19%

什么是“牧工计划”和“橙剂”?

“牧工计划”是指越战(1961—1975)中飞机在南越喷洒除草剂的军事行动计划。在这些计划中,美军用“橙剂”(除草剂2,4-D和2,4,5-T的总称)来使植物脱叶。该名字源于除草剂包装桶上的色码。美军向400万英亩(160万公顷)的土地上共喷洒了大约1 900万加仑(7 200万升)的除草剂。

1970年,“橙剂”对健康造成的影响开始引起人们的关注。从那以后,科学和政治上的辩论使得这个问题更加复杂化。1993年,由16个成员组成的专家组审查现有的科学证据发现，除草剂和软组织肉瘤、非霍奇金淋巴瘤、霍奇金氏病和氯痤疮之间有明显的数据统计上的联系。此外，他们得出结论，接触“橙剂”和患皮肤癌、膀胱癌、脑瘤和胃癌之间没有任何联系。

什么造成家庭中甲醛污染?

甲醛污染与大量使用以脲醛树脂黏合木质的建筑材料和含有甲醛的材料有关。甲醛主要来源于刨花板的副地板；硬木胶合板或刨花板制成的护墙板；刨花板、中密度纤维板、硬木胶合板或实木制成的橱柜和家具。脲醛泡沫隔热材料(UFFI)已经受到了多数媒体的好评和关注。甲醛也用于窗帘、软垫、地毯、壁纸胶、牛奶盒、车身、家用消毒剂、耐久耐压衣物和纸巾中。活动住房的甲醛含量比普通房子更高。在美国，每年甲醛的使用量达60亿磅(27亿千克)。

上述产品中的甲醛释放到空气中(俗称“放气”)，能使人类出现中毒症状。美国环保总署将甲醛定为潜在的人类致癌物(致癌因子)。

导致室内空气污染的污染物有哪些?

室内空气污染，又称“密闭建筑物综合征”，是由于现代高效节能建筑减少了户外空气流通或通风不畅造成的化学污染和微生物污染。室内空气污染会使人表现出各种症状，如头痛、恶心，并刺激眼睛、鼻子和喉咙。此外，房屋也会受到消费者、建筑产品和香烟等室内空气污染的影响。下面列出了一些房屋中的污染物：

污染物	污染源	影响
石棉	破旧或损坏的绝缘材料，防火砖或隔音砖	若干年后，胸腔和腹腔癌症和肺病
生物性污染物	细菌、霉菌和霉、病毒、动物头屑和猫唾液、螨虫、蟑螂和花粉	刺激眼睛、鼻子、喉咙；呼吸急促；头晕、嗜睡、发热、不消化；哮喘；流感或其他传染病
一氧化碳	不通气的煤油炉和煤气暖炉；漏气的烟囱和炉子；木材取暖火炉和壁炉；煤气炉；联体车库的汽车尾气；燃烧的香烟	浓度低时，劳累；浓度高时，视力协调性降低；头疼；头晕；惶惑；恶心；浓度很高时会致命
甲醛	胶合板；护墙板，刨花板，纤维板；泡沫绝缘板；香烟的烟火；纺织品和胶水	刺激眼睛、鼻子和喉咙；气喘和咳嗽；劳累；皮疹；严重的过敏反应；可能导致癌症
铅	汽车尾气；打磨或燃烧含铅油漆；焊接	削弱儿童身体和心理发育；降低协调性和智力；损害肾脏、神经系统和红细胞

续 表

污 染 物	污 染 源	影 响
汞	某些乳胶漆	气体蒸发会损害肾脏；长期接触会损伤大脑
二氧化氮	煤油暖炉，不通风的煤气灶和取暖炉，燃烧的香烟	刺激眼睛、鼻子和喉咙；可能削弱肺功能和增加幼儿呼吸疾病感染几率
有机废气	油漆、除漆剂、溶剂、木材防腐剂；烟雾喷剂；清洁剂和消毒剂；抗蛀剂；空气清新剂；储存的燃料；业余爱好品；干洗衣物	刺激眼睛、鼻子、喉咙；头痛；缺乏协调性；恶心；损伤肝、肾和神经系统；某些有机物使动物致癌并可能会致人患癌
杀虫剂	杀死室内害虫和草坪及花园中害虫的产品	刺激眼睛、鼻子和喉咙；损害神经系统和肾脏；致癌
氡	房子地下的泥土和岩石中；井水中，建筑材料中	不会立刻表现出症状；估计10%的肺癌死亡率；吸烟者的危险更大

回收、保护和废物

参见：能源——消耗和保护

什么是《资源保护和回收法》?

1976年，美国国会通过了《资源保护和回收法》(RCRA)，并分别于1984年和1986年进行了两次修订。该法要求环保总署鉴定危害废物，制定废物管理标准，包括有害废物的产生、运输、处理、储存和清除。该法要求，每月储存、处理或清除220磅(100千克)以上有害废物的所有公司，要持有标明处理多少废物的许可证。

什么是《有毒物质控制法》?

1976年，美国国会通过了《有毒物质控制法》(TOSCA)。该法要求，商品上市前都要检测有毒物质含量。当生产商计划生产某种化学制品时，必须通报环保总署(EPA)。如果呈递的数据不足以证明它的用途时，环保总署会要求制造商进行进一步检测。如果后来确定有一种化学物质对公众和环境有不合理的危害，或者数据不足以了解该化学物质的功效，制造商将承担评估该化学物质特性的费用和相应风险。如果检测不能使环保总署相信该化学物质的安全性，那么该物质的制造、销售或使用都会被限制或禁止。

什么是《超级基金法》?

1980年,美国国会通过了《环境应对、赔偿和责任综合法》,俗称《超级基金法》。该法以及后来1986年和1990年的修正案,确立了由联邦政府和州政府共同资助的163亿超级基金,化学和石化行业(提供资助额的86%)将被给予特殊的税收政策。超级基金的目的就是发现威胁人类健康和环境的有害废弃物的倾倒场所和地下油罐的泄漏地点,并进行彻底清理。为了不浪费纳税人的钱,这些清理活动遵循"污染者埋单"的原则。环保总署负责确定危险废物的倾倒场所,找出可能的罪魁祸首,要求他们为全部的清理费用埋单,否则将对他们提起诉讼。当环保总署没有找到责任方,则从超级基金中支取清理费用。

美国有多少有害废物倾置场?

2000年,美国有害废物倾置场已达1 279处。

哪些州的有害废物倾置场(超级基金场)最多?

美国50个州中,除了北达科他州外,都有危险废物倾置场。其中数量最多的州有:

州　名	有害废物倾置场的数量	州　名	有害废物倾置场的数量
新泽西州	113	佛罗里达州	53
加利福尼亚州	99	华盛顿州	48
宾夕法尼亚州	97	伊利诺伊州	44
纽约州	88	威斯康星州	41
密歇根州	69	得克萨斯州	38

什么是"NIMBY(居民排斥)综合征"?

NIMBY是"Not In My Back Yard(不要在我家后院)"的首字母缩略词,意指大部分社区居民抵制在自家附近修建新的垃圾焚化场、垃圾填埋场、监狱、公路等等。NIMFY的意思是"Not In My Front Yard(不要在我家前院)"。

什么是"棕色地带"?

美国环保总署将棕色地带定义为闲置废弃的、未充分利用的工业或商业用地。由于现实的或可觉察的环境污染,使得棕色地带的重新开发和规模扩张变得很复杂。房地产开发商认为，棕色地带不适宜重新开发。在美国，大约有 45 万个棕色地带，其中最集中的地区是东北部和中西部。

核废料的储存由哪个政府机构管理？

能源部、环保总署和核管理委员会负责处理用过的核燃料和其他放射性废物。能源部(DOE)负责开发废弃燃料和其他高能量的放射性废物的永久处理能力。环保总署(EPA)负责制定环保标准，并评估废物对地质处置场安全性的影响。核管理委员会(NRC)负责制定法规，执行环保总署的安全标准，并为废物处置场发放特许证等。

核废物是怎样储存的？

核废物包括铀、铯、锶、氪的裂变产物和铀原子吸收自由中子形成的超铀元素。超铀元素的放射性没有裂变产物的强。然而，这些元素会在相当长的时间内(甚至成百上千年)仍具有放射性。核废物是用过的燃料，为 12 英尺(4 米)长的棒状结构。高强度的放射性废物为液态或稀泥状。非超铀元素或未达法定高强度标准的低强度废物有反应堆硬件、管道、有毒的树脂燃料池水和其他受放射性污染的物质。

如今，全美大部分用过的核燃料都安全地储存在一个专门设计的反应堆池中。如果容量已满，执照持有者可使用地上干燥储存桶。美国 3 个低强度的放射性废物处理场分别位于南卡罗来纳州的巴恩韦尔、华盛顿州的汉佛德和犹他州的埃文凯尔。每个处理场接收来自全美特定地区的低强度放射性废物。

大部分高强度核废物都储存在双层壁不锈钢大罐中，外围加筑 3 英尺(1 米)厚的混凝土。1978 年，法国人发现了现行最好的储存办法，将核废物同熔化的玻璃混合，然后密封于一个钢制的容器中，掩埋在专门的坑里。1982 年的《核废物政策法》规定，高强度的放射性废物要在地下一个较深的地质处置场中处理。内华达州的尤卡山被选择作为一个处理高强度放射性废物的场所。然而，20 世纪 90 年代后期，由于附近有休眠火山和著名的地震断层带，尤卡山地点的选择饱受争议。

表现美国普通公民生活在“用完就扔的浪费型社会”中的例子有哪些？

在美国，消费者扔掉固体垃圾的数量令人瞠目，这其中包括：

每 3 个月扔掉的铝足够再造全国所有的民用飞机；

每年扔掉 180 亿片尿布，这些尿布连接起来可以往返月球 7 次；

每年扔掉约 20 亿个一次性剃须刀、1 000 万台计算机和 800 万台电视机；

每小时扔掉大约 250 万个不能退还的塑料瓶；

每年扔掉 140 亿份商品目录(平均每个美国人 54 份)和 380 亿份垃圾邮件。

美国的金属回收始于何时?

美国最早的金属回收是在1776年。当时纽约市的爱国人士推倒了英王乔治三世的塑像,并将其熔化,制成了42 088发子弹。

第一个垃圾焚烧炉是何时建造的?

美国第一个垃圾焚烧炉于1885年建在纽约港的总督岛上。

平均每个美国人产生多少垃圾?

根据环保总署的统计,1999年,美国人产生了接近2.3亿吨的城市垃圾。这相当于每人每天产生4.6磅(2.1千克),即每年大约1 700磅(770千克)的垃圾。垃圾的总量分布如下:

垃圾产品	占垃圾总量的百分比	垃圾产品	占垃圾总量的百分比
纸和纸板	38.1	纺织品	3.9
玻璃制品	5.5	木制品	5.3
金属制品	7.8	食物垃圾	10.9
塑料制品	10.5	庭院垃圾	12.1
橡胶和皮革	2.7	其他垃圾	3.2

为什么"莫博罗号"驳船举世闻名?

"莫博罗"是纽约长岛一艘满载垃圾但无法处理的驳船。美国6个州和3个国家曾拒绝它靠岸。这使人们开始关注东北部地区垃圾填埋能力匮乏的问题。这船垃圾最终在布鲁克林被焚烧,灰烬在艾斯利普附近被填埋。

美国垃圾填埋问题的危急程度如何?

几十年来,垃圾填埋已经成为废物处理的一个重要组成部分。1960年,美国全部垃圾总量的62%被拉去填埋。1980年,这一数字上升到81%。截至1990年,2.69亿吨城市固体垃圾中的84%被填埋。日益增强的回收利用意识使实际填埋的垃圾数量从1995年的4 482吨降到2000年的2 142吨。此外,固体垃圾运到填埋场的数量也在

美国现在已拥有 9 000 余个垃圾填埋场。

下降。2000 年的数字表明，只有 60%的城市固体垃圾被送去填埋。在 1990—2000 年的 10 年间，循环利用的废物总量从 8%上升到了 33%。

一吨垃圾能变成多少甲烷燃料?

经过 10—15 年，一吨垃圾就会变成 14 126 立方英尺(400 立方米)的燃料，但垃圾填埋场得经过 50—100 年，所以产生的燃料会相对少一些。一吨垃圾 10 年间会产生其体积 100 倍的甲烷。但垃圾填埋场的经营者们通常却不会最大限度地追求甲烷的产量。

回收一吨废纸能够节省垃圾填埋场多大空间?

每回收 1 吨(907 千克)废纸，可至少节省 3 立方码的垃圾填埋场空间。

美国的废纸回收始于何时?

美国的废纸回收实际上开始于 1690 年。当时利顿豪斯家族在费城附近的维莎西康溪岸边开办了第一家造纸厂。那时候，造纸厂的纸是由回收的破布制成的。

回收废纸节省了哪些自然资源?

1 吨(907 千克)回收的废纸会节省平均 7 000 加仑(26 460 升)的水,3.3 立方码(2.5 立方米)的填埋空间,3 桶油,17 棵树和 4 000 度电——这些电足够一个普通之家使用半年。此外,还会减少 74%的空气污染。

回收多少纸可以挽救一棵树?

一棵 35—40 英尺(10.6—12 米)高的树能制成一垛 4 英尺(1.2 米)高的报纸。因此需要回收这么多的旧报纸,才能挽救一棵树。

一份报纸能产生多少废纸?

每天收到的订阅的报纸,例如《旧金山新闻》,平均一年下来会产生 550 磅(250 千克)的废报纸。《纽约时报》周日版平均产生 800 磅(360 千克)的废纸。

美国有多少造纸厂利用废纸造新纸?

美国几乎 80%的造纸厂利用某种回收纤维制造新产品。另外,有 200 家造纸厂只用回收的纤维造纸。

美国有多少纸被回收?

1999 年,45%的使用纸张,即 4 700 万吨纸是回收再利用的。回收纸中的 81%被造纸厂制成新产品,16%输出到再生市场,其他的用于美国国内其他产品,如绝缘材料、模压包装、混合肥料和“猫砂”纸袋。

第一个对饮料瓶强制收取押金的是哪个州?

1791 年,俄勒冈州第一个立法强制收取饮料瓶押金。押金每瓶 5 美分。

聚氯乙烯(PVC)燃烧时会出现什么问题?

氯化塑料,如 PVC 等,燃烧时容易生成盐酸气体。在燃烧过程中,它还会生成含有氯气的混合物戴奥辛(一种致癌或致畸的杂钚族碳氢化合物,是制造除草剂和消毒剂的副产品)。聚苯乙烯、聚乙烯和对酞酸聚乙烯(PET)在燃烧时不会产生这些污染物。

塑料如何降解?

塑料不上锈也不会腐烂。这是它的优点,但要清除塑料时,这个优点却变成了缺陷。可降解的塑料中有淀粉,它可以被食淀粉的细菌破坏,最终将塑料分解为小碎片。生物上可降解的塑料可以被化学溶剂分解。外科手术中使用可降解的塑料缝线,可以缓慢地溶解在体液中。光降解塑料含有经过两三年光照即可分解的化学物质。用来包装饮料的塑料枷锁中,有 1/4 是由一种叫做乙烯基类或乙烯基酮类共聚物制成的,而这种共聚物是可光降解的。

美国有多少街头回收方案?

第一个城市街头回收方案是 1974 年在密苏里州大学城开始的。那里的市政官员设计并分发了一个用于收集报纸的容器。街头回收方案在美国方兴未艾。1997 年,街头回收方案已达 7 375 个。截至 1999 年,街头回收方案已经增加到 9 349 个。

自从1960年以来,城市固体垃圾的回收增加了多少?

1960 年的回收率是 6.4%,1999 年增加到 28%。美国 5.6%的城市废物制成堆肥,15%焚烧掉,剩下的 57%填埋。

塑料容器上的回收标记内的数字是什么意思?

塑料工业协会发明了一种非正式的编码方法,用以帮助回收人员对塑料容器进行分类。该标志印在塑料容器的底部。在组成三角形的 3 个箭头内,有一个数字码,数字含义被列在下面。最常见的回收塑料是对酞酸聚乙烯(PET)和高密度的聚乙烯(HDPE)。

数字码	材　　料	具体实例
1	对酞酸聚乙烯(PET/PETE)	2 升装软饮料瓶
2	高密度聚乙烯(HDPE)	牛奶瓶和水罐
3	乙烯(PVC)	塑料管、洗发水瓶
4	低密度聚乙烯(LDPE)	产品包装袋、食品保鲜盒
5	聚丙烯(PP)	软塑料挤瓶、吸管

续 表

数字码	材料	具体实例
6	聚苯乙烯(PS)	快餐包装盒、普通包装盒
7	其他	食品盒

什么产品是由回收的塑料制成的?

树脂	一般用途	回收树脂制成的产品
HDPE	饮料瓶、牛奶瓶、牛奶和软饮料箱套、管线、电缆、胶片	机油瓶、洗涤剂瓶、管线和桶
LDPE	聚乙烯套袋,如垃圾袋、涂层薄膜和塑料瓶	新垃圾袋、货盘、地毯、纤维填塞物
PET	软饮料瓶、洗涤剂瓶、果汁瓶	瓶子或盒子等容器
PP	汽车电池盒、螺旋式帽和瓶盖,一些酸奶盒和人造黄油盒、塑料薄膜	汽车零件、电池、地毯
PS	家庭用具、电子仪器、外卖快餐包装塑料工具	隔热板、办公设备、餐厅托盘
PVC	运动商品、行李、管线、汽车零件、洗发水瓶、发泡包装、薄膜	下水管线、筑栅栏材料、房屋披迭板

一种叫做福特利尔-埃克斯普的新型衣料纤维是由回收的塑料汽水瓶制成的。纤维被编织成衣服,如外穿的毛呢上衣或者长内衣。加工人员估计,每制成一磅福特利尔-埃克斯普纤维,就会使10个塑料瓶免于被填埋。

买东西时是选择塑料袋还是纸袋?

正确的回答是两者都不选,二者都对环境有害。对于哪一个更有害这一问题,至今也没有明确的答案。一方面,塑料袋在填埋场降解慢,如果被动物吞噬还会危及生命,并且生产塑料袋还会污染环境。另一方面,生产大部分超市中使用的棕色纸袋耗费木材,污染空气和水。总之,与不利用回收纸生产的纸袋相比,制造白色或透明的聚乙烯袋时耗能少,并且对环境的损害也较小。无需在纸袋和塑料袋间进行选择,你带上可以反复使用的帆布袋或系绳包去商场,积攒并反复使用你能找到的任何纸张或塑料袋。

手工刷碗要比自动洗碗机洗碗更环保吗?

通常洗碗机比手洗节约能源和水。由于品牌不同，洗碗机每洗一次通常消耗7.5—12加仑(28—45升)水。手洗一天的碗盘可能用去15加仑(57升)水。一项大学进行的研究发现,洗碗机耗水量比手洗用水量少37%。

使用洗碗机时,可采用以下几个措施来达到节省能源的目的。如果洗碗机有增压加热器,家用热水器的设置可下调到120℉(49℃)。有的洗碗机有“不加热,风干”的功能设置时,在最后清洗结束后,打开舱门,晾干碗盘,这样会更节能。由于大多数洗碗机都能处理油污严重的盘子,碗盘装入机器前预冲洗通常会更费水。

每年有多少汽车轮胎报废? 怎样处理报废轮胎?

2001年,美国有大约2.81亿个轮胎被丢弃。几乎75%的被弃轮胎都被送到了3个主要的报废轮胎市场——废旧轮胎衍生燃料(TDF)、土木工程和废旧橡胶应用场所。另外,2 000万—2 500万个报废轮胎被送到填埋场。1979—1992年,报废轮胎的唯一市场就是成为燃料。2001年底,有83种设备定期使用TDF。许多燃烧技术都用到TDF,包括水泥窑、纸浆厂和造纸厂锅炉、公共设施和工业锅炉以及专门的废轮胎变能源设备。废弃的轮胎可以代替沙子、石头和堆填物作为建筑材料。可以回收制成新产品,如地板垫、爆破防护网、厚实衣架等。磨成碎屑的轮胎可以用来制作多种浇铸产品或冲切产品,如锥形路标座、挡泥板、防潮层。整个轮胎可以用作人造礁石,防止海水侵蚀和稳定矿山尾矿池。

什么是“沃波”?

“沃波”(世界瓶)是最早批量生产的容器,它的另外一个用途是可以用做建筑材料。这一构想是喜力啤酒家族的阿尔伯特·喜力(Albert Heineken)提出的。啤酒瓶被设计成特殊的形状加以使用,喝空后,可以做玻璃砖来盖房子。实际上用“沃波”盖的房子仅见于阿姆斯特丹附近诺德韦克喜力庄园上的一个小棚和一个同时停放两台车的车库。尽管没有普及推广,但“沃波”不失为是一个聪明独特的设计,为最近几年出现的重大环保问题提出了一个可供参考的解决方案。

生 物

细 胞

什么是细胞理论?

细胞理论认为一切生物都是由基本单位“细胞”构成。细胞是具有生命特征的最简单的物质存在形式,许多生命以单细胞有机体的形式存在。包括植物和动物在内的更多复杂有机体是多细胞结构的,它们集合了多种存活时间较短的专类细胞。所有的细胞都是由早期的细胞分化而来,在地球生命漫长的演化历程中经历了各种各样的变化。生物体的任何变化都是从细胞开始的。

科学家有关细胞的重大发现是什么?

17 世纪后期,罗伯特·胡克(Robert Hook,1635—1703)首先在软木塞的切片中发现了细胞,随后在骨骼和植物中都发现了细胞的存在。1824 年,亨利·杜洛切(Henri Dutrochet,1776—1847) 提出动物和植物都有相似的细胞结构。罗伯特·布朗(Robert Brown, 1773—1858)于 1831 年发现了细胞核,玛提亚斯·施莱登(Matthias Schleiden, 1804—1881)于这一时期将其命名为核仁(现在认为细胞核的结构与核糖体有关)。施

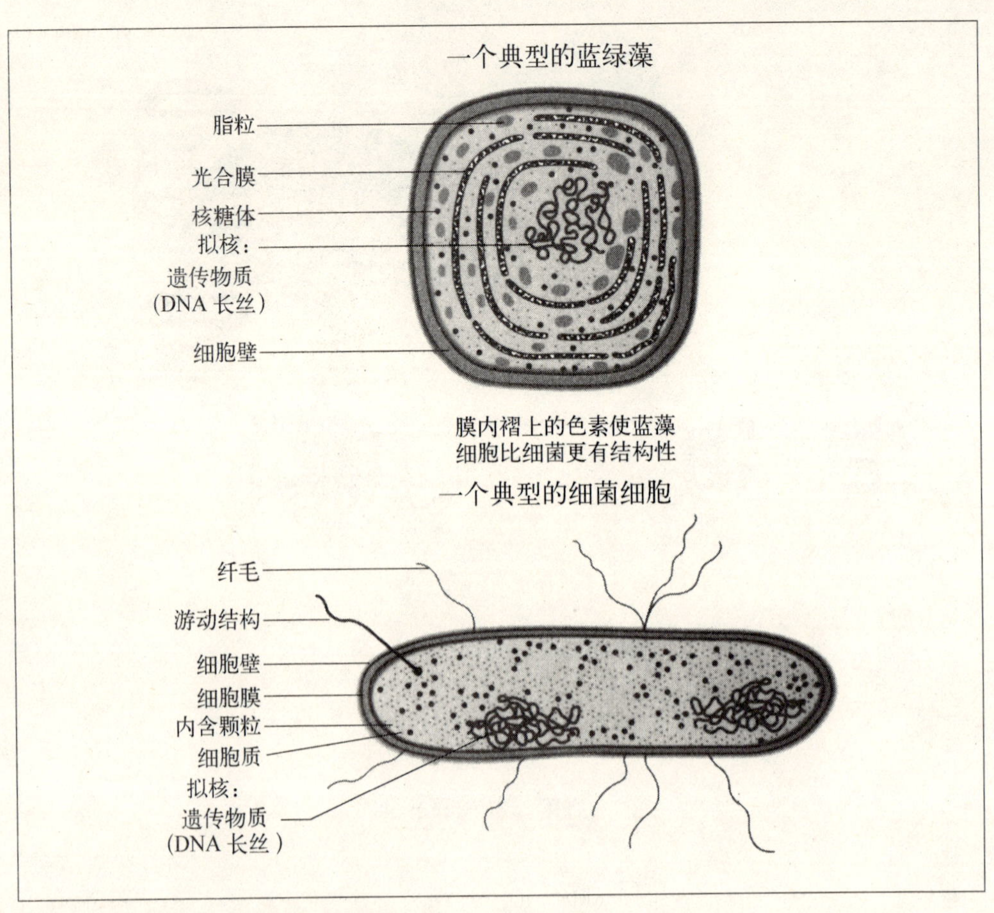

两个典型的原核细胞:蓝绿藻和细菌。

莱登和西奥多·斯旺(Theodor Schwann, 1810—1882)于 1839 年提出一个更广泛的细胞理论。前者认为细胞是植物的基本单位,而后者将这一论断扩展到动物界。罗伯特·勒麦克(Robert Remak, 1815—1865)于 1855 年首次描述了细胞分裂。1888 年,威尔赫姆·冯·瓦尔登-哈茨(1836—1921)命名了染色体,并在细胞核中发现了它。瓦尔特·弗莱明(Walter Flemming, 1843—1905)成为整个细胞分裂过程中对染色体进行跟踪研究的第一人。

原核细胞和真核细胞的区别是什么?

每个有机体都是由两种结构不同的细胞构成的:原核细胞和真核细胞。只有原核生物具有原核细胞。原生生物、植物、真菌和动物都有真核细胞。

一个细胞中有多少线粒体?

线粒体的数量因细胞的种类而异，但人体肝脏的每一个细胞中有超过 1 000 个线粒体。一个形式单一的线粒体是个可以自我复制的双膜体，可以在所有真核细胞(必有一个细胞核)的细胞质中发现。每个细胞的线粒体的数量介于 1—1 万之间，平均值为 200。线粒体是产生 ATP、脂质和蛋白合成的场所。

原核细胞和动植物真核细胞的细胞器有什么功能?

原核细胞和动植物真核细胞的细胞器功能如下：

结　构	功　　能	原核细胞	真核细胞(动物)	真核细胞(植物)
细胞壁	保护、支撑细胞	有	无	有
细胞骨架	结构支撑；细胞运动	无	有	有
鞭毛和纤毛	运动或表面移动流体	有	常见	大多无
细胞膜	调控出入细胞的物质；识别细胞	有	有	有
细胞核	细胞的控制中心；指导蛋白合成和细胞繁殖	无	有	有
染色体	包含遗传信息	无	有	有
核仁	合成核糖体	无	有	有
核糖体	蛋白合成场所	有	有	有
线粒体	细胞的动力工厂；氧化代谢场所	无	有	有
叶绿体	光合作用的场所	无	无	有
溶酶体	消化衰弱线粒体和细胞无碎片；促使细胞死亡	无	有	有
内质网	形成隔间和囊泡	无	有	有
高尔基体	加工和转运细胞内蛋白质；无形成分泌囊泡	无	有	有

植物细胞中有多少叶绿体?

叶绿体是光合作用的场所。绿色植物在光合作用中将二氧化碳和水合成糖，同时释放出副产品氧气。叶绿体中含有叶绿素 A 和 B，可以吸收光进行光合作用。单细胞植物可能仅有一个大叶绿体，而高等植物叶肉细胞可能有多达 20—100 个叶绿体。

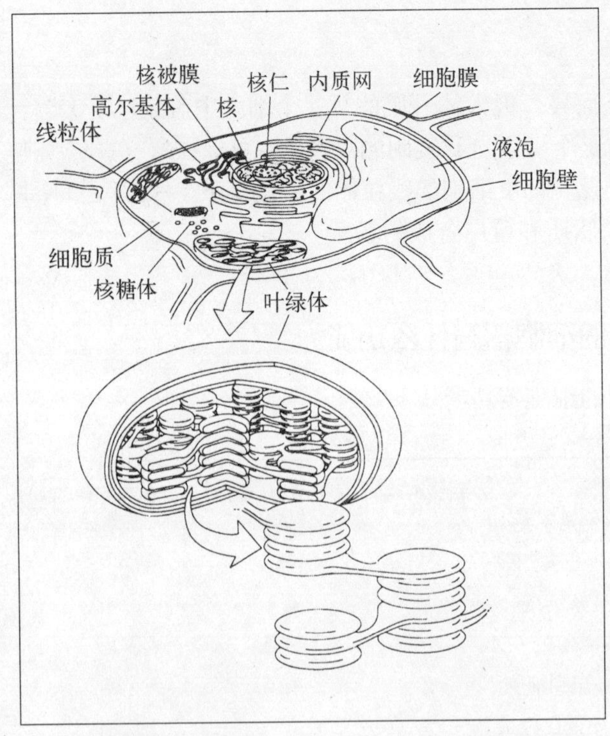

植物细胞的叶绿体。

任何细胞都有细胞核吗?

人体内只有红细胞没有细胞核，因此它们不能分裂。它们以每分钟 14 万个的速度在骨髓中产生。它们在人体的循环系统中存活大约 120 天后在肝脏中被破坏。

细胞有丝分裂分哪几个阶段?

高级有机体的真核细胞分裂包括两个阶段:有丝分裂即核分裂和胞质分裂,即整个细胞的分裂。实际细胞分裂的第一个进程是有丝分裂。在有丝分裂过程中,被复制的染色体受到调动,每一个新细胞获得一个完整的染色体。这一过程可分为 4 个阶段:前期、中期、后期和末期。性细胞的核分裂被称作减数分裂。通常性繁殖须双亲的介入,且总是与减数分裂和受精有关。

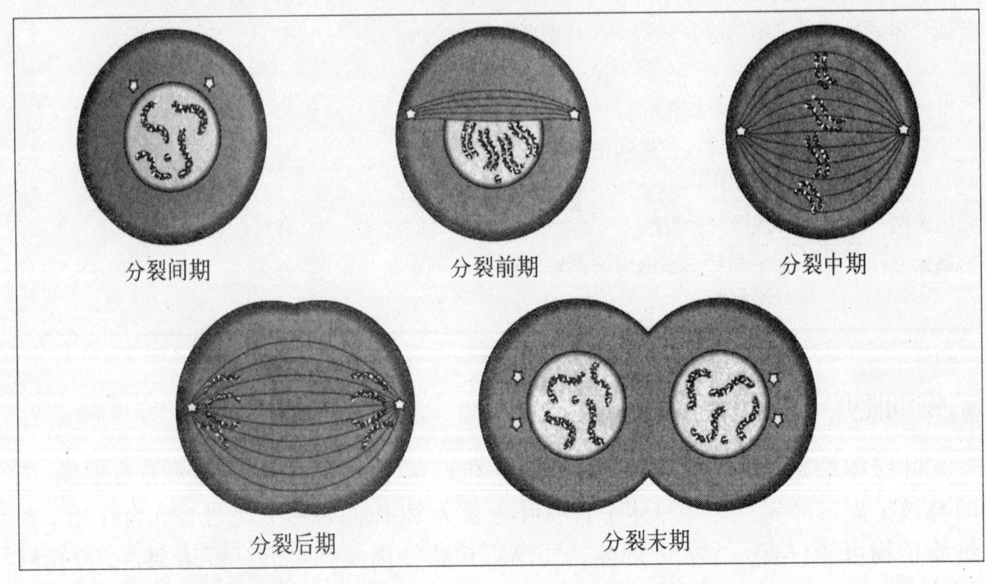

有丝分裂的不同阶段。

进化论和遗传学

达尔文对雀类研究的重要意义是什么?

在加拉帕戈斯群岛的研究中,查尔斯·达尔文仔细观察了动植物的样式,他认为新的物种是经过长时间的演变而产生的。达尔文收集了几种雀类。这些雀类都极为相似,但是每一种都有专门适合不同捕食方式的尖嘴或扁嘴。有些雀类长着沉重的大嘴便于敲开坚硬的植物种子。其他的雀类长着细长的喙便于捕捉昆虫。有一种雀利用细枝来捕食树洞中的昆虫。这些雀与南美的一种雀极为相像。实际上,加拉帕戈斯群岛上的所有动植物都与600英里(1 000千米)外的南美海岸的动植物相似。达尔文认为,对于这种相似性最简单的解释就是南美大陆一些动植物的物种一定迁徙到了加拉帕戈斯群岛。这些动植物在它们新的家园经过多年的演化,形成了许多新的物种。进化论认为物种在长期面临自然环境的挑战中产生变化。

什么是连续性平衡?

连续性平衡是1972年尼尔斯·艾德里奇(Niles Eldredge)和约瑟夫·J.高尔德(Stephen J. Gould)首次详细阐述的宏观进化模式。它被视为新达尔文主义(主张渐进演变模式)的对立模式或其补充模式。连续性平衡本质上认为大部分地质史表现的只是微小的演变。而在此之前则是较短的迅速演变时期(从地质学的角度说也需几百万年)。

各个地质时期发生了哪些大事件?

纪	世	距今大约年代(单位:百万年)	植物和微生物	动　　物
新生代(哺乳动物时代)				
第四纪	全新世	10 000年	木本植物衰落,草本植物崛起	人类时代;人类主宰世界
	更新世	1.9	冰川时代许多物种灭绝	冰川时代许多大型哺乳动物灭绝
第三纪	上新世	6.0	草原面积扩大;森林减少;出现开花植物	大型食肉动物;草食哺乳动物;最早的灵长类
	中新世	25.0		许多现代哺乳动物进化

续 表

纪	世	距今大约年代（单位：百万年）	植物和微生物	动物
	渐新世	38.0	森林扩大；植物开花，单子叶植物崛起	大型类人猿进化；哺乳动物进化；剑齿猫
	始新世	55.0	裸子植物和被子植物繁盛	哺乳动物时代开始；现代鸟类、灵长类哺乳动物进化
	古新世	65.0		
中生代(爬行动物时代)				
白垩纪		135.0	被子植物崛起；裸子植物衰落	恐龙鼎盛转向灭绝；齿鸟灭绝，现代鸟类首现；原始哺乳动物出现
侏罗纪		200.0	蕨类和裸子植物普遍	大型恐龙；食虫有袋动物
三叠纪		250.0	裸子植物和蕨类称霸	恐龙首现；产蛋哺乳动物
古生代				
二叠纪		285.0	针叶树演变	类似爬行动物的现代昆虫；古生无脊椎动物灭绝
石炭纪		350.0	蕨类和裸子植物繁盛；大片沼泽；石松和目贼	大量古鲨鱼；许多棘皮动物、软体动物和昆虫；早期的爬行动物；古代两栖类遍布
泥盆纪		410.0	陆生植物形成；出现森林；裸子植物出现	鱼类时代；两栖动物；无翅昆虫和千足虫出现
志留纪		425.0	维管束植物出现；藻类繁盛	鱼类进化；海生蜘蛛繁盛；早期昆虫；甲壳动物
奥陶纪		500.0	海生藻类繁盛；陆生植物首现	无脊椎动物兴盛；早期鱼类出现
寒武纪		570.0	藻类繁盛	海生无脊椎动物时代
前寒武纪时代				
太古代和元古代		3 800.0	细菌细胞；原始藻类和菌类海生原生动物	末期出现海生无脊椎动物
无生代		4 600.0	地球的起源	

人类是怎样进化的?

人们普遍认为，现代人（智人）的人类谱系起源于一个大约5英尺高的猎人、能人。据推断他是从非洲南方古猿进化而来。更新世伊始(200万年前),能人就已经变成了直立人（爪哇人),并且学会了用火,并拥有自己的文化。在更新世中期约12万—4万年前，直立人已经开始稳步地向智人(尼安德特人、科洛马农人和现代人）进化。前现代智人会建造木屋和缝制衣服。

奥地利牧师科学家葛利高尔·孟德尔用蚕豆实验确立了遗传规律。

遗传学的奠基人是谁?

奥地利牧师和生物学家葛利高尔·孟德尔（Gregor Mendel,1822—1884）被公认为是遗传学的奠基人。由于采用统计学知识来分析生物学现象，他发现了具体的和固定的比率，并以此制定遗传的规律。然而，是英国生物学家威廉·贝特森(William Bateson,1861—1926）使孟德尔的工作引起了科学界的关注,而且“遗传学”一词也是他首创的。

查尔斯·达尔文有绰号吗?

达尔文有过好几个绰号。作为一个年轻的博物学家,他有学术追求,在“贝格尔号”上他被称作“费洛斯”。当同船的其他人对他满船的标本极为厌恶的时候,人们叫他“食虫鸟”。后来当他成为科学界的领袖后,记者称呼他为“下层的贤者”和“科学的圣徒”,但他的朋友托马斯·亨利·赫胥黎(Thomas Henry Huxley)私下里却叫他“平民的恺撒”和“科学的教皇”。他自己最喜欢的绰号是“傻瓜斯图尔特”。这个绰号是指他努力尝试做那些持有偏见的人认为不会有结果甚至是愚蠢的实验。

什么是孟德尔遗传?

孟德尔遗传(Mendelian inheritance)是指遗传性状进行的遗传。奥地利牧师葛利高尔·孟德尔(Gregor Mendel,1822—1884)对这一过程进行了研究和描述。孟德尔是正确推导出遗传基本原理的第一人。孟德尔遗传性状因为受一个基因或基因对的控制,因此也被称作单性状。超过 4 300 种人类疾病被认为或疑似与孟德尔遗传有关,包括常染色体显性遗传(如神经纤维瘤病)、常染色体隐性遗传(如囊性纤维化)、性连锁显性和隐性的遗传(如色盲和血友病)。

总之,孟德尔遗传疾病的发病率在人类人口中约为 1 %。许多造成人的差异性的非异常特征也是以孟德尔遗传方式实现的。

《物种起源》的重要意义是什么?

查尔斯·达尔文(Charles Darwin,1809—1882)根据他的论文《自然选择》最先提出了进化的理论。《物种起源》的出版迎来了一个新的时代,促使我们对于人的属性问题进行思考。它所引起的知识革命连同对世界和人类自我概念的影响远远超过牛顿等人。第一版发行当天(1859 年 11 月 24 日)就引起了轰动。该书一直被视为“震撼了世界的一本书”。每每讨论人类的未来,谈及世界人口爆炸,探求存活于世间,探讨人类与宇宙的意义以及人类在自然界中的地位时,皆需求教于达尔文。

该书是作者以博物学家的身份在“贝格尔号”军舰上对环球科考航行中的发现进行缜密分析和完美解释的成果。在那个年代,对生物多样性最盛行的解释就是《圣经·创世纪》中的故事。《物种起源》首次呈现了科学合理、组织严密的进化证据。达尔文的进化论基于“适者生存、优胜劣汰”的自然选择。如果个体间遗传能力存在差异,这个种族就必然会稳步完善。这个过程需要两步:第一步产生变异,第二步是这种变异经过自然选择的筛选,最有利的变异往往被保留下来。

谁首先提出“适者生存”?

尽管该词经常使人联想到达尔文,但它却是英国社会学家赫伯特·斯宾塞(Herbert Spencer,1820—1903)首创。其词义为不适合周围环境的有机体往往消亡,而更适合周围环境的有机体则往往更易于存活。

什么是贝氏拟态?

1861年,英国博物学家亨利·瓦尔特·贝茨(Henry Walt Bates,1825—1892)提出,无毒物种可以(尤其在颜色和色彩图案上)演变成看似一种有毒或不可食的物种,或者行为举止更像一个有毒的物种,以避免被捕食者吃掉。典型的例子是与不可食的美洲黑脉金斑蝶十分相像的美洲黑红蝴蝶。这就是“贝氏拟态”。在另一个例子中,鹰蛾幼虫感到不安时胀起头部及胸部,加之它的眼睛,看起来像一条小毒蛇的头。这种模仿甚至体现在行为上:幼虫前后晃动它的头部,像蛇一样发出“嘶嘶”声。后来德裔动物学家弗里茨·穆勒(Feitz Muller, 1821—1897)发现,所有食肉动物不食同类。这种现象叫做“穆氏拟态”。

斯科普斯审判(猴子审判)发生在何时?

中学生物教师约翰·T.斯科普斯(John T. Scopes,1900—1970)1925年由于讲授进化论被田纳西州法院传唤。田纳西州立法机构新通过一条法令:不准在该州公立学校讲授任何否定神创造人的理论。他对此提出质疑,因而被定罪和判刑。但这一判决后

黑红蝴蝶(左)自然进化后与食肉动物不吃的黑脉金斑蝶极为相似。

来被撤销，而且该法令也于1967年被废除。

当时，学校董事会承受的压力仍然影响进化论的教学。反进化论者极力禁止讲授进化论，即坚持《圣经·创世纪》中描绘的人是神的独创的观点。这已引出了很多问题，其中包括政教分离的问题，公立学校有争议的问题诸如教学及科学家与市民沟通能力等。逐步完善的化石记录、比较解剖学的成果和许多生物科学的发现，使进化思想更广泛地被接受。

什么是“红皇后假说”?

红色皇后假说也被称作“不断灭绝定律”，得名于路易斯·卡洛尔《爱丽丝梦游仙境》一书。书中的人物红皇后告诉爱丽丝，她必须以最快的速度奔跑才能待在原来的地方。这一论说是指一个物种循序渐进的进化，代表着所有其他物种的生存环境的恶化。这促使其他物种必须相应进化而不被淘汰。

质粒和朊病毒的区别是什么?

质粒是从细菌染色体分离的一个很小的、环状的、可以自我复制的DNA分子。质粒通常不在细胞外，通常对细菌细胞有益。质粒常常在基因工程中用来接收外源DNA。朊病毒是一种传染性的蛋白质因子或结构变异的蛋白质，它可能会将相关的蛋白质转换为更多的朊病毒。朊病毒可能会导致一些退化性脑疾病，如疯牛病或人类的克——雅氏综合征(CJD)。

什么是聚合酶连锁反应?

聚合酶连锁反应又称PRC技术，是一个不使用细胞而非常迅速扩增DNA的实验室技术。DNA与一种特殊的DNA聚合酶培养在试管中，加入核苷酸和作为DNA合成引物的一小段单链DNA。聚合酶连锁反应可在数小时内复制一部分DNA几十亿份。每个PCR周期只需要5分钟左右。在周期结束时，一部分DNA——甚至带有数百个碱基对的DNA——都已增加一倍。聚合酶连锁反应设备可反复重复这一周期。聚合酶连锁反应速度远远高于通过制造一个重组质粒并让其在细菌内复制的DNA克隆速度。

PCR技术是生化学家凯利·穆利斯(Kary Mullis，1949—)于1983年确立的，当时他正供职于加利福尼亚州一家生物技术公司——希特斯公司。1993年，穆利斯由于开创了PCR技术获得了当年的诺贝尔化学奖。

什么是基因工程？

基因工程，俗称分子克隆或基因克隆，是指在试管中人工重组核酸分子，植入病毒、细菌质粒或其他载体系统，随后将嵌合分子纳入宿主有机体，使它们能够继续繁殖。这样的分子组成也被称为基因操纵，因为它通常利用生化手段产生新型遗传组合。

基因工程技术包括细胞融合和利用DNA（RNA）重组或基因剪接。在细胞融合过程中，精子和卵子细胞坚硬的外膜被酶剥夺，然后脆弱的细胞在化学物质或病毒的作用下混合并结合。结果可能从两个品种产生一个新的生命形式。DNA重组技术通过利用细菌质粒（游离在主要细菌染色体外面的小环状DNA）和一些酶，从一个有机体转移具体遗传活动到新的有机体[如限制性内切核酸酶（可切断DNA链）、逆转录酶（从RNA链可制得一个DNA链）、DNA连接酶（可将DNA链连接在一起）和标记聚合酶（可从一个单链引物分子得到双链DNA分子）]。这一进程是从分离合适的DNA链和对其进行断裂开始的。这些片段和载体结合后，它们来到细菌细胞，在这里DNA片段继续在已打开了的DNA质粒上拼接。这些杂交质粒现在与宿主细胞混合形成转化细胞。因为只有部分的转化细胞能表现出所期望的特性或基因的活性，所以转化细胞被分开培养，并独自发育。这个方法已为生物技术产业成功地生产了大量的激素（如胰岛素）。要转化动物和植物细胞是更难的一件任务，然而，能使植物抗疾病和使动物长成较大体型的技术还是存在的。因为基因工程可以干扰遗传的过程并能改变我们的遗传结构，而且创造这些细菌形式可能产生健康和生态后果。因此，这种巨大力量带来的伦理后果也备受关注。遗传工程的应用领域列出如下：

农业：抗虫、抗旱的高产作物；防止因低温导致作物受损的细菌性喷剂；通过改变动物性状对牲畜进行改良。

工业：使用细菌将旧报纸和木屑转换成糖；用吸油及吸毒素细菌处理溢油或清除有毒废物；用酵母菌以加速葡萄酒的发酵。

医学：改变人类基因，以消除疾病（实验阶段）；更快、更经济地生产人类急需的重要物质，以缓解其供应不足和疾病的症状（但不包括治愈），如胰岛素、干扰素（用于治疗癌症）、维生素、人体生长激素ADA、抗体、疫苗和抗生素。

科研：在医学研究中改变基因结构，尤其是在癌症研究方面。

食品加工：奶酪的成熟中应用凝乳酶。

基因工程的首次商业应用是什么？

DNA重组技术的首次商业应用是从细菌中生产人工胰岛素。1982年，人工合成胰岛素被批准用来治疗糖尿病。胰岛素通常由胰腺产生，被屠宰的动物如猪或羊的胰腺作为胰岛素源。为提供一个可靠的人胰岛素源，研究人员从人体细胞获取携带人胰岛素遗传信息的 DNA 基因。科研人员复制了一份携带这种胰岛素基因的 DNA，并把它移植到一个细菌中。当细菌在实验室生长时，微生物从一个细胞分裂变成两个细胞，两个细胞都得到一份复制的胰岛素基因。这两个微生物继续生长，然后分成 4 个，4 个变成 8 个，8 个到 16 个，依此类推。每个细胞分裂，就产生两个新的细胞，每个都有一份复制的人胰岛素基因。由于细胞都有一份胰岛素的遗传“食谱卡”，它们能够制成胰岛素蛋白。

基因工程造出的最大的蛋白质是什么？

拜耳公司生产的“血凝因子 8”是至今为止遗传工程制造的世界上最大的蛋白质和第一个基因工程药物。它由 2 322 个氨基酸组成，分子量为 30 万（相比之下，人胰岛素只有 51 个氨基酸组成）。作为凝聚剂，“因子 8”发挥着至关重要的维持生命的作用。血友病正是这种蛋白质遗失或功能不正常造成的。因此，即使轻微的出血如果未经处理都可能导致死亡。

什么是人类基因组计划？

美国人类基因组计划开始于 1990 年，由美国能源部和国家卫生研究所协调编制。该计划原定历时 15 年，但有效的资源和技术进步使预计完成日期提前至 2003 年。该计划的目标是找出所有的人类 DNA 中大约 3 万基因，确定组成人类 DNA 的 30 亿碱基对的序列，并将这方面的资料储存在资料库，改善数据分析的工具，向私营部门转让相关技术和提出该计划中可能出现的伦理、法律和社会问题。该目标不仅是针对这些基因，而且还要进行生化信息解码，直到找出遗传的编码即 4 个所有基因的核苷酸的基本成分：A（腺嘌呤）、C（下胞嘧啶）、G（鸟嘌呤）和 T（胸腺嘧啶）。由于这些字母编码在双螺旋结构的 DNA 是以序列对链接的，意味着这一进程中有 30 亿碱基对参与其中。人类基因组的测序工作已被誉为当代最具有突破性的科学活动。它将使我们能够深入地了解人类历史和个人身份，并为诊断、治疗和预防疾病开拓了广阔的天地。自从华生和克里克发现了 DNA 的结构以来，还没有一项科学调查受到这种热烈的欢迎。

什么是克隆？

克隆是一组细胞来自原细胞裂变（一个细胞分成两个细胞），或有丝分裂（细胞核与每个染色体分裂成两个）。它延续现有的生物体的遗传特质。数百年来，园丁一直在通过扦插克隆（复制）植物。对于那些不能扦插繁殖的植物或动物，现代科学技术大大扩展了克隆的范围。植物克隆技术开始于植物扦插，在繁殖、装饰或其他标准来看，这通常是最好的方法之一。由于所有植物的细胞都含有整个植物可以重建的遗传信息，所以插条可以取自植物的任何部分。放置在一个具有营养化学品和生长激素的培养基中,插条中的细胞开始分裂,每6个星期大小增加一倍,直到细胞团产生小的、白色的球状点即所谓的胚状体。这些胚状体发育成根或嫩芽,并且开始长成微小的植物。这些植物移植到混合肥料中长成与母本植物一样的副本。整个过程需花费18个月。这个过程也被称作组织培养,被用来制造克隆的油棕、芦笋、凤梨、草莓、抱子甘蓝、花椰菜、香蕉、康乃馨、蕨类植物等。除了形成优良高产植物的副本,这种方法还通过种子遗传控制病毒疾病。

人类能被克隆吗?

理论上是可能的。然而克隆人类胚胎有很多技术障碍,克隆人之前必须先解决所产生的伦理、道德、哲学、宗教和经济问题。大多数科学家认为,在目前的条件下克隆人是不安全的。

核移植或体细胞核转移是指从一个细胞到另一个细胞移动细胞核及其遗传物质。体细胞核转移可能被用来制造与受援体基因相容的组织。同时它也可以用于治疗特定的疾病。

	核移植	人类的生殖性克隆
最终产品	在培养皿中成长的细胞	人类
目的	治疗特定的组织生成疾病	替换或复制人类
时间框架	几星期(生长在培养液中)	9个月
是否需要代孕母亲	不需要	需要
是否创造人	否	是
道德影响	与所有胚胎细胞的研究类似	极其复杂的问题
医疗影响	与任何基于细胞的疗法类似	关注安全和长期疗效

被成功克隆的第一个动物是什么?

1970年,英国分子生物学家约翰·B.戈登(John B. Gurdon,1933—　)克隆了一只青蛙。他将一个蝌蚪的肠道细胞的细胞核移植到一个去除细胞核的青蛙卵细胞中,并发育成为一只成体青蛙。该青蛙在其所有细胞中都具有这个蝌蚪的基因组,因此是蝌蚪的克隆。

被成功克隆的第一个哺乳动物是什么?

第一个由成体细胞克隆的哺乳动物是多利,一只母羊,出生于1996年7月。多利

绵羊多利是世界上第一个被成功克隆的成体动物。

出生在苏格兰的一个研究所。伊恩·维尔穆特(Ian Wilmut)领导的生物学家小组从一个成年母羊的一个乳腺细胞里提取了细胞核，把它移植到从第二个母羊身上提取的一个去核卵子中,施加电脉冲使细胞核与新的宿主融合,当卵细胞开始分裂并发育成为一个胚胎后被移植到代孕母羊体内。多利是捐赠乳腺细胞核的母羊的孪生妹妹。1998 年 4 月 13 日,多利生下邦妮。

什么是干细胞?

干细胞是来自早期胚胎的全能细胞。作为全能细胞,它们有能力分化成所有最终出现在成体中的细胞类型,包括肌肉、血液、神经或任何其他组织。

谁最先提出了胚种论?

胚种论是指属于微粒物质范畴的微生物、孢子、细菌穿越宇宙空间,最终降落在一个合适的星球,并在那里开创新的生命起源。这个词本身意味着“泛种”。19 世纪,英国科学家开尔文勋爵(Lord Kelvin,1824—1907)提出生命可能从外层宇宙空间抵达地球,也许是由陨石带来的。1903 年,瑞典化学家斯文特·阿亨尼斯(Svante Arrhenius, 1859—1927)提出了更加复杂的胚种论,认为地球上的生命起源于外星孢子、细菌和微生物的“种子”。

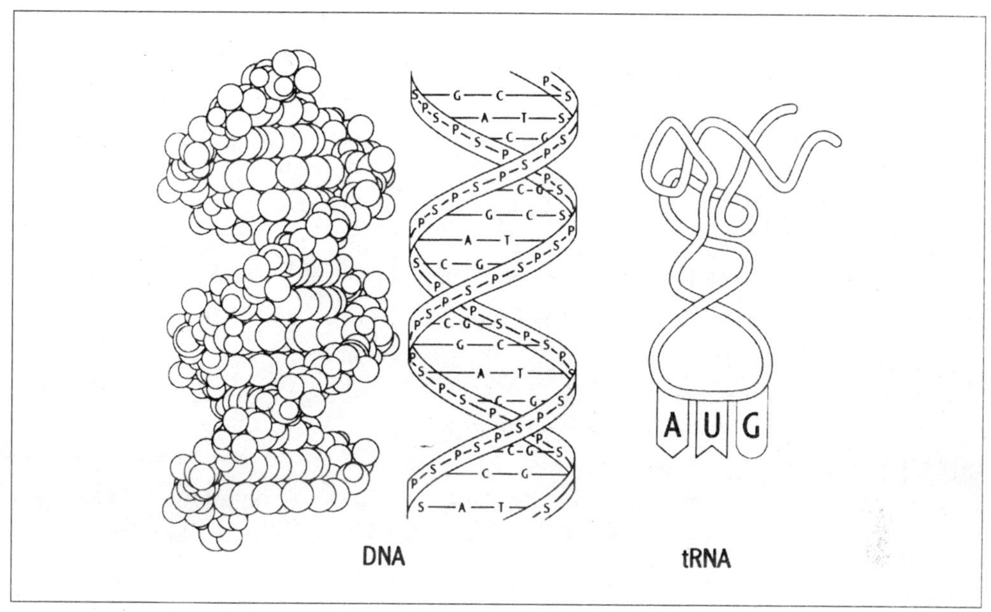

DNA 核 RNA 的双螺旋结构。

DNA 和RNA 的区别是什么?

DNA(脱氧核糖核酸)是由核苷酸的单体聚合而成的核酸。核苷酸由磷酸(PO_4)、糖(脱氧核糖)和一个碱基组成。DNA 的碱基又可分为 4 类:鸟嘌呤(G)、胸腺嘧啶(T)、腺嘌呤(A)、胞嘧啶(C)。在 DNA 分子中,这个基本单位重复出现在两条由碱基链接的核苷酸链的双螺旋结构中。这种链接要么出现在 A 和 T 之间,要么出现在 G 和 C 之间。碱基的结构只能出现这样的链接形式。这种著名的双螺旋结构好像一个扭曲的长梯。1962 年,诺贝尔生理学奖或医学奖授予了确定 DNA 分子结构的詹姆斯·华生(James Watson,1928—)、弗朗西斯·克里克(Francis Crick,1916—)和莫里斯·维尔金斯(Maurice Wilkins,1916—)。

RNA(核糖核酸)也是一种核酸,但它是由一根单链构成。糖是核糖,而不是脱氧核糖。除了出现在 DNA 中的胸腺嘧啶(T)被只链接腺嘌呤的尿嘧啶取代外,碱基都是相同的。

什么是P53?

1979 年 p53 被发现。p53(有时被称为"基因组的守护天使")是一个基因,当细胞的 DNA 被损坏,它作为一个"紧急制动装置"以制止导致肿瘤生长和癌症细胞周期性的分裂。它也作为一个"杀手",在受损细胞发生病变的 DNA 被复制前编制自毁方案。然而,当 p53 发生变异时,它可以失去其抑制力,或起到实际上促进异常细胞生长的破坏性作用。事实上，p53是人类肿瘤中发现的最常见的突变基因。科学家发现，一种化合物能够还原一个突变p53。该发现可能导致针对p53基因突变的抗癌药物的发展。

典型的人类细胞中有多少DNA?

如果一个单个人体细胞中的DNA被拉伸并首尾相连排列，它长约6.5英尺(2米)。人体分布在万亿个细胞中的DNA长达100亿—200亿英里(160亿—320亿千米)。

哪种生物的染色体最多?

网脉瓶尔小草，一种蕨类植物，拥有最多超过1 260个(630对)的染色体。

谁被视为胚胎学的奠基人?

德国外科医生卡斯帕·弗里德里希·沃尔夫(Kaspar Friedrich Wolff，1733—1794)被视为胚胎学的奠基人。沃尔夫1759年出版了他革命性的著作《繁殖理论》。此前普遍认为每个生物体是成人的种子或精子内一个人体雏形发展来的。沃尔夫引入了这一理论：植物或动物的胚胎细胞最初是不明确的(不确定的)，但后来分化产生具有不同组织类型的器官和系统。

"个体发育概括系统发育"的含义是什么?

个体发育是生物体从受精卵到成体的发育过程；系统发育是一群有机体的进化史。因此，该词起源于19世纪的生物学，其含义是随着高级生物胚胎的发育，它将经历某些低级生物发育为成体的某些阶段。例如，在某个阶段，人类胚胎中出现鳃并且外形有些类似于蝌蚪。

生命过程、结构等

什么是生物钟?

公元前3世纪由中国人首先发现，生物钟是一个内在机制，它控制植物和动物各种代谢活动的节奏。有的活动(例如交配、休眠和迁移)有一个年度周期;有的活动(如排卵及妇女月经周期)遵循月历周期。不过,大部分活动都有昼夜节律,一天一夜24小时。250年前昼夜周期首先在植物中被发现。现有几乎所有的植物和动物都利用昼夜周期来调控代谢功能:植物的打开和闭合其花瓣或叶片、发芽和开花、人体体温的变化、激素的分泌、血糖和血压水平以及睡眠周期。

对年代生物学即对这些日常节奏的研究,揭示了许多发生在上午1—6点时的交通意外,大多数婴儿出生在上午,心脏病发作往往发生在上午6—9点之间,并且大多数奥运纪录是在下午的晚些时候被打破的。生物钟的调节器可能是位于动物(包括人类)大脑中的松果腺。

生理韵律是否有科学依据?

几乎没有科学依据支持生理韵律。生理韵律认定控制人类行为有3个精确的周期:生理周期23天;情绪周期28天;智力周期33天。危险临界时期则会发生在两个或两个以上的周期相交的时候。

相比之下,生物节律(如活动周期、喂食周期和睡眠周期)是人所共知的。它因人而异,大部分与地球24小时自转周期相关联。生物节律是真实的,而生理韵律则是骗人的。

斯皮格曼怪物是什么?

美国微生物学家索尔·斯皮格曼(Sol Spiegelman)进行了一次试验,发现最小的分子能够自我复制。他用QB病毒开始实验。该种病毒包括一个由4.5万个核苷酸(核酸单位)组成单一分子的核糖核酸(RNA)。

通常,这种病毒是可以通过侵入活细胞进行自我复制,因为它需要一个细胞复制酶。当斯皮格曼向一个试管中的病毒添加复制酶和核苷酸后,病毒连续进行了几轮的自我复制,这时一个不少于4 500个核苷酸的突变体出现了。这个突变体小一些,但它的复制速度比原来的病毒快得多。随后,另一个变体出现并替换了前一个变体,依此类推。最后,病毒退化成为一小块只有220个核苷酸的核糖核酸,它是识别复制的最小单位。这个小试管怪物只要条件允许就可以继续高速地复制。

谁是生物化学的奠基人?

让·巴普蒂斯塔·凡·赫耳蒙特(Jan Baptista van Helmont,1557—1644)被称做"生物化学之父",因为他用化学术语研究并表现重要的现象。F. 霍普-塞耶(F. Hoppe-Seyler)在1877年创造的"生物化学"一词,是与动态的生命物质化学过程或代谢有关的科学。该学科综合了化学家的动物化学和植物化学与生物学家和医生的生理化学、动物化学或生物化学。

赫耳蒙特毕生致力于化学的研究，并将其视为真正医药学的关键。同时他被奉为现代病理学的创始人之一，因为他研究了造成疾病的外因以及疾病导致的解剖结构变化。

最早被发现的氨基酸是什么？

1806 年，法国化学家尼古拉斯-路易·沃克兰（Nicolas-Louis Vauquelin）从芦笋中分离出的天冬酰胺是最早被发现的氨基酸。

分类、度量和术语

什么是生物信息学？

生物信息学是生物学、计算机科学和信息技术结合为一个学科的科学领域，其最终目标是发现新的生物见解以及确立鉴别生物统一原则的全球观。生物信息学内部有 3 个重要的分支：1. 发展新的计算方法和统计方法来评估大型数据集之间的成员关系；2. 分析和解释不同类型的数据，包括核苷酸和氨基酸序列、蛋白质域和蛋白质结构；3. 开发和实施能够高效获取和管理不同类型信息的工具。

什么是放射性碳测年？

放射性碳测年是一个通过测量放射性含量确定史前对象年龄的过程。该技术是由美国化学家威拉德·F. 利比博士（Dr. Willad F. Libby，1908—1980）在 20 世纪 40 年代后期确立的。所有的生物都含有放射性（碳-14），它是由于宇宙射线的轰击而形成的一种在大气二氧化碳中占很小的百分比的同位素。动物或植物死亡后，它不再吸收放射性，现有的放射性开始以精确的、一致的速度衰变（释放粒子分解）。其 5 730 年的半衰期能够测量过去 3.5 万—5 万年和史前发生的事件。最近加速质谱的发展，可以分离并检测原子粒子的不同质量，可以以一个较小的样本来确定更精确的日期。余下的碳-14 可测量，并且可以和一个活的样本进行比较。这样一来，年龄在 5 000 岁或以下的动物或植物（或更确切地说是其死亡后历经的时间）就能确定。

继利比之后，其他有较长半衰期的同位素被用来作为“地质时钟”来测定古老岩石的年龄。同位素铀 238（衰变为铅 206）的半衰期为 45.0 亿年，铀 235（衰变为铅

207)为 7.04 亿年,钍 232(衰变为铅 278)的半衰期为 140.0 亿年,铷 87(衰变为锶 87)的半衰期为 488.0 亿年,钾 40(衰变为氩 40)为 125.0 亿年,钐 147(衰变为钕 143)为 1 060.0 亿年。这些同位素是用在测定形成气体的光发射(热发光)的技术。其他测定过去的方法包括树年轮测龄(计数年轮)和余热磁测龄(将岩石磁场的变化比作地球磁场中日期图的变化)。

吉恩·巴梯斯特·拉马克的进化理论早于查尔斯·达尔文并对其理论有重大影响。

谁首创"生物学"一词?

卡尔·布尔达赫(Karl Burdach,1776—1847)首先使用该词表示人类研究。吉恩·巴梯斯特·拉马克(Jean Baptiste Pierre Antoine de Monnet Lamarck,1774—1829)1812 年赋予该词以更宽泛的含义。他相信科学的整体性,为了那些专门学科化学、气象学、地质学和动植物学,他创造了"生物学"一词。拉马克认为,个体获得的变化是积极的、半显示目的的功能适应的结果。这种变化可以某种方式体现在基因上,从而成为后代特征的一部分。今天很少有专业生物学家认为这种事情会发生或可能发生。

生物学是有关生物的科学(希腊语 bios,意为"生命")。曾笼统地分为两大领域,研究动物的动物学(希腊语 zoon,意为"动物")和研究植物的植物学(希腊语 botanes,意为"植物")。生物学现在被细分成上百个专门领域,包括生命结构、功能和分类。它包括解剖学、生态学、胚胎学、进化论、遗传学、古生物学和生理学。

分子生物学起源于何处?

洛克菲勒基金会自然科学部的主任沃伦·韦弗(Warren Weaver,1898—1978)最先使用"分子生物学"一词。韦弗用 X 射线衍射调查遗传的分子基础和生物高分子的结构。他在 1938 年的报告中称这个相对较新的领域为分子生物学。

什么是悉生学?

悉生学是对在无菌或只包含已知具体的细菌的环境中长大的动物或其他生物进行的科学研究。这些动物首先进行子宫摘除,然后放置在消过毒的隔离笼中。科学家们可以利用这些动物来确定具体的因子,如病毒、细菌和真菌对身体有怎样的影响。

分类学家卡罗·林奈设计了一种至今仍在使用的动植物分类方法。

当前生物分类的5个界是什么?

卡罗·林奈（Carolus Linnaeus，1707—1778）于1735年基于有机体的相似度和差异性的分类方法把所有的生物分成两界。然而，从那以后，真菌似乎不能妥善地分到两界中的任何一个界。尽管真菌一般认为属于植物界，但它们没有叶绿素、根、茎或叶，与任何真正的植物几乎没有相似之处。它们还有动物界的一些特征以及自己独特的属性。因此，真菌属于另一界。因采用生化技术和电子显微镜观察，生物体根本的差异被发现，在这些新证据的基础上，R.H.惠特克在1959年提出了目前的5界分类法。每个界分别列出如下：

原核生物界——单一细胞生物体，没有环绕细胞遗传物质的细胞膜。原核生物这一术语适用于这一情形：遗传物质游离于没有膜形成的细胞核的细胞质中。该界包括细菌和蓝绿藻（也称为蓝绿菌或蓝藻）。细菌不产生自己的食物，但蓝绿藻可以自己产生食物。35亿—15亿年前的主要生命形态蓝绿藻通过光合作用产生了世界上大部分的氧气。

原生生物界——由于在细胞质中发现细胞核膜和其他细胞器，大多数单细胞有机体有环绕细胞遗传物质的细胞膜，所以它们是真核生物。原生生物界由真正的藻类、硅藻、软泥霉菌、原生动物和眼虫构成。原生生物在营养模式等诸多方面是多种多样的。某些古老的单细胞生物可能是活生生的例子，它们引起了多细胞真核生物（真菌、植物和动物）的出现。

真菌界——单细胞或多细胞真核生物（有细胞核膜或在遗传物质的周围有细胞膜）。细胞之间的核流使细胞看似有多个细胞核。这种独特的细胞结构，加上独特的有性繁殖模式，使真菌有别于所有其他的有机体。由香菇、酵母菌、霉菌等构成的真菌不产生自己的食物。

植物界——多细胞生物体，有细胞核和细胞壁，直接或间接滋养所有其他的生命物质。大多数使用光合作用（含有叶绿素的绿色植物利用太阳光作为能量的来源，合成复杂的有机物，特别是用二氧化碳、水和无机盐合成碳水化合物），并且大多数是自养生物（利用无机物自己制造食物）。

动物界——多细胞生物体，真核细胞（无细胞壁）形成组织（并且由组织形成器官)。大多数通过摄入其他生物获得食物;它们是异养生物(不能利用无机元素生产自己的食物)。大多至少在生命周期中能够四处走动(移动)。

目前的动物和植物分类系统是谁创立的?

对数百万种植物和动物进行命名和排列经常被称作分类，这种分类提供一个比较和概括的基础。一种常见的分类形式是一种有层次的安排,在组内再分组,不同的组别以等级表示。

卡罗·林奈(Carolus Linnaeus,1707—1778)创立了一个分级的植物分类体系(1753 年)和动物分类体系(1758 年),使用了今天仍然在使用着的系统命名法(命名)。每一个植物和动物都被赋予两个拉丁文学名(双名法),一个是属的名字,一个是种的名字。他通过观察具体的异同对生物进行归类。尽管林奈开始只分了两个界,而当代分类已扩大到 5 个界。每个界分为两个或两个以上门。属于同一门的生物互相之间比另一个门的生物具有较为密切关系。这些门可以继续再向下分,每下降一级,生物彼此之间的关系都要比上一级近得多。一般来说,从一般到具体的分级排名系统是界、门、纲、目、科、属和种。此外,中间的分类层次可以在名前加入前缀"亚"或"总",举例来说,"亚门"或"总科"。 动物学家多次对动物分类进行研究,他们的分类并不一致。随着新信息的出现和新阐释的发展,这个分类系统仍在不断发展和变化。下表比较了 4 种生物 5 个界的等级分类。

分类等级	人类	蝗虫	白松	伤寒菌
界	动物界	动物界	植物界	原生生物界
门	脊索动物门	节肢动物门	导管植物门	细菌门
纲	哺乳纲	昆虫纲	裸子植物亚门	裂殖菌纲
目	灵长目	直翅目	松柏目	真细菌目
科	人科	蝗总科	松科	杆菌科
属	人属	飞蝗属	松属	沙门氏菌属
种	智人种	美洲种	北美乔松	伤寒沙门氏菌

生物学家已经发现了多少种不同的生物?

已经有大约 150 万种不同的植物、动物和微生物被描述并正式命名。有的生物学家认为还有 1 000 万个物种有待被发现、分类和命名。

真菌、细菌、藻类等

肉眼看得见细菌吗?

1985年,生活在刺尾鱼肠道内的微生物费氏刺骨鱼菌首次被发现,还被误认为是原生动物。后来研究分析了该生物的遗传物质,证明这是一个前所未有的超大细菌——直径0.015英寸(0.38毫米),大小相当于小型印刷书上的一个句点。

细菌繁殖的速度有多快?

在适宜的环境中,无论是在实验室的培养液中,还是在自然环境中,细菌可以很快地繁殖。例如,生长在适宜条件下的大肠杆菌每20分钟分裂一次。实验室培养液中的一个细菌可以在12小时内形成10^7—10^8个细菌的菌群。

什么是炭疽?

能引起炭疽病的炭疽杆菌是菌体粗大、革兰氏染色阳性、无动力、由孢子形成的杆状细菌。炭疽杆菌的3个致病因素是水肿毒素、致命毒素以及囊抗原。人类炭疽有3个主要的临床表现:皮肤炭疽、肺炭疽和肠炭疽。如果得不到治疗,一切形式的炭疽可导致败血症(血液中毒)和死亡。

硅藻是什么?

硅藻是可在显微镜下看得见的微小藻类,属于原生生物界的硅藻门。颜色呈黄色或褐色。几乎所有的硅藻都是单细胞藻类,生活在淡水及咸水中,尤其是北太平洋和南极寒冷水域中。硅藻是海洋浮游生物(浮动动物和植物)和许多小动物的一种重要的食物来源。

硅藻有坚硬的细胞壁,这些"硬壳"是由它们从水中提取的二氧化硅形成的。目前还不清楚它们是如何做到这一点的。死亡后,它们明净的硅藻外壳沉到海底硬化,变成岩石即所谓的硅藻土。其中最有名的和易得的是中南部加利福尼亚州的蒙特雷海岸的硅藻土。

蘑菇圈是怎样形成的?

蘑菇圈又称菌环,往往在一片草地上被发现。它有3种类型:不影响周围植被的蘑菇圈、造成植被疯长的蘑菇圈以及破坏周边环境的蘑菇圈。蘑菇圈是从菌丝体(位于地下,是真菌吸收食物的部分)开始的。真菌是在草地的外缘生长的,因为腐烂的菌丝体耗尽中心土壤的养分。这将形成一个环形的效果。以后每新生一代都会逐渐远离这个中心。

科学的研究真菌被称做什么?

与真菌有关的科学是真菌学。过去,真菌被分在其他的界中,但现在根据其独特的细胞结构和有性繁殖的独特形式被公认为一个单独的界。

真菌是异养生物(不能用无机物产生自己的食物)。它们分泌酶在体外消化食物,真菌细胞吸收养分。它们的活动在自然界中是必不可少的,可以分解有机质和促进养分循环。

一些被叫做腐生生物的真菌从非生物有机质中获得养分。其他真菌是寄生虫;它们从活的宿主有机组织中获得养分。绝大部分的真菌是多细胞并且具有丝状结构。蘑菇是一种繁殖结构的变体。孢子在蘑菇中(上)生长。蘑菇上每个孢子分离后也可能会长成一个新的蘑菇。

地衣是什么?

地衣是生长在岩石、树枝或裸露地表的生物。它们由绿藻和无色真菌共生组成,没有根、茎、花或叶。真菌没有叶绿体,不能自己制造食物,但是可以从完全被它包围的藻类那里吸收养分,同时免受阳光和水分的侵害。

真菌和藻类的这种关系叫做共生。两个生物紧密联系,不一定对两者都有利。地衣是第一个被公认为并且仍然是共生现象的最佳典型。地衣共生的特性在于,作为一个单一的有机体,却有如此完美的发展和平衡的表现。

谁首创“病毒”一词?

英国医生爱德华·金纳(Edward Jenner,1749—1823)是病毒学的奠基人并开创了疫苗接种治疗的先河,他首先创造了“病毒”一词。使用对另一病毒有免疫力的病毒正是金纳所采用的策略,他给一些人接种牛痘(奶牛得的一种疾病)使他们免得天花。这个过程就是疫苗接种。疫苗一词拉丁语名为“牛痘”。疫苗通常是剂量非常温和的致病细菌或病毒(削弱的或死亡的)。这些疫苗刺激体内产生抗体,抗体识别并

法国化学家路易·巴斯德被认为是现代细菌学的创始人之一。

攻击感染部位。病毒是一种非常微小的寄生生物，只能在宿主细胞内繁殖。病毒侵入宿主细胞后自我复制，并接管了细胞进行DNA复制的“器械”。然后病毒颗粒冲破细胞，引起疾病。

现代细菌生物学的创始人是谁?

德国细菌学家罗伯特·科赫（Robert Koch，1843—1910）和法国化学家路易·巴斯德（Louis Pasteur，1822—1895）被公认为现代细菌学的创始人。巴斯德发明了一种保存食物或饮料的方法，它既可以使温度足够低而不破坏食物和饮料，又可以使温度高到足以杀死大部分导致腐败和疾病的微生物。这一过程被称作巴斯德消毒法。通过证明肺结核是一种特定的芽孢杆菌所造成的传染性疾病，而不是遗传造成的，科赫为公众健康措施奠定了坚实的基础，这将大大减少这种疾病的发生。他分离微生物的操作方法、他的实验程序和4个测定病因的原则，使医学研究者能够更好地了解和控制细菌感染。

为什么科赫原则具有深远的意义?

德国细菌学家罗伯特·科赫在研究生物体致病的过程中提出了后来研究人员认为很有价值的4个原则。要证实某种病毒是某种疾病的起因，必须满足以下4个条件：

1. 必须在所有发病动物身上而不是健康动物身上发现大量的病毒。
2. 必须从发病动物身上分离出这种病毒，并使其在实验室的培养皿中繁殖。
3. 当分离出的病毒被注射到其他健康动物的体内，其他健康的动物必须患上同样的疾病。
4. 疑似致病病毒必须从实验宿主身上重新找到、分离，与先前病毒比对发现二者完全相同。

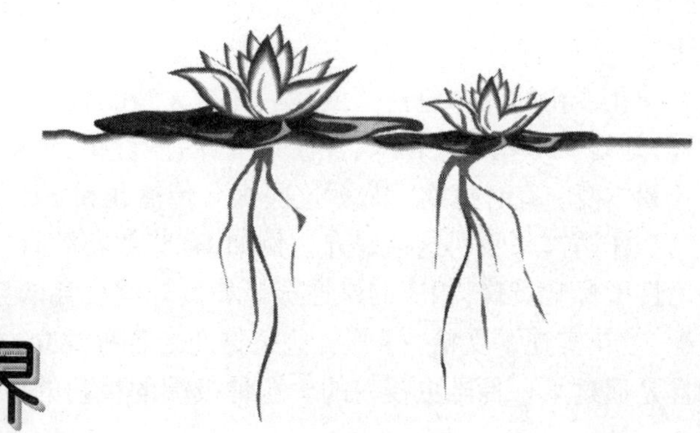

植物世界

物理特征、作用等

如果将地球的历史压缩为一年，那么植物在进化过程中有哪些主要的日期?

时间(百万年)	事　件	日　期
3 600	早期藻类	3月21日
433	陆生植物出现	11月27日
400	蕨类和裸子植物	11月30日
300	主要的煤层形成	12月8日
65	开花植物出现	12月26日

授粉的最佳类型是什么?

能生长发育的花粉转移到胚珠的柱头或胚珠(将来发育成种子)上时,有效授粉就会发生。未经授粉,便没有受精。由于植物是不可移动的有机体,它们通常需要借助外部因素将植物的花粉传递到可以受精的地方。这种情况形成异花授粉，一植物的花粉通过外媒传到另一植物的柱头上。一些植物能进行自花授粉——将自己的花粉转移到自己的柱头上。但两种方法中，异花授粉似乎更好一些，因为它可以引入新的遗传物质。

异花授粉的媒介包括昆虫、风、鸟类、哺乳动物和水。很多时候，花朵提供一种或多种“好处”——油脂、香水、含糖花蜜、固体食物、栖息之所来吸引这些媒介，有时甚至花粉本身。有时植物“引诱”这些媒介传播花粉。通常植物利用鲜艳的色彩和芳香的气味作诱饵来吸引这些媒介。例如，有些兰花综合使用气味和颜色成功地模仿某些雌性蜜蜂和黄蜂，相应的雄性蜜蜂和黄蜂就会尝试与它们交配。通过这一过程(伪交配)兰花实现了受精。尽管有些植物迎合各种媒介，有些植物还是非常有选择性的并且是通过某一种昆虫授粉的。这种极端的授粉的专一性，往往保持一个植物物种的纯洁性。

植物结构可适应所用媒介的类型。例如，像其花粉可经风传播的草类和针叶树的结构简单，往往没有花瓣，随意暴露的枝状柱头可以捕获空气中传播的花粉。细长花丝上的花药悬垂(产生花粉的器官)，可以使轻飘飘的圆圆的花粉很容易被风吹走。这些植物出现在昆虫媒介很少的草原和山区。相反，半封闭、不对称、寿命长的花(例如鸢尾、玫瑰和金鱼草等)都有一个“着陆平台”，连同花蜜一起供给蜜蜂等昆虫受用。大量黏稠花粉会轻而易举地附在昆虫身上传到另一朵花上。

什么是向性?

向性是植物受到刺激而引起的运动，包括如下几类：

向药性——植物对化学品的反应，可能发生叶子内卷。

向地性——植物对地心引力的反应，相对于地心引力运动。植物嫩芽向上生长为负向地性，而根向下生长为正向地性。

向水性——植物对水分和湿度的反应，如根向水源方向生长。

偏日性——植物叶子避开阳光暴晒的反应。

向光性——对光线的反应，植物转向光源方向为正向光性；植物背向光源方向为负向光性。嫩芽主轴通常是正向光性；根一般对光线不敏感。

向温性——植物对温度的反应。

向触性——植物的攀爬器官对接触的反应。例如，植物的卷须会像弹簧那样缠绕在支撑物上。

乔木和灌木

参见:环境——生态学、资源等;矿物和其他物质

毒斑芹有毒吗?

常见的毒斑芹有两种:芹叶钩吻和加拿大铁杉。芹叶钩吻生长迅速,它的任何部位都有毒。古时候,服用最小的剂量用来止痛,但有很大的中毒风险。古代主要用于执行死刑。古希腊哲学家苏格拉底死于口服毒斑芹制成的药水。它不应和常绿科加拿大铁杉混淆。加拿大铁杉的叶子可以制茶。

美国寿命最长的树种是什么?

在美国的850种树中,最古老的是狐尾松(刺果松),生长在内华达州和南加利福尼亚州的沙漠中(尤其是在白山),有些树已经超过4 600岁了。这些松树的潜在寿命估计有5 500岁。但同世界上幸存的最古老的物种银杏(中国浙江)相比,它们是比较年轻的了。这种树最先出现在1.6亿年前的侏罗纪时期。银杏俗称白果或公孙树,这一树种在公元前12世纪就已经在日本栽培了。

美国寿命最长的树种

树　名	树龄(年)	树　名	树龄(年)
刺果松	3 000—4 700	花旗松	750
巨杉	2 500	秃头桧	600
红木	1 000—3 500		

如何通过树的年轮计算重要事件发生的时间?

不明年龄的一段木头和正在生长的树木可以比较,以确定何时这段木头是这棵树的一部分。因此,只要一个事件涉及破坏或砍伐这棵树,树木年轮就可以用来确定该事件发生的时间。什么时候建设的一座中世纪大教堂或美洲印第安人村庄;什么时候发生的地震、滑坡、火山爆发或火灾;甚至何时为一幅荷兰油画切割的木材板条的确切日期都可以确定。每年树木都会产生一个环形的年轮,它由一个较宽的浅色环和一个窄的深色环组成。在春季和初夏,树干细胞快速生长变大,这就形成了宽的浅色环。在冬季,生长大大减缓,细胞小得多,这会产生窄的深色环。在最寒冷的冬天或干热的夏季,则没有细胞产生。

年轮反映了树的年龄并且明确显示出诸如季节降雨量等气候状况。

谁是记录树干截面年轮判断树龄的第一人?

画家、工程师莱昂纳多·达·芬奇(Leonardo da Vinci,1452—1519)注意到了这一现象。他还看到,某年的潮湿度可以通过树年轮之间的距离确定。距离越大,树木周围地面的湿度就越大。

为什么落叶在有些年份是鲜红色,在有些年份则是暗红色?

红色秋叶的产生有两个必要的因素。叶子造糖必须在温暖、晴朗的日子。温暖的日子之后必须是气温45°F(7.2℃)以下的凉夜。这种天气组合使树叶中聚集了糖和其他物质。这促成了红色花青素的制造。温暖的阴天限制了暖色的形成。随着阳光的减少,糖的合成也减少,并且这一小部分糖被转移到了没有色彩变化的树干和树根中。

成年的橡树上有多少片叶子?

一棵健康的老橡树上估计有大约25万片叶子。

美国板栗遭到栗疫病破坏之前,板栗树在美国东部森林所占的比例是多少?

20世纪,栗疫病菌破坏了美国板栗,使之变成了小株和残杆。在此之前,它是重要的森林树种,广泛分布在北美东部。宾夕法尼亚中南部、新泽西和新英格兰南部,近乎一半的硬木林都曾被板栗占据。在整个范围内,该物种对于占全部树木几乎1/4的落叶林处于绝对优势地位。

美国哪个城市保有的树木最多?

根据对全美20个城市的调查,得克萨斯州的休斯敦树木最多,共95.67万株。

为什么树叶在秋天会变色?

类胡萝卜素(光合作用细胞中的色素)是造成秋天落叶颜色差异的主要原因。在生长季节，它出现在叶片中。不过，颜色被绿色的叶绿素遮盖。到了夏末，当叶绿素生产停止，其他颜色的类胡萝卜素（如黄色、橙色、红色或紫色）变得可见。下面列出的是一些常见的树木秋季叶片的颜色。

树　木	颜　色
糖槭和漆树	火焰红和橘黄色
红枫，山茱萸，檫树，猩红栎	暗红色
杨树，桦树，郁金香树，柳树	黄色
桉树	洋李紫
橡木，榉树，落叶松，榆树，山核桃，美国梧桐	棕褐色或褐色
洋槐	落叶前保持常绿
黑核桃和灰胡桃	落叶后变色

栗疫病不能破坏板栗的哪些部位？

栗疫病不能破坏板栗的根部，它能迅速长成一棵新板栗。

身材最高的树是什么树？

曾测量的最高的树是澳洲维多利亚省瓦特河谷的澳洲桉树。据 1872 年的报道，测到过一棵 435 英尺（132 米）高的澳洲桉树，它原本可能超过 500 英尺（152 米）。根据 2002—2003 年度的国家巨树登记，仍健在的最高树木是加利福尼亚州红杉国家公园的一棵沿海红杉，高达 321 英尺（98 米）。

耶和华树是什么树？

摩门教先驱以先知耶和华的名字命名这种树一样的植物，因为它伸展的树枝非常像先知耶和华伸展的手臂，以他的矛指向艾城。耶和华树是在美国西南部被发现的。

树干最粗的树是什么树？

美国最粗的树是加利福尼亚州巨杉国家公园的巨杉，树干周长 85.3 英尺（26米）。

榕树是什么树？

榕树是亚洲热带地区的固有树种，榕属成员之一。它是壮观的常绿树种，有时高达

100英尺(30.48米)。由于庞大的枝杈横向蔓延,树枝扎地成根,成为继生的支柱样的支撑树干。一年下来,一棵榕树可能会蔓延到占地方圆2 000英尺(610米)的巨大空间。

怎样识别松树、云杉、冷杉?

识别这3种树的最佳方法就是通过它们的球果和叶子:

松树	
美国五针松	每束五针,针柔软,长3—5英寸。球果长4—8英寸。
欧洲赤松	每束两针,针硬挺,黄绿色,长1.5—3英寸。球果长2—5英寸。
云杉	
白云杉	深绿的针僵硬,但不是刺,生于枝条四周,长不到1英寸。球果长1—2.5英寸,下悬。
蓝云杉	针长约1英寸,银蓝色,硬挺且有刺;针生于树枝四周。球果长3.5英寸。
冷杉	
松脂冷杉	针扁平,长1—1.5英寸,成对相对排列。球果竖直,圆柱形,长2—4英寸。
弗雷泽冷杉	貌似松脂冷杉,但针较小且更圆。
花旗松	单针,长1—1.5英寸,极软。球果鳞片长有伸出的刚毛。

冬季北美的哪些针叶树落叶?

水杉是落叶乔木。叶片在夏天呈亮绿色,秋季落叶之前为红铜色,以前只作为化石被世人所知。1941年该树种在中国被发现,美国自20世纪40年代以来一直种植。美国农业部向全美实验种植者分发种子,现在水杉在全美各地都有种植。

秋天唯一全部落叶的本土针叶树是落羽杉和落叶松。

蔷薇科中的植物有树吗?

苹果、梨、桃、樱桃、李子、花楸和山楂都是蔷薇科的树种。

"猴球树"(奥塞奇橙)是什么树?

奥塞奇橙(学名桑橙)树出产较大酷似橙子的水果,大致球形,直径3.5—5英寸(8.8—12.7厘米),表面粗糙,有卵纹。

为什么含羞草的叶片在受到触摸后会合拢?

含羞草受到触摸后,刺激传递到植株的其他部位。然后电信号开启运动细胞,从而控制叶片运动。

生长最快的陆生植物是什么?

竹子的生长速度是最快的,24 小时内可以长高约 3 英尺(1 米)。这种快速的生长是由于细胞分裂和细胞增大造成的。

如何用甘油保存叶子?

通常用甘油和水来保存比较粗糙的叶子,如玉兰、杜鹃、榉树、冬青、石南或鸡爪枫。这些叶子应保持新鲜。作为秋季的颜色,叶片应在正变色的时候采摘。保存液是由两份开水加入一份甘油制得。如果有必要的话将叶茎分离,放到温和的溶液中,距液面约 3—4 英寸(7—10 厘米)。当甘油珠在叶片上形成时表明已经吸收饱和。擦去过多的油。整个树枝也可以这样处理,用一个足够大的容器使得溶液完全浸没所有的叶子。这方法中使用的溶液由等量的甘油和水制得。树叶放在厚报纸上控水几天,然后用一点肥皂水清洗,夹在线上晾干即可。

花和其他植物

参见:环境——灭绝和濒危的动植物

植物学的创始人是谁?

古希腊人狄奥弗拉斯特(Theophrastus,公元前 372—公元前 287)被称作“植物学之父”。他的两部植物学巨著《植物志》和《植物的本源》内容如此丰富,以至于 1800 年后植物学才有新的发现。他将农业实践和植物学结合起来,确立了植物生长的理论和分析了植物的结构。他将植物和周围的自然环境联系起来并发现了 550 种不同的植物,并对其进行分类和描述。

花的各个组成部分是什么?

萼片——位于花蕾的外侧或开花的下面,其作用是保护花蕾不干枯。一些萼片通过本身的刺或化学物质抵御天敌。

花瓣——作用是吸引传粉媒介，通常在授粉后立即脱落。

花蜜——含有开花器官分泌不定量的糖和蛋白质，通常在花杯内部的杯底形成。

雄蕊——花的雄性繁殖器官，由产生花粉的长丝及花药组成。

雌蕊——雌性繁殖器官，由柱头、花柱和含有胚珠的子房组成。受精后胚珠发育成熟变成种子。

"不完全花"是什么意思？

"不完全花"是指单性花，只有雄蕊（雄性器官）或者雌蕊（雌性器官）的花。

鳞茎与球茎、块茎和根茎有什么不同？

"鳞茎"一词泛指任何长于地下的存储器官。存储器官为休眠期储存能量。休眠是植物度过恶劣的气候条件（冬季的严寒或夏季的干旱）的自然方法。

鳞茎——由一个小的基生盘（可以发育成根的变态茎）和肉质鳞片构成。包围胚胎的鳞片是为鳞茎休眠和早期生长提供养分的变态叶。有些鳞茎有一个纸般薄的鳞茎皮覆盖在鳞片外面。基生盘能够使鳞片固定在一起。新的鳞茎在基盘的侧芽长出。郁金香、水仙、百合和风信子都具有鳞茎。

球茎其实是一个已变化成为一大团存储组织的变态茎。球茎上方的"眼睛"是一个生长点。球茎是被与鳞茎皮类似的干叶基盘所包裹。根从球茎基盘的下侧生长。新

食虫植物茅膏菜用细长的叶子吸引并捕捉昆虫。

球茎长在老球茎上方或旁边。球茎类花卉包括唐菖蒲、小苍兰和番红花。

块茎是一个像球茎的坚实的大块地下茎,但没有基盘和外衣。根和芽从眼(生长芽)周围、底部甚至顶部长出。有的块茎呈圆形,有的块茎是扁的成块的。块茎包括大岩桐、花叶芋、毛茛和银莲花。

块茎根是一个已吸收了水分及养分的膨胀根,就像是一个块茎。在老茎基础上出现新的生长,在那里形成根。 块茎根可以通过老茎上切掉带眼的一块进行繁殖。大理花有块茎根。

根茎是一个增厚的分杈储存茎,通常横向或稍低于土壤表面生长。根在底部表面向下生长,而芽和叶片从根茎向上生长。它通过将母体切成小块进行繁殖。日本鸢尾、西伯利亚鸢尾和有髯鸢尾、马蹄莲和延龄草是根茎。

食虫植物如何分类?

食虫植物是吸引和捕食动物以消化吸收其身体汁液以获取营养的植物。食虫植物根据捕食的性质及其俘获机制分成450—500种和12个属。捕虫器主动闭合在捕获猎物过程中展示了动作的快速。捕蝇草和黄花狸藻是主动闭合。半主动闭合利用两个阶段的闭合,猎物先被捕虫器胶黏流体粘住,当猎物挣扎时,捕虫器慢慢收紧抓力。茅膏菜和捕虫堇的捕虫器是半主动的闭合。被动的闭合用花蜜引诱昆虫使之陷入捕虫袋中被水淹死。被动的陷阱的一个例子是猪笼草(5个属)。北加利福尼亚州东南部绿沼泽保护区的食虫植物种类最多。

哪些植物对儿童是安全的?

即使有些植物被儿童吞食,也会被认为是安全的:

非洲紫罗兰
紫菀
海棠
波士顿肾蕨
加利福尼亚州罂粟
鞘蕊
蒲公英
麝香百合
栀子花
凤仙花
青锁龙
金盏花
诺福克岛松
矮牵牛
紫色激情(芦笋)
玫瑰
吊兰
瑞典常春藤
虎百合
紫罗兰
吊竹梅
白网纹草

植物和花草有何象征含义?

芦荟——治病,保护,关爱
崖柏——不变的友谊
罗勒——美好祝愿,爱情
春黄菊——耐心
白三叶草——想我
小茴香——忠诚
蕨类——真诚
黄花——鼓励
冬青——希望
金银花——爱的契约
牛膝草——牺牲,清洁
斗篷草——安慰
蜜蜂花香草——同情
薄荷——清爽永恒
旱金莲花——爱国
牛至——物质
欧芹——欢庆
红罂粟——安慰
迷迭香——回忆
芸香——优雅,明目
蓝鼠尾草——我想你
香薄荷——趣味,有趣
青蒿——坚贞,戏谑
香车叶草——谦卑
龙蒿——持久的兴趣
缬草——乐意
蓝色紫罗兰——忠诚
百日草——思念不在身边的朋友
当归——灵感
矢车菊——单身祝福
月桂——光荣
细香葱——实用
香菜——隐藏的价值
茴香——奉承
天竺葵——真正的友谊
向日花——永恒的爱
蜀葵花——抱负
夏至草——健康
常春藤——友谊,继续
熏衣草——奉献,道德
墨角兰——开心,幸福
牵牛花——爱戴
栎树——力量
三色堇——思想
松树——谦卑
玫瑰——爱情
金光菊——正义
鼠尾草——智慧,不朽
红鼠尾草——永远属于我
酸草——关爱
香豌豆——娱乐
艾菊——敌意
百里香——勇气的力量
紫罗兰——忠诚,奉献
柳树——悲哀

一品红会使孩子和宠物中毒吗?

一品红会使孩子和宠物中毒的说法是错误的。即使孩子吃了整株一品红,也只不过胃有些不适罢了。

哪些花被用来代表一年中的12个月?

月份	花	月份	花
1月	香石竹	7月	飞燕草
2月	紫罗兰	8月	唐菖蒲
3月	黄水仙	9月	紫菀
4月	甜豌豆	10月	金盏菊
5月	山谷百合	11月	菊花
6月	玫瑰	12月	水仙

苗圃提供给花园的花最常见的是什么颜色?

几项调查的结果给出如下统计:

颜色	人气指数	颜色	人气指数
白色	28%	粉色	13%
黄色	19%	橙色	4%
红色或紫红	17%	淡紫色或紫罗兰色	3%
蓝色	16%		

不同种类和颜色的玫瑰分别有何象征意义?

玫瑰	意义	玫瑰	意义
黄玫瑰	嫉妒;不忠	包心玫瑰	爱情使者
红色玫瑰花苞	青春;美丽	新娘玫瑰	幸福爱情
白玫瑰	沉默	卡罗来纳玫瑰	危险的爱
兰开斯特玫瑰	团结	五月玫瑰	早熟
勃艮地玫瑰	无意识的美	洋蔷薇	情色妖娆
麝香玫瑰	反复无常的美	圣诞玫瑰	安宁
犬蔷薇	愉悦和痛苦	淡红漳蔷薇	文雅斯文

哪种兰花常用作胸花?

以英国植物学家威廉·卡特里命名的淡紫色的卡特兰经常被用作胸花。

美国的国花是什么?

美国独立很多年以后于1986年10月7日正式定玫瑰为国花。其他被提名的备选花有梾木花、山月桂和耧斗花。

不同国家的国花都是什么?

国　家	国　花	国　家	国　花
阿根廷	木棉	印度	睡莲
澳大利亚	金合欢	爱尔兰	三叶苜蓿
比利时	罂粟	意大利	百合
玻利维亚	黄杨叶坎吐阿木	日本	菊花
巴西	卡特兰	墨西哥	仙人掌
加拿大	糖槭	纽芬兰	瓶子草
智利	智利风铃草	新西兰	银蕨
中国	牡丹	挪威	石楠
哥斯达黎加	卡特兰	波斯	玫瑰
丹麦	三叶草	波兰	罂粟
厄瓜多尔	金鸡纳	俄罗斯	向日葵
埃及	睡莲	苏格兰	刺蓟
英格兰	玫瑰	南非	龙眼花
法国	鸢尾	西班牙	石榴
德国	矢车菊	瑞典	北极花
希腊	紫罗兰	瑞士	火绒草
荷兰	郁金香	威尔斯	韭葱
洪都拉斯	玫瑰		

西番莲花有何特殊意义?

16世纪西班牙修士最先命名该花。他们看到了花的形态代表基督的爱:该花有5个花瓣和5个萼片，这象征耶稣受难时在场的10个忠诚的门徒;5个花丝的花冠与基督头上的荆棘冠类似,5 个雄蕊代表在基督身上的 5 处伤口;3 个柱头代表钉入他手脚的 3 枚钉子。大多数的西番莲花都是西半球热带地区的固有品种。

众所周知的咒语"芝麻开门"与芝麻有什么关系?

芝麻种子成熟后会裂开,该咒语很可能受到这一现象的启发。中东人对植物非常熟悉,并且在近东的饮食中,芝麻籽和芝麻面仍然被使用。

茴香在古代是用来做什么的?

罗马人将甘草味的草药从埃及带回欧洲,用来抵税。它成为流行的调味品,用来制作蛋糕、甜饼、面包和糖果。

美国土著印第安人使用哪种野花制造红色染料?

美国土著印第安人用美洲血根草的根(也被称作红根,印第安颜料,有时也称血根树)将脸部和衣服染红。生长在阴暗、潮湿的森林土壤中的血根草 5 月份开 2 英寸大的白花。

美国北方春天开花最早的野草是什么?

北方春天第一花是不同寻常并且是饶有兴趣的,但比较罕见,因为它的花开在沼泽中。臭菘在 2 月份开花。在新英格兰和中西部,一般都知道春天开花最早的是獐耳细辛,在 3—4 月初开花。

什么是苦艾?

苦艾是一种耐寒的、生长迅速的、多年生芳香草本植物,通常高度为 3—4 英尺(61—122 厘米)。它原生于欧洲,但广泛生长于北美。利口苦艾酒口味原料是从该植物中提取的。

苜蓿(三叶草)最多能有多少片叶子?

在美国发现了十四叶的白苜蓿和红苜蓿。

什么是杂草?

字典中杂草的定义是任何认为不可要的、令人讨厌的、给人带来麻烦的植物,尤其是不希望在耕地中生长的植物。一些著名的作家有自己的定义。拉尔夫·瓦尔多·爱默生(Ralph Waldo Emerson)写道:“什么是杂草? 杂草是美德尚未被发现的植物。”詹姆士·拉塞尔·洛威尔(James Russell Lowell)1848 年写道:“野草无非是伪装的花。”艾拉·惠勒·威尔科克斯(Ella Wheeler Wilcox),威斯康星州的诗人(由于写下了“你笑,世界和你一起笑,你流泪,没人和你一起流泪”而出名)在诗作《杂草》中写道:“杂草,只是一束不受喜欢的花。”最后,莎士比亚在历史剧《理查三世》中写道:“伟大杂草,迅速成长。”

曼陀罗草的名称是从哪里来的?

曼陀罗草是剧毒植物詹姆斯城杂草名称的讹误。在弗吉尼亚的詹姆斯城,殖民者非常熟悉这种杂草。它也被称为刺苹果、疯狂苹果、臭草、天使的小号、魔鬼的小号、白人的杂草。即使少量的进食这种植物的任何部分都潜在较高的致命性。即使如此,在这种植物中发现的一些生物碱被医生用作麻醉剂。

丝瓜是什么?

丝瓜是黄瓜科,非木质藤本植物。果实内部纤维骨架起海绵作用。英语常用名有时写成 loofah。丝瓜筋、丝瓜瓤都是颇受欢迎的丝瓜别名。

常春藤会破坏砖墙吗?

纽约植物园的专家说常春藤有可能破坏已经有隐患的墙壁,但完好的砂浆通常不会受到影响。

长势茂盛的常春藤使墙体潮湿,它吸附在墙上的吸盘很容易腐烂。某些有机物形成腐殖酸,能够融解碳酸盐岩,如大理石和石灰砂浆。

猫为什么喜欢假荆芥?

假荆芥是耐寒的多年生草本植物,为猫科动物所喜欢。也称为土荆芥或山藿香,属薄荷科。整个猫科都对假荆芥有反应。美洲狮、猞猁、老虎和狮子等闻到假荆芥的刺激性气味会出现打滚、抓脸、伸爪、扭曲身体等行为。假荆芥叶片中的油脂可能使猫兴奋,因为它含有一种化学物质转荆芥内醇,与雌猫尿液中的一种排泄物类似。

为什么有些蘑菇被称作毒菌?

毒菌一词可追溯到中世纪,和蟾蜍联系在一起。蟾蜍当时被认为是有毒的。形状似凳子的毒菌是不可食的毒蘑菇。据说蟾蜍受到惊吓时,背后的疣会分泌出有毒物质蟾毒素。

什么是活石?

南非石质沙漠中的各种肉质植物因其模仿其周围的环境被赋予此名。每个植物嫩芽由两个鼓起的叶片包含在一起,且颜色类似于一卵石。较大的雏菊样的花是从两片叶子之间长出的。

亚马孙河维多利亚睡莲有什么独特之处?

体型超大!仅在亚马孙河上发现,睡莲的叶子直径达6英尺(1.8米)。12英寸(30厘米)的花在黄昏时连续开放两昼夜。

园艺、农艺等

最肥沃高产的土壤是什么类型的?

菜园土有3个大类:黏土、砂土、壤土。黏土土壤沉重,很多粒子紧紧贴在一起。用手指捏黏土,可以在手中形成发亮的泥球。大多数植物很难从黏土中获得养分,而且土壤往往容易涝渍。黏土土壤非常适合根较深的一些的植物,如薄荷、豌豆、蚕豆等。

沙质土壤质轻,粒子不粘在一起。用手搓沙质土壤,出现沙砾碎末。沙质土壤适合许多高山和干旱的植物,适合某些中草药(如龙蒿和百里香)和蔬菜(如洋葱、胡萝卜和西红柿)。

壤土被认为是最好的菜园土,因为它均衡地混合了较小和较大物质。它很容易将养分向植物根部输送,而且它们也容易排涝,但壤土可以很好地保留水分。手抓壤土可以形成球状,但它含砂,不会像黏土一样发亮光。

化肥袋上的数字表示什么意思?

3个数字,如15—20—15,指化肥中植物所需的大量化学养料的重量百分比。第一个数字代表氮,第二个代表磷,第三个代表钾。为了确定每个元素在化肥中的实际数量,用化肥的总重磅数乘以这个百分比。例如,标有15—20—15的一袋50磅化肥,含有7.5磅的氮,10磅的磷和7.5磅的钾。其余的为添加物。

花园土的"pH值"是什么意思?

从字面上看,pH值代表"氢元素的潜力值"。土壤学家使用该词体现土壤样品中的氢离子浓度。相对的碱度和酸度通常用pH值表示。该值的中性点是7。土壤测试pH值低于7就是酸性;土壤测试pH值大于7就是碱性。pH值是基于一个以10为底数的对数。因此,测试pH值为5的土壤的酸性是pH值为6的土壤的10倍,而测试pH值为4的土壤的酸性是pH值为6的土壤的100倍。

最适合植物生长的土壤的pH值是多少?

当土壤pH值介于6.0和7.5之间,磷、钙、钾、镁等养分最容易被植物吸收。在强酸条件下(pH值低),这些养分变得不易溶解,相对来说,不易被植物吸收。土壤pH值高也降低营养成分的吸收。如果土壤碱性大于pH值8,磷、铁和许多微量元素不溶解,不能被植物吸收。

是否有简便快捷的测定土壤酸碱度的方法?

有的园丁利用简单的味觉和嗅觉来检查土壤。酸性土壤闻和品尝都是酸的。有人将土壤样品放到一瓶醋中。如果醋开始冒泡,那么土壤中就会有许多石灰。如果没有气泡,则应向每平方码(0.84平方米)土壤中添加4盎司(113克)石灰。

月亮变化对种植作物有哪些指导原则?

月亮变化对种植的指导原则很简单。盈月在新月和满月之间,包括前两个月相。满月和新月之间是亏月,包括后两个月相。一般说来,所有的生长活动,尤其是在地面上生长的植物应发生在盈月阶段。需要及时吃的蔬菜和水果应该在盈月期采摘。收割、控制、收获供储存和贮藏的食物以及种植地下生长的作物,应该在亏月期间进行。

加工土壤的最佳时间是何时?

尽管一年中任何时刻均可以准备土壤,但秋天翻地效果最佳。秋天翻地使地表毛糙,冬天的冷冻和解冻会打碎土块使土壤空气流通。越冬的昆虫大部分被翻出来冻死。冬季平整土地将减少来年春天播种时土壤出现气穴的可能性。秋天平整土地为土壤添加剂(如粪肥和堆肥)在播种前的分解提供了时间。

花园土如何制成盆栽土?

花园土必须经过消毒然后混合粗沙和泥炭苔才能制成盒栽土。将土壤放入加盖的烘盘,置于烤箱中即可消毒。当土壤中的温度显示 180℉(82℃)30 分钟后,盆栽土便制得了。

合成土的成分是什么?

合成土由多种有机物和无机物组成。无机物包括轻石、烤黏土、煤渣、蛭石、珍珠岩和沙土。蛭石和珍珠岩用来存留水分和排涝。有机物包括木头渣、粪肥、水藓、植物残渣和泥煤。水藓泥炭苔可以保湿和降低混合物的 pH 值。添加石灰可以抵消泥煤的酸性。合成土又指生长基、混合土、盆栽土、植物培养基、温室土、盆栽混合土和修正土。多数合成土缺少重要的矿物质,可以在混合过程中添加或者用水添加。

双层掘土是什么意思?

双层掘土适宜多年生作物,会形成较深的播种床,尤其是该地区土壤由重黏土组成。它需要移走 10 英寸(25 厘米)的表层土壤到保存区,然后再向下挖 10 英寸(25 厘米),用有机物和化肥修正这一层土壤。第一次挖掘的土壤也照此修正,然后回填原处。

什么是节水型园艺?

节水型园艺大量种植节水作物,这是缺水地区从事园艺的现代方法。源于希腊语“xeros”,意为“干燥”,这种园艺使用抗旱的作物和低维护草,仅需要两三周浇一次水。滴灌、种植床厚覆盖和有机土改良是其他的节水技术,可以更好地促进水分的吸收和保存,进而减少浇水时间。

植物的“双重休眠”是什么意思?

双重休眠的植物为了让种子发芽需要一个独特的分层,这些植物的种子必须有一个温暖和水分充足的时期，然后再经历一个寒冷的时期。如果要发芽，种子包衣和种子胚胎必须进行这种双重休眠。在自然界中这一过程通常需要两年。一些有名的植物都需要经历双重休眠，如某些百合、山茱萸、桧树、丁香、牡丹和荚蒾等。

园艺学中的“雨影区”一词是什么意思？

围墙或紧密栅栏背风处的地面接受到的雨水比迎风面地面上偏少，给围墙或栅栏造成了一个雨的影子的区域。

“水栽法”一词是什么意思？

该词指在土壤以外其他培养基中种植作物；植物的无机养分（如钾、硫、镁、氮）不间断地以溶液形式提供给植物。水栽法主要用在没有土壤或土壤不宜种植的地区。由于可以精确控制养分的比例和根部的含氧量，经常用来种植作物用于科研。植物营养学家朱利叶斯·凡·萨克斯（Julius von Sachs，1832—1897）是现代水栽法的先驱。自19世纪中叶以来，供研究的植物一直生长在培养液中。加利福尼亚州大学科学家威廉·格瑞克（William Gericke）于1937年为“水栽法”一词下了定义。在水栽法已经商业应用的50年中，它已适应了许多情形。美国国家航空航天局将在太空站中利用水栽法生产庄稼作物并循环使用二氧化碳，生成氧气。尽管研究取得了成功，但水栽法仍有很多局限性，对于业余的园艺工作者来说可能会感到失望。

种子可以保存多少年？

保存在密闭容器内和凉爽干燥地方的种子适宜保存较长时间。下表列出了常见种子的保存时间：

蔬菜种子	保存年限	蔬菜种子	保存年限
蚕豆	3	芥蓝	3
甜菜	3	生菜	4
甘蓝	4	瓜果	4
胡萝卜	1	洋葱	1
花椰菜	4	豌豆	1
甜玉米	2	辣椒	2
黄瓜	5	南瓜	4
茄子	4	萝卜	3

续 表

蔬菜种子	保存年限	蔬菜种子	保存年限
菠菜	3	西红柿	3
南瓜	4	萝卜	5
窘莶菜	3		

幼苗种植前如何锻炼耐寒？

锻炼耐寒是一个园艺词汇，意为逐步使室内培育的幼苗适应户外环境。把幼苗托盘置于半保护状态的花盆中，每天放在户外几个小时。每天延长它们户外驻留时间一小时左右；一星期后，它们即可在户外种植。

容器种植植物、黄麻包裹根球植物和裸根植物的区别是什么？

容器种植的植物终生或大部分时间生长在某种通常由泥煤、塑料或黏土制成的花盆中。根球包有黄麻进行妥善保护的植物是树根连同土壤一起被小心挖出后用黄麻包好的。裸根植物也是由种植地挖出，但没有保留根球。通常，从苗圃邮购的植物是裸根，但根部有潮湿的水藓保护着。裸根植物最容易受到伤害。

混栽是什么意思？

关于这一问题并没有许多科技文献记载，但是园艺工作者和农民多年来注意到，种植在其他植物旁的植物相互有了某些亲缘关系。例如，旱金莲花能吸引苹果树上的蚜虫和蔬菜上的蚋虫。洋葱和大蒜既可作杀菌剂又可作杀虫剂，其原因可能是它们有效地积累了硫，许多害虫回避这种气味。有些植物不适宜混栽。适宜混栽和不宜混栽的植物见下表：

	适 宜 混 栽	不 宜 混 栽
矮菜豆	马铃薯，莴苣，西红柿	洋葱
胡萝卜	散叶莴苣，洋葱，西红柿	
玉米	马铃薯，蚕豆，黄瓜	
黄瓜	豆类，玉米	马铃薯
莴苣	胡萝卜，黄瓜	
洋葱	西红柿，莴苣	豆类

续 表

	适宜混栽	不宜混栽
马铃薯	豆类,玉米	黄瓜
西红柿	洋葱,胡萝卜	马铃薯

哪些植物最适宜容器栽培?

多数蔬菜可以容器栽培,甚至南瓜那样的大型植物。各种小型蔬菜更适于容器栽培,因为它们需要的空间小,且发育早。日光灯甚至可以在冬季帮助有叶作物在室内生长。大多数块根植物最适宜户外生长。西红柿等水果也可在室内种植,但需温和的气温和至少 6 个小时的夏日光照。以下一些植物可以进行容器栽培:矮菜豆、蔓生菜豆、甜菜、花椰菜、卷心菜、胡萝卜、黄瓜、无头甘蓝、莴苣、洋葱、胡椒、西葫芦和西红柿。

树木园和植物园有什么区别?

严格说来,树木园是一个拥有大量树种的花园,经常有一些供学习、研究和展示的罕见树种。实际上,多数树木园也展示灌木和其他植物。植物园主要是一个植物学和园艺学领域的科研机构。现代植物园细分为许多园,且拥有大量生长在温室内和户外的植物,此外还有科研实验室、图书馆和植物标本室。

谁创立了美国历史上第一个植物园?

1728 年,约翰·巴特拉姆(John Bartram)设计并规划了占地 5—6 英亩(2—2.5 公顷)的植物园,位于宾夕法尼亚州的费城。

什么是莎士比亚花园?

莎士比亚花园包括威廉·莎士比亚剧本和诗歌中提到的全部植物。莎士比亚提及的 200 种花草并不能都在美国生长。下面是你可以参观的莎士比亚花园:

加利福尼亚州旧金山金门公园;

加利福尼亚州圣马力诺亨廷顿植物园;

伊利诺伊州埃文斯顿西北大学;

艾奥瓦锡达拉皮兹埃利斯公园;

纽约州波基普西瓦瑟学院;

南达科他州韦辛顿斯普林斯安妮·哈撒韦村舍。

什么是花道?

花道是日语的表达方式,意为"适当截取树木花草的枝、叶、花朵,将其艺术地插入花瓶等花器中的方法和技术"。它是古代日本的插花艺术。花道遵循一定的古代规则,以实现完美的和谐、美丽和平衡为目标。有人称花道为花的雕像。在日本,它已有1 400年的历史。6世纪的和尚使用卵石、岩石、树枝和花枝开始了花道艺术。在日本,花道发展和实践为男子垄断——起初是僧侣,然后是武士和贵族。当然,今天许多女子和男子一样从事花道艺术,虽然日本一流的插花学校大多数的校长还是男子。

什么是战时菜园?

第一次世界大战期间,爱国人士种植"自由菜园"。第二次世界大战期间,美国农业部部长克劳德·R.韦卡德(Claude R. Wickard)鼓励美国住户在所有地方种植蔬菜。到1945年,据说有2 000万战时菜园在废弃的零星土地上生产了全美约40%的蔬菜。这些菜园分布在大街和人行道之间的狭长地带、城市广场和芝加哥库克县监狱周围。"战时菜园"一词源于英国人理查德·加德纳(Richard Gardner)1603年写的同名书籍。

新手刚开始种植菜园时面积该有多大?

这完全取决于现有空间的大小、期望获得的产量和乐意投入的精力。大小适中的10×20英尺(3×6米)的地块平整成传统的垄非常易于锄草、耕作、播种和收获。甚至一个10×10英尺(3×3米)的地块作一个色拉菜园(厨房菜园)已足够大,可种植各种色拉蔬菜、草本植物和日常调味品。整块种植而不是按垄种植的集约种植法以较小的面积就可以实现增产。尽管两个4×4英尺(1×1米)的地块可以种出种类更多的蔬菜,但只要一个这样的地块,整个生长期足以生产供一人食用的色拉菜。

西红柿需要打桩支架吗?

大多数人都提倡支架。他们坚持认为西红柿是自然蔓生的,这易于提高产量。支架使植株离开地面,这样就不易染病和受到蜗牛的侵害。支架的西红柿更容易采摘和更好地利用花园空间。搭上支架后,成熟得更快,更均匀。同样是支架,不同人有不同的做法:有人说5英尺长的结实木棍最好,也有人提倡用铁丝笼,还有人声称木制圆锥篷最佳。

菜园中锄草有“最佳时机”吗?

锄草通常是菜园中最讨厌、最费时的工作。一些研究(以豆类的锄草为例)表明,在蔬菜生长的前三四周内锄草收成最好,而此后即使杂草疯长也不会明显减少蔬菜的产量。

最能吸引蝴蝶的一年生和多年生植物是什么?

藿香、大波斯菊、屈曲花、天芥菜、马缨丹、万寿菊、墨西哥向日葵、火炬花、旱金莲、香雪球、醉鱼草(又名蝴蝶草)、石竹、堇菜、百日菊都吸引蝴蝶的到来。

花园里种植什么花能够吸引蜂鸟?

红喇叭金银花、锦带花、醉鱼草、钓钟柳、珊瑚钟、剑叶兰、毛地黄、美国薄荷、花烟草、矮牵牛、福禄考、一串红等都有艳丽的色彩(红橙变化)和引诱剂(花蜜)来吸引蜂鸟。

为什么草坪修剪后的草屑要留在草坪上?

草坪修剪后的草屑是草坪非常珍贵的养分来源,它们为新草提供氮、钾和磷以减少化肥的使用。短小幼嫩的草屑能够迅速分解。此外,没有把草屑扔到垃圾堆里而留在草坪上也减少了垃圾的数量。

什么是雪霉病? 如何防治雪霉病?

雪霉病是美国北方草坪的常见病,典型病症是长有白色棉花样的霉层。早春雪融时,雪下经常生有雪腐镰刀菌。在潮湿地区,避免晚秋施肥可以防止这种疾病的传播。看到草坪染上这种疾病后可用杀菌剂处理,10—14 天后再施用一次杀菌剂。

如何使水仙在种植的第二年就开花?

只要水仙的新芽一出现就试着给它施肥,这有助于根的更新并促进叶和花的发育。如果没有开花,问题可能比较复杂,使得开花受阻。每隔 3—5 年将水仙花的球茎挖出,分离,重新栽种。

冬季如何使天竺葵存活?

只要天竺葵不受到冻害,在凉爽的温室中或有阳光无暖气的地下室等场所,它们就可以安全地越冬。在这种半休眠状态，它们只需要偶尔浇点水。植株上剪下的插条在冬末或初春能够生根长成新的天竺葵(有人建议让其秋天生根)。家中没有合适的光照和温度条件，天竺葵被迫进入休眠状态，土壤完全变干，根部和土壤稍有分离。虽然它们可以挂在凉爽潮湿(45°F—50°F 即 7℃—10℃)室内的房椽上，但最好还是装在纸袋中，扎上袋口，定期查看。它们的叶子会变干枯萎，如果茎枯萎了，可以少喷一点儿水。如果出现霉菌或腐烂的部位，应将其剪掉，将天竺葵移到干爽的地方，袋口打开一两天。早春时节，修剪茎直到出现绿色的健康组织，再把它植入装有新土的花盆中。

什么是果树的需冷量?

果树的结果期结束后一定有一个休眠期。果树休养生息为来年坐果积聚力量。这一轮要经受 32°F—45°F(0℃—7.2℃)气温的考验，其时间跨度是以小时数来计算的。樱桃树需要约 700 小时的需冷量。

“五合一”果树是什么?

这些令人好奇的果树是同一种水果（通常是苹果）的 5 个不同品种嫁接到一个根茎上形成的。果树开花时在同一棵树上会出现多种色彩的花朵，十分壮观。

什么是果树架棚? 为什么要给果树架棚?

果树架棚是训练果树沿着一个平面生长。它可以在一个狭小空间(如靠墙)生长。即使根在人行道或者是机动车道下，它还是会茁壮生长。由于许多果树成对栽植，架棚果树可以紧密栽植，彼此提供花粉，还可节省空间。

脐橙是如何出现的?

脐橙源于 19 世纪早期巴西种植园的一棵变异果树。这棵变异树上的嫩芽被嫁接到另一棵树上，然后那棵树的树枝被嫁接到另一棵树上，依此类推。

传说中苹果树的种植者是被称为“苹果佬”的约翰·查普曼。

无籽葡萄是怎样种植的?

由于无籽葡萄不能按通常的常规方法(即脱籽)繁殖,种植者必须从其他的无籽葡萄的植株上获得插条来生根。尽管无籽葡萄具体的起源人们还不得而知,但葡萄可能是几千年前的伊朗人和阿富汗人最早培育的。起先,最早的无籽葡萄是硬籽壳未发育的基因变异。该变异叫做无籽发育。今天常买到的现代无籽葡萄是绿色汤普森无籽葡萄,90%的葡萄干都是由这种葡萄制成的。

"苹果佬"真的栽了很多苹果树吗?

约翰·查普曼(John Chapman, 1774—1845)绰号"苹果佬",确实曾在美国中西部种植经营苹果园。他还免费送给拓荒者苹果树苗鼓励向西部拓展苹果园。传说中,他是一个赤脚的流浪汉,游荡在乡下,将肩上袋子中的种子随意撒播。他是个令人好奇的人物,经常向路人布道宣扬《圣经》和宗教哲学。1845年去世时他已是一个成功的商人,拥有上千英亩的果园和苗圃。

无籽西瓜是天然的吗?

无籽西瓜经过50年的研究于1988年首次引入美国。无籽西瓜要获得常规的有籽西瓜的花粉。农民常常将有籽西瓜和无籽西瓜紧密地种在一起,依靠蜜蜂授粉。无籽西瓜中白色的"瓜子"有一个受精卵和胚胎。无籽西瓜是不育的,不会受精,所以荚果不硬化,不会变成我们熟悉的黑瓜子。

什么是编结?

编结是将紧密栽种在一起的树木和灌木修剪成一面高高的叶墙。很多树种,包括枫树、埃及榕和欧椴都被用来编结。因为需要时间来护理编结的绿荫甬道,所以有"叶墙"的说法,它们经常出现在美国花园中,在欧洲也经常看到。

什么是矮针叶树?

针叶树是常青的灌木和树木,拥有针形的树叶,锥形的球果,木质含树脂,如松树、云杉、冷杉和刺柏。生长20年后,不同于其他的高大树木,矮针叶树或缓生林木高度一般约3英尺(91厘米)。

日本矮树种植的艺术——盆栽的秘密是什么?

这种微缩的带有细小枝叶和虬曲树干的树木可能有上百年的历史了。为了限制植物的生长,必须精心地剥夺它们的养分,剪掉生长最快的枝芽,将它们放在花盆里减小其根系。有选择的修剪,剪掉终端萌芽,连线布线手法是用来控制树木外形的方法。盆栽可能开始于中国周朝(公元前900—公元前250),皇帝制成微缩的花园来表现他们统治的外省国土。

野鼠尾草籽是什么?

较小的黑色的野鼠尾草籽来自美国西南和墨西哥的一种野草。该草籽具有较高的蛋白质含量。因为其黏液质的属性,它们不能按常规方式发芽。然而撒在人工制成中空的陶制容器中(通常是动物的形状),种子很快形成一层绿色富含蛋白质的可以采摘的野鼠尾草嫩芽。

毒葛、毒橡树和毒漆树的区别是什么?

这些木本植物几乎生长在北美各地,而且看起来也比较相似。都有3片小叶交替组成的复叶,果实都是浆果,茎都是锈黄色。但是毒葛有时表现更像藤本植物而非灌木,能够长得很高。灰色的果实没有绒毛,叶子有点裂开。另一方面,毒橡树呈灌木状,但可以攀爬。小叶裂开与橡树叶相似,果实有绒毛。毒漆树仅生长在北美酸性潮湿沼泽中。这种灌木可高达12英尺(3.6米),果实悬挂成串,颜色灰黄。毒漆树叶子尖锐锋利,颜色暗绿,交替复叶,黄绿色的花朵不太显眼。接触毒葛、毒橡树和毒漆树的任何部分都可能患严重的皮炎。

如何用自然方法清除毒葛?

清除毒葛可以用盐水溶液进行喷洒。较大的毒葛可以割断地表或地下的藤并用盐水浸泡其根部。两周后,需用同样方法再处理一次。不能用火烧,烟灰会导致暴露的皮肤、眼睛、鼻腔和肺内出现皮疹。

苹果蝇是什么?

苹果蝇,经常被叫做苹果实蝇。苹果蝇生长在美国东部和加拿大的果园中,幼虫靠苹果、李子、樱桃等的果肉为食。

草莓种植中常见的病虫害是什么?

蠼螋、鼻涕虫和蜗牛在有些地方是最棘手的问题。草莓叶也会受到日本弧丽蛂、蚜虫、蓟马、象鼻虫、线虫和叶螨的侵扰。

怎样保护果树不被田鼠啃食?

珍贵的树木,尤其是新栽的果树可以严密包裹起来,用铁丝、胶合板或塑料加以保护。其他的控制方法,如浸泡在大蒜中的熔岩碎块,是有效的驱虫剂。大蒜喷剂会驱走多数啮齿动物。

什么样的栅栏能防止鹿进入花园?

铁丝网栅栏上配备岗哨,栅栏门比较窄,角度小,人和小型动物能找到其正确方向,但鹿却不能,此外动感安全警示灯上安装的警报器可以惊走鹿。电栅栏也是不错的威慑手段,但对于较小的花园来说,雪栅栏效果较好。

怎样使松鼠远离菜园和花园?

松鼠喜欢吃西红柿、黄瓜和各种瓜果,挖出植物球茎,破坏花园中一切色彩艳丽的花草。四周撒樟脑的传统方法显然不太有效。比较好的办法是放置 1—2 英寸(2.5—5 厘米)高的铁丝网片。松鼠会避开铁丝网片,显然它们害怕脚趾陷到网中。另外可以尝试的办法是在植物的周围撒辣椒,如遇下雨,雨后需重新撒一次。

如何使猫远离花园中的假荆芥?

直接播种种植假荆芥,而不要移植,因为这样会导致叶子受损,释放出的油脂味可以吸引猫。植物长大后不要碰它的叶子。一旦油脂味被释放出,就很难将猫赶走。

化学喷剂用来控制植物病虫害之前,所用的传统喷剂是什么?

园艺工作者已经使用碗橱和有机植物材料很长时间了。发面苏打水喷剂是很好的杀菌剂。在四品脱水中放入两勺发面苏打混合即成。将一头大蒜捣碎放入两品脱水中制成大蒜喷剂。加热 5 分钟后冷却即可。大蒜喷剂是有效的杀虫剂和杀菌剂。杂草问荆、接骨木叶、欧洲蕨的叶都已被用来制成喷剂用来防治发霉、甘薯长喙壳菌和许多侵害花园植物的霉菌和细菌。

农业化学家乔治·华盛顿·卡佛确立了重要的作物管理方法，发现了上百种作物的新用途。

乔治·华盛顿·卡佛博士有何功绩？

由于乔治·华盛顿·卡佛博士（Dr. George Washington Carver，1864—1943）在植物病学、土壤分析和作物管理等方面的贡献，许多采纳了他的方法的南方农民增加了作物的产量和收益。卡佛确立了利用豇豆、红薯和花生烹饪的食谱。他最终用红薯制成了118种食品，用花生制成了325种，用山核桃制成75种。他促进了土壤的多样经营，推广了花生、大豆和其他使土壤肥沃的作物。他的其他贡献包括利用大豆制成塑料，后来亨利·福特用来制汽车的零件。他从阿拉巴马红黏土和杂交棉中提取染料和颜料。卡佛在很多方面都有过人天赋，几乎成了美国神话中的民间英雄。

第一个实际投入使用的温室建于何时？

法国植物学家朱尔斯·查尔斯（Jules Charles）1599年在荷兰莱顿建造了第一个温室，用来种植药用的热带植物。在那里最受欢迎的植物是名为“罗望子树”的印度枣。它的果实可制成治病饮料。

第一个植物专利是何时签发的？

环境美化设计家亨利·F.布森博格（Henry F. Bosenberg）由于培育了蔓生玫瑰于1931年8月1日获得了美国第一号植物专利。

动物世界

生理特性等

参见：环境——灭绝的和濒危的动植物

美国首家动物园是何时建成的?

于 1859 年注册并建成的费城动物园为美国首家动物园。动物园的正式运营却由于美国内战、资金短缺和动物运送困难等问题的困扰，延期至 1874 年。开放初期的动物园占地 33 英亩，展出 282 类各种动物。

什么动物受孕期最长?

受孕期最长的动物不是哺乳类动物，而是生活在阿尔卑斯山附近的胎生两栖动物黑蝾螈。生活在瑞士阿尔卑斯山海拔 4 600 英尺(1 402 米)高处的黑蝾螈的受孕期长达 38 个月。

动物，尤其是哺乳类动物的生命周期有多长？

在所有哺乳类动物中，人类与鳍类鲸鱼寿命最长。以下为部分动物种类的最长生命周期表。

动物	拉丁称谓	最长生命周期(年)
玛伦龟	Testudo sumeirii	152+
圆蛤	Venus mercenatia	约 150
普通乌龟	Verrapene Carolina	138
欧洲池塘中的乌龟	Emys orbicularis	120+
凸股乌龟	Testudo graeca	116+
鳍类鲸鱼	Balaenoptera physalus	116
人类	Homo sapiens	116
深海蛤	Tindaria callistiformis	约 100
逆戟鲸	Orcinus orca	约 90
欧洲鳗	Anguilla anguilla	88
湖鲟	Acipenser fulvescens	82
淡水贻贝	Margaritana margaritifera	80—70
亚洲象	Elephas maximus	78
秃鹰	Vultur gryphurs	72+
鲸鲨	Rhiniodon typus	约 70
非洲象	Loxonta Afticana	约 70
大雕	Bubo bubo	68+
美洲鳄	Alligator mississipiensis	66
蓝金刚鹦鹉	Ara macao	64
鸵鸟	Struthio camelus	62.5
马	Equus caballus	62
猩猩	Pobgo pygmaeus	约 59
巴塔鹰	Terathopius ecaudatus	55
河马	Hippopotamus amphipious	54.5
猿	Pan troglodytes	51
白鹈鹕	Pelecanus onocrtalus	51
大猩猩	Gorilla gorilla	50+
家鹅	Anser a.domesticus	49.75
灰鹦鹉	Psittacus erythacus	49

续 表

动　　物	拉 丁 称 谓	最长生命周期(年)
印度犀牛	Rhinoceros unicornis	49
欧洲棕熊	Ursus arctos arctos	47
灰海豹	Halichoerus gryphus	46+
蓝鲸	Balaenoptera musculus	约 45
金鱼	Carassius auratus	41
普通蟾蜍	Bufo bufo	40
蛔虫	Tylenchus polyhyprus	39
长颈鹿	Giraffa camelopardalis	36.25
骆驼	Camelus ferus	35+
巴西貘	Tapirus terrestris	35
家猫	Felis catus	34
金丝雀	Serinus caneria	34
美洲野牛	Bison bison	33
山猫	Felis rufus	32.3
巨头鲸	Physeter macrocephalus	32+
美洲海牛	Trichechus manatua	30
红袋鼠	Macropus rufus	约 30
非洲野牛	Syncerus caffer	29.5
家狗	Canis familiaaris	29.5
狮子	Panthera leo	约 29
非洲香猫	Viverra civetta	28
蜘蛛	Mygalomorphae	约 28
红鹿	Cervus elaphus	26.57
老虎	Panthera tigris	26.25
大熊猫	Ailuropoda melanoleuca	26
美洲獾	Taxidea taxus	26
袋熊	Vombatus ursinus	26
酒糟鼻海豚	Tursiops trumcatus	25
家鸡	Gallus g.domesticus	25
灰松鼠	Sciurus carolinensis	23.5
土豚	Orycterropus afer	23
家鸭	Anas platyrhynchos domesticus	23
郊狼	Canis latrans	21+

续 表

动　　物	拉 丁 称 谓	最长生命周期(年)
加拿大水獭	Lutra Canadensis	21
家羊	Capra hircus domesticus.	20.75
蜂王	Myrmecina graminicola	18+
普通兔	Oryctolagus cuniculus	18+
白鲸	Delphinapterus leucuas	17.25
鸭嘴兽	Ornithorhynchus anatinus	17
海象	Odobenus rosmarus	16.75
家养火鸡	Melagris gallapave domesticus	16
美洲海狸	Castor Canadensis	15+
陆地蜗牛	Helix spiriplana	15
豚鼠	Cavis porcellus	14.8
豪猪	Erinaceus europaeus	14
犰狳	Calyptohracrus retusus	12
水豚	Hydrochoerus hydrochaeris	12
灰鼠	Chinchilla laniger	11.3
大蜈蚣	Scolpendra gigantean	10
金仓鼠	Mesocricentus auratus	10
蚯蚓	Allolobophora longa	10
袋网蜘蛛	Atypus affinis	9+
埃及大沙鼠	Gerbillus pyramidum	8+
刺状海星	Marthasterias glacialis	7+
千足虫	Cylindroius landinensis	7
家鼠	Mus musculus	6
棕尾猫鼬	Salanoia cancolor	4.75
鼠	Thomomys swinderianus	4.3
西伯利亚飞松鼠	Pteromys volans	3.75
普通章鱼	Octopus volans	2—3
地鼠	Thomomys talpoides	1.6
橙褐色大蝴蝶	Danaus plexippus	1.13
臭虫	Climex lectulatius	0.5(182 天)
黑蜘蛛	Latridevtis mactans	0.27(100 天)
普通家蝇	Musca domesticus	0.04(17 天)

现存的最大与最小的动物都是什么？

最大的动物	名称	长度与重量
海洋哺乳动物	长贵鲸	100—110 英尺(30.5—33.5 米)长 135—209 英吨(122.4—189.6 公吨)重
陆地哺乳动物	非洲丛林象	雄象肩高 10.5 英尺(3.2 米) 5.25—6.2 英吨(4.8—5.6 公吨)重
鸟	北非鸵鸟	8—9 英尺(2.4—2.7 米)高 345 磅(156.3 千克)重
鱼	鲸鲨	41 英尺(12.5 米)长 16.5 英吨(15 公吨)重
爬行动物	咸水鳄	14—16 英尺(4.3—4.9 米)长 900—1 500 磅(408—680 千克)重
啮齿动物	水豚	3.25—4.5 英尺(1—1.4 米)长 250 磅(113.5 千克)重

最小的动物	名称	长度与重量
海洋哺乳动物	矮海豚	4—5.6 英尺(1.25—1.7 米)长 50—70 磅(22.7—31.8 千克)重
陆地哺乳动物	野蜂、泰国猪鼻海豚	1 英寸(2.54 厘米)长 0.062—0.07 盎司(1.6—2 克)重
鸟	蜂鸟	2.25 英寸(5.7 厘米)长 0.056 盎司(1.6 克)重
鱼	刺鳍鱼	0.35 英寸(8.9 毫米)长
爬行动物	壁虎	0.63 英寸(1.6 厘米)长
啮齿动物	俾格米鼠	4.3 英寸(10.9 厘米)长 0.24—0.28 盎司(6.8—7.9 克)重

动物园中的熊冬眠吗？

动物园中的熊不冬眠，原因在于动物园中的笼子和围场内的温度常年保持温暖，而且还有专职饲养员喂养。而熊只是在温度低于零度、缺乏食物的情况下才会冬眠。

野生熊在冬眠之前，大量进食食物（有时这些食物是人提供的）。

动物和人是如何辨别气味的？

动物、人类和其他一些生物有机体是依赖嗅觉来分辨食物、配偶、食肉动物、体味和香味（例如花香），预知危险（例如化学危险）等。他们的鼻腔内有感受细胞，这些含蛋白质的细胞在接收到化学危险气味之后，就会通过专门的感受细胞用电信号方式传达给大脑中的嗅觉延髓。嗅觉延髓中的细胞将这一信息传到脑前部的嗅觉区，就会产生嗅觉。

除了人类之外，哪些动物最聪明？

根据行为动物学家爱德华·欧·威尔森（Edward O. Wilson）的研究，以下 10 种动物最聪明。

1. 黑猩猩（两种）；
2. 大猩猩；
3. 猩猩；
4. 狒狒（包括西非鬼狒和狒狒在内的 7 种）；
5. 长臂猿（7 种）；
6. 猴子（种类很多，尤其是猕猴、赤猴和西里贝斯黑类人猿）；
7. 小齿鲸（7 种，尤其是逆戟鲸）；
8. 海豚（80 多种海豚中的大多数都很聪明）；
9. 大象（两种）；

10. 猪。

除人类之外的动物有指纹吗？

众所周知，大猩猩和其他一些灵长类动物与人类一样具有指纹。然而，与人类最为接近的、堪称人类近亲的黑猩猩却没有指纹。考拉也有指纹。澳大利亚的科研人员发现，考拉指纹的形状、大小和纹理都与人类指纹极为相似。

动物是否可以分辨颜色？

大多数爬行动物和鸟类都具有很强的色彩分辨能力。然而，大多数哺乳动物却都是色盲。类人猿和猴子具有分辨色彩的能力。猫和狗除了能分辨黑、白、灰 3 色之外，分辨不出其他任何颜色。

动物身体的某些部分有再生功能吗？

某些动物确实具有再生功能。然而，随着动物种类复杂程度的加深，再生功能就越发弱化。大多数灵长目无脊椎动物具有再生功能，如扁平无环节的寄生虫（如肝蛭、涤虫）能够对称分离，分离后的各部分又可以生成其他寄生虫。高级无脊椎动物中，再生通常发生于棘皮动物（如海星）和节肢动物（如昆虫和甲壳纲动物）中。附属物（如肢体、翼和触角）的再生通常出现在昆虫（如蟑螂、果蝇、蝗虫）和甲纲虫动物（如龙虾、螃蟹和小龙虾）中。例如，小龙虾脱落的钳子会在下次脱皮（表层破壳或皮脱落，继而长出新壳或新皮）的过程中再生。但有时新生的虾钳与脱落的大小不同，但经过几次脱皮（一年 2—3 次）之后，新钳就逐渐长得与原始钳大小一致。有些两栖类动物和爬行动物甚至能够新生出脱落过的腿和尾巴。

动物的听力频率为多少？

声频即音高。频率单位通常用赫兹（Hz）表示。声音通常以次声（人接听不到）、声波（人能够接听得到）和超声（超出人接听程度）来划分。

动　物	频率（赫兹）	动　物	频率（赫兹）
狗	15—5 万	海豚	150—15 万
人	20—2 万	蝙蝠	1 000—12 万
猫	60—6.5 万		

动物有血型之分吗?

动物因其种类的不同，导致其血型数量的不同。人类通过对动物血液的研究发现,动物的血型也很复杂。除了人类以外,猴子、猩猩、大象、狗等高等动物也存在血型,甚至乌龟、青蛙身上也可以找到血型的痕迹。狗的血型有7种,猫的血型有2种,羊的血型有7种,马的血型为9—10种,猪的血型有16种,牛的血型达12种以上。以下表格为动物的血型种类。

动物种类	血型数量	动物种类	血型数量
猪	16	罗猴	6
牛	12	水貂	5
鸡	11	兔	5
马	9	鼠	4
羊	7	老鼠	4
狗	7	猫	2

所有的动物都有红色血液吗?

血液的颜色由传输氧气的化合物而定。含铁的血红蛋白呈红色,所有脊椎动物和部分无脊椎动物体内流淌的都是这种血液。环节动物血液中有的含有绿色素或红色素。某些甲壳纲动物(节肢动物的身体分开,而且通常有鳃)的血液中含有蓝色素。

动物睡眠时打鼾吗?

研究数据和观察表明,某些动物在睡眠中是打鼾的,这些动物包括狗、猫、牛、羊、水牛、大象、骆驼、狮子、豹子、老虎、大猩猩、黑猩猩、马、骡、斑马和非洲大角斑羚等。

哪些动物跑得比人快?

猎豹是陆地上奔跑最快的爬行动物,它能在两秒钟内,从0加速到45英里/小时(64千米/小时)。有人对猎豹的奔跑速度进行过测量,测量的结果为短距离可达到70英里/小时(112千米/小时)。在通常猎食的状态下,猎豹的奔跑速度平均为40英里/小时(63千米/小时)。人类在非常短距离内的奔跑时速为28英里(45千米)。以下表格的数据为 1/4 英里(0.4 千米)的奔跑速度。

动　　物	最快速度(英里/小时)	最快速度(千米/小时)
猎豹	70	112.6
叉角羚	61	98.1
羚羊	50	80.5
狮子	50	80.5
瞪羚	50	80.5
1/4 哩赛马	47.5	76.4
麋	45	72.4
猎狗	45	72.4
郊狼	43	69.2
狐狸	42	67.6
鬣狗	40	64.4
斑马	40	64.4
蒙古野驴	40	64.4
小灵狗	39.4	63.3
赛跑狗	35.5	57.1
家兔	35	56.3
黑尾鹿	35	56.3
豺	35	56.3
驯鹿	32	51.3
长颈鹿	32	51.3
白尾鹿	30	48.3
疣猪	30	48.3
灰熊	30	48.3
家猫	30	48.3
人	27.9	44.9

名　称

雌雄动物的不同名称是什么?

在英语中,雌雄动物分别有不同的名称。以下即为英语雌雄动物的名称。

动　物	雌　　性	雄　　性
鳄鱼	Bull	
蚂蚁		Queen
驴	Jack, Jackas	Jenny
熊	Boar, he-bear	Sow, she-bear
蜜蜂	Drone	Queen, queen bee
骆驼	Bull	Cow
北美驯鹿	Bull, stag, hart	Cow, doe
猫	Tom, tomcat, gib, gibeat, boarcat, ramcat	Tabby, grimalkin, malkin, pussy, queen
鸡	Rooster, cock, stag, chanticleer	Hen, partlet, biddy
美洲狮	Tom, lion	Lioness, she-lion, pantheress
郊狼	Dog	Bitch
鹿	Buck, stag	Doe
狗	Dog	Bitch
鸭	Drake, stag	Duck
狐狸	Fox, dog-fox, stag, reynard, renard	Vixen, bitch, she-fox
长颈鹿	Bull	Cow
山羊	Buck, billy, billie, billie-goat, he-goat	She-goat, nanny, nannie, nannie-goat
鹅	Gander, stag	Goose, dame
豚鼠	Boar	
马	Stallion, stag, horse, stud, slot, stable horse, sire, rig	Mare, dam
黑斑羚	Ram	Ewe
袋鼠	Buck	Doe
豹	Leopard	Leopardess
狮子	Lion, tom	Lioness, she-lion
龙虾	Cock	Hen
海牛	Bull	Cow
水貂	Boar	Sow
麋	Bull	Cow
骡子	Stallion, jackass	She-ass, mare
鸵鸟	Cock	Hen
水獭	Dog	Bitch
猫头鹰		Jenny, mare, howlet
牛	Ox, beef, steer, bullock	Cow, beef

续 表

动　物	雌　性	雄　性
鹧鸪	Cock	Hen
孔雀	Peacock	Peahen
鸽子	Cock	Hen
鹌鹑	Cock	Hen
兔	Buck	Doe
驯鹿	Buck	Doe
知更鸟	Cock	
海豹	Bull	Cow
羊	Buck, ram, male-sheep, mutton	Ewe, dam
臭鼬	Boar	
天鹅	Cob	Pen
白蚁	King	Queen
虎	Tiger	Tigress
火鸡	Gobbler, tom	Hen
海象	Bull	Cow
鲸	Bull	Cow
土拨鼠	He-chuck	She-chuck
鹪鹩		Jenny, jennywren
斑马	Stallion	Mare

幼雏动物的名称是什么?

在英语中,未长大的幼雏动物有其专门的称呼,下表即为部分动物在未成年时的英语称呼。

动　物	幼 年 动 物 名 称
蚂蚁	Antling
羚羊	Calf, fawn, kid, yearling
熊	Cub
河狸	Kit, kitten
鸟	Nestling
野猫	Kitten, cub

续表

动物	幼年动物名称
水牛	Calf, yearling, spike-bull
骆驼	Calf, colt
金丝雀	Chick
美洲驯鹿	Calf, fawn
猫	Kit, kitten, kitling, kitty, pussy
牛	Calf, stot, yearling(雄性: bullcalf　雌性:heifer)
鸡	chick, chicken, poult, cockerel, pullet
黑猩猩	Infant
蝉	Nymph
蛤	Littleneck
鳕	Codling, scrod, sprag
秃鹰	Chick
美洲狮	Kitten, cub
奶牛	Calf(雄性: bullcalf　雌性: heifer)
郊狼	Cub, pub, puppy
鹿	Fawn
狗	Whelp, puppy
鸽	Pigeon, squab
鸭	Duckling, flapper
鹰	Eaglet
鳗	Fry, elver
象	Calf
大猎狗	Calf
鱼	Fry, fingerling, minnow, spawn
苍蝇	Grub, maggot
青蛙	Polliwog, tadpole
长颈鹿	Calf
山羊	Kid
鹅	Gosling
松鸡	Chick, poult, squealer, cheeper
马	Colt(雄性), foal, stot, stag, filly(雌性), hog-colt, youngster, yearling, hogget
袋鼠	Joey

续表

动物	幼年动物名称
豹	Cub
狮	Shelp, cub, lionet
虱	Nit
水貂	Kit, cub
猴子	Suckling, yearling, wiggler
蚊子	Larva, flapper, wriggle, wiggler
麝鼠	Kit
鸵鸟	Chick
水獭	Pup, kitten, whelp, cub
猫头鹰	Owlet, howlet
牡蛎	Setseed, spat, brood
鹧鸪	Cheeper
鹈鹕	Chick, nestling
企鹅	Fledgling, chick
野鸡	Chick, poult
鸽子	Squab, nestling, sqealer
鹌鹑	Cheeper, chick, sqealer
兔	Kitten, bunny
浣熊	Kit, cub
驯鹿	Fawn
犀牛	Calf
海狮	Pup
海豹	Whelp, pup, cub, bachelor
鲨鱼	Cub
羊	Lamb, lambkin, shearling, yearling
臭鼬	Kitten
松鼠	Dray
天鹅	Cygnet
猪	Shoat, trotter, pig, piglet
白蚁	Nymph
虎	Whelp, cub
蟾蜍	Tadpole
火鸡	Chick, poult

续 表

动　物	幼年动物名称
海龟	Chicken
海象	Cub
黄鼠狼	Kit
鲸	Calf
狼	Cub, pup
土拨鼠	Kit, cub
斑马	Colt, foal

英语中动物群体的量词是什么?

在英语中,不同的动物群体有不同的量词。在汉语中,一群人、一群狼、一群羊使用的量词相同,而在英语中却大相径庭。以下为部分动物群体的量词。

动　物	动物群体量词
蚂蚁	Nest, army, colony, state, swarm
蜜蜂	Swarm, cluster, nest, hive, erst
毛虫	Army
鳗鱼	Swarm, bed
鱼	School, shoal, haul, draught, run, catch
蝇	Business, hatch, grist, swarm, cloud
青蛙	Arm
小昆虫	Swarm, cloud, horde
金鱼	Troubling
蚱蜢	Cloud
大黄蜂	Nest
海蜇	Smuck, brood
虱	Flock
蝗虫	Swarm, cloud, plague
小鱼	Shoal, steam, swarm
牡蛎	Bed
沙丁鱼	Family
鲨鱼	School, shoal

续表

动物	动物群体量词
蛇	Bed, knot, den, pit
白蚁	Colony, nest, swarm, brood
蟾蜍	Nest, knot, knab
鲑鱼	Hover
海龟	Bale, dole
黄蜂	Nes, herd, pladge

昆虫、蜘蛛等

世界上共有多少种昆虫?

到目前为止,世界上为人们所认识、识别出的昆虫有大约75万—100万种。但专家指出,这只是通过研究发现的昆虫数目,估计还不足世界昆虫种类的一半。现在,昆虫专家每年都会发现大约7 000种新的昆虫,但也有许多已被发现的昆虫种类由于生存地域的破坏,尤其是热带森林地区环境的恶化等原因而灭绝。

为什么会经常在琥珀中发现昆虫?

很久以来,人们就对古树树脂的化石,即用来做珠宝镶嵌工艺品的琥珀倍感兴趣。在多米尼加发现的诸多琥珀中,平均每100个琥珀中就会有一颗含有昆虫,有的琥珀中甚至含有几千只昆虫。有的是整只昆虫,有的是昆虫肢体。研究考证发现,大概在3 000万年前,这些昆虫正在树上爬或休息时,首先是被树干所分泌出的黏稠的树脂粘住,之后又被继续渗出的树脂所包裹,往后再经过漫长的时间,逐渐变成了化石。科学家们通过对这些化石的深入研究,发现这些昆虫很多现在已经绝迹,但却与现在所发现的昆虫种类有着千丝万缕的联系。

世界上什么昆虫具有最大的破坏力?

最具破坏力的昆虫当属沙漠蝗虫,又叫圣经蝗虫,集中居住在非洲和中东巴基斯坦及印度北部的干旱、半干旱地区。这种短角蚱蜢一天能吃掉相当于自身体重的食物。在远距离的迁徙飞行过程中,能将所经之路的庄稼、蔬菜吞食得一干二净。据考

沙漠蝗虫——世界上最具破坏力的昆虫。

证，一大群蝗虫一天就能消灭掉约2万吨（1 814.4万千克）粮食和蔬菜。

谁将舞毒蛾引进了美国？

1869年，里奥波尔德·特洛弗洛特（Leopold Trouvelot）教授将舞毒蛾卵由法国带入了美国马萨诸塞州，准备用舞毒蛾卵与蚕配种，用以治愈蚕的萎蔫病。他把舞毒蛾卵放在了窗台上，不一会儿，卵就被风吹走了。在以后的10年中，附近树上出现了大量的舞毒蛾。不出20年，马萨诸塞州东部地区的树木就变得枝枯叶黄。1911年，一艘装载有被舞毒蛾啃食过的病树的船只又将另一批舞毒蛾从荷兰带入美国。现在，这种害虫已经蔓延扩散到美国的25个州，尤其是东北部地区。密歇根州和俄勒冈州的一些地方也报告说，当地有大批舞毒蛾出没。

是否存在舞毒蛾幼虫的天敌捕食者？

有大约45种鸟类、松鼠、金花鼠和白足鼠捕食这种对人类危害极大的舞毒蛾。在由其他国家引进的13种舞毒蛾的天敌中，有两种对其构成威胁。其他种类的寄生虫和各种黄蜂也能有效地控制舞毒蛾的继续繁殖和扩散。最早是在欧洲，这种大蛾在橡树、白桦树、枫树和其他硬木树的树叶上产卵。当卵孵化成毛茸茸的黄色幼虫时，就开始大量吞食树叶，树干几乎在瞬间就光秃秃的一片，更严重的还会造成树木的死亡。舞毒蛾幼虫从0.5英寸（13毫米）长到2英寸（5.1厘米）长。在此成长过程中，幼虫结茧化成蛹，最后经过变态，变为成虫蛾。

哪些昆虫对人类有益?

在世界上不光存在对人类有危害的昆虫，也存在一些造福人类的昆虫。这些昆虫就包括蜜蜂、黄蜂、苍蝇、蝴蝶、蛾子和其他一些传授花粉的昆虫。许多水果、蔬菜都依赖于这些昆虫传授花粉，产生种子。从另一个角度看，昆虫还是鸟、鱼和许多动物的重要食物来源。甚至在某些国家，白蚁、蚕蛹、蚂蚁、蜜蜂已成为人们餐桌上的美味佳肴，有的还用于治疗疾病。由昆虫产出的产品有蜂蜜、蜂蜡、虫胶和丝等。螳螂、瓢虫、草蜻蛉等在危害人类的同时也捕食一些危害人类的昆虫。寄生于有害昆虫体内或附在有

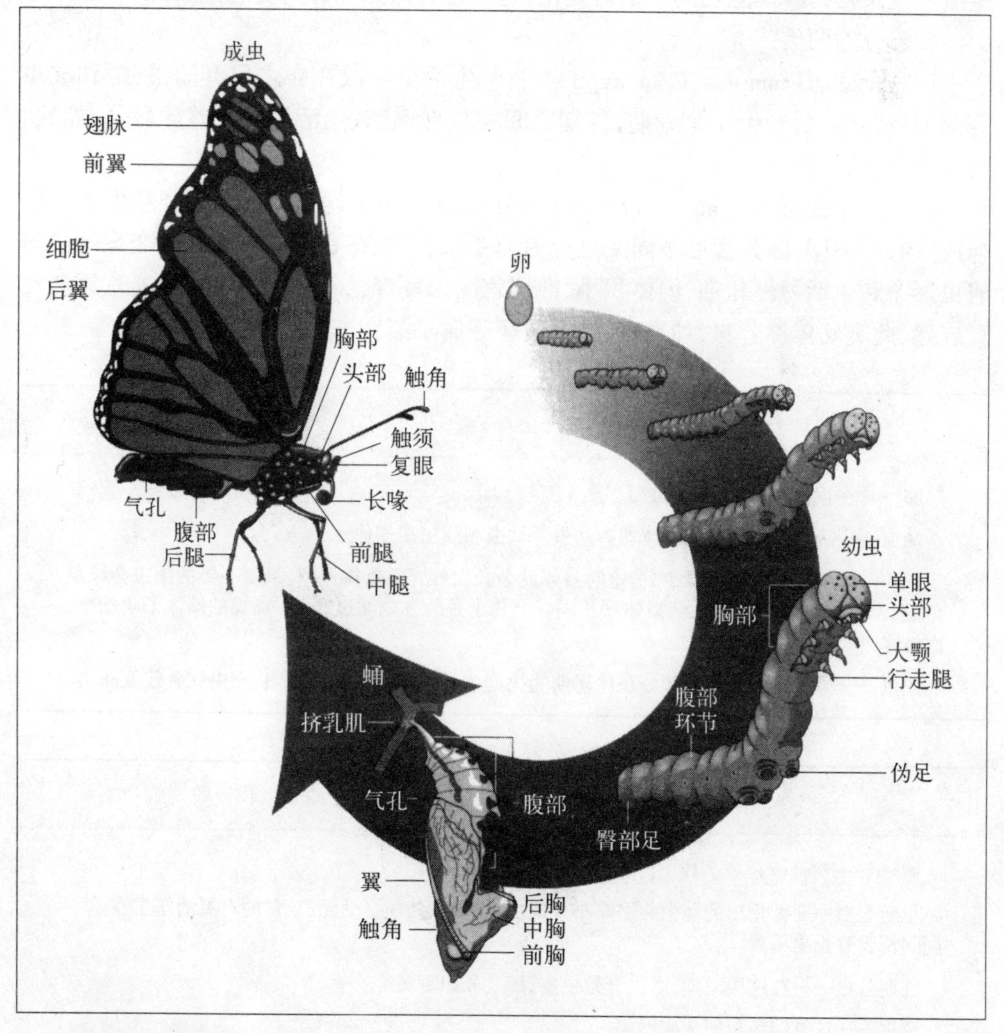

蝴蝶的生命周期为完全变态。

害昆虫体上的寄生虫也有益于人类，比如黄蜂就在有碍西红柿生长的幼虫体内产卵。

昆虫变态分哪几个阶段?

昆虫变态（生物生长过程中生物构造的显著变化）大致分为两个阶段，通常称作完全变态阶段和不完全变态阶段。蚂蚁、蛾子、蝴蝶、白蚁、黄蜂和甲虫等有明显生长期的动物都是通过完全变态成形的。而蚱蜢、蟋蟀和虱子则是通过不完全变态成形的。

昆虫的个体发育经过胚胎发育和胎后发育两个阶段，前者在卵内完成，后者即从孵化为幼虫到成虫性成熟为止。从幼虫变成成虫要经过外形变态、内部结构、生理功能、生活习性及行为和本能上的一系列变化，这些过程的总和称为变态（metamorphosis）。

变态分为两类：

1. 完全变态（complete metamorphosis）：其生活史阶段在卵之后有幼虫、蛹和成虫等期，其特点是要经历 1 个蛹期，各期之间在外部形态、生活习性上差异显著，如蚁、蝇、白蚁和虱等。

2. 不完全变态（incomplete metamorphosis）：这类昆虫幼虫的形态特征和生活习性与成虫有所不同，因其程度不同又可分为渐变态、半变态和过渐变态。渐变态幼虫与成虫形态和生活习性相似，但体积小，性器官尚未发育，经数次蜕变后，性器官逐渐发育成熟，此类幼体称若虫，如臭虫、虱及蜚蠊等属于渐变态。

完 全 变 态

卵——一次产一枚或多枚卵（可多至 1 万枚）。

幼虫——从卵中孵化出的物体即为幼虫。幼虫与成虫很相像。

蛹——幼虫长大以后也要冬眠。这时身体就会长出外壳以抵御严寒。蛾子一类的昆虫会结茧自卫。处于休眠状态的幼虫会以休眠几周甚至几个月的方式度过寒冬。蝴蝶的幼体不叫幼虫，而被称为蝶蛹。

成虫——昆虫身体的某些部分在休眠期间快速生长。当身体机能成熟，成虫就会破茧而出。

不 完 全 变 态

卵——一次产一枚或多枚。

早期若虫——孵化出的昆虫除了略小于成虫外，形状相仿。然而，正常的有翼的昆虫在这一期间都没有长出羽翼。

晚期若虫——在这段时期，昆虫开始蜕皮，随之长出羽翼。

成虫——这时的昆虫完全成形。

什么样的蝴蝶园适合公众参观?

蝴蝶园不是普通意义上的花园,只有种植了许多特殊的花草树木,吸引来无数蝴蝶盘旋其中的园林才叫蝴蝶园。全美国有许多蝴蝶园可供公众参观。蝴蝶园通常建于动物园、植物园、自然保护区、综合大学和商业公园中。世界各国现有许多蝴蝶园,游人可在园中欣赏到几千种蝴蝶。

美国选出了国昆虫吗?

美国一些市民向美国国会请愿,要求将皇蝴蝶定为国家昆虫。但是到目前为止,他们还未申请成功。

蝴蝶与蛾子有什么区别?

蝴蝶与蛾子有以下区别:

特　征	蝴　蝶	蛾　子
触角	有小结	没有小结
活动时间	白天	夜间
色彩喜好	亮	暗
休息时翅膀放置的位置	直立背上	收拢并贴于身体

注:尽管大多数蝴蝶和蛾子具有以上区别,但也有例外。蛾子身上长有毛,而且大多数蛾子长有极小的钩状物,称为刺毛,将前翼和后翼连接起来。

美国最受人喜爱的州昆虫是什么?

蜜蜂显然是最受人喜爱的州昆虫,因为已有 16 个州将蜜蜂选为州昆虫。这 16 个州为阿肯色州、加利福尼亚州、佐治亚州、堪萨斯州、路易斯安那州、缅因州、密西西比州、密苏里州、内布拉斯加州、新泽西州、北卡罗来纳州、俄克拉何马州、南达科他州、田纳西州、佛蒙特州和威斯康星州

蝴蝶能辨别颜色吗?

蝴蝶的感官异常灵敏,在各类动物中,蝴蝶的视光谱最宽。蝴蝶不仅能辨别出光谱中的红色,甚至紫外光也可以辨别。蝴蝶的变色能力远远超过人类,它们能够分辨

出人类分辨不出的色彩。

谁首先发现蜜蜂会跳舞?

奥地利生物学家、诺贝尔奖获得者卡尔·冯·弗立(Karl von frisch,1886—1982)以研究“蜜蜂舞蹈”而闻名于世。冯·弗立花了近40年时间研究和揭示蜜蜂是如何以跳舞的方式来传达蜜源信息的。1943年,他发现,当野外采集到花粉的蜜蜂返回蜂巢后,就在蜂巢上方翩翩起舞,因此这种舞被称为“收获舞”。

冯·弗立同时还发现,收获舞可分为小园舞和摆尾舞两种。

所谓“小园舞”就是蜜蜂在蜂巢上方作“8”字形的快速飞舞,通常表示蜜源距离蜂巢很近,可能在50米之内。

如果蜜源的距离很远(100米之外),便换成另一种舞姿,即“摆尾舞”。蜜蜂沿直线爬行,然后再移向左,这种舞蹈的运动路线呈“8”字形。蜜蜂摇摆其腹部,舞蹈的中轴线跟巢顶的夹角正好是蜜源方向和太阳方向的夹角。

蜜蜂跳舞时头朝上或头朝下,与告知蜜源位置的方向有关:

跳舞时头向上时,表明找寻蜜源位置必须朝向太阳的方向飞行。

跳舞时头向下时,表明找寻蜜源位置必须背向太阳的方向飞行。

跳舞快慢与蜂巢距离蜜源位置的远近也有关系:

蜜源位置愈远,蜜蜂摆尾的时间就愈长,并且在摆尾时还会发出愈久的嗡嗡声音。

在研究蜜蜂的初始阶段,很多人都难以相信蜜蜂是以舞蹈的形式来传达蜜源的位置的,如此神奇的沟通方式的确令人难以置信。

更奇妙的是,蜜蜂不仅具有神奇的沟通能力,而且还具备更为神奇的能力,即蜜蜂在传递信息的这段时间里,太阳因时间的推移,位置发生改变,蜜蜂的这种准确的估量能力着实令人称奇。例如:一只蜜蜂采到蜂蜜后,用15分钟时间飞回蜂巢,然后再用15分钟跳舞,告诉其他蜜蜂蜜源的方向和位置。这些伴着侦察蜂跳舞的蜜蜂,虽然立即飞往蜜源的位置,可时间已经过去了30分钟,太阳已经移动了7°—8°了。但蜜蜂会把太阳在这30分钟内的位置移动情况考虑在内,仍能顺利地找到蜜源植物。

什么是“杀人蜂”

昆虫学家通常用“非洲蜂”一词,而不用“杀人蜂”。巴西的养蜂人希望这种蜂能在热带地区产更多的蜜,就于1956年将这一蜂种引入巴西。1956年,有35只非洲蜂王被运到美洲大陆,因为一时疏忽,其中的26只逃到了南美的热带丛林中,成为杀人蜂的始祖。很快这种蜂就与当地人们所熟知的欧洲蜂种杂交,其后代取而代之原有蜂

一只蚂蚁制服了一只白蚁兵蚁。

种。尽管这一蜂种产蜜量远远大于原有的欧洲蜂种,但其所带来的危险也大大超过其他蜂种。它毫不留情地进攻进入其领地的或对其构成威胁的人们。自从被引进之后,受其攻击致死的人数不下千人。因为自然条件恶劣,非洲蜂养成了惊人的团结精神,培养了战斗力,脾气暴躁,毒性强。

哪种蜜蜂的叮咬对人类危险性最大?

非洲蜜蜂的防御性极强,在稍有招惹或根本没有招惹的情况下,它们就会向人发起集体攻击,不仅速度快,而且攻势凶猛。

什么是流动养蜂人?

为了能采到更好的蜜，养蜂人会带着蜂群异地迁徙，这种养蜂人称为流动养蜂人。他们通常在春夏季向北方迁徙,让蜜蜂传授花粉,而秋冬季则迁徙到气候温暖的南方。美国大约有 1 000 个流动养蜂人,每年迁徙的蜂群近 200 万个。

一个蜂群中有多少只蜜蜂?

一般来说，一个蜂群大约有 5 万—7 万只蜜蜂，这个数量的蜜蜂一年能产 60—100 磅(5—8 加仑)蜂蜜。比 1/3 略多一点的蜂蜜留在蜂房中,以供蜂群生存。

1磅重的蜂蜜需要蜜蜂采集多少朵花的花粉?

蜜蜂必须要在大约200万朵花上采蜜，才能生成1磅重蜂蜜。蜂蜜的采集都由工蜂完成。工蜂的寿命为3—6周。这一生命长度足以使蜜蜂采集一茶匙容量的花蜜。

白蚁有天敌吗?

白蚁有两种天敌:

1. 巢内寄生天敌

许多种白蚁巢内均有真菌、细菌和病毒寄生，其中许多微生物能引起白蚁疾病，最后导致白蚁死亡，直至全巢覆灭。另外，巢内寄生的螨类有时也能杀灭白蚁。

2. 巢外捕食天敌

(1)不能破巢的天敌:此类动物主要捕食有翅纷飞的成虫和暴露在外面的白蚁，或采用不捣毁蚁巢的方式进入巢内，捕食或诱出白蚁后取食，如蜘蛛、蚂蚁、蜻蜓、青蛙、鸟类、黑猩猩等。研究表明，鸟、蚂蚁、蜘蛛和蜻蜓都会在白蚁从一地飞往另一地时，捕食尚不具备抵御能力的带翅膀的幼蚁。

(2)能破巢的天敌:此类动物能捣毁蚁巢，直接从巢内捕食白蚁，如穿山甲、针鼹、大蚁熊、土豚、犰狳、鸭嘴兽、食蚁兽等。

蚂蚁的承重量有多大?

蚂蚁承重能力很强，能够承载超过自身体重的10—20倍甚至更重的重量。蚂蚁在整个动物界的承载能力超过很多生物(包括人，人是绝对不可能承载自身体重10—20倍的重量)。就其身体而言，蚂蚁因其能够承载自身体重10—20倍甚至更大的重量，有的甚至是自己体重的50倍的重量，堪称动物界中名副其实的“超级大力士”。蚂蚁可以负载如此的重量爬行相当远的路程，甚至还能爬树。这就相当于一个重100磅的人背负一辆小轿车，步行7—8英里的路程后，再背着汽车登上世界之巅。

如何区别蚂蚁和白蚁?

蚂蚁和白蚁在生物学分类中同属一目(介于纲和科之间)。二者都为节肢动物，腿为多节连接。

国内外有许多记载，现在甚至在日常生活中，许多人常常将蚂蚁和白蚁混为一谈，认为“白色的蚂蚁就是白蚁”，其实并非如此。虽然白蚁与蚂蚁在外形上都是很小的昆虫，生活习性上都是巢居的群居昆虫，且都有搏斗的习性，但是它们在分类地位、外部形状、生活习性等方面均有明显的差异。

1. 白蚁属等翅目昆虫，进化系统上比较原始，为至今地球上最古老的社群性昆虫，距今已有2.5亿多年的历史。有翅成虫的前后翅几乎等长，翅长远远超过身体，且翅脉复杂而原始，有时有网状结构；蚂蚁属膜翅目昆虫，进化上比较先进，与蜜蜂近缘，距今仅有7 000万年的历史。

2. 白蚁的工蚁、兵蚁大多是淡白色或灰白色，触角为念珠状，每节近乎圆形，且胸腹之间无明显收缩，宽度变化不一；蚂蚁多为黄色、褐色、黑色和橘红色，其胸腹之间有明显的腰节，触角呈膝状，且每节长短不一。

3. 白蚁属不完全变态昆虫，由卵到成虫，经幼蚁或若蚁阶段，无蛹期；蚂蚁属完全变态，由卵到成虫经幼虫期或蛹期。

4. 白蚁的工蚁及兵蚁身体表皮角质化程度不高，体壁柔软，畏光，活动和取食时有蚁路或有掩护，大多种类的眼已退化；蚂蚁身体表皮角质化程度较高，体壁坚硬，不畏光，除少数种类外，活动时一般不筑路。

5. 白蚁主要取食木材和含纤维素的物质，除少数种类外，一般不储粮；蚂蚁食性很广，肉食性和杂食性，有储粮习性。

6. 白蚁成虫在纷飞落地、脱翅后雌雄才能交配繁殖，且长期居住在一起，经常交配；蚂蚁却在飞行中交配，交配后雌雄即分离，且雄蚁就失去意义了。

主要区别如下：

特征	蚂蚁	白蚁
翅膀	分前后两对翅膀，前翅长于后翅	前后两对翅膀长度一样
触角	能弯曲90°	直
腹部	细腰	腰部不细

哪种昆虫的嗅觉最灵敏？

雄性大蚕蛾或许是世界上嗅觉最灵敏的昆虫。昆虫是没有鼻子的，但大多数昆虫却进化出其他嗅觉极其灵敏的器官，用以感受气味。比如鳞翅目的飞蛾（雄性大蚕蛾就是该目的昆虫），它的一对触角形似鸟羽，这种触角称作羽状触角，上面生有1.6万个接收器。法国著名昆虫学家让-亨利·法布尔（Jean-Henri Fabre）在《昆虫记》中描述道：几十只雄蛾像回家一样蜂拥到一个捕虫网中，来找网中的雌蛾，以回应她发出的爱的召唤。法布尔发现，雌蛾的气味（现在我们称之为蛋白酶），可以使远在7英里（11千米）之外的雄蛾闻到，哪怕是在逆风的情况下。

雄蚊子叮人吗?

不叮人。叮人的通常都是雌蚊子,雄蚊子是不叮人的。雄蚊子的口器较雌蚊子的口器有所退化,不能刺破皮肤,所有雄蚊子不吸血,主要靠花蜜、植物汁液和其他汁液维持生命。而雌蚊子所需的营养除上述雄蚊子所有的以外,还吸食人和动物的血液。原因就是它有一个特殊的口器。在雌蚊子头部下端,有一个像针一样的喙状口器,粗看像一根针似的,实际上是由6根比头发丝还细的针组成,其中两根是食道管和唾液管,另有两根刺血针和两片锯齿刀。这6根针的外面由一层薄鞘包裹着,鞘尖上还有一个“夹钳”,把6根针扎成一小捆,蚊子叮人就靠这个锋利的喙。

雌蚊所吸的血一方面用来供养自己,更重要的是,只有吸血之后,才能使卵获得营养。有些蚊子一次就能孵卵200枚,这需要吸食血液来补充营养,这样,蚊子的卵才能成熟,这也是为下一代的繁衍准备丰富的营养。

什么叫盲蜘蛛?

盲蜘蛛指两种无脊椎动物。第一种为无害、无蜇人长腿的蜘蛛纲动物,也被人们称作盲蜘蛛。这种动物除了不具有蜘蛛的分节身体特征之外,其他与蜘蛛无异,所以很容易被人混淆。尽管这种动物的腿与蜘蛛的腿数量一样多,都是8条,但要比普通蜘蛛的腿长许多,而且要细许多。正是由于长腿的优势,使得盲蜘蛛可以将身体高高支起,以防止蚂蚁和其他一些小型敌人的进攻。它们不像蜘蛛那样织网,而属食肉类动物,捕食昆虫、蜘蛛、蛆虫等无脊椎动物。它们也吸食植物汁液,在万不得已的情况下还吃所有能吃的东西,如面食、牛奶等等。盲蜘蛛需要经常喝水。盲蜘蛛也指一种身体细长、腿细长,长有用于吸水和花蜜的喙的一种大蚊。

一只蜘蛛能产多少卵?

一只蜘蛛的产卵数量因蜘蛛种类的不同而有很大差异。一些大蜘蛛能产2 000多枚卵,而许多小蜘蛛却只产1—2枚卵,也许一生的产卵数都超不过12枚。普通大小的蜘蛛的产卵数在100枚左右。大多数蜘蛛一次性产下所有的卵,而所有的卵都产在同一个囊中。还有一些蜘蛛分数次产卵,卵分别产在不同的囊中。

钢铁和蜘蛛网丝相比,哪个更坚固?

答案是肯定的,就是蜘蛛网的丝比钢铁更坚固。蜘蛛网丝的坚固性和弹性仅次于熔丝石英纤维,而比其相同重量的钢的坚固程度要高出5倍以上,还是防弹纤维抗击能力的5倍。张力为一个物体在不被撕扯开的情况下所承受的纵向压力。一条直径

0.004 英寸(0.01 厘米)的合成纤维的最大承受力为 2.8 盎司(80 克)。

一只蜘蛛平均多长时间织一张网?

在 3.2 万多种蜘蛛中,所有的蜘蛛都能吐丝,但是只有一半种类的蜘蛛可以吐丝织网,其余的只会用丝缠绕食物或卵,或编织一个很小的临时隐蔽处,或者像蜘蛛侠那样在跳跃时利用丝起到安全带的作用。

蜘蛛丝是从纺织器出来的,通常位于腹部的后部。纽约康奈尔大学昆虫学院的助理教授琳达-瑞伊尔说:"丝在腹中时以液体的形式存在,而出来后却变成了固体的丝,研究人员一直在研究这是如何发生的。蛛丝比同样宽度的钢铁要坚硬得多,也具有更大的柔韧性,它可以伸展到其长度的 100 倍。

一般来说,一只球形网蜘蛛只需 30—60 分钟就能织成一张蜘蛛网。蜘蛛目(Araneae)为蜘蛛纲类动物中最大的一支,其中包括 3.2 万多种类。这些蜘蛛通过种种方式,包括大型食鸟蜘蛛所使用的简单的拌网到结网蜘蛛织出的复杂的、漂亮的网,来获取食物。有些蜘蛛网形似漏斗,有的蜘蛛群体织出的是社区网。

织出的网就像是由最初的建造向外辐射的多根轮辐,轮辐的数量和质量完全取决于蜘蛛的种类。蜘蛛把织网过程中折断的丝集中于网前,利用它们在原网后另织一张新网。因为圆形网的韧性、坚固程度会逐渐减弱,所以每隔几天就需要重新修补、加固,以提高捕获食物的能力。热带地区的一种叫 Nephila 的球形网蜘蛛织出的网最大,周长达 18 英尺 9 英寸(6 米),Glyphesis Cottonae 蜘蛛织出的网最小,仅有 0.75 平方英寸(4.84 平方厘米)。

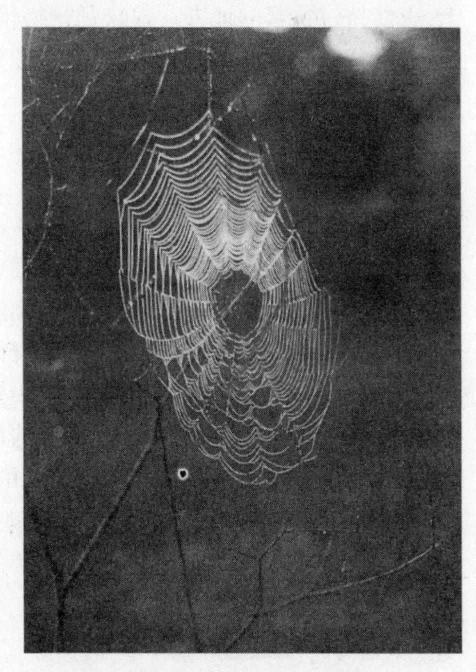
蜘蛛丝的强度比钢丝强许多倍。

地球上最早出现蟑螂是在什么时候?

迄今为止所发现的最早的蟑螂化石已有 2.8 亿多年。有的蟑螂有 3—4 英寸(7.5—10 厘米)长。蟑螂在夜间捕食昆虫,不仅吃人所吃的食物,还吃书本、墨、白涂料等等。

蚯蚓是如何使土壤获得营养的?

土壤蚯蚓属环节动物门的寡毛纲,是被研究最早(自 1840 年达尔文起)和最多的土壤动物。蚯蚓体圆而细长,其长短、粗细因种类而异,最小的长 0.44 毫米,宽 0.13 毫米;最长的达 3 600 毫米,宽 24 毫米。身体由许多环状节构成,体节数目是分类的特征之一。蚯蚓的体节数目相差悬殊,最多达 600 多节,最少的只有 7 节。据估计,世界上现有 4 000 多种蚯蚓,中国已发现有 200 多种。所有这些蚯蚓都能为人类提供生态服务。比如,它们通过挖洞,使土壤通气,保持水分,以适合植物的生长。在这一过程中,它们每天都会将身体的 30%耗在植物、动物和其他一些物质之中,大多数留在土壤表层,成为土壤丰富的营养。蚯蚓是典型的土壤动物,主要集中生活在表土层或枯落物层,因为它们主要捕食大量的有机物和矿质土壤,因此有机质丰富的土壤表层蚯蚓密度最大,平均最高可达每平方米 170 多条。土壤中枯落物类型是影响蚯蚓活动的重要因素,不具蜡层的叶子是蚯蚓容易取食的对象(如榆、柞、椴、槭、桦树叶等)。因此,此类树林下的土壤中,蚯蚓的数量比含蜡叶片的针叶林土壤要丰富得多(柞树林下,每公顷 294 万条蚯蚓,而云杉林下每公顷仅 61 万条)。蚯蚓通过大量取食与排泄活动来富集土壤,促进土壤团粒结构的形成。通过掘穴、穿行,改善土壤的透气性,提高土壤肥力。因此,土壤中蚯蚓的数量是衡量土壤肥力的重要指标。

蜈蚣有多少条腿?

蜈蚣又名“百足”。蜈蚣幼虫最初没有那么多条腿,但长成的成虫便会有 15 对或更多的腿。身体长得较大和较长时,长出的腿会更多,最高纪录是 177 对。

蜈蚣的身体由体节组成,每个体节有一对腿。它的身体颇为扁平,因此能钻进泥土,也能挤过狭窄的地方。蜈蚣爬行得很快,视力很差,有长触须帮助它追踪、捕食昆虫和昆虫的幼虫和蠕虫。蜈蚣第一对腿上的爪有毒,可以杀死猎物。但大部分的蜈蚣对人类完全无害。

跳蚤为何能跳那么远?

跳蚤的跳跃能力主要来自两个方面,一方面是由于跳蚤腿部肌肉结实有力,另一方面就是由于橡胶似的节肢弹性蛋白肉趾。节肢弹性蛋白位于跳蚤后腿上。跳蚤在起跳前蹲伏、蜷缩、积聚,然后放松某些部位的肌肉。从节肢弹性蛋白中存储的能量就好像弹簧,会一下子将跳蚤弹出很远。跳蚤可以向前跳跃,也可以向上跳跃。有些种类的跳蚤可以跳到自身身长的 150 倍远的地方。这就相当于一个人仅仅一跳,就要跳出 2.25 个足球场远的地方,或是 100 层高的楼。人蚤(Pulex irritans),又称致痒蚤,能跳 13 英寸(33 厘米)远,7.25 英寸(18.4 厘米)高。

萤火虫是如何发光的?

萤火虫,学名 photinus pyroles,也叫发光虫,所发出的光是一种毫无热量的光,在生物学上叫做生物发光。萤火虫之所以能发出光来，是依靠它腹部的一个特殊发光器。这个发光器由发光层、反射层和透明的表皮层组成。反射层有一种不透明的细胞层，细胞内含有一些白色颗粒状尿酸盐的结晶，它能够阻挡光射入虫体内，并能够通过透明的表皮把光反射到体外。在发光器的主体发光层中含有一些化学物质，这些物质在虫体内的荧光素酶催化作用下，能进行复杂的氧化反应，生成一些处于激发态的新物质。这些物质经转换后，就能发出光亮。

在萤火虫发光这样一个氧化过程中，它的反应速度的快慢同参加反应的氧的供给量成正比。这些氧由分布于发光器周围的许多小气管提供。如果各个气管供给的氧十分充足，氧化反应速度就会加快，产生的光就亮；反之，各个气管供给的氧不足的话，氧化反应速度就慢，光也弱。萤火虫自身对氧的呼吸也不是恒定不变的。随着萤火虫的呼吸作用，氧气的摄入量有时多些，有时少些，这样，萤火虫发出的光也时强时弱，就变得一闪一闪的。

果蝇的寿命有多长?

成体果蝇的寿命差异很大。在理想的条件下，成体果蝇可生存 40 天。在拥挤条件下，它的寿命则减少到 12 天。然而，在正常的实验室条件下，成体果蝇通常仅存活 6—7 天。

墨西哥跳豆为什么能跳动?

豆蛾在大戟的花或荚中产卵。卵在荚中孵出幼虫或毛虫。毛虫在壳内运动时重量的偏移造成了豆子的跳动。阳光或手掌的温度也会激发豆子的跳动。

水 生 生 物

参见：生物——真菌、细菌和藻类等

斑马贝有什么负面影响?

斑马贝是长有黑白条的双壳软体动物，它们可能是在 1985 年或 1986 年向圣克莱尔湖排放压仓水时被引入到北美的。斑马贝是硬壳品种，它们的足丝附着在水下硬底处。在世界范围内，各水厂进水口，管道中和热转换器中都会发现大量的斑马贝。它们可以阻塞电厂、工业用水和生活用水的进水口，弄脏船体和发动机的冷却水系统，扰乱水下生态系统，因此必须手工清理水处理设施，以清除这种贝类。因为没有天敌，缺乏食物和空间的竞争者，它们繁殖速度极快，四处游动的幼虫生长迅速，所以斑马贝对于地表水资源有很大威胁。

怎样确定鱼的年龄?

确定鱼龄的一个方法是通过观察鱼鳞，因鱼鳞上长有和树木的年轮一样的生长环。鱼鳞上长有同心的骨质隆起，可以反映出每条鱼的生长历程。嵌入皮肤中的鱼鳞成簇隆起，每簇鱼鳞代表一年的生长周期。

成群游动的鱼如何同时改变游动路线?

这种令天敌困惑的游动方式是因为鱼觉察到了水压的变化。鱼的这种称为侧线的探测系统位于身体两侧。沿着侧线有成簇的纤毛，纤毛长在体内一个充满果冻样物质的杯状物中。如果鱼受到惊吓突然掉转方向，就会使周围水域产生压力波。这种水波压力使附近鱼的身体侧线内的“果冻”变形，带动纤毛触动神经，将信号传给大脑，使鱼改变游动方向。

鱼的游速是多少?

鱼的最大游速在一定程度上取决于鱼身和鱼尾的形状及体内的温度。旗鱼至少在短距离上是游得最快的鱼，游速可达 60 英里/小时(95 千米/小时)以上。然而，美国一些渔民认为，蓝鳍金枪鱼是游得最快的鱼，但到目前为止，最快纪录也仅为 43.4 英里/小时(69.8 千米/小时)。由于实际测量的难度极大，获得这方面的数据是非常困难的。黄鳍金枪鱼和棘鲭的游速也很快，10—20 秒的冲刺速度分别为 46.35 英里/小时(74.5 千米/小时)和 47.88 英里/小时(77 千米/小时)。飞鱼的游速为 40 英里/小时(64 千米/小时)多，海豚为 37 英里/小时(60 千米/小时)，鳟鱼为 15 英里/小时(24 千米/小时)，鲥鱼为 5 英里/小时(8 千米/小时)。人类为 5.19 英里/小时(8.3 千米/小时)。

如何区分雌、雄龙虾?

只有将龙虾翻过来才能看到雌龙虾和雄龙虾的区别。雄龙虾距头胸甲(甲壳)最近的两个游泳足(用来游泳的叉状的附肢)坚硬、锋利、多刺。雌龙虾有一个盾牌似的硬甲“焊接”在第三对步足之间。交配过程中，雄龙虾将精子存入这个硬甲中，7 个月后，雌龙虾用它来使它的卵受精。

珍珠是如何形成的?

珍珠是在咸水牡蛎和淡水河蚌中形成的。在这些软体动物体内有一种窗帘样的组织叫做套膜,对着壳的套膜中的一些细胞在壳形成的特定阶段会分泌珍珠层(又称珠母层)。珍珠是牡蛎对外来物作出反应的结果,比如牡蛎壳内的一粒沙子或一个寄生虫。牡蛎在外来物周围分泌珍珠层中和入侵者,最后把它变成了珍珠。珍珠层由碳酸钙、脆性文石河贝壳硬蛋白组成。人工将刺激剂植入牡蛎体内生成的珍珠就是人工养殖的珍珠。

珊瑚礁是怎样形成的?

珊瑚礁只生长在温暖的浅海中。死去的珊瑚虫的碳酸钙骨骼作为框架,后来的珊瑚虫一层一层地附在上面。长期的积累加上海平面的上升逐渐形成了几百米深,上百米长的礁石。珊瑚虫体形如柱;下端固定在礁石的硬底上;上端向水面四处伸展。整块珊瑚礁由上千个珊瑚组成。根据分泌骨骼的种类,珊瑚可以分为硬珊瑚和软珊瑚。硬珊瑚的珊瑚虫沉积成固态的碳酸钙骨骼,因此多数游泳者看到的只是珊瑚的骨骼;珊瑚虫白天蜷缩在一起,身体呈杯状。

珊瑚为什么会有颜色?

珊瑚和虫黄藻互为共生关系。虫黄藻是能进行光合作用的沟鞭藻类(单细胞动物)。沟鞭藻类给予珊瑚独特的粉色、紫色和绿色。排斥沟鞭藻类的珊瑚呈白色。

什么是大管虫?

1977 年这种虫被发现,当时载人深潜器“艾尔文”号正在探测位于距戈拉帕格斯群岛 200 英里(322 千米)、太平洋海面下 1.5 英里(2.4 千米)处的戈拉帕格斯海脊。以史密斯自然历史博物馆蠕虫专家梅瑞迪斯·琼斯命名的大管虫在火山口附近的热水流中被发现。这些虫没有嘴和肠,长达 5 英尺,头顶有 20 万小触角组成的羽状装饰。这种虫增长速度惊人,是由于它们体内的食物来源——大管虫营养体组织内的共生细菌(每盎司组织中有超过 1 000 亿个共生菌)。管虫将从水中吸收的氧气、二氧化碳和硫化氢转运到这些营养体组织。那里的细菌利用这些物质最后合成了管虫生长所需的碳水化合物和蛋白质。

这仅是“艾尔文”号历史性航行的重大发现之一。科学家希望到达大洋深处阳光不可及的“沙漠”地区。世界上的大多数生物都以食物链为基础,依靠光合作用(利用阳光制成化合物)生存。但在大洋深处,大管虫、深海热液蟹和软体动物能茁壮成长是因为这些深海热液生物群落可以依靠化能自养菌，从火山口喷出的氧化物中获取维系生命的能量，或者依靠共生关系，如大管虫及其共生菌。

什么是"美人鱼的皮包"（鳐鱼卵夹）？

"美人鱼的皮包"是用来保护释放到自然环境中的角鲨、鳐鱼和鳐鱼卵的保护套。长方形的"皮包"很坚韧，每个角都伸出长长的卷须。卷须将保护套固定在水草或岩石上，在6—9个月的孵化期保护胚胎。空的废弃保护套经常被冲到海滩上。

电鳗能产生多少电？

电鳗体内有产生电流的器官，它们由体内脊柱两侧电路板组成。电鳗通过中枢神经系统可释放平均350伏，最高550伏的电压。电击包括4—8次单独的充电过程，时间仅持续2‰—3‰秒。这些用作防护机制的电击1小时可以重复高达150次，而电鳗没有显出一点的疲态。巴西、哥伦比亚、委内瑞拉和秘鲁河流中发现的最大功率的电鳗可产生400—650伏的电压。

海豚怎样睡觉？

海豚睡眠时一半的大脑功能停止运转，静静地停在水中。

鲑鱼怎样找到产卵地的路径？

科学家也不太清楚鲑鱼为什么在大洋中巡游几千英里，历时几年后仍能记得返回自己出生河流的路程。然而，他们认为鲑鱼和家鸽一样具有天生的指南针或独立于天文学和物理学之外的搜索识别机制。有的科学家提出，当它们穿越地球的磁场时，体内的指南针利用洋流产生很小的电压识别方向。还有人认为，鲑鱼的回归机制可能与水的盐度变化或巡游途中特定的气味有关。

软体动物按壳可分为几类？

科学家都认同软体动物分为5大类：腹足纲软体动物、双壳纲软体动物、掘足纲软体动物、多板纲软体动物和头足纲软体动物。第六类单板纲软体动物曾被认为已经灭绝，但科学家已经在很深的海洋水域中发现了它们的踪迹，十分罕见。

大多数贝壳属于腹足纲或者双壳纲。世界上1/4的软体动物即约6万种被列入腹足纲，它拥有通常卷起的上下连体的贝壳。帽贝、芋螺、榧螺、骨螺、海蚆和海螺都属于这一类。1.1 万种双壳纲软体动物有两片壳，通常沿一侧绞合。河蚌、牡蛎、鸟蛤和贻贝都是人们熟悉的双壳纲软体动物。

其他 3 类软体动物的品种比较少。科学家承认有约 500 种掘足纲软体动物。它们有锥形的壳，略微弯曲的中空管与长针或象牙相似，因此有的收集者把它们叫做象牙贝。约 600 余种多板纲软体动物的壳有 8 个独立可动的盾片。这些盾片被坚硬的椭圆带(托带)固定。由于酷似盔甲它们又叫"锁子铠甲"。650 种头足纲软体动物与其他的动物截然不同。有的有包裹软体的壳，如著名的分室鹦鹉螺栖息在一个逐渐变大的小室组成的贝壳中，这些小室都由纸样薄的壁分成独立的空间。其他的如乌贼、鱿鱼，壳在体内支撑身体。另一种头足纲动物章鱼则完全没有壳。

鲨鱼有多少种？多少种对人构成威胁？

联合国食品和农业组织列出了 354 种鲨鱼，长度由 6 英寸（15 厘米)—49 英尺(15 米)不等。尽管已知有 35 种鲨鱼曾攻击过人类，但通常只有 12 种真正伤人。比较罕见的大白鲨是最大的食肉鱼。精确测量的最大标本体长 20 英尺 4 英寸(6.2 米)，重 5 000 磅(2 270 千克)。

距海岸多远会受到鲨鱼的攻击？

对 570 个鲨鱼伤人事件的研究发现，多数鲨鱼伤人发生在近海。由于多数下水的人距离海岸都很近，这些数据也不令人吃惊。

海岸距离	鲨鱼攻击的百分率	该距离游泳人数的百分率
50 英尺(15 米)	31	39
100 英尺(30 米)	11	15
200 英尺(60 米)	9	12
300 英尺(90 米)	8	11
400 英尺(120 米)	2	2
500 英尺(150 米)	3	5
1 000 英尺(300 米)	6	9
1 英里(1.6 千米)	8	6
1 英里以上(1.6 千米以上)	22	1

爬行动物和两栖动物

爬行动物和两栖动物的区别是什么?

爬行动物体表覆有鳞片、背甲、盾片;它们的脚趾有爪。两栖动物有潮湿含腺的皮肤,脚趾无爪。爬行动物的卵有羊皮纸样厚而坚的壳,可以保护发育中的胚胎即使在干燥的陆地上也不会失去水分。两栖动物的卵没有保护性的外层,总是产在水中或潮湿处。幼小的爬行动物在相貌上是其父母的微缩版,只是颜色和花纹有时会有些变化。未成年的两栖动物经历了一个水生幼虫阶段,然后变态(改变形态和结构)发育为成体。爬行动物包括短吻鳄、鳄鱼、海龟和蛇。两栖动物包括蝾螈、蟾蜍和青蛙。

美国有哪些固有的毒蛇?

毒蛇名称	平均长度
响尾蛇	
东方菱背响尾蛇	33—65 英寸(84—165 厘米)
西方菱背响尾蛇	30—65 英寸(76—419 厘米)
森林响尾蛇	32—54 英寸(81—137 厘米)
草原响尾蛇	32—46 英寸(81—117 厘米)
大盆地响尾蛇	32—46 英寸(81—117 厘米)
南太平洋响尾蛇	30—48 英寸(76—122 厘米)
红菱响尾蛇	30—52 英寸(76—132 厘米)
莫哈维响尾蛇	22—40 英寸(56—102 厘米)
有角响尾蛇	18—30 英寸(46—76 厘米)
噬鱼蛇	
食鱼蝮蛇	30—50 英寸(76—127 厘米)
铜头蝮蛇	24—36 英寸(61—91 厘米)
纹面蝮蛇	30—42 英寸(76—107 厘米)
小尾眼镜蛇	
东方珊瑚蛇	16—28 英寸(41—71 厘米)

蛙的生活周期。

陆地上什么蛇爬行最快？

黑曼巴是一种致命的非洲毒蛇，可长达13英尺(4米)。据记载速度可达7英里/小时(11千米/小时)。作为一种极具攻击性的毒蛇，在追击猎物时身体前部会高高竖起。

鳄鱼在陆地上的速度可达多少？

鳄鱼快速运动时可以跳跃疾驰，速度可达2—10英里/小时(3—17千米/小时)。

怎样确定幼年短吻鳄的性别？

短吻鳄的性别是由卵孵化时的温度决定的。90—93°F(32—34℃)的高温时孵出雄性,82°F—86°F(28℃—30℃)的低温时则孵出雌性。温度的决定作用发生在两个月孵化期的第二周和第三周。这段时间之前和以后的温度波动都不会改变幼鳄的性别。鳄鱼是被窝顶部的腐败物质的高温孵出的。

苏里南蟾蜍怎样养育幼蜍?

不同于普通的蟾蜍和青蛙，雌性苏里南蟾蜍将它的卵装在后背皮肤上特别的口袋中。每一个卵都在自己的口袋中发育。蝌蚪的尾巴同母体连在一起,与哺乳动物的胎盘相似,进行养分和气体交换。蝌蚪的发育迅速,在口袋中经历变态发育。变成幼蛙后它们离开这个口袋,开始独立生活。

海龟的上壳和下壳叫什么?

海龟用壳来保护自己。上壳叫背甲,下壳叫腹甲。这些壳被称作鳞甲。背甲和腹甲在体侧连在一起。

鸟　类

各种鸟的群体称呼是什么?

通常一群鸟被叫做一群、一列、一队、一排、一行。

鸟　类	鸟 群 名 称	鸟　类	鸟 群 名 称
麻鸦	群	老鹰	群
虎皮鹦鹉	群	大雁	行、群、排
鸡	群、窝	金翅雀	群、堆、帮
大鹬	堆、群	松鸡	窝
鸬鹚	队	海鸥	群
鹤	群、行	鹰	群
乌鸦	伙、队	母鸡	窝、群
麻鹂	群	苍鹭	群、行
鸽子	队、群	松鸦	帮
鸭子	排、堆、对、帮、队	云雀	队、溜

续 表

鸟 类	鸟群名称	鸟 类	鸟群名称
喜鹊	群、窝	麻雀	群
绿头鸭	群、对	椋鸟	窝、群
夜莺	群、拨	鹳	堆
山鹑	窝	燕子	队
孔雀	堆、群	天鹅	群、组、行、列
企鹅	群	水鸭	群
野鸡	群、窝	火鸡	堆
家鸽	群、堆	斑鸠	群
燕鸻	群、队、排、片	啄木鸟	群
鹌鹑	窝、群	鹪鹩	群

鸟类的听力有多敏感?

在大多数鸟类中，听力是仅次于视力的最重要的感观。鸟类的耳朵紧贴身体，并且被羽毛覆盖。然而，羽毛并没有能够阻塞声音的羽小支。夜间的猛禽，如大角鸮，有高度发达的听力，其目的就是为了能够在黑暗中捕捉到猎物。

鸟类如何学会其种属所特有的旋律叫声?

鸟类学会一定的叫声似乎受到遗传和后天经历的影响。科学家认为，鸟类先天具有识别本属鸟类声音的能力，并且倾向于学习自己本属的“歌声”。鸟类歌唱时，经历了一个实践阶段(与人类婴儿咿呀学语十分类似)。在这一阶段，鸟类逐渐完善了本属独特歌声的音阶和结构。为模仿出完美的鸣叫声，鸟类通常在出生1个月后开始倾听成鸟的叫声。

哪种鸟产的蛋最大/最小?

隆鸟，又称巨鸟或大鹏，是马达加斯加一种灭绝的不能飞的鸟。它产出了世上已知最大的鸟蛋。有些蛋经测长达13.5英寸(34厘米)，直径9.5英寸(24厘米)。现在能产出最大蛋的鸟是北非鸵鸟，平均长6—8英寸(15—20.5厘米)，直径4—6英寸(5—15厘米)。

最小的鸟蛋出自牙买加的马鞭花蜂鸟，长不超过0.39英寸(1厘米)。

一般说来，鸟越大，蛋也越大。然而，和鸟的体形比起来，鸵鸟蛋是最小的蛋之一，蜂鸟的蛋却是最大的。现在世界上所有的鸟类中，新西兰鹬鸵蛋是相对于其体形来说最大的蛋,但重量仅为1磅(0.5千克)。

候鸟为什么每年要迁徙?

鸟类的迁徙行为是遗传的。然而,没有生理和环境的刺激鸟类是不会迁徙的。夏末阳光的减少刺激候鸟的脑垂体和肾上腺分别分泌催激素和皮质酮。这些激素使鸟在皮肤下面储存了大量的脂肪,为长途的迁徙路程提供充足的能量。另外,这些激素也使得鸟在迁徙前变得焦躁不安。然而具体迁徙的时间并不是由阳光减少和激素的变化决定的,而是由食物的获取和天气变冷等条件决定的。

北美候鸟过冬的主要地区是美国南方和中美洲。野鸭遵循4条主要的南迁航线:大西洋航线、密西西比航线、中部航线和太平洋航线。一些鸟类专家提出,候鸟返回北方繁殖出于以下几个原因:(1) 候鸟返回老巢因为那里有大量可供幼鸟食用的昆虫;(2) 北半球夏季纬度越高,母鸟为幼鸟觅食的白昼时间就越长;(3) 北方寻找食物和筑巢地点的竞争者较少;(4) 北方筑巢鸟的哺乳动物天敌较少（鸟在筑巢期间最危险);(5) 鸟类向南方迁徙是为了躲避寒冷天气,当天气转好,它们就返回北方。

哪种鸟迁徙的距离最远?

北极燕鸥是迁徙距离最远的鸟。它们在近北极地区直至北美和欧亚大陆的北极区的陆地边缘繁殖。北方夏末,北极燕鸥开始向南极迁徙,行程超过1.1万英里(17 699千米)。7月在俄罗斯北极海岸将一只燕鸥加上标签,来年5月当它在澳大利亚弗里曼特尔被找到时,已经飞越了1.4万英里(22 526千米)。

燕子什么时候返回到加利福尼亚州的卡皮斯特莱诺?

传说每年燕子都会在3月19日的“圣约瑟夫节”回到加利福尼亚州圣胡安卡皮斯特莱诺教堂,并且于10月23日离开那里向南半球迁徙。实际上,燕子可以在3月的任何一天到达,也可以在10月的任何一天离开。随着小镇的发展和游客的增多,每年返回的燕子的数量逐年降低。这一传说源于当地的一个小旅馆老板讨厌燕子,摧毁它们的巢,企图将它们赶走。一个教区的神父让所有的燕子都到他的教堂避难,从那以后,燕子每年都回到那里。

所有的鸟都会飞吗?

不是。在不会飞的鸟类中,企鹅和平胸鸟是人们最为熟悉的。平胸鸟包括鸸鹋、鹬鸵、鸵鸟、三趾鸵鸟和食火鸡。它们胸骨中都没有龙骨,所以被称为平胸鸟。这些鸟都有翅膀,但几百万年前就失去了飞行能力。许多鸟生活在大洋中的孤岛上(如大海鸭),由于失去了天敌,用来逃脱的双翅逐渐退化,失去了飞翔能力。

什么鸟的翼展最长?

漂泊信天翁、皇家信天翁和阿岛信天翁这 3 个信天翁家族成员拥有鸟类最长的翼展,长度达 8—11 英尺(2.5—3.3 米)。

为什么大雁排队飞行?

空气动力学认为长距离迁徙的候鸟,如大雁和天鹅,采用"V"形队形是为了减少长时间飞行所耗费的能量。根据理论计算,大雁排成"V"形队伍飞行后,可比单独飞行距离远 10%。排队飞行减少了空气阻力(两翼承受的气压)。这种情形与在上升的热气流中飞行类似,几乎不需要向上提升的力。此外,每只鸟飞行时都为身后的同伴创造了一点气流波动区域,后面的鸟被这种气流所吸引。加拿大大雁在"V"形队伍中飞行时,每只大雁都不是紧跟在前一只正后方,而是在前一只大雁的一侧或上方。

雪雁迁徙中常见的"V"形队列利用了空气动力学原理提高飞行效率。

蜂鸟能飞多快?它们迁徙的路程有多远?

蜂鸟的飞行速度可达 71 英里/小时(80 千米/小时)。这种体型微小的鸟每秒振翅 50—80 次,在求爱期速度更快。下表列出了与之进行对比的其他鸟的飞行速度:

鸟类名称	速度(英里/小时)	速度(千米/小时)
游隼	168—217	270.3—349.1
褐雨燕	105.6	169.9
秋沙鸭	65	104.6
金斑鸻	50—70	80.5—112.6
野鸭	40.6	65.3

续 表

鸟类名称	速度(英里/小时)	速度(千米/小时)
漂泊信天翁	33.6	54.1
小嘴乌鸦	31.3	50.4
银鸥	22.3—24.6	35.9—39.6
家麻雀	17.9—31.3	28.8—50.4
丘鹬	5	8

至今有记载的蜂鸟最长的迁徙距离是一只红褐色的蜂鸟从亚利桑那州拉姆奇峡谷飞到华盛顿圣希伦斯山附近,行程 1 414 英里(2 277 千米)。现在盛行的鸟足系带研究证实,红褐色蜂鸟的确沿着大盆地路线飞行了 1.1 万—1.15 万英里(17 699—18 503 千米),往返一次需用时一年。然而,研究蜂鸟十分困难,因为鸟足系带的蜂鸟很少能被再次找到。

劳动节后是停止喂食蜂鸟的最佳时机吗?

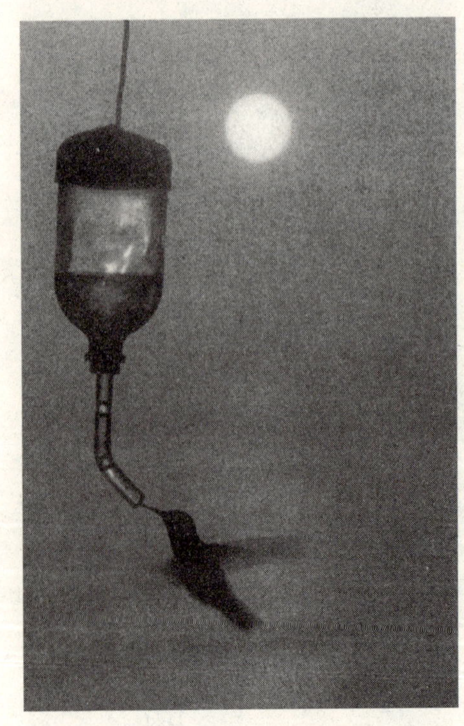

红喉蜂鸟是北美东部固有的唯一蜂鸟品种。

对于这个问题有不同的看法。有的专家认为,蜂鸟会变得过于依靠喂食槽,不经受食物减少的威胁,它们不会迁徙。然而,其他专家坚信,迁徙时节喂食对蜂鸟离开特定的地区很少或几乎没有什么影响。有人认为,食物供应不是导致鸟类迁徙的原因。相反,阳光的减少激活了鸟类必要的生化信息。还有人认为,另一种主要的食物——昆虫的减少也是鸟类南迁的重要原因。此外,有的鸟类学家在鸟类迁徙时仍然使用喂食槽帮助那些落后者。然而,对鸟类开展进一步研究后,专家建议在加拿大和美国最北的几个州迁徙时节撤掉喂食槽,10 月中旬将喂食槽拿到美国最南部的地区以防止鸟类被寒冷的天气困住。

蜂鸟翅膀振动的速度有多快?

蜂鸟是唯一一种能够长时间在静止的

空气中盘旋的鸟。为了悬停在花的前面完成精细的工作——将细长锋利的喙插入到花的深处吸食花蜜,它必须这样做。它薄薄的翅膀轮廓并不是翼形,不能产生升力。它的翅膀呈桨状,实际上是可以转动翅根的“手”。它运动的方式使翅尖划出了一个侧躺的数字“8”。翅膀前移然后再向后,划出数字“8”的前半部,产生升力。当它飞起来,翅膀翻转 180°,又产生向下的推力。蜂鸟的飞行方式有一个最大的缺陷:翅膀太小,为产生足够的向下推力,翅膀必须以更快的速度振动。中等大小的蜂鸟每秒翅膀振动 25 次。古巴特有的吸蜜蜂鸟只有 2 英寸(5 厘米)长,每秒翅膀振动达惊人的 200 次。

帝王企鹅的孵卵方法有什么特别之处?

每个雌帝王企鹅产一个大蛋。起初雌雄企鹅共同孵这个蛋,用双脚抱着,用皮肤的褶盖在上面。来回传递几天这个蛋后,雌企鹅离开到北冰洋开阔水域中觅食。雄企鹅将蛋平稳地放在脚上,拖着脚在群栖的企鹅中行走,在暴风雪和严寒中它们不时地挤作一团取暖。如果由于蛋无意中丢失了,没有蛋的雄企鹅就立刻认领它。雌企鹅离开两个月后,小企鹅出壳了。雄企鹅吐出乳汁样的物质喂小企鹅,直到雌企鹅回来。现在肥胖臃肿的雌企鹅接管了喂养小企鹅的任务,它用自己捕获的鱼来喂养小企鹅。然而,有的雌企鹅不再回到配偶那里,而是徘徊在其他的雄企鹅之间,直到有企鹅让她照顾自己的幼企鹅。然后雄企鹅到公海中去觅食,恢复孵卵中失去的脂肪层。

企鹅的天敌是什么?

豹形海豹是成年企鹅和幼年企鹅的主要天敌。开阔的海域中,企鹅也会被虎鲸逮到。没有受到成年企鹅妥善保护的企鹅蛋和小企鹅经常被贼鸥和鞘嘴鹬吞噬。

什么动物与加纳利群岛有着密切的联系?

古代的探险家将加纳利群岛命名为加纳利亚。加纳利亚源于拉丁文 Canis(狗),因为他们发现这些群岛上生活着体形较大、性情凶猛的狗。加纳利还和这些群岛上所固有的金丝雀名字相同。

秃头鹰什么时候被确定为美国的国鸟?

1782 年 6 月 20 日,刚刚取得独立的美利坚合众国采纳秃头鹰即美国鹰作为他们的国徽图案。起初,纹章艺术家描绘了一种更大种属的鹰,但是 1902 年美国国玺上

1782 年，秃头鹰成为美国国徽图案。

描绘的鸟的头上和尾部有白色的羽毛。选择秃头鹰也不是一致同意通过的。本杰明·富兰克林（Benjamin Franklin，1706—1790）倾向于采用吐绶鸡。富兰克林是个好挖苦的幽默家，他认为吐绶鸡虽狡猾，但勇敢、聪明、谨慎。另一方面，他认为秃头鹰“道德败坏”，“虚伪狡诈”，经常从勤劳的鱼鹰那里偷鱼吃。他还发现秃头鹰是个懦夫，一遭到体形小得多的王鸟的进攻就逃跑。

信鸽怎样找到回家的路？

科学家现在有两种假设来解释家鸽回家的归程，但没有一种能令所有的专家满意。第一个假设是“气味地图”。这一理论认为，幼鸽学会通过闻空气中不同方位的不同气味返回到原出发点。例如，它们会掌握空气中的某些气味是从东方吹来的。如果家鸽被运到东方，气味会告诉它向西可以飞回家。第二个假设认为，鸟可以从地球的磁场中提取家的经度和纬度。也许将来可以证明两个假设中哪个理论都不足以解释家鸽的导航能力，或者两个理论的某些综合还是有些道理的。

栖息在黑犀牛背上的鸟叫什么名字？

这种鸟叫啄牛鸦（椋鸟科的一员），是椋鸟的近亲。这种鸟仅见于非洲，黄喙啄牛鸦在西非和中非的大部分地区都有分布，而红喙啄牛鸦则生活在东非的红海到纳塔尔地区。啄牛鸦身体暗褐色，长 7—8 英寸（17—20 厘米），靠捕获寄生在黑犀牛（又称钩唇犀）背上的 20 余种扁虱为生。它大部分时间都待在犀牛或其他动物（如羚羊、斑马、长颈鹿或水牛等）的背上，甚至还栖息在它们身上。

啄牛鸦和犀牛的这种关系是一种协同共生关系（两个生物体之间的一种紧密的联系，其中至少一方受益）。犀牛去除了身体上的扁虱而啄牛鸦觅到了食物清楚地展示了这种互惠共生关系（两个生物体都获益）。此外，啄牛鸦比近视的犀牛拥有更好的视力，当危险接近时可以用尖利的叫声和迅速飞离来向它们的“主人”发出预警。

哪一年欧椋被引进了美国？

尤金·希弗林（Eugene Schieffelin）1890 年将欧椋引进到了美国。希弗林打算证实莎士比亚作品中出现的每一种鸟。1860 年，他还将麻雀引入到纽约市。

为什么啄木鸟啄木时不会头疼？

啄木鸟的头骨十分坚硬，足以抵抗嘴敲击木桩时受到的击打力度。此外，它们还有结实的颈肌来支撑头部。

野鸟会抛弃被人类触摸过的幼鸟吗？

不会。与人们的预料相反，鸟类通常不会抛弃人手触摸过的幼雏。对于坠巢或被挤出巢的雏鸟来说，最好的办法就是尽快找到鸟巢，轻轻地将它们放回巢内。

为什么鸟类踩在电线上不会触电死亡？

通常鸟类踩在输电线上不会触电死亡。当鸟类张开两翼在两个火线之间或一根火线和一根地线之间，或其他部位（如变压器）和接地金属横臂间桥接形成一个回路时，会发生触电死亡事故。

失去生母的小野鸟能吃什么？

一只失去生母的鸣禽白天需要每20分钟喂食一次，连续喂食几周。食物应置入其喉咙深处。一只软喙鸟（如莺或猫鹊）可以喂磨碎的胡萝卜、剁碎的煮蛋、农家鲜干酪、新鲜水果或蛋奶沙司。一只幼小的硬喙鸟（如麻雀或燕雀）可以喂给同样的食物，但当鸟发育健全后饮食中应添加油菜、小米、葵花籽等。还可以将婴儿米粉和煮蛋的蛋黄用牛奶混合喂给它们。

哪些鸟会在鸟舍里筑巢？

通常，占据鸟舍的鸟都是凿洞筑巢或利用现成的洞穴如树洞或其他动物挖好的洞穴筑巢。不同种类的鸟需要不同大小的鸟舍，尤其是入口洞的直径。可在鸟舍中筑巢的鸟类有：蓝鸲、山雀、燕雀、鳾、北美燕、鸸、麻雀、椋鸟、黑额冠山雀、啄木鸟和鹪鹩。此外，鸟舍也会吸引较大的鸟类如野鸭和猫头鹰来筑巢。

怎样能让蓝鸲在特定的位置筑巢？

选择植被低矮稀疏，周围有树木、萝藤或灌木（如蓝莓、金银花和酸苹果树）的地方提供筑巢箱和栖息地，可以吸引蓝鸲来筑巢。蓝鸲喜欢开阔的乡间下层丛林。

公园、高尔夫球场和开阔的草坪是它们最喜欢的栖息所。过去40年,随着耕地的消失、杀虫剂的普及和筑巢竞争者的增加(家麻雀和欧椋),东部蓝鸲的数量减少了90%。人造的筑巢箱有时比天然筑巢地更安全,因为人造的结构可以抵抗天敌。蓝鸲筑巢箱的入口洞很小(直径1.5英寸即4厘米),椋鸟无法进去,而且在支架杆上设有专门的浣熊防护装置。为阻止天敌,筑巢箱位于据地面3—6英尺(1—2米)处,且相互距离不少于100英尺(30米)。筑巢箱周围50英尺(15米)之内应有一棵树,以便让刚会飞的小鸟有个憩息之所。筑巢箱的底4英寸见方(10.6厘米×10.6厘米),四壁高8—12英寸(20—30.5厘米),底上方6—10英寸(15—25.5厘米)处设一入口洞。

哺乳动物

妊娠期最短或最长的哺乳动物是什么?

妊娠期是卵生动物从受精到出生经历的一段时间。已知哺乳动物最短的妊娠期是12—13天。典型的3种动物是:美国负鼠或弗吉尼亚负鼠;稀有水负鼠或南美中北部蹼足负鼠;澳大利亚东袋鼬。这些有袋动物的幼体出生时发育未全,在母体的腹囊中完成发育。12—13天是平均值,有时妊娠期仅为8天。哺乳动物妊娠期最长的是非洲象,平均660天,最长760天。

有会飞的哺乳动物吗?

蝙蝠(翼手目,986种)是唯一真正会飞的哺乳动物,尽管有些能滑翔的哺乳动物也被视作“会飞”(如北美鼯鼠和猫猴)。蝙蝠的“翅膀”是体侧伸展到后腿和尾巴的双层皮肤膜,实际上就是后背和腹部皮肤的延伸。翼膜由细长的上肢(或前臂)手指支撑。蝙蝠是夜行动物(晚上活动),身长1.5英寸(25毫米)—1.3英尺(40.6厘米)不等,世界的大部分温带和热带地区均有分布,生活在山洞或裂隙中。大部分种属以昆虫和水果为食,有的热带种属以花粉、花蜜和其中的昆虫为食。中等大小的蝙蝠通常捕食小型哺乳动物、鸟类、蜥蜴和青蛙。有的蝙蝠还吃鱼。真正的吸血蝙蝠(3种)会割开动物皮肤吸食血液。这些蝙蝠可以使动物患上狂犬病。大多数蝙蝠不靠视力辨别方向,而是发展了“回声定位”的声呐系统来确定物体的位置。蝙蝠飞行时鼻口发出声音,这些通常超过了人类听力范围的声音作为回声反射回来。这种方法使得蝙蝠在黑暗中飞行时可以避开物体并确定飞行昆虫的位置。蝙蝠拥有陆地动物最敏感的听力,听力频率高达120—210千赫,而人类听力的最高频率是20千赫。

世界上有哪些哺乳动物不会跳?

如果说犀牛和大象不会跳,人们毫不奇怪,因为体重使它们很难做到这一点。然而,还有一种不会跳的哺乳动物叫叉角羚,在一首著名歌曲《牧场是我家》中它们被叫做"羚羊"。在叉角羚北美的家园中,不会跳成了一大弊端,因为栅栏阻挡了它们的迁徙,并削弱了它们的求偶和繁殖能力。

和其他哺乳动物比较,人类屏住呼吸的能力如何?

动物名称	平均时间(分钟)	动物名称	平均时间(分钟)
人类	1	海牛	16
北极熊	1.5	海狸	20
潜水采珠人	2.5	小鲸	6
海獭	5	海豹	15—28
鸭嘴兽	10	格陵兰鲸	60
水老鼠	12	抹香鲸	90
河马	15	瓶鼻鲸	120

俗语"和蝙蝠一样瞎(有眼无珠)"有何依据吗?

俗语"和蝙蝠一样瞎"没有任何依据。尽管蝙蝠依靠声音辨别方向和寻找食物,但它们有普通哺乳动物的眼睛的全部器官,并且它们也能看见。

人类与其他哺乳动物的心率有何区别?

动物名称	平静心率(次/分钟)	动物名称	平静心率(次/分钟)
人	75	猫	110—140
马	48	田鼠	360
奶牛	45—60	老鼠	498
狗	90—100		

蝙蝠怎样在黑暗中捕捉飞虫?

蝙蝠用声波来通讯和导航。它们发出的超声波频率介于200—3万赫兹之间。声音由鼻孔发出，附以复杂的翅膀振动可以提供精确的辐射指向。超声波的回声使蝙蝠可以识别前方远处的小飞虫。极其敏感的耳朵和机动灵活的能力使蝙蝠能够在漆黑的山洞中飞来飞去,捕捉昆虫,而不必担心碰撞他物。

哪些动物有育儿袋?

有袋目动物(意为“有育儿袋”的动物)在结构和生理特征上都不同于其他现有的哺乳动物。大部分雌性有袋动物,如袋鼠、袋狸、袋熊、袋食蚁兽、考拉、负鼠、沙袋鼠、袋獾等都有一个背负幼仔的腹袋(育儿袋)。然而,一些体形较小的陆上有袋动物的育儿袋并不是真的小袋,而是乳房(乳头)周围的皮肤褶。

有袋动物较短的妊娠期(相对于其他体形相似的哺乳动物来说)使得它们的幼仔出生时还没有发育完全。因此,这些动物被视为“早产儿”或“二等品”。但现在有人认为，有袋动物的繁殖过程比胎生动物更有优势。雌性有袋动物在较短的妊娠期内投入相对较少的资源，当幼仔在哺乳期育儿袋中时再投入更多的资源。如果在相似的情况下,雌性有袋动物失去了幼仔,它还可以比胎生动物更快地再次怀孕。

袋熊的寿命有多长? 它们的食物是什么?

普通袋熊或粗毛袋熊是澳大利亚和塔斯马尼亚固有的动物,寿命5—26年(在动物园可活26年),主要食物是青草、植根、蘑菇、鲜嫩芽和其他草本植物。袋熊看上去像一头小熊,身体笨重,高2.3—4英尺(70—120厘米),重33—77磅(15—35千克)。进食的样子和牙齿的结构(所有的牙齿都是无根牙,一直生长以弥补磨损)与啮齿目动物极为相似。袋熊胆小,居地洞,喜好挖掘。

哪些淡水哺乳动物是有毒的?

雄性鸭嘴兽的后腿上有毒腺。当受到威胁,鸭嘴兽就会将毒液注入潜在敌人体内,这一叮会产生痛觉。这一动作产生的毒液的毒性比较温和,一般不会对人体造成伤害。

哪些哺乳动物产蛋并哺育它们的幼仔?

澳大利亚塔斯马尼亚和新几内亚固有的鸭嘴兽、短吻针鼹和长吻针鼹是仅有的3种产蛋(非哺乳动物特征)但却哺育幼仔(哺乳动物特征)的哺乳动物。这些哺乳动物(单孔目)与爬行动物相似,因为它们能产下坚韧的有壳蛋,而且蛋是在母体外孵出幼仔的。此外,它们的消化系统、生殖系统和排泄系统都与爬行动物类似。许多构造细节(眼睛结构、头骨、胸带、肋骨和椎骨结构)也都与爬行动物相似。然而,它们被分到哺乳动物一类,因为它们有皮毛和四室心脏,以乳腺的乳汁养育幼仔,它们是温血动物,此外还有一些哺乳动物的骨骼特征。

鼠海豚和海豚有何区别?

海豚(海豚科)和鼠海豚(鼠海豚科)约有40个品种。两者的主要区别在于口鼻部和牙齿。海豚的口鼻部呈鸟喙状,牙齿圆锥形。鼠海豚口鼻部呈圆形,牙齿扁平或铲状。

海生哺乳动物潜水的深度是多少?

下表列出了多种水生哺乳动物的最大潜水深度和水下最长滞留时间:

动 物 名 称	最大潜水深度		水下停留最长时间
	英尺	米	
威德尔海豹	1 968	600	70分钟
鼠海豚	984	300	15分钟
瓶鼻鲸	1 476	450	120分钟
鳍鲸	1 148	350	20分钟
抹香鲸	超过6 562	超过2 000	90分钟

一些著名大鲸的体重和长度有何区别?

鲸 名	平均重量		最大长度	
	吨	千克	英尺	米
抹香鲸	35	31 752	59	18
蓝鲸	84	76 204	98.4	30
须鲸	50	45 360	82	25
驼背鲸	33	29 937	49.2	15
露脊鲸	50(估值)	45 360(估值)	55.7	17
鳁鲸	17	15 422	49.2	15

续 表

鲸　名	平均重量		最大长度	
	吨	千克	英尺	米
灰鲸	20	18 144	39.3	12
北极露脊鲸	50	45 360	59	18
布鲸	17	15 422	49.2	15
小须鲸	10	9 072	29.5	9

佛罗里达有种酷似海豹样的动物叫什么名字?

冬季，西印度群岛海牛向佛罗里达中部克里斯特尔河和霍莫萨萨河温暖的源头或南佛罗里达热带水域等更温暖的地方迁移。当气温达到 50°F(10℃),它们会沿着墨西哥湾海岸返回并循着大西洋海岸北上直到弗吉尼亚。有文献记载,它们曾进行过远程的海外迁徙,抵达圭亚那和南美海岸。这种大型草食水生哺乳动物是美人鱼传说的灵感起源。1893 年,佛罗里达海牛的数量锐减到几千,州政府给予法律保护,禁止捕猎和商业开发。然而,由于人类的侵犯,许多动物仍然被猎杀和伤害。误入水闸和水坝、撞击驳船和动力船桨等造成至少 30%的海牛死亡，每年总数可达 125—130 头。

世界上唯一长4个角的动物是什么?

四角羚羊是印度中部所固有的动物。雄性拥有 4 个短角，其中一对位于两耳之间,通常长 4 英寸(10 厘米),还有一对短角,位于眼睛上方眉脊之间,长 1—2 英寸(2.5—5 厘米)。并不是所有的雄性都有 4 个角,有些四角羚羊的第二对角最终脱落。雌性根本就没有角。

长颈鹿有多少块颈椎骨?

长颈鹿同其他哺乳动物一样有 7 块颈椎骨,但它的每块椎骨都是超长的。

什么是普氏野马?

普氏野马是蒙古和中国东北所固有的世界上最后一批纯正的野马。沙俄上校尼古拉·普热瓦尔斯基（Nikolai Przewalski,1839—1888）于 1870 年报告了这种马的存

家马的祖先普氏野马在野外已经绝迹。

在，故得名。普氏野马身材矮壮，腿短，体毛暗褐色，鼻口和腹部灰暗色，腿、鬃和尾皆黑色，鬃毛短硬直立。这种马与众不同的是有66个染色体，而家马正常拥有64个染色体。1968年，野外生存的普氏野马被认为已经全部灭绝。然而，还有1 000余匹生活在动物园或野生动物园中。

1994年6月，一小群圈养的普氏野马重新回到了蒙古的野外环境中。它们被置于大的围场圈养两年以适应恶劣的气候。这群野马正逐渐壮大，能够适应野外生存。

为什么克拉斯代马可用作战马?

克拉斯代马属于一种被称为“骏马”的欧洲马种，中世纪专门饲养这种马背负全副武装的骑士。这些马必须足够强壮才可以承载自身80磅(36千克)的护甲和身着100磅(45千克)铠甲的骑士。然而，火枪的发明迅速结束了克拉斯代马和其他骏马征战沙场的使命，因为速度和机动灵活性变得比力量更加重要。

赛马的名字中可以使用多少个字母?

在美国、加拿大和波多黎各，赛马取得正式的名字前必须递交赛马总会审批。根据要求，赛马的名字不能超过3个容易发音的单词，并且最多18个字母。

非洲象和印度象有什么区别?

非洲象是陆地上最大的活体动物，重 8.25 吨(7 500 千克)，站立肩高 10—13 英尺(3—4 米)。印度象重约 6 吨(5 500 千克)，肩高 10 英尺(3 米)。其他的差异如下：

非 洲 象	印 度 象
耳较大	耳较小
妊娠期约 670 天	妊娠期约 610 天
耳顶端向后	耳顶端向前
背凹	背凸
后足三趾甲	后足四趾甲
象牙较大	象牙较小
鼻端有两个指状突起	鼻端有一个指状突起

为什么奶牛有4个胃?

奶牛和所有的反刍动物的胃分成 4 部分——瘤胃、网胃、瓣胃和皱胃。反刍动物进食快，没有经过充分咀嚼就将食物吞下。食物中的液体部分先进入网胃，固体部分进入瘤胃软化。瘤胃中的细菌开始分解食物，这是消化的第一步。随后，反刍动物将食物逆呕到口中再次咀嚼。奶牛每天反刍 6—8 次，全部反刍时间达 5—7 个小时。经过咀嚼的食糜直接进入到胃的其他腔室，在微生物的作用下进一步消化。

猪(pig)和豬(hog)有何区别?

在美国，“猪(pig)”是指月龄小的重量不超过 120 磅(50 千克)的家猪，而“豬(hog)”是指月龄大的且超过上述重量的猪。

家兔和野兔有何区别?

家兔一般比野兔小，后腿和耳朵也短一些。野兔出生时全身有毛且双眼睁开，母兔将幼仔生在光秃的地面上或者地面的凹处。家兔出生时全身裸露无毛，双眼闭合；兔窝衬有草叶、树皮和软梗并覆有一层兔毛。家兔常群居而野兔多独居生活。

沙漠中有猫科动物生存吗?

沙猫是唯一与沙漠有直接关系的猫科动物，北非、阿拉伯半岛、乌兹别克斯坦、土库曼斯坦和巴基斯坦西部的沙漠中都可以发现它们的踪迹，沙猫已经适应了极其干旱的沙漠地区。它脚上的底垫非常适合疏松的沙质土壤，它可以不喝“天然水”。身体浅茶色或黄褐色，长17.5—22英寸(45—57厘米)。主要在夜间活动(晚上活跃)，以捕获啮齿动物、野兔和爬行动物为食。

沙猫并不像它的名字所暗示的那样生活在沙漠中，而是栖息在草原草甸和高山灌丛中。同样，亚洲野猫栖息在印度、巴基斯坦、伊朗和俄罗斯的广阔草原上。

为什么大麦町犬成了“消防犬”?

汽车出现前，大马车和四轮马车经常由狗陪伴着，以防止马匹被窃。大麦町犬由于同马形成了紧密的联系而广为人知。拥有当地最强最快的马的消防员通常在消防队养一条狗以防盗马贼。尽管消防车已经取代了马车，但大麦町犬作为消防队生活的一部分却被保留下来，因为它既有漂亮的外表又能引起人们对过去的回忆。

美洲狮还有别的名字吗?

美洲狮又称美洲豹、山狮、佛罗里达狮、红虎、野猫。

唯一能爬树的美洲犬科动物是什么?

灰狐是唯一会爬树的美洲犬科动物。

狼的寿命是多长?

狼又称森林狼，是体形最大、分布最广的犬科动物。它在自然界中最长可以生活10年，在人类的照料下，可以活20年。然而在许多地方，由于狼对于人类和家畜(牲畜、绵羊和驯鹿)有很大的威胁而遭到猎杀。不久它将遭到与红狼同样的命运，红狼曾在美国东南和中南部兴旺一时。红狼已经被宣布在自然界中灭绝了，现仅见于圈养区和北卡罗来纳重新引入的人工饲养动物群中。新大陆濒危的狼数量比旧大陆下降速度快得多。在美国，狼的踪迹仅限于阿拉斯加(1万只)，明尼苏达北部(1 200只)，密歇根州的罗耶尔岛(20只)，也可能还有一些在威斯康星、密歇根北部和落基山地区。加拿大狼的数量为1.5万只。狼喜欢群居，具有社群结构，重75—175磅(43—80千克)，外形酷似大型家犬狼犬，如阿拉斯加雪橇犬。

什么熊生活在热带雨林中?

马来熊是热带雨林地区最珍稀的动物之一,分布在苏门答腊、马来半岛、婆罗洲、缅甸、泰国和中国南方的热带雨林中。马来熊是体形最小的熊,长3.3—4.6英尺(1—1.4米),重60—143磅(27—65千克),身体矮胖结实,全身黑色,有力的脚上长有长长的弯爪以利于在茂密的森林中爬树,是一流的爬树专家。马来熊撕裂树皮找出昆虫、幼虫、蜂巢和白蚁窝。它的食物还包括水果、椰子和小型啮齿动物。它白天睡觉和晒太阳,晚上出来活动。马来熊通常胆小羞怯,谨慎机灵。随着森林的破坏,马来熊的数量在日益减少。

骆驼的驼峰能储存水吗?

驼峰并不储存水,而是储存脂肪。这种长时间不喝水的能力——如果有许多绿色植被和露水为食可坚持10个月——源自骆驼的生理适应能力。一个主要的因素是骆驼可以失去40%的体重而没有任何不适反应。骆驼还可以抵抗巨大的体温变化直至14°F(-10℃)。10分钟内骆驼可以喝掉30加仑的水,几个小时后可以增加到50加仑。独峰驼又叫单峰驼或阿拉伯驼;双峰驼有两个驼峰,生活在荒芜的戈壁沙漠中。如今,双峰驼仅现身于亚洲,而阿拉伯驼则行走在非洲大漠中。

豪猪有多少棘刺?

作为防御性武器,豪猪一般有大约3万根棘刺或专用刚毛,在硬度和灵活性上可以堪比赛璐珞梳条,其锋利的尖端可以穿透任何兽皮。最具杀伤力的棘刺分布在豪猪肌肉发达的尾巴上。几次抽打,豪猪能将密密麻麻带有小倒钩的棘刺扎到对方皮肤内。由于倒刺的存在和受害方本能的反应动作,棘刺径直刺入对方体内。有时棘刺无关痛痒,但有时棘刺刺中致命要害,受害者就会死亡。

行动缓慢身体敦实的豪猪大部分时间都待在树上,用它们可怕的门齿剥掉树皮和叶子寻找食物。水果和青草是它们食物的补充。豪猪贪吃盐,作为草食动物,它的食物中没有充足的盐。因此天然盐碱地、肉食动物吃剩的动物骨头、黄睡莲以及其他含盐高的食物(包括颜料,胶合板黏合剂和沾有汗渍的衣服)对豪猪都有很大的吸引力。

为什么九纹犰狳总是生同性的四胞胎?

九纹犰狳的一个独特之处就是雌性犰狳几乎每胎都会生出4个同性的幼仔。这种一致性是由于一个受精卵分裂成4部分,形成四胞胎。

九纹犰狳通常产同性的四胞胎。

水豚是什么?

水豚又称水猪，是现有啮齿动物中体形最大的。它看似一个大豚鼠，体长可达3.25—4.5英尺(1—1.3米),一般重120—130磅(54—59千克)或更重一些。这种动物为南美北部所固有,半水生,以水生植物和青草为食。一个亚种为巴拿马所固有,体形较小,重60—75磅(27—34千克)。

岩羚羊是什么?

岩羚羊(牛科)貌似山羊,生活在西班牙、中欧(阿尔卑斯山和亚平宁山脉)、中南欧、巴尔干、小亚细亚和高加索的山区。岩羚羊动作灵巧,立足稳固,反应敏捷,跳跃高度6.5英尺(2米),跳跃跨度19.5英尺(6米),奔跑速度可达31英里/小时(50千米/小时)。它的皮可制成油鞣革用来擦玻璃和擦车,尽管今天常见的岩羚羊皮只是经过特殊处理的绵羊皮。

美国有多少种不同种类的松鼠?

北美松鼠科的动物可分成6种不同种类:土拨鼠、场拨鼠、地松鼠、金花鼠、树松鼠和北美鼯鼠。除了北美鼯鼠,所有的美国松鼠都是白天活动。土拨鼠是体形最大的美洲松鼠。

臭鼬喷射臭液的化学成分是什么?

臭鼬喷液中主要的有味成分是比例为4:4:3的丁烯基硫醇、异戊基硫醇和甲基-丁烯基二硫化物。这种液体是一种浅黄色油腻喷液,其味恶臭,会造成眼睛严重发炎。这种防御性武器由肛门内部两个小乳头射出——仿佛细密的喷雾或一串雨珠。尽管液体的射程是6.5—10英尺(2—3米),但其气味顺风1.5英里(2.5千米)外都可以闻到。

宠　物

哪种狗是最古老的狗?

狗是人类最早的家畜,早在1.2万—1.4万年前就已经出现了。它们由野生犬科动物(很可能是狼)演变而来,其祖先经常光顾人类聚居地以寻找食物。凶残的狼可能被赶走或杀死,性情较温顺的就被留下来看门、打猎,后来帮助照看其他的家畜(如绵羊)。很快人类就会有选择地驯化它们,尝试培育期望的性格。

最古老的纯种狗是沙克犬。公元前7000年的两河流域的苏美尔岩刻上描画的狗与沙克犬极为相似。这些狗高23—28英寸(58—71厘米),头窄长,体表光滑柔软,皮

红狼是所有家犬的祖先。

毛有白色、乳白色、浅黄色、金色、红色、灰色(蓝灰色)和黄褐色、黑褐色和三色(白色、黑色和褐色)。尾长,呈羽状。沙克犬视力超人,速度极快,是个出色的猎手。

美国最古老的纯种狗是美国猎狐犬,是1650年定居于马里兰的英国人罗伯特·布鲁克的一群猎狐犬的后裔。这些狗同英格兰、爱尔兰和法国引进的其他品种杂交繁育出了美国猎狐犬。该狗站高22—25英寸(56—63.5厘米),头长,略呈半球形,鼻口直挺突出。体毛中长,可以是任何颜色。主要用来打猎。

哪种狗适合有孩子的家庭?

研究表明,金毛寻回犬、拉布拉多犬、比格犬、苏格兰牧羊犬、比熊犬、石冢犬(凯安梗)、狮子狗、猎浣熊犬、斗拳犬、巴吉度猎犬或上述这些犬种的杂交犬都适合有小孩的家庭豢养。

成人骨骼和成体狗的骨骼相比有何区别?

	成人骨骼	成体狗骨骼
骨骼数	206	321
椎骨数	33	50
关节数	200多	300多
成熟年龄	18	2
最长骨	股骨(大腿骨)	尺骨(前肢)
最小骨	听小骨(耳骨)	听小骨(耳骨)
肋骨数	24	36

狗的不同分类标准有哪些?

根据饲养目的可以将狗分成不同的种类。

种 类	目 的	代 表 犬 种
运动犬	找回飞鸟猎物和水禽猎物	可卡犬,英国赛特犬,英国史宾格犬,金毛寻回犬,爱尔兰赛特犬,拉布拉多犬,指示犬。
猎犬	打猎	巴辛吉犬,比格犬,腊肠犬,猎狐犬,灵缇犬,沙克犬,罗得西亚脊背犬。
小猎犬	猎捕老鼠、狐狸等小动物	艾尔谷小猎犬,贝德灵顿小猎犬,斗牛小犬,猎狐小犬,迷你髯狗,苏格兰小猎犬,匐犬,西高地白猎犬。

续表

种类	目的	代表犬种
玩赏犬	小陪伴物或膝上玩弄	吉娃娃，马耳他犬，北京犬，博美犬，哈巴狗，西施犬，约克郡小猎犬。
牧羊犬	保护羊群和其他家畜	澳洲牧牛犬，法兰德斯畜牧犬，苏格兰牧羊犬，德国牧羊犬，匈牙利普利犬，古代英国牧羊犬，威尔士考杰犬。
工狗	驱赶牲畜，救援和拉雪橇	阿拉斯加雪橇犬，斗拳犬，杜宾犬，大丹犬，马士提夫犬，圣伯纳犬，西伯利亚哈士奇。
家庭犬	无具体目的，非玩赏犬	波士顿猎狐犬，喇叭狗，大麦町犬，日本秋田犬，荷兰毛狮犬，拉萨阿普索犬，贵宾犬。

最危险的狗是哪一种狗?

根据研究，能对人造成致命伤害的狗是：

品种	重大伤人次数	品种	重大伤人次数
美洲喇叭狗	57	杜宾犬	8
罗特韦尔犬	19	松狮犬	6
德国牧羊犬	17	大丹犬	5
哈士奇	12	圣伯纳犬	4
阿拉斯加雪橇犬	12	秋田犬	4

最容易训练的狗是什么狗?

对 56 种受人欢迎的狗进行研究发现，最容易训练的狗是喜乐蒂牧羊犬、西施犬、迷你玩赏犬和标准贵宾犬、比熊犬、英国史宾格犬、威尔士考杰犬。

排名前10位的狗名是什么?

根据一项调查，排在前 10 位的狗名是：

1. 布兰迪；
2. 雷迪；
3. 麦克斯；
4. 罗基；
5. 山姆；
6. 海迪；

7. 塞巴;
8. 金哲;
9. 穆芬;
10. 拜尔。

为什么狗的听力比人类灵敏?

狗的耳朵机动灵活,可以搜索周围环境的声音。狗耳捕获到声音并将声音传送到鼓膜。狗能听到声音的距离比人类远4倍。

为什么狗会对警报器号叫?

警报器的高音与狗的嚎叫声很相似。号叫是与其他狗的交流方式——要么表明它的位置要么界定它的地盘。当狗对救护车或消防车的警报器作出反应时,它正"回应野性的呼唤"。

哪种狗不脱毛?

贵宾犬、克里蓝小猎犬和雪纳瑞犬不脱毛。

哪种狗被叫做皱纹狗?

中国沙皮犬,又叫中国斗犬,身上覆盖着疏松的皮肤褶。它站立高18—20英寸(4 651厘米),重达50磅(22.5千克)。毛色单一,可以是黑色、红色、浅黄色或乳白色。该狗源于2 000年前的西藏或中国北方诸省。然而,中国政府对沙皮犬课以重税,很少有人能够养得起,而且这种狗已濒临灭绝。但一些样本走私运出中国,这一品种已经在美国、加拿大和英国获得再生。尽管是一种斗犬,沙皮犬通常是一个亲密的伴侣。

哪种狗被称作不吠之犬?

巴辛吉犬不会吠叫。高兴时它会发出优美的声音,有点像鸭子的嘎嘎声和用真假嗓音唱歌的声音。它偶尔也会号叫,是最古老的犬种之一,源于中非,经常作为礼物送给古埃及的法老。埃及文明衰落后,巴辛吉犬在中非由于打猎本领强和安静的性格仍然受到重视。19世纪英国探险家再次发现了这种狗,但直到20世纪40年代它才被广泛推广繁育。

巴辛吉犬体形小巧，头扁平，口鼻长圆。肩高16—17英寸(40—43厘米)，重22—24磅(10—11千克)。体毛短，质地柔软光滑。脚、胸部和尾端白色；身体其他部位为栗色、黑色或黑色和褐色。

狗最喜欢的食物是什么?

专家对不同的食物进行研究，结果发现狗对肝和鸡肉的喜欢程度远胜于其他食物(如汉堡、鱼肉、蔬菜和新鲜水果等)。

巴哥犬(哈巴狗)起源于哪里?

巴哥犬的真正起源不为人知，但它在中国已经存在了1 800年，这是已知最早的起源。它起初是西藏寺院中时髦的宠物，后来先后现身于日本和欧洲。荷兰东印度公司的商人可能将它引入到荷兰。“巴哥”的名字可能源自狗的面相与狨猴极为相似。17世纪，这种时髦的宠物猴被叫做“巴哥”，因此“巴哥犬”一词用来与“巴哥”猴区别开来。

巴哥犬身材矮小，呈方形，体格紧凑结实，皮毛银色或杏黄色。口吻黑色，短、钝、宽；平均重14—18磅(6.4—8.2千克)。人们经常用成语“小中见大”来描述巴哥犬。

猫和狗的年龄怎样换算成人的年龄标准?

猫1岁时，相当于人的20岁。每增1岁乘以4。另外一种计算猫的年龄的说法略有不同。1岁时，相当于人的16岁。2岁时，相当于人的24岁。每增1岁乘以4。

狗1岁时，相当于人的15岁。2岁时，相当于人的24岁；2岁后，每增1岁乘以4。

最珍贵的狗是什么狗?

仅存世几只的塔尔兰熊狗被认为是最珍贵的狗。濒临灭绝的塔尔兰熊狗过去曾被加拿大西部的塔尔兰印第安人用来捕熊、猞猁和豪猪。

玛乔里为医学作出了哪些贡献?

玛乔里是一只患糖尿病的黑白色杂种狗，它是第一只注射胰岛素(控制血糖含量的物质)而存活的动物。

最新的标签狗的方法是什么?

现在有一种信息时代的标签狗的方法。一个集成芯片被无痛植入狗的肩胛骨。这个半导体芯片有个可扫描读取的10位编码。当宠物狗被发现,编码被传到国家数据库找到它的主人。这个芯片可以储存养犬许可证号、狗的医疗状况和犬主人的地址和电话。

狗和猫的记忆力好吗?

狗有长期记忆,尤其是对它们喜欢的人更是如此。猫能记住对它们有重要意义的事物。有些猫好像对于寻找某些地点有超乎寻常的记忆。当被带离家园,它们能够记住它们的住处。这种"认家"的能力可能是一种类似有些鸟类的内在天文导航系统,或者是猫的导航能力源于对地球磁场的敏感。当磁铁系在猫身上,它们的导航能力就会受到干扰。

美国最早的家猫是什么猫?

一些博物学家认为,美国最早的家猫是美国短毛猫,是欧洲到新大陆的拓荒者带来的猫的后代。这些猫很容易适应它们的新环境。20世纪初有选择地繁育加强了家猫的优良性状。

美国短毛猫是非常健壮的猫,它们身体灵活有力,有出色的跟踪和猎杀能力。它们的腿粗长,肌肉发达,适于跳跃和应付各种地势。有多种颜色和花纹的皮毛足以抵挡潮湿和寒冷,但同时又不易缠结和剐绊。

尽管这种猫可以成为不错的家庭宠物和伴侣,但却保存着自给自足的生活习惯。它们捕猎的本性很强,甚至食物充足时也不忘操练捕猎技艺。在美国,美国短毛猫是唯一纯粹的"工猫"。

什么是虎斑猫?

"虎斑"是猫科动物的基本皮毛图案,可追溯到野猫被驯化之前。虎斑毛皮是十分有效的保护色。每根毛都有两三圈黑色和浅色条纹,尖端总是黑色的。基本的虎斑花纹有4种变化。

鱼骨虎斑纹(又叫条状虎斑纹或虎斑纹)有一条黑线从头沿着后背一直到尾部,几个条纹沿体侧伸展。腿有条纹,尾有环状斑纹,尾端黑色。腹部有两排豹点斑纹。眼上方有"M"状斑纹,且黑线纹直通两耳。胸口有两道黑色项链状斑纹。

墨渍斑或古典斑是与野生虎斑猫最接近的斑纹。头部、腿部、尾部和腹部都与鱼骨斑纹一样。主要差别在于墨渍斑在肩肋处有黑色斑块,周围有一或几圈线条斑纹。

圆点斑是全身和腿部全是一致的圆形或椭圆形斑点。额头上有"M"斑纹，后背上有一条黑色细线斑纹。

阿比西尼亚斑全身几乎没有黑色斑点；斑点仅出现在前腿、两肋和尾部。除腹部外，皮毛有浅色或单一颜色的条纹。

怎样去除宠物身上的臭味？

从宠物店购买专门用于抑制臭味的产品。许多除味产品含有各种酶或细菌酶，使用时不必事先给宠物洗澡。可以用番茄汁、稀释醋、干扰素给它洗澡，或者试一试薄荷漱口剂、剃须香水或肥皂水。

决定暹罗猫色斑点形成的因素是什么？

色斑点是由于隐性基因的存在，将颜色局限于界限分明的特定区域——面部、耳朵、尾巴、腿下部和爪子。这些地方是猫的心血管系统所涉及的最远地方。

暹罗猫有 4 种。海豹色斑点为浅黄色或乳白色的皮毛上有深褐色的斑点。蓝斑点是蓝白色皮毛上有石蓝色斑点。巧克力色斑点是象牙色皮毛上有巧克力色斑点。紫丁香色斑点是白色身体上有粉灰色斑点。此外还有新的种类如红色斑点、乳白色斑点和虎纹斑点。

暹罗猫起源于泰国（过去称暹罗），19 世纪 80 年代引入到英国。它们中等体形，身体细长，柔软灵活，头长，尾长，呈锥形。暹罗猫刚烈好动，情感丰富，以其不可忽视的叫声响亮、声音独特而闻名。

为什么猫的眼睛在黑暗中发亮光？

猫的眼睛具有一种特别的储光机制，叫做反光膜，它可以反射经过视网膜时没被吸收的光线。可以这么说，视网膜还有一次机会接收光线，帮助猫的视力变得更强。在昏暗的光线中，猫眼的瞳孔睁得最大，当光线以一定角度进入瞳孔，就会出现发光现象。位于视网膜后的反光膜是由 15 层特殊的发光细胞组成的膜构成的。这些发光细胞合在一起相当于一面镜子。发光的颜色通常是绿色或金色，但是暹罗猫眼睛反射的都是明亮的深红色光。

为什么猫会喵喵叫？猫怎样喵喵叫？

专家对这一问题和声音源处有不同的看法。有人认为，声音是胸腔中较大静脉中血液振动产生的。静脉经过膈膜、静脉周围的肌肉收缩，促进血液流动，引起振动。这些声音被支气管和气管中的气流扩大。其他人认为，喵喵声是位于声带附近的假声带膜的振动造成的。没有人清楚猫喵喵叫的原因，但许多人将这种声音视为一种心满意足的表现。

排名前10位的猫的名字分别是什么？

一项调查研究中，排名前10位的猫名是：

1. 基蒂；
2. 斯姆基；
3. 赛多；
4. 泰戈尔；
5. 布布；
6. 布茨；
7. 莫利；
8. 泰格；
9. 斯派克；
10. 普林塞斯。

哪些植物会使猫中毒？

有些常见的室内盆栽植物会使猫中毒，人们不能让猫吃以下植物：

盃芋（野芋）；花叶万年青（黛粉叶）；一品红（猩猩木）；爬山虎（常春藤）；槲寄生；欧洲夹竹桃；喜林芋；欧洲桂樱（普通桂树或樱桂）；杜鹃花（映山红）；玛瑙珠（玉珊瑚或冬珊瑚）。

哪种鸟最适宜作宠物？

下面列出了可作家庭宠物的几种鸟和它们的预期寿命：

鸟　　名	预期寿命（年）	考　虑　因　素
燕雀	2—3	易照顾
金丝雀	8—10	易照顾；雄鸟鸣唱
虎皮鹦鹉（长尾鹦鹉）	8—15	易照顾
澳洲鹦鹉	15—20	易照顾；易训练

续表

鸟　名	预期寿命(年)	考虑因素
多情鹦鹉	15—20	可爱迷人,但不易照顾和训练
亚马孙鹦鹉	50—60	爱说话,但有时尖叫
非洲灰鹦鹉	50—60	会说话;从不尖叫

怎样照顾蝌蚪?它们吃什么?

将蛙卵和孵出的蝌蚪一直放在水中,一周只换一次水,每次只换水量的一半。最好的食物是高蛋白的嫩谷物、新鲜蔬菜和一点蛋黄。蝌蚪的腿长出后,可在水中放入一块岩石做成一个小岛。5 加仑(19 升)的鱼缸足够 6 只蝌蚪活动的需要。它们发育成熟后(尾巴消失,腿长成)应放回水塘中或湖边。

寄居蟹应喂什么食物?

寄居蟹不挑食,许多食物都吃,包括藻类、牛心、鳃足虫、蚯蚓、鱼类、薄片食物、鲜虾、扇贝、管状食物和几乎所有的市场上出售的饵料。无论是鲜活的、冷冻的、干燥的都无所谓。寄居蟹需每周单独喂食两三次,但注意不能过多也不能太少。片状肉,如解冻虾、扇贝或牛心等可浸泡在复合维生素液中,然后用牙签喂食。藻类是寄居蟹天然食物的一部分,可以单独养在别的容器中,容器底部放几块珊瑚或普通贝壳。几周之后贝壳上就覆满了藻类,可将贝壳放入鱼缸中让寄居蟹啄净。新鲜的菠菜和莴苣可以用来替代藻类。

成为白宫宠物的那些不寻常动物是什么?

有些不寻常的动物进驻过白宫。1825 年,拉法耶特侯爵(Marquis de Lafayette,1757—1834)游历美国,一个深为感激的美国居民送给他一只短吻鳄。当拉法耶特成为约翰·昆西·亚当斯总统(John Quincy Adams,1767—1848)的座上客时,这只短吻鳄在白宫的东厅住了几个月。拉法耶特离开时,他带走了这只短吻鳄。亚当斯夫人也养一些不同寻常的宠物:以桑叶为食的桑蚕。其他的房客还分别养过角蟾、青蛇、袋鼠。西奥多·罗斯福在堪萨斯参加活动时,曾带回别人送给他的狗獾。亚伯拉罕·林肯家里有一群兔子和一对名为南希和南科的山羊。柯立芝总统养浣熊作宠物,而不是作感恩节大餐,这是密西西比州捐赠者的意愿。这只浣熊被取名丽贝卡,养在总统办公室旁边的大围栏里。

其他入住过白宫的不同寻常的总统宠物有：

马丁·范·布伦的两只幼虎。

威廉·亨利·哈里森的公羊和达勒姆奶牛。

安德鲁·约翰逊的小老鼠。

西奥多·罗斯福的狮子、鬣狗、猞猁、郊狼、5只熊、斑马、草鸮、蛇、蜥蜴、公鸡、浣熊。

威廉·霍华德·塔夫脱的奶牛。

卡尔文·柯立芝的浣熊、驴、山猫、幼狮、沙袋鼠、矮黑河马、熊。

人 体

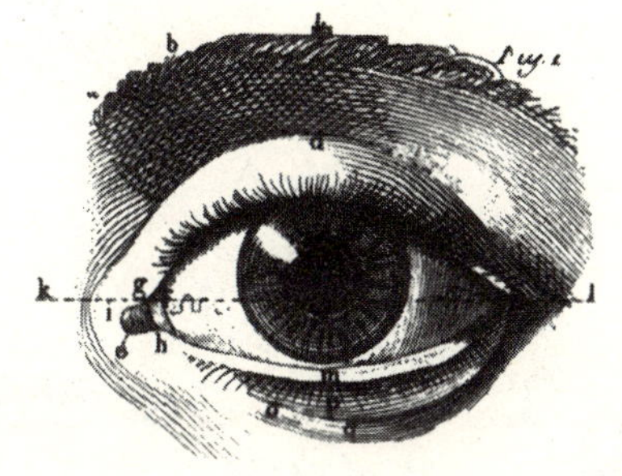

功能、过程和特征

人体由哪些化学元素组成?

人体功能和生理过程与大约 24 种化学元素有关。

主要元素

元 素	百分比	功 能
氧	65.0	构成所有组织的养分;能量来源的重要元素
碳	18.5	蛋白质、碳水化合物和脂肪等生命要素的必需成分;构成细胞团
氢	9.5	主要的养分;组成细胞团
氮	3.3	组成蛋白质,DNA、RNA 的必需物质,大部分人体功能不可或缺元素
钙	1.5	形成骨骼;细胞间的信息传递者
磷	1.0	构成骨骼的重要物质;细胞能量不可或缺的元素

钾、硫、钠、氯和镁各占约 0.35%。还有微量的铁、钴、铜、锰、碘、锌、氟、硼、铝、钼、

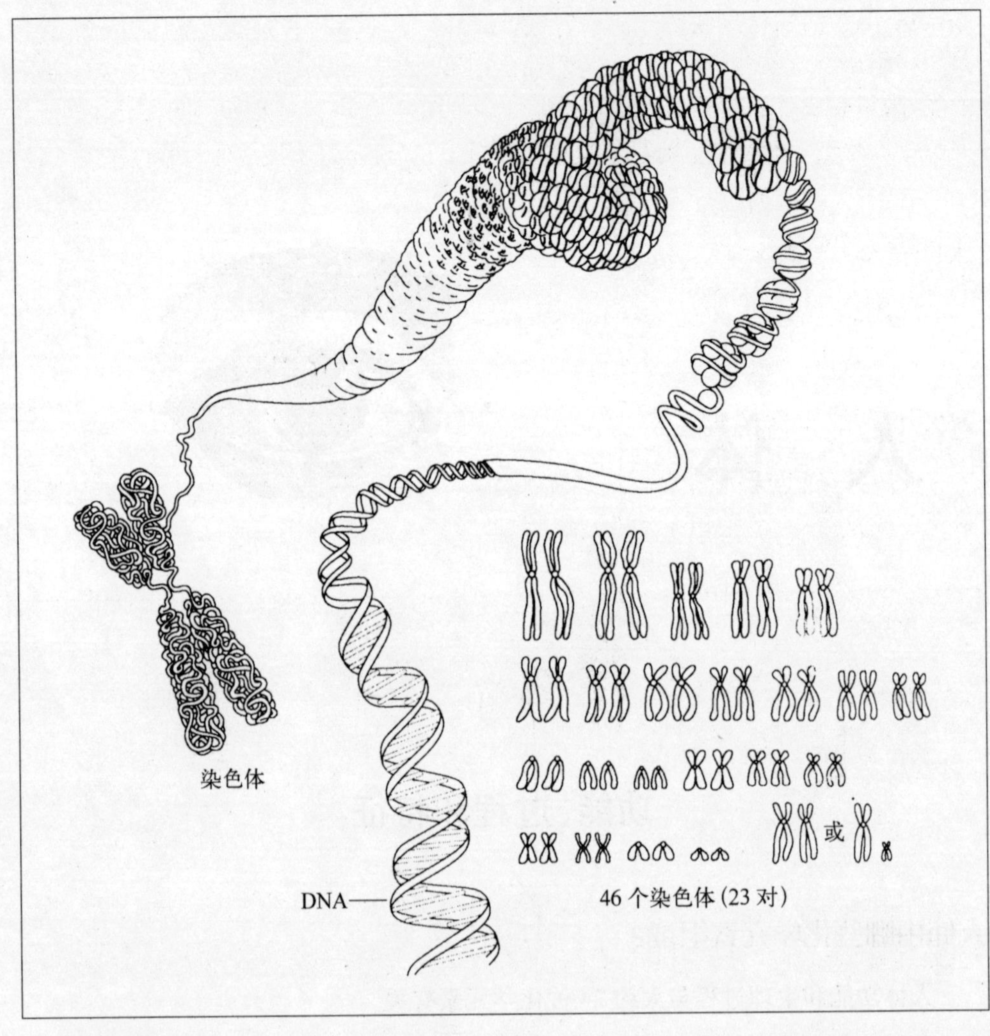

放大的染色体。

硅、铬和硒。

人体细胞中有多少染色体?

除了性细胞外人体细胞通常有 46 个(23 对)染色体。每一对的一半来自母亲的卵子,另一半来自父亲的精子。当精子和卵子结合受精后形成拥有 46 个染色体的一个细胞,即受精卵。细胞开始分裂时,46 个染色体开始复制;这一过程重复几百万次,每个细胞都包含一套完全相同的染色体。只有配子即性细胞是不同的。在细胞分裂中,每对染色体都分裂并分配到不同的细胞中。每个配子只有 23 个染色体。

染色体包含有数千个基因,每个基因都有特定性状的遗传信息。这些信息以化学编码的形式存在，对这些遗传信息进行编码的化合物是脱氧核糖核酸即 DNA。基因是一串组成特定蛋白质的 DNA。这些蛋白质决定了特定的身体特征（如身高、体形、头发、眼睛和皮肤的颜色等）、化学特征（血型、代谢功能等）和其他一些行为和智力方面特征。超过 150 种人类疾病是遗传的，基因可以确定许多疾病的易感性。

人体有多少细胞？

有数据显示人体有 50 兆—75 兆个细胞。

人体细胞的平均寿命是多少？

人体具有自我修复和自我补充的功能。据一项估计，每小时大约有 2 000 亿个细胞死亡。健康人体中的死亡细胞可以立刻被新细胞自动补充。

细胞类型	存活时间	细胞类型	存活时间
血细胞		脑细胞 *	终生
红细胞	120 天	结肠细胞	3—4 天
淋巴细胞	1 年以上	肝细胞	500 天
其他白细胞	10 小时	皮肤细胞	19—34 天
血小板	10 天	精子细胞	2—3 天
骨细胞	25—30 年	胃细胞	2 天

* 脑细胞是唯一在人的一生中不分裂的细胞，它们伴随人的一生。如果神经系统的细胞死亡，它们也不能恢复。

什么是DNA指纹？

DNA 指纹又称基因指纹，它是一种用来确定个人身份、家庭亲缘关系等的一种方法。英国遗传学家阿莱克·杰弗里斯（Alec Jeffreys，1950—　）构想的基因指纹是基于每个人（除双胞胎外）都有一个独特的 DNA（脱氧核糖核酸）序列——细胞核内的这种物质确定个体的特性。

DNA 分子内，遗传信息的序列沿着类似于绞在一起的长梯的 DNA 结构反复出现。DNA 链中的序列的长度、重复次数、精确位置（除了双胞胎外）都是独一无二的，完全一致的可能性仅为 300 亿分之一。将这些序列转化成类似 X 光胶片上条栅的可视记录需要一个过程。在这一过程中，技术人员从血液、唾液、头发毛囊或精液中分离出 DNA，然后将 DNA 链放入某种酶溶液中再分成上千个短片。最后将这些片断放入胶体样的材料中，接受强电流刺激，根据尺寸大小和对电反应情况进行分离。

刑事调查中,犯罪分子留在现场的头发、血液和皮肤样本都会产生 DNA 指纹,可以和任何嫌疑人的 DNA 指纹进行比对。由于婴儿的 DNA 链中包含父亲的遗传密码,DNA 指纹也可用来进行亲子鉴定。

“人类工程学”一词是什么意思?

人类工程学是根据工作的环境和设备研究人的能力和心理。它有不同的称谓:人类工程学、人体功率学、工程心理学或人体工程学。人类工程学基于以下前提——人类使用的工具和工作的环境应该与他们的能力和缺陷相匹配,而不是强迫人类适应物理环境。人类工程学家努力确定交流沟通、认知感知、接受刺激、生理和心理的最佳状态和检测逆境效果。研究的具体领域包括根据人的身材、舒适度、力量和视野来设计工作区域(包括坐椅、办公桌、操纵台和驾驶舱);生理压力的影响(如工作速度、工作强度、决策、疲劳及对记忆和感知的要求)设计直观显示以加强交流的质量和速度。

免疫系统的工作原理是什么?

免疫系统主要有两部分:血液循环中的白细胞和抗体。抗原——抗体反应构成免疫的基础。当抗原如有害细菌、病毒、霉菌、寄生虫或其他外来物质侵入人体,人体产生特定的抗体来抵制抗原。抗体由脾脏和淋巴结中的淋巴 B 细胞(B 细胞)生成。抗体有可能直接摧毁抗原或者对抗原进行“标记”以便白细胞(也称巨噬细胞或清除细胞)能够吞噬这个外来入侵者。人体一次暴露在抗原面前后,以后面临相同的抗原就会产生较快的免疫反应。必要的抗体就会更快更多地产生。人工免疫正是利用这种抗体——抗原反应保护身体不受某种疾病的侵害,通过使身体面对安全剂量的抗原产生有效的抗体,并准备进一步攻击有害的抗原。

淋巴T细胞和淋巴B细胞的区别是什么?

淋巴细胞是一种白细胞,同时也是人体免疫系统的一部分。免疫系统能够抵御穿透人体常规防御的入侵物。可以清除大多数病毒、细菌、霉菌和进行癌症监测的 T 细胞是两类主要的淋巴细胞之一。淋巴 T 细胞(T 细胞)组成血液循环中约 60%—80% 的淋巴细胞。它们在胸腺中得到“培育”来完成特定的功能。当它们接触到异常体细胞(被病毒侵入的细胞、移植的组织细胞或肿瘤细胞)的抗原(外来蛋白质),T 细胞杀手就会致敏繁殖。这些 T 细胞杀手附着在异常细胞上,释放化学物质(淋巴因子)将其摧毁。T 细胞助手辅助杀手细胞摧毁异常细胞并控制免疫反应的其他方面。淋巴 B 细胞由大约全部淋巴细胞的 10%—15%组成,它接触异常细胞的抗原时,淋巴细胞变大分

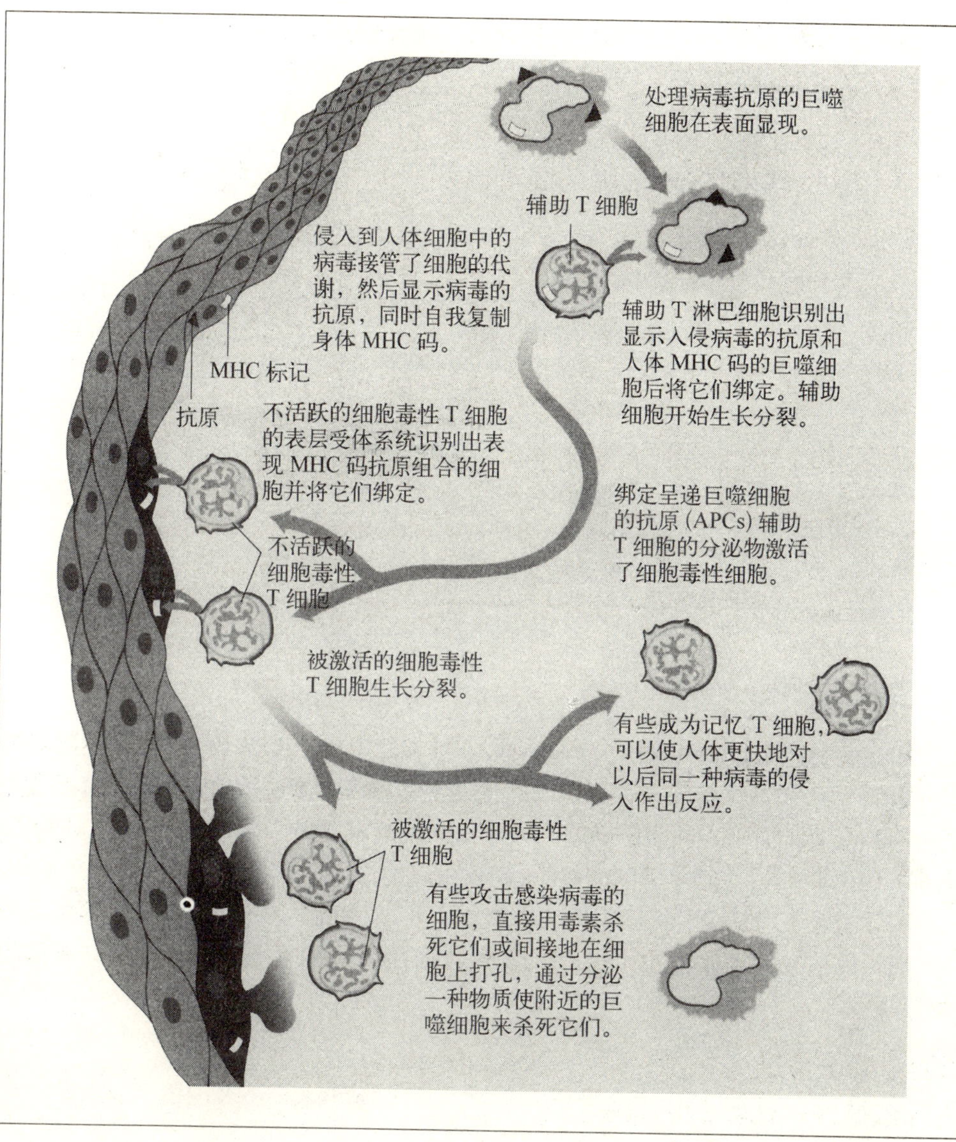

免疫系统的工作原理。

裂成为浆细胞。浆细胞分裂大量的免疫球蛋白或抗体到血液中，它们附着在异常细胞的表面，开始摧毁入侵者。

什么是肽?

肽及与其关系密切的化学物质脑啡肽组成了更高级别的阿片剂，其功能属性与海洛因或吗啡极为相似。它们不仅可以用作止痛，还可以使人体味到康乐和快感。肽研究的临床应用包括治疗某种形式的精神疾病；治疗和控制慢性病的患痛；开发新的麻醉剂；开发无依赖性的安全有效的止痛药。

随着人年龄的逐渐增加，需要的睡眠逐渐减少，这是真的吗?

随着年龄的增长，睡眠时间也发生相应的变化。下表列出晚上通常的睡眠时间。

年　龄	睡眠时间(小时)	年　龄	睡眠时间(小时)
1—15 天	16—22	19—30 岁	8
6—23 个月	13	31—45 岁	7.5
3—9 岁	11	45—50 岁	6
10—13 岁	10	50 岁以上	5.5
14—18 岁	9		

什么是REM睡眠?

REM 睡眠是快速眼动睡眠，其特征是呼吸和心率比 NREM 睡眠(非快速眼动睡眠)快。睡眠中眼球快速转动，会做梦，而且经常会出现详细的故事情节。只有那些先天失明的人才不会出现快速眼动睡眠。快速眼动睡眠通常一晚出现 4—5 次，时间 5 分钟—1 小时不等，并随着睡眠的持续，时间相应延长。

科学家还不清楚为什么睡眠对人体如此重要，但是他们认为，大脑如果不是正将白天获得的信息进行分类，抛掉无用的信息数据，就是正在创造一些造成情绪烦恼的“剧本提纲”。

为什么很难记住梦的内容?

几乎所有的梦都出现在快速眼动睡眠中。梦的内容似乎储存在人的短期记忆中，不能转变成长期记忆，除非以某种方式得到明确的表达。梦境研究表明，认为自己从来不做梦的人在夜间不同时刻被唤醒时，他们都在做梦。

为什么人会打鼾? 鼾声有多响?

打鼾通常是由于呼吸时空气通过鼻腔时受阻，由软腭振动产生的。躺着睡眠时常发生打鼾。研究表明，鼾声可达 69 分贝，而风钻的声响则为 70—90 分贝。

人睡眠时会消耗多少热量(卡路里)?

一个150磅(68千克)的人睡眠时每分钟消耗1卡热量。一个体重150磅的人从事其他活动约消耗的热量在下表列出。实际数值由于运动强度、大气温度和衣着情况等的差异而有所变化。

活　　动	消耗的热量(卡/小时)	活　　动	消耗的热量(卡/小时)
有氧健身舞	684	修剪草坪(手动)	420—480
篮球	500	短柄墙球	456
自行车(5.5英里/小时)	210	搂树叶	300—360
自行车(13英里/小时)	660	划船健身器	415
保龄球	220—270	静坐	100
自由体操	300	越野滑雪	600—660
循环重量训练	756	高山滑雪	570
挖掘	360—420	铲雪	420—480
园艺	200	方块舞	350
高尔夫(用电动车)	150—220	站立	140
高尔夫(推手推车)	240—300	中等强度游泳	500—700
高尔夫(背负球杆)	300—360	网球(双打)	300—360
足球	500	网球(单打)	420—480
手球(社交性)	600—660	吸尘器清扫	240—300
手球(竞技性)	大于660	排球	350
锄地	300—360	步行(2英里/小时)	150—240
家务劳动	180	步行(3.5英里/小时)	240—300
轮滑	600	步行(4英里/小时)	300—400
慢跑(5—10英里/小时)	500—800	步行(5英里/小时)	420—480
修剪草坪(电动)	250		

最先参与直接观察患者的胃并研究消化过程的医生和患者是谁?

1822年在一次偶然的事故中,法裔加拿大人亚力西斯·圣马丁(Alexis St. Martin)的腹部被严重射伤。幸运的是,军医威廉·鲍芒(William Beaumont,1785—1853)就在附近,对伤口进行了紧急处理。圣马丁的康复用了几乎3年时间,除了一个通向胃的小洞以外,大部分伤口已经愈合。一个肉褶盖在这个小洞上;将这个肉褶推向一边,就可以看到胃的内部。通过这个开口,鲍芒能够提取和分析胃液和不同消化阶段的食

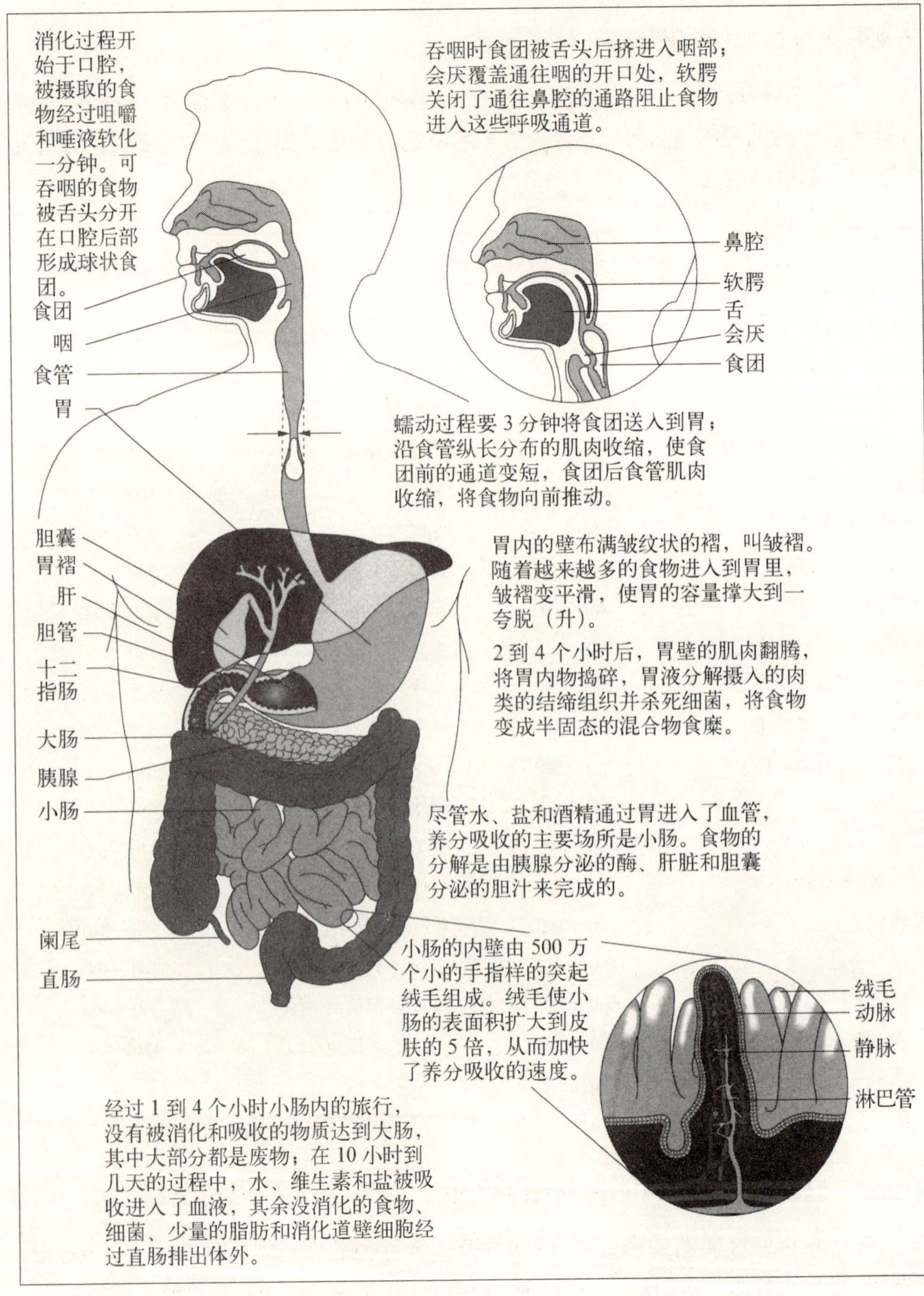
消化过程开始于口腔，被摄取的食物经过咀嚼和唾液软化一分钟。可吞咽的食物被舌头分开在口腔后部形成球状食团。
吞咽时食团被舌头后挤进入咽部；会厌覆盖通往咽的开口处，软腭关闭了通往鼻腔的通路阻止食物进入这些呼吸通道。
鼻腔
软腭
舌
会厌
食团
食团
咽
食管
胃
蠕动过程要3分钟将食团送入到胃；沿食管纵长分布的肌肉收缩，使食团前的通道变短，食团后食管肌肉收缩，将食物向前推动。
胆囊
胃褶
肝
胆管
十二指肠
大肠
胰腺
小肠
胃内的壁布满皱纹状的褶，叫皱褶。随着越来越多的食物进入到胃里，皱褶变平滑，使胃的容量撑大到一夸脱（升）。
2到4个小时后，胃壁的肌肉翻腾，将胃内物捣碎，胃液分解摄入的肉类的结缔组织并杀死细菌，将食物变成半固态的混合物食糜。
尽管水、盐和酒精通过胃进入了血管，养分吸收的主要场所是小肠。食物的分解是由胰腺分泌的酶、肝脏和胆囊分泌的胆汁来完成的。
阑尾
直肠
小肠的内壁由500万个小的手指样的突起绒毛组成。绒毛使小肠的表面积扩大到皮肤的5倍，从而加快了养分吸收的速度。
绒毛
动脉
静脉
淋巴管
经过1到4个小时小肠内的旅行，没有被消化和吸收的物质达到大肠，其中大部分都是废物；在10小时到几天的过程中，水、维生素和盐被吸收进入了血液，其余没消化的食物、细菌、少量的脂肪和消化道壁细胞经过直肠排出体外。

人的消化过程。

物，观察分泌过程的变化，记录胃肌的运动规律。他的观察试验结果形成了现代消化理论的基础。今天利用X射线和其他医学工具也能提供同样的诊断功能。

人们吞咽固体食品或流食时，怎样防止其流入气管?

一旦食物被咀嚼，随意肌就会将食物推向喉咙。在咽喉中食物被肌肉的自动反射所掌控。会厌在通向气管的喉头(声带)上方闭合。食管顶部的括约肌松弛，使食物进入消化道。

食物消化需要多长时间?

胃的容量接近两夸脱(1.9升)，这些半消化的食物可以在胃中驻留3—5小时。进食后，食物在消化道内留存15小时左右，最后食物残渣经过直肠通过肛门以粪便形式排出体外。

人体内肠道的长度是多少?

小肠长度大约22英尺(7米)。大肠约5英尺(1.5米)。

谁是生理学的创始人?

实验员克劳德·伯纳德(Claude Bernard，1813—1878)引入了许多新的概念，大大丰富了生理学理论。其中最著名的是内环境概念。尽管外部环境在变化，各种器官的复杂功能紧密相连，其目的都是维持内环境的一致。一切细胞都存在于水样(血液和淋巴液)的内环境中。细胞浸于内环境中，内

生理学界的先驱克劳德·伯纳德。

环境可以提供养分和废物初级交换的介质。

谁创立了术语“体内平衡”?

瓦尔特·布拉德佛特·坎农(Walter Bradford Cannon,1871—1945)详细阐述了克劳德·伯纳德内环境的概念,采用“体内平衡”一词来描述人体具有维持内环境相对稳定的能力。

人不戴帽子会从头顶丢失多少热量?

7%—55%的人体热量可以通过头部散发。头部血液的流量取决于心输出量,人体运动越剧烈,循环到头部的血液就越多,就会有更多的热量经辐射迅速散发掉。

美国男性和女性的平均身高和体重是多少?

美国女性平均身高 5 英尺 3.75 英寸(1.62 米),体重 152 磅(69.09 千克)。男性平均身高 5 英尺 9 英寸(1.75 米),体重 180 磅(81.82 千克)。1960—2000 年,美国男性平均增高 2 英寸(5 厘米),增重 45 磅(20.45 千克)。女性平均同样增高 2 英寸(5 厘米),但体重增加 18 磅(8.18 千克)。

男性和女性的最佳体重是多少?

1998 年,美国国家心肺和血液研究所(NHLBI)与国家糖尿病和消化系统疾病及肾病协会合作,共同发布了成年人体重指导标准。这些标准按照体重指数(BMI)确定了超重和肥胖症的级别。体重指数以身高和体重为基础,通过对照体内脂肪含量获得。体重指数结合身高和体重来判断心脏病、糖尿病和高血压等与体重相关的疾病的风险等级。要知道你的 BMI,将你的体重磅数乘以 700,除以你的身高(折合成英寸数),再除以身高即可。如,你身高 5 英尺 10 英寸,体重 185 磅,计算过程如下:

185 磅×700=129 500

129 500÷70 英寸=1 850

1 850÷70 英寸=26.4

体重指数 25 或 25 以下表示低风险;25—29 表示超重;体重指数超过 30 表示肥胖症。体重指数数据既适用于男性也适用于女性。非常健壮的人如运动员可能体重指数较高,但并没有健康风险。

BMI 身高(英寸)	19	20	21	22	23	24 体重(磅)	25	26	27	28	29	30
58	91	96	100	105	110	115	119	124	129	134	138	143
59	94	99	104	109	114	119	124	128	133	138	143	148
60	97	102	107	112	118	123	128	133	138	143	148	153
61	100	106	111	116	122	127	132	137	143	148	153	158
62	104	109	115	120	126	131	136	142	147	153	158	164
63	107	113	118	124	130	135	141	146	152	158	163	169
64	110	116	122	128	134	140	145	152	157	163	169	174
65	114	120	126	132	138	144	150	156	162	168	174	180
66	118	124	130	136	142	148	155	161	167	173	179	186
67	121	127	134	140	146	153	159	166	172	178	186	191
68	125	131	138	144	151	158	164	171	177	184	190	197
69	128	135	142	149	155	162	169	176	182	189	196	203
70	132	139	146	153	160	167	174	181	188	195	202	209
71	136	143	150	157	165	172	179	186	193	200	208	215
72	140	147	154	162	169	177	184	191	199	206	213	221
73	144	151	159	166	174	182	189	197	204	212	219	227
74	148	155	163	171	179	186	194	202	210	218	225	233
75	152	160	168	176	184	192	200	208	216	224	232	240
76	156	164	172	180	189	197	205	213	221	230	238	246

BMI 身高(英寸)	31	32	33	34	35	36 体重(磅)	37	38	39	40	41	42
58	148	153	158	162	167	172	177	181	186	191	196	201
59	153	158	163	168	173	178	183	188	193	198	203	208
60	153	163	168	174	179	184	189	194	199	204	209	215
61	164	169	174	180	185	190	195	201	206	211	217	222
62	169	175	180	186	191	196	202	207	213	218	224	229
63	175	180	186	191	197	203	208	214	220	225	231	237
64	180	186	192	197	204	209	215	221	227	232	238	244
65	186	192	198	204	210	216	222	228	234	240	246	252
66	192	198	204	210	216	223	229	235	241	247	253	260
67	198	204	211	217	223	230	236	242	249	255	261	268

续 表

BMI	31	32	33	34	35	36	37	38	39	40	41	42
身高(英寸)						体重(磅)						
68	203	210	216	223	230	236	243	249	256	262	269	276
69	209	216	223	230	236	243	250	257	263	270	277	284
70	216	222	229	236	243	250	257	264	271	278	285	292
71	222	229	236	243	250	257	265	272	279	286	293	301
72	228	235	242	250	258	265	272	279	287	294	302	309
73	235	242	250	257	265	272	280	288	295	302	310	318
74	241	249	256	264	272	280	287	295	303	311	319	326
75	248	256	264	272	279	287	295	303	311	319	327	335
76	254	263	271	279	287	295	304	312	320	328	336	344

BMI	43	44	45	46	47	48	49	50	51	52	53	54
身高(英寸)						体重(磅)						
58	205	210	215	220	224	229	234	239	244	248	253	258
59	212	217	222	227	232	237	242	247	252	257	262	267
60	220	225	230	235	240	245	250	255	261	266	271	276
61	227	232	238	243	248	254	259	264	269	275	280	285
62	235	240	246	251	256	262	267	273	278	284	289	295
63	242	248	254	259	265	270	278	282	287	293	299	304
64	250	256	262	267	273	279	285	291	296	302	308	314
65	258	264	270	276	282	288	294	300	306	312	318	324
66	266	272	278	284	291	297	303	309	315	322	328	334
67	274	280	287	293	299	306	312	319	325	331	338	344
68	282	289	295	302	308	315	322	328	335	341	348	354
69	291	297	304	311	318	324	331	338	345	351	358	365
70	299	306	313	320	327	334	341	348	355	362	369	376
71	308	315	322	329	338	343	351	358	365	372	379	386
72	316	324	331	338	346	353	361	368	375	383	390	397
73	325	333	340	348	355	363	371	378	386	393	401	408
74	334	342	350	358	365	373	381	389	396	404	412	420
75	343	351	359	367	375	383	391	399	407	415	423	431
76	353	361	369	377	385	394	402	410	418	426	435	443

既然64%的美国人体重超标，那么历史上最重的人是谁?

华盛顿州双桥岛的约翰·布鲁尔·米诺奇(John Brower Minnoch，1941—1983)1976年体重就已达976磅(443千克)。1978年由于心脏和呼吸衰竭被送医院急救时，估计他的体重超1 387磅(630千克)。他的大部分体重源自体液潴留(水肿)。经过两年的医院减肥治疗，他的体重减至476磅(216千克)。然而，据说有一次一周之内体重猛增197磅(87千克)，他不得不再次入院治疗。1983年去世时，他的体重为798磅(362千克)。

纽约州波基普希的萝茜·卡内莫拉(Rosie Carnemolla，1944—)是有记载以来体重最重的女性，重达850磅(386千克)。饱受烦渴(过度口渴)之苦的波西·珀尔·华盛顿(Percy Pearl Washington)1972年在密尔沃基一家医院去世时体重为800磅(363千克)，但她曾创下体重880磅(400千克)的纪录。

人类有哪几种体型?

美国心理学家威廉·赫伯特·谢尔顿(William Herbert Sheldon，1898—1977)按照人体的生理功能、生理表现和抗病性制定了最著名的体型分类法。谢尔顿的方法被称为体型测定法，它不考虑身体整体的大小，将人体划分为3种体型：内胚层体型、中胚层体型、外胚层体型。典型的内胚层体型呈球状：头部浑圆，大腹便便，四肢状似企鹅，上臂大腿肥硕而腕踝纤细。典型的中胚层体型头部较大，呈立方体；肩宽胸厚，四肢肌肉健壮。典型的外胚层体型脸颊瘦削，下颌短小，额头高耸，胸腹瘦狭，四肢细长。谢尔

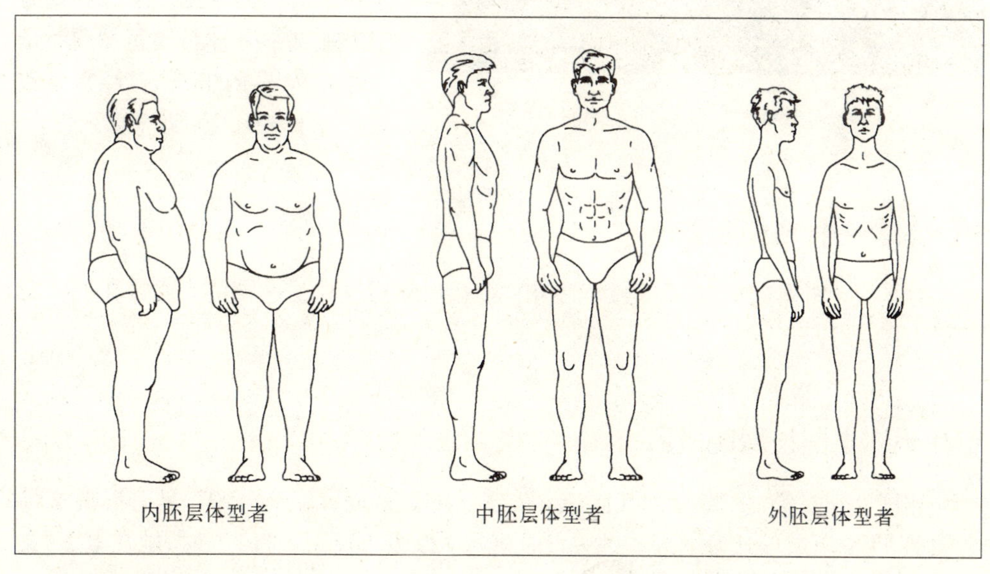

人体体型的分类。

P. T. 巴纳姆捧红的最早的"暹罗双胎"连体人——常和英。

顿的分类中有成分级别确定的混合型体型。谢尔顿认为体格、行为和性情之间存在较为密切关系。但这种体型分类法也遭到了很多批评。

"暹罗双胎"一词是由哪一对联体婴儿得来的?

"暹罗双胎"源于华裔联体双胞胎邦克兄弟常和英(Chang and Eng Bunker,1811—1874)的出现，他们出生在暹罗（今泰国),曾被P.T.巴纳姆招入马戏团进行表演。

暹罗双胎是身体某一部分长在一起的双胞胎,通常是髋部、胸部、腹部、臀部或者头部。同其他的双胞胎一样，他们源于一个受精卵;联体双胞胎中,受精卵没能适时分裂成两个分离的细胞团。这种情况极为罕见，全世界仅有500例。外科手术分离暹罗双胎是一件非常复杂的工作，经常导致其中一个毙命或两者全部死亡。

招风耳是由什么引起的?

有平行于外耳轮的褶,但是分布稀松,就会形成招风耳。这种情况通常在某些家族里出现。

谁是世界上最长寿的人?

法国女演员詹妮·路易·卡门(Jeanne Louise Calment,1875—1997)是有确凿文件证明的、有史以来最长寿的人。她去世时享年122岁164天。114岁时,她在电影《文森特和我》(1990年)中扮演了自己。

除了"左(右)撇子"外,人们还有哪些"偏左(右)"的习惯?

大多数人都有首选的眼睛、耳朵和脚。在一项研究中,例如46%的人习惯用右脚,3.9%的人习惯用左脚;另外,72%的人习惯用右手,5.3%的人习惯用左手。偏好左右手的比例估算会有所变化,但至少也有1:10。90%的健康成年人用右手写字;2/3的人喜欢用右手做大部分需要协调和技巧的活动。这其中并没有性别差异。

美国有多少世纪老人?

过去几十年间,美国的世纪老人数量稳步增加。在2000年的人口普查中,有6.8万名世纪老人,多于1995年的4.8万人。尽管人口普查局是以多种方式获得了年龄信息,但该机构告诫说这些数据有可能被扭曲,因为直到20世纪30年代出生证制度才普及。

火化后有多少人体保留下来?

火化过程中,酷热蒸发了大部分组成人体的水分,烧掉了软组织和骨骼,使体重减少到4—8磅(1.8—3.6千克),成为骨灰和骨片。平均说来,成年男性的骨灰重7.4磅(3.4千克),成年女性重5.8磅(2.6千克)。大多数现代的火化场使用电火化炉迅速捣碎骨片残渣,使其能够装入普通的骨灰盒中。

什么是人体冷冻延时?

生机暂停(通常被称为人体长期冷冻保存)一直是现代时期开始以来科学探索的一个课题。争议不断的人体冷冻延时——冷冻保存人体以备以后复活——从20世纪60年代后期开始实践。通常,人们只有法律上被宣布死亡才可以被实施冷冻延时保存。

在冷冻延时的可行性上科学家存在意见分歧。用来复活冷冻延时保存的人体的必要技术现在还没有掌握。并且拥护者的人数也很少。一个冷冻延时组织——冷冻延时协会在2001年保存了40具尸体,同年他们庆祝了该组织成立25周年纪念。人体冷冻延时的费用2.8万—12万美元不等。

骨骼、肌肉和神经

人体内有多少块骨头?

婴儿出生时有300—350块骨头，但许多骨头在出生后开始长在一起，到成人阶段一般变成206块骨头。骨头的数目因计数的方法不同会有些变数，因为有的方法将很多块骨头视为一个结构，而其他方法将这些骨头视为分成很多部分的一块骨头。

骨骼位置	数　量	骨骼位置	数　量
头盖骨	22	胸带	4
耳骨(一对)	6	手臂骨(一对)	60
椎骨	26	髋骨	2
胸骨	3	腿骨(一对)	58
喉骨	1	合计	206

通常最容易骨折的骨头是哪一块?

锁骨可能是身体中最容易断裂的骨头。锁骨遭到直接击打或伸出的手臂受到外力的传递均可导致锁骨骨折。其他易出现骨折的是前臂骨(柯雷氏骨折)和75岁以上老人的髋骨。柯雷氏骨折是人们跌倒时张开手掌着地，人体的重量压在手上导致手腕上方桡骨远段骨折。

人体中唯一不与其他的骨骼接触的是什么骨?

舌骨是唯一的不和其他骨骼接触的骨。它位于喉咙上方，固定在舌肌上。如果被绞刑或扼死，舌骨也会骨折，因此经常出现在死罪的判决中。

关节为什么能发出声响?

当人们迅速地拉动他的手指，骨骼间的关节空隙就会出现真空，推开通常处于这里的体液，体液在回流到这些空隙时会发出咯咯声。

使关节发出声响是否有害?

对300个捏手指的人进行研究发现,关节响声和关节炎之间没有直接的联系,但是却发现了其他的损伤，包括关节囊软组织损伤和握力下降。快速地反复拉伸关节周围的韧带很可能造成软组织损伤。

什么是尺骨神经?

尺骨神经不是骨骼,只是位于肘背面的尺骨神经。碰撞这一部位会造成刺痛的感觉,它也会使前臂暂时感到麻木。

人体中最硬的物质是什么?

牙釉质是人体中最硬的物质。它由96%的无机盐和4%的有机质和水组成。

乳牙的作用是什么?

乳牙又称婴儿牙、短命牙、临时牙或奶牙(从颜色上看),起着许多和恒牙一样的作用。它们可以用来咀嚼食物,美化面部,促进言语能力的形成。它们为恒牙的出现作准备,在口腔中维护着恒牙整齐排列的空间。每个人都有20颗乳牙和后来长出的32颗恒牙。

为什么牙医用密封剂治疗儿童的臼齿和前臼齿?

密封剂是一种可用于牙齿表面的柔软的可塑性涂层，用它填充可聚集细菌和食物的牙齿缝隙和空洞，可以防止儿童恒牙的第一和第二颗前臼齿腐烂。密封剂和特定的光和化学物质反应后会硬化。

人体有多少块肌肉?

尽管有些权威人士认为人体中有多达850块肌肉，实际上人体大约有656块肌肉。没有具体的数目,因为对于哪些肌肉是独立的,哪些是从大块肌肉上脱落下来的,专家们还没有达成一致意见。此外,尽管基本层面保持一致,但人和人之间是有很大的差异。

人体3大系统会用到肌肉。骨骼肌使身体的每一部分都运动起来,它是横纹肌纤维,被称作随意肌,理由是人可以控制它们。第二系统包括胃和肠道壁、静脉和动脉壁

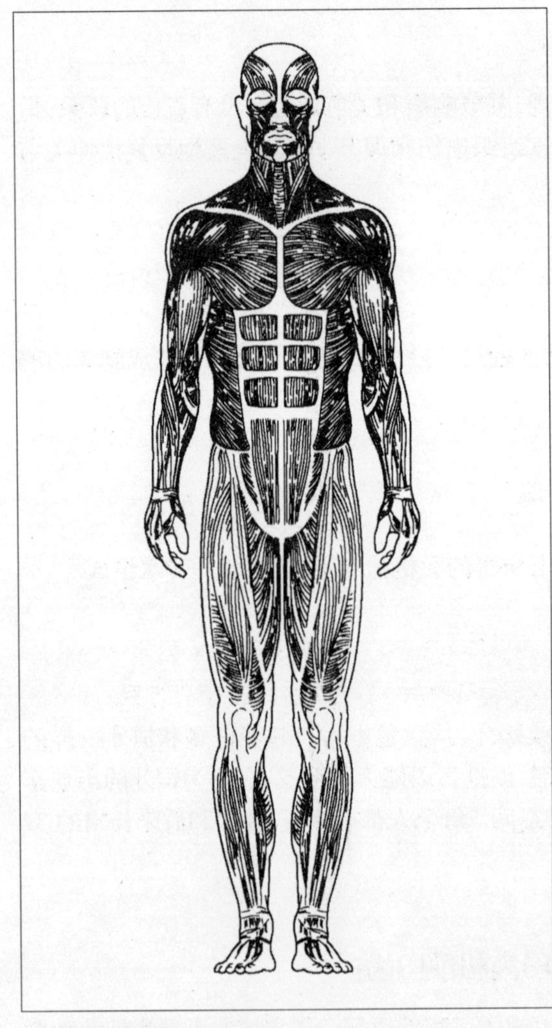

肌肉结构解剖图。

和各种内部器官的平滑肌。它们被称为非随意肌，通常不能为人所控制。最后一种是心肌，包括横纹肌和非随意肌。

肌肉和骨骼部位图是什么?

肌肉和骨骼部位图是一个剥去皮肤的人体图形，三维再现人体，通常由石膏制成。去除皮肤和脂肪，其目的是精确地展现表层肌肉的解剖构造。

人体中哪块肌肉变化性最大?

颈部的颈阔肌可能是变化性最大的肌肉。有些人的颈阔肌覆盖整个颈部，有些人则是带状分布的，有些人甚至完全没有颈阔肌。

人体内最长和最大的肌肉是什么肌?

缝匠肌从腰部延伸到膝盖，是人体最长的肌肉。它的功能是屈曲髋部和膝盖。人体内最大的肌肉是臀大肌，其作用是摆动股骨和外展髋关节。

什么是腱肌?

人体有 3 条腱肌，位于大腿后，跪时可以使腿部弯曲。

为什么过度运动会造成肌肉僵硬和疼痛?

在剧烈的运动过程中，循环系统不能迅速地向肌肉纤维供氧。在缺氧的条件下，肌肉细胞产生的乳酸聚集在肌肉中。正是乳酸的聚集造成了肌肉酸痛和僵硬。

微笑和皱眉需要牵动多少块肌肉?

微笑时有17块肌肉参与。一般的皱眉会带动43块肌肉。

悬垂在口腔后部的圆锥形小肉垫是什么?

悬雍垂是悬挂在软腭的软垫,又软又小。它由肌肉、结缔组织和黏膜组成。

人紧咬牙关会产生多大的力量?

所有的颌肌一起合作咬合牙齿,门牙会产生55磅(25千克)的力,臼齿会产生200磅(90.7千克)的力。有报道说臼齿能产生高达268磅(122千克)的力。

人体最大的神经是什么?

坐骨神经是人体中最大的神经——粗细与铅笔芯仿佛——0.78英寸(1.98厘米)。它是粗大扁平的神经。从脊髓延伸到双腿后面的纤维组成了坐骨神经。

器官和腺体

人体最大的器官是什么?

人体最大和最重的器官是皮肤,普通人的皮肤全部表面积约20平方英尺(1.9平方米),体格魁梧的人为25平方英尺(2.3平方米)。它平均重5.6磅(2.7千克)。尽管一般不认为皮肤是器官,但从医学角度看,它却属于器官范畴。器官是多种组织构成的能行使一定功能的结构单位。

脑的基本单位是什么?

神经元是构成大脑主要成分的神经细胞。人刚出生时,大脑神经元数目最多——200亿—2 000亿个。每天减少数千个,且不能得到补充,但直到年长时累积缺失加剧才能明显感到神经元数目的减少。

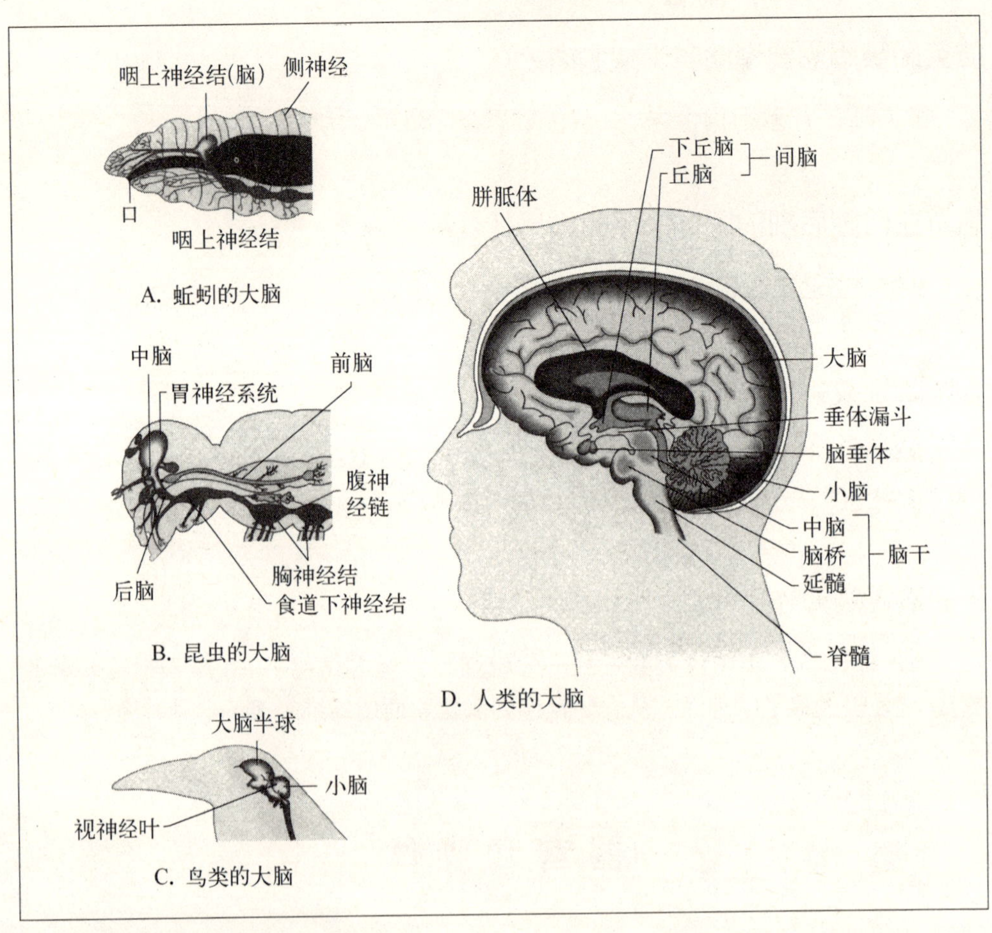

蚯蚓、昆虫、鸟类和人类大脑的比较。

脑的平均重量是多少?

人脑平均重 3 磅（1.36 千克）。女性平均脑容量为 79.3 立方英寸，略小于男性(88.5 立方英寸),最大的人脑可以是平均大小的两倍。但脑大小与脑的机能无关。

心脏的工作强度有多大?

每一次心跳,心脏都会泵出约两盎司(71 克)血液,每天则泵出至少 2 500 加仑(9 450 升)血液。成人平均每分钟心跳 70—75 次。心跳的速度是由生物体的大小决定的。通常生物体越小,心跳越快。因此女性的心跳每分钟要比男性快 6—8 次。新生儿的心跳可高达每分钟 130 次。

尼安德特人和现代人相比，谁的脑容量大？

“古典的”尼安德特人颅骨比现代人大一些，其容量为 1 350—1 700 立方厘米，平均值为 1 400—1 450 立方厘米。现代人的颅容量为 950—2 200 立方厘米不等，平均为 1 370 立方厘米。然而，脑容量的大小并不是智力高低的标志。

人一生中呼吸多少空气？

一生中平均每人将呼吸约 7 500 万加仑(28 400 万升)空气。平躺时每分钟人体需 2 加仑(7.5 升)空气，静坐时需 4 加仑(15 升)，步行时需 6 加仑(23 升)，跑步时需 12 加仑(45 升)或更多。

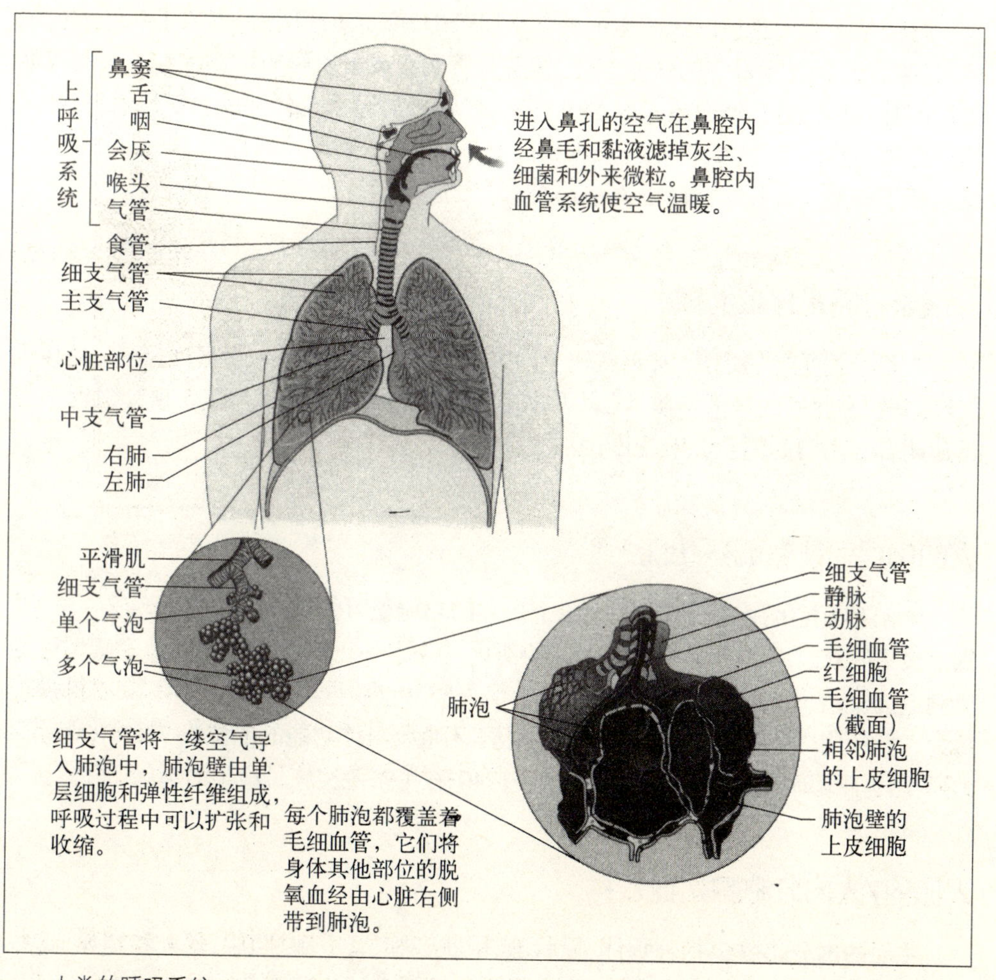

人类的呼吸系统。

人的左右肺是完全相同的吗?

不是。右肺比左肺短1英寸(2.5厘米);然而,它的容量更大些。右肺有3片肺叶,左肺有2片肺叶。

充满空气的两肺需多大的胸腔空间?

两肺充满的空气可以装满8个大汽水瓶——至少1.5加仑(6升)。为了达到这个容量,每次吸气时,肌肉提升并扩展胸廓,同时膈(双肺下半球形的肌肉层)平展。

打嗝是怎样形成的? 如何治愈打嗝?

打嗝是膈肌无意识的收缩造成的。膈肌收缩,声带迅速闭合,形成了熟悉的打嗝声。打嗝有助于消除胃中的一些气体,缓解食管刺激或解决膈肌运动神经的暂时控制失调问题。进食太快、疲劳或紧张都会打嗝。尽管打嗝通常几分钟后会自行消失,还是建议几种治疗方法:大声惊吓打嗝者以分散其注意力;吞吃一大勺糖;向纸袋中吹气或用杯子的另一端喝水。以上方法都有人尝试。

人最早打嗝是什么时候?

人很早就受打嗝之苦,甚至在出生前。有孕妇报告说胎儿在子宫内打嗝。当膈肌(分隔胸腔和腹腔的较大肌腱)无意识收缩时就会打嗝。声带间和气管顶部附近声门迅速闭合。声门的闭合和喉咙围困的气流形成了独特的打嗝声。

人的阑尾可能有哪些功能?

专家对阑尾的用途仅停留在理论上。它的功能很可能与今天的食草动物一样,是细菌聚集的营地,有助于植物中纤维素的消化。另外一个理论认为,扁桃体和阑尾可能会制造抗体,生成白细胞、淋巴B细胞;然而,淋巴B细胞也可由骨髓产生。第三种理论认为,阑尾可以"吸引"身体感染使其仅局限于不危及身体功能的部位。1736年,克劳德力斯·阿姆亚德(Claudries Amyand,1680—1740)在英格兰实施了最早的阑尾切除术。

人体的7大内分泌腺是什么?

主要的内分泌腺包括脑垂体、甲状腺、甲状旁腺、肾上腺、胰腺、睾丸和卵巢。这些腺体分泌荷尔蒙到血液系统中,通常会促进代谢活动的一些变化:

脑垂体——分泌促肾上腺皮质素（ACTH）刺激肾上腺皮质，产生醛固酮，控制肾对钠和钾的再吸收；分泌卵泡刺激素（FSH）刺激性腺功能和分泌催乳素刺激乳汁分泌；分泌促甲状腺激素（TSH）刺激甲状腺产生甲状腺素；分泌促黄体素（LH）刺激女性排卵和男性产生睾固酮；分泌生长激素（GH）刺激身体生长发育。存储促产素使子宫收缩。

甲状腺——分泌三碘化钾腺氨酸（T3）和甲状腺素（T4）提高代谢速度，尤其是生长和发育，分泌降钙素来降低血液中钙的浓度。

甲状旁腺——分泌甲状旁腺激素（PTH）增加血钙的含量；促进肾中钙的再吸收。

肾上腺——分泌肾上腺素和降肾上腺素帮助身体应对压力，增加血压、心跳、代谢速度和血糖浓度等等。肾上腺皮质分泌的醛固酮维持肾中的钠钾平衡。皮质醇有助身体适应压力，促进脂肪流通，提高血糖浓度。

胰腺——分泌胰岛素控制血糖浓度，促进糖原产生、脂肪储存和蛋白合成。分泌胰增血糖素提高血糖浓度和促进脂肪流通。

卵巢和睾丸——分泌雌激素、黄体酮或睾丸激素刺激生长发育和生殖过程。

人体最大的腺是什么？

肝脏是人体内最大的腺体，是仅次于皮肤的第二大器官。肝脏重2.5—3.3磅（1.1—1.5千克），体积比预期执行500项功能的体积大7倍。它是身体内重要的化工厂。有导管连接的腺体产生胆汁以分解脂肪和降低消化过程中的酸性。肝脏还是循环系统的一部分，它清除血液中的毒素和调节血液的成分。

人的体温是由什么调节的？

下丘脑通过皮肤和体内的神经末梢的感觉刺激作出反应来控制体温。下丘脑为体温设定一个“定值”，经常将实际温度和这个值相比较。如果两者不匹配，下丘脑启动降温或者升温程序使它们保持一致。

体　液

人体的4种体液是什么？

组成人体的4种体液分别是血液、痰、黄胆汁和黑胆汁，分别源于心脏、大脑、肝脏和脾脏。阿格里琴托城邦的恩培多克勒（Empedocles，公元前504—公元前433）可能首创这一理论。在这个理论中，他将这 4 种体液等同于自然界中的 4 种元素：土、火、气和水。这些体液能决定人的健康和性格。若要身体健康，这些体液应在体内保持协调一致。疾病可以通过体液重新组合，重归和谐得到救治。

血液、尿液和唾液正常的pH值分别是多少？

动脉血正常的 pH 值是 7.4；静脉血约为 7.35。正常的尿液的 pH 值平均为 6.0。唾液的 pH 值介于 6.0—7.4。

海水和血液有何相似之处？

成　分	海水(克/每升)	血液(克/每升)
钠	10.7	3.2—3.4
钾	0.39	0.15—0.21
钙	0.42	0.09—0.11
锰	1.34	0.012—0.036
氯	19.3	3.5—3.8
硫酸盐	2.69	0.16—0.34
碳酸盐	0.073	1.5—1.9
蛋白质		70.0

人体如何使氧气进入血液？这一过程在哪里进行？

进入右心房的血液含有二氧化碳和体内废物。血液流到右心室，通过肺动脉进入肺。在肺内，二氧化碳被去除，氧气进入血液中。然后通过携带新鲜氧气的肺静脉流到心脏的左侧，先到左心房，在那里流经一个单向的瓣膜到达左心室，左心室使含氧的血液通过动脉和毛细血管的网络流向全身各处(肺除外)。左心室的收缩力是右心室的 6 倍，因此它的肌肉壁是右心室的两倍厚。

人一天能产生多少唾液？

唾液混合了黏液、水、盐分和酶，可以分解碳水化合物。清醒的人每分钟分泌约 0.5 毫升唾液。0.5 毫升乘以平均每天保持清醒的 16 小时(即 960 分钟)等于 480 毫升。这只是基本的估计，因为很多活动，如运动、吃饭、喝水和说话等都增加了唾液的分泌量。

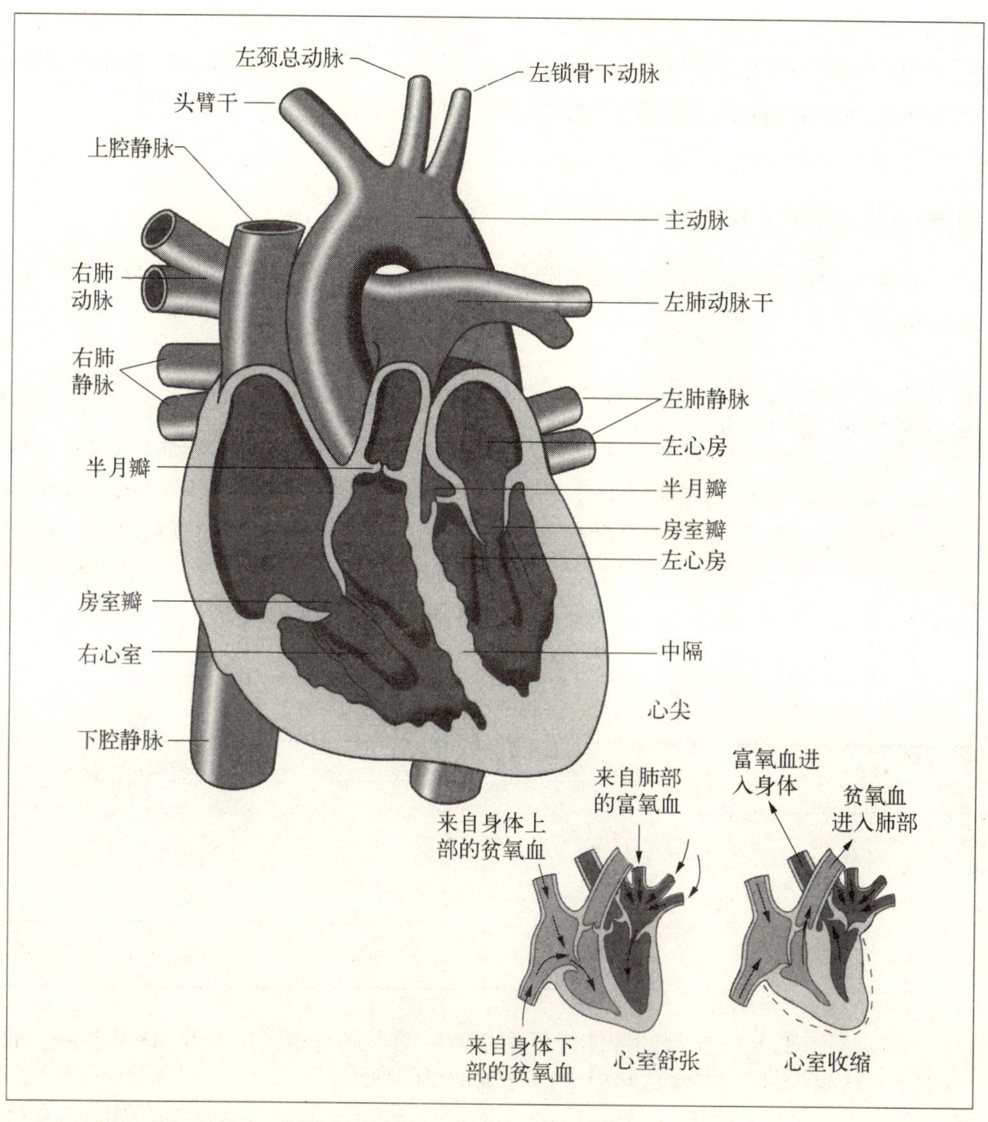

人类心脏的剖面图(上)与心脏舒张和收缩时血液流动图解。

人体平均有多少血液?

一个体重 154 磅(70 千克)的男子会有约 5.5 夸脱(5.2 升)血液。一个体重 110 磅(50 千克)的女子会有约 3.5 夸脱(3.3 升)血液。

人体的血管连起来有多少英里长?

如果它们全部头尾相连,血管总长约 6 万英里(9.65 万千米)。

人体最大的动脉是哪根?

人体最大的动脉是主动脉。

为什么人体的许多部位会“睡觉”?

手脚“睡觉”时发麻的感觉是那个部位肢体血液循环受影响导致的。

谁发现了ABO血型分类方法?

1909年,奥地利内科医生卡尔·兰德斯泰纳(Karl Landsteiner,1868—1943)发现了ABO血型分类法。兰德斯泰纳分别调查了输血成功和有时输血导致病人死亡的原因。他提出的理论认为,血型一定有不同的种类。一种血型的人会对其他血型中的抗原产生抗体。如果在两个不同血型的人之间输血,红细胞就会凝结在一起,阻塞血管。

美国最常见的血型有哪些?

血 型	美国出现频率	血 型	美国出现频率
O+	37.4%	B+	8.5%
O−	6.6%	B−	1.5%
A+	35.7%	AB+	3.4%
A−	6.3%	AB−	0.6%

全球范围内,某一血型的群体优势由于地区的不同有很大的差异。O型群体一般说来最为常见(46%),但在某些地方,A型群体占多数。

人的献血周期是多少?

血液是最容易捐献的组织之一。根据美国红十字会的统计,一个身体健康,体重不低于110磅(50千克)的人可以每8周献血一次。

什么是提取法?什么是血小板去除法?

尽管大部分献血是全部捐献,但也可以利用提取法只捐献血液的一部分。血液从捐献者的静脉中抽取到提取器中,然后将血液进行离心处理分成不同的部分。适当调节提取器,血液的精选部分,如血小板可以找到,而血液的其他部分输回捐献者的同一根静脉或另一只胳膊的静脉中。这一过程要比整个献血耗费更多的时间。但血小板的产量也更大。提取法收集的血小板特别适于那些需大量血小板输血的患者,例如接受化疗的癌症患者。

哪种血型是万能供血者? 哪种血型是万能受血者?

O 型血的人是万能供血者,他们可以献血给任何人。AB 型血的人是万能受血者,他们可以接受任何人的献血。

什么是RH因子?

除了 A、B、O 血型的分类方法外,血型还可以按一种遗传的血液特征——凝血素即 RH 因子分类。1939 年,菲利普·莱文(Philip Levin, 1900—1987)和 R. E. 施泰森(R. E. Stetson)各自独立发现了 RH 因子。1940 年卡尔·兰德斯泰纳(Karl Landsteiner, 1868—1943)和 A. S.韦纳(A. S. Weiner)也发现了 RH 因子。RH 分类法将血液分为含有 RH 因子(RH 阳性)和缺失 RH 因子(RH 阴性)。孕妇需仔细检查,如果母亲被发现为 RH 阴性血,父亲也要被检查。父亲有与 RH 因子不容的血型,会导致新生儿潜在的溶血问题。这种情况是致命的,需要一系列的输血(全部换血)才能治疗。

正常血液中含多少二氧化碳?

通常每升动脉血中含 19—50 毫升二氧化碳,静脉血中含 22—30 毫升二氧化碳。

哪种血型最稀有?

最稀有的血型是孟买血型(亚常型),1961 年在一名捷克斯洛伐克护士体内发现。1968 年,马萨诸塞州吉尔波特兄妹体内也发现了这一血型。

一般怎样用血型来证明亲子关系?

母亲血型	孩子血型	父亲可能血型	父亲不可能血型
O	O	O,A 或 B	AB
O	A	A 或 AB	O 或 B

续 表

母亲血型	孩子血型	父亲可能血型	父亲不可能血型
O	B	B 或 AB	O 或 A
A	O	O,A 或 B	AB
A	A	任何血型	
A	B	B 或 AB	O 或 A
A	AB	B 或 AB	O 或 A
B	O	O,A 或 B	AB
B	B	任何血型	
B	A	A 或 AB	O 或 B
B	AB	A 或 AB	O 或 B
AB	AB	A,B 或 AB	O

父方和母方都没有的基因不会出现在孩子体内,因此也就不会有相应的血型。

伤口如何愈合?

组织损伤,如皮肤切口形成血凝块愈合。血凝块防止血液和其他体液流失。凝血纤维蛋白的微细黏线形成缠结网拦住血细胞。血凝块瞬间成形变硬固化。凝块干燥硬化时变成痂。痂下的皮肤细胞繁殖修补损伤。痂脱落后伤口即愈合。

水占人体体重的百分比是多少?

人体体重的 61.8%是水。蛋白质占 16.6%,脂肪占 14.9%,氮占 3.3%。其他的元素存量较少。

我们切洋葱时为什么会流泪?

切洋葱时，洋葱被刺破的细胞通过一系列快速的反应释放出一种硫化合物——氧化硫丙醇。这种物质刺激眼睛流泪。

为什么人在吃辛辣食物时要出汗?

辛辣食物的主要成分辣椒素刺激了口腔和舌头的神经末梢,会造成体温升高,结果大脑收到错误的信号认为体温已经升高,启动一系列生理反应,导致面部流汗。

为什么有些人吃东西时要流鼻涕?

这种现象被称作膳食鼻漏。进食刺激神经系统释放化合物乙酰胆碱,结果引起了唾液、胃酸和鼻黏液的大量增加。通常食物越辣,反应越明显。

打喷嚏时心脏是否停止跳动?

打喷嚏时心脏并不停止跳动。然而,打喷嚏会影响心血管系统,造成胸腔内压力的变化。这种变化影响血液流向心脏,影响心跳节奏。因此打喷嚏会造成两次心跳间的无害的延迟,经常被误认为是“心脏偷停”。

皮肤、毛发和指甲

人体平均有多少皮肤?

人体表面皮肤平均有 20 平方英尺(2 平方米),重 6 磅(2.7 千克)。皮肤包括两层:表皮和真皮。表皮不断地被新细胞取代,在基底层产生成熟的新细胞被下层更新的细胞推向表面;整个表皮在 27 天内被完全替换。表皮的下一层是真皮,有神经末梢、汗腺、毛囊和血管。 真皮上部有小的手指样凸起,叫做“乳头”,伸到上层。脚底、

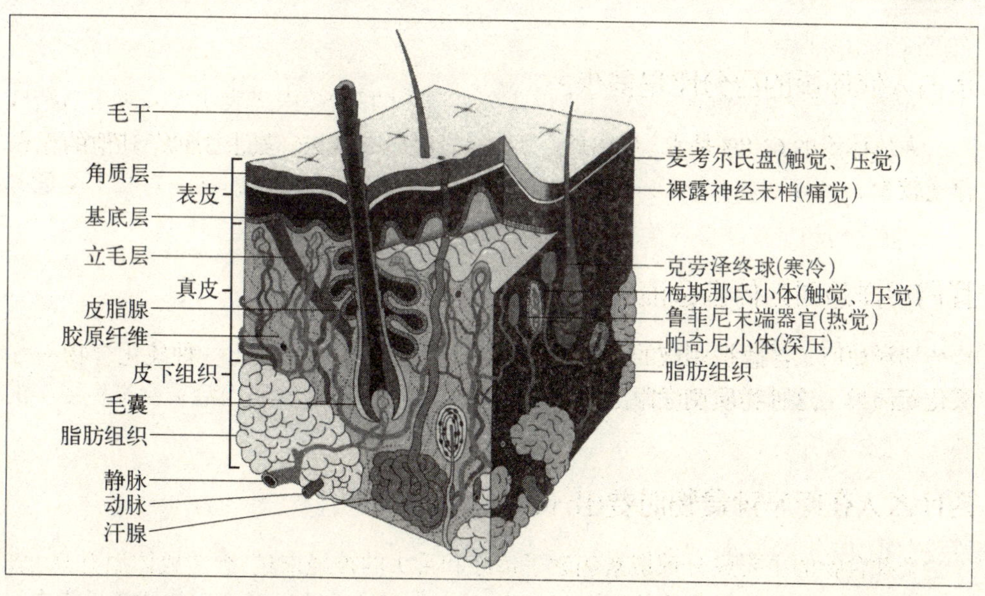

皮肤的横截面。右侧为有感觉部位。

手掌和指尖皮肤可见的隆起和沟槽图案是由真皮顶部的乳头形成的。这些乳头中的毛细血管向表皮细胞输送氧气和养分并调控体温。

谁最先应用指纹鉴定身份?

一般认为弗朗西斯·高尔顿(Francis Galton, 1822—1911)是进行指纹分类的第一人。然而,他的这一想法被爱德华·亨利(Edward Henry, 1850—1931)进一步发展,他根据拇指指纹的图案设计了一套新的方法。1901年,亨利在英格兰成立了第一个指纹办公署指纹局。

双胞胎指纹相同吗?

不同。即使是双胞胎,他们的指纹也是不同的。尽管差别细微,但专家还是可以辨别的。

双胞胎中的每个人都能卷舌吗?

很久以来,人们一直认为卷舌头(卷起舌头的两边)是遗传特性。对双胞胎的研究结果并不支持这一假设。在对33对双胞胎的研究中,只有18对能将舌头卷起。有8对不能卷起。剩余的7对中,只有一人能卷起。

雀斑有危险吗?

皮肤上的黄褐色斑点即雀斑,是皮肤色素增加的区域。雀斑表明太阳对皮肤造成了损伤。雀斑有遗传倾向,同一家族的许多成员都会有雀斑。它们通常出现在面部、手臂和其他身体裸露部位。雀斑儿童时期出现,冬季消失,夏季复现。雀斑自身不会危害健康,但它们却是皮肤癌风险增加的标记。

鸡皮疙瘩有什么作用?

鸡皮疙瘩形成是皮肤起皱时皮肤纤维收缩的结果。这种肌肉活动会产生更多的热量,使体温升高。

怎样可以消除文身?

文身可以通过门诊局部麻醉由皮肤外科医生手术清除。最常用的技术手段有:

激光外科手术——医生用高强度的激光束有选择地处理色素颜色。因为不出血、风险低、效果好和副作用小，激光已成为标准的治疗方法。通常采用哪种激光取决于色素颜色。许多情况下要求多次治疗。

擦皮法——医生用砂纸"沙"皮肤，去除文身的表层和中层，结合使用外科和敷料技术有助于消除和吸收文身墨水。

外科切除——医生用手术刀去除文身，用针线缝合伤口。这种技术被证明非常有效，可以让医生有控制地切除染墨部位。副作用一般很小，但在切除部位会导致皮肤褪色、文身部位感染、色素残留或留有瘢痕。文身切除后3—6个月后会出现明显的瘢痕。

普通人的头上长有多少根头发?

人的头发的数量因人而异。一般人的头皮上有大约10万根头发(金发14万根，棕发15.5万根，红棕色头发仅8.5万根)。多数人每天脱发50—100根。

人的头发一年长多长?

在夏季，人的头发的生长速度增加10%—15%。这是因为暖和的天气加快了皮肤和头皮的血液循环，滋养了头发细胞，刺激了头发的生长。在寒冷的冬季，血液被用来温暖内脏，体表循环缓慢，头发细胞生长趋缓。

人为什么衰老时头发变白?

头发和皮肤中的色素叫黑色素。黑色素有两种：黑色或深棕色的真黑色素和红黄色的褐黑素。两者都是由生长在毛根和皮肤表皮底部的黑素细胞形成的。黑素细胞将色素传到相邻的角质细胞，角质细胞生成头发的主要成分角蛋白。角质细胞死亡后保留了黑色素。因此头发和皮肤中可见的色素就是这些死亡的角质细胞。灰白头发只是头发中黑色素较少，而白发中则根本没有黑色素。至于头发是怎样失去色素的人们还不太清楚。头发变花的早期，黑素细胞仍然存在，但不活跃。后来数量减少。基因控制着黑色素的沉积。许多家族的成员在20多岁时头发就已经变白了。一般说来，50%的白种人到50岁时头发花白。

为什么有的头发是卷发，有的是直发?

毛囊的形状决定了头发的卷曲程度。圆毛囊会长出直发。椭圆形的毛囊会长出卷发。浅的毛囊也会长卷发。

法医学家能从人的头发中获得什么信息?

通过DNA检测和样品对比,一根头发能判断所有者的年龄和性别以及他吸食的毒品和麻醉剂类化合物。

人死后头发和指甲还继续生长吗?

不再生长。死亡后12—18小时,尸体开始脱水,指尖和面部皮肤收缩造成了头发和指甲生长的错觉。

指甲生长的速度有多快?

健康的指甲每月约长0.12英寸(3毫米),每年1.4英寸(3.5厘米)。中指指甲生长最快,手指越长,生长速度越快。

感觉和感觉器官

眼睛周围的悬浮物是什么?

悬浮物是视野中悬浮的半透明的斑点。有些斑点源于漏出视网膜的红细胞。红细胞增大变成球状,有些形成细丝状悬浮在视网膜的周围。其他的则是玻璃体中微小结构的投影。玻璃体是视网膜后果冻样的物质。突然出现模糊的黑色悬浮物如果伴随着明亮的光闪可能是视网膜脱离造成的。

眼中的视杆细胞和视锥细胞有何区别?

杆锥细胞包含光感受器。光感受器将光线转化成化学能然后转换成电能,通过大脑的视神经传到视觉中枢。视杆细胞专门感受弱光;它们不能发现色彩,但它们最先感受到运动和形状。每个眼中大约有1.26亿个视杆细胞。视锥细胞可提供敏锐的视觉,对明亮的昼光功能最强,能让我们看到色彩和精确的细节。视锥细胞可分成3种不同的类型,有的吸收短波的蓝光,有的吸收中波的绿光和吸收长波的红光。每个眼中有约600万个视锥细胞。

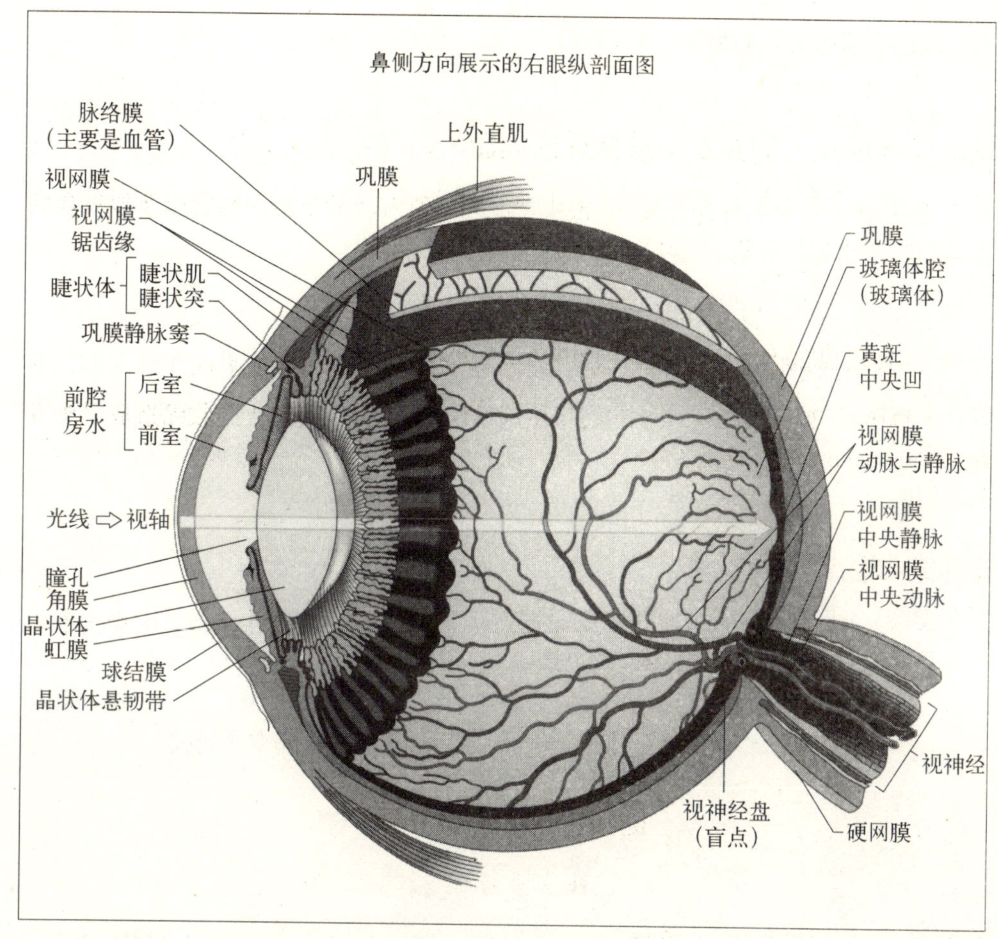

人的眼睛。

什么是光幻视?

如果双眼紧闭,看见的光是光幻视。从技术角度讲,发光的印象是由于眼球受压刺激了视网膜。

人多长时间眨一次眼睛?

眨眼的频率是变化的,但平均每 5 秒一次(1 分钟 12 次),每天 1.7 万次,一年 625 万次。一次科技博览会的有奖活动中,四年级的霍利·菲德尔曼(Holly Feldman)观察到成年人平均每分钟眨眼 16 次,即一年 548 万次。菲德尔曼小姐以一天中的 16 小时为计算依据,她得出结论说每天人不眨眼的时间约为 8 小时,那时他们在睡觉。

20/20视力是什么意思?

20/20 视力意味着眼睛能清楚地看到 20 英尺(6 米)处,这是任何正常眼睛所能看到的距离。有人甚至视力更好——例如 20/15。当他们的眼睛可以清楚地看到 20 英尺(6 米)远的物件,而正常视力的人必须前移到 15 英尺(4.5 米)处方能看清楚。

近视的人多还是远视的人多?

约 30%的美国人是某种程度的近视眼,约 60%是远视眼。如果进入瞳孔的光线恰好在视网膜上会聚,一个清晰的图片就会传递到大脑。但如果眼球变形,光线的焦点太短或太长,视力就会模糊。凸透镜可以校正远视的长焦点。当光线太短,在视网膜前会聚时,可以用凹透镜校正近视。

谁发明了双焦镜片?

最初的双焦透镜是 1784 年本杰明·富兰克林(Benjamin Franklin,1706—1790)发明的。当时两块透镜连在金属架上。1899 年,J. L. 博茨(J. L. Borsch)将两个镜片焊接在一起。1910 年,本特隆和艾莫森为卡尔蔡司公司开发了一体双焦透镜。

什么是通感?

通感是人不仅通过预期的感观,也通过其他的感观感知某种刺激。例如,通感者将听到的音符看成色彩的浓淡或将不同的味觉看成皮肤上不同的纹理。试验证明,感官的联系之所以发生,原因在于人脑某些独特的情形。例如感观刺激通常增加流向人脑某些部位的血量,而对于通感者,流向其大脑的血液却减少了。

为什么所有的新生儿都是蓝眼睛?

虹膜的颜色决定眼睛的颜色。虹膜中深色色素、黑色素的数量决定虹膜的颜色。新生儿体内色素集中于虹膜的褶中。当婴儿几个月大时,黑色素进入虹膜的表面,决定了婴儿终生的眼睛颜色。

为什么在一些照片中人有“红眼”?

一些闪光灯相机拍的照片中的“红眼”是眼巩膜(眼白)和视网膜之间的血管反光造

成的。当光线比较暗，人们直视镜头时，通常会出现“红眼”。若要减弱这种影响，摄像师只要将闪光灯从镜头前移开；如果做不到这一点，打开房间内其他灯会有所帮助。

我们睡觉时眼角积的“沙子”(眼屎)是什么?

这个“沙子”是风干的黏液。眼附近的腺体分泌黏液帮助眼睛保持湿润，保护它不受外来微粒的侵害。睡觉时，闭合的眼睑保持眼睛的湿润，黏液会聚集在眼角并风干。人醒后，风干的黏液感觉就像沙子在眼睛里一样。

颜色怎样影响人的情绪?

根据美国生物社会研究会的提法，“颜色是具有能量的电磁波段”。每一种颜色都有自己的波长。波段刺激了眼中的化学物质，发出信息给脑垂体和松果腺。这些主要的内分泌腺调节体内的荷尔蒙和其他生理系统。受到颜色的刺激反应，腺体活动可以改变情绪，加速心跳，增强大脑的活动。

人体如何保持平衡?

人体保持平衡的能力取决于大脑从 3 个不同的方向接受的信息——内耳、肌肉内专门的感受器、身体关节和眼睛。内耳包括两套专门的前庭感觉器，它们对于平衡非常重要。半圆形管感觉头的旋转、听石器感觉重力和头的直线运动。来自肌肉和关节的感觉信息提供关节的位置和作用于身体的外力情况。视觉系统提供“上”方向和移动头的重要信息；这也就是环形电影院能产生你在移动的原因。这些信号经过大脑的处理以保持平衡、原有姿势和稳定感。

耳朵里的3块骨头分别叫什么?

这 3 块骨头分别是锤骨(意为铁锤)、砧骨(意为铁砧)和镫骨(意为马镫)。这些骨头看起来有点像它们名字所代表的实物。镫骨是人体内最小的骨头，长 1.02—1.34 英寸(2.6—3.4 厘米)，重 0.000 71—0.001 5 盎司(0.002—0.004 克)。中耳中的这 3 块小骨可以传导外耳到内耳的声音振动。

大多数人能听到的声音的音频范围是多少?

大多数人能听到的声音频率介于 20—2 万赫兹之间。赫兹是声音频率的度量单位。环境声音以分贝来衡量，计算其响度。听力开始于 0 分贝；每增加 10 分贝相当于

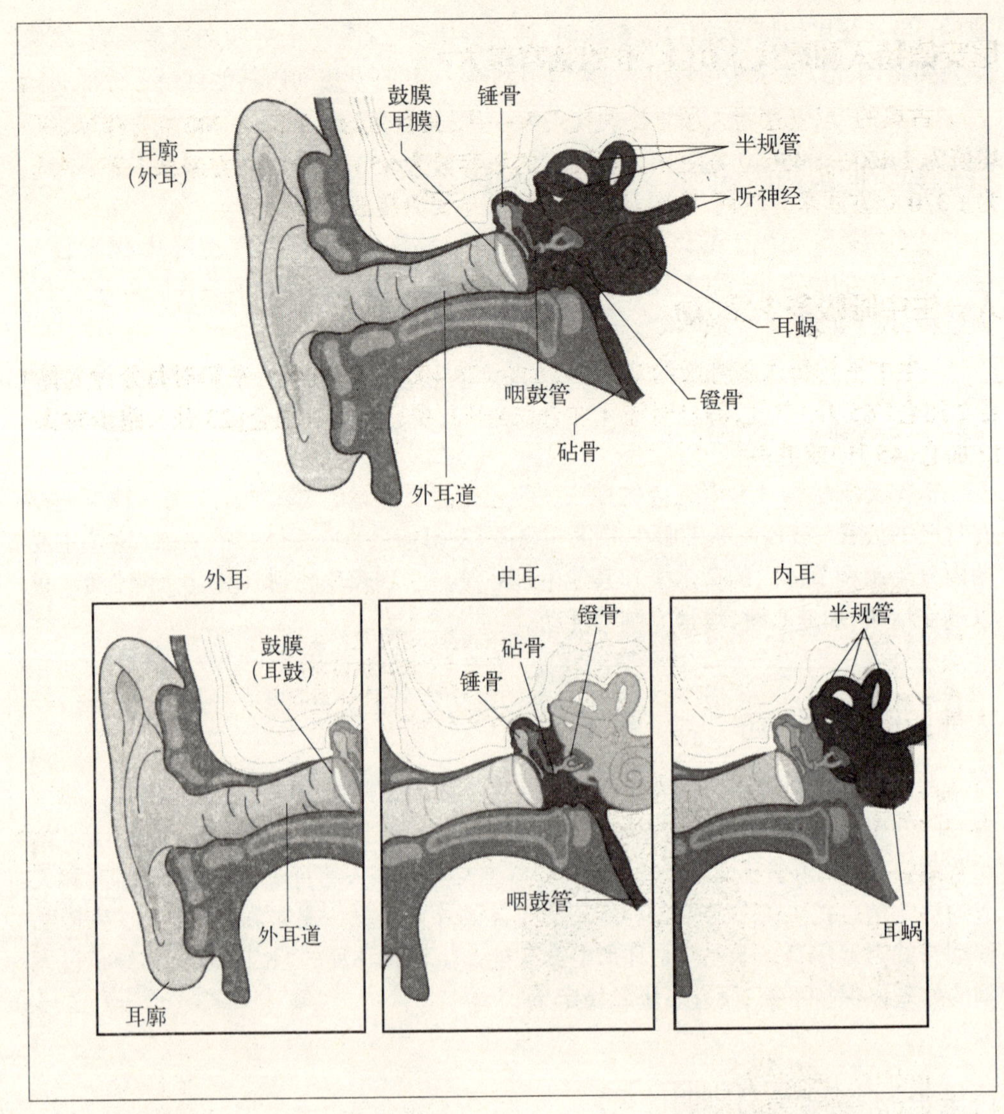

人耳解剖图。

声音大小增加 10 倍。相比之下，树叶沙沙响为 10 分贝，典型的办公室是 50 分贝；风钻 80 分贝，铆钉机 110 分贝，喷气式飞机起飞 200 英尺(61 米)120 分贝。70 分贝以上的噪音对听力有害；140 分贝噪音会对身体造成伤害。

为什么人类会衰老?

解决这一问题连同找到长生不老的方法自古以来一直困扰着人类。科学家已经尽力从两个大的理论方向解释人类衰老的原因：程序理论和差错理论。程序理论认为衰老被编入人类程序之中:我们的生物钟根据设定的时间链逐渐耗尽。程序理论的例子包括程序衰老理论和免疫理论。前者认为衰老是因为基因的通断;后者认为人类的免疫系统以一定的速度衰减,导致了对疾病失去了自卫能力。差错理论根据不可避免的故障和累积的损伤对衰老进行定义:我们只是磨损消耗而已。差错理论的例子包括体细胞突变和自由基理论。前者认为遗传变异导致细胞衰退,后者认为正常代谢中氧自由基的累积损坏导致细胞停止工作。

知识和社会的进步已经延长了人的寿命,衰老的影响得到很大改观。美国人的平均估计寿命已由 1900 年的 47 岁上升到 2000 年初的 79 岁。但不幸的是,没有什么能阻止人的衰老。

什么是原发性味觉?

味觉主要有 4 大类:甜、酸、咸和苦。这些区域在舌头上的敏感性和位置因人而异。9 000 个味蕾中有一部分还位于口腔的其他部位。如嘴唇(通常对咸很敏感)、两颊部、舌头底部、喉咙后部、口腔顶部等。味觉和嗅觉关系密切,因此对于感冒患者来说,食物尝起来索然无味。此外食物的外观、质地和温度都与味觉有关。

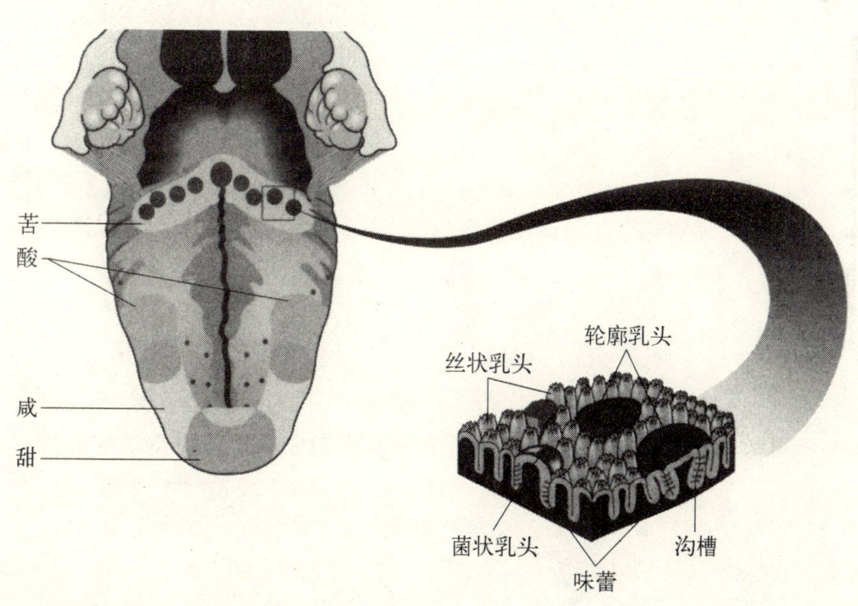

舌头的味觉区(左)和味蕾解剖图(右)。

健康与医学

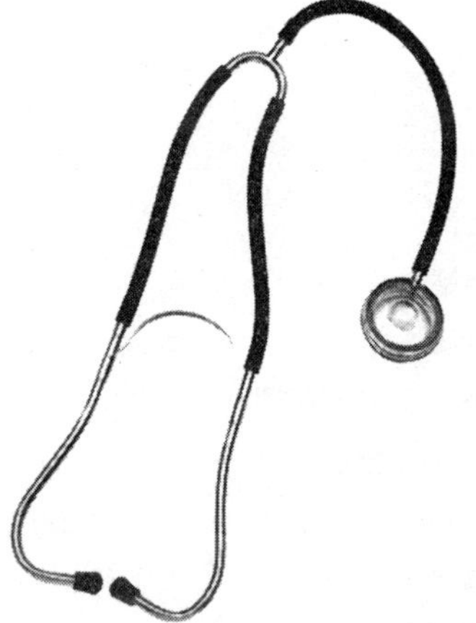

健康的隐患、危险等

哪些危险因素影响着人们的健康?

个人特点,如年龄、性别、工作、家庭史、行为等是判断一个人是否处于各种危险状态时需要考虑的一些因素。有一些危险因素是统计性的,指大型群体的各种趋势动态,但是并没有给出有关个体未来变化的信息。其他的危险因素大概可以描述为诱发性的——对于这类危险因素的接触将直接决定个体染病与否。

压力的最大诱因是什么?

1967年,来自华盛顿大学的托马斯·H. 霍姆医生(Dr. Thomas H. Homes)和理查德·拉伊医生(Dr. Richard H. Rahe)进行了一项关于生活中的重大事件与疾病发作之间相互关联的研究。他们编写了一份图表,列出压力的主要来源并配有分值。他们把关于压力效应的研究结果以“社会调整体系”为题,公开发表在《精神压力研究》杂志上。研究者推测,150分的成绩表明调查对象有一半的几率患病或出现健康问题。300分表明这种风险已达到90%。在过去的一年里,这种方法一直被用来帮助个体测定综合压力等级。自 1967 年以来,其他的研究者采用并改进了这份图表,但是它的基本部分没有发生变化。当然,个体对于特殊事件的反应,受多种因素的共同影响。因此,这个体系(下面展示了一部分)仅能用作一种指导。

事　　件	分　值	事　　件	分　值
丧偶	100	挚友离世	37
离婚	73	工作变动	36
分居	65	丧失抵押或贷款的赎回权	30
坐牢或者至亲离世	63	杰出的个人成就	28
受伤或染病	53	与老板不合	23
结婚	50	工作时间、工作环境的改变,搬家或转校	20
解雇	47	假期	13
复婚或者退休	45	圣诞节	12
怀孕	40	轻微触犯法律	11
经济状况的变化	38		

被闪电击中的几率有多少?

据美国国家海洋大气管理局估计,被闪电击中的几率为 1/700 000。然而,加上尚未报道的闪电击人事件,这种可能性可达到 1/240 000。一个人一生中被闪电击中的几率为 1/3 000。

被摩托车撞死的几率有多少?

在交通事故中,每 1 250 中就有 1 例是摩托车肇事。

满月时更易发生街头暴力和精神狂躁吗?

37 份试图把月相与暴力犯罪、自杀、危机中心热线电话、精神错乱、精神病院入院申请联系起来的研究报告发现,月相与人的思想没有内在联系。即便如此,很多人仍然相信,月亮具有强大的、有时甚至是邪恶的力量。

养宠物对健康有益吗?

几项研究表明,经常与宠物接触可以降低心率、血压和压力的等级。在一项对

93 名心脏病患者的研究中，养宠物者的死亡率为 1/18，而没有养宠物的人的死亡率为 1/3。宠物可能给人带来忠诚、稳定、安慰、安全、关爱与亲密感。

在美国，死亡的主要原因是什么？

在 2000 年的 2 402 598 例死亡中，心脏病是导致死亡的主要原因。下表列出了在美国导致死亡的 4 个主要原因。

排名	死亡原因	数量	百分比
1	心脏病	709 894	29.5
2	癌症	551 833	22.9
3	中风	166 028	6.9
4	慢性下呼吸道疾病	123 550	5.1

将乡村州际公路的限速从55英里/小时提高至65英里/小时对事故发生率及死亡率有影响吗？

据估计，将乡村州际公路的限速从 55 英里/小时（88.5 千米/小时）提高至 65 英里/小时（104.5 千米/小时），公路上的死亡率会增加 20%—30%，受重伤的比率会增加 40%。

更容易发生事故的是男人还是女人？

女人在开车甚至是在过马路的时候比男人要安全得多。自 1980 年以来，男性导致行人死亡的数量占 70%。根据国家高速公路交通安全部统计，18—45 岁之间的致命撞击受害者中，男性要多于女性，其比例达到 3∶1。各种类型的意外死亡中——跳楼、枪击、溺水、火灾甚至食物及其他中毒——男性较女性更为常见。

哪类运动受伤率最高？哪种受伤最常见？

总的来说，足球运动员比其他运动员受伤更多。他们所受的伤是排名第二的篮球运动员的 12 倍。膝盖问题是最常见的，2/3 的篮球运动员及 1/3 的足球运动员的伤病都与膝盖相关。

有多少儿童因骑车造成头部受伤?

每年都有大约14万名儿童因为骑车受伤而到急诊室接受治疗。如果骑车者正确佩戴头盔,很多与自行车相关的伤害和死亡是本可以避免的。戴自行车头盔可以使大脑受伤的危险降低88%,并使脸部受伤的危险降低65%。

机动车相撞时,来自哪个方向的撞击最致命?

客车的正面撞击造成的死亡比例最高。

什么是"boomeritis"?

美国骨科医师学会的年会创造了"boomeritis"这一术语,用来描述上了年纪的运动员所受的伤。一份2000年的研究发现,生育高峰期的婴儿以及年龄在35—54岁之间的人,运动受伤的数量比1991—1998年多33%。根据这项研究,有超过36.5万名婴儿潮时期出生的人因为在参加运动时受重伤而到急诊室接受治疗。所有需要医疗护理的受伤总数达到100万例。

对于儿童和年轻人而言,哪种与运动相关的伤病最常见并急需送到诊室治疗?

儿童和年轻人中,打篮球和骑自行车造成的伤害是与运动相关的最常见的伤病,需要送急诊室治疗。

每年因运动受伤去急诊室就诊的儿童约数

运　　动	进急诊室的人数
篮球、骑自行车	900 000
足球、橄榄球	250 000
棒球	250 000
英式足球	100 000
滑冰、轮滑和滑板运动	150 000
体操、拉拉操	146 000
游乐场受伤	137 000
冰雪运动	100 000

与其他运动相比，这些运动未必更加危险；也许是因为儿童和年轻人更喜欢参加。

与运动相关的损伤更易发生于大脑、颅骨和四肢末端，很可能是骨折、扭伤，比其他损伤更加需要接受诊断与医疗服务，尤其是整形外科的护理。

由输电线产生的电磁场属于健康隐患吗？

对于这一问题尚无研究能够给出明确答案。科学家们无法在这些不一致的、令人费解的发现的重要性上达成一致。大体而言，美国环境保护机构(EAP)指出，癌症与人们暴露在极低频率(ELF)电磁场可能存在重大关联。极低频率波是非离子化电磁辐射与人体的微脉动极其相似。这种关联有待生物学的研究证明。迄今为止，极低频率的危害是有争议的。极低频率的影响(来自支持极低频率危害的研究)存在于从头疼、流产到癌症的全部范围。

1995 年 5 月，美国物理学会报道，没有证据表明来自输电线的电磁场能够致癌。学会承认研究工作尚在进行，并指出现有的研究不能证实任何有害健康的报道。当前更多的研究——包括加利福尼亚州健康卫生局在内，仍然是没有定论的。

此外，电磁辐射(EMR)——来自由交流稳压(AC)电源线提供能量的设备，诸如电热毯、视屏显示终端、微波炉、电烤炉、电吹风等，一直是更好了解潜在健康危害的主要研究对象。

为什么接触石棉会危害健康？

人们早就知道接触石棉会导致石棉沉滞症。这是一种由于吸入损害肺组织的微小的矿物石棉纤维所引发的慢性限制性肺病。人们也常将石棉与喉癌、咽癌、龋齿、胰腺癌、肾癌、卵巢癌、胃肠癌联系在一起。美国肺脏协会报道，长期接触石棉导致患肺癌的可能性是吸烟致癌的两倍。石棉致癌需要 15—30 年时间。间皮瘤是一种能影响肺膜或腹膜表皮的罕见的癌症。通常会在胸腔或腹腔的表面迅速扩散。目前还没有治疗间皮瘤的有效方法。

在 1900 年—20 世纪 70 年代初期，石棉纤维被用做建筑材料。可用于墙体和管道的隔热、防火及隔音。此外，石棉纤维也可用来制作吸音天花板、加固乙烯基地面和接合剂等。只有当石棉微小的纤维释放到空气中时，才会带来健康隐患，但是这种情况在正常的磨损或者破裂时就可能发生。石棉的移动使这种正常的进程加剧，并且可使危险等级加倍——石棉只能由受过搬运训练的承包商来搬运。石棉颗粒一旦释放，即可在空气中悬浮 20 多小时。

臭氧对人有害吗?

大气层下方的臭氧是空气污染的原因之一。它是由阳光与空气中含有杂质(例如,在汽车尾气中所发现的杂质)的氧气之间相互作用,发生化学反应而形成的。臭氧可以破坏橡胶、塑料以及动植物的器官。暴露在一定浓度的臭氧中能够造成多数人头疼、眼部灼伤、呼吸道刺激。哮喘者和呼吸系统受损者更易受到影响。正常人在运动的时候,只要暴露在低浓度的臭氧中几个小时就足以受到重创。症状包括:胸痛、咳嗽、打喷嚏、肺充血等。

为什么说氡是一种健康隐患?

氡是镭元素在衰变过程中产生的一种无色、无味的放射性气体元素。氡的3种天然同位素存在于许多天然物质中,例如硅、岩石、井水和建筑材料。因为这种气体不断地释放到空气中,成为人类接收到的最大的放射源。1999年,美国国家科学院(NAS)的一份报告指出:镭是肺癌的第二大主要原因。估计每年肺癌死亡者中,约有12%或者大约1.5万—2.2万例是由镭引起的。吸烟者比非吸烟者的几率似乎更高。美国环保总署(EPA)建议:在镭测试中,室内每一升空气里,氡的含量不得超过4皮克居里。据估计,全国的平均水平为1.5皮克居里每升。由于环保署的“安全线”相当于每年做200次X光胸透,一些专家认为,安全线应当适当降低。美国加热冷冻及空调工程师协会(ASHRAE)建议将“安全线”定为2皮克居里每升。环保署估计全国有8%—12%的房屋处在4皮克居里每升的限制之上。然而,在1987年进行的另一项调查中,约有21%的家庭处于这个水平之上。

如何测量人类遭受的辐射?

多年以来,辐射吸收剂量单位拉德(rad)与辐射剂量当量雷姆(rem)被用来测量人体所吸收的电离辐射的量与效应。虽然这两种方法已被格雷(Gy)和希沃特(Sv)正式取代,但仍然被广泛地应用于许多参考资料中。1拉德相当于每克被辐射的物质吸收100尔格的能量(尔格是功和能的单位)。雷姆指电离辐射的吸收剂量,可以与1拉德X光或者伽马射线(两者是等同的)产生相同的生物效应。因此X光和伽马射线的辐射剂量当量与辐射吸收剂量是相同的。毫雷姆,即0.001雷姆,也经常被使用。在美国,一个人平均接受的辐射剂量大约是每年360毫雷姆。一个人每年暴露于82%的天然辐射,18%的人造辐射。室内的镭最近才被认定为天然辐射的重要源头,55%的天然辐射源自此。

国际单位制系统(Systeme international d'Unites, or International System of Units)使用格雷和希沃特来度量辐射在某个物体上产生的能量积累。这些单位多半取代了先前的拉德和雷姆。1格雷(Gy)等于100拉德,它是目前的基础单位。格雷也可以表述为每千克被辐射的物质吸收1焦耳的能量。希沃特(Sv)指产生与1格雷X射线或伽马射线相同生物效应的辐射吸收剂量。希沃特等于100雷姆并取代了雷姆。放射性活度单位贝克(Bq)用来度量放射源的放射能量,但是不考虑其对组织的影响。1贝克定义为每秒钟蜕变一次。

辐射对人体有何影响?

当电离辐射穿透活体组织时，原子和分子在其路径的自由碰撞形成离子和活性基团。这些离子和活性基团破坏化学键并导致其他分子产生变化。从细胞角度而言，暴露于辐射中会抑制细胞分裂，造成染色体的损害和基因突变以及各种各样其他的改变。足够大的电离辐射剂量将会杀死任何种类的活细胞。

牙齿X光平均释放多少辐射?

牙齿检查估计每年平均贡献0.15毫雷姆对遗传引起显著影响的剂量，与其他医疗用X射线相比,数量较小。

美国环保总署(EPA)如何划分致癌物?

致癌物是一种能够引起癌症(恶性生长或向全身传播、破坏组织的肿瘤)的因素。美国环保署根据致癌物对人类的毒性作用,来划分化学物质和物理物质。

美国环保署的致癌物分类系统

A组:人类的致癌物质

这一类指具有来自流行病学的充分的研究证据，证明该物质与癌症之间的因果关系。

B组:极可能的人类致癌物质

B_1:在动物实验上有充分证据而在流行病学的研究领域证据有限。这类物质被划分为B_1类致癌物质。

B_2:在动物实验上有着充分证据而没有足够的或者尚无流行病学数据证明。这类物质被划为B_2类致癌物质。

C组:可能的人类致癌物质

在这一类中,从动物研究来看,致癌性的证据有限,也缺少流行病学数据。

D组:无法划分的人类致癌物质

由于人类流行病学以及动物学研究的数据不足或完全缺失，导致无法对该类物质的致癌性进行评估。

E 组:非致癌物质

这类物质在至少两次不同物种的充分(如美国环保署定义)的动物癌症测试中以及充分的流行病学和动物学研究中呈现阴性。E 组分类是基于现有的证据,在某种特定的情况下物质可能具有致癌性。

什么是有益的胆固醇,什么是有害的胆固醇?

胆固醇在化学上属于脂类,是体细胞的重要构成部分。这种脂类物质大部分由肝脏生产,与胆汁盐和激素的形成有关,参与脂肪在人体内由血液到器官的运输。胆固醇和脂肪都是以脂蛋白[胆固醇和脂肪以不同的比例组合构成核心,外部包裹着蛋白质载体(磷脂和载脂蛋白)]的形式运输。血液中胆固醇含量过高可能是一种遗传特征,也可能是由饮食摄入引发,抑或代谢疾病导致的,例如糖尿病。脂肪(来自肉、油和乳制品)极大地影响着胆固醇的水平。血液中胆固醇水平高可能会导致脂肪组织积聚[即动脉内壁的脂肪沉滞(粉瘤)],从而使冠状动脉的内膜变窄。这会增加冠心病、中风的患病几率。然而,如果血液中的大部分胆固醇以高密度脂蛋白(HDL)的形式存在,似乎可以抵制动脉疾病。高密度脂蛋白将动脉中的胆固醇运送回肝脏排泄或者再生。高密度脂蛋白也被叫做“有益的胆固醇”。相反的,如果血液中的大部分胆固醇以低密度脂蛋白(LDL)或极低密度脂蛋白(VLDL)的形式存在,动脉可能会被堵塞。“有害的胆固醇”通常指低密度脂蛋白和极低密度脂蛋白。

血液中的酒精含量水平如何影响身体和行为?

喝酒对人的影响取决于体重和乙醇的实际摄入量。血液中酒精含量水平用每公升(3.5 液盎司)血液中含纯酒精多少毫克(1 毫克等于 0.035 盎司)来计算,通常以百分比的形式表达。

酒精编号	血液酒精含量水平	酒 精 的 影 响
1	0.02%—0.03%	行为、协调能力及思维能力发生变化
2	0.05%	镇静状态或平静的感觉
3	0.08%—0.10%	多数国家法律上的醉酒水平
5	0.15%—0.20%	饮酒者处于极度兴奋状态并可能伴有胡言乱语的症状
12	0.30%—0.40%	失去意识
24	0.50%	心脏和呼吸衰竭并停止运转从而导致死亡

美国公民中吸烟者占多少？

在美国，吸烟者占少数并呈下降趋势。从1965—1990年，成年吸烟者减少了40%（由42.4%下降至25.5%），但是从1990—1992年就没什么大的变化了。在1999年，大约有4 800万成年人（23.5%）经常吸烟。流行病学数据显示，在近5 000万吸烟者中，超过70%的人曾尝试过戒烟，每年大约有46%的人尝试戒烟。大部分吸烟者在成功戒烟之前都做过多次尝试。

许多研究把烟斗和雪茄与口腔癌联系到一起，认为吸烟与肺癌和各种呼吸疾病，例如慢性气管炎、肺气肿和冠心病有关。

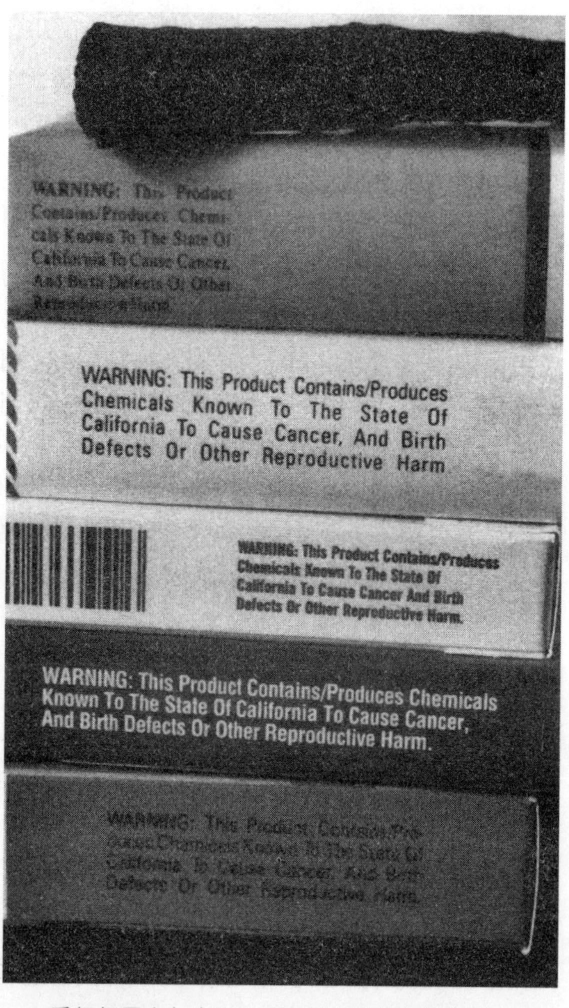

香烟烟雾中包含近4 000种不同的化学物质。

香烟产生的烟的成分是什么？

香烟产生的烟包括近4 000种化学物质。二氧化碳、一氧化碳、甲烷和尼古丁是其中主要成分，还有少量的丙酮、乙炔、甲醛、丙烷、氢氧化物、甲苯和许多其他化学物质。

为什么当人们戒烟后患癌症的几率迅速下降？

将癌变前的细胞暴露于启动子能够使其转化到不可逆转的癌变状态。启动是个缓慢的过程，细胞需要持续暴露于启动子一段时间。这个必备条件解释了人们在戒烟后，癌症发生几率迅速降低的原因。癌症的诱发因子和促进因子似乎都包含在烟草产生的烟中。

急救、毒药等

谁发明了心脏复苏术(CPR)来救治心跳停止的人?

心脏复苏术(CPR)是一种配合使用口对口的复苏术和有节奏的胸部按压的急救术。苏格兰外科医生威廉·汤萨克(William Tossach)在1732年首次使用了口对口的复苏术。此后许多世纪以来,这项技术都没有进一步发展(或广泛应用)。后来,爱德华·谢弗医生(Dr. Edward Schafer)研制了一种胸部按压刺激呼吸的方法。1910年,美国红十字会采用了这项技术并开始广泛传播。一组来自约翰霍普金斯医学院的专家朗沃西(O. R. Langworthy)、胡克(R. D. Hooker)、威廉·B.考恩霍文(William B. Kouwenhoven)试图改善这项技术。考恩霍文意识到,胸部按压可以维持心跳停止的人的血液流动。1958年,考恩霍文的胸部按压法被运用在一名心跳停止的两岁儿童。美国红十字会于1963年正式认可了这项技术。

失血致死需要多久?

严重失血需要紧急治疗和护理。如果大血管被割断或者划破,可能会在1分钟或者更短的时间里流血致死。若短时间内,人体失血达到血液总量的1/4,通常会造成无法恢复的休克和死亡。

用于判断处理突发事件的"ABCD"原则指什么?

"A"代表气道。确保从口、鼻到肺部的气道畅通是很重要的。后倾头部并抬起下巴能够使气道打开。

"B"代表呼吸。确保人呼吸畅通,否则要做复苏呼吸(CPR)来保证氧气的供给。

"C"代表血液循环。找不到脉搏就意味着没有血液循环。急救人员可以尝试通过有节奏的胸部按压(CPR)来恢复呼吸功能。成人需要每两次复苏呼吸做15次胸部按压,同时要检查是否有大出血,一旦有大量出血现象则须立即控制。

"D"代表障碍。包括检查伤者的意识状态、脊髓或者脖子受伤的可能性。

何谓海姆利克氏操作法?

这种用来抢救窒息、溺水者的有效急救技术是由位于俄亥俄州辛辛那提市的泽维尔大学(Xavier University)的亨利·J.海姆利克医生(Dr. Henry J. Heimlich,1920—)

发明的。"海姆利克氏操作法"是美国学者海姆里斯发明的一种简便易行、人人都能掌握的急救法。具体的操作方法是:意识尚清醒的病人可采用立位或座位,抢救者站在病人背后,双臂环抱病人,一手握拳,置于受伤者肚脐与肋骨之间的腹部,同时用另一只手的手掌握紧拳头,连续快速地向内、向上推压冲击6—10次(注意不要伤其肋骨)。昏迷倒地的病人采用仰卧位,抢救者骑在病人髋部,按上法推压冲击脐上部位。这样冲击上腹部,等于突然增大了腹内压力,可以抬高膈肌,使气道瞬间压力迅速加大,肺内空气被迫排出,使阻塞气管的食物(或其他异物)上移,并被驱出。这一急救法又被称为"余气冲击法"。如果无效,隔几秒钟后,可重复操作一次,造成人为的咳嗽,将堵塞的食物团块冲出气道。海氏法还可以用来自救。如果发生食物阻塞气管时,旁边无人或即使有人,病人往往已不能说话呼救,病人必须迅速利用两三分钟左右神志尚清醒的时间自救。此时可自己取立位姿势,下巴抬起,使气管变直,然后使腹部上端(俗称心窝部)靠在一张椅子的背部顶端或桌子的边缘或阳台栏杆转角,突然对胸腔上方猛力施加压力,也会将气管中的食物冲出。

发生雷雨时应当遵守哪些准则?

发生雷雨时应当遵守以下准则:

1. 留在室内。寻找建筑物躲避。在没有建筑物的情况下,躲在山洞、沟渠、峡谷或林中空地齐头高的树丛中。如果实在无处可躲,尽量远离所在区域内最高的物体,远离孤立的树木。
2. 远离水和小船。
3. 别用手机。
4. 不要使用诸如渔竿、高尔夫球杆等金属物。
5. 行驶时呆在车里。
6. 不要使用插入式的电器,如电吹风、电动剃须刀或者电动牙刷等。

家用急救用品应该包含哪些项目?

美国医疗协会和国家安全委员会认为,急救用品应当包括:

家庭成员的过敏史及用药信息;

杀菌剂;

杀菌纸巾;

阿司匹林或者其替代药物,如醋氨酚或布洛芬;

胶布绷带;

弹性绷带;

急救电话号码;

急救指南；
纱布绷带；
三角绷带；
炉甘石液；
手电筒；
箔毯；
过氧化氢或者外用酒精；
医用检查手套；
一卷消毒棉；
末端圆滑的镊子；
安全针；
短平且上翘的剪刀；
吐根糖浆。

"Mr. Yuk"是如何演化为危险、有毒产品的象征的？

匹兹堡毒物中心在1971年发明了Mr. Yuk这个词。这个词被儿童医院用来通过附属医院和毒物中心来促进预防教育。在测试项目中，托儿所的孩子们选择了用"Mr. Yuk"来代表最没吸引力的产品。被选的还有红色的停止标识、头骨和交叉腿骨的图形。有趣的是，孩子们觉得交叉腿骨的图形是最有吸引力的。

活性炭在医疗上有何应用？

活性炭是一种有机物质，例如燃烧后的木头或者煤，在控制的环境下被加热到大约1 000℉（537℃），这样就得到了细的粉末。粉末中包含着上千个有着极强吸收能力的小孔，可以迅速吸收毒素和有毒物质。活性炭在医疗上被用来治疗用药过度和中毒。

最致命的自然毒素是什么？

由肉毒芽孢梭菌（Clostridium botulinum）产生的肉毒（杆）菌毒素是对人类最致命的毒素。据估计，人体血液中每千克 10^{-9} 毫克的含量就可导致人的死亡。肉毒（杆）菌毒素可导致肉毒中毒，从而出现严重的骨骼肌肉和神经中枢的瘫痪，阻塞神经传递，导致肌肉无力、瘫痪并且损害语言及吞咽功能。当呼吸肌瘫痪时，死亡就降临了。这种情况通常发生在生病的第一周。肉毒中毒的死亡几率大约为25%。

由于细菌只能在缺氧的条件下形成毒素，装在密封盒里的货物和肉类是毒芽孢梭菌的潜在来源。这种毒素易在弱酸食物如蘑菇、豌豆、玉米和豆类中生长，而不易在浓酸食物如西红柿中生长。然而，一些新西红柿杂交植物的含酸量不足以抵制细菌形成毒素。罐装食物必须要长时间高温加热来杀死细菌。罐装的和瓶装的食物出现膨胀现象时就值得怀疑了。具有讽刺意义的是，这种可怕的毒素可小剂量地用于治疗不自觉的肌肉萎缩、扭曲等神经错乱疾病。美国食品与药物管理所(FDA)已经证实了这种毒素在治疗斜视和面部痉挛上的作用。

中毒的一些共同原因是什么?

中毒可以定义为暴露于任何足以损害健康的物质。中毒可以划分为不同的种类，包括蓄意的、偶然的、职业的、环境的、社会的和因医生的治疗而引起的。偶然的中毒最为常见。90%以上发生于待在家里的孩子身上。蓄意中毒通常与自杀有关，一氧化碳是最为常见的方法。工业事故中化学毒素的释放是一种职业和环境的危害。

自从防孩童开启(或损坏)的容器发明以来，儿童中毒死亡的数量降低了吗?

自从 1973 年要求为所有药物制作防孩童开启(或损坏)的包装后，儿童中毒死亡的数量急剧下降。1973—1976 年间，下降了 50%，而且下降的趋势仍在延续。这种下降的其他原因包括毒物控制中心的发展、引入单次量包装等。

龙葵属植物如土豆、西红柿和茄子中的毒素能够使人得关节炎吗?

尚无科学证据证明这种观点。研究表明，在大量摄取土豆的人群中，患关节炎的人数没有增加。

马钱子碱的毒性有多大?

马钱子碱(strychnine)的致命剂量是 0.000 5—0.001 盎司(15—30 毫克)。它可导致严重的痉挛和呼吸障碍。如果病人活过 24 小时，那么就有康复的希望了。

槲寄生的哪个部分毒性最强?

这种白色的小浆果含有有毒的胺类，能够导致伴随腹泻和脉搏减弱的急性胃肠炎。槲寄生也是一种潜在的危险的圣诞饰物，尤其是对孩子而言。

南美的印第安人用来杀死猎物和敌人的箭上涂了什么毒药?

被奥卡族人和南美丛林中的相似部落所使用的植物毒药是箭毒马鞍子。这是一种黏稠的黑色混合物。外观像甘草,由两种蔓草之一加工而成。一种叫藤本(liana);另一种叫 massive,长得像树的蔓草。

毒鹅膏菌的毒性有多强?

有毒的蘑菇鹅膏菌致人死亡的比率为50%。吃下一块蘑菇就足以丧命。每年都有100余例误食毒蘑菇致死的事件发生。其中有90%是由毒鹅膏菌群所致。

被蜜蜂蜇了应该采取怎样的急救处理方法?

对蜜蜂叮咬过敏者,应立即寻求专业医疗救助。其他人可采用以下方法:

用小刀、长指甲或者信用卡将毒刺刮掉而不是拔出来。可以把湿的阿司匹林涂抹在被蜇部位来帮助中和毒液(伤者对阿司匹林过敏情况除外)。

肉品嫩化剂(或者其他含有木瓜蛋白酶的产品)与水混合制成的糊,能够减轻疼痛。成人可以服用抗组胺药物和温和的止痛药,如阿司匹林、布洛芬或者醋氨酚。

被黑寡妇蜘蛛咬伤后应采取哪种急救措施?

黑寡妇蜘蛛在美国很常见。被咬的伤口上含有剧毒,任何急救措施都没有意义。年龄、身材和敏感度决定症状的严重程度。起初,伤口隐隐约约地伴有麻木的疼痛,接着肿胀。在伤口处放置冰块可以缓解疼痛。10—40分钟后,腹部剧痛,四肢麻痹,接着是呼吸、吞咽困难。虽然这种死亡率不到1%,但是被咬之后最好要看医生。老人、婴儿和有过敏史的人最危险,应当入院治疗。

如何降低老房子含铅水管中自来水的含铅量?

最简单的方法是让水龙头一直流水,直到水变得冰凉时再开始使用。打开水龙头,可以让含铅的水从水管中流出来。而且冷水腐蚀性差、含铅低。铅能在血液、骨头、身体软组织以及肾脏、神经系统和造血器官里沉积。长期置于铅环境会引起癫痫、精神迟缓和行为错乱。婴儿和孩子尤其容易受到影响,导致神经系统受损。

铅毒的另一个源头是旧的、脱落的含铅油漆。在1950年以前,为了使画卷更加光亮持久,铅氧化物和其他铅化合物被加入其中。美国食物与药物管理所认为,人类摄入的铅有14%来源于罐装食物接缝处的焊接,并建议在未来5年里,将这个比例下降50%。不恰当的陶瓷上釉可能也是中毒的一个来源。酸性的液体,如茶水、咖啡、酒和果汁可以分解釉料。因此铅就从陶瓷上脱落下来了。铅是逐渐被人体吸收的。在空气中也可以接触到铅。含铅汽油添加剂、非铁制的熔炉以及电池厂向大气中释放的铅最多。

铅是如何导致罗马帝国灭亡的?

一些人认为,自公元前150年起,罗马人就是铅中毒的受害者。铅中毒的症状包括:不育、虚弱、冷漠、迟钝和过早死亡。铅可能是通过铅制水管或者铅制厨具或盛酒的铅制高脚杯摄入人体的。由于没有意识到这种毒害,一些古罗马人无意识地用铅做甜味剂或者用来治疗腹泻。铅中毒可导致妇女不育,从而造成罗马上层阶级生育率长期下降。然而,这种不经意的食物添加剂毒素对罗马帝国的影响也只是一种猜测。

为什么路易斯·卡罗尔在《爱丽斯漫游仙境》一书中用到"mad as a hatter"这个表达?

在19世纪,制帽工人以容易激动、不可理喻、瘫痪颤抖、胡言乱语而为人们所熟知。因此出现了这个表达"mad as a hatter",并被路易斯·卡罗尔(Lewis Carroll)写进《爱丽斯漫游仙境》一书中。这种疾病被叫做制帽工式的颤抖,是由于汞中毒引起的毒素侵袭到中枢神经系统而导致的行为障碍。

伤口在多长时间内可以缝合?

应当在受伤后6—8小时进行缝合手术。如果伤口处感染较少,而且受伤部位正处在血管处,那么时间可以延长到12小时。

疾病、机体紊乱及其他健康问题

逆转录酶病毒与普通病毒有什么不同?

病毒属于一种退化生物组织系统。病毒具有一些活体系统的特征,例如,具有基因组并且有适应一定生存环境的能力。但是病毒不能获得或存储能量, 所以不能离开宿主存活。病毒或逆转录酶病毒附着在宿主细胞上,通过进入宿主细胞,或者将自己的基因物质注入宿主细胞的方式,使基因物质在宿主细胞中不断复制。这样,健康的细胞受到感染，而复制出的病毒又继续寻找并感染更多的宿主细胞。普通病毒与逆转录酶病毒的区别主要在于复制基因物质的方法不同。普通病毒只有一组单一的基因序列，DNA 或者是 RNA。而逆转录酶病毒则是由一组 RNA 基因序列构成。一旦逆转录酶病毒进入宿主细胞，就会聚集细胞内的核苷酸，集合成复式的 DNA 基因序列，这样就与宿主细胞的基因物质结合为一体了。逆转录酶病毒是由大卫·巴尔的摩（David Baltimore，1938—　）和霍华德·泰明（Howard Temin，1934—　）首先识别出来的。他们因这项发现而被授予诺贝尔医学奖。

人类发现的第一种逆转录酶病毒是什么?

1979 年，罗伯特·高卢博士（Dr. Robert，1937—　）发现的第一种逆转录酶病毒是人体 T 型淋巴细胞病毒（HTLV）。第二种逆转录酶病毒就是艾滋病病毒（HIV）。

哪种疾病最普遍?

最普遍的非传染性疾病是牙周疾病，如齿龈炎（gingivitis）等。在人的一生中，几乎没有人能抵挡牙齿的老化。世界上最普遍的传染性疾病是伤风或感冒。美国每年大约就有近 6 200 万例感冒患者。

哪种疾病是最致命的?

最致命的传染性疾病是一种肺炎，特别是 1347—1351 年流行的俗称“黑死病”的病毒，该病毒的致死率高达 100%。今天死亡率最高的疾病（接近 100%）是狂犬病（rabies），感染者无法进水直至死亡。被带有狂犬病毒的动物咬伤后不用恐慌，只要及时救治，就可以预防病毒侵入神经系统，治愈率达到 95%。首例艾滋病（获得性免疫缺陷综合征）于 1981 年被发现。艾滋病是由 HIV（人体免疫缺陷病毒）引起的。1993 年，在 25—44 岁的人群中，艾滋病是致死率最高的疾病。1999 年，据国家健康统计中心的统计数据显示，美国有近 14 802 人死于艾滋病感染。尽管在 25—44 岁的人群中，艾滋病仍是主要的致死疾病，但它已不再是最普遍的致死病症了。

人体免疫缺陷病毒（HIV）与获得性免疫缺陷综合征（AIDS）的区别是什么?

AIDS 指的是 HIV 感染的晚期。疾病控制中心（CDC）给出的 AIDS 定义是每立方毫米的血液中 CD4+T 细胞含量低于 200 个的艾滋病毒感染者即为 AIDS 患者。正常人体内每立方毫米血液中 CD4+T 细胞含量是 1 000 个或者更多。同时 AIDS 还包括 HIV 晚期感染者的 26 种临床状况。

有多少人感染了艾滋病?

据估计,到2001年末,世界上大约有4 000万人感染艾滋病毒。成人有3 720万例,占48%,其中1 760万例是妇女,15岁以下儿童有270万人。

美国哪些城市中艾滋病的感染情况最严重?

城　市	累计艾滋病感染人数	城　市	累计艾滋病感染人数
纽约	122 062	芝加哥	22 217
洛杉矶	42 796	费城	19 605
旧金山	28 212	休斯敦	19 582
迈阿密	24 838	内瓦克	17 472
华盛顿特区	24 029	亚特兰大	16 423

艾滋病有哪些症状或征兆?

艾滋病早期症状有:盗汗、长期发烧、体重骤减、持续腹泻、皮疹、持续咳嗽、呼吸急促等。诊断出患有艾滋病时,感染者的免疫系统遭到破坏,并容易感染或是患上癌症。常见的易于造成感染的病毒有:疱疹病毒(单纯疱疹、带状疱疹、细胞巨化病毒感染)、菌类感染、肠内寄生虫感染、间质性浆细胞肺炎(PCP,一种艾滋病常见的肺部感染)、弓形体病(一种脑部寄生虫感染)、进行性多焦点脑白质病(一种逐渐引起大脑萎缩的中枢神经系统疾病)、乌型分支杆菌细胞内感染(一种普遍的细菌感染)、卡波西肉瘤(一种存在于肢体上红蓝色的恶性皮肤癌,或者在胃肠道或呼吸道内出现的肿瘤引起内出血)。

艾滋病的征兆主要是腺体肿胀、功能衰竭、身体上出现蓝色或紫褐色斑点(特别是出现在四肢上)、持续的肺炎和口腔炎症。

何为人畜共患疾病?

动物的感染性疾病或寄生虫病可以传染给人类，这种疾病称为人畜共患病。例如:莱姆病和洛基山斑疹热(Rocky Mountain spotted fever)就可以通过一种扁虱的叮咬后直接传染给人类。如不采取一些防护措施,一些家养宠物也可以传染疾病。弓浆虫病和良性淋巴网状肉皮细胞增生症(俗称猫爪热)就是经猫传染的。一些野生动物和狗可以传染狂犬病。但人畜共患疾病大多相对比较少见,而且一旦发现可以及时治愈。采取一些必要的预防措施，也可以预防大部分人畜共患病的蔓延，如给宠物注射疫苗，带宠物散步时穿长袖衣裤等。

医学中的带菌媒介指的是什么？

带菌媒介指的是能传播某些传染性疾病的动物。带菌媒介携带病菌，并将病菌传播到新的宿主身上。蚊子、跳蚤、白虱、扁虱和苍蝇都是主要的带菌媒介。

哪种蚊子可以引起疟疾和黄热病？

一种体内含有疟原虫的雌性疟蚊叮咬人类后，即可引起疟疾。疟疾是一种严重的热带传染病，全世界约有 2—3 亿人感染疟疾。每年有超过 100 万的非洲儿童死于疟疾。埃及斑蚊传播黄热病，黄热病也是一种严重的传染病。约有 10%的人死于黄热病。

乔戈斯医生对巴拿马运河作出了怎样的贡献？

通过对蚊虫滋生地的防治，乔戈斯医生（Dr. Gorgas）控制了巴拿马地方病的发病率。从根本上灭绝了疟疾和黄热病，因此他对修建巴拿马运河的功劳比任何工程师都大。

“疯牛病”是什么？它是怎么传染给人类的？

疯牛病，即牛绵状脑病（bovine spongiform encephalopathy，简称 BSE），是一种畜类中枢神经系统疾病。该病于 1986 年在英国首先被发现。牛绵状脑病是一种可传播性的绵状脑病（TSE），其主要特征是破坏脑部组织。被病毒刺出无数小孔的脑部组织就像海绵一样。该病为无法治愈的致命性疾病。研究者认为，疯牛病与克雅氏病（CJD）有关。CJD 是一种致命疾病，它破坏人类大脑细胞组织，并进一步破坏人类的中枢神经系统。

莱姆病是如何传播的？

莱姆病是由一种伯氏螺旋菌引起的，这种病菌通过一种名为丹明尼硬蜱的小扁虱或硬蜱科的其他扁虱的叮咬传染给人类。扁虱将含有螺旋菌的体液注到人的血管，或将排泄物排到人体的皮肤上，从而导致人类患病。这种疾病多发生在夏季。起初表现为皮肤损伤（这种皮肤病称为慢性游走性红斑[ECM]），紧接是更为严重的病变，如脸颊皮疹、结膜炎、风疹等。随后，这种皮肤损伤变为红色小脓疱。莱姆病初期的一些其他症状还包括疲劳、间歇性头痛、发热、风寒和肌肉疼痛。

发病几个星期或几个月后，进入莱姆病的第二个阶段。此时会发生心脏或神经系统的病变。莱姆病的最后一个阶段(需要几个星期或几年)，身体的几大关节肿大发炎。如果发病初期使用过四环素、青霉素或红霉素，那么后期症状将有所减轻。如果大剂量静脉注射青霉素，同样会引起后期感染。

美国何时发现首例西尼罗河病毒?

1999 年，在纽约城区发现了首例西尼罗河病毒。西尼罗河病毒起初是在非洲、西亚和中东地区诱发鸟类疾病的一种病毒。它主要通过一种叫做库蚊的蚊虫叮咬，传播给人类。雌性库蚊叮咬过带有病毒的鸟类后携带上该病毒，再通过叮咬，将病毒传染给人类。人类感染西尼罗河病毒后容易引起脑炎，病毒将感染脑部组织，危及生命。

军团病是如何得名的?

1976 年，军团病首次被发现。当时参加美国军团会议的代表们住在宾夕法尼亚州费城的一个旅馆内。这个旅馆突然间爆发了急性肺炎。该病的病因最终被确认为是一种未知病毒，后命名为军团病。该病毒可以通过空气传播。通过空调系统的冷却塔或蒸发器的冷凝器也可以传播军团病毒。此外，军团病毒也可以在土壤中繁殖。军团病通常在夏末或秋初发病，发病程度从轻微到致命不等。军团病致死率高达 15%。军团病的症状有腹泻、厌食、倦怠、头痛、虚弱、周期性风寒、伴随着咳嗽的发烧、恶心和胸痛。通过使用抗生素，如红霉素，并配合一些其他疗法，可以治疗军团病。

麻风病的另一个名字是什么?

麻风病是一种慢性系统性感染病，又称汉森病，该病的特征是逐步病变。它是由一种麻风分支杆菌引起的，通过空气飞沫传播，但麻风病的感染率并不高。只有通过亲密接触才会传播麻风病。一些抗菌剂，如砜(特别是氨苯砜)通常被用来治疗麻风病。

伤寒玛丽是谁?

玛丽·马龙(Mary Mallon, 1855—1938)是纽约的一位厨师，后来被诊断为伤寒病菌携带者。玛丽本身对伤寒病菌免疫，但她却造成至少 3 人死亡，51 人感染伤寒。在 1907—1910 年以及 1914—1938 年，玛丽被隔离在布朗克斯附近的北兄弟岛的隔离中心。由于玛丽从未从事过食品加工的工作，所以第一次隔离后获释。但是后来，在她工作过的两个地方先后爆发了伤寒病。当局又将她送回北兄弟岛，直到1938年中风死亡。

疱疹病毒有多少种类型?

有5种疱疹病毒：

1型单纯疱疹——常引起周期性唇疱疹，造成嘴唇、口腔和面部感染。该病毒通过直接接触患部或患部液体传染传播。在高温环境里，特别是发烧或过度暴露在日光下时，唇疱疹通常在同一部位反复发作。有时候，该病毒也会使手指起水泡。如果该病毒进入眼睛里，则容易引起结膜炎或角膜溃疡。1型单纯疱疹病毒还可能进入大脑诱发脑炎。

2型单纯疱疹——常引起生殖器疱疹，并且可以传染给新生儿。该病毒可以通过性生活进行传播。感染该病毒后，会使生殖器部位长出小水泡，进而变成溃疡，疼痛异常。一般10天或3个星期左右可以治愈。2型单纯疱疹还有一些其他症状，如：头痛、发热、淋巴结肿大、小便疼痛等。

带状疱疹——常引起水痘或带状匐型疹。由于年龄、疾病或免疫抑制剂类药物的使用、压力过大或使用了皮质甾类药物，致使人体免疫机能下降，导致潜伏在某些感觉神经中的病毒被激活，从而引发带状疱疹。这种令人疼痛的水泡与疹子结痂脱落后，常会留下凹痕伤疤。此种疱疹多发于腰部、颈部或下体。有时候也会出现在脸部并影响视力。由于该病毒损伤神经，所以大部分患者都会受疼痛的折磨。

巴尔二氏病毒——常引起传染性单核细胞增多症（急性感染常伴有高烧、咽喉肿大、淋巴腺肿大，特别是脖子肿大，该病多发于成人）或淋巴瘤（多见于非洲儿童身上或热带地区，是一种多发于腹部或下颌处的恶性肿瘤）。

细胞巨化病毒——无明显症状，但会使感染细胞变大。孕妇感染后，会造成新生儿缺陷。

另外还有3种人类熟知的疱疹病毒——人类疱疹病毒6型（HHV）常引起红疹。人类疱疹病毒7和8型（HHV7/8）引起的病症尚不明确。妊娠疹是一种少见的皮肤疹泡，偶见于孕妇身上，但却不属于单纯疱疹。

什么是坏死性筋膜炎?

这种疾病主要由一种链球菌引起，与引起猩红热和脓毒性咽喉炎的细菌类似。这种链球菌通过伤口、叮咬和抓痕进入人体，感染处皮肤变色，出现水泡。水泡破裂后，受损组织裸露于外，几个小时内，感染者的皮肉就会大面积坏死，极端情况下可导致死亡。如及时诊治，使用一些抗生素，则可以预防继续感染。然而，对于晚期患者，只有截肢方可治愈。这种病菌常被外界称为“食肉菌”。

阿巴拉契亚地区的"蓝种人"是什么人?

蓝色人种是肯塔基地区法国移民马丁·弗格特(Martin Fugate)的后裔。他体内的一种隐性基因限制并阻止了体内一种心肌黄酶的生成。心肌黄酶可以将血红细胞中的高铁血红蛋白分解成血红素。当体内这种心肌黄酶缺乏时,血液中的高铁血红蛋白含量就会增加,致使细胞成淡蓝色,而不是正常的高加索人种常见的淡粉色。但这仅是一种血液色素异常情况,不影响对氧气的吸收。

尽管血液呈蓝色,这些人并没有什么健康问题。近亲结婚才是弗格特家庭所面临的问题。如果父母双方皆具有这种隐性基因,他们的孩子就将会成为蓝种人。第二次世界大战后,随着家族内部人员的迁移,近亲结婚现象才停止。到1982年,该家族中只有两三个人具有蓝色皮肤了。

疣是如何产生的?

疣是皮肤上的一种块状突起。这是由一种乳突淋瘤病毒进入皮肤细胞,并成倍繁殖后,在皮肤上引出的突起。疣有几种不同类型:普通疣(通常出现在外伤的伤口处)、手部扁平疣(常引起瘙痒)、指疣(常见于手指状突起)、眼皮、腋窝、颈部出现的丝状疣、脚底的足底疣、生殖器疣(常呈淡粉色花状)。如果该病毒感染到妇女子宫,会引起子宫癌。每种疣病都是由特定的病毒引起的,并且大多数无明显症状。疣病毒多是通过触摸或与患病部位脱落的皮肤接触而传播感染。

什么是乳糖不耐症?

乳糖是牛奶中的主要成分,只有奶制品中才有乳糖的存在。它通过人体中的乳糖分解酵素酶分解消化。乳糖不耐症是由于人体内不能分泌出足够的乳糖分解酵素酶。乳糖不耐症引起腹痛、腹胀、腹泻和胃肠气胀等。很多人在年老时对乳糖的消化能力会下降。

患有乳糖不耐症的人不用完全远离乳制品。可以少喝点牛奶或是在用餐时喝点牛奶,也可以食用一些乳糖含量低的奶酪、酸奶或其他乳制品,从而获取人体必需的钙。此外,还可以将一些现成的乳糖制剂调入牛奶中。这种乳糖制剂可以将乳糖转化成单糖,从而有利于消化吸收。

Ⅰ型糖尿病与Ⅱ型糖尿病有何区别?

Ⅰ型糖尿病指胰岛素依赖型糖尿病(IDDM);Ⅱ型糖尿病指非胰岛素依赖型糖尿

病(NIDDM)。Ⅰ型糖尿病是一种先天胰岛素分泌缺陷,这种类型的糖尿病占糖尿病患者总数的10%,且在儿童中更常见。Ⅱ型糖尿病患者的胰岛素分泌可能是正常的,但靶细胞却不能像正常细胞那样对胰岛素做出反应。Ⅱ型糖尿病多发于40岁以上人群，特别是那些肥胖又缺乏锻炼或有家族遗传的人。Ⅱ型糖尿病没有Ⅰ型糖尿病严重,但长期患病者都会伴有类似的并发症。

引起胃溃疡的原因是什么?

一直以来,医生都认为胃溃疡是由于遗传、焦虑或食用辛辣食物所致。而现在的研究者认为，紧张的情绪和辛辣食品只会加重溃疡的疼痛。胃溃疡主要还是由幽门螺旋杆菌(helicobacter pylori)引起的。澳大利亚研究人员巴利·马肖(Barry Marshall, 1951—)研究发现,很多胃溃疡患者的体内都存在这种细菌。所以,1984年，为了证实这种细菌与胃溃疡有关,马肖服用了大量的幽门螺旋杆菌,结果10天后他患上了胃溃疡。这说明一些抗生素可以治疗胃溃疡。1994年,幽门螺旋杆菌被列为致癌物质。因此,溃疡患者应及时就医,而不是忽视或靠服用一些酸性中和剂来延缓疼痛。

何种医学疾病与林肯的瘦高体形有关?

林肯可能患有马番综合征(即蜘蛛样综合征)。该病使骨骼非正常地变长。这是一种少见的结缔体素的遗传性退化疾病,除了骨骼的增长,还伴有胸腔畸形、脊柱侧凸、臂距超过身高、视力问题(特别是近视)、心音失常、皮下脂肪不足等。1991年,研究者确定这种病属于基因问题。

什么是腕管综合征?

当前臂中的一支中枢神经通过腕管与皮下韧带组成的空隙时受到压迫，从而引起腕管综合征。该病多发于中年人群中,妇女的发病率高于男性。该病初期多是间歇性发作,然后成为持续性病症。拇指先是麻木刺痛,紧接着手与整条手臂都会感到疼痛。可以通过上夹板、减肥、控制浮肿的方法来治疗。治疗关节炎的一些方法也可以用来治腕管综合征。此外,还可以采用外科手术,把压迫神经的韧带切除。那些经常操作计算机的人容易患这种疾病。为了降低患病风险,计算机操作者应尽量使腕部伸展,而不要弯着手臂,或者将计算机键盘放置在比桌面更低的位置。

“网球肘”这一医疗学术语指的是什么?

网球肘在医学上的专业术语是上髁炎,是由于前臂的反复运动导致的关节病变。

症状是肘部肌肉和周转组织疼痛发炎。很多行为可以引起该病发作，例如打网球、高尔夫球或搬运重物等。

什么是葛雷克氏症?

葛雷克氏症(Lou Gehrig's disease)，也称肌萎缩性侧索硬化症(ALS)。葛雷克氏症是一种中老年人的多发病。该病会导致控制运动功能的神经细胞的逐渐退化，发病后的3—10年内死亡，目前尚无治愈方法。发病初期，患者会觉得四肢无力，并伴有不随意的肌颤抖，并可导致肌萎缩或僵化，直到最终4种症状全部出现。由于神经逐渐受到损害，出现四肢无力、体能下降。即使思想清晰，病人却不能吞咽或移动了。

什么是嗜眠病?

大多数人认为，嗜眠病多指病人随时随地都会睡觉。但是嗜眠病患者还常伴有一些其他症状，如白天过度的睡眠、幻觉和猝倒(由于突然肌肉无力导致晕倒)。嗜眠病患者常常不能控制自己的睡眠意念，有时一天要睡几次觉。每次睡觉时间可能是几分

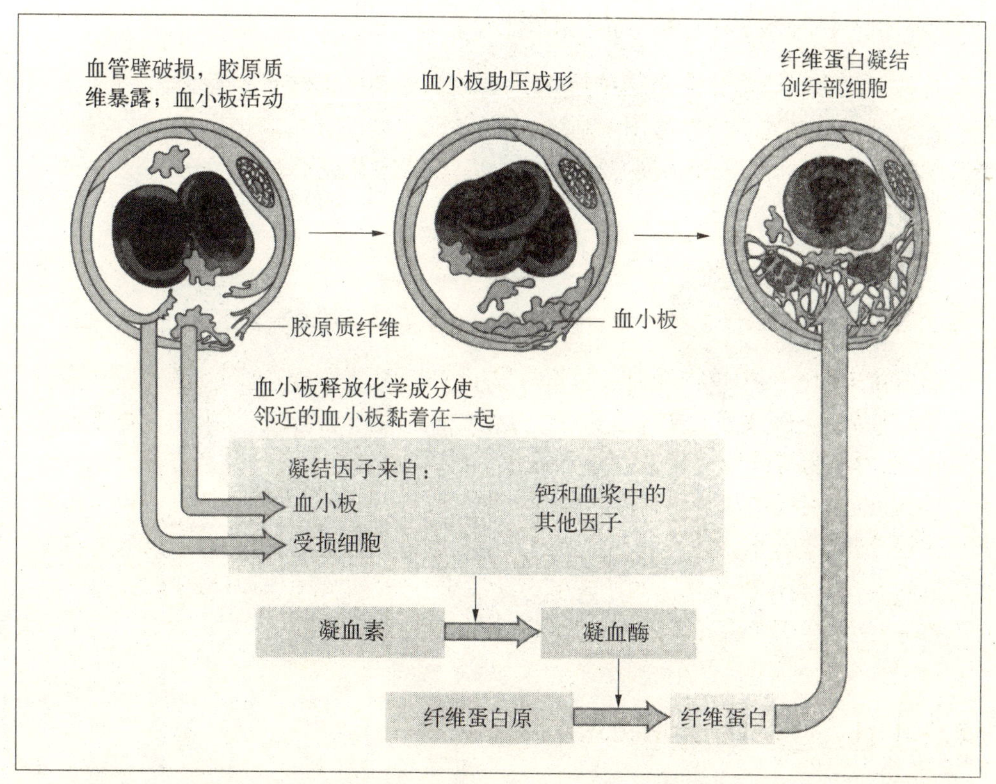

血凝过程，患克雷斯马斯病的人由于缺乏凝血因子使这一过程失常。

钟也可能是几小时。

时差对人体有何影响?

旅行时跨越 4 个以上时区时,旅客就会面临生理和心理上的各种压力,这种反应被称为时差。有时差反应时,人的饮食、睡眠、排泄、警惕性、记忆力和正常的判断能力都会受到影响。在正常 24 小时的生理循环中,受时差的影响,人体内大约有 100 多种生理功能不能同步实现。很多人的身体都会在每天的一个时段内进行调节。因此,经过 4 个时区的更替,人体需要 4 天时间来恢复正常的规律。向东飞行比向西飞行更难调节时差,因为每向东一天都要增加时间。

什么是八号因子?

八号因子(factor ⅤⅢ)是血液凝结因子中的一种酶。缺乏这种酶就会患血友病。

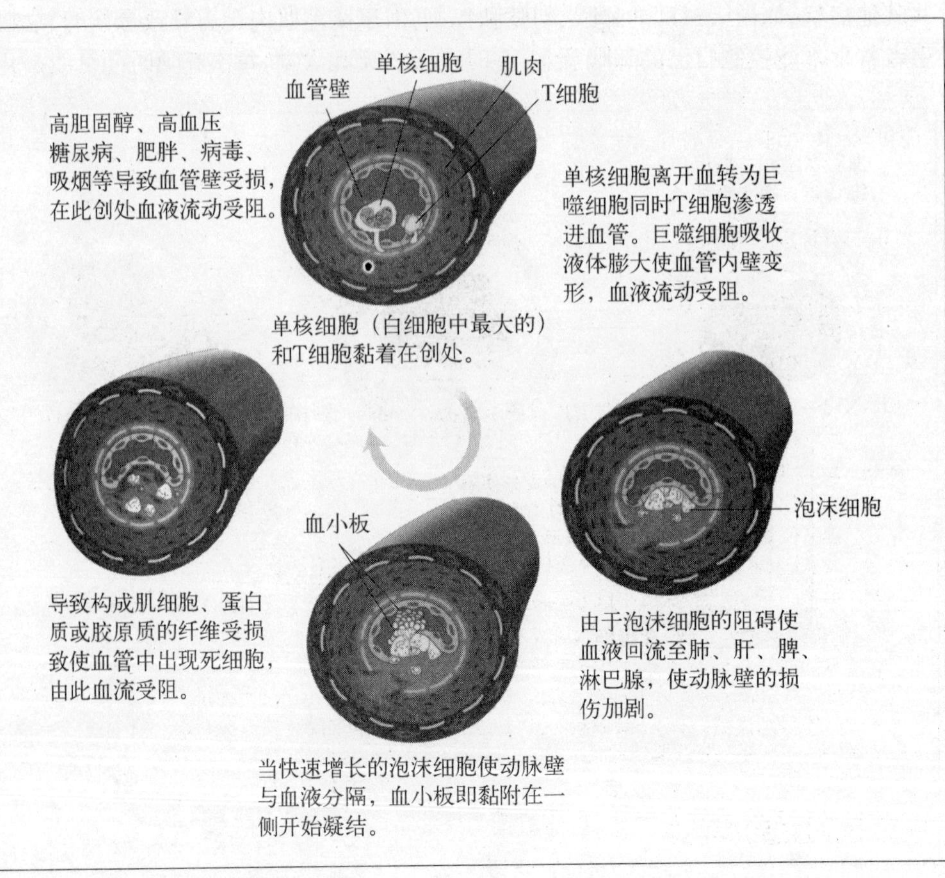

可以导致心脏病的动脉硬化过程。

血友病患者一旦受伤就会流血致死，除非补充一定剂量的八号因子。八号因子缺乏是由于基因缺陷造成的。该因子在遗传时与性别有关(每 10 万人中有一例男性患者)，女性一般不会有这样的基因缺陷。

什么是克雷斯马斯因子?

血液凝结因子中的九号因子(也称克雷斯马斯因子)是正常血浆的凝结物。B 型血友病和克雷斯马斯病患者的体内就缺乏九号因子。该因子是以克雷斯马斯(Christmas)的名字命名的。他是第一个被诊断出患有这种病的人。医生从他身上发现，这种基因疾病与缺乏八号因子的血友病明显不同。

心脏病的医学名称是什么?

心脏病又称心肌梗塞(myocardial infarction)，指心脏内肌肉细胞坏死，导致主动脉中血流量减少(多数原因在于动脉硬化)。治愈希望取决于患者梗塞面的大小或梗塞部位及梗塞程度。但是，有 33%的病人都会在患病后的 20 天内死亡。在美国，心肌梗塞是主要的致死病症。突发性心肌梗塞患者在住院治疗前，将近有一半即已死亡。但如果能及时得到治疗，治愈的可能性还是很大的。

中暑与中暑衰竭有何不同?

中　　暑	中暑衰竭
病因：由于在高温高湿条件大量出汗，身体不能调节自身温度。年龄大也是一个原因。	病因：在高温高湿条件下人体没有补充足够的水分和盐分。
症状：虚弱、眩晕、恶心、头痛、热痉挛轻度热衰竭、流汗过多；中暑前停止流汗；体温快速升高达 41°、血压升高；皮肤潮红、后变紫灰色；常见精神错乱或昏迷。	症状：过度流汗、虚弱、眩晕、时有热痉挛；皮肤冰冷苍白、湿粘；脉搏微弱、血压降低；身体温度正常或亚正常；常呕吐；偶尔昏迷。
救治：中暑需急救，及时求医。将患者移至清凉的室内。除去衣服。首先用冰块或浸过凉水的海绵将体温降低，使脉搏降低到每分钟 110 次以内，体温降到 39.4℃以下。必须仔细谨慎。	救治：将病人移到清凉的地方，除去衣物。给病人喝水，每夸脱水加一匙盐。补充水分会使病人完全清醒。严重时求医。

癌症是如何分类的?

癌症大约有 150 多种，可归为 4 大类：

1. 癌：占癌症患者的9/10，包括皮肤癌或内脏器官膜的癌变。

2. 瘤：包括骨瘤、肌肉瘤、软骨瘤、脂肪瘤、肺部肿瘤、胃部肿瘤、心脏肿瘤、中枢神经瘤、血管瘤。

3. 白血病：主要在血液、骨髓及脾中。

4. 淋巴瘤：主要在淋巴系统中。

对亚硫酸盐过敏的人会有哪些不良反应?

亚硫酸盐是一种防止干果或新鲜蔬菜变色的化学制剂。酿酒者也常用亚硫酸盐阻止细菌的增长和发酵。亚硫酸盐过敏者在食用含亚硫酸盐的食物或饮料后，几分钟内就会呼吸困难。亚硫酸盐过敏患者可出现急性哮喘、昏迷或过敏性休克。

什么是海拉细胞(Hela Cells)?

经常在许多生物医学实验中使用的海拉细胞，是在一名叫汉瑞雅狄·莱克斯(Henriette Lacks)的女性宫颈癌患者中获取到的。通过活组织检查获得的上皮组织，成为首例人工培养的人体恶性细胞。

什么是尘螨?

尘螨多见于室内的灰尘中，通过显微镜可观测到一种蜘蛛类的微生物。尘螨在南美是引起哮喘的过敏源之一，同时也是引起过敏症（免疫系统遇到一些刺激物质而产生的极端反应）的主要原因。

定期清洁室内卫生及以下措施可有效预防尘螨：

1. 清洁所有室内炉具及空调；定期更换过滤网。

2. 夏季每7—10天就清洗一次床上用品。使用合成或泡沫橡胶的床垫或枕垫。床垫上铺防尘罩。定期清洗及更换枕头。

3. 保持厨房湿润，保持卫生间清洁，防止发霉。

4. 经常用真空吸尘器除尘。使用高效微粒空气过滤器。

毒葛的汁液接触到皮肤时会起疹子吗?

研究显示，85%的人接触到毒葛后会有过敏反应。但是过敏程度因个人所处环境、年龄、基因情况及接触面大小而不同。毒素主要存在于叶子中，通过叶子与皮肤接触。接触到毒素后，常会起令人感到灼热、痛痒的红疹，6个小时或几天后变成水泡。若在接触到毒葛5分钟内，用肥皂水清洗患处，可减轻症状。中毒轻微者可用海绵蘸酒精或炉甘石液,轻擦患处。如果患部面积较大,则会出现发烧、头痛、身体虚弱等症状。过敏严重者,则需要皮质甾类的药物。接触过毒葛的衣服要及时清洗。

什么是阅读障碍,出现阅读障碍的原因是什么?

阅读障碍包括各种语言困难。总体上说,患有阅读障碍的人不能清楚地理解字母、单词及各种符号的含义。该病会影响人的智力发展。患阅读障碍的儿童会颠倒单词或字母的书写顺序,犯一些奇怪的拼写错误,难以分辨颜色,或是根本不能听写。通常视觉缺陷或情绪混乱,可以引起阅读障碍。新的研究显示,神经紊乱也是引起阅读障碍的原因之一。大约有90%的阅读障碍患者是男性。阅读障碍一词是德国斯图加特的一名教授鲁道夫·柏林(Rudolph Berlin)于1887年首先使用的。关于此病最早的记载可以追溯到公元前30年。当时乌斯·马克西姆斯(Valerius Maximus)和普林尼(Pliny)就曾提到过一个被石头击中头部,后来丧失了读写能力的人。

阅读障碍患者可能会颠倒单词或字母的顺序。

什么是厌食症?

厌食症简单地说就是没有食欲。厌食症主要是由于对肥胖的恐慌心理而造成的机体紊乱。大多是年轻妇女易患此病。由于一直有"肥胖幻觉",致使病人强迫自己节食,直到1/3的体重被减掉。还有一些其他因素导致厌食症。有些厌食症很难治疗,甚至是致命的。约有5%—10%的病人在住院治疗后,仍然死于饥饿或自杀。25%的病人变得更瘦,并伴有极度的肥胖恐惧,拒绝吃东西,强迫自己锻炼,拒绝休息。暴食之后即呕吐,或使用促进排泄的药剂。

为什么深海潜水员会得潜水病?

潜水病常引起四肢及腹部疼痛。该病是由于压力骤减使血液及器官组织中的氮细胞增加引起的。当潜水员在深水区压力大的环境中骤然升起时,会使症状加剧。肌肉和四肢关节处会剧烈疼痛。更严重的症状还有眩晕、恶心、呕吐、窒息、休克甚至死亡。潜水病也常被称为潜水减压病、潜水员病、隧道病、潜水员瘫痪症等。

什么是早衰病?

早衰即提前衰老。早衰有两种明显的情况,这两种情况都极为少见。一种称为早衰性侏儒症,一般4岁开始发病,到10—12岁时患儿的外部特征完全是老年人状态,如头发花白、秃顶、脂肪流失、四肢瘦弱、身体及面部皮肤松弛等。还有一种情况是内部器官老化,如动脉硬化(血管内脂肪堆积)。患儿在青春期内就会死亡。另一种称为沃纳综合征,即成人早衰。成年初期发病,发病过程与儿童相似,但发病原因至今未知。

医源性疾病是如何定义的?

该病是由于内外科治疗后,对心理和生理产生了负面效果而造成的。该术语的意思是,从医生角度来说,通过仔细诊疗,本可以避免的疾病。

美国有多少老年痴呆症患者?

调查显示,美国65—74岁的老年人中,老年痴呆症患者占3%,而85岁以上的老年人则近50%患有老年痴呆症。据美国国家研究机构估计,约有400万的美国人患有老年痴呆症。但有些专家却不同意这种估计。

老年痴呆症是一种大脑神经细胞进行性退化或萎缩的疾病。患病原因虽然未知,但有一些说法认为,老年痴呆症是由金属中毒,如铅中毒,引起的。另一种说法倾向于遗传因素。老年痴呆分3个阶段。第一阶段,患者变得健忘。第二阶段,病人记忆力减退,外加方向感混乱,注意力不集中,丧失计算能力,并伴有阅读障碍、焦躁、性格突变。第三阶段,病人变得严重丧失方向感,常产生幻觉,记忆力严重丧失,神经系统退化,行为如儿童,暴力,常需住院治疗。

什么是异食癖(pica)?

异食癖是指喜食一些异常物质。该病是以一种名为Pica的喜鹊命名的,这种喜鹊会出于饥饿或是好奇，用嘴刺破任何东西。这种病的患者不分性别、年龄和种族，世界各地都有，孕妇更为多见。

什么是盆腔炎？

盆腔炎(PID)是一种女性多发病，多指输卵管炎症、宫颈炎症、子宫及卵巢炎症。是造成女性不孕的原因之一。盆腔炎患者多为25岁以上性成熟的妇女，戴宫内节育环的妇女是患病的高危人群。许多微生物也常会引起盆腔炎，如淋病奈瑟氏菌及一些普通的细菌，如葡萄球菌、衣原体病毒及大肠菌(假单胞菌和埃西氏大肠杆菌)。由于感染部位不同，盆腔炎的征兆与症状也不同，但通常都伴有大量脓状阴道分泌物、低烧不适(淋病奈瑟球菌感染常见此症)和下腹疼痛。可用抗生素治疗盆腔炎。早期治疗可以预防对生殖系统的损害。严重的盆腔炎会导致盆腔脓肿，需要排脓治疗。盆腔脓肿破裂会引起致命的并发症，一旦感染并发症，则必须将子宫完全切除。

什么是中国餐馆综合征？

谷氨酸钠，俗称味精，是一种普遍的调味品。一些敏感人群食用味精后，常出现脸红、头痛、口舌麻木等症状。由于许多中国餐馆都使用味精，所以一些敏感人群在吃中国菜时，常出现以上症状。

肾结石的化学成分是什么？

肾结石80%的成分是钙，而且主要是草酸钙或磷酸盐；5%是尿酸；2%是氨基酸胱氨酸；其余为磷酸铵镁。大约20%的结石具有传染性，常会引起慢性泌尿系统感染。在尿碱及尿素中的细菌作用下，常产生含有钙、镁、磷酸铵的化合物。

烧伤是如何分类的？

类　型	原因及结果
一级	太阳灼伤、蒸汽烫伤、皮肤变红脱落。只伤及表皮层，1周内可痊愈。
二级	烫伤，如持滚热金属。深层烫伤，起水泡。伤及真皮层。2—3周可痊愈。
三级	火烧伤，皮肤完全被破坏。需医生专门处理或植皮。

续表

类型	原因及结果
环形烧伤	任何一种环四肢和躯体(如胸部)的烫伤,会影响正常的循环或呼吸,需要专门医生治疗,有时需要进行筋膜切开术(修补结缔体素)。
化学烧伤	指酸、碱烧伤。可以用水中和。荐遵医嘱。
电烧伤	常会损害肌肉、神经或循环系统。常伤及皮下组织。遵医嘱或心电图观察。

对数字13的恐惧称为什么?

害怕数字13的病症常被称为恐十三数症(triskaidekaphobia)。任何与13有关的事物都会引起病人的恐惧,如门牌号、楼层、13号等。因此,许多楼层都省略掉13这一数字。很多物体、情形和生物体都会引起恐十三数症,如下所列:

引起恐怖物体	恐惧症名称	引起恐怖物体	恐惧症名称
动物	动物恐惧症	钱	恐钱症
胡须	胡须恐惧症	音乐	音乐恐惧症
书籍	恐书症	性	性事恐惧症
星期	星期恐惧症	阴影	影子恐惧症
梦	恐梦症	蜘蛛	蜘蛛恐惧症
花	恐花症	太阳	日光恐惧症
食物	进食恐惧症	接触	触摸恐惧症
墓穴	活埋恐惧症	树木	树木恐惧症
传染病	疾病恐惧症	步行	步行恐惧症
湖泊	湖泊恐惧症	水	恐水病
叶子	树叶恐惧症	女人	恐女症
闪电	闪电恐惧症	工作	工作恐惧症
男人	恐男症	写作	书写恐惧症

拿破仑是被毒死的吗?

对于法国皇帝拿破仑·波拿巴之死,如今最普遍的说法就是死于癌性胃穿孔。也有一小部分医生及历史学者对拿破仑的死因做出了从疾病到他杀的不同推测。一个名为斯特恩(Sten Forshufvud)的瑞典毒药学家声称,拿破仑死于砷中毒,投毒者是法国保皇党的一名特工。该特工在拿破仑被流放到圣海伦娜岛时,就被安插在他的家里了。

卫生保健

代表医学的标志是什么？

自公元前800年开始，埃斯库拉庇俄斯(Aesculapius)的权杖开始成为代表医学的标志。该标志是一根缠绕着一条大蛇的木棍。1800年以后，赫耳墨斯(Hermes)或墨丘利(Mercury)的双蛇缠绕的权杖代替了埃斯科拉庇俄斯的权杖，成为医学标志并使用至今。蛇一直是康复的标志，并且按一个古老的说法，吃一块蛇肉就会带来康复的力量。古希腊人从蛇的蜕皮过程中，发现了蛇的再生能力，因此开始崇拜蛇。后来，希腊的医学与康复之神埃斯库拉庇俄斯(Asklepius)，常以蛇身来行使作为医神的职能。在艺术作品中，有时医神常被描绘成一个拿着权杖的老人。权杖上盘绕着一条大蛇。

希波克拉底誓言指的是什么？

该誓言指的是刚刚从业的医生所立的誓约。该誓言由希腊医生及学者希波克拉底(Hippocrates，约公元前460—约公元前377)所创。誓言如下：

“我以太阳神阿波罗、医神埃斯库拉庇俄斯、健康之神海吉亚、药神潘娜西亚以及所有众神的名义起誓，愿以自身能力及判断力所及，履行如下誓约：

凡授我艺者，我敬之如父母，作为终身同业伴侣，他若有急需，我必接济。将其儿女视为兄弟，如其想学医，免费并无条件传授他们医术。凡我所知，无论口授书传，都传给我子与我师之子，以及发誓遵守此约的学徒，此外不传与他人。

我愿尽我的能力与判断力所及，遵守为患者谋利益的信条，不做一切堕落和害人之事，不得将有害药品给予他人或做该项指导致人死亡，虽有人请求也必不参与，更不会为妇人施堕胎手术。我愿以此纯洁与神圣的精神，终身执行我的职务。凡患结石者，我不施手术，待专家施为。

无论在何处、无论男女、无论贵贱，我唯一的目的就是为患者着想，并严于律己，不做任何害人及恶劣之事，尤其不作诱奸之事。凡我所见所闻，无论有无业务关系，应守秘密的，我愿保守秘密。倘使我严守上述誓言，请求神祇让我的生命与医术能得到无上的光荣与尊敬，我若违此誓，天地鬼神实共亟之。”

在不同版本中，该誓言在措词方面有微小差异。

谁是现代医学的创始人？

托马斯·西德纳姆（Thomas Sydenham，1624—1689）被称为英国的希波克拉底

(Hippocrates)。西德纳姆重新引入希波克拉底的临床观测方法,记录观测结果,大体上建立了个人疾病临床观察制度。西德纳姆也是流行病学的创始人之一,并且也是首位描述猩红热与舞蹈病的医生。

谁是医学之父?

希腊医生希波克拉底获此殊荣。在希波克拉底之前,希腊医学集宗教、神学、巫术为一体。希波克拉底将医学作为一门科学,建立了一套理性的系统理论,使之与宗教和哲学分离。疾病源于自然原因,并有自然规律,与"神的愤怒"无关。希波克拉底认为,4种元素(土、空气、火与水)分别代表着人体内的4种液体(血液、痰、黑胆汁与黄胆汁)或体液。当这些体液在体内正常工作时,身体是健康的。医生的职责就是帮助人体恢复到正常的状态。节食、锻炼、适度行为都可以保持身体健康。心理治疗、上床休息和保持安静也是治疗的一部分。希波克拉底是第一个认识到不同疾病有不同症状的医生。他的描述相当仔细,有些甚至沿用至今。他的有些描述不但是一种诊断,也是一种预后。

美国第一所医学院叫什么?

费城医学院,即现在的宾夕法尼亚大学医学院,建于1765年5月3日。首届医学院的学生毕业典礼于1768年6月21日举行,当时有10人获得医学学位。

美国的第一个女医生是谁?

1849年,伊丽莎白·布莱克威尔(Elizabeth Blackwell,1821—1910)从纽约的日内瓦医学院毕业,并获得学位。在克服了许多困难后,她在纽约开了一家妇女儿童医院,医院内的雇员均为女性。

第一个血库是何时何地建立的?

有些血库名声很大。有记载显示,第一个血库于1940年在纽约建立,由理查德·C. 德鲁医生(Dr. Richard C. Drew,1904—1950)监管。其他记载显示,由苏格·尤金教授(Sergei Yudin)建立的斯科利索乌斯奇研究院(莫斯科急救中心医院)于更早时间的1938年在莫斯科成立。血库一词是伯纳德·潘图斯(Bernard Fantus,1874—1940)创造的。潘图斯于1937年在伊利诺伊州芝加哥市的库克郡医院建立了一个中央血库。

顺势疗法、骨科医学、物理疗法、按摩疗法有何区别?

顺势疗法是由德国医生克里斯琴·哈尼曼（Christian F. S. Hahnemann,1755—1843)创立。顺势疗法用小剂量的2 000多种物质来治疗病人。基于"以毒攻毒"的原理,在健康人身上可以产生症状的药剂,在病人身上也会产生效果。

按摩疗法是基于所有疾病都源于神经功能不全这一原理。依靠物理操作而不是用药物或手术就可以对脊柱进行调整治疗。这种疗法曾被古埃及人、中国人及印度人使用。1895年，这一疗法被美国整骨疗法专家丹尼尔·大卫·帕尔默（Daniel David Palmer,1845—1913)重新发现。

在美国，骨科医学由安德鲁·泰勒·斯蒂尔（Andrew Taylor Still，1828—1917)创立。由此,在人体保健方面,骨科学成为肌肉骨骼系统中一门主要学科。相应的从业医生必须获得行医执照,并运用恰当的操作方法与传统诊疗程序。骨科学是标准西医学的一部分。

物理疗法的原理是基于人体得病的原因在于体内废物及毒素的堆积。物理疗法的医生们认为,只要饮食得当,起居合理,就可以保持健康。

美国有多少医生?

在2000年,美国有618 223名男性医生,195 537名女性医生。

美国有多少家疗养院?

1999年,美国有1.8万家疗养院,近160万疗养者。在美国有近5%的老年人住在疗养院里。

特护疗养院、中级疗养院和生活疗养院的区别是什么?

特护疗养院要求执照护士24小时全程护理。住院人员需要全天候的日常护理。特护疗养院提供医疗、护理、饮食、药理及各种服务。

中级疗养院每天提供8小时的护理。中级疗养院的住院人员可以走动，无需卧床。不用每天住院疗养。

生活疗养院像家庭一样,可以给住院人员提供保健及个人护理。生活疗养院可以提供个人护理、健康检查、卫生资源短缺情况下的服务、发放药物等。

牙外科博士(DDS)学位与牙科医学博士(DMD)学位有何不同?

这取决于学院在术语上的偏好,事实上两个学位是一样的。

定期看牙医的人有多少?

美国全国每年大约有一半的人经常看牙医。2—17岁的儿童比成人看牙医的次数多。

年　龄	去看牙人数的百分比
2—17	72.6%
18—64	64.6%
65岁以上	55%

眼科医生、验光师和眼镜商的区别是什么?

眼科医生是专门治疗眼病的从业医生。眼科医生可检测出视力情况,为纠正眼镜或隐形眼镜的度数提供指导。眼科医生可以诊断出青光眼和白内障。如有需要,眼科医生还可以进行眼部外科手术,开处方药物,提供配镜标准等。

验光师专门测量眼睛视力度数,为配眼镜提供数据。由于他们不是医生,因此既不能开处方药物,也不能做手术。验光师可以指导病人去专门的眼科医生处进行治疗。

眼镜商是专门调节、提供眼镜的从业人员。由于训练有限,他们不能验光、配镜及开处方药物。

诊疗设备及检测

医学术语的缩写NYD是什么意思?

尚未诊断。

如何测量血压?

血压计是用来测量血压的仪器。血压计是由奥地利人冯·巴什(Von Bash)在1881年发明的。它包括一个能缠在上臂的可充气气囊，一个给气囊充气用的橡胶球和一个显示血压数的装置。当缠在上臂的气囊充气加压时，动脉血流受挤压引起心室收缩，此时测出血压的高压值。当空气被释放，动脉血流通畅，心脏舒张，心肌放松，此时测出低压值。

血压计上读数代表什么?

当血液流进大动脉时，会对动脉壁施加一个压力，这就形成了血压。血压计上面的数字是心肌收缩带动心室收缩时血液的压力。下面的数字是心脏舒张，血液顺畅流入心室时血液的压力。由于年龄、性别、体重的不同，血压也不同。正常血压值在 110/60—140/90 之间。

有没有一种人们进行正常活动时可以随身携带的心脏监测仪器?

有一款手提式心动电流描记器，称为霍尔特心电仪，是一位名叫霍尔特(J. J. Holter)的人发明设计的。粘在胸腔上的电极连着一个装有记录心脏活动的装置的小盒子。

谁发明了心脏起搏器?

保罗·佐尔(Paul Zoll，1911—1999)发明了这种利用电子脉冲刺激心脏的电子刺激装置。1958 年，生物医学工程师威尔森·格瑞特巴奇(Wilson Greatbatch，1919—　)、威廉·M. 查达克医生(Dr. William M. Chardack)和安德烈·A. 盖奇(Andres A. Gage)合作，开发研制了第一台体内心脏起搏器。该装置是由电池提供动力的扁圆形小型塑料板。可以直接植入人体，用导线与心脏相连。导线传入有规律的电子脉冲，刺激心脏跳动。心脏起搏器的电池可以使用 6—10 年。

胆固醇的正常值是多少? 低密度脂蛋白(LDL)与高密度脂蛋白(HDL)各占多少?

国家胆固醇教育计划(NCEP)制定了如下标准：

	标准值	临界值	危险值
胆固醇总量	小于 200 mg/dl	200—239 mg/dl	240 mg/dl 或更高
LDL	小于 130 mg/dl	130—159 mg/dl	160 mg/dl 或更高
HDL	45—65 mg/dl	35—45 mg/dl	低于 35 mg/dl

mg/dl=毫克/每分升

什么是核磁共振成像?

磁共振成像(MRI)也称为核磁共振成像(NMRI),是一种非侵入性、非电离的诊疗技术。MRI 通常被用来检查小肿瘤、血管堵塞及脊椎损伤等疾病。由于 MRI 不使用射线,所以在不适宜使用 X 光时就用 MRI 代替。当磁力通过人体时,就会与人体内的氢原子发生反应,产生微弱的电子信号。计算机接收到信号后,根据器官的健康状态以及身体部位的不同信号,做出相应的反应。变化的图形显示在计算机屏幕上,由专家可以做出解读分析。

MRI 与 X 光的区别是,X 光不能区分出活人与死人,而 MRI 则可以细致地分辨出二者的不同。MRI 可以分辨出健康组织与病变组织,比传统的 X 光与 CAT 扫描精确得多。计算机分层摄影机在 1973 年问世后,受到高度赞扬。CAT 提供三维成像具有一定的局限性。成像物体必须是保持静止的。

雷曼德·达马蒂安(Raymond Damadian, 1936—)在 1972 年的一项专利申请中提出,可以利用 MRI 对病人进行肿瘤检查。保罗·劳特巴(Paul Lauterbar)在 1973 年的《自然》杂志上发表了一篇文章,文章中提到了利用 MRI 基本原理的 MRI 设备。MRI 的主要优点是,它不但可以对软组织进行高级成像,还可以在不侵入人体的情况下,对动态物体进行检查。它的缺点是,MRI 并不能应用在所有病人身上,例如植入心脏起搏器的病人就不能用 MRI 检查,因为机器的磁力可能会将体内的装置移位,引发危险。

超声波是另一种三维成像技术。利用高频声波可以使成像物体产生声呐图。

助听器是什么时候发明的?

早在 1588 年,吉奥瓦尼·巴蒂斯塔·波塔(Giovanni Battista Porta,1535—1615)就在他的《自然魔法》一书中描绘了助听器的设计。这种助听器是木质的,形状接近听觉敏锐的动物耳朵。在 18 世纪初,传声筒和助听筒已研制成功。1550 年,卡尔达诺·卡尔达诺(Gerolamo Cardano,1501—1576)首次建议使用将外部声波振动传入耳骨的骨传导装置,并在 19 世纪初得到进一步发展。1898 年,迪克特格拉弗公司(Dictagraph Company)成功研制出美国第一台电池充电助听器。1901 年,米勒·瑞兹·休切森(Miller Reese Hutchison, 1876—1944)为他设计的第一台电子助听器申请了专利。20 世纪时,助听器有所改进。由于加入微型芯片,使助听器更加小型化,更便于佩戴。

医生用什么仪器来检测人体的反射功能?

敲诊槌,也叫叩诊槌或叩诊器,是一种带有软橡胶头的小锤子,通常直接用来敲打关节部位。这种槌也叫反射锤或者敲击锤，医生通常用它轻击腱部，以引起反射。测试时，病人应尽量坐高一点，使双腿自然下垂，然后医生用小槌轻敲膝盖骨处的腱，这种轻击可使大腿上的四头肌拉伸。拉伸引起肌肉收缩，便会使腿上踢。敲击和伸腿的时间间隔大约是 50 微秒。这个反射间隔对于大脑组织来说非常短，是自发性的。测试说明人体对运动反射的控制功能。

药 物 等

什么是生药学？

这是一门研究天然药物及其物理、植物及化学属性的学科。从植物、蔬菜、动物及矿物资源获取天然药材的历史已有千年了。如今，药房中的所有处方药中，25%的有效成分都取自植物，非处方药中占的比例更高。

为什么医生在开处方时都使用符号Rx？

对此有几种解释。一种通用的解释是，这个符号来自拉丁文的 recipi 或 recipere，意思是“拿”，缩写为 Rx。在古代医学书中，凡是字母 R 出现的地方都会有交叉的 R 出现。

另一种解释是，该符号源自埃及神话。在神话中的两兄弟塞斯（Seth）和荷露斯（Horus）是掌管上层和底层埃及人的天神。荷露斯的眼睛在一次与塞斯的战斗中被打伤，又被另一位名叫透特（Thoth）的天神治好。荷露斯的一只眼睛代表太阳，另一只代表月亮，受伤的是代表月亮的眼睛。这就解释了月相的周期。因此在埃及人看来，荷露斯的眼睛就是疾病治愈的符号。在埃及艺术作品中，荷露斯的眼睛与现在医生写的 Rx 很相似。

医生开的处方中所用到的缩写代表什么？

拉丁文	缩写形式	意思
quaque hora	qh	每小时
quaque die	qd	每天
bis in die	bid	1 天 2 次

续 表

拉丁文	缩写形式	意思
ter in die	tid	1天3次
quarter in die	qid	1天4次
pro re nata	prn	必要时
ante cibum	a.c.	饭前
post cibum	p.c.	饭后
per os	p.o.	口服
nihil per os	n.p.o.	非口服
signetur	sig	须标出药名
statim	stat	立即
ad libitum	ad lib	随意
hora somni	h.s.	睡觉时
cum	c	兼作
sine	s	无
guttae	gtt	滴
semis	ss	一半
et	et	和

常用的药物计量单位有哪些?

英药衡制等量换算标准如下：

数量	英药衡制同量标准
1量滴	0.06毫升或0.02液体打兰或0.002液体盎司
1.5量滴	0.1毫升
15量滴	1毫升
480量滴	1液体盎司
1打兰	3.7毫升或60量滴
1茶匙	60滴
3茶匙	0.5盎司
1大匙	0.5盎司
2大匙	1盎司
1杯	8盎司或30毫升

英药衡制重量

重量	等量标准
1格令	60毫克或0.5打兰
60格令	1打兰或3.75克
8打兰	1盎司或30克

处方药可以保存多久?

一般情况下,处方药的保存不能超过1年。一些非处方药的有效使用日期都会标在外包装盒或容器上。一旦药物出现分解现象,则不可服用。尽管下面给出了一些指导标准,但还是要遵循"如有问题,立即扔掉"的原则。

药物	最长保存时间(年)
感冒药片	1—2年
泻药	2—3年
矿物质药	6年或更长
非处方止痛片剂	1—4年
处方类抗生素	2—3年
处方类降压片	2—4年
晕车药	2年
维生素类(防热、防光、防潮)	6年或更长

处方中使用频率最高的药有哪些?

在2000年,使用频率最高的药如下:

药品名称	治疗范围
氯雷他定	抗组胺药物
立普妥	高血脂症
Synthroid	甲状腺荷尔蒙替换剂
普雷马林	更年期综合征
阿莫西林	青霉素类
泰利诺(扑热息痛)	非麻醉类止痛药

续表

药品名称	治疗范围
拉斯克	利尿剂
西乐葆	非类固醇类抗发炎药物
二甲双胍	血糖调节类药物
硫酸沙丁胺醇	平喘药

什么是“双盲研究”?

在双盲实验中,作为实验对象的病人和作为实验参与者(或观察者)的医务人员都不知道(双盲)谁吃了实验药物,谁吃了中性的“宽心丸”。这样,实验参与者与被实验对象可以减少研究中出现的偏见。

什么是“罕见病用药”?

罕见病用药指的是患病人数低于20万人的药物。由于利润不高,制药公司都不愿意研制或生产这类药品。有些药物是天然的、可见的物质,不能在国家申请专利,加上罕见病用药没有竞争保护,制药公司就更不愿意投资了。罕见病用药法于1983年颁布,鼓励制药公司生产罕见病用药。该法的颁布给数百万的罕见病患者带来了希望。

新药研制需要多长时间?

药品研制是一个长期过程。每1万种研究对象中,只有一种可以成为新药上市。药品研制常需要8—15年的时间。每种新药的研制费用高达3—5亿美元。

现在有多少种药物是从植物中提炼的?

在已知的25万种植物中,只有不到1%的植物可以提炼药物。就在这1%的植物中提炼出了25%的处方药。美国国家癌症研究机构已分辨出3 000种可以提炼抗癌药的植物,包括人参、亚洲盾叶鬼臼、杉树、长春花等。这3 000种植物中有70%来自雨林,因为雨林地区是无数治疗疾病与传染病用药的产地。雨林地区盛产所谓的次级代谢产物,特别是植物碱基。植物学家认为,这种植物碱基可以使植物免于疾病和病虫害。然而,随着雨林的被毁,未来很多制药的原材料也正在消失。随着部落的消失,他们所掌握的有关植物属性与应用的知识也正在消失。

来自雨林地区的动物、植物和微生物的药物有哪些?

药　物	用　途	来　源
尿囊素	愈合伤口	琉璃蝇的幼虫
阿托品	高血压	蜂毒
可卡因	止痛	可可树
可的松	消炎	墨西哥山药
阿糖胞苷	白血病	海绵
薯蓣皂苷配基	节育	墨西哥山药
红霉素	抗生素	细菌
吗啡	止痛	大烟花
奎宁	疟疾	金鸡纳树树皮
蛇根碱	高血压	萝芙木
四环素	抗生素	细菌
长春碱	霍奇金病和白血病	长春花

紫杉醇是从什么植物中提取的?

紫杉醇是从太平洋地区的一种杉树皮中提取出来的。该药可以抵制海拉细胞的生长,并且有望成为新的抗癌药。起初,这种药物十分稀有。到了 1994 年,两组研究人员发现,这种药物可以合成。合成这种药的过程非常艰难,现在仍在改进中。由于目前紫杉醇主要是合成制品,而不是取自树皮,所以资源自然变得更加丰富了。但是合成药仍需要改进,从而提高抗癌效果。

什么是草药?

草药主要用植物来治疗疾病。千百年来,草药一直是主要的治疗药物。

一些常见的草药叫什么?

草　药	植物名称	用　途
芦荟	芦荟	皮肤、胃炎
黑升麻	升麻属鸡仔树	月经不调、更年期症状

续表

草药	植物名称	用途
当归	白芷香椿	月经不调、更年期症状
紫锥花	紫锥花	感冒、提高免疫力
麻黄	麻黄	哮喘、补气、体瘦弱
月见草油	夜来香	湿疹、牛皮癣、经前综合征 胸痛
白菊	艾菊,银胶菊	偏头痛
大蒜	葱属	高血压
姜	姜	恶心、关节炎
银杏	银杏	脑血管机能不全
人参	人参	补气、提高免疫、提高性能力、提神
白毛茛	黄连碱	感冒、提高免疫
山楂	crateaegus laeviagata	心脏功能疾病
卡瓦	卡瓦胡椒	焦虑
奶蓟草	牛奶蓟	肝病
薄荷	胡椒薄荷	消化不良、肠症候群
锯棕榈	serona repens	前列腺问题
金丝桃	贯叶金丝桃	抑郁、焦虑、失眠
茶树油	互叶百千层	皮肤炎症
颉草	缬草	焦虑、失眠

什么是《食品补充健康与教育法案》?

《食品补充健康与教育法案》(DSHEA)是1994年国会通过的法案,用来规范食品药品局(FDA)对食品补充的管理。该法案允许制药商获得相应的中草药销售利润。并且要求FDA在中草药限制销售前,证明其是有害的。

什么是食物补充剂?

根据《食品补充健康与教育法案》,食品补充剂为可食用的、用做饮食补充的营养元素。食品补充剂包括:维生素、矿物质及其他植物氨基酸。食物补充剂通过浓缩、代谢、组合、提取,来增加总营养摄入,从而补充饮食。补充剂有多种形式,片剂、胶囊、液体、胶状、粉末状等。《食品补充健康与教育法案》将食品补充剂归为非药品的特殊一类,并要求每种食品补充剂有严格标示。

破伤风疫苗的有效期是多久?

在美国,婴儿分别在 2 个月、4 个月、6 个月时注射疫苗,破伤风疫苗是 DPT 疫苗的一部分(DPT 疫苗指白喉、百日咳、破伤风混合疫苗)。为了获得免疫能力,每隔 10 年应注射一次。在注射疫苗 5 年后受外伤时,还应再次注射。

1928 年英国细菌学家亚历山大·弗莱明爵士发现了青霉素药物的特点。

谁发明了青霉素?

1928 年,英国细菌学家亚历山大·弗莱明爵士(Sir Alexander Fleming,1881—1955)发现,青霉素具有可以杀死细菌的特性。弗莱明注意到,在一块偶然掉在实验室的青霉素周围,没有细菌生长。然而,直到 1941 年,霍华德·弗洛里博士(Dr. Howard Florey,1898—1968)对青霉素进行提纯试验后,青霉素才投入临床使用。第一次大规模生产青霉素是在厄恩内斯特·切恩博士(Dr. Ernest Chain,1906—1979)的指导下进行的。1945 年,青霉素投入商业运作。同年,切恩、弗洛里和弗莱明一同获得了诺贝尔医学奖。

如今,青霉素仍然广泛用于治疗细菌感染引起的各种疾病,如肺炎、脓毒性咽喉炎、猩红热、淋病和脓疱病等。青霉素的发现直接促进了其他抗生素的研制,有效地抑制了制病菌的滋生。

谁发明了链霉素?

出生于俄国的微生物学家塞尔曼·A. 威克曼(Selman A. Waksman,1888—1973)发明了“抗生素”一词,随后于 1943 年又发现了链霉素。1944 年,默克(Merck)与卡泊尼(Company)同意生产这种抗生素,用来治疗结核与结核脑膜炎。

后来,人们发现链霉素对人体有一定毒性,所以它最终被其他抗生素取代。但是它的发现改变了现代医学的进程。链霉素除了用来治疗结核,还可以用来治疗细菌性脑膜炎、心内肌膜炎、肺及尿道感染、麻风病、伤寒症、肝功性痢疾、霍乱、黑死病等。链霉素治愈过无数生命,它的成功研制使科学家们在微生物界中发现了多种新的抗生素与药物。

谁在美国研制了脊髓灰质炎疫苗?

免疫学家乔纳斯·E.索尔克(Jonas E. Salk,1914—1995)研发了第一支抗脊髓灰质炎疫苗。1952 年,他筹备并对疫苗进行了测试。1954 年,大规模的疫苗测试取得成功。

两年后，免疫学家艾伯特·萨比恩（Albert Sabin，1906—1993）研发了口服疫苗。这种疫苗由 3 种脊髓灰质炎中的惰性活病菌制成。因为给药简单，并且很少有支持者愿意接种疫苗，所以萨比恩的疫苗取代了索克尔研发的疫苗。然而，索克尔依然被认为是战胜脊髓灰质炎的第一人。

第一个使用化学疗法的人是谁？

化学疗法是使用化学物质治疗疾病，特别是恶性疾病的方法。所使用的药物会遏制细菌细胞、寄生细胞和肿块细胞的生长，但对主体细胞没有较大的影响。化学疗法由德国内科医生保罗·埃利希（Paul Ehrlich，1854—1915）引入，对于像白血病和淋巴瘤这样的癌症特别有效。

什么是单体克隆抗体？

单体克隆抗体是一种人造抗体，用于中和异质蛋白质（抗原）。克隆细胞（遗传基因相同）受到刺激，产生目标抗原的抗体。目前所使用的大多数单体克隆抗体的克隆细胞，来自感染癌症的老鼠。这些细胞能够直接消灭癌症细胞，或与其他药物共同消灭癌症细胞。

使用同化类固醇的害处是什么？

同化类固醇的药理作用类似于睾丸激素和其他男性荷尔蒙激素。同化类固醇可以建构肌肉组织、强化骨骼以及在运动和受伤后加速肌肉恢复。同化类固醇有时也可以治疗妇女绝经后的骨质疏松症和一些类型的贫血症。有些运动员使用同化类固醇来加强肌肉强度，同时参加更严格的训练计划。举重运动员、田径运动员和健美运动员最喜欢使用同化类固醇。在大多数有组织的比赛中，同化类固醇是被禁用的，因为它对人体有害，而且有损比赛公平。

同化类固醇带来的不利因素包括：高血压、痤疮、浮肿以及对肝、心脏和肾上腺的损害。在精神症状上易出现幻觉、妄想症和狂躁症。对于男性，同化类固醇可导致不长头发、阳痿和早秃。对于女性，同化类固醇可使女性具有男性特征，例如毛发过重、秃顶、月经紊乱以及声音变粗。对于儿童和青少年，同化类固醇可以影响骨骼生长，导致身材矮小。

自控性镇痛法（PCA）是如何实施的？

自控性镇痛法是一种释药系统。当病人按动按钮时，给病人注射事先调好药量的

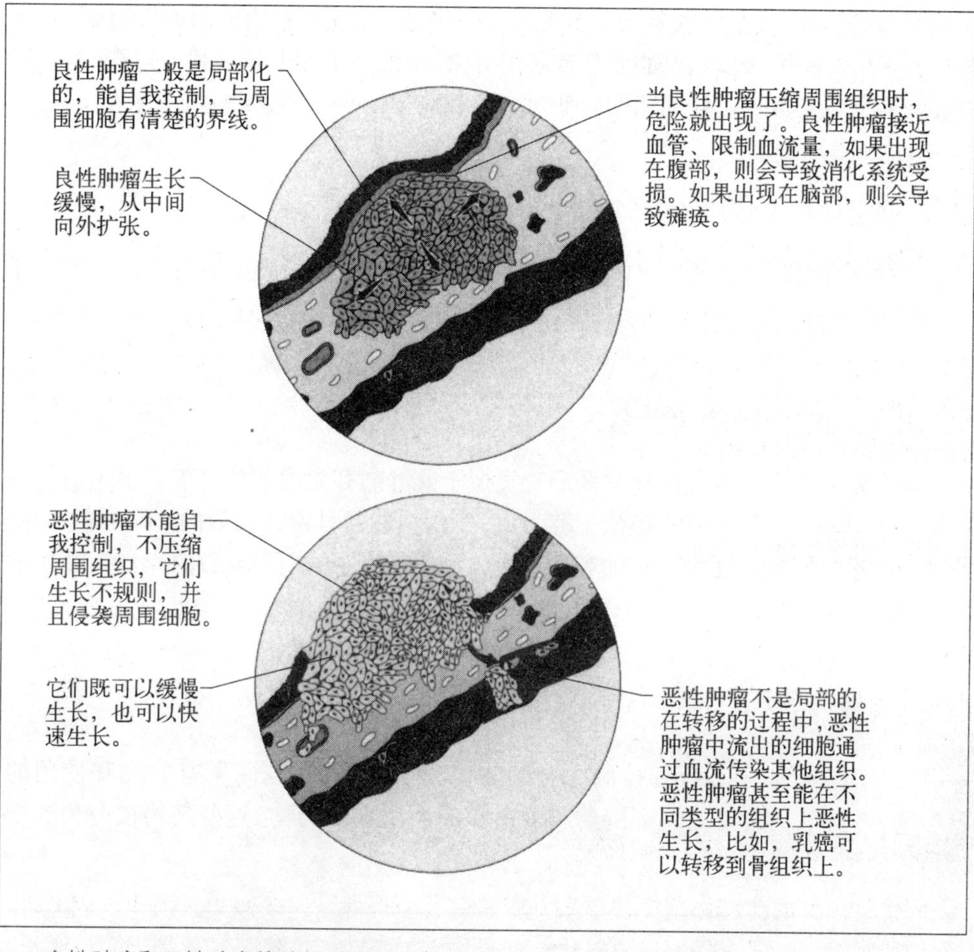

良性肿瘤和恶性肿瘤的特征对比。

麻醉镇痛静脉注射药剂，以便减轻病人的疼痛。这个装置由一个装有 60 毫升药量注射器的带有舱室的计算机泵组成。需要减痛时，病人给自己一剂麻醉剂。如果病人想在事先调整的时间段内增加麻醉剂的药量，闭锁间隔装置可自动停止该系统。

什么是布朗普顿鸡尾酒?

其名称是根据英国布朗普顿胸科医院命名的。布朗普顿鸡尾酒由可卡因、吗啡和止吐剂混合而成，用于减轻病人的疼痛，让病人特别是癌症末期的病人兴奋。

镇静剂可以导致何种出生缺陷?

在 20 世纪 60 年代早期，镇静剂被用做镇静和抗呕吐药物。孕妇由于怀孕初期的反应而服用镇静剂,会导致婴儿出生畸形。一些婴儿出生时没有胳膊或没有腿,还有些婴儿出生时失明、失聪、有心脏病或肠内异常。虽然一些婴儿出现智力迟缓,但大多数婴儿的智力正常。这样的悲剧致使对出售和测试新药物的管理更加严格。

米非司酮(RU-486)如何导致流产?

一片含有 RU-486 (米非司酮) 的药物可以使已受精的胚胎失去适合的子宫环境,可以终止 49 天以内的怀孕。2000 年 9 月 28 日,美国批准使用 RU-486。

化合毒品如中国白粉是什么?

化合毒品是人工合成的化学药品,类似于麻醉剂芬太尼和杜冷丁。中国白粉(3 甲基芬太尼)就是其中一种,类似于芬太尼。中国白粉是杜冷丁药效的 3 000 倍。即使是很小的量也能致人死亡。在加利福尼亚,过量使用中国白粉导致的死亡人数超过 100 人。

什么是管制药物?

1971 年颁布的《防止和控制综合药物滥用法案》旨在控制所有分发和使用的镇静剂、兴奋剂及其他滥用麻醉药物或潜在的滥用麻醉药物。这些药物被分为 5 个级别。

	内容	例子
1	实验性和违法药物。这些药物既不能开药方,也不能在医疗上使用。	海洛因、迷幻药、皮约特仙人掌
2	如表 1 的药物一样,表 2 的药物也不可滥用。但这些药物可以用在医疗上。	安非他明、可卡因、可待因、吗啡
3	表 3 药物的滥用可能性低于表 2。药方可以在 6 个月内重复使用 5 次。	含有可待因的阿司匹林、甲普龙、苯双甲吗啉
4	表 4 药物比表 1—3 的滥用可能性低。和表 3 的用药规律相似。	水合氯醛、安定、镇静安眠剂
5	滥用的可能性最小。可能含有少量的麻醉剂。和非表内的处方药用法相同。	复方苯乙哌啶片、Parapectolin、切拉科尔(cheracol)、愈创甘油醚

可卡因、精炼可卡因和纯可卡因有何区别?

可卡因有很多种不同形式。可卡糊在南美应用广泛,经常被加在烟草或大麻中吸食。可卡因氢氯化物在美国极为常见,呈白色粉末状。可用钞票将可卡因氢氯化物卷起或用麦秆通过鼻子从极小的匙吸入,也可以与水混合后注射。

精炼可卡因是提纯了的可卡因,用水烟袋吸食。精炼可卡因是用乙醚、烘焙粉或其他可卡因粉的可溶剂混合加热制成的。

纯可卡因是随时可以吸食的精炼可卡因。纯可卡因通常用水烟袋吸食。一些吸食者把纯可卡因加入到烟草或大麻中。

检测非法药物的方法有哪些?

血样很少用于日常检测个人滥用麻醉药物上。如果不是服药后很短的时间内采

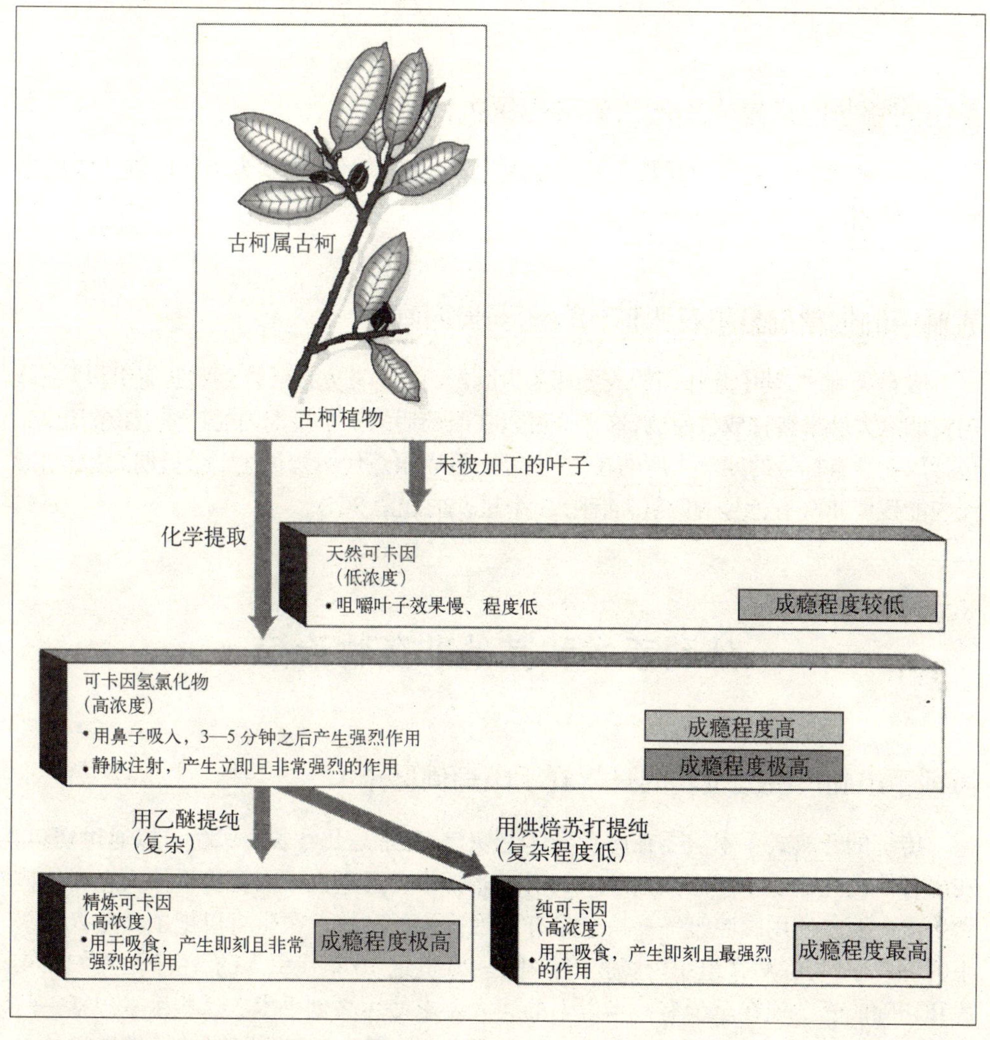

可卡因的不同种类以及成瘾程度。

血,那么血样可以提供的信息有限。另一方面,尿液的采集很方便,而且检测和运输的费用少。皮肤、唾液和头发的样本也可以检测出是否滥用麻醉药物,但技术上相对较难。

通常是在24—36小时内,通过尿样检测可卡因。头发样本可以检测出1年以上服用的可卡因。其他可以通过尿液检测的药物有:

五氯粉(苯环己哌啶)——服药7—8天内可测出;

巴比土酸盐类——服药72小时可测出;

吗啡——服药1—2天内可测出;

海洛因——服药2—3天或4—5天(服用量大)可测出;

安眠酮——服药10天内可测出;

大麻——不常用药者服药5天内可测出;重度吸食者服药10天内可测出。

美国的哪些地方是大麻的合法种植区?

位于密西西比大学的联邦大麻农场成立于1968年。该农场为美国提供法定医学研究所使用的大部分大麻。

大麻中的化学成分能在人体内存留多长时间?

吸食大麻时,其中起作用的成分四氢大麻酚(THC)首先被吸入到脂肪组织里。在体内将四氢大麻酚转化成代谢物,这样就可以在服药后的1个星期内通过尿液检测出来。包括放射性有标号的四氢大麻酚在内的检测,可以跟踪代谢物长达1个星期。人体在3天内能残留40%有标号的四氢大麻酚,1个星期内残留30%。

外科手术和其他非药物治疗

微创手术和传统上主要的开放式手术有何区别?

传统的开放式手术需要在患者身体上切口,经常是几寸长。医生可以通过切口,在患者体内完成手术。而微创手术的切口非常小,医生也不需要将手伸入患者体内做手术,而是使用腹腔镜——一个带有可视镜头的窄棒。医生可以把工具插入到极小的切口中,切除病害组织。腹腔镜检查是20世纪70年代引入的,用于治疗妇科疾病和切除胆囊。现在至少有一半以上的病人要求使用微创手术。这些手术包括——切除胆囊、切除阑尾、疝修复、妇科疾病、结肠切除、部分肺切除、脾切除、慢性胃灼热和胃食管反流病。

微创手术的主要优点是患者痛苦小,疤痕小且恢复快,住院时间短。

第一个做心脏手术的非裔美国医生是谁?

丹尼尔·黑尔·威廉斯博士(Dr. Daniel Hale Williams,1858—1931)是实施心脏手术的先驱。1893年,他在外科手术团队的协助下,为病人做开胸手术,挽救刀伤患者。威廉斯博士可以不借助X射线、输血或麻醉剂,在距离心脏不到一寸的地方缝合刀口。

每年实施的外科手术有多少例?

1999年,仅住院实施的手术就有4 130万例。最普遍的产科手术为617.4万例。紧随其后的心血管手术是613.3万例。

肠线真的来源于猫吗?

肠线(catgut)是一种可吸收的无菌线,它来自健康哺乳动物体内的胶原蛋白。肠线最初是用绵羊肠的黏膜下层制成的。肠线用于外科手术缝线。

谁是第一个接受心脏移植的人?

1967年12月3日,在南非的开普敦,克里斯琴·巴纳德博士(Dr. Christian Barnard, 1922—2001)和30个助理组成的小组完成了第一次心脏移植。手术持续了5个小时,心脏从因交通事故而丧生的25岁的丹尼斯·安·达尔(Denise Ann Darval)身上移植到了55岁的杂货批发商路易斯·沃什安斯基(Louis Washansky)的体内。沃什安斯基存活了18天后死于肺炎。

美国历史上第一次心脏移植手术是由艾德里·安·坎罗威茨博士(Dr. Adrian Kantrowitz, 1918—)于1967年12月6日,在美国纽约州布鲁克林的迈蒙尼德医院完成的。手术对象是一个两周半的婴儿。手术后,婴儿存活了6个半小时。美国第一位接受心脏移植的成年人是54岁的迈克·卡斯柏(Mike Kasperak)。1968年1月6日,他在加利福尼亚的帕洛阿尔托斯坦福医学中心接受手术,该手术是由诺曼·舒瓦博士(Dr. Norman Shumway,1923—)完成的。术后迈克·卡斯柏存活了14天。

从1967年—1993年3月31日之间,共有14 085名患者接受了心脏移植手术。有趣的是,在20世纪70年代,因为受捐者的免疫系统对新心脏的排异反应,几乎无一例成功。1969年,珍-弗朗科斯·博尔(Jean-Francois Borel)发现了抗排异药物环孢霉素。但直到1983年获得美国食品及药物管理局批准之后,该药才得到广泛的使用。今天,心脏移植已成为被大家接受的医学手术。

动物器官能够代替人的器官进行移植吗?

1984年,12个月大的婴儿菲易(Fae)接受了一只狒狒的心脏。20天后,出现排异反应。因为人类器官供不应求,所以研究人员仍在继续寻找可替代的移植器官。1999年,美国食品及药物管理局宣布,如果研究人员不能评估疾病的危险性,则禁止将非人类的灵长目动物器官移植给人类。人们普遍担忧的是,一些对动物有害的病菌或疾病对人类来说却是致命的。研究人员还继续寻找包括猪的器官在内的可供器官资源。

人造心脏贾维克-7——由罗伯特·贾维克博士研制——1982年第一次被移植人体。

第一个人造心脏是何时被使用的?

1982年12月2日,一位61岁的退休牙医巴尼·克拉克(Dr. Barney B. Clark,1921—1983),成为第一个人造心脏移植者。人造心脏贾维克-7(Jarvik-7)是根据发明人罗伯特·贾维克(Robert Jarvik,1946—　)的名字命名的。该手术由犹他大学医学中心的外科医生威廉·德弗里斯博士(Dr. William DeVries)花费7.5个小时完成。克拉克活了112天,于1983年3月23日死亡。肯塔基州路易斯维尔市的威廉·施罗德(William Schroeder,1923—1986)在移入人造心脏后存活了620天(1984年11月25日—1986年8月7日)。1990年1月11日,美国食品及药物管理局召回贾维克-7(贾维克-7曾经是美国食品及药物管理局批准使用的唯一人造心脏)。

心脏起搏器有多重?

现代心脏起搏器的发生器由封闭的钛金属制成,重1—4.5盎司(30—130克),由锂电池提供动力,可持续使用2—15年。心脏起搏器用于纠正心跳无力、心律不齐。它通过电的刺激来纠正心率过低,增强心脏肌肉收缩。心脏肌肉的收缩和扩张产生心跳,一次心跳的时间是平均寿命的1/30亿次,心跳把血液送到全身各处。起搏器是由金或铂金电极、传导线以及起搏盒(小型产生器)构成的。不论心脏起搏器是内置胸腔还是外置,起搏器的电极都直接通过胸腔或穿过静脉连接到心脏右心室。

为什么眼睛移植不可行?

这是因为眼睛的视网膜是大脑的一部分,视网膜细胞源于大脑组织。视网膜细胞和连接大脑的细胞是最不易进行体外操作的。

第一例试管婴儿是谁?

出生于1978年7月25日的路易斯·布朗(Louise Brown)是第一例在母亲体外受精的试管婴儿。产科医生帕特里克·斯特普托(Patrick Steptoe,1913—1988)和生物学家罗伯特·爱德华(Robert Edwards,1939—)研发体外受精及早期胚胎发育。

体外受精是在玻璃盘里进行的而不是在试管中。在玻璃盘中,来自母亲卵巢的卵子和父亲的精子结合(在盐水溶液中)。24小时之内会产生受精卵,当细胞开始分裂时,就把这些受精卵植入母亲的子宫内(或植入其他女人的子宫里)。

什么是碎石术?

碎石术利用超声波或冲击波粉碎肾结石,使小的颗粒排除体外。碎石术有两种方法:体外冲击波碎石术(ESWL)和经皮碎石术。对于小块结石,通常采用体外冲击波碎石术。碎石机通过外部冲击波粉碎结石。在很多情况下,这种技术可以使患者免于做微创外科手术。对于大块结石,则将一种叫做肾镜的内窥镜通过很小的切口插入肾脏。肾镜发出的超声波可以击碎结石,将碎块从肾镜中排出。

在避孕套出现之前,主要的避孕措施有哪些?

有史以来,人们一直在使用避孕器。最传统的避孕器是泡过醋的海绵。避孕套的发明人是查尔斯二世(Charles Ⅱ,1630—1685)的私人医生。避孕套就是根据这个私人医生而命名的。他利用绵羊的油肠,使国王避免得梅毒。在此之前就有避孕套,如意大利解剖学家加百利·法洛皮斯(Gabriel Fallopius,1523—1562)发明的亚麻布避孕套,但是由于太重而以失败告终。

什么是人造皮肤?

这种材料由鲨鱼软骨中提取的有透气性的胶原蛋白纤维和糖化合而成,外面覆盖着一层硅胶。大约在1985年,阿尼斯·V.依奈斯(Ioannis V. Yannas,1935—)和他的同事在马萨诸塞技术学院研制出人造皮肤。此后不久,人造皮肤就成功地治疗了100名严重烧伤患者。

芥子膏是如何制成的?

1汤匙芥末和4汤匙面粉混合,加入足够的温水制成流膏。将流膏放到折叠的布上,贴在胸前。如果病人的皮肤敏感,则应先涂上橄榄油。

什么是负离子发生器?

负离子发生器是一种能够向空气中释放负离子的静电空气净化器。一些研究人员表示,这些负离子可使人获得健康感,增强脑力和体力,减轻过敏、哮喘和慢性头痛的症状,还可以帮助治疗烧伤和胃溃疡。

什么是反射按摩法?

反射按摩法是以一定的压力按摩手、足的反射区。反射区与身体的各个器官和部分相连。按摩反射区可以预防或治疗疾病。早在两千年前,反射按摩法就已在亚洲文化中得到应用。世纪之交时,由威廉姆·菲茨杰拉德医生(Dr. William Fitzgerald)和尤妮斯·英厄姆(Eunice D. Ingham)引入美国。现在,全世界有将近25 000名注册从业者。

什么是虹膜学?

虹膜学通过研究眼睛的虹膜来诊断身体的不足。虹膜学家认为,虹膜的不同区域代表身体的不同部位。虹膜诊病的情况包括:虹膜的颜色、清晰度、结构、斑点等。一旦有了诊断结果,虹膜学家会建议采用自然方法进行治疗和恢复。

什么是香薰疗法?

香薰疗法包括使用从香精油中提取的特殊香气来影响人的情感,治疗轻微的疾病。法国化妆品化学家雷内·莫里斯(Rene Maurice Gatlefosse)在20世纪70年代引入该理论。其理论基础在于人体的情感中枢与嗅觉相连。吸入不同的芳香,能够使焦虑神经得到放松,减轻身体不适。

谁发明了心理剧?

心理剧是由精神病学家雅克·莫雷诺(Jaco L. Moreno,1892—1974)发明的。雅克·莫雷诺出生于罗马尼亚,1927 年来到美国。在那以前,他一直生活在越南。1934 年,莫雷诺在纽约的 Beacon 建立了一家心理剧研究所。由于莫雷诺的努力,心理剧在全世界流行起来。

心理剧是团体心理治疗的一种方法。借助特殊的戏剧方式，研究主角的个性气质、人际关系、心理冲突和情感问题。

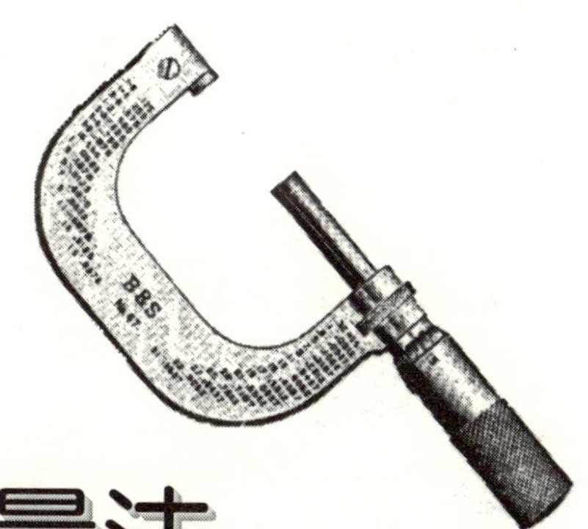

重量单位、度量法、时间、工具和武器

重量单位、度量法和测量

参见：物理和化学——测量、方法学等；
太空——观察和测量；地球——观察和测量；
能源——度量法和度量；健康和医药—— 药物和医学等

在现代单位中《圣经》时代的谢克尔有多重？

1 谢克尔等于 0.497 盎司（14.1 克）。下面是一些古代和现代测量单位的对等换算。

圣经

容积

瓯麦=4.188 夸脱（现代）或 0.45 配克（现代）或 3.964 升（现代）

9.4 瓯麦=1 巴思

10 瓯麦=1 伊法

重量

谢克尔=0.497 盎司（现代）或 14.1 克（现代）

长度

库比特=21.8 英寸（现代）

埃及

重量

60 克=1 谢克尔

60 谢克尔=1 大迈纳

60 大迈纳=1 塔兰特

希腊

长度

库比特=18.3 英寸（现代）

斯迪恩=607.2 或 622 英尺（现代）

重量

奥波尔=715.38 毫克（现代）或 0.04 盎司（现代）

德拉克马=4.292 3 克（现代）或 6 奥波尔

迈纳=0.946 3 磅（现代）或 96 德拉克马

塔兰特=60 迈纳

罗马

长度

库比特=17.5 英寸（现代）

斯塔德=202 码（现代）或 415.5 库比特

重量

迪纳里厄斯=0.17 盎司（现代）

容积

法拉=6.84 加仑（现代）

度量法中的SI 体系是什么?

早在 17 和 18 世纪，法国的科学家们就对很多不合逻辑和不准确的度量法标准提出了质疑，并制定了一套综合的、逻辑的、准确的和通用的度量体系，称为国际单位制（Systeme Internationale d'Unites），简称为 SI。SI 体系以公制体系为基础。因为所有的单位都是 10 的倍数，计算起来非常简单。除了美国、缅甸、利比里亚以外，今天其他所有的国家都采用这个体系。然而，美国的一些科学家、进出口业和联邦机构等，也同样使用 SI 体系。

SI 体系或公制体系有 7 个基本单位：米（用于长度）、千克（用于质量）、秒（用于时间）、安培（用于电流）、绝对温标（用于温度）、新烛光（用于发光强度）、摩尔（用于物质的量)。此外,弧度(平面角)和立体弧度(立体角)以及大量的衍生单位,构成了现在的体系,而且这些体系仍在逐步发展。一些衍生的单位有着专门的名称,如赫兹、牛顿、帕、焦耳、瓦特、库仑、伏特、法拉、欧姆、西门子、韦伯、特斯拉、亨利、流明、勒克司、贝可乐尔、戈瑞和西韦特等。SI 体系的体积和容积单位是立方分米,但是仍有很多人使用"升"这个单位。通过一系列的前缀来表示非常大或非常小的维度,这些前缀是以 10 的倍数增长或减少的。例如,a *deci*meter 是 1 米的 1/10,a *centi*meter 是 1 米的 1/100, a *milli*meter 是 1 米的 1/1 000。a decameter 是 10 米, a hectometer 是 100 米,a kilometer 是 1 000 米。采用这些前缀可以有条理地表示整个体系,而不必发明新名称和新的换算关系。

1米的长度最初是如何确定的?

按照最初的设想,1 米所代表的距离是沿着子午线从北极到赤道之间距离的千万分之一,途经法国的敦刻尔克和西班牙的巴塞罗纳。1798 年 11 月,法国科学家们研究了近 6 年才完成这项工作。他们决定使用铂铱棒作为 1 米的物理复制品。1889 年,科学家们选择了铂铱棒作为国际原型,而没有改变 1 米的长度来适应实际距离。这个方法一直沿用到 1960 年。在世界其他地方,有关 1 米的长度有很多复制版本,其中包括美国国家标准局的复制版本。

1米的长度在现在是如何确定的?

1 米等于 39.37 英寸。现在 1 米的距离被定义为:在真空中,光在 1 秒的 1/299 792 458 时间内所穿过的距离。从 1960—1983 年,1 米的长度被定义为在 1 次放电中,当包含大量 86 号纯氪核素的气体被激发时,将是散发出的橘黄色波长的 1 650 763.73 倍。

码作为测量单位的起源是什么?

在早期,测量长度的习惯方法是利用身体的不同部位(脚、拇指、前臂等)来测量。根据传统,1 码的距离是根据亨利一世(1068—1135)测量而来的,即从亨利一世的鼻子到伸展手臂后的中指指尖的距离。这个标准一直沿用至今。其他测量方法是从物理活动中得来的。例如 1 步的长度、1 里格(等于 1 个小时行走的距离)、1 英亩(1 天耕地的量)、1 弗隆(1 个犁过的沟渠的长度)等等。但是很明显,这些单位都不可靠。厄尔是从肘部到食指的距离,人们用厄尔这个单位测量布匹。1 厄尔的距离在 0.513—2.322 米之间,它取决于使用的地区,甚至是测量对象的类型。

下表是长度度量法,是从古代的计算方法演变而来的美国惯用度量法:

美国惯用的长度度量法		
1手	=	4英寸
1脚	=	12英寸
1码	=	3英尺
1杆	=	16.5英尺
1英寻	=	6英尺
1弗隆	=	220码或660英尺或40杆
1法定英里	=	1 760码或5 280英尺或8弗隆
1里格	=	5 280码或15 840英尺或3英里
1国际海里	=	6 076.1英尺

换算成公制		
1英寸	=	2.54厘米
1英尺	=	0.304米
1码	=	0.914 4米
1英寻	=	1.83米
1杆	=	5.029米
1弗隆	=	201.168米
1里格	=	4.828千米
1英里	=	1.609千米
1国际海里	=	1.852千米

为什么海里和法定英里不同?

女王伊丽莎白一世规定,海里为5 280英尺(1 690米)。这种依据行走距离的测量方法源于罗马人,他们规定1 000步为1英里。

海里不是根据人的行走,而是根据地球的周长而确定的。海里的准确度量法在确定上有着很大的分歧。1954年,美国采用了1 852米的国际海里(6 076英尺)。这是地球表面1弧分的长度。

1海里(国际)=1.150 8法定英里

1法定英里=0.868 976海里

如何把美国惯用度量法换算成公制度量法，反之如何把公制度量法换算成美国惯用度量法？

下表是普通度量单位换算的过程。

欲换算形式	换 算 成	乘 数
英亩	米,平方	4 046.856
厘米	英寸	0.394
厘米	英尺	0.032 8
厘米,立方	英寸,立方	0.06
厘米,平方	英寸,平方	0.155
英尺	米	0.305

如何用美元作为一种测量工具?

美元的纸钞宽 61/8 英寸,长 25/8 英寸。两角五分硬币的直径大约为 1 英寸。1 美分的直径大约是 3/4 英寸。

欲换算形式	换 算 成	乘 数
英尺,平方	米,平方	0.093
加仑,美国	升	3.785
克	常衡盎司	0.035
公顷	千米,平方	0.01
公顷	英里,平方	0.004
英寸	厘米	2.54
英寸	毫米	25.4
英寸,立方	厘米,立方	16.387
英寸,立方	升	0.016 387
英寸,立方	米,立方	0.000 016 4
英寸,平方	厘米,平方	6.451 6
英寸,平方	米,平方	0.000 645 2
千克	盎司,金衡	32.150 75

续表

欲换算形式	换算成	乘数
千克	磅(常衡)	2.205
千克	吨,公制	0.001
千米	英尺	3 280.8
千米	英里	0.621
千米,平方	公顷	100
海里	英里/时	1.151
升	液量盎司	33.815
升	加仑	0.264
升	品脱	2.113
升	夸脱	1.057
米	英尺	3.281
米	码	1.094
米,立方	码,立方	1.308
米,立方	英尺,立方	35.315
米,平方	英尺,平方	10.764
米,平方	码,平方	1.196
英里,海里	千米	1.852
英里,平方	公顷	258.999
英里,平方	千米,平方	2.59
法定海里	米	1 609.344
法定海里	千米	1.609 344
常衡盎司	克	28.35
常衡盎司	千克	0.028 349 5
液量盎司	升	0.03
液体品脱	升	0.473
常衡磅	克	453.592
常衡磅	千克	0.454
夸脱	升	0.946
吨(短吨/美国)	公吨	0.907
吨,长吨	公吨	1.016
公吨	吨(短吨/美国)	1.102
公吨	长吨	0.984
码	米	0.914

续 表

欲换算形式	换算成	乘数
码,平方	米,平方	0.836
码,立方	米,立方	0.765

世界上哪些国家还没有开始正式使用换算成公制体系的度量法?

美国、缅甸和利比里亚是仅有的没有正式使用公制体系的国家。早在1790年,当时美国国务卿托马斯·杰弗逊(Thomas Jefferson)建议采用公制体系。但是,由于英国和美国的主要贸易源还没有开始使用这个体系,公制体系最终没有实行。

干量和液量之间如何换算?

美国惯用的干量度量法		
1品脱	=	33.6立方英寸
1夸脱	=	2品脱或67.200 6立方英寸
1配克	=	8夸脱或16品脱或537.605立方英寸
1蒲式耳	=	4配克或2 150.42立方英寸或32夸脱
1桶	=	105夸脱或7 056立方英寸
1品脱,干量	=	0.551升
1夸脱,干量	=	1.101升
1蒲式耳	=	35.239升

美国惯用液量度量法		
1匙	=	4流体打兰或0.5流体盎司
1杯	=	0.5品脱或8流体盎司
1吉尔	=	4流体盎司
4吉尔	=	1品脱或28.875立方英尺
1品脱	=	2杯或16流体盎司
2品脱	=	1夸脱或57.75立方盎司
1夸脱	=	2品脱或4杯或32流体盎司

续 表

美国惯用液量度量法		
4 夸脱	=	1 加仑或 231 立方英寸或 8 品脱或 32 吉尔或 0.833 英国夸脱
1 加仑	=	16 杯或 231 立方英寸或 128 流体盎司
1 蒲式耳	=	8 加仑或 32 夸脱

换算成公制		
1 流体盎司	=	29.57 毫升或 0.029 升
1 吉尔	=	0.118 升
1 杯	=	0.236 升
1 品脱	=	0.473 升
1 美夸脱	=	0.833 英夸脱或 0.946 升
1 美加仑	=	0.833 英加仑或 3.785 升

短吨、长吨和公吨的区别是什么?

1 短吨或美吨或净吨(有时只叫做“吨”)等于 2 000 磅;1 长吨或 1 常衡吨等于 2 240 磅;1 公吨等于 2 204.62 磅。其他重量比较如下:

美国惯用度量法		
1 盎司	=	16 打兰或 437.5 格令
1 磅	=	16 盎司或 7 000 格令或 256 打兰
1 短英担	=	100 磅
1 长英担	=	112 磅
1 短吨	=	20 英担或 2 000 磅
1 长吨	=	20 长英担或 2 240 磅

换算成公制		
1 格令	=	65 毫克
1 打兰	=	1.77 克

续 表

换算成公制		
1 盎司	=	28.3 克
1 磅	=	453.5 克
1 公吨	=	2 204.6 磅

在面积度量单位上美国单位和公制单位分别是什么?

美国惯用面积度量法		
1 平方英尺	=	144 平方英寸
1 平方码	=	9 平方英尺或 1 296 平方英里
1 平方杆	=	30.25 平方码或 272.5 平方英尺
1 路得	=	40 平方杆
1 英亩	=	160 平方杆或 4 840 平方码或 43 460 平方英尺
1 街区	=	1 平方英里或 640 英亩
1 镇区	=	6 平方英里或 36 平方英里或 36 街区
1 平方英里	=	640 英亩或 4 路得或 1 街区

国际面积度量法		
1 平方毫米	=	1 000 000 平方微米
1 平方厘米	=	100 平方毫米
1 平方米	=	10 000 平方厘米
1 公亩	=	100 平方米
1 公顷	=	100 公亩或 10 000 平方米
1 平方千米	=	100 公顷或 1 000 000 平方米

水有多重?

美国通用度量法		
1 加仑	=	4 夸脱
1 加仑	=	231 立方英寸

续 表

美国通用度量法		
1 加仑	=	8.34 磅
1 加仑	=	0.134 立方英尺
1 立方英尺	=	7.48 加仑
1 立方英寸	=	0.036 0 磅
12 立方英寸	=	0.433 磅

英国度量法		
1 升	=	1 千克
1 立方米	=	1 吨(公吨)
1 英国标准加仑	=	10.022 磅
1 英国标准加仑盐水	=	10.3 磅

如何将常衡度量法换算成金衡度量法以及这两种度量法之间的区别?

金衡是众多度量单位中的一个体系,主要用于测量金和银的重量。1 金衡盎司等于 480 格令或 31.1 克。常衡是用于测量物体质量的单位体系,但其中不包括贵金属、宝石和药品。常衡的测量以磅为基础,大约等于 454 克。无论在金衡还是常衡的体系中,1 格令的重量都是 65 毫克。然而对于其他单位,重量即使是相同的单位名称,这两个体系也不表示相同的重量。

金衡

1 格令=65 毫克

1 盎司=480 格令=31.1 克

1 磅=12 盎司=5 760 格令=373 克

常衡

1 格令=65 毫克

1 盎司=437.5 格令=28.3 克

1 磅=16 盎司=7 000 格令=454 克

欲换算形式	换 算 成	乘 数
常衡磅	金衡盎司	14.583
常衡磅	金衡磅	1.215
金衡磅	常衡盎司	1.097
金衡磅	常衡磅	0.069
常衡盎司	金衡盎司	0.911
金衡盎司	常衡盎司	1.097

1磅金子和1磅羽毛哪一个更重?

1磅羽毛比1磅金子重,这是因为金子是用金衡磅测量的,而羽毛是用常衡磅测量的。1金衡磅有12盎司,而1常衡磅有16盎司。在公制体系中1金衡磅等于372克,而1常衡磅等于454克。每1金衡盎司都比1常衡盎司重。

地平线的距离是如何测量的?

地平线的距离取决于观察者视线的高度。把海平面到视线的水平高度的距离乘以3再除以2,然后取得数的平方根,所得结果就是到地平线的距离。例如,假设视线的水平高度高于海平面6英尺,那么地平线的距离大概有3英里远。如果视线的水平高度和海平面是一致的,那么观察者的面前就是地平线,所以根本看不到地平线的距离。

水准基点是什么?

水准基点是一个永久的、被人们所认可的基准点,该点是众所周知的。这个点可以是一个现存的物体(例如消火栓的顶点),或者是放在混凝土柱顶端的一个黄铜盘。观测者和工程师们利用水准基点和水平望远镜，通过读取一些高于水准基点的点的距离从而确定物体的高度。

什么是经纬仪?

这种用于测量光线的入射角和方向的光学观测工具被安置在一个可调节的三脚架和能够测定出何时与地平面平行的水平仪上。和普通的中星仪一样,经纬仪的读数更准确,并可以读到1°以内的分数。经纬仪包括:用于观测主要目标的望远镜、提供有关地平线数据与地平线平行的金属板和一个读取垂直仪表读数的带刻度的垂直金属板。观测者利用三角几何,计算出到经纬仪测量的光线入射角的距离。此种三角测量用于公路和隧道建设以及其他民用工程。其中最早的一种测量工具早在1571年就出现在英国人列奥纳得·迪格斯(Leonard Digges)名为《潘特米特亚几何论文集》(Geometrical Treatise Named Pantometria)一书中。

时 间

参见:生物学——分类、度量法和专用术语

时间是如何度量的?

时间的消逝可以用3种方法测量。转动时间根据平均的日光时间单位(时间的平均长度需要地球围绕它的中心线旋转一周)。第二种测量方法是动态时间,它采用通过月亮和行星的运动决定时间,同时避免了地球旋转的多样性问题。第一个动态时间刻度是1896年提出并在1960年修正的历书时间。

第三种测量方法是原子时间。这种测量方法是基于原子内极其规律的振动,利用原子钟来测量的。1967年,原子秒被作为基本的时间单位使用(原子秒的长度是一个热铯原子振动9 192 631 770次的时间)。现在原子钟被视为国际时间标准。

除此之外,时间的测量方法还包括其他一些缺乏科学依据的术语。下面列出的是其他的一些时间表达方法。

黎明、黄昏(Twilight)——第一缕轻柔的阳光,太阳仍在地平线下,也是最后一缕阳光。

午夜(Midnight)——12 a.m.;一天即将结束,夜晚即将变成清晨的时间点。

黎明(Daybreak)——太阳的第一次显露。

拂晓(Dawn)——阳光逐渐增多。

正午(Noon)——12 p.m.;上午即将变成下午的时间点。

黄昏(Dusk)、傍晚——阳光逐渐减少。

日落(Sunset)——最后一缕阳光;太阳在地平线以下。

晚上(Evening)——一个意义广泛的词,通常指在日落到睡觉这段时间。

夜晚(Night)——黑暗的时间,从日落持续到午夜。

现代时间记录的根据是什么?

人类一直将年、月、星期和日与地球和月球的运转联系在一起。然而,现代钟表计时的基础是数字 60。大约公元前 3000 年，苏美尔人采用 10 计算体系，同时又采取 60 计算体系。时间记录体系继承了这种以 60 秒为 1 分钟，60 分钟为 1 小时的形式。10 和 60 结合起来构成了这个时间的概念：10 小时是 600 分钟；10 分钟是 600 秒；1 分钟是 60 秒。1 秒和这些因数没有任何关系，科学家们根据的是铯-133 来确定 1 秒的持续时间（铯-133 是金属铯的同位素）。据官方说法，1 秒钟的时间是铯-133 原子振动 9 192 631 770 次的时间总量。

日历年的确切长度是多少？

日历年是春分时，太阳连续两次穿过天空赤道的时间。一个日历年确切地说是 365 天 5 小时 48 分 46 秒。事实上，一年的时间不是天数的整数形式，这就影响了日历的发展。随着多出时间的日积月累，误差便产生了。现在的日历是以罗马教皇格利高里十二世（Gregory XII，1502—1585）命名的，称为格利高里日历。这种日历采取每隔 4 年给 2 月加一天的补偿方法。多加一天的那一年被称为“闰年”。

世纪是如何开始的？

一个世纪有 100 个连续的日历年。第一个世纪包括 1—100 年。20 世纪是从 1901—2000 年。21 世纪从 2001 年 1 月 1 日开始。

1月1日何时成为新年的第一天？

朱利亚·恺撒（Julius Caesar，公元前 100—公元前 44）改编了罗马日历，并在公元前 45 年采用了阳历而非阴历的纪年方法，将 1 月 1 日定为一年的开始。1582 年引进格利高里日历时，大多数地方把 1 月 1 日作为新年的第一天。然而，在英国和美国殖民地，代表春分的 3 月 25 日被认为是一年的开始。在这个体系下，1700 年的第一天是 3 月 24 日，1701 年是 3 月 25 日。1752 年，英国政府把一年的第一天改为 1 月 1 日。

除格利高里日历之外，还有哪些日历被人类使用过？

巴比伦日历——按阴历计算的日历，1 年约等于 354 天，由 29 天的月份和 30 天的月份交替构成。当日历和天文事件不一致时就会另加 1 个月。此外，每隔 8 年就要加 3 个月，以便调和阴阳历。

中国日历——按阴历计算的日历，由 12 段时间组成，其中既有 29 天也有 30 天。太阳进入宝瓶座之后，中国出现的第一轮新月（在 1 月 21 日—2 月 19 日之间）即象征着新年的到来。每年都由一个数字和名称表示（例如，1992 年，或者中国纪元

4629,这一年是猴年)。这种日历通过在固定时间间隔加入额外月份,使得阴历和阳历保持同步。

穆斯林日历——按阴历计算的日历,共有12个月,由29天的月份和30天的月份交替构成,共354天。伊斯兰年和阳历年(季节)无关。日历开始的时间是公元622年(穆罕默德从麦加到麦迪纳之行的日期)。

犹太日历——按阳历和阴历混合计算的日历,该日历通过增加1个月(亚达月,或第二亚达月或犹太历闰月)的方式来保持阴历和阳历一致。这种情况在19年循环中发生7次。当插入多加的29天那个月时,亚达月就用30天代替29天。通常1年12个月是按照先30天的月份,然后29天的月份这样交互组成的。

埃及日历——古代埃及人第一个使用阳历日历(大约公元前4236年或公元前4242年),但是他们的年起始于天狼星的升起(天空中最亮的星)。1年365天比真正的阳历年短1/4天,所以埃及日历和季节是不相符的。埃及日历有12个月,每月30天,每星期5天和5个节日。

科普特日历——仍然用于埃及和埃塞俄比亚地区,它和埃及日历有着相似的循环:共有12个月,每月30天,另有5天作为补充。闰年时,经常是在朱利安日历的闰年之前,补充的天数由5天增加到6天。

罗马日历——借鉴了古希腊日历,以奥林匹克运动会为基础,4年循环一次。最早的罗马日历(大约公元前738年)有10个月,共304天。每隔1年加入1个22天或23天的短月,从而使阴历和阳历保持一致。后来,在年末加了两个月(1月和2月),把1年增加到了354天。在塔克文·普利斯库斯(Tarquinius Priscus,公元前616—公元前579)当政时期,罗马共和国日历取代了罗马日历。这个按阴历计算的新日历有355天,2月是28天,其他月份是29或31天。每隔两年加1个月,以便保证日历和季节的同步性。到朱利安日历取代罗马共和国日历时,日历比季节提前了3个月。

儒略日历——朱利亚·恺撒(Julius Caesar,公元前100—公元前40)希望所有帝国都使用同一个日历。天文学家索西琴尼(Sosigenes)发明了统一的阳历日历,1年365天,每隔4年(闰年)增加一个"闰日",以弥补阳历年365.25天。1年有12个月。除了2月是28天(或闰年是29天)外,其他月份是30或31天。一年的第一天也从3月1日改成1月1日。

格利高里日历——1582年,教皇格利高里十三世(Pope Gregory XIII,1502—1585)改革日历,重新排列春分(春季的第一天)和复活节(教堂庆祝活动)。为了使阳历日历和季节保持一致,新的日历没有闰年,当时的那个世纪不能被400整除。因为阳历年在缩短,现在需要补上日期时有1/2调节时间(经常在12月31日午夜)。

日本日历——在年、月和星期上,日本日历和格利高里日历的结构相同。但用统治者的名字作为年的纪元。最后一个纪元(明仁天皇)是始于1989年1月8日的平成纪元。

印度日历——印度日历主要根据历史事件来计算时间,例如统治者的即位和死亡或宗教创始人年份。毗克罗摩纪元(始于北印度,在西印度一直沿用至今)可以追溯到格利高里日历的公元前 57 年 2 月 23 日。萨卡纪元始于格利高里日历的公元 78 年 3 月 3 日,阳历年有 12 个月 365 天,闰年有 366 天。前 5 个月每月为 31 天,后 7 个月每月为 30 天。在闰年,前 6 个月是 31 天,后 6 个月是 30 天。萨卡纪元于 1957 年开始成为印度的国家日历。佛教纪元始于公元前 543 年(据说是佛祖去世的年份)。

3 个现世日历是儒略日历(天文学家们曾使用过这种日历,并把 7 980 年作为一个循环周期)、永久日历和世界日历。世界日历和永久日历相似,1 年有 12 个月,每月有 30 天或 31 天,新年是每年的最后一天,闰日在每隔 4 年的 7 月 1 日前。

人们曾试图改革并简化日历。例如,将 1 年改为 13 个月,每月 4 个星期。索尔月在 7 月之前,新年在每年的最后一天,闰日在每隔 4 年的 7 月 1 日前。法国曾经出现过激进的改革。法国大革命后,法国共和国日历(1793—1806 年)取代了格利高里日历。法国共和国日历规定:每年有 12 个月,每有 30 天,在年末有 5 个补充日(闰年有 6 个补充日),星期由 10 天一个周期代替。

什么是世界日历?

在第二次世界大战后,美国在联合国发起了一场鼓励国际社会采用共同日历的运动,这种共同的日历被称作世界日历。它可以自己调整不规则的月份,把 1 年平分成 4 份,固定星期和月份的顺序,所以月份中的日期总可以和星期中的相同日期重合。世界日历中,1 年 364 天,分成 4 个 91 天,每一份是 31、30 和 30 天。每年有 52 个星期,每个星期都是以星期天开始,星期六结束。每年都要加上 1 天,这一天也叫“世界日”。“世界日”的正式称谓是“世界 12 月”(W December)。每隔 4 年的闰年到来时,需要在日历的 6 月 30 日之后插入 1 天,这一天被称作“世界 6 月”(W June)。虽然有人预言,世界日历能够在 1961 年被采用,但事实是,它屡次未能在联合国通过。

什么是儒略日计数?

这种用来计算天数而非年数的系统是约瑟夫·朱塔斯·斯里格(Joseph Justus Scaliger, 1540—1609)在 1583 年发明的。今天天文学家们仍然使用的儒略日计数是根据斯里格的父亲朱利亚·恺撒·斯里格(Julius Caesar Scaliger)而命名的,儒略日(JD)是公元前 4113 年 1 月 1 日。在这一天,朱利安日历、古罗马租税日历和阴历日历的儒略日是重合的,这种情况在只有 7 980 年后才能再次出现。1991 年 12 月 31 日中午是儒略日 2 448 622 的开始。天文学家们发明了简单的儒略日换算表,把格利高里日历日期换算成儒略日。

除了格利高里日历之外所有的日历都采用12个月的循环吗?

不是的。一些日历有不同的月份循环,它们的第一个月份出现在不同的时间。下面是一年中开始月份的不同变化。

一年中的月份

格利高里历	希伯来历	印度历
1月	5月	11月
2月	6月	12月
3月	7月	1月
4月	8月	2月
5月	9月	3月
6月	10月	4月
7月	11月	5月
8月	12月	6月
9月	1月	7月
10月	2月	8月
11月	3月	9月
12月	4月	10月

闰阿达尔月(每隔3年有13个月)

穆斯林	中国	
1月	立春	立秋
2月	雨水	处暑
3月	惊蛰	白露
4月	春分	秋分
5月	清明	寒露
6月	谷雨	霜降
7月	立夏	立冬
8月	小满	小雪
9月	芒种	大雪
10月	夏至	冬至
11月	小暑	小寒
12月	大暑	大寒

哪些动物名称被用于中国的年份?

共有 12 个不同的名称,按照以下顺序排列:鼠、牛、虎、兔、龙、蛇、马、羊、猴、鸡、狗和猪。下表是属相和中国年之间对应的顺序。

中国年的循环

鼠	牛	虎	兔	龙	蛇
1996	1997	1998	1999	2000	2001
2008	2009	2010	2011	2012	2013
2020	2021	2022	2023	2024	2025
马	**羊**	**猴**	**鸡**	**狗**	**猪**
2002	2003	2004	2005	2006	2007
2014	2015	2016	2017	2018	2019
2026	2027	2028	2029	2030	2031

中国年的 354 天和西方年的 365 天差 3 天到 7 个星期,所以属相和时间的对应总是变化的,并不是 1 月 1 日就是一个新的属相。

什么时候出现闰年?

闰年指可以被 4 整除的年份(百年除外)。能被 400 整除的百年才是闰年。1900 年不是闰年,所以在这一年没有 2 月 29 日。2000 年是闰年,下一个整闰年是 2400 年。

什么是闰秒?

地球的旋转速度减慢,为补上滞后的运动,需要在指定的一天加上闰秒。1992 年为了使日历和国际原子时间保持一致而加了闰秒。为了完成这个改变,1992 年 6 月 30 日 23 小时 59 分 59 秒之后依次为 1992 年 6 月 30 日 23 小时 59 分 60 秒和 7 月 1 日 0 分小时 0 分 0 秒。

有记载的最长的年和最短的年分别是什么?

最长的年是公元前 46 年朱利亚·恺撒引入的。朱利安日历一直沿用到 1582 年。

恺撒在一年中多加了两个月，并在2月多加23天，以弥补在埃及日历中累计减少的天数。这样，公元前46年共有455天。1582年是最短的年，那一年教皇格利高里十三世(1502—1585)引入格利高里日历。他颁布法令，把10月5日改为10月15日，从而减少10天，以补上朱利安日历中累计产生的误差。但不是每个人都立即接受这个新的日历。信奉天主教的欧洲国家在法令颁布后的两年内采用了这个日历。很多新教大陆国家在1699—1700年也采用了此日历。1752年，英国迫使其殖民地采用了此日历。1753年，瑞典采用了此日历。很多非欧洲国家在19世纪采用了此日历。中国是在1912年，土耳其是在1917年，俄罗斯是在1918年。格利高里日历代替了朱利安日历，1582年10月5日—1700年2月28日之间加10天；1700年2月28日—1800年2月28日加11天；1800年2月28日—1900年2月28日加12天；1900年2月28日—2100年2月28日加13天。

星期的名字从何而来?

英语中的星期是根据盎格鲁-撒克逊和罗马神话来命名的。

天	命 名 根 据
星期日	太阳
星期一	月亮
星期二	泰尔(古盎格鲁-撒克逊的战神，相当于挪威战神蒂尔或罗马战神马尔斯)
星期三	沃登(古盎格鲁-撒克逊的奥丁神，斯堪的纳维亚主神)
星期四	托尔(古斯堪的纳维亚的雷神)
星期五	弗丽嘉(古斯堪的纳维亚神话中婚姻爱情的女神，相当于罗马女神维纳斯)
星期六	萨图恩(罗马的农神)

星期的起源是什么?

星期起源于巴比伦日历。在巴比伦日历中，7天中有1天是休息日。

月份是如何命名的?

现代日历(格利高里日历)的英语名称来源于罗马。罗马人经常用神与特殊事件的名称来为月份命名，并以此来表示对神的尊敬，或对特殊事件的纪念。

1月(拉丁语 Januarius)以罗马的双面神 Janus 命名，一面脸看过去，一面脸看未来。

2月(Februarium)来自拉丁语Februare,意为“净化”。在2月时,罗马人用宗教仪式清除他们的罪恶。

3月(Martius)用于纪念战神马尔斯。

4月(Aprilis)来源于在拉丁语Aperio,意为“展开”,因为在这个月植物开始成长。

5月(Maius)来源于罗马女神玛雅,和拉丁语Maiores一样,意为“长者”,这个月用来颂扬长者。

6月(Junius)来源于朱诺女神和拉丁语iuniores,意为“年轻人”。

7月(Julius)来源于拉丁语Quintilis,意为“五”,因为这是早期罗马日历的5月,后为了纪念朱利亚·恺撒(公元前100—公元前44)改为7月。

8月(Augustus)为了纪念皇帝奥克塔维亚(Octavian,公元前63—公元前14)即罗马帝国的第一代皇帝奥古斯特斯·恺撒(Augustus Caesar)。起初这个月被称为Sextilis(早期罗马日历的第六个月)。

9月(September)来源于septem,意为“七”,原指第7个月。

10月(October)来源于octo,意为“八”,原指第8个月。

11月(November)来源于novem,意为“九”,原指罗马早期日历的第9个月。

12月(December)来源于decem,意为“十”,原指罗马早期日历的第10个月。

为什么季节的长度不同?

季节的长度不同是因为,地球围绕太阳运转的轨道是椭圆的,而不是圆形的。1月,地球最靠近太阳,重力使得行星运动速度加快。夏天地球离太阳距离变远,行星运动速度减慢。所以北半球的秋季和冬季比春季和夏季的时间稍稍短些。北半球季节的持续时间如下:

春季	92.76天
夏季	93.65天
秋季	89.84天
冬季	88.99天

从2002—2009年每个季节开始的日期是什么?

北半球的4个季节和天文时间是一致的。春季从春分开始(大约是3月21日)到夏至结束(6月21日或22日);夏季从夏至开始到秋分(大约9月21日);秋季从秋分开始到冬至(12月21日或22日);冬季从冬至到春分。南半球的季节和北半球正相反,秋季相当于春季,冬季相当于夏季。季节的产生是因为地球中心轴的倾斜改变了太阳在天空中的位置。冬季太阳在天空中的位置(倾斜的角度)最低;夏季则最高。

年份	春分	夏至	秋分	冬至
2002	3月20日	6月21日	9月22日	12月21日
2003	3月20日	6月21日	9月23日	12月22日
2004	3月19日	6月20日	9月22日	12月21日
2005	3月20日	6月20日	9月22日	12月21日
2006	3月20日	6月21日	9月23日	12月22日
2007	3月21日	6月21日	9月22日	12月22日
2008	3月20日	6月21日	9月22日	12月21日
2008	3月20日	6月21日	9月22日	12月21日

复活节的日期是如何制定的?

基督教确立复活节的方法是,出现第一轮满月后的第一个星期日,或春分之后。在北半球,春分是春季的第一天,因为第一轮满月可以出现在春分后的任何一天。所以复活节可以早到3月22日,晚到4月25日。下面是2002—2012年复活节的日期表:

年份	日期	年份	日期
2002	3月31日	2008	3月23日
2003	4月20日	2009	4月12日
2004	4月11日	2010	4月4日
2005	3月27日	2011	4月24日
2006	4月16日	2012	4月8日
2007	4月8日		

逾越节的日期是如何决定的?

逾越节始于犹太尼散月15号前太阳落山之时,尼散月即犹太教历1月,犹太国历7月,在公历3、4月间。逾越节是以色列人的公共节日,纪念以色列人在公元前1290年走出埃及。"逾越"(passover)一词指的是,当以色列人摆脱埃及的奴役时,他们遭受的10种苦难也从此远离以色列家庭。

为什么人们有时会看到时间表示法"B.P.6500",而不是"B.C.6500"?

考古学家通常使用before the present的缩写形式B.P.或BP来代表某一个年份

或日期。这个日期只是 1950 年以前某个时间的粗略估计,并不是以放射性断代法为基础来计算的。

"地方正午"是如何计算的?

"地方正午"通常也叫"太阳中天时间"。在此段时间中,太阳位于一天中的最高点。这个时间与时钟上所显示的正午时间不同。要计算地方正午时间,首先必须知道日出和日落时间(通常在一些重要报纸上都会有日出和日落时间的刊载),然后计算出总的日照时间,用这个总日照时间除以 2,将得数加在日出时间上,最后所得时间即是"地方正午"时间。例如:如果日出时间是早上 7:30,日落时间是晚上 8:40 分,那总日照时间为 13 小时零 10 分钟,除以 2 则是 6 小时 40 分钟(即 13 小时除以 2 等于 6 个半小时外加 10 分钟)。把这个时间加到早上 7:30 分上,即得出"地方正午时间"为下午 1:40 分。

美国是从什么时候开始执行夏令时的?

从 1967 年开始,美国各州及其所有领地开始执行夏令时间。此后每年 4 月的第一个星期日下午两点开始,即为夏令时间。时钟将被调快一个小时,直到 10 月的最后一个星期日下午两点时钟才被调回一个小时。在以后的期间里,夏令时间的长度总是有所变化。但是从 1986 年 7 月 8 日开始, 最初定下的夏令时起止时间被恢复使用。1972 年的一个历法修正案则允许一部分州不使用夏令时间。

夏令时法案的颁布执行使光明时间延长。有个短语:"秋天过去,春天来到"就是意指这个季节中的夏令时。其他一些国家也相继采用了夏令时。例如,在西欧,夏令时一般是从 3 月的最后一个星期日到 9 月的最后一个星期日。英国则将夏令时终止时间延至 10 月的最后一个星期日。南半球一些国家则是把 10 月到第二年 3 月定为夏令时间,而赤道附近国家则执行标准时间。

美国的哪些州与领地不采用夏令时?

亚利桑那州、夏威夷州、波多黎各地区、美属维克京群岛、美洲萨摩亚群岛及大部分印第安地区不采用夏令时。

时钟上的指针为什么顺时针旋转?

一位计时方面的专家名叫亨利·弗莱德做出了这样的假设:他认为钟表指针

的顺时针旋转源于钟表发明前的日晷的使用。在北半球,太阳的阴影就是以顺时针方向移动的,钟表的发明者就是模仿了太阳这一自然运动现象,从而设计出了钟表指针的旋转方向。

夏令时的其他叫法是什么?

在英语中,夏令时除了 Daylight Saving Time 外,还可以说成 fast time 或 summer time。在汉语中则称为夏令时或夏时制。

世界上一共有多少个时区?

根据 1884 年《华盛顿子午线会议》规定,地球表面在 15 个等分经度范围内,共划分 24 个标准时区,60 分钟为一个国际标准时间(即一个小时),每一天包含 24 个小时。

中国与俄罗斯在时区上有什么差异?

横跨 11 个时区的俄罗斯常常认为自己"走在时间的前面",因为俄罗斯国内的标准时间比国际标准时间早一个小时。俄罗斯的夏令时是从 3 月的第 4 个星期日直到 9 月的第 4 个星期日。而中国尽管只跨越 5 个时区,却同样走在了时间前面,中国的标准时间比格林威治时间早 8 个小时。

从东京到西雅图跨过国际日期变更线旅行时,应该是星期几?

从西向东旅行时,日历日期应该往后算(即周日为周六)。从东向西旅行时,日历时间应该向前算(即周二为周三)。在 180 子午线附近时,国际日期变更线近似于 Z 形曲线,在此处日历时间与实际时间分离。

何谓国际标准时间?

1972 年 1 月 1 日,国际标准时间代替格林威治时间成为科技著作的时间参考坐标。国际标准时间是由原子钟测量得出,同时也被看成是自 1968 年以后采用原子秒的逻辑发展结果。

国际标准时间的优点是事件发生的时间可以快速测定,而不用依赖那些费时的天文观察和计算,这些天文观察和计算在原子钟问世前是必不可少的。国际标准时间指的也就是国际原子时间。格林威治时间则是依据太阳穿过本初子午线的时间为依

据测量的。(本初子午线即0度经线,该经线穿过格林威治天文台)

谁在美国创立了准确时间?

美国国家标准和技术研究所(NIST)使用铯辐射钟作为NIST的原子频标来测定原子时间。进入NIST的官方网站http://www.nist.gov,选择"check time",使大众检测准确时间成为可能。这种铯辐射钟可以在一秒内进行精确的加减运算。在1967年第十三届《国际计量大会》上原子秒这一概念被正式定义为铯-133的原子振动9 192 631 770次的时间。现在NIST的这种铯辐射钟已被当作母钟使用并且相对于其他时间参照物来说是独立的,因为它可以提供非常精确的时间。

美国时间标准的信号是什么?

国际标准时间通过无线电台WWV和WWVH,每隔5分钟以国际莫尔斯电码形式发布。这些电台都属于NIST(NIST的前身为美国国家标准局)。

字母组合a.m.与p.m.的含义是什么?

字母组合a.m.代表的是ante meridian,拉丁语指:正午以前的时间。字母组合p.m.为post meridian,拉丁语指:正午以后的时间。

在带有罗马数字的钟表表盘上为什么用IIII而不是用IV来代表数字4?

如果在钟表表盘上使用IV会产生一种失衡感。所以从一开始就使用IIII,这样看起来可以与同样复杂的VIII平衡。

日晷是如何工作的?

日晷是最初测量时间的仪器之一,它通过模仿太阳的运动轨迹来进行时间测量。将一个指时针安装在时间标盘上,通过观察标盘上指时针的阴影来读出时间。日晷仪通过测量太阳的高度得出时间,这个时间通常需要随季节的变化而进行一些修改和说明。

什么是花钟?

在中世纪,人们通常认为可以通过观察鲜花而得知一天中的时间,因为大家相信鲜花都是在一段特定的时间内开放和凋谢的。在鲜花的度盘中不同的时间被植为不同的鲜花。一朵含苞的玫瑰来代表一天中的第一个小时,风信子代表第四个小时,三色紫罗兰代表第十二个小时。这种不可靠的计时方法很快就变成了一种摆设,但是时至今日在各种花园中仍然可以看到这种花钟。目前世界上最大的花钟位于日本北海道的玫瑰大厦内。该花钟直径达 69 英尺(21 米),花钟长指针的长度接近 28 英尺(8.5 米)。

海上时间是如何表示的?

海上一天的时间分为值班时间和击钟时间。除了下午 4—8 时这段时间外,一班为 4 个小时,在这段时间内分为两个短班。在每一个班里会击钟 8 次,每一次代表半个小时,8 次击钟结束也就代表着一个班结束了,下午 4—8 时以击钟 4 次结束。新年这天一般为击钟 16 次。

击钟次数	对应时间		
1 次	12:30 或	4:30	或上午 8:30
2 次	1:00	5:00	9:00
3 次	1:30	5:30	9:30
4 次	2:00	6:00	10:00
5 次	2:30	6:30	10:30
6 次	3:00	7:00	11:00
7 次	3:30	7:30	11:30
8 次	4:00	8:00	12:00

老爷钟(有摆的落地大座钟)这个词源自何处?

这种落地大座钟是由荷兰科学家克里斯蒂安·休根(Christian Huygens, 1629—1695)在 1656 年左右发明的。这种钟也常被叫做长型大钟,美国宾夕法尼亚州的德裔居民将这种钟视为身份地位的标志。1876 年,美国作曲家亨利·克雷·沃克(Henry Clay Work,1832—1884)在他的歌曲《我的老爷钟》中提到的就是这种大钟。从那时起,“老爷钟”这一说法沿用至今。

石英表与机械表的区别?

石英表与机械表都使用相同的齿轮机制来带动小时与分钟的链轮。机械表的动力来自一个螺旋弹簧，也就是人们常说的钟表发条，并且靠一套叫 lever escarpment 的系统来进行动力的调节。当钟表正常运转时，发条处于放松状态。石英表的动力则是来自电池，在一块微型的硅片上电池提供的电量形成了一个完整的回路，石英表的动力由石英晶体调节，这些石英晶体在固定的速率下振动产生电子脉冲。

谁发明了闹钟?

美国新罕布什尔州康科德市的李维·哈金斯(Levi Hutchins)于 1787 年发明了闹钟。但他发明的这个闹钟只能在早上 4 点钟时闹铃。这个发明只是为了能让他自己不睡过头。他从来没有为此申请专利，也没有批量生产。1847 年，第一个现代闹钟由安东尼·莱蒂尔(Antoine Redier)设计制造出来，那是一个机械装置。直到 1890 年电子闹钟才被发明出来。世界上最早的机械钟在公元 725 年就已由中国人亦星和梁令瓒制作成功。

什么是军用时间?

军用时间将一天分为 24 小时，从午夜零时(0000)至第二日零时(2400)为一个周期计算，表达时不用标点符号。

午夜 12 点表示为 0000(或次日的 2400)

凌晨 1:00 表示为 0100(读作洞一百)

凌晨 2:10 表示为 0210

正午表示为 1200

下午 6:00 表示为 1800

下午 9:45 表示为 2145

将 24 时制的时间换成我们所熟悉的时间时，上午的时间很容易识别，至于下午时间则是在大于 12 的时间数上减去 1200。例如:1900-1200 就是下午 7 点。

谁为核毁灭设定了末日时钟?

末日时钟于 1947 年最先出现在《原子科学家公报》(Bulletin of the Atomic Scientists)杂志的封面上，时钟当时的时间设定为午夜 11:53 分。该杂志的董事会人员设计创作了这个末日时钟，用以喻指核毁灭的威胁，并以午夜零点来代表毁灭的时间。最近的 55 年内，这个末日时钟已经被重置了 18 次。1953 年，当美国氢弹试爆成功后，时钟的时间被设到了 11:58 分，这是最接近午夜的时间。1991 年，随着苏联的解体，时钟被调回到 11:43 分，这是迄今离午夜最远的时间。然而在 1995 年，时钟又被调到了 11:47 分，这反映出了后冷战时代世界格局的不稳定性。由于全球核裁军收效甚微，再加上恐怖分子也都开始接受并使用核武器与生物武器,致使末日时钟的时间于2002年又被调到了11:53,离午夜零点只差7分钟了。

工具、机器与生产工序

最早的农业生产工具有哪些?

据考证大约公元前8000年时,巴勒斯坦地区的纳图夫人就已经开始使用一些简单的挖掘和收割工具了。在人类农业史的早期时候,挖掘棒或锄头一类的工具只是被用来犁地。他们也会使用一种类似于镰刀的农具收割野生或种植的谷物。

后来,大约在公元前6500年左右,一种名叫ard的原始犁在近东地区开始被使用。这种重要的农业工具是由一种简单的带手柄的挖掘棒演化而来,人类最初使用这种原始的挖掘棒在土地上反复犁耙。这种原始的犁头相应地又演变成了埃及犁,把一个像牡鹿角或树枝的分叉的犁头固定在一个直杆上,这样就可以耕地了。

穴居人使用的是什么工具?

现在我们常用莫斯特(Mousterian)来表示穴居人使用的各种工具,“莫斯特”一词来自法国勒孟斯岂业(LeMoustier)地区的考古发现(该地区历史可追溯至公元前4万年第四纪冰河时期)。在远古时候,穴居人通过使用打火石或黑耀石这些像镜面一样锋利的石头,改善并建立了勒瓦罗瓦(levallois)打制石片技术,他们运用这一技艺可以将准备好的芯料打制成一片或两片预定的形状。每一块芯料都可以打成纤巧锋利的刀片,这些刀片通过修改可以变成剥兽皮的刮刀、针、带背的长刀、削刀、小型锯以及钻孔器。穴居人用这些工具屠宰、切割、剥兽皮以及制作木制工具和衣服。

6种简单机械指的是什么?

所有的机器和机器装置,无论它们多复杂,都是由6种最简单的基本机械组合而成的。这6种基本机械是:杠杆、轮、轮轴、滑轮、斜面、楔子和螺丝。古希腊人对于这些工具早已非常熟悉,他们知道一台机器之所以能够运行是因为一个大于作用力距离的作用力被放大施加于机器上,通过机器利益克服阻力与阻力距离。还有些人认为只有5种基础工具,他们把楔子看成了移动的斜面。

四冲程发动机与两冲程发动机有何不同?

四冲程发动机要经过4个循环:第一步,进气冲程,在下冲程处空气与燃油的混合气被吸入;第二步,压缩冲程,混合气体被从下至上压缩;第三步,点火做功;第四步排出废气。而两冲程发动机则通过开关气门与汽阀将进气和压缩冲程结合成一个冲程,将做功冲程与排气冲程结合成一个冲程。两冲程发动机主要被用于一些小型传送工具上,如链锯、摩托车等。

“活动扳手”是如何被命名的?

这种扳手的夹钳与手柄成直角。“活动扳手”(monkey wrench)这个名字起源于它的发明者查尔斯·芒克(Charles Moncky),因为他的姓氏Moncky与Monkey发音相近,所以就被叫成了monkey wrench。

表示汽车排放量的CC指的是什么?

CC代表的是立方厘米,该术语主要应用于测量内燃机气缸的燃烧空间。在理论上,通过推动汽缸的顶部,将活塞推至底部,然后将汽缸注满液体,这样就测算出了发动机的排放量。当活塞返回至最高点时,就会喷发出的一定CC的液体,喷发多少CC则表示汽缸的燃烧容量是多少。假设一台摩托车有4个汽缸,每个汽缸可喷200CC,那它的发动机排量就是800CC。汽车排量的计算也是如此。

什么是轻便发动机?

轻便发动机是一种小型的辅助发动机,通常为手提式或半手提式的。通过蒸汽或压缩空气及一些其他方法提供动力。它通常被用作轮船的起锚机或用来升降船上的货物。

什么是动力输出装置?

标准的动力输出装置是一个连接系统，该系统通过转动一个接入齿轮箱后壁的转轴实现动力输出。通常动力输出装置都是为汽车的一些附加设备提供动力,例如:汽车的电缆线控制部分、绞盘、液压泵等。农民用机械装置抽水、磨粮食或锯木头。像割草机、干草打包机、联合收割机、土豆挖掘机等这些机械的活动部分都是由动力输出装置控制的。

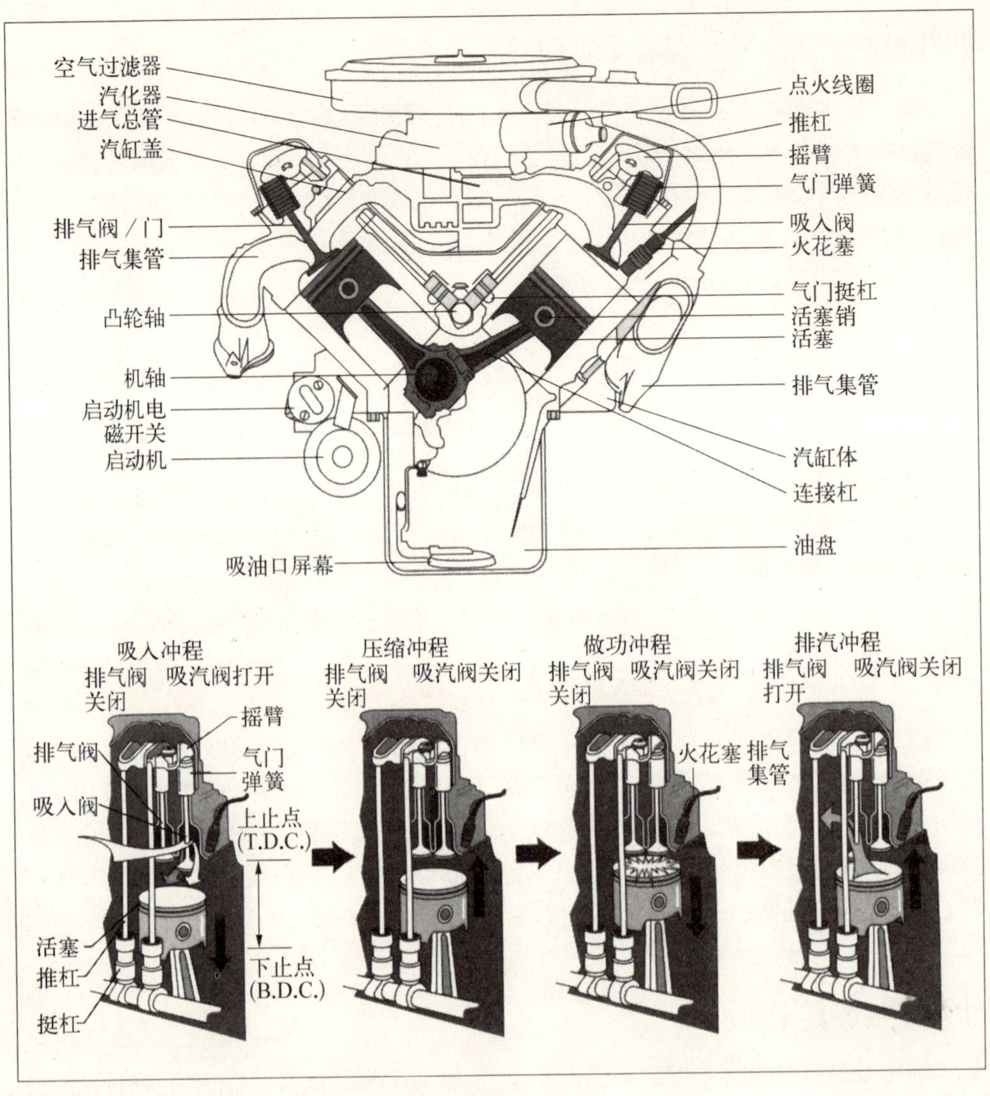

内燃机主要零部件图解说明和四部冲程说明。

谁发明了指南针?

谁第一个发明了指南针已无从考证。早在公元前1世纪，中国人就发现把一些天然磁石或含铁矿物放置在平面上时，它们总是指向北方。中国最早的指南针是一种有标志的天然磁石制成的勺状物，它可以指出4个方向。后来中国人把磁石装在盒里，只用一根指针指北。然而，磁石的缺点是容易失去磁性。中国人反复用许多种材料做实验，终于发现在铁中加上碳制成的合成钢指针就会拥有持久的强磁荷。

谁发明了复式显微镜?

提到复式显微镜许多人都会不由地想到它的原理。为了更大地放大物体,这种显微镜安装了两个或者更多的镜片。16 世纪末时,很多光学仪器的制造商热衷于望远镜的制作,特别是在荷兰,所以其中一些制造商就自然而然地想到了制作显微镜。大约在 1590—1609 年间,3 个荷兰镜片制造商对显微镜的发展功不可没。他们是汉斯·简森(Hans Janssen)、他的儿子扎卡赖亚斯(Zacharias,1580—1638)以及汉斯·利颇什(Hans Lippershey, 1570—1619)。无论何时,他们都是值得我们尊敬的。英国人罗勃特·胡克(Robert Hooke, 1635—1703)第一个制造出了复式显微镜。1665 年,他出版了《显微术》一书,书中收入了很多通过显微镜观察到的美丽图片。

谁发明了电子显微镜?

在理论和实践上,光波的长短都限制了光学显微镜的使用。随着示波器的研制成功,人们发现可以利用阴极射线来观察更细微的东西,因为阴极射线的波长要比普通光波的波长短很多。1928 年,厄恩内斯特·罗斯卡(Ernst Ruska, 1906—1988)和马克思·诺尔(Max Knoll)利用磁场性能在阴极射线中将电子对焦,由此制作出一个能放大物体 17 倍的较简陋的显微镜。1932 年,他们又研制出了能将物体放大 400 倍的电子显微镜。而 1937 年,詹姆斯·希利尔(James Hillier, b. 1915)将显微镜的放大倍数提到了 7 000 倍。1939 年,弗拉基米尔·兹沃里金(Vladimir Zworykin)将显微镜放大倍数增至 200 万倍。电子显微镜的出现也给生物研究带来了一场革命:生物科学家们首次看到了细胞、蛋白质及病毒的分子结构。

什么是全息照相术?

匈牙利籍科学家丹尼斯·哈博(Dennis Gabor)在 1947 发明了全息照相术(三维成像),但直到 1961 年,爱米特·雷斯(Emmet Leith)和朱里斯·乌帕特尼克斯(Juris Upatnieks)才使用激光制作出第一张现代全息图像,激光给全息图提供了所需的强劲的纯光线。人之所以能看到立体的物体,正是因为照在物体上的光波是向四面反射的,反射光线互相重合又相互阻碍。这种叫做波前的光波集的交互作用使得物体有了明、暗、深等三维映像。照相机就不能应用这种波前拍出物体的三维图像,而只能拍出二维图像。但全息摄影通过物体反射回的远光可以捕捉到物体的深度影像,从而获得三维图像。

通过一面镀银镜将一束激光分成两束,如此得到一幅简单的全息图像。其中一束光称为物体光束,它使进行全息拍摄的物体更亮,并使这些光波反射到摄影感光板上。另一束称为基础光束或参考光束,这束光是直接反射至感光板的。集中到感光板上的两束光形成一幅干涉图样。当感光板显影后,一束激光将以原先的参考光束为基准,以相同的角度从反方向被投射到这个显影图像上。这种模式使光线分散,从而在空中投影出物体三维虚幻影像。

哪些产业中需要使用机器人?

机器人是指在计算机的控制下可以完成各种大量工作的机械装置。通过传感器反馈回的信息或系统程序的改编,可以调整机器人的工作指令以适应不同的任务和工作环境。世界上的机器人总数大约为25万台,其中日本约占65%,美国占14%。

在一些制造工厂,机器人被用来焊接、喷漆、钻孔、喷砂、切割以及搬运。在美国有50%的机器人在制造汽车的工厂中被使用。机器人可以在一些对人体有害的或极端的物理环境下工作。机器人可以清洁辐射区、灭火、拆除炸弹、装卸爆炸物和有毒化学物。机器人还可以处理感光材料,例如摄影胶片,因为胶片需要在黑暗中处理,这对人来说是不能实现的。机器人还可以从事各种水下和矿山勘探工作。全美国约有100台机器人在矿山中使用,但是矿煤总产量的1/3都是出自这些有机器人的矿山。在军事安全领域,机器人被用来感应目标物体或作为监视装置。在印刷工业中,机器人可以从事各种工作,例如,分类成捆的输出材料、往出版社传递文件、装订书皮等。在科研实验室,小型的桌面机器人可以准备样品和调配混合物。

第一部专门描写机器人的电影是什么?

1886年,在一部名为《未来之夜》的法国电影里,一个像托马斯·爱迪生一样疯狂的科学家按照一个女人的形象制作了一台机器人,一位英国爵士爱上了这个女人。这个故事与《皮格马利翁》的主题类似。与这种以娱乐为目的的机器人相比,真正的机器人却不那么美观,甚至很丑陋,它们看起来更像机器而不是人或什么动物。然而,在1773年,一对法国的父子发明家——皮尔斯(Pierre)和亨利路易斯·雅克尔德鲁兹(Henri Louis Jacquel-Droz)发明的一个"书写器"却是个特例,这个机器人非常类似于人,它可以将羽毛笔放入墨水瓶中,最多能写出40个字的文章。

控制论的创立者是谁?

诺伯特·维纳(Norbert Wiener,1894—1964)被视为控制论的创立者。控制论一词cybernetics源于希腊词kubernetes,意为舵手。控制论所关注的是在生命有机体、自动机械及组织中控制和交流所需的基本因素。通过轮船舵手的例子就可以说明这些因素的原理,在船上,舵手通过一系列连续的判断来控制轮船。今天控制论的原理被应用在控制理论、自动化理论及计算机程序设计中，用以降低计算过程中的时间损耗，简化先前只能由人完成的决策程序。

手提钻是什么时候被发明的?

1861 年，在挖掘连接意大利与法国蒙特塞尼斯隧道时，法国的工程师泽曼·萨摩利耶(German Sommelier)提出了制造气动挖掘机或手提钻的想法。当时的工程师们预测这个隧道至少需要 30 年才能完成。萨摩利耶利用蒸汽钻孔机和压缩空气发明出了更实用的气动挖掘机，也就是后来的手提钻。最终，该隧道于 1871 年完成，比原计划提前了 20 年。

压路机是什么时候被发明的?

1859 年，法国人路易斯·莱蒙恩(Louis Lemoine)发明了蒸汽驱动的压路机。他的发明使公路建设有了革命性的改变，并使路基的质量有了显著提高。在使用压路机以前，先是靠人工夯实路基，后来是利用牛马拉动的压路机来加固路基。

消火栓喷嘴的不同颜色有什么意义?

消火栓喷嘴的颜色标识对于消防部门有着重要的意义。因为不同的颜色代表着消火栓喷嘴的不同流量。

等　　级	流量/加仑/每分钟	消火栓帽或喷嘴颜色
AA	1 500 或更大	淡蓝
A	1 000—1 499	绿色
B	500—999	橙色
C	低于 500	红色

谁倡导了螺纹的标准化?

在不断追求使用标准的螺母、螺钉和螺孔的过程中，有两个英国人贡献最大。在一家机器制造工厂工作的 H.曼德斯雷(H. Mandslay)在 1800—1810 年间就曾努力推出一套标准螺纹。不同尺寸的螺帽、螺钉的数量在当时相对较少了。曼德斯雷的做法也影响了他的徒弟 J.维斯沃斯(J.Withworth)。维斯沃斯在其师傅之后继续推广标准螺纹，“维斯沃斯螺纹”最终在 1841 年成为英国通用的标准螺纹。

酒精测定仪是如何测出呼吸中的酒精含量的?

警察使用的通常都是电子酒精测定仪,利用通过吹气管里的含酒精气体作为燃料产生电流。呼出的气体酒精含量越高,电流就越强。如果产生的电流使绿灯亮起,说明司机呼吸出的气体中的酒精含量低于警戒线,即通过测试。如果黄灯亮起,则说明酒精含量接近警戒线。如果红灯亮起,则说明司机酒后驾车。这个仪器还装有一个铂金电极,这个铂金电极可以将酒精氧化成醋酸,醋酸的分子会损失一些电子。这一过程就形成了电流的循环。早期的酒精测定计是通过颜色的变化来测定酒精含量的。当吹气管中的混合物与已氧化成醋酸的酒精起化学反应时,我们发现原先橘黄色的硫磺酸与重铬酸钾的晶体混合物已经转变成了蓝绿色的铬硫酸盐和无色的钾硫酸盐。变颜色的晶体越多,说明被测者体内的酒精含量越高。

什么是蜡模铸造法?

这一铸造方法是用来制作阀门部件、小齿轮、磁铁、外科手术工具和珠宝首饰的。在两层的模具中间放入蜡模,成型后蜡模即被熔化掉,所以得名“lost wax”。

什么是烧结?

烧结指的是在低于熔点的温度下,将压实的粉末颗粒连接在一起。这种连接方法可以制造出大型的块状物和球状物。烧结常常应用在粉末冶金技术中,该工艺可以不经过熔融状态就从金属粉末中获取有用的人造物。由此生产出的部件常被称为烧结零件。这些烧结零件通常体积都很小,今天最典型的烧结零件就是减震活塞、皮带轮、小型斜齿轮、链锯的传动齿轮和泵齿轮等。由于这些零件都是模铸的,所以烧结零件可以制成各种形状而不需要再加工。烧结零件的韧性与高强度使他们对今天的高科技系统大有益处。

什么是利希腾贝格图形(Lichtenberg figures)?

当摄影感光板被置于两极之间或高电压之中时,利希腾贝格图形就会出现在摄像感光板上或是布满细灰尘的金属板片上。这个图形由乔治·克里斯托弗·利希腾贝格(George Christopher Litchenberg)在1777年首先提出,标志着静电的发现。

武　器

参见:轮船、火车、汽车、飞机——军用车辆

什么是石弩?

石弩是早期一种最简单的弹弓式武器。有一种石弩是将其中穿入大量人类毛发和动物筋,并插入一根木棒,并利用连接绞盘铰紧毛发或动物筋而不让其放松。装炮弹时,士兵人工旋下绞盘将木棒放至水平,并上满扣。这时可以把石头放在木棒的一端,当士兵拉断绳索时,木棒弹起,石头立即被射出。

一种将带尖圆球系在链子上的古代武器叫什么?

连枷是一种古代武器,带有粗壮结实的手柄,并系上包铁的木棒或系上附着铁钉的木棒。这种"晨星"式的连枷或狼牙棒的主要特征就是在链上系着一个或多个带刺的铁球。由于链子的灵活性使得这种武器让人很难招架。

什么是汽油弹? 它是如何被使用的?

1943年,哈佛大学的化学家路易斯·费舍(Louis Feiser)在与美国军队的合作过程中发明了汽油弹。这种汽油弹的成分包括汽油(33%)、苯(21%)和聚苯乙烯(46%)。汽油弹在第二次世界大战中被首次使用。这种汽油弹在高温下比纯汽油燃烧的慢,可以附着在所接触的任何物体上。当这种汽油弹被丢进掩体或坑洞时, 就会迅速消耗掉氧气,导致里面的人窒息而死,而不是被烧死。在朝鲜战争和越南战争中也使用过汽油弹。在沙漠风暴行动中, 这种像罐头一样的炸弹就曾被丢进伊拉克的防御工事和坦克掩体内。

化学战是20世纪才有的现象吗?

化学战的历史可以追溯至古代和中世纪时期,特别是在围城战中更常见。古时候在攻打城堡或是有坚固城墙的城市时,往往需要几个月甚至几年的时间,为了打破这种僵局,参战者便会寻求攻城的新办法。于是攻守双方往往会使用纵火、投毒和油烟等方法达到攻守目的。据记录,毒气战最早用于公元前431—404年间的雅典和斯巴达之间的战争。当时,他们利用煅烧后产生的毒烟置人于死地。据说当时斯巴达的军队曾经使用过毒性金属砷。

什么是芥子气，芥子气泄漏会发生什么情况？

芥子气是由各种化学品制成，其中包括硫芥子气。芥子气几乎是一种透明的液体，但与其他化学品混合时呈棕色，且闻起来有大蒜味。第一次世界大战和第二次世界大战期间，芥子气作为一种化学战剂被大量地使用。它能使皮肤灼伤、长水疱并损伤呼吸道，大量的芥子气可致人死亡。

炭疽病毒也可以当作武器使用吗？

在一个50万人口的城市里，只需撒上两克干炭疽孢子粉末，至少会造成20万人死亡或严重患病。然而，关于大规模炭疽侵袭的潜在危害，很多评论都是带有误导性的，甚至引起了不必要的恐慌。因为炭疽病毒袭击者必须克服各种技术上的难题。

首先，炭疽使用者必须有足够的能力接近细菌的有毒菌株，因为取自土壤和动物身体的菌孢不能像粉尘一样四散。其次，炭疽使用者还必须得把菌孢碾碎，碎到可以在空气中被人体吸入，如果不能碾到极细，菌孢就不能在空气中飘散。最后，炭疽的使用者必须还得在已碾碎的颗粒中加入抗静电的元素，因为在碾制过程中，菌孢会成为带静电的电荷，这样就会形成大的孢块，此时炭疽就是落在城市中也没有害处了。

还有哪些与炭疽类似的病毒可以用在生物战中？

下面介绍的是一些可以做生物武器的病毒：

蓖麻毒素是自然界中众所周知的一种厉害的毒素。它由蓖麻子提炼出来，这种植物还可以提炼蓖麻油。

波特淋菌与炭疽病毒一样，都是从土壤中提炼出来的。在一些制作粗糙的罐头肉类食品中常会滋生这种细菌，人食用后就会中毒。这种细菌产生的剧毒病毒肉毒杆菌，可以引起视力模糊、口干、吞咽发音困难、虚弱乏力以及一些其他症状，最终导致瘫痪、呼吸衰竭直至死亡。

黄曲霉毒素和真菌毒素在农作物中很常见。坚果上生长的真菌就是黄曲霉素B1。伊朗和伊拉克是世界上两个最大的生产阿月浑子果实的国家，但是在玉米和其他一些农作物上也可以培养出这种毒素。这种毒素可以破坏动物的免疫系统，人若长期接触可致癌。

芽孢梭菌往往是造成食物中毒的原因之一。它与炭疽病菌类似，都是从土壤中提取的菌孢。虽然食物中的菌孢对人的危害相对较低，但是如果外伤的伤口遇到这种细菌，则容易引起气性坏疽，感染气性坏疽的部位会疼痛肿胀，直到引起休克、黄疸病甚至死亡。

关于骆驼痘病毒的现存资料很少，这是伊拉克研制出来的。现在被归类为高危动物病原体一类。

美国内战期间有哪些与战争有关的发明创造？

美国内战期间的1861—1865年，相关的战争发明有：带刺铁丝网、堑壕战、手榴弹、地雷、装甲列车、装甲轮船、侦察飞机、潜艇、机枪、喷火器等。

谁发明了博伊刀？

博伊刀是一种长刃大猎刀，以吉姆·博伊(Jim Bowie，1796—1836)的名字命名，是美国西部一种常见的武器。吉姆·博伊最终在阿勒姆被杀死。据可靠资料记载，吉姆·博伊的弟弟莱金·博伊才是这种武器真正的发明者。这种刀的刀片大约有2英寸宽(约合5厘米)，长度从9—15英寸不等(约23—38厘米)。

水雷阵是谁发明的？

1777年，大卫·布什奈尔(David Bushnell，1742？—1824)提出设想：在水面上放置浮桶，里面装上爆炸物，从而将接触到浮桶的船只引爆。

科尔特左轮手枪是什么时候申请专利的？

美国西部著名的六连发左轮手枪是以其发明者塞缪尔·科尔特(Samuel Colt，1814—1862)的名字命名的。尽管左轮手枪并非科尔特发明的，但科尔特完善了左轮手枪的设计，并且于1835年在英国首次申请了专利，第二年在美国也申请了专利。科尔特曾想大批量生产这种手枪，可惜他没有足够的财力去购买必需的机械设备。靠手工制作手枪非常昂贵，所以只能吸引有限的订购者。直到1847年，得克萨斯的罗杰斯(Rangers)订购了1 000只手枪，科尔特才在康涅狄格州首府哈特福德建立了机械化工厂。

为什么在制作子弹时要用制弹塔？

要想让射出的子弹精准高速地击中目标，子弹必须是绝对的圆形。早期的方法是使用铸铅模制作子弹，但这往往会使子弹出现裂纹或是出现畸形弹。1872年，一名叫威廉姆·瓦特(William Watts)的英国水管工人设计出了一个简单的方法解决了这个

早期的格林机关枪图——最先制作成功的机枪(美国人 R. J. Gatling 所发明)。

问题。瓦特的方法是这样的:先将熔铅过滤,然后将滤过的铅液从高空倒入水池中。空气将铅液冷却,池水缓冲下降的力量可以防止铅液变形。这种方法迅速推广开来。在欧美,制弹塔的高度也从 150 英尺(46 米)提到了 215 英尺(65 米)。后来考虑到环境原因,用钢弹代替了铅弹,可是世界上仍有 30 个制弹塔仍在工作,其中美国就有 5 个,仍保留 1872 年设计要点。

谁发明了机枪?

世界上第一台成功研制的机枪是由美国人理查德·J. 格林 (Richard J. Gatling, 1818—1903)发明的,并于 1862 年美国内战期间申请专利。通过手动曲柄和齿轮的控制,机枪的 6 个枪筒可以来回旋转,这样每分钟可以发射 1 200 发子弹。尽管先前在制作连发武器上也有过成功的尝试,许多技术上的困难仍是无法克服,直到格林机枪的问世,才解决了这一系列困难。在这个由齿轮驱动的机械上,扳机和发射是由凸轮作用操纵的。1866 年 8 月 24 日,美国军方正式采用了这种机枪。

第一台自动机枪最初是由海勒姆·马克西姆(Hiram S. Maxim, 1840—1915)设计的。1884 年, 聪明的马克西姆设计出了一种便携式单筒机枪,这种机枪利用子弹发射时的后坐力弹出空弹筒,然后再重新装弹药。

最初的汤姆枪(一种冲锋枪)是 1928 年版的汤普森轻型自动枪(SMG)。这种口径 45 毫米的机枪是 1918 年第一次世界大战时约翰·T.汤普森(John Taliaferro Thompson,

1860—1940)将军设计出来的,这种机枪常被用于近身战。还没等这种机枪大量生产战争就结束了。直到美国执行禁酒令期间,一些黑社会分子开始大量使用这种机枪,汤普森军火公司的运行状况才有所改善。那些手持机枪狂射的犯罪分子形象成了美国大萧条时期的代表形象。这种机枪后来又被改进了几次,在第二次世界大战中就开始广泛使用了。

火箭筒(bazooka)的名字是怎么得来的?

“Bazooka”一词是美国喜剧演员鲍勃·博恩斯(Bob Burn,1893—1956)设计出来的。作为舞台剧里的一个道具,博恩斯使用的是一种特别的长圆管乐器,这种乐器有点类似于双簧管。第二次世界大战时,美国士兵首次使用空管式的火箭发射台时就把它命名为bazooka,因为这种发射台与博恩斯用的乐器很像。

谁被称作“炮王”?

阿尔弗莱德·克拉伯(Alfred Krupp,1812—1887)于1856年开始生产制造枪支,他的父亲早在1811年就建立了铸钢厂。克拉伯向世界上很多国家提供大型武器,因而他获得了“炮王”的称呼。在1870—1871年的法德战争中,德国之所以获胜,主要是因为克拉伯提供的野战炮发挥了作用。1933年,希特勒上台执政后,这个家族的大炮生意更加扩大了,阿尔弗莱德的一个曾孙也叫阿尔弗莱德·克拉伯,他大力支持了当权的纳粹政权并且为家族积聚了令人震惊的财富。这个公司巧取被占领国家的财富,并在他们的工厂里使用奴隶工人。战后,阿尔弗莱德为此被监禁了12年,并被没收了全部财产。1951年的大赦期间,他收回了公司,并担任以前的职务,一直干到20世纪60年代初。然而,1967年阿尔弗莱德死后,他的公司转制成了有限公司,阿尔弗莱德家族的时代结束了。

技术上最先进的手枪是什么?

金属风暴公司的奥德威尔式的手枪是公认的最精妙的手枪。这种手枪没有运动机件,点火系统是电子的。单筒装7发子弹,扣动一下扳机可以连发子弹。枪内有内置电子安全系统,只有经过授权的人才可以使用。奥德威尔式手枪是为特警或军方设计使用的。

军事上的水晶球指什么?

水晶球是飞行员对雷达显示器的俚语称呼。

“大百发”是如何得名的?

“大百发”是对1914年第一次世界大战开始时，德国和澳大利亚使用过的16.5英寸的榴弹炮的通俗叫法。后来这个名称也成了第一次世界大战和第二次世界大战期间其他大型炮的通称。这种大炮是德国军火商弗莱德里奇·A.克拉伯(Friedrich A. Krupp,1854—1902）建造的，并且以他唯一的儿子贝尔塔·克拉伯（Bertha Krupp，1886—1957)的名字命名。

在1994年的比利时保卫战中,这种巨炮炸毁了钢筋混凝土的要塞。大炮的炮弹有205磅重(合930千克),一人高。由于这种大炮运输困难,所以不适于运动战。第二次世界大战期间,轰炸机代替了这种笨重的大炮实施远距离轰炸。

什么是曼哈顿计划?

曼哈顿工程区是美国第二次世界大战期间研究核武器计划的正式代码，后来该名字就演变成了著名的“曼哈顿计划”，这个名字取自詹姆斯·C.马歇尔（James C. Marshall)上校的办公室所在地的名字。马歇尔是由美国军事工程部选派的负责制造并管理核设施的负责人。1942年6月,美国陆军部开始负责该计划,此后就由格罗夫斯(Colonel Leslie R. Groves，1896—1970)上校负责。

1942年12月2日，该计划的科学家们在芝加哥大学的实验室中完成的第一步是,首次自承式核链反应引爆成功。1945年7月16日,在新墨西哥州阿拉莫戈多试验爆炸了第一颗原子弹。该基地被称为特里尼蒂(Trinity),爆炸产生的能量相当于1.5万—2万吨TNT炸药产生的能量。后来该计划研制出的两颗原子弹分别被投放到日本的广岛和长崎(广岛:1945年8月6日,长崎:1945年8月9日)致使日本在第二次世界大战中战败投降。

“小男孩”与“胖子”指什么?

“小男孩”(little Boy)是美国投在日本广岛的原子弹的代码。“小男孩”是由以罗伯特·奥本海默(Robert Oppenheimer)为首的科学家们在新墨西哥州的洛斯阿拉莫斯实验室里研制出来的。“小男孩”大约10英尺高,重8 000磅,爆炸产生的能量大约相当于12 000吨TNT炸药。它的能量来源于铀235。“胖子”(fat man)是美国投向日本长崎的原子弹的代码。“胖子”也是由以罗伯特·奥本海默为首的科学家们在洛斯阿拉莫斯实验室里研制出来的。与“小男孩”一样,“胖子”也是10英尺高,但重9 000磅,爆炸产生的当量相当于2万吨TNT炸药。“胖子”的能量来源于钚。今天最差的核武器都比“小男孩”或“胖子”更有威力。

智能炸弹是如何爆炸的?

智能炸弹指的是那种可以通过激光、雷达、无线电或电子光学系统控制,能准确命中目标的炸弹。尽管飞行员可以准确地在投掷目标的大体位置处投下炸弹,但为了更准确地接近目标,通过调节尾翼仍可对炸弹的下滑通道进行微调。智能炸弹的优点是可以远距离发射炸弹,这样可以使轰炸机避免敌方地面火力的攻击。

珀欣导弹的射程有多远?

珀欣导弹是一种地对地导弹,长约 34.5 英尺(10.5 米),重 1 万磅(4 536 千克),射程约 1 120 英里(1 800 千米),美国军方于 1972 年研制成功。另一种地对地导弹名为“北极星”,其射程为 2 860 英里(4 600 千米);名为“民兵”的导弹射程为 1 120 英里(1 800 千米);而“战斧”导弹射程为 2 300 英里(3 700 千米)。“三叉戟”导弹射程为 4 600 英里(7 400 千米);“调停者”导弹射程为 6 200 英里(1 万千米)。

巡航导弹是如何工作的?

巡航导弹具有极高的精确性,可长距离发射和亚音速低空飞行。巡航导弹由全球定位系统 GPS、地形匹配系统 TERCOM 或数字景象匹配区域相关器 DSMAC 控制。由于巡航导弹体积小且超低空飞行,因此雷达系统很难监测得到。

核冬天指的是什么?

“核冬天”一词是美国物理学家理查德·P.特克(Richard P. Turco)于 1983 年在《科学》杂志上的一篇文章中提出来的。在这篇文章中,他描绘了核战后的场景,那时世界上的气候已经完全改变:长时间的黑暗、低于冰点的温度、狂烈的风暴以及永远存在的辐射微尘。这一切都源于一场惨烈的核战。核爆炸产生巨量烟尘、毒气并进入到大气层。仅几天时间内,整个北半球被一层厚厚的像毯子一样的烟尘所笼罩。由于烟尘的阻挡,只有不到千分之一的阳光能到达地球。没有了阳光,地球表面的温度长时间在冰点以下,由此造成所有的动植物相继死亡。

作为对这个末日预言的回应,批评家又提了一个新名词:“核秋天”,这一说法对气候变化与各种灾难轻描淡写。1990 年 1 月,经过 5 年的实验室研究与实地实验,科学家们确认了特克在 1983 年的观点,于是《气候与烟尘:核冬天的评估》一书出版了。

最具破坏性的非致命性武器是什么?

非致命性武器中最有名的就是所谓的“断电炸弹”,1999 年,北约在与塞尔维亚的战争中就使用了 BLU-114/B 型的石墨炸弹,致使塞尔维亚 70%的电网瘫痪,但人员伤亡数却很小。这种炸弹是专门为袭击电力设施而设计的。在 1990—1991 年的海湾战争中,美国使用这种炸弹破坏了伊拉克 85%的电力设施。断电炸弹爆炸后产生大量超细的碳素纤维,这些碳素纤维覆盖在电力设备上造成临时性的短路,干扰电力传输。

什么是放射发散装置和放射线分散炸弹?

这种炸弹另一个名称更为有名——“脏弹”。设计这种炸弹就是为了尽可能大范围地释放大量放射物。与核弹不同的是,这种炸弹释放的是通过原子裂变产生的热和射线。“脏弹”是一种含放射物质的传统炸弹。制作这种炸弹的物质常用在医学研究以及一些低档的未浓缩的铀。脏弹并不属于大规模杀伤性武器,它只能引起大范围内的混乱,特别是在一些重要的城区,射线污染造成的经济上和心理上的影响更严重。

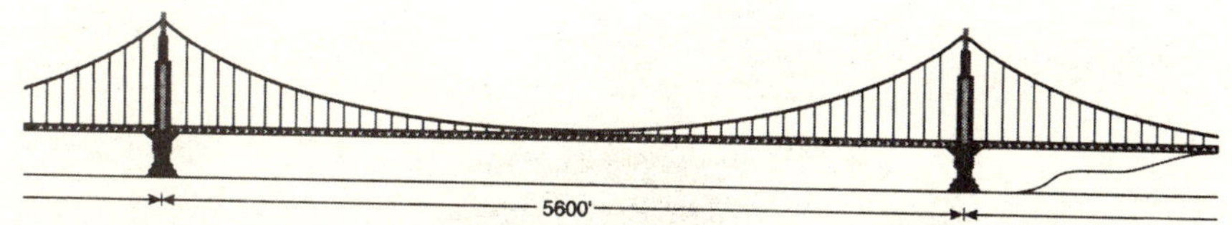

楼房、桥梁及其他建筑结构

楼房和建筑构件

建造一座2 000平方英尺的房子需要使用多少木头?

建造一座 2 000 平方英尺的房子,大约需要 1.5 万板尺木材。

烟囱和烟道有何区别?

烟囱是一种包含一个或者更多烟道的砖石结构。而烟道是烟囱内部排出烟气的通道。烟道由黏土或钢铁制成,用来容纳燃烧废料。通过引流温热上升的气体,烟道形成可以使火上方空气向上流动的通风管。每个热源都需要独立的烟道,但一个烟囱可以有几个烟道。

世界上最高的烟囱有多高?

哈萨克斯坦的埃基巴斯图兹发电站的二号烟囱高 1 378 英尺(420 米)。

门框直木指门的哪部分?

门框直木不属于门的一部分,而是门开关时所及区域。它包括两个直立的边木,即侧柱和一个水平的上框。

什么是冠状装饰板条?

由木头、金属或者水泥制成的冠状装饰板条,用于墙体与顶棚交叉。如果板条是凹面的,则称为凹形条。在其内角处需要连接处理,以确保其牢固度。

什么是R值?

R 值,或叫做抗热流率,是一种专门的隔热测量值。它代表着热量通过某种隔热材料流动的难度。R 值越高,则材料的隔热能力越强。将每面墙的 R 值叠加,即是总 R 值。

墙结构	R 值
内部空气层	0.7
1/2″石膏墙板	0.5
R-13 隔热层	13.0
1/2″木纤维保护层	1.3
木墙板	0.8
外部空气层	0.2
总 R 值	16.5

建筑结构	R 值
标准楼顶	19
标准 4 英寸厚的隔离墙	11
典型单层玻璃窗	1
双层玻璃窗	2
"超级窗"(玻璃内层涂以一种如锡氧化物和氩气的红外线反射材料,被填充于两层玻璃之间)	4

菲利普斯螺栓有何用途?

与传统螺栓相比,菲利普斯螺栓的嵌入式螺帽和交叉式的螺杆能自我定位,并且更加牢固。直滑式螺杆使螺栓刀滑出沟槽,从而对木头造成损坏。

早自16世纪,螺栓便被用于木匠业。然而直到19世纪早期,带有锥形钉的膨胀螺栓才被制成。与钉子相比,螺栓的极大好处是:能够支撑纵力。需要足够外力才能钉入的方头大号螺栓可用扳手来拧紧。相对于钉子,螺栓固定得更结实,而取下时也不会损毁墙壁。这种螺栓包括木质螺栓、绝热螺栓(比木制螺栓更长更重)、膨胀螺栓(常用于石造建筑)以及钢制螺栓。螺栓尺寸从0.25—6英寸不等(即6毫米—15厘米)。

什么是BOCA标准?

国际建筑官方管理标准(BOCA)是负责处理相关建筑标准的服务机构,它旨在保护公众健康、安全和福利。此标准分为几个门类,如国内建筑标准、国内木业标准、国内防火标准等。这些标准由国家或当地政府制定,并可根据实际需要进行修订或修改。

什么是STC率以及它的意义是什么?

STC(隔音等级)用来说明墙体或地面的隔音能力。数字越大,隔音越好。下面是典型的STC率:

STC数字	说　明
25	可清楚地听到正常音量的声音
30	可听到大的声响
35	可听到大的声响,但听不清内容
42	可以听到大的声响,好像呢喃
45	隐约听到大的声响
48	几乎听不到大的声响
49	听不到大的声响

隔音的程度极大地取决于门下的空隙、电插座及取暖管道。

为什么把“便士”作为形容钉子尺寸的术语?

便士一词起源于英国,是关于钉子长度的测量用语。将之作为钉子长度用语的原因之一是价格。100枚一定尺寸的钉子的费用是10便士或10D(“D”是英国便士的叫法)。另一原因与1 000枚钉子的重量有关,D曾经被作为一磅重量的缩写。

人们使用钉子已经有5 000年左右的历史了。钉子之所以为人所知,古伊拉克(UR)使用钉子来紧固钢铁。在1 500年以前,人们通过拉拽细条金属,在金属盘上打出一连串不同大小的孔的方式,手工制作钉子。1741年,英国雇用了6万人制作钉子。

第一台制钉机是由美国人伊齐基尔·里德(Ezekiel Reed)发明的。1851年,纽约的阿德夫·布朗(Adolphe F. Brown)发明了电缆制钉机。从那时起,人们可以低价大批量地生产钉子。

什么是捣实黏土或夯实土?

夯实土是一种古代的建筑技术,是指把湿土压实成粗糙的、近似于岩石的沉淀物。夯实土可能被塑造成砖或者整面墙。在公元前7000年,它被部分使用在具有2 000年历史的中国长城及马里和摩洛哥的寺庙建筑中。罗马人和腓尼基人把这种技术介绍给欧洲人,使它在法国成为一种流行的建筑技术。在美国,无论是辉煌的维多利亚建筑,还是造价低廉的房屋,都使用这种技术。

今天,建筑者将水泥与土混合在一起,来制成更结实且防水的墙体。传统的夯实土结构是用手或者压缩机,把湿土和水泥的混合物压缩成原来的60%。而新兴技术利用高压管来喷射混合物。有时钢筋也被应用于此。

什么是圆顶帐篷?

圆顶帐篷源于蒙古包,在美国作为低成本结构用于住宅建筑中。在一个六角形框架上,用木头建成地基。木制的格子细工边墙用绷紧的缆绳置于墙体之间,以免墙体倒塌。墙体均是隔热且绝缘的,并覆盖着木板、帆布或是铝制墙板。木瓦屋顶、电路、管线和小型热炉也可被安置其中。内部结构可根据需要来装上板台、房间隔板和内墙板。圆顶帐篷美观实用,而造价相对低廉。

第一座摩天大厦是什么时候建造的?

第一座摩天大厦是由威廉·勒布朗·詹尼(William LeBaron Jenney,1832—1907)设计的10层家庭保险公司大楼。该楼位于伊利诺伊州的芝加哥,于1885年竣工。这是一座由钢铁作为内部框架的高楼,这样使得有限的土地得到了最大利用。3项改良的技术使得大楼合理矗立:更好地理解了材料如何在压力下更好地发挥作用(借鉴工程及桥梁设计);使用钢铁框架来完成结构,并使外层材料贴挂于框架上;借鉴了艾丽莎·奥提斯(Elisha Otis, 1811—1861)发明并于1861年1月15日获得专利的“安全”客梯的技术。

比萨斜塔的倾斜度是多少？

比萨斜塔高 184.5 英尺(56 米)，大约倾斜于垂直面 17 英尺(5 米)，每年大约多倾斜 0.2 英寸(1.25 毫米)。这种罗马风格的塔起源于 1173 年，是包纳诺披萨诺为附近的洗礼堂建筑的钟楼，直到 1372 年才竣工。全部由白色大理石建成，并带有 8 层拱廊的比萨斜塔在建造过程中就倾斜。虽然建造者已经把地基打深到地下 10 英尺(3 米)，但仍未到达岩石床。为了抵消倾斜，能工巧匠们将后建的楼层加直，并把南面的承重柱建造得比北面的高一点。最后一次矫正是在 2001 年，从地基的北面即倾斜的对面挖去了一些土。此举旨在使其稳固 300 年左右。

第一个购物中心是什么时候建造的?

1896 年，在美国马里兰州，巴尔的摩港市的罗兰德公园建造了世界上第一个购物中心。世界上最大的购物中心之一是加拿大阿尔伯达的西爱得梦唐购物中心，占地 121 英亩(49 公顷)，实际占地 520 万平方英尺(480 万平方米)。具有 828 个店铺，可泊车 2 000 辆。

帝国大厦的外层使用的是什么材料?

帝国大厦外层使用的是印第安纳石灰岩、花岗岩和不锈钢竖杆。

华盛顿五角大楼的地面面积是多少?

五角大楼，即美国国防总部，是实际占地面积最大的写字楼。整个建筑仅用了 17 个月，于 1943 年 1 月 15 日竣工。它的占地面积超过 650 万平方英尺（60.4 万平方米）。这个 5 层高、五角星形大楼的占地面积是帝国大厦的 3 倍，芝加哥希尔斯大厦的 1.5 倍。1973 年竣工，2001 年被毁的世贸中心楼群位于纽约，占地更大，超过 900 万平方英尺(836 000 平方米)，它包括两个塔式的建筑。五角大楼五边形边长均是 921 英尺(281 米)，周长 4 610 英尺(1 405 米)。国防秘书处及海陆空军总部都设立在五角大楼。国家军控中心，即国家军事调度中心也设立于此。由于各军事长官常在此集会商讨作战事宜，所以五角大楼又被称为“战屋”。

世界上最大的一个屋顶的商业大楼是荷兰埃尔斯密尔的花拍大厦(Flower auction)。1986 年，占地面延展至 91 英亩(37 公顷)。长、宽分别为 2 546 和 2 070 英尺(776 和 639 米)。位于华盛顿埃弗雷特的波音 747 装配厂，占地 47 英亩(19 公顷)，具有2亿立方英尺(550立方米)的容纳力,是美国最大的大厦,同时也是世界上最大的装配厂。

使用什么标准来测定最高建筑物?

代表世界建筑领域权威人士的高楼与乡宅议会认为，建筑物的高度测量应从主入口的人行道到建筑物的顶端。高度测量包括塔尖,但不包括电视天线、广播天线或旗杆。其他的高度测量包括到楼的最高层、楼顶部、塔,天线或旗杆的顶部。

美国最高的建筑物有哪些?

美国最高的建筑物包括:

建筑物	位置	建筑时间	英尺	高度(米)	楼层
希尔斯塔	芝加哥,伊利诺伊州	1974	1 454	443	110
(加上两个电视塔)			1 707	520.9	
帝国大厦	纽约	1931	1 250	381	102
(加上两个电视塔)			1 414	431	

在2001年被损毁之前,纽约城的世贸中心要高于帝国大厦。于1972年完工的北塔,高1 368英尺(417米)。于1973年竣工的南塔,高1 362英尺(415米)。两个建筑均为110层高。

世界上最高的建筑物什么?

世界上最高的建筑物位于马来西亚吉隆坡的双子星塔。该塔于1998年竣工,高1 483英尺(452米)。

世界上最高的自立结构建筑是什么?

建于1975年,位于加拿大多伦多的通信塔是世界上最高的自立结构建筑。

世界上最高的建筑物是什么?

世界上最高的建筑物是北达科他州布兰查德的KVLY电视转播塔。该塔高2 063

英尺(629米)。

谁发明了网格球顶?

测地线是物体表面上两点间的最短距离。如果是弯曲面,那么测地线通常也要弯曲。球面的测地线是一个大圆的一部分。巴克明斯特·富勒(Buckminster Fuller,1895—1983)意识到球面可以被网格分成三角形,并且错落有致。

其成功的网格球顶的基础是:许多又轻又直的线性结构通过拉力形成球形,并被排成三角形的框架,以减轻拉力和重量。这些相连的四面体,由重量轻并且张力强的合金制成。

早期的网格球顶结构是建于1951年的英国发现球顶。位于俄亥俄州克利夫兰的ASM(美国金属协会)圆顶建于1959—1960年,是个开放式网格球顶。1965年建造的休斯敦天文观测圆顶也是一个壮观的网格球顶式建筑。

加拿大多伦多的通信塔是世界上最高的自立结构建筑。

第一个顶盖替换式体育场是何时开放的?

第一个顶盖替换式体育场——多伦多的参天圆顶,在1989年对外开放。不同于以往的可拆卸顶部的体育场,参天圆顶拥有一个完全可替换的顶盖。顶盖包括4个嵌板,重1.1万吨(9 979公吨),通过钢制轨道和多轮起落架来升降。一块嵌板保持不动,其他两块嵌板以每分钟71英尺(21米)的速度前后移动。第4个嵌板旋转180°来完全打开或关闭顶盖。顶盖的开关需要20分钟。在参天圆顶之后,另有4个顶盖升降式体育场先后开放——亚利桑那州菲尼克斯城的Bank One Ballpark(1998)、华盛顿州西雅图的Safeco Field(1999)、得克萨斯州休斯敦的Enron Field(2000)和得克萨斯州休斯敦的Reliant Stadium(2002)。

哪个建筑拥有最大的无空气支撑的净跨度顶盖?

位于佛罗里达州圣彼得堡的太阳海岸圆顶建筑,于1990年竣工,拥有688英尺

巴克明斯特·富勒站在网格球顶建筑前——回想他独一无二的设计。

(210米)的净跨度。37.2万平方英尺(34 570平方米)的织布覆盖圆顶是个钢索顶结构——最新型的框架支撑圆顶的结构。它的结构与传统圆顶完全不同:底部的圆是压缩的而非拉紧的,顶部的圆是拉紧的而非压缩的。同时,被圈住的空间也不是完全无拘束的,而是装有由顶到底的结构元素。顶面使用的是柔韧的织物薄膜,以确保其具有质轻的特色。这些物质必须是柔韧的,因为钢索架构可使主要的结构扭曲变形。实际上它们会在不同重量条件下改变形状。最大的空气支撑式建筑物是美国密歇根州旁蒂克的八角形旁蒂克银圆顶体育场,可容纳80 300人。体育场宽522英尺(159米),长722英尺(220米),由一个10英亩(1 062公顷)的半透明玻璃纤维顶盖支撑。

铁匠工人举行的落成典礼

当把最后一根梁装在一座新桥、摩天大楼或建筑物上时,铁匠工人会吊起一棵常青树,装上一面旗帜或手帕,并且把最后一根梁涂上鲜艳的颜色,然后照相留念。

这种吊起常青树的风俗可追溯到公元700年的斯堪的纳维亚。把树装在建筑物的栋梁上,意味着竣工庆祝开始了。

希尔斯何时通过邮购方式出售房屋?

在1908—1940年间,希尔斯(Sears)制造并出售大约450个装配齐全的大宅小屋。这些房屋由木头制成,电路完备,通过邮政订货,铁路运输。10多万间房屋以595—5 000美元的价格售卖出去。

希尔斯的成功很大程度上基于其吸引人的财政计划。到1911年,公司已经开始提供购买材料的贷款。到1918年,公司有时会预付一部分劳务成本。

虽然大部分房子售给了个人,希尔斯也向公司卖房子,因为其工厂位于公司众多的城镇。伊利诺伊州的标准油液公司、宾夕法尼亚州海勒镇的伯利恒钢厂就是他们的老主顾。

公路、桥梁和隧道

谁被称为土木工程之父?

托马斯·泰弗德(Thomas Telford,1757—1834),土木工程研究院第一位院长,是英国土木工程行业之父。他确立了土木工程的行业特质和传统——这个传统直到今天仍被所有工程师所遵循。他建造过桥梁、公路、海港和河渠。他最伟大的成就包括莫奈海峡吊桥和庞特里特水道桥、瑞士的哥达运河、加勒多尼亚(古苏格兰)河渠和很多苏格兰公路。他是第一位也是最伟大的石桥大师。

哪个州拥有最长的公路?

得克萨斯州拥有最长的公路,总长296 651英里(474 642千米)。加利福尼亚州以170 601英里(272 962千米)的公路总长居于第二位。换句话说,只有特拉华州、夏威夷州和罗德岛州这3个州的公路总长少于1万英里(16 090千米)。全美国的公路总长是3 944 721英里(6 311 361千米)。

美国第一个海岸连海岸的公路何时建成?

林肯公路作为第一个连接大西洋海岸(纽约)和太平洋(加利福尼亚)的横贯大陆的公路,历经10年之久的筹备和兴建,于1923年竣工。它有时被称为"美国主干道",由卡尔·菲舍(Carl G. Fisher)向一些曾建立林肯公路协会的汽车制造商提议修建的。菲舍认为,"林肯"是这条公路既恰当又具有爱国气息的名字。

林肯公路原长 3 389 英里(5 453 千米),后来因改换位置和修缮而缩短至 3 143 英里(5 057 千米)。经过纽约州、新泽西州、宾夕法尼亚州、俄亥俄州、印第安纳州、伊利诺伊州、内布拉斯加州、科泉市、怀俄明州、犹他州、内华达州和加利福尼亚州,共 12 个州。1925 年,林肯公路成为美国的 30 号线路。

美国公路是如何编号的?

南北方向的主要州际公路常编号为一位或两位的奇数数字。从西海岸的州际 5 号公路开始,向西方向的公路编号依次增加,到东海岸的州际 95 号公路为止。

东西方向的州际公路编号为偶数。最小号公路是从佛罗里达州的州际 4 号公路开始,向北方向编号依次增加,到州际 96 号公路为止。海岸相连的东西州际公路,比如 10 号线、40 号线和 80 号线,都是以 0 结尾。编号为三位数的州际公路是环城快道或支线高速。

美国公路的编号方法与州际公路的编号方法一样,但是号码的增加是从西到东,从北向南。例如,美国 1 号公路沿着东海岸;美国 2 号公路沿着加拿大边界。美国的公路编号可能是 1—3 位的任一个数字。

哪条路拥有最多的车道?

旧金山奥克兰的奥克兰湾收费桥拥有 23 个车道(其中 17 条是向西方向的车道)。

哪个城市最先使用交通灯?

1868 年 12 月 10 日,在英国伦敦的桥街与通向议会广场的新宫院的街角出现了第一个交通灯,它靠高 22 英尺(607 米)的铸铁支撑灯杆。铁路信号工程师奈特(J. P. Knight)发明了这种可旋转的通过气体照亮可发出红绿信号的交通灯。它是通过人工在灯杆底部使用杠杆来旋转的。

1914 年 8 月 5 日,在俄亥俄州克利夫兰的欧几里得大街和 105 号街,安装了一个电子交通信号灯。它具有红绿信号,并且装有可随着颜色改变而发出警报的蜂鸣器。

1913 年左右,在密歇根州的底特律出现了一个手工操作的信号系统。最后,这种信号被安装上彩色灯,用于指挥晚间交通。1918 年,纽约安装了第一个三色信号灯,这些灯仍然用手工操作。

什么是泽西路障?

泽西路障是由新泽西交通部设立的混凝土制成的公路路障。原本只有 12—18 英寸(30—46 厘米)高。用途主要是防止车在某些十字路口左转。后来,路障由钢筋混凝土制成,作为临时交通防护,以阻止摩托车司机越道行驶,避免与正常行驶的车辆发生碰撞。这些路障高 32 英尺(81 厘米)。现在的路障高 54 英寸(137 厘米),可以阻挡迎面行车头灯的刺眼光芒。

轿车、公共汽车和卡车如何通过英伦海峡海底隧道?

2 500 英尺(762 米)长的火车,运载着轿车、公共汽车和卡车,以 90 英里/小时(145 千米/小时)的速度行驶在英伦海峡下两条 31 英里(50 公里)长的隧道上。汽车司机将车开到火车上,直到航程结束,司机才能出来。通常用大型无盖火车运载轿车和公共汽车。一些简单的半开放式的火车用来运载卡车。在英国铁路系统、欧洲大陆和隧道上来往穿梭着高速行驶的客运火车。

世界上最长的公路隧道是什么?

世界上最长的隧道是挪威的莱尔和奥兰德之间的公路隧道。隧道长 15.2 英里(24.5 千米),于 2000 年完工。世界上第二长的公路隧道长 10.14 英里(16 千米),是瑞士从格申恩到艾罗洛的两车道的圣哥达隧道,该隧道于 1980 年 9 月 5 日开始使用。美国最长的公路隧道是阿拉斯加惠蒂尔附近的安东安德森纪念隧道。它长 2.5 英里(4 184 米),于 2000 年 6 月竣工使用。

为什么下水井盖是圆的?

下水道普遍使用圆的盖子,因为圆盖不易从入口处掉下。圆盖比下水井口大。为了能使盖子紧密地盖在下水井口上,可使用一起生产的配套井盖。任何其他形状的盖子,比如方形或矩形,都可能从下水井口滑下。此外,相对于其他形状,圆形更容易精确制造,而一旦卸下,圆形井盖可以滚动,不用费力搬运。

世界上最长的桥隧道是哪个?

历经 42 个月于 1964 年完成的耗费 2 亿美元的切萨皮克海湾桥,长 17.5 英里(28 千米),包括高架桥和连接诺福克和弗吉尼亚州查尔斯海角的隧道。可与其相媲美的是荷兰的须德海——两条公路长度相近,但是水深和跨海长度不同。

桥梁结构的不同种类有哪些?

桥梁主要有4种结构:紧固梁、悬臂梁、拱形梁和吊桥。

坚固梁桥是最简单也是最普通的桥梁样式,拥有直立的大梁来承载重量。相对来说跨度较短,而且其承重主要靠桥柱或桥墩。

拱形桥靠压缩而成,两边压力向外。

吊桥的路面连接在钢索上,固定于岸上的钢索起主要的承重作用。这种桥跨度大,而且中间不需要大梁支撑。

悬臂桥的每个臂承载着中央构架,利用外臂的推拉自由矗立。外面的悬臂通常固定在桥墩上,伸向中间构架。

何为"接吻桥"?

上面有顶、两侧有木墙的桥被称为"接吻桥",因为在桥里面的人们不能被外面的人看到。这种桥始于19世纪早期。与人们想的不一样的是,设计这样的桥并不是为了创造乡村的爱情小巷,而是为了保护桥体。

美国有多少座有顶盖的桥?

1805年第一座有顶盖的桥在费城建立。20世纪早期,美国共建造了1万多座有顶桥。到1980年1月,只有893座有顶盖的桥被保留下来——费城231座、俄亥俄州157座、印第安纳州103座、弗蒙特州100座、俄勒冈州54座、新罕布什尔州52座。3座州际桥连接新罕布什尔州和弗蒙特州。其余有顶盖的桥则分散于国家的各个角落。

世界上最长的桥梁跨度是多少?

连接神户和淡路岛的日本明石海峡大桥,具有世界上最长的吊桥跨度。桥的总长是12 825英尺(3 911米)。始建于1988年,并于1998年对外开放使用。意大利连接西西里岛和卡拉布里亚的墨西拿大桥建成后,将成为迄今为止世界上最长的桥,总长10 892英尺(3 320米)。

主要的吊桥

桥名称	桥地址	开放年	桥长跨度	
			英尺	米
明石海峡大桥	日本	1998	6 066	1 991
大连带桥	丹麦	1997	5 238	1 604

续 表

桥名称	桥地址	开放年	桥长跨度	
			英尺	米
亨伯河口	英格兰	1981	4 626	1 410
韦拉札诺海峡桥	纽约	1964	4 260	1 298
金门大桥	加利福尼亚	1937	4 200	1 280

世界上最长的钢缆桥是日本的多多罗桥，跨度为 2 920 英尺(888 米)，于 1999 年竣工。

世界上最长的悬臂桥是加拿大拉伦斯河上的魁北克桥，1917 年开始使用，两个支柱之间跨度为 1 800 英尺(549 米)，总长 3 239 英尺(987 米)。

世界上最长的钢拱形桥是位于弗吉尼亚州费耶特维尔的新河峡谷大桥，1977 年完工，跨度是 1 700 英尺(518 米)。

世界上最长的混凝土拱形桥是杰西琼斯纪念桥，跨越得克萨斯州的休斯敦轮船运河。1982 年完工，桥长 1 500 英尺(457 米)。

世界上最长的石拱桥是长 3 810 英尺(1 161 米)的罗克维尔大桥，于 1901 年完工，位于宾夕法尼亚州铪里斯堡的北部，采用了 48 个桥墩和重达 216 吨的石头。

美国最长的吊桥是哪座?

跨越纽约港的韦拉札诺海峡桥是美国最长的吊桥。跨度 4 260 英尺(1 298 米)，总长 7 200 英尺(2 194 米)。意大利探险家乔瓦尼·达·韦拉札诺(Giovanni Da Verrazano, 1485—1528)在 1524 年 4 月发现了纽约港，大桥因此而得名。在奥特马·阿曼(Othmar H. Ammann, 1879—1965)的带领下，于 1964 年完工。为了使出入海港的船只顺利通行，桥底距水平面有 216 英尺(66 米)的距离。像其他吊桥一样，韦拉札诺海峡桥的大部分负荷由固定于岸上的钢索来承载。

美国什么地方桥最多?

除了意大利威尼斯水城这一特例之外，美国宾夕法尼亚州的匹兹堡是世界上桥梁最多的城市。在 731 平方英里(1 892 平方千米)的土地上，矗立着 1 900 多座桥。平均每平方英里有 2.6 座桥，公路每千米都有一座桥。整个国家共有大约 589 520 座桥。

美国有浮桥吗?

美国的 4 座浮桥都位于华盛顿州。莱西·V. 默罗湖华盛顿大桥(Lacy V. Murrow-

Lake Washington Bridge，1993 年）、长青桥（1963 年）、西雅图的第三个华盛顿湖桥（1989 年）分别长 6 543 英尺（1 994 米）、7 518 英尺（2 291 米）、6 130 英尺（1 868 米）。甘波港的胡德河渠大桥（1 961 米）长 6 471 英尺（1 972 米）。

谁建造了布鲁克林大桥？

美籍德国工程师约翰·罗布林（John A. Roebling，1806—1869），在 1855 年建造了第一座真正的现代吊桥。布鲁克林大桥的特点是：用塔来支撑大量电缆，下锚固定，行车道悬挂在主缆绳上，在公路桥面下或旁边放上钢制甲板来防震。1967 年，罗布林正式接下布鲁克林大桥的建造任务。他在设计中，创造性地使用钢绳而非弹力较小的铁。大桥开工没多久，罗布林在一次事故中被压坏了脚，导致他因破伤风去世。他的儿子华盛顿·罗布林承担了大桥的建造任务。14 年之后，也就是 1883 年，大桥竣工了。大桥跨越东河，连接纽约的曼哈顿和布鲁克林。这座桥在当时算得上是世界上最长的吊桥。桥的中央跨度为 1 595 英尺（486 米），其石塔高出水平面 276 英尺（841 米）。现在，布鲁克林大桥仍然是全美土木工程界的杰作。

最长的水上公路桥是哪座？

路易斯安那州的庞恰特雷恩湖桥是最长的水上公路桥。它包括两个跨度为 80 英尺（24 米）的部分。北面跨度是 23.87 英里（38.19 千米），南面跨度是 23.86 英里（38.2 千米）。第一部分于 1956 年完工，第二部分在 13 年后，即 1969 年完工使用。

1874年，圣路易斯横跨密西西比河的第一座大桥的安全性是如何检测的？

根据霍华德·米勒（Howard Miller）对这座大桥的历史性评价，“越来越重的火车穿梭于桥上，造桥工程师詹姆斯 B. 伊兹（James B. Eads）做了精确缜密的测量。然而，一次非科学的实验可能给公众带来更多安全感。众所周知，大象天生机敏，不会踏上不安全的桥。当来自当地动物园的大象毫不犹豫地走到桥上，并且平稳地到达伊利诺伊州那边时，人们顿时欢呼雀跃。”

谁设计了金门大桥？

1929 年，约瑟夫·B. 斯特罗斯（Joseph B. Strauss，1870—1938）正式成为金门大桥的总工程师，查尔斯·伊里斯（Charles Ellis）和莱昂·莫斯夫（Leon Moissieff）协同设计。1937 年 5 月，这座跨越旧金山海湾，连接旧金山和加利福尼亚的宏伟吊桥对公众开放。它的跨度是 4 200 英尺（1 280 米），塔高 746 英尺（227 米）。

五花八门的建筑结构

什么是得克萨斯塔?

得克萨斯塔是一个建在深海桩基上的用于雷达观测的离岸平台。它就像离岸的油井架或远离得克萨斯海岸的墨西哥湾最早使用的桅杆。除了雷达探测外,这座塔还有设置季节时刻、作为直升机起落台、发射雾气信号、安放海洋仪器等多种用途。

最高的国立纪念碑是什么?

密苏里州圣路易斯的拱门,高630英尺(192米),比华盛顿纪念碑高75英尺(23米)。它由埃罗·沙里宁(Eero Saarinen,1910—1961)设计,使用不锈钢制成的倒置曲线链。其特点及有趣之处如下:

一般特点:
外面宽度:由北到南,630英尺(192米)
最大高度:630英尺(192米)
拱门形状:等边三角形
拱门宽度:54英尺(16.46米)
拱门斜度:在风力为150英里/小时的情况下是18英寸(风力为240千米/小时的情况下是0.46米)
拱形物数量:142个
外面金属镀层的厚度:0.25英寸(6.3毫米)
拱门材料种类:外部不锈钢,光面3#304

钢重
不锈钢金属外层:886吨
里层碳钢:3/8英寸(9.5毫米),2 157吨
硬钢:14 080吨
里层钢结构,阶梯等:300吨
钢总重量:5 199吨

拱门中混凝土重量
表层到 300 英尺之间:886 吨
地基:25 980 吨
混凝土总重:38 107 吨
外部防护层:6 个尺寸为 0.5 英尺×20 英尺(13 毫米×50 毫米)的照明棒和一个飞行器阻塞灯

应该建立海堤来保护海滩吗?

当暴风雨来临时，海浪并不能像平常一样将沙子冲过低处的海滩，使沙滩平整。而在海堤的作用下,海浪可将更多沙子冲到深海。替代海堤的另一方法是护墙。这是由巨砾、碎石或混凝土建造的墙,它模仿的是海滩在海浪冲击下自然变得平整的方式。

埃菲尔铁塔各项指标数据为多少?

塔的钢铁结构数量:15 000
铆钉数量:2 500 000
地基重量:306 吨(27 602 千克)
铁重量:8 092 吨(7 341 214 千克)
电梯重量:1 042 吨(946 000 千克)
总重量:9 441 吨(8 564 816 千克)
地基压力:支架每平方英寸承重 58—64 磅(每平方厘米 4—4.5 千克)
第一层平台高度:189 英尺(58 米)
第二层平台高度:379 英尺 8 英寸(116 米)
第三次平台高度:905 英尺 11 英寸(276 米)
1889 年测量的总高度:985 英尺 11 英寸(276 米)
包括电视天线的总高度:1 052 英尺 4 英寸(320.75 米)
层数:1 671 层
风力引起的顶端最大摇摆度:4.75 英寸(18 厘米)
金属膨胀度:7 英寸(12 厘米)
基本面积:2.54 英亩(10 282 平方米)
建造日期:1887 年 1 月 26 日—1889 年 3 月 31 日
施工费用:7 799 401.31 法郎(1 505 675.90 美元)

巴拿马运河有多少个水闸?

连接大西洋和太平洋的巴拿马运河长40英里(64千米),于1914年竣工。在大西洋这边的加通河和利蒙湾之间有3个水闸;在太平洋那边的盖拉德人工渠和巴波亚之间也有3个水闸。从海洋的一端行驶到另一端,船只将升高85英尺(26米)。

美国最高的大坝及其容量是多少?

奥罗维尔大坝是美国最高的大坝,高754英尺(230米),横跨加利福尼亚州奥罗维尔附近的羽毛河,总长超过1英里。大坝建于1968年,拥有一个蓄水量达350万平方英亩(44.3万立方米)的水库。美国第二高的大坝是胡佛大坝,位于内华达州和亚利桑那州边界的科罗拉多河。726英尺(221米)的高度保持了22年美国之最。如今,比奥罗维尔高的大坝有9个,最高的当属横跨塔克基斯坦瓦赫什河的土填大坝,高1 098英尺(335米),于1981年至1987年兴建,蓄水量是9 290万立方码(710万立方米)。

胡佛大坝有多大?

胡佛大坝曾被称为巨砾坝,坐落在科罗拉多河的内华达州和亚利桑那州之间,是美国最高的混凝土拱形坝。坝长1 244英尺(379米),高726英尺(221米),地基厚度是660英尺(201米),冠部厚度是45英尺(13.7米)。

由于西南部不断发生洪灾或干旱,因此需要建筑水坝加以解决。如不加以控制,科罗拉多河就没有什么价值。但是水势一旦得到控制,就可以确保一年中水的稳定供给。地势低洼的溪谷地也需预防洪灾。1928年12月12日,巨砾峡谷工程方案通过审批,并于1935年9月30日竣工,这比预计时间提前了两年。在长达22年的时间里,胡佛大坝一直是世界上最高的大坝。

自由女神塑像高度及重量是多少?

自由女神像是为了纪念美国成立100周年,由法国雕塑家弗雷德里克·奥古斯特·巴托尔蒂(Frederic Auguste Bartholdi,1834—1904)构思设计的。自由女神像又称"自由照亮世界"。塑像高152英尺(946米),重225吨(204公制吨),屹立于高151英尺(46米)的基座上。女神的长袍由300多铜片手工制成。女神像于1884年在法国建造并完成,内外部都是被一片片拼接起来的。1885年,塑像被装置在200个木制板条箱内,船运到美国。抵美后,塑像被安放在一个岛的出港口处。1886年,美国为成立110年举办庆典。

直到1903年，塑像上添加了如下铭文："放下劳累、贫穷，尽情呼吸自由……"这段诗文取自纽约诗人艾玛·拉撒路(Emma Lazarus)于1883年创作的《新巨人》。自由女神像是美国最高的雕像，也是世界上最高的金属塑像，在其百年之际，耗费69 800万美元二次修缮，并于1986年7月4日修补完成。一个显而易见的与众不同之处，是女神所持火炬的火焰，与原来的设计相似，火焰由24 K纯金叶制成。1916年，火焰被装进一个淡黄色的玻璃灯内。因为受其顶边遮挡，只有爬上354个台阶或搭上直升机才能观察到。

自由女神像有多少级台阶?

参观者必须登上354级台阶(22层楼)才能到达塑像的皇冠处。

是谁在何时发明了摩天轮?

摩天轮最初被称为"快乐轮"。1620年，英国旅行家彼得·芒迪(Peter Mundy)最先描述过这种娱乐轮。他在土耳其看到孩子们玩一种坐轮。这种坐轮包括两个跨度为20英尺(6米)的垂直轮子，且每边均由一个大柱子支撑。在1728年的英格兰圣巴塞洛缪展会上，这种轮被叫做"上上下下"。1860年，法国出现手工旋转、可载16名乘客的娱乐轮。那时，在美国佐治亚州的沃尔顿春天，也使用过较大的木制操作轮。

1889年，法国成立100周年。人们想设计一个更壮观、更引人瞩目，可以和埃菲尔铁塔相媲美的建筑物。1893年，哥伦比亚博览会举行了设计大赛。美国桥梁建筑家乔治·华盛顿·费里斯(George Washington Gale Ferris，1859—1896)摘得桂冠。1893年，他设计并建造了巨大的可旋转钢轮，高出地面264英尺(80.5米)，轮周长825英尺(251.5米)，直径250英尺(76米)，由两个宽30英尺(9米)、高140英尺(43米)的塔支撑。共安装了36个载客厢，每个载客厢可载60名乘客。1893年6月21日，在伊利诺伊州芝加哥博览会开张时，取得极大成功。数千人排长队，每人花50美分可坐20分钟，这在当时是个庞大的数字。1904年，因为路易斯安那州的购物博览会，摩天轮被移到了密苏里州的圣路易斯。最终，它被当作废品卖掉。现在直径最大的摩天轮是日本横滨的21号太空钟。它的高度为345英尺(105米)，直径为328英尺(100米)。

世界上有多少个云霄飞车?

据2001年统计，世界上共有1 455个云霄飞车。

洲	云霄飞车数量	洲	云霄飞车数量
非洲	17	欧洲	410
亚洲	314	北美	644
澳洲	22	南美	48

云霄飞车有着很长一段让人毛骨悚然的历史。15 世纪和 16 世纪期间，在圣彼得堡建立的重心引力飞车被人们称为"德国山脉"。早自 1784 年，俄国就使用了有轮的云霄飞车，被称为"环形滑车"。1817 年，法国建造了首辆带有固定在轨道上的载客厢的云霄飞车。美国第一个云霄飞车专利于 1872 年授予泰勒(J. G. Taylor)。1884 年，拉马库斯·汤普森（Lamarcus Thompson)在纽约布鲁克林建造了第一个云霄飞车。位于长岛温泉乐园的长为 8 133 英尺(2 479 米)的"钢龙 2000"是迄今为止世界最长的云霄飞车。

船舶、火车、汽车和飞机

船和舰艇

什么是航位推测法?

航位推测法(dead reckoning)是指由原位置以假定的航行距离与航向为基础,测定轮船当前经度和纬度的测量方法。洋流与风向的影响以及指南针的误差都考虑在计算之中,所有的计算都不使用任何天体与物理观测,因此是一项对导航技能的真实测量。

进行秘密行动且不能浮出水面的核潜艇使用的是美国海军研制的SINS系统(轮船惯性导航系统)。这是一项完全自动控制的系统,不需要任何的接收或传送装置,并且不使用任何探测信号。它包括加速计时器、陀螺仪和计算机。这些仪器一同运作,形成航位推测法的一种复杂形式,即惯性导航。

帆船上雕刻的女性木雕像叫什么?

在帆船船首顶部的木质雕像经常被塑造成一位女性的形象，这一雕像叫做船首像。

"By and large"这一短语的航海意义是什么?

在各种帆船上,掌舵的新船员们通常被命令"by and large"航行,意思就是在风中航行时,他们比有经验的船员们选择的角度更大。迎风直线航行是最有效的,但是这样会引起船帆向后摆动,导致速度降低,且不易控制。因此,"by and large"航行就是在一个正确的,但不一定是完美的航道上航行。最终,这一短语一般用作"大约"的同义词。

轮船的右侧为什么被称为"右舷"?

在海盗时代,轮船是由安装在右侧的长桨或长板控制的。它们在古英语中被叫做 steorbords,后来演化成 starboard(右舷)这个词。从船上向前看去,轮船的左侧叫做 Port(左舷)。左舷以前称作 larboard,可能源于早期商船总是在船左侧装卸货物的做法。该词的词源是斯堪的纳维亚语,源于 lade(load)和 bord(side)。英国海军部下令用 port 取代 larboard(左舷),以避免和 starboard(右舷)混淆。

诺亚方舟是用什么木材制成的?

根据《圣经》记载,诺亚方舟由柏木(Cupressus sempervirens)制成。这是世界上最耐久的木材之一,也叫地中海柏木。它的原产地是欧洲南部和亚洲西部,可以长到 80 英尺(24 米)高。与这种树相似的是蒙特利柏树(Cupressus macrocarpa),它的生长范围仅限于加利福尼亚州中部沿海一带的很小一块区域,能够长至 90 英尺(27 米)高,水平的枝干可以撑起一个宽大的、四处延伸的树冠。树老了以后,看起来非常像黎巴嫩的老雪松。

"马克·吐温"这一术语的来源是什么?

"马克·吐温"(Mark twain)是一个内河船只术语,意思是 2呎(12 英尺或 3.6 米深)。当水深不足 20呎时,用铅锤来测量。铅锤由一个铅块和一根线组成。铅块重 7—14 英镑(3—6 千克),线长 25呎(150 英尺或 46 米),由大麻或棉线编织而成。线上在长度为 2、3、5、7、10、15、17 和 25呎的地方标有刻度。探测深度由一个测深手来进行。他站在船的一侧凸出来的平台上,喊出水的深度。呎数通常是喊出的最后一部分。当深度与铅线标出的某一个数字一致时,他们报出"By the mark 7(达到标度 7)","By the mark 10(达到标度 10)"等等。当水深在铅线标示的两个数字之间时,则报出"By the deep 6(水深为 6)"等等。而当水深比标度稍深时,就报告"And a half 7(7.5)","And a quarter 5 (5.25)"。比标示稍浅时,则为"Half less 7 (6.5)","Quarter less 10 (9.75)"等等。如果没有到达水底,就喊出"20㖊不到水底"。

"马克·吐温"也被美国幽默家塞缪尔·克莱门斯(Samuel L. Clemens)选为笔名。他选择这个笔名恐怕是因为它所暗示的意义。"马克·吐温"是水上生活的人使用的一个词,指水深勉强能安全航行。"勉强安全的水深"的含义之一正如他所塑造的人物哈克·芬后来说的那样,"马克·吐温先生……他说了实话"。另一个含义是,它通常使人感到紧张,或至少使人感到不舒服。

轮船的吨位是怎样计算的?

一艘轮船的吨位不一定是船体重量的吨数。至少有 6 种划分轮船级别的方法。最常用的是:

排水吨位——特别用于指战舰和美国商船——是一艘船排出的水的重量。由于 1 吨海水合 35 立方英尺(1 立方米),轮船排出的水的重量可以用轮船的水下部分的容积(立方英尺)除以 35 来测得,得出来的结果转换成长吨(2 240 磅或 1 017 千克。)满载排水吨位是指船舶承载正常的燃料、货物及全体船员时排出的水的重量。空船排水吨位是指没有装载时船舶排出的水的重量。

总吨位(GRST)或总登记吨位(GRT)——用于划分商船和客船的级别——是测量一艘船的封闭空间的方式。它是用船只封闭空间的体积(立方英尺)除以 100(100 立方英尺被看做是 1 吨)。得出的结果就是总(登记)吨位。例如,老"伊丽莎白女王号"轮船并不是重 83 673 吨,而是拥有 8 367 300 立方英尺(236 878 立方米)的容量。

载重量吨位(DWT)——用于货船和油轮——是指船满载时,船能装载的所有东西的总重量,用长吨(2 240 磅或 1 017 千克)来表示。它表示使船下沉到满载吃水线时船上所有装载物的总重量,即船的装载能力,包括货物、补给品、燃料舱及旅客。

净登记吨位(NRT)——用于商船——指用总登记吨位减去不能用于运送旅客或运货的空间(全体船员占用的空间、压舱物、机房等)。

船运中船舶载重水线这一术语指什么?

船舶载重水线是在商船船身上刻的载重水位标记。这个标记表明船的安全装载限度。船舶载重水线的高度在世界上不同的地方、不同的季节也有所不同的。它也被称为"载货吃水线"或"载货吃水标",主要是在塞缪尔·普利姆索尔(Samuel Plimsoll, 1824—1898)的鼓动下,在 1875 年的《商船法案》中被英国议会制定为法律。这项法律防止不道德的船主派遣不适于海上航行且超载的、但又投了大量保险的船只(所谓的

"棺材船"),这样的船只威胁着全体船员的生命。

谁制造了"自由轮"?

第二次世界大战时的"自由轮"是根据亨利·凯泽(Henry J. Kaiser,1882—1967)的构想而制造的。亨利·凯泽是美国一位实业家,在1941年之前,他从来没有经营过造船厂。由于战争期间商船吨位的剧减,急需保护正在运输武器和物资的商船,于是"自由轮"就诞生了。这是一种标准商船,载重量达10 500长吨,航行速度为11海里/小时。"自由轮"是以简单的标准大规模生产的,其优点为结构简单,易于操作,建造快速,有巨大的货物载重能力。此外,凯泽又采用了预制构件,用焊接代替了铆接。轮船在盟军方面起着决定性作用。4年中,共生产了2 770艘船,总载重量达29 292 000长吨。

最早的医用轮船是什么时候建造的?

人们认为,1587—1588年的西班牙无敌舰队中就有医用轮船。英国最早的有记载的医用轮船是1608年的"友好号"。但直到1660年以后,皇家海军才形成惯例,留出一些船只供医院使用。在1898的西班牙-美国战争中,美国政府装备了6艘医用轮船,其中一些长期附属于舰队。1916年8月,美国国会批准建造美国船"USS Relief"号。它于1919年下水,1920年12月交付海军使用。

"泰坦尼克号"为什么会沉没?

1912年4月14日星期日晚上11点40分,英国豪华轮船"泰坦尼克号"从英国的南安普敦出发到纽约的初次航行中,从侧面撞上了冰山,并受到严重损坏。这艘882英尺(269米)长的轮船有8层,高度相当于11层的大楼。在被撞2小时40分钟后沉没。在2 227名乘客和船员中,有705人乘坐20只救生艇和救生筏逃生,1 522人淹死。

作为有名的跨大西洋海运史上最大的灾难,当时的情况使"泰坦尼克号"沉没事件中的生命损失尤为严重。虽然史密斯船长(Capt. E. J. Smith)被警告说在航道上有冰山,但他仍坚持22海里/小时的速度,并且没有额外布置瞭望哨。后来的调查揭示,"加利福尼亚号"轮船离它只有20英里(32千米)远,如果它的无线电话务员在值班的话,本可以提供帮助。"泰坦尼克号"的救生艇数量不足,而且那些可以使用的也没得到良好的管理,一些救生艇只装了一半人就离开了轮船。唯一对遇险信号做出反应的是古老的"克尔巴阡号"(Carpathia),这艘轮船救了705人。

与人们长期以来一直持有的观点相反,"泰坦尼克号"轮船不是被冰山切开的。当伍兹·霍尔海洋学院的罗伯特·巴拉德(Robert Ballard,1942—)于1986年7月坐着"阿尔文号"(Alvin)海洋地质调查深潜器下沉到沉船地点时,他发现船的右舷船头的钢板在碰撞的冲击力下已经弯曲变形,从而导致轮船裂开,海水灌了进去。

巴拉德发现,船头和船尾在海底相距600多码(548米),从而推测出轮船在与冰山发生碰撞之后所发生的事情:"在船撞到冰山之后,海水进入前边6个水密舱。当船头下沉时,海水就灌进一个一个的水密舱,使船尾更高地翘出水面,直到船体的应力超出了船能承受的限度。船断开了……"然后船尾很快就自己沉了下去。

更近的调查结果表明,有缺陷的铆钉导致了"泰坦尼克号"的结构弱点。最近,一家腐蚀实验室对来自船体上的铆钉进行了分析,结果发现,铆钉的熔渣含量非常高,导致铆钉变脆易断。这些功能减弱的铆钉突然崩落,钢板就分离了。

世界上最大的船是什么?

在客船中,"海洋航海家号"(Voyager of the Seas)是世界上最大的巡行船。这艘142 000吨的轮船就像一座小城,拥有一条4层高的购物娱乐街,一个溜冰场,一个攀岩壁,一座有1 350个座位的剧院,无数的咖啡厅……简而言之,那里拥有一座小而复杂的城市的全部娱乐设施。

现在仍在服务的所有类型中最大的轮船是"亚勒维尔号"(Jahre Viking)油轮(前"快乐巨人号"[Happy Giant],或"海上巨人号"[Seawise Giant])。这艘轮船的总登记吨位是260 851吨,货物载重能力(载重量吨位)是564 763吨。

第一艘核动力船是什么时候下水的?

可控制的核反应堆产生巨大的热量,这些热量将水变成蒸汽以推动涡轮机。美国建造的"鹦鹉螺号"(Nautilus)是世界上第一艘核动力潜艇,于1955年1月17日首航。它被称为第一艘真正的潜艇,因为它能在水下停留无限长的时间。"鹦鹉螺号"长324英尺(99米),水下最大行程2 500英里(4 023千米),潜水深度700英尺(213米),能在水下以20海里/小时的速度航行。

第一艘核战舰是14 000吨的美国"长滩号"(Long Beach)巡洋舰,于1959年7月14日下水。美国的"奋进号"(Enterprise)是第一艘核动力航空母舰,于1960年9月24日下水。舰长1 101.5英尺(336米),设计运载能力为100架飞机。

第一艘核动力商船是"萨瓦那号"(Savannah)。这是一艘20 000吨的船,1962年下水。美国建造这艘船主要是作为实验,从来没有用于商业用途。1969年,德国建成"奥托·哈恩号"(Otto Hahn),这是一台核动力载物运输船。核动力在非海军船只方面最成功的应用是破冰船。第一只核动力破冰船是苏联的"列宁号"(Lenin),1959年交付使用。

火车和有轨电车

什么是标准轨距铁路?

在英国，第一批成功的铁道使用乔治·斯蒂芬森（George Stephenson，1781—1848)建造的蒸汽机车,在4英尺8.5英寸(1.41米)宽的轨道上行驶,可能因为那就是当时货车和电车的轮距。斯蒂芬森是一个自学成才的发明家、工程师。1814年,他研制出蒸汽鼓风发动机,使蒸汽机车变得实用可行。然而,斯蒂芬森在铁路研制上的竞争者伊萨姆班德·布律内尔(Isambard K. Brunel,1806—1859)向大西方铁道公司展示了他的研究成果,他的轨道距离是7英尺0.25英寸(2.14米)。随之而来的著名的“轨距之战”开始了。由英国议会委派的委员会做出有利于斯蒂芬森的决定,采用相对较窄轨道。1846年的《轨距法案》禁止使用其他的轨距。这一宽度最终也被世界其他地区所接受。轨距从两个轨道铁轨内侧的顶部向下5/8英寸(16毫米)的地方开始测算。

最快的火车是什么火车?

1990年5月18日,法国国有铁路公司高速火车TGV(Train à Grande Vitesse)“大西洋号”在古尔塔兰(Courtalain)和图尔(Tours)区间,达到了最快速度——320.2英里/小时(515.2千米/小时)。所有国家铁路系统对此都有记载。

北美最快的客车是美国铁路公司的快速火车Metroliner。在纽约城和华盛顿特区之间的线路上,速度可达125英里/小时(201千米/小时)。

由日本和德国开发研制的磁力悬浮火车(MAGLEV)行驶速度可达250—300英里/小时(402—483千米/小时)或更多。这些火车受路基上空气中产生的巨大的磁场产生的排斥力或吸引力所驱动（基于同极相斥、异极相吸的原则)。德国高速列车(Transrapid)使用常规的磁铁来提高火车的速度。磁性的相吸相斥原则、在火车下面伸展如翅膀的襟翼在T型导轨下折叠的布局结构、火车上电磁的使用(它被非机动的磁场表面所吸引)构成了磁悬浮列车的主要组成部分。火车电磁与建立在T型轨道顶部的电磁之间的相互作用,将火车提升,离开导轨3/8英寸(1厘米)。沿铁道两侧的另外一套磁场提供侧面引导。火车在电磁波上行使。导轨中磁体的交替电流改变磁体的极性,交替地推、拉火车前进。刹车是通过改变磁场的方向来进行的。要提高火车速度,就提高电流频率。

日本的MLV002使用相同的推进系统,但不同之处是在悬浮的设计上。火车在达到100英里/小时(161千米/小时)的速度以前,停在轮子上。然后它在导轨上提高4英寸(10 厘米)。此种悬浮依靠超导磁体和一套推动系统(并非德国使用的吸引系统)。

世界上最长的铁路是什么?

西伯利亚大铁路是从莫斯科到符拉迪沃斯托克(海参崴)的铁路,长 5 777 英里(9 297 千米)。如果到纳霍德卡(Nakhodka)的支线也算在内,这个长度就成为 5 865 英里(9 436 千米)。这条铁路是分段开放的。第一辆货车于 1898 年 8 月 27 日抵达伊尔库茨克。贝加尔湖–阿穆尔河(黑龙江)北部主线路开始于 1938 年,将距离缩短约 310 英里(500 千米)。整个线路行程大约需要 7 天 2 小时,跨越 7 个时区。在整个线路中有 9 条隧道,139 架桥或高架桥,还有 3 762 架小桥或涵洞。几乎整条线路都实现了电气化。

与之相比,第一条美国跨洲铁路完成于 1869 年 5 月 10 日,长约 1 780 英里(2 864 千米)。中央太平洋铁路从加利福尼亚州的萨克拉门多向东建设,而联合太平洋铁路向西建筑到犹他州的普洛蒙特利尖锋。两条线路在这里接轨。

美国铁路的首次包租是在什么时候?

美国铁路首次包租是在 1815 年 2 月 6 日,这是在新泽西州霍伯肯市的陆军上校约翰·斯蒂温斯(Colonel John Stevens,1749—1838)的努力争取下,在特灵顿附近的特拉华和拉里坦河与新伯伦瑞克之间建设、运营的一条铁路。然而,由于缺乏财政支持,阻碍了铁路建设。花岗岩铁路由格里德利·布赖恩特(Gridley Bryant)建造,于 1826 年 10 月 7 日包租。铁路从马萨诸塞州的昆西延伸到尼庞西特河——距离为 3 英里(4.8 千米)。铁路运送的主要货物是用于建设邦克山纪念碑的花岗岩石块。

守车是何时从铁路上消失的? 消失的原因是什么?

人们曾经经常看到的位于火车车尾的熟悉的红色守车,现在几乎已经成为历史的回忆了。守车曾是售票员、刹车手和司旗员在火车上的家。1972 年,佛罗里达东海铁路公司拆卸并除去了守车。在 20 世纪 80 年代早些时候,美国联合运输联合会同意卸掉许多火车上的守车。科技取代了众多铁路雇员的职能。计算机取代了售票员记录,电子的"火车到站设施"监控火车的刹车力,这就减少了后边刹车手的一项工作。轨道旁监视器的设置是为了探测上面的轴承,并向机长报告出现的问题。

什么是铁路上的轻便轨道三轮车?

在 19 世纪,铁路轨道维修工人推着一辆三轮手推车,沿着轨道快速前进。这种手推车用于各站之间的快运以及包裹的投寄，还可以用来传递两站之间必须在下一辆火车到来之前传递的紧急信息。这个重 150 磅(68 千克)的三轮车像一辆带挎斗的自行车,也叫做“爱尔兰邮政”。驾驶员坐在两轮部分的中间位置,前后推动曲柄,推动着三角形的交通工具沿轨道前进。这个人工推动的手推车在第一次世界大战后，被以燃油为动力的轨道交通工具所代替。燃油的轨道车又被传统的配有备用凸缘轮子的轻型小货车取代。

铁路工人这一术语是什么意思?

铁路工人(gandy dancer)即铁路劳动者。这个名字来源于伊利诺伊州芝加哥甘迪制造公司生产的用于轨道工作的特殊工具。这些工具在 19 世纪几乎到处都使用。

“东方快车”的路线是什么?

这项奢华的火车服务在 1883 年 6 月开始,提供法国和土耳其之间的联系。直到 1889 年,整个旅程才能由火车来完成。这条路线从巴黎开始,途经查隆、南锡、斯特拉斯堡(通过卡尔斯鲁厄、斯图加特、慕尼黑),然后进入奥地利(经由萨尔茨保、林茨、维也纳)、匈牙利(穿过杰尔和布达佩斯),南到南斯拉夫的贝尔格莱德,穿过保加利亚的索非亚,最后到达土耳其的伊斯坦布尔(旧称君士坦丁堡)。它于 1977 年 5 月停止营运。1982 年,部分线路——威尼斯-辛普朗东方快车重新开始运营。

旧金山的那些缆车是如何移动的?

缆车在隧道中持续不断地在位于街道下面的轨道之间行使。缆车由一个中央站控制,通常以 9 英里/小时(14.5 千米/小时)的速度运行。每个缆车的下边都有一个附属物,叫做柄。当驾驶员拉动操纵杆时,柄就抓住移动的缆车,被移动的缆车牵引着走。当驾驶员放开操纵杆时,柄脱离与缆车的联系,此时驾驶员使用刹车,缆车就会停下来。缆车也叫做循环不断的索道，是安德鲁·海利迪（Andrew S. Hallidie, 1836—1900)发明的。1873 年,他首次在旧金山操作这一系统。

什么是缆索铁路?

缆索铁路是一种用于陡坡的铁路,比如山麓。两辆相互起平衡作用的车厢或火车由一个缆绳连接,当一方下降时,另一方则上升。

世界上最高的缆车在哪里?

最高的缆车在委内瑞拉的安第斯山。它也是路线最长的缆车。它开始于 1 英里(5 280 英尺)高的梅里达市,在横穿 7.8 英里后,到镜峰(15 720 英尺)的皮克·埃斯佩霍为止。

机动交通工具

参见:能源——消费与保护,建筑、桥梁及其他建筑结构——道路、桥梁和隧道

"马力"一词由何而来?

马力(house power)是一个能量单位,即在 1 秒钟内把 550 磅(247.5 千克)重的物体提升到 1 英尺(30.48 厘米)的距离所需能量的单位。在 18 世纪末,苏格兰工程师詹姆斯·瓦特(James Watt,1736—1819)改良了蒸汽机,希望测定用蒸汽机从煤矿中抽水的速度如何与马匹抽水的速度相比。此前,马被用做启动水泵的工具。为了定义 1 马力,他对马进行了测试,得出这样的结论:一匹强壮的马能在 1 分钟之内将 150 磅(67.5 千克)重的物体提升 220 英尺(66.7 米)。所以,1 马力就等于 150×220/1,或每分

1885 年,卡尔·本茨坐在他发明的汽油驱动的汽车上。

钟 33 000 英尺磅(也可以表示为 745.2 焦耳/秒,7 452 百万尔格/秒,或 745.2 瓦特)。

马力这个术语在汽车出现的早期频繁地使用，因为不用马拉的车总是和马拉的车相比较。如今,马力这个不便利的单位仍然被用来表示发动机的功率,尤其是小汽车和飞机的发动机。一辆小汽车以 50 英里/小时(80.5 千米/小时)的速度行进,通常需要大约 20 马力来驱动。

汽油发动机与使用乙醇或酒精汽油混合燃料的发动机有何不同?

汽油发动机只用汽油作为燃料。乙醇或酒精汽油混合发动机使用乙醇(一种源于植物资源的燃料）或者酒精和汽油的混合物作为燃料。燃料系统一定要有与将要使用的燃料相符的垫圈和零部件。

谁发明了小汽车?

尽管制造自动推进式的道路运输工具的想法很久以前就出现了，但以汽油为动力的汽车的发明应归功于卡尔·本茨(Karl Benz,1844—1929)和戈特利布·戴姆勒(Gottlieb Daimler,1834—1900),因为他们最早实现了汽车的商业化。本茨和戴姆勒各自独立钻研,谁也不知道对方的研究情况。他们都研制出了小型内燃机来驱动汽车。本茨于 1885 年建造了三轮车,由一个舵柄来操纵。戴姆勒的四轮车产于 1887 年。

早期的自动推进式的道路交通工具包括由尼古拉斯-约瑟夫·库格诺特(Nicolas-Joseph Cugnot,1725—1804)发明的蒸汽驱动的器械。1769 年,他驾车以 2.5 英里/小时(4 千米/小时)的速度行驶在巴黎的街道上。里查德·特利维斯克(Richard Trevithick,1771—1833)也生产了蒸汽驱动的汽车,能承载 8 名乘客。1801 年 12 月 24 日,汽车首次行使在英国的坎伯恩市。伦敦人塞缪尔·布朗(Samuel Brown)于 1826 年建造出最早的 4 马力实用燃油汽车。1862 年，比利时工程师伊迪恩·莱诺瓦（J. J. Etienne Lenoire,1822—1900)生产出了一辆有内燃机的汽车,这种发动机燃烧的是液体烃。但是直到 1863 年 9 月,这种车才在路上进行试验,在 3 个小时内行驶了 12 英里(19.3 千米)。奥地利发明家西格弗里德·马库斯(Siegfried Marcus,1831—1898)于 1864 年发明了燃烧汽油的四轮手推车,并在 1875 年发明了全尺寸的汽车。维也纳警察反对汽车发出的噪音，但是马库斯并没有停止他的研究。爱德华·德拉马尔-德布特韦尔(Edouard Delamare-Deboutteville)在 1883 年发明了 8 马力的汽车,但是这种汽车在公路上并不耐用。

最早大批量生产的天然气动力车是什么?

本田思域 Civic Gx 天然气汽车于 1998 年开始生产。这种汽车被认为是当时燃烧最干净的内燃机汽车。

电车是怎样工作的?

电车使用一种电动马达将存储在电池中的电能转变成机械做工。发电装置(太阳能电池板、再生制动、驱动发动机的内燃机、燃料电池)的各种各样组合以及存储装置都被应用于电车中。

电动汽车是近期的设想吗?

19世纪的最后10年里,电动汽车在城市中尤其盛行,人们已经开始熟知有轨电车与无轨电车,并且已经利用科技生产出各种型号的发动机和电池。“爱迪生电池”(Edison Cell)——一种镍铁合金电池,成了电动汽车中的领导者。到1900年,电动汽车几乎主宰了游乐汽车领域。那一年,美国销售出4 200辆汽车。其中,38%是电力驱动的,22%是汽油,40%是蒸汽。到了1911年,汽车起动机取代了手摇起动。亨利·福特(Henry Ford,1863—1947)那时也刚刚开始大批量生产T型车。到1924年,在国际车展中展出的已经不止一种电动汽车,斯坦利蒸汽车于同年遭到摒弃。

由于20世纪70年代能源危机和90年代对于环境的保护(以及《清洁空气法

1893年,亨利·福特驾驶着他的第一辆小汽车行驶在底特律的街道上。

案》),汽车生产商们已经将好几种全电力汽车和混合型汽车推向市场。通用汽车公司将一种电力汽车"冲击"(Impact)投入市场。本田推出了 Insight 和 Civic 两款轿车,二者都是使用一个汽油发动机和一个电动马达的混合型汽车。丰田则推出了叫做普鲁士(Prius)的混合型汽车。

美国第一家汽车公司是谁创建的?

查尔斯·杜亚(Charles Duryea,1861—1938)是一位来自伊利诺伊州皮奥里亚的生产商。他和他的弟弟弗兰克·杜亚(Frank Duryea,1869—1967)创办了美国第一家汽车生产公司,成为美国第一家为销售而生产汽车的公司。1895 年创建于马萨诸塞州春田市的杜亚汽车公司制造出以汽油为动力而不是马拉的四轮车,与德国奔驰公司生产的汽车很相似。

然而,杜亚兄弟并没有创建美国第一家汽车生产厂。兰塞姆·艾利·奥兹(Ransom Eli Olds,1864—1950)于 1899 年在密歇根州的底特律建立了美国第一家汽车厂,生产奥兹莫比尔(Oldsmobile)汽车。到 1901 年 4 月,每周有 10 多辆汽车在那里生产出来。1901 年生产的汽车总量达到了 433 辆。1902 年,奥兹采用装配线的生产方法,在 1902 年生产了 2 500 多辆汽车。1904 年的产量已经达到 5 508 辆。1906 年,美国已有 125 家汽车生产公司。1908 年,美国工程师亨利·福特(Henry Ford,1863—1947)通过增加传送带系统,进一步改进了装配线技术。传送带将汽车零部件传送给生产线上的工人,使汽车生产速度加快,成本降低,生产时间也减少到 93 分钟。福特公司那一年卖出了 10 660 辆汽车。

生产一辆汽车需要多少小时?

生产不同的汽车需要的时间不同。2000 年汽车行业生产 1 辆汽车的平均时间如下:

品　　牌	时间(小时)	品　　牌	时间(小时)
尼桑	27.6	福特	39.9
本田	29.1	通用汽车	40.5
丰田	31.1	戴姆勒克莱斯勒	44.8

生产汽车用哪些材料?

下面列出了 1990 年生产的普通汽车所用材料的情况。

1990年生产的普通汽车中所含材料

材料	英磅	百分比
普通钢板、钢片、钢条、钢棍	1 299.0	42.7%
中高度韧性钢	328.0	10.0%
不锈钢	50.5	1.5%
其他钢	25.0	0.8%
铁	355.0	10.8%
塑料和塑料混合物	245.0	7.5%
铝	236.0	7.2%
红铜与黄铜	45.5	1.4%
粉末金属零件	35.0	1.1%
锌压铸件	12.0	0.4%
镁铸件	7.0	0.2%
流体和润滑油	194.0	5.9%
橡胶	142.0	4.3%
玻璃	97.0	2.0%
其他材料	103.0	3.1%
总计	3 274.0	100.0%

米其林轮胎是何时引进的?

最早的汽车充气轮胎是在1885年由法国的安德烈(Andre,1853—1931)和爱德华·米其林(Edouard Michelin,1859—1940)生产出来的。最早的辐射状轮胎,米其林X,在1948年生产并销售。在这种径向构造中,一层一层叫做"股"的细丝材料环绕轮胎四周,由一个个珠子串起来(与轮胎胎面中线方向垂直)。股可以由围绕轮胎的钢丝或钢条制成。据说辐射状轮胎比斜纹轮胎或者环形斜纹轮胎(二者均有对角斜铺的股)使用寿命更长,更易掌控,并且在中速和高速行驶时更稳。辐射状轮胎在低速行驶时非常稳定坚固。

什么是随从座位?

随从座位(rumble seat)指的是汽车外边折叠式的座位,位于某些老式的双门小轿车、折篷车或跑车的后面。

无内胎汽车轮胎最早是在什么时候生产出来的?

1947 年 5 月 11 日,在俄亥俄州的阿克隆市,古德里奇公司宣布制造出了无内胎轮胎。1953 年,邓洛普(Dunlop)成为英国第一家生产无内胎汽车轮胎的公司。

汽车轮胎上的数字有什么含意?

与轮胎大小和型号相关的数字和字母既复杂又令人费解。"公制 P"数字系统可能是表示轮胎大小最有效的办法了。比如,如果轮胎标有 P185/75R–14,那么,"P"意味着该轮胎用于客车。数字 185 是以毫米为单位的轮胎的宽度。75 则表示纵横比,即轮胎从轮圈到路面的高度占宽度的 75%。R 是说该轮胎为辐射状轮胎。14 是以英寸为单位的轮胎的直径(13 和 15 英寸也是常见的直径大小)。速度等级由大小标记中的一个字母来表示(见下表)。

符　号	最 高 速 度	
	英里/小时	千米/小时
S	112	180
T	118	190
U	124	200
H	130	210
V	149	240
W	168	270
Y	186	300
Z	186+	300+

什么汽车率先拥有现代车载空调?

最早配有空调的汽车是由密歇根州底特律市的帕卡德汽车公司生产的,于 1939 年 11 月 4 日至 12 日在伊利诺伊州的芝加哥第 40 届车展上公开亮相。车载空调使汽车中的空气降至想要的温度,过滤、循环车内空气,还能除湿。第一套全自动空气制冷系统是 1964 年引进的凯迪拉克的"气候控制"(Climate Control)。

什么汽车率先配有自动变速器?

最早的现代自动变速器是通用汽车公司(General Motors)的海德拉迈蒂克(Hydramatic)变速器。它是在 20 世纪 40 年代提出来供奥兹莫比尔(Oldsmobile)选用的。1934—1936 年间，少数几辆 18 马力的奥斯汀(Austin)安装上了美国设计的海斯(Hays)无限变速齿轮。现代最早的自动变速箱在 1898 年申请了专利。

目前有核能汽车吗?

20 世纪 50 年代，福特汽车的设计师们设计出了福特核子，这是由一个安装在汽车后部一个环形盖子底下的小型原子反应核来驱动的。它要用核燃料给电池再充电。但这种车从没有制造出来。

第一个汽车牌照是在哪里发行的?

1889 年，法国巴黎的莱昂赛波莱(Leon Serpollet)取得了第一个汽车牌照。1901 年，美国纽约最早要求持照行车。登记注册要求在 30 天内完成。为此，车主必须提供自己的姓名、家庭住址以及所拥有的汽车的外观特征。注册费用为 1 美元。牌照上印有车主名字的首字母，并且牌照的高度要超过 3 英寸(7.5 厘米)。铝制永久性牌照于 1937 年首次在康涅狄格州发行。

从车辆识别号码、车身数字牌照及汽车发动机上我们能得到什么信息?

这些编码表示的是汽车的型号、牌子、生产年份、变速器类型、生产公司，有时甚至还有汽车生产日期。这些编码的形式和内容并不是标准化的(有一个例外)，并且同一制造商在不同年份生产的汽车的编码也是经常变化的。这个例外(始于 1981 年)就是编码的第 10 个数字，这个数字表示的是生产年份。比如：w=1998，x=1999，z=2002 等等。汽车的各种不同部件可能生产于不同的公司，因此，车辆识别号码(VIH)中表示的地点可能与发动机数字代表的地点不一致。正式销售手册上列有某种牌子汽车的编号。

美国登记在册的机动车有多少?

1999 年美国注册的机动车辆总数为 216 308 623。其中，132 432 044 辆为小汽车，83 876 579 为卡车和公共汽车。1999 年，全世界总共有 681 799 000 辆登记在册的机动车(其中 491 597 000 为客车)。

在美国驾驶一辆汽车的费用是多少?

以下列出的是在美国驾驶一辆小汽车平均每千米所花费用(美分/千米)。表格中给出的是在郊区的交通条件下行驶 12 500 千米的数字。

	中　型	大　型	豪华型	越野型	小型货车
汽/油费	5.0	6.3	7.4	7.2	6.8
保养费	2.9	3.1	3.2	3.4	3.2
轮胎费	1.3	1.4	1.4	1.4	1.3
年花费:					
保险费	912 美元	856 美元	933 美元	1 312 美元	950 美元
牌照/注册费	175 美元	223 美元	279 美元	396 美元	379 美元
贬值费	2 819 美元	3 294 美元	3 979 美元	3 556 美元	3 409 美元
信贷费	598 美元	802 美元	1 040 美元	926 美元	885 美元
每千米平均费用:	0.45 美元	0.52 美元	0.62 美元	0.62 美元	0.56 美元

防抱死制动系统是怎样运作的?

防抱死制动系统(ABS)是在 1936 年最早发明并申请专利的。防抱死制动系统由一个德国术语“防锁系统”(antiblockiersystem)演化而来。该系统可以防止轮胎抱死。轮胎抱死会使汽车不稳定,引起打滑。防抱死制动系统利用计算机自动调节刹车时的制动压力,从而防止车轮抱死。

汽车以不同速度行驶时的刹车距离各是多少?

汽车平均刹车距离与汽车行驶速度直接相关。在干燥、平坦的混凝土路面上,最短的刹车距离如下(包括司机刹车前的反应时间):

速　度		反应时间距离		刹车距离		总　距　离	
英里/小时	千米/小时	英　尺	米	英　尺	米	英　尺	米
10	16	11	3.4	9	2.7	20	6.1
20	32	22	6.7	23	7.0	45	13.7
30	48	33	10.1	45	13.7	78	23.8
40	64	44	13.4	81	24.7	125	38.1
50	80	55	16.8	133	40.5	188	57.3
60	97	66	20.1	206	62.8	272	82.9
70	113	77	23.5	304	92.7	381	116.1

汽车以不同速度在各种不同路面行驶时的滑行距离是多少?

汽车以不同的速度在各种不同的路面上行驶时的滑行距离如下:

速度(英里/小时)	柏油路(英尺)	混凝土路(英尺)	雪路(英尺)	碎石路(英尺)
30	40	33	100	60
40	71	59	178	107
50	111	93	278	167
60	160	133	400	240

怎样可以查出汽车的安全召回信息?

美国国家公路交通安全管理局(NHTSA)对所有的召回情况都有记录,并且拥有消费者所经历的安全问题报告。你可以拨打他们 24 小时热线电话 1-800-424-9393,或者登录网站 http://www.nhtsa.dot.gov,也可以写信至华盛顿 DC20590 号交通部的 NHTSA。请务必将汽车的牌子、型号、生产年份和车辆识别码及对所出现的问题或部件描述清楚。你可以通过电话或者邮寄的打印资料得到 NHTSA 拥有的任何召回信息。

大部分致命性汽车交通事故发生在一周中的哪一天?

目前正在进行的研究表明,周六仍然是一周里大部分致命性汽车事故发生频率最高的一天。以下是 1998 年国家公路交通管理局收集的数据。

时　　刻	周日	周一	周二	周三	周四	周五	周六	总计
上午 0 点—3 点	1 208	400	322	480	506	530	1 218	4 564
上午 3 点—6 点	641	269	256	267	332	329	630	2 724
上午 6 点—9 点	382	569	554	560	518	503	494	3 580
上午 9 点—中午 12 点	479	543	560	526	494	558	611	3 771
中午 12 点—下午 3 点	645	719	681	705	701	803	716	4 970
下午 3 点—6 点	885	840	887	822	894	1 015	869	6 213
下午 6 点—9 点	848	685	721	710	821	984	1 028	5 797
下午 9 点—12 点	581	561	575	593	678	1 099	1 047	5 135
总计	5 734	4 608	4 595	4 593	4 985	5 864	6 686	37 081

安全带何时成为美国汽车的强制性装置?

美国国家公路安全管理局在 1968 年首次要求在汽车所有座位上安装膝带,在前排座位上安装肩带。但是直到 1984 年,国家法律第一次规定严惩不使用该装置的司机和乘客时,大部分美国人才开始经常使用安全带。20 世纪 90 年代后期,经常使用安全带的车主占 68%。

哪些颜色的汽车最安全?

加利福尼亚大学测试表明,蓝色或黄色对于汽车安全来说是最好的选择。在白天和雾天,安全性最高的是蓝色。在夜间则是黄色。从视觉角度来说,最差的颜色是灰色。在德国梅塞德斯-奔驰的另一项调查中,除了完全被冰雪覆盖的路面或白色沙滩的情况外,白色的分辨度最佳。在这种极端的情况下,鲜艳的黄色和橙色分别排在第二、三位。在该项调查中,分辨度最差的就是深绿色。

拉尔夫·纳德的《任何速度都不安全》一书是如何导致科威尔汽车公司倒闭的?

拉尔夫·纳德(Ralph Nader)旨在以此书控诉底特律汽车生产商,尤其是通用汽车公司的罪行。事实上,"科威尔汽车公司"(Corvoir)仅仅在书的第一章中谈到过。纳德认为,通用汽车主管们明知道这种车型并不安全,却还是将车推向了市场。这是因为他们对利润的追求大于一切。

《任何速度都不安全》(*Unsafe at Any Speed*)一书出版时,纳德还效力于参议院小组委员会主席阿布拉罕·贝尔科夫(Abraham Ribicoff)。该委员会正在制定一项有关汽车设计标准的法案,因此这本书受到了极大的关注。纳德在关于包括科威尔公司在内的各种听证会上,应邀担当专家证人。纳德的证词以及适时的宣传,为 1966 年 9 月国家交通与机动车安全法的实施铺平了道路。

关于汽车的负面宣传使科威尔公司遭受巨大影响。即使设计师为此做出了新的改进,也无法抑制汽车销售量的灾难性下降。科威尔公司汽车的生产也在 1969 年停止。

汽车的什么颜色最流行?

根据 1998 年的一项研究,以下是各种类型车辆最流行的颜色:

各种类型汽车的颜色流行度

豪华车		大中型车		小型车/运动型车	
颜色	百分比	颜色	百分比	颜色	百分比
浅棕色	17.7	中/深绿色	16.4	中/深绿色	15.9
白金属色	12.3	白色	15.6	黑色	15.0

续 表

豪华车		大中型车		小型车/运动型车	
颜色	百分比	颜色	百分比	颜色	百分比
黑色	12.3	浅棕色	14.1	白色	14.7
白色	11.3	银色	11.0	银色	10.4
中/深绿色	10.0	黑色	8.9	大红色	9.5
银色	9.2	中度红色	6.5	浅棕色	7.0
中度红色	7.5	中/深蓝色	6.0	中度红色	6.4
中/深灰色	5.3	深红色	4.9	中/深蓝色	5.3
中/深蓝色	4.8	浅蓝色	3.8	蓝绿色/湖绿色	4.0
金色	4.8	白金属色	3.2	紫色	3.4
其他颜色	4.8	其他颜色	9.6	其他颜色	8.4

哪些州允许红灯时左转或右转?

在没有张贴标志的十字路口，所有的州都允许司机在完全停止后，在红灯时右转。纽约市现在是唯一一个禁止这种转弯的主要管辖区。根据联邦公路管理局统计，红灯时右转所发生的交通事故少于绿灯时右转。另外，这项法规也使司机在每次转向时，平均节省 14 秒的时间，从而降低了汽油消耗量，减少了废气排放量，也使得十字路口可以通过更多的交通车辆。

41 个州允许红灯时间左转，但是这仅限于汽车完全停止后及由一条单行道转向另一条单行道的情况下。禁止这种转向方式的州有：康涅狄格州、马里兰州、密西西比州、密苏里州、新泽西州、北卡罗来纳州、罗德岛州、佛蒙特州以及威斯康星州。另外，哥伦比亚特区和纽约市也有这样的禁令。

车速监视路段最早什么时候用来速捕违规超速驾驶的司机?

1905 年，当纽约市警察局局长威廉·迈克阿多(William McAdoo)在新英格兰的一个乡村限速为 8 英里/小时(13 千米/小时)的行驶区域内，以 12 英里/小时(19 千米/小时)的速度行驶时被拦截。这个速度监测装置包括两个伪装成枯树桩子的检测岗，两个检测装置相隔 1 英里(1.6 千米)。该装置通过一个带有秒表和电话的副手随时监视超速者。当车辆好像在超速行驶时，副手就按下秒表，并通知他前面的同伴立即查阅速度表。他的同伴再通知前边的警察设置障碍,拘捕该超速司机。迈克阿多请新英格兰警员在纽约市装置类似的设备。

最著名的车速监视路段之一在阿拉巴马州与佐治亚州交界处佛鲁伊特赫斯特(Fruithurst)的阿拉巴马镇。一年之中,这个拥有250人的小镇从粗心的超速者手中收取了超过20万美元的罚款。

计算机平均车速记录器是怎样运行的?

1965年发明的计算机平均车速记录器(VASCAR)是一种由两个简单的时间和距离测量仪器来测量汽车行驶速度的非雷达计算器。计算机平均车速记录器可以在静止和移动时,记录两个方向的车辆速度。巡逻车可以尾随目标车辆、在其前方甚至与其垂直行驶。该装置测量车速监视路段的长度,然后算出目标车辆通过该距离时所用的时间。一个内置计算器进行计算,并将平均速度显示在一个LED读出装置。大部分的警察局现在使用移动雷达。移动雷达不易被察觉,而且更加精确。

警用雷达是怎样工作的?

奥地利物理学家克里斯蒂安·多普勒(Christian Doppler,1803—1853)发现,从一个移动物体反射回来的电波以一种不同的频率(更短或更长的波、循环或振动)反射回来。警用雷达正是基于这种叫做多普勒效应的现象。定向无线电波通过雷达装置传播出去,这些电波从目标车辆上反射回来,并由记录器记录下来。记录器对发出去的电波和接收到的电波的差异进行比较,把信息转换成英里/小时的形式,将速度显示在刻度盘中。

高速激光枪与雷达有什么区别?

高速激光枪依靠的是光的反射时间,而不是多普勒效应。高速激光枪测量的是光到达车辆并反射回来的全程时间。激光枪对准目标(一辆行驶着的汽车)发出非常短的红外激光,并等待它从汽车上反射回来。激光枪的优点在于它发出的圆锥形光束很小,因此能瞄准某个特定车辆,而且非常准确。它的缺点是需要更加准确地瞄准目标。

安全气囊在汽车发生碰撞时如何防止撞伤?

当汽车发生正面碰撞时,传感器引起叠氮化钠与铁释放出来,并发生反应,产生大量氮气。这种气体在碰撞后的1/5秒后使气囊充满气体，形成一个保护气垫。之后气囊迅速瘪下去，无害的氮气从后面的孔中排放出来。

安全气囊只有在汽车冲撞速度达到11—14英里/小时(17—22千米/小时)甚至更快时才能发生作用。它不会因为轻微交通事故、在停车场碰到水泥挡板时发生轻微的碰撞、或由于有人踢到保险杠等就启动充气。根据美国国家公路安全交通管理部计算，1987—2001年7月1日期间，安全气囊挽救了7 224条生命。联邦安全官员们建议，配有安全气囊的车主们不要在前排座位上使用朝后的婴儿坐椅，因为充气的安全气囊可能会撞击婴儿的座位，撞击力量大得足以造成伤害。

安全气囊是何时发明的?

为安全气囊申请专利的想法是在20世纪50年代开始出现的。1953年8月18日，美国2 649 311号专利授给发明机动车膨胀安全气垫的约翰·海里克(John W. Hetrick)。福特汽车公司在1957年前后，研究了安全气囊的用途，其他没有记载的工作是由艾森·约旦奥夫先生(Mr. Assen Jordanoff)在1956年以前进行的。安全气囊的概念早期有一些其他的用途。据说在第二次世界大战时期，一些飞行员曾在坠机前，采用将救生背心充气的方法进行自救。

在20世纪70年代中期，通用汽车公司在一个试点项目中，打算1年内卖出10万辆配有安全气囊的汽车，并以此作为某些昂贵车型打折促销的手段。后来，由于在3年之内仅有8 000位买主定购这种安全气囊，通用公司放弃了这个项目。截至1989年9月1日，美国所有生产供销售的新客车都要求配备自动安全带或者安全气囊。

如今，路上行驶的汽车和卡车中，将近有2 000万辆使用安全气囊。联邦法律规定，到1998年，所有小汽车必须安装双重安全气囊。到1999年，对所有轻型卡车实施这一规定。

停车计时收费表是何时引进的?

俄克拉何马州《每日新闻》的编辑、交通委员会商会会员卡尔顿·马吉(Carlton C. Magee)开始关注大城市的停车问题。他提出了一种向停车者收费的装置。随后，他与俄克拉何马州农业机械学院教授杰拉德·黑尔(Gerald A. Hale)合作，以完善这种装制。1932年，马吉申请了停车计时收费表专利。1935年7月，俄克拉何马州的某些大街上安装了停车计时收费表。现在这些机器设备帮助人们解决了世界各地主要城市的交通和汽车停放问题。

哪种汽车最易被盗?

1896年,一个汽车修理工在法国巴黎盗走了拜伦·德·路易(Baron de Zuylen)的标致汽车。此后,偷车案件就经常发生了。总的来说,被盗最少的是小型、中型四门汽车以及旅行车。跑车和豪华型车,尤其是折篷汽车被盗得最多。

公路损失资料研究所公布了1999—2001年的客车数据:

最易被盗车

阿库拉积分(Acura Integra)

安格勒吉普(Jeep Wrangler)

切诺基吉普(Jeep Cherokee)(四轮驱动)

本田前奏(Honda Prelude)

三菱幻影(Mitsubishi Mirage)(两门)

克莱斯勒300M(Chrysler 300M)

现代蒂卜隆(Hyundai Tiburon)

道奇因坦皮德(Dodge Intrepid)

三菱幻影(Mitsubishi Mirage)(四门)

克莱斯勒LHS(Chrysler LHS)

重型卡车和中型卡车有何区别?

中型卡车的重量为14 001—33 000磅(6 351—14 969千克)。其型号多样、用途广泛。常见的有饮料车、城市货运车和垃圾车。重型卡车的重量为33 001磅(14 969千克)或更重。重型卡车包括长途运输的18轮卡车、自卸卡车、混凝土搅拌车和救火车等。这些卡车与1870年由约翰·鲁尔(John Yule)设计的最早的运输型卡车相比已有很大的进步。鲁尔卡车的行驶速度只有0.75英里/小时(1.2千米/小时)。

出租车一词源于何处?

出租车(taxicab)这个词源于两个词——车费指示器(taximeter)和敞篷车(cabriolet)。车费指示器是威廉·布鲁因(Wilhelm Bruhn)在1891年发明的自动记录行驶距离或所用时间的工具。这项发明使行车费用能够得到更精确的计算。而敞篷车则是一种由一匹马带动两个轮子运转的工具,经常用来出租。

第一批出租车是杜兹("Droschkenbesitzer" Dütz)在1896年春天在德国的斯图加特经营的两辆奔驰车。1897年5月,弗里德里希·格瑞纳(Friedrich Greiner)开始了一种竞争性的服务。格瑞纳的出租车是真正意义上的出租车,因为它们是最早的装有车费指示器的出租车。

飞 行 器

参见:船舶、火车、汽车和飞机——军用交通工具

"兴登堡号"飞艇爆炸的原因是什么?

尽管美国和德国政府对爆炸进行了调查,但至今仍是个谜。听起来最可信的解释就是结构上的失误、圣埃尔莫之火、静电或阴谋破坏。继"格拉夫齐柏林号"(Graf Zeppelin)飞艇的初步成功之后,人们希望"兴登堡号"飞艇无论是在大小、速度、安全性、舒适性以及经济性上,都能超过以往的任何一艘飞艇。它的艇身长 803 英尺(245 米),这个长度是"玛丽女王号"远洋班轮的 4/5,直径为 135 英尺(41 米)。宽敞的飞艇后部可以乘坐 72 名乘客。

1935 年,德国航空部最终接管了齐柏林飞艇公司,利用它来进行纳粹宣传。1936 年第一次试飞后,这架飞艇受到了飞行爱好者们的欢迎。没有任何一种交通工具可以在各大洲之间如此迅速、平稳、舒适地运送乘客。1936 年间,1 006 位乘客乘坐"兴登堡号"飞越大西洋。然而,1937 年 5 月 6 日,"兴登堡号"飞艇在新泽西州的里克哈斯特着陆时,氮气突然爆炸引起大火。整个飞艇彻底被摧毁。97 名乘客中,有 62 人生还。

令人惊讶的是,"兴登堡号"上 97 人中,有 62 人在激烈的碰撞后生还。

飞机的机翼是如何产生上升力的？

根据伯努利原理（Bernoulli's principle），流体介质速度的增加，导致压力减小。飞机机翼形状的设计使空气（流体介质）流过机翼上表面的速度高于流过下表面的速度。压力差产生支持飞机的上升力。

什么是气垫船？

气垫船是一种由气垫支撑，可以在陆地或水面运行的交通工具。定期商务气垫船的运营于1968年在英吉利海峡两岸建立起来。

莱特兄弟发明的飞机叫什么名字？

莱特（Wright）兄弟发明的飞机的名字叫"飞行者号"（Flyer），是一架由木头与织物制成的双翼飞机。最初，莱特兄弟将"飞行者号"飞机用做滑翔机。飞机两翼总长40英尺4英寸（12米）。为了进行具有历史意义的飞行，维布尔（Wilbur）和欧维尔（Orville）完全按照自己的设计，为飞机装备上一个带有4缸12马力的汽油发动机和两个螺旋桨。1903年12月17日，在北卡罗来纳州的基蒂霍克，欧维尔躺在较低机翼的中部，首次驾驶由发动机提供动力、重于空气的飞机飞行。飞机在12秒的时间里飞行120英尺（37米）。当天，两兄弟又进行了3次试飞。其中维布尔完成了最长的一次飞行——59秒内飞行852英尺（260米）。

首次横跨大西洋直飞的人是谁？

第一次横跨大西洋，从加拿大的纽芬兰直飞爱尔兰的飞行是在1919年5月14日至15日，由两名英国驾驶员——约翰·阿洛克上尉（Capt. John W. Alcock，1892—1919）和阿瑟·布朗中将（Lt. Arthur W. Brown，1886—1948）完成的。这架带有两个发动机、由维克斯维米轰炸机改造成的飞机，历时16小时27分，飞越了1 890英里（3 032千米）。后来，查尔斯·林德伯格（Charles A. Lindbergh，1902—1974）于1927年5月20—21日，进行了第一次单人横跨大西洋的飞行。他驾驶的是一架单发动机的瑞安单翼机"圣路易斯精神号"，机翼长46英尺（15米），翼弦长7英尺（2.2米）。他从纽约至巴黎共飞行3 609英里（5 089千米），历时33.5小时。第一个进行横跨大西洋单人飞行的女飞行员是阿美利亚·艾尔哈特（Amelia Earhart，1897—1937）。她在1932年5月20—21日，从纽芬兰飞抵爱尔兰。

首位超音速飞行者是谁?

超音速飞行是指以大于或等于音速的速度飞行。声音在海平面温暖的空气中的传播速度是 760 英里/小时(1 233 千米/小时)。在约 37 000 英尺(11 278 千米)的高度,它的速度仅为 660 英里/小时(1 062 千米/小时)。美国空军少校查尔斯·耶戈尔(Major Charles E. Yeager, 1923—)被认为是第一个超音速飞行的人。1947 年,他驾驶着由约翰·斯达克(John Stack)和劳伦斯·贝尔(Lawrence Bell)设计的贝尔 X-I 号火箭探索飞行器,在 60 000 英尺(18 288 米)的高空飞行,速度达到音速的 1.45 倍。该飞行器由 B-29 轰炸机携载到 30 000 英尺(9 144 米)的高空发射。但是声障极有可能是在 1945 年 4 月 9 日,由驾驶世界上第一架军用喷气式飞机(Me262)的汉斯·古伊铎·穆特科(Hans Guido Mutke)突破的。另一种可能是,查尔姆斯·古德林(Charlmes Goodlin)在耶戈尔飞行的 6 个月前,驾驶贝尔 X-I 突破了该音速障碍。1949 年,吉恩·梅(Gene May)以 1.03 马赫的速度飞行在 26 000 英里(7 925 米)的高空,他所驾驶的道格拉斯航天火箭(Douglas Skyrocket)是第一架速度达到 1 马赫的超音速喷气式飞机。

第一次连续的、未补充燃料的环球飞行是在什么时候?

迪克·鲁坦(Dick Rutan, 1943—)和吉那·耶戈尔(Jeana Jeager, 1952—)于1986 年 12 月 14 日—23 日,驾驶一架单翼三体机“旅行者号”,在一个封闭的环形圈内飞行,并回到加利福尼亚州的爱德华兹空军基地。飞行持续了 9 天零 3 分 44 秒,飞越 24 986.7 英里(40 203.6 千米)。第一次成功的环球飞行是在 1924 年 4 月 6 日—9 月 28 日期间,由两架道格拉斯世界巡洋舰完成的。起初,共有 4 架飞机从华盛顿的西雅图起飞,但是其中两架在中途迫降,剩下的两架则成功地在 175 天内(实际飞行时间为 371 小时 11 分钟)飞行 27 553 英里(44 333 千米)。1931 年 5 月 23 日—7 月 1 日期间,威雷·博斯特(Wiley Post, 1900—1935)和哈罗德·盖提(Harold Gatty, 1903—1957)驾驶洛克希德·维加·温妮·梅(Lockheed Vega Winnie Mae)从纽约出发,环球飞行 1 周。

乘坐气球环球飞行的第一个人是谁?

史蒂夫·福塞特(Steve Fossett, 1944—)是第一个独自乘坐气球环球飞行的人。2002 年 6 月 18 日,他从澳大利亚西部出发,于 2002 年 7 月 4 日返回,历时 13 天 23 小时 16 分 13 秒。此前,福塞特曾经 5 次试图乘坐气球进行环球旅行。

第一个跳伞的人是谁?

第一个从高空成功跳伞的人是法国飞行员雅克·加纳林(Jacques Garnerin)。1979

年，他乘坐热气球，从 3 000 英尺(914 米)高度成功降落。

什么是航空电子学?

航空电子学是一个由航空学和电子学合成而来的术语，用来描述所有的电子航空通讯以及飞行操作仪器。军用飞机中还包括电控武器、侦查及探测系统。直到 20 世纪 40 年代，飞行系统完全靠机械、电或磁系统来操作。其中的无线电设备是最为复杂的检测仪表。雷达的出现和第二次世界大战期间空中侦察技术的巨大进步，使飞机普遍采用电子远距离测量仪器和航空仪器。在军用飞机中，这种装置提高了武器传输的准确性。装有这种仪器的商用飞机也增加了飞机操作的安全性。

飞机中的黑匣子安装在哪里?

事实上，黑匣子被喷成了橙黄色，这样使其更加容易与飞机残骸区分出来。黑匣子是由坚硬的金属和塑料制成的，里面有两个录音机。黑匣子被安放在飞机的后部——这个部分在坠机后最有可能保存下来。它有两个不锈钢外壳，中间是一种耐高温材料。黑匣子必须能够在 2 000℉(1 100℃)高温下承受 30 分钟。黑匣子里有一个防爆壳，里面是飞机的飞行数据及驾驶舱内的录音。飞行数据录音器可以通过安装在机身的探测装置，提供空速、方向、高度、飞机加速度、高度、发动机推力以及方向舵和扰流器位置等信息。这些数据以电子脉冲的形式被记录在不锈钢磁带上。这种磁带的厚度与铝箔相似。当磁带向后倒时，数据会由计算机打印输出。驾驶舱内的录音机可以录下坠机前 30 分钟飞行员的对话。如果飞机坠毁后录音机没有停下来，一些极为重要的信息就会丢失。

第一个用来检测飞机的全尺寸风洞是何时使用的?

1931 年 5 月 27 日，第一个用于飞机检测的全尺寸风洞(full-scale wind tunnel)在位于弗吉尼亚州兰利基地的美国国家航空咨询委员会的兰利研究中心投入使用。目前仍在使用的风洞高 30 英尺(9 米)，宽 60 英尺(18 米)。风洞用于促进空气流动，以便进行空气动力学的测量。风洞基本上由一个封闭管道构成，这个管道大到足以装进飞机或其他接受测试的飞行器。风洞内，空气在强大的风扇的带动下形成循环。

世界上最大的风洞是怎么回事?

世界上最大的风洞是美国航空航天局艾姆斯研究中心的国家全尺寸空气动力学联合体。这个联合体包括两个测试区，其中一个为 40×80 英尺，另一个为 80×100 英尺。后者产生的风速可以达到 115 英里/小时。

什么是机鸟相撞试验?

机鸟相撞(鸟与飞机相撞的事件)并非罕见。为了测试一些零部件,如挡风玻璃,将一只死鸟,通常为死鸡,用某种设备以适当的速度射向挡风玻璃,这就叫机鸟相撞试验(bird shot test)。

"史普鲁斯之鹅号"飞机是谁设计的?

霍华德·休斯(Howard Hughes,1905—1976)设计并制造出全木质的 H-4 大力神型水上飞机。"史普鲁斯之鹅"是它的昵称。在当时,该飞机的翼展最长,并由 8 台发动机提供动力。1947 年 11 月 2 日,它以高于水平面 33 英尺(10.6 米)的高度,在洛杉矶港航行了不到 1 英里,这也是该飞机唯一的一次飞行。

1941 年 12 月 7 日珍珠港遭到轰炸后,美国随即参加第二次世界大战。美国政府需要一架能利用战时非关键的材料,如木材,制成的大型运货飞机。当时,亨利·凯泽(Henry J. Kaiser,1882—1967)的船坞正以每天 1 艘的速度生产自由型(Liberty)船。他雇用霍华德·休斯来建造这样一架飞机。休斯最终制造出来一架重 400 000 磅(181 440 千克),翼展 320 英尺(97.5 米)的飞机。不幸的是,该飞机过于复杂,以至于战争结束时还没有完成。1947 年,休斯亲自驾驶飞机飞离地面,这也是这架飞机唯一

霍华德·休斯的"史普鲁斯之鹅号"飞机——有史以来最大的飞机——在 1947 年进行首次也是唯一一次飞行。

一次离地飞行——可能仅仅为了证明如此一个庞然大物也可以飞起来。该飞机在加利福尼亚州的长滩公开展示。但是1992年，飞机卖给了一位航空爱好者戴尔夫德·史密斯（Delford Smith），并被运往俄勒冈州的麦克明维尔。现在，“史普鲁斯之鹅”被陈列在当地的长荣航空博物馆。

什么是马赫数?

马赫数即声音在空气中的传播速度（声速）。因此，2马赫就是声速的2倍。0.5马赫即为声速的1/2。

世界上最快的飞机是什么?

世界上飞得最高最快的飞机是北美的X-15，它达到的最高高度为354 200英尺（67英里，108千米）。X-15A-2的飞行速度达到6.72马赫（4 534英里/小时，7 295千米/小时）。X-15是一架由火箭驱动的飞机，通过改装的B-52轰炸机发射。该飞机1954年设计出来，1959年进行首次飞行。

波音747的最大乘客量是多少?

如下所示，波音747和服务于美国各城市的其他喷气式飞机的乘客量分别为：

飞　机	最大乘客量	飞　机	最大乘客量
波音 707	179	协和式超音速喷射客机(SST)	110
波音 707-302，707-420	189	洛克希德 L-1011 三星客机	345
波音 720	149	麦道 DC-8	189
波音 727	125	麦道 DC-9	
波音 737	149	20 系列	119
波音 747	498	30&40 系列	125
波音 757	196	50 系列	139
波音 767	289	麦道 DC-10	380
波音 777	375	图波列夫 Tu-144(苏联 SST)	140

世界上速度最快、飞得最高的喷气式飞机是什么?

洛克希德SR-71飞机保持着三项速度和高度的绝对世界纪录：直线飞行速度

(2 193 英里/小时,3 529 千米/小时);封闭环形圈内飞行速度(2 092 英里/小时,3 366 千米/小时),以及持续水平飞行高度(85 069 英尺,25 860 米)。

水陆两用飞机和水上飞机有何区别?

这两种飞机最主要的区别在于水陆两用飞机配有可伸缩的轮子，使它既可以在陆地上行驶,又可以在水上运转。水上飞机只有浮筒而没有轮子,仅限于水上起飞或着陆。因为它的起落架不能伸缩,因此从空气动力学上来说,水上飞机不如水陆两用飞机有效。

军用交通工具

军用坦克由何得名?

第一次世界大战期间,英国在研制坦克时,把第一批装甲战车车辆称为“水箱”(water tank),以掩饰其真正的目的。虽然早期曾试图将这种车叫做“战车”(combat car)或“突击车”(assault carriage),不过“坦克”这个代号一直保留至今。

谁发明了坦克上的库林装置?

第二次世界大战中,美国坦克指挥官柯蒂斯·库林(Curtis G. Culin)中士在坦克前部设计并焊接了一个横杆。横杆上有 4 个向外支出的金属长牙。这一装备使坦克能够击破德国人的篱防。在法国诺曼底的长有树篱的乡村，一排排无数丛生的灌木和树林包围着战场,限制了坦克的行动。库林装置(又名“犀牛”)因具有带角的齿形或长牙似的结构,可以进入篱防基地,消除障碍并将敌军掩埋。

什么是“Hummve”?

美国军队最初在 1979 年研制出了 HMMWV(High Mobility Multipurpose Wheeled Vehicle 高机动性、多用途、轮式车辆),或 Hummve,用于 M-151 或者吉普的可能替代品。如今,军队使用 10 万多辆“悍马”(Hummer)汽车。这种车可以在任何极端天气中使用,并且能够用作军用运输车、轻型武器平台、救护车以及移动掩体。

另有一款平民化的改良车型,配有空调、隔音设置、凹背单人座位以及立体声音响设备等。一般售价约为 5 万美元。

“红色男爵”是谁?

曼弗雷德·冯·里希特霍芬(Manfred von Richthofen,1892—1918)是第一次世界大战时期的一名德国战斗机飞行员。他驾驶的是一架大红色的阿尔巴特罗斯战斗机,因此协约国给他起了个外号叫“红色男爵”。他以击中80架协约国飞机而成为第一次世界大战中的首席王牌飞行员,但是被双方确认的只有60架。至于其他的飞机究竟是被谁击中的,则存在较大争议,也可能是由里希特霍芬和他所在的皇家空军中队“飞行马戏团”(因飞机都涂着鲜艳的颜色,故如此称之)共同击落。里希特霍芬死于1918年4月21日,他在法国的上空遭到加拿大飞行员罗依·布朗(Roy Brown)和澳大利亚陆地机枪手们的袭击。双方都声称对他的死因负责。

什么是索普威斯“骆驼”,为何如此命名?

第一次世界大战中最成功的英国战斗机“骆驼”是对带有涡轮喷气式发动机的早期索普威斯海豹崽式飞机的改进型,配有一个比它大得多的转缸式发动机。“骆驼”得名于它的两部如驼峰般凸起的同步机枪。据说,极为灵巧的“骆驼”摧毁了1 294架敌机。有证据显示,在1918年引进福克D.VII之前,索普威斯“骆驼”是远远优于所有德国机型的近距离战斗机。索普威斯飞机制造公司共制造了5 490架“骆驼”。它的最快飞行速度可以达到118英里/小时(189千米/小时),能飞24 000英尺(7 300米)高。

B-17“空中堡垒”是何时引进的?

1935年7月28日,堡垒原型机第一次试飞。第一架YIB-17于1937年3月交付空军使用。随后,1939年1月,一架配有靠涡轮提高功率的发动机的YIB-17A实验机也交付给空军。代号为B-17B的这种机型又订购了39架。除了爆破功能外,B-17也被用于很多实验任务中,包括作为美国空军指挥的导弹项目以及雷达和无线电控制实验的发射平台等。由于B-17是第二次世界大战时防御性能最好的轰炸机,因此被称为“空中堡垒”。B-17总共装置了13挺口径为50的布朗宁M-2机枪,每部机枪装有700磅(317.5千克)的装甲弹药。具有讽刺意义的是,该战机的所有防御武器和人员的重量严重限制了炸弹的可用空间。

“飞虎”是谁?

“飞虎”指1941年初克莱尔·李·陈纳德少将(Claire Lee Chennault,1890—1958)

征召的美国志愿队成员，并曾经以雇佣兵身份在中国服役。约90名美国飞行员老兵以及150名支援人员在第二次世界大战期间的1941年12月服役至1942年6月，他们所驾驶的飞机是P-40战鹰。这种飞机的机首绘有虎口样的图案，因此得名为“飞虎”。

为什么米格被选作第二次世界大战中的苏联战斗机？

米格(MiG)一词取自于苏联两位著名飞机设计师——阿特姆·伊·米高扬(Artem I. Mikoyan)和米哈伊尔·伊·格列维奇(Mikhail I. Gurevich)姓氏的首字母“MiG”，有时也称作米高扬-格列维奇·米格(Mikoyan-Gurevich MiG)。1940年，该机型刚出现时，最高速度可达到400英里/小时(644千米/小时)。有活塞发动机的MiG-3战斗机是第二次世界大战中苏联战机中少数几个可以与西方战机相媲美的战斗机之一。1974年12月，由苏联版劳斯莱斯涡轮喷气式发动机为动力的最著名的战机之一MiG-15首次飞行。这架杰出的战机在朝鲜战争(1950—1953)中发挥了重大作用。1955年，MiG-19成为第一架在平行飞行中拥有超音速的苏联战斗机。

携带第一颗原子弹的飞机叫什么名字？

第二次世界大战期间，“埃诺拉·盖伊号”(Enola Gay)，一架改良的波音B-29轰炸机，在1945年8月6日上午8时15分，在日本广岛投下了第一颗原子弹。这架飞机是由来自佛罗里达州迈阿密的保罗·蒂贝茨上校(Col. Paul W. Tibbets Jr.)驾驶的。投弹手是来自北卡罗来纳州莫克斯维尔的托马斯·费埃比少校（Maj. Thomas W. Ferebee)。当时，炸弹设计师威廉姆斯·帕森斯上尉(Capt. Williams Parsons)作为一名观战者也在战机上。

3天后，另一架叫做“伯克斯卡”(Bockscar)的B-29轰炸机向日本长崎投下第二颗原子弹。8月15日，日本无条件投降。这更加坚定了美国人的信念：一场代价惨重的血腥侵略会因日本的付出而得以避免。

1995—1998年，“埃诺拉·盖伊号”飞机在华盛顿史密森学会的国家航空航天博物馆展出。它最终将成为预计于2003年底开放的国家航空航天博物馆的史蒂芬·伍德沃尔-哈奇中心的永久展品。

“伯克斯卡号”目前正在俄亥俄州戴顿市的赖特-帕特森空军基地的美国空军博物馆展出。

第一架使用隐形技术的飞机是什么？

F-117A“夜莺号”最早服役于1982年。隐形技术的目的就在于使飞机避开雷达的侦查。共有两种方法可以达到这种效果:一种是将飞机制造成某种特定的形状,从而使它反射回去的信号能躲过雷达探测器。另一种方法是使用某种吸收雷达信号的材料覆盖飞机。隐形飞机具有绝对平滑的表面和极其陡峭的边缘,可以将雷达信号反射,另外它还可以吸收雷达能量。

最小的间谍飞机是什么?

迷你小型无人飞机是最小的间谍飞机,其重量不足 3 盎司(100 克),大小不过 6 英寸(15.25 厘米),小得足可以放在手掌上。这些微型工具在低空中飞行,并装有摄像机和即时视讯发射机。

通 讯

符号、书写和代码

草纸何时被用于书写?

纸草(纸莎草)是一种生长在沼泽和死水中的植物。古时候,纸草生长在尼罗河河谷和尼罗河三角洲及幼发拉底河沿岸,在文明形成时期被用于书写,但是究竟何时开始使用却不太清楚。在埃及第一王朝(约公元前3100年)的一个墓里,发现了尚未使用过的一卷纸草纸。在整个罗马帝国时期,纸草纸是一种主要的书写手段。但在3世纪时,纸草纸被较便宜的羊皮纸取代。

造纸过程中的何种变化造成了历史上的书写文字缺失?

20世纪中生产的商业纤维素纸大多数是酸性的。酸使纸变脆,最终只要稍稍使用,纸就碎了。问题来源于现代纸的两个特点:在纸的生产过程中产生了非常短的纤维素,而且生产中加入了酸性物质(或未通过净化而除去)。酸在潮湿情况下能分解纤维素。酸的水解作用不断地将纤维链分解成更少的片断。这个反应本身产生了酸,从而又加速了纤维素的分解。具有讽刺意味的是,越旧的纸越耐用。19世纪中期用棉和亚麻造纸。这些早期的纸有很长的纤维,这正是它们可以长久保持的关键。现在的新闻纸未经提纯,纤维非常短,是最不耐用的纸。仅仅几个月的时间,报纸就会褪色变黄。

酸性的纸也可以碱化。例如,可以将书籍在碱性溶液中浸泡一下,或者将碱性溶液喷洒在书上。然而,碱化过程不会彻底改变已经变脆的书籍。一旦纸纤维被破坏,其脆性就无法改变了。因为纸在短短50年内就会碎掉,很多旧的手稿面临着毁灭的危险。

最经久耐用的现代纸是碱性的,在造纸时加入白垩来中和酸。书本的扉页标着无穷大符号(∞)的书籍通常表明,此书用纸是能够达到美国国家标准信息科学印刷图书资料的永久性要求的特制纸。

什么是标准语音字母表?

英语的标准语音字母如下:

字　母	语音对照	字　母	语音对照
A	Alpha	N	November
B	Bravo	O	Oscar
C	Charlie	P	Papa
D	Delta	Q	Quebec
E	Echo	R	Romeo
F	Foxtrot	S	Sierra
G	Golf	T	Tango
H	Hotel	U	Uniform
I	India	V	Victor
J	Juliett	W	Whiskey
K	Kilo	X	X-ray
L	Lima	Y	Yankee
M	Mike	Z	Zulu

除了马之外还有哪些动物被用来传送邮件?

在整个19世纪,德国的一些城镇都使用牛拉四轮邮车。在美国的得克萨斯州、新墨西哥州和亚利桑那州,则使用骆驼。而俄罗斯和斯堪的纳维亚用驯鹿拉邮递雪橇。比利时一个城市利热甚至试过用猫来传送邮件。但事实证明,猫是靠不住的。

什么是初级读本？

15—18世纪，在英国和美国的教室里，刚开始上学的学生使用的初级读本是一个有把手的平板。在板上黏着一张纸，通常包含字母表、感恩祷告、(英国国教的)祈祷书以及罗马数字等。一张又薄又平的透明角质覆盖住整个板，以保护下面的纸，因为纸在那时稀缺昂贵。早在1442年，人们就开始使用初级读本。到16世纪初，初级读本成为英国学校的标准课本。直到大约1800年，当书籍便宜时，初级读本才停止使用。

谁发明了布莱叶字母表？

盲人用来读写的布莱叶(Braille)体系由一套凸起的点式字符组成。这些点形成相应的字母表中的字母、标点符号和常用字如“and”和“the”。路易斯·布莱叶(Louis Braille，1809—1852)3岁失明，在进入巴黎的盲人学校学习后不久，便开始研制一种盲人用的实用字母表。他以一种叫做“夜间书写(night-writing)”的交流方式进行实验，法国军队曾用这种方法书写夜间战场上使用的信函。在陆军军官查尔斯·巴比尔上尉(Captain Charles Barbier)的帮助下，布莱叶将12个点的方阵形式简化到6个点的方阵，设计出一套由63个字符组成的代码。这个体系在最初的几年中没有得到广泛的接受，甚至布莱叶曾就读的巴黎学校也是在他死后两年，即1854年，才开始采用。1916年，美国批准了路易斯·布莱叶首创的凸起圆点体系。1932年，一种叫做“标准英语布莱叶二级”的修正版在整个说英语的国家中被采用。修订版把由一个个字母组成的代码变为常用的字母组合，如“ow”、“ing”和“ment”，从而使读写变得更快。

在布莱叶的体系发明之前，供盲人使用的少数有效的几个字母表之一是由另一个法国人瓦莱汀·霍依(Valentin Haüy，1745—1822)发明的，他是第一个在纸上做浮雕帮盲人阅读的人。霍依的浮雕字母实际上是钻孔的字母表，模仿者立即开始仿效并改进他的体系。另一套由9个基本字符组成一个方阵的一个个单个字母体系由威廉·莫恩博士(Dr. William Moon，1818—1894)在1847年发明，但它的应用没有布莱叶体系广泛。

什么是莫尔斯电码？

任何电讯交流系统的成功在于它的电码翻译，因为只有一系列电脉冲可以从电讯交流系统的一端传送到另一端。脉冲需要在单词和数字等之间转换并“翻译”成单词、数字等，这个问题制约着早期电报技术的发展。画家出身的美国科学家赛缪尔·莫尔斯(Samuel F. B. Morse，1791—1872)在阿尔弗莱德·威尔(Alfred Vail，1807—1859)

的帮助下，于 1835 年发明了一种电码，由不同的点(短)和划(长)的组合来表示字母、数字和标点符号。电报使用电磁体——一种激活时变得有磁性、接触到金属就连续敲击的装置，一系列短的电脉冲反复生成和断开磁性，这样就敲打出了信息。

1837 年获得电码的专利后，莫尔斯和威尔在 1844 年 5 月 24 日建立了通信公司。第一条远程电报信息由华盛顿市的莫尔斯发送给马里兰州巴尔的摩的威尔。恰恰在这同一年，莫尔斯获得了电报的专利权。莫尔斯从来没有承认过未获专利的约瑟夫·亨利(Joseph Henry，1797—1878)在电报方面所作的贡献。约瑟夫·亨利于 1829 年发明了第一台电动机和工作电磁体，并于 1831 年发明了电报。

国际莫尔斯电码(如下所示)用声音和闪烁的光发送信息。点是非常短的声音或闪光，划相当于三个点，声音和闪光之间的停顿相当于一个点。字母之间的间隙用一划表示，单词之间的间隙用两划表示。

A.–	J.—–	S...
B–...	K–.–	T–
C–.–	L.–..	U..—
D–..	M—	V...–
E.	N.–	W.—
F..–.	O—–	X–..–
G—.	P.—.	Y–.—
H...	Q—.–	Z—..
I..	R.–.	
1.——	6–....	Period.–.–.–
2..—–	7—...	Comma—..—
3...—	8—–..	
4....–	9——.	
5.....	0——–	

赛缪尔·莫尔斯发明了莫尔斯电码。

美国信息交换标准码是如何工作的?

美国信息交换标准码(ASCII，读作“阿斯克”)是美国信息交换使用的标准代码(American Standard Code for Information Interchange)的首字母缩写词。ASCII 码是一种编码系统，用饱含奇偶校验位的 7 位码来定义128种不同的符号，形成常用的键盘字符，包括大小写符号A—Z，数字符号0—9，和特殊符号，如“！”、“@”、“#”等。ASCII码指定每个字符为0—127间的一个数。这些字符以垂直（00，10，20，直到70）和水平（00，01，02，到09，0A，0B，0C到0F）的方式用图表示出来。每个字符都先纵向垂直排列，横向行紧随其后。如John（约翰）这个名字将编码如下：

J=4A
o=70
h=68
n=6E

ASCII码发明于1963年，美国政府和美国国家标准学会（ANSI）等官方机构在1968年正式采用。ASCII码对大多数非英语语言以及复杂的计算机应用并不适用，因为它仅限于128种不同字符的组合。以16位和24位为基础的更为强大的编码（如支持65 356种不同的字符的Unicode）正在逐渐与更新的操作系统和软件应用融为一体。

第二次世界大战中的“谜”和“紫色”分别代表什么？

“谜”（Enigma）和“紫色”（Purple）分别指德国人和日本人的电动转子密码机。纳粹使用的Enigma机发明于20世纪20年代，是历史上最著名的密码机。波兰和英国对德国Enigma密码机的破译是历史上密码破译最成功的例子之一。第二次世界大战期间，密码机在盟国的行动中发挥了重大作用。

1939年，日本人引进了由Enigma改进的一种新式密码机，被美国密码破译人员编码命名为“紫色”。新机器使用的是电话触动转换器而不是转子。美国密码破译人员也能够破译这种新的系统。

加密法是一种发送信息的技术，其真正的含义只有发送者和接收者清楚，其他人无从知晓。它通常采用两种方式：代码和密码。代码就如同一本字典，所有的单词和词组都被代码词或数字取代。代码簿用来阅读代码。密码使用的是单独的字母而非完整的词或词组。密码可分为两种：换位和替代。在换位密码中，普通信息的字母（或简易文本）被混在一起，组成密码文本。在替代密码中，普通的字母被其他字母、数字或符号替代。

Etaoin Shrdlu指的是什么？

这一连串字母“Etaoin Shrdlu”在许多年前时不时地出现在报纸上，使得一些人断定，这些字母是某个神秘人物的名字。其实，它出现的原因并不神秘，Etaoin Shrdlu是指用手指按下莱诺排铸机键盘前两行所产生的字母组。莱诺排铸机是奥特玛·莫金撒勒(Ottmar Mergenthaler)于1886年发明的打印装置的商标名称。莱诺排铸机这个名字最早出现在《纽约论坛》上。操作员输入完成文本的一行后，就用烧熔的铅将这一行排版。“Etaoin Shrdlu”被用做临时标记的铅字条，或标示排版上有错误，需要重排。因为这串字母很容易在键盘上操作，所以得到操作员的青睐。有时这个序列会因疏忽而与正式文本一同印出来。莱诺排字机在报纸和工业上应用广泛(甚至用于第一次世界大战的战场上)。但1960年之后，莱诺排字机排字法被照相排版法所取代，“Etaoin Shrdlu”字符串也随之从印刷业中消失了，只是偶尔作为名字出现在小说、喜剧短片或是科学书籍中。

第二次世界大战中的哪种密码未被破译?

敌人从未破译过纳瓦霍电密码。第二次世界大战初期，美国海军军团的29个纳瓦霍族成员来到美国港口城市圣迭戈，研制了一种以他们的语言为基础的密码。密码由3部分组成：纳瓦霍语、它的译语和它的军事含义。例如，纳瓦霍字“ha—ih—des—ee”译成“watchful”(警惕的)，军事意义为：警戒状态。到了战争后期，原先的29个纳瓦霍族成员增加到400多个，电码本也从原来274个字增加到508个字，这些密码破译家成为电影《风语者》的主题。

什么是10-代码?

几乎所有应用无线电传播的机构都有各自不同的代码。下面是由联合公共安全通讯官员(APSCO)给出的代码：

10-1	不能理解你的信息
10-2	你的信号良好
10-3	停止传送
10-4	信息收到(“良好”)
10-5	将信息转发到______
10-6	转播站正忙
10-7	暂停服务
10-8	使用中
10-9	重复上一条信息
10-10	否定(“不”)
10-11	______在使用中
10-12	做好准备
10-13	报告______情况

10–14	信息
10–15	传送的信息
10–16	回复信息
10–17	在途中
10–18	紧急的
10–19	联系______
10–20	单位勘定
10–21	电话呼叫______
10–22	取消上一条信息
10–23	到达现场
10–24	任务完成
10–25	满足______
10–26	估计到达时间是______
10–27	出示证件
10–28	出示车辆注册信息
10–29	检查记录
10–30	使用警告
10–31	加速
10–32	请求支援
10–33	紧急情况！需要帮助
10–34	精确时间

回文正方形如何被用作秘密代码？

回文指一连串的书写符号(单词、字母或它们的组合)，从左往右读和从右往左读都一样。例如，一个女孩的名字 Hannah，年份 2002。"重现"回文是从左向右读和从右向左读时产生不同的意义，如单词"trap"和"star"。回文正方形是形成正方形的一连串复杂的字母序列，无论是从左向右，还是从上向下，各种读法的意思都一样。一些历史学家认为，下面写在英格兰罗马墙上的复杂而精细的正方形是一个早期基督徒逃避迫害时留下的秘密信息。

SATOR
AREPO
TENET
OPERA
ROTAS

商品通用条码有何含义?

商品通用条码(UPC),即条形码,是一种供计算机扫描器或收银机阅读的产品描述码。条形码包括 11 个由数码“0”(黑色条)和“1”(白色条)组成的一组数字。一个条码可能很窄,两条或者更多条并列排列的条码就比较宽。

条码的第一个数字描述产品的类型。大多数产品以“0”开始,但也有例外。例如,肉和蔬菜等各种以重量为单位的产品,以“2”开头,卫生保健品以“3”开头,大批量折扣商品以“4”开头,票据以“5”开头。由于“1”有可能被误读为条码,所以不被采用。

接下来的 5 个数字描述产品的生产商。再后面的 5 个数字是对产品本身的描述,包括产品的颜色、重量、尺寸和其他特征。条码不包括商品的价格。条码扫描器阅读条码标记后,将所得信息输入到计算机数据库。计算机根据价目单核对后,再将价格反馈给收银机。

最后一个数字是核对数字,用以告诉扫描器其他的数字是否有误,前面的数字以特定的方式加、乘和减后,应等于这个数字,否则就意味着某处存在错误。

什么是国际标准图书编号?

ISBN,即国际标准图书编号,是书籍产品的定购和识别代码。它用独一无二的数字来识别特定的商品。这个数字串的第一个数字指的是书籍刊印的语言,例如,0 表示英语。第二组数字代表出版商,第三组数字用以识别特定的商品。最后一个数字是“核准数字”,它通过数学方式,确保前面数字输入正确。

收音机和电视机

谁发明了收音机?

意大利博洛尼亚的古列尔莫·马可尼(Guglielmo Marconi,1874—1937)是第一个证明无线电信号能够远距离传送的人。当电磁波传递信息时,无线电能够发射和探测在太空中传播的信号。无线电最初被叫做无线电报,因为它可以不用电线而具有和电报同样的作用。1901 年 12 月 12 日,马可尼成功地将莫尔斯电码从纽芬兰岛发送到英国。

1906 年,美国发明家李·德·弗瑞斯特(Lee de Forest,1873—1961)发明了所谓的“三极管”装置,为无线电放大真空管奠定了基础。这种装置使语音广播成为现实,因为它能够放大弱信号而不失真。第二年,李·德·弗瑞斯特开始在纽约曼哈顿进行定期

无线电的发明者、参议员古列尔莫·马可尼。

的无线电广播。那时室里没有无线电接收机，因此纽约港口的轮船无线电操作员成了李·德·弗瑞斯特的唯一听众。

第一个无线电广播站是哪个？

第一个无线电广播站的认证还在争论之中，因为一些从实验操作中发展而来的调幅广播站在有关机构正式批准运行之前就开始工作了。根据监管无线电的商业部的记录，1921 年 9 月 15 日，在马萨诸塞州斯普林菲尔德的 WBZ 收到了第一个正式无线电广播许可。然而，人们公认的第一个无线电广播站却是匹兹堡的威斯丁豪斯 KDKA 站，因为它在 1920 年 11 月 2 日播送了哈汀–麦克斯(Harding-Cox)总统大选情况。和大部分其他早期的无线电传送不同的是，KDKA 采用电子管技术生成传播信号，因而形成了所谓的高级广播品质。KDKA 是第一个由公司赞助的无线电台，也是第一个有明确商业目的的无线电台——它既不是一种兴趣爱好，也不是公众噱头，而是第一个具有获得批准的非业余波段频率的无线电广播站，是现代广播的直接祖先。

为什么以“K”或“W”开头的呼叫信号被用来给无线电台命名？

这些呼叫信号的命名与地理位置有关。大多数无线电广播站位于密西西比河东岸，它们的呼叫信号以字母“W”开头。如果电台位于密西西比河西岸，那么第一个呼叫字母是“K”。不过这条规则也有例外。在此规则之前成立的电台仍沿用原有的字

发明调频接收器的爱德温·霍华德·阿姆斯特朗。

母。例如,匹兹堡的 KDKA 保留了第一个字母“K”。同样地,西方一些先期创建的电台保留了字母“W”。因为许多获准经营调幅电台的公司也经营调频电台和电视台,一个最常见的做法是在呼叫信号 AM 后面加上“-FM”或者“-TV”。

为什么调频广播电台的广播范围有限?

通常情况下,高于 50—60 兆赫的无线电波无法被地球的电离层反射,而是消散在太空中。因此,电视、调频广播和高频通讯系统被限制在近乎视线范围内。视线距离取决于地形和天线的高度,但通常限定在 50—100 英里(80—161 千米)的范围内。调频无线电使用的波段比调幅无线电使用的更宽,从而使广播的逼真度更高。这种效果在音乐中尤为显著——高频率音符更清晰,基调共鸣更丰富,静电噪音和失真现象最少。1933 年,爱德温·霍华德·阿姆斯特朗(Edwin Howard Armstrong,1891—1954)发明了调频接收器。1939 年,该调频接收器得到广泛的应用。

为什么调幅电台在夜间播音范围更广?

这种变化是由地球电离层的本质特点造成的。电离层位于大气层上部,由若干层不同的稀薄气体组成。在这个区域中,来自太阳的短波辐射被吸收,气体分子或原子部分被游离。被游离的层面可反射短波无线电,从而使远距离无线电通信成为可能。这些层有时被叫做肯涅利-亥维赛层,能反射调幅无线电信号,使调幅无线电广播能够被远离发射天线的无线电接收。夜晚来临时,电离层部分消散,成为短波调幅无线电波的最佳反射者。这就使远距离的调幅电台能够在夜间被更清晰地接收到。

航天飞机和地面控制设备之间的无线电传输能被短波收音机接收到吗?

在马里兰州格林贝尔特的戈达德航天飞行中心,业余无线电操作员用短波频率发送了航天飞机与地面之间的对话。要想收听宇航员和地面控制者在飞机起飞、飞行及着陆时的谈话内容,能够接收单频信号的短波收音机必须调到 3.860、7.185 和 21.395 兆赫的频率。英国凯太金男子中学的物理教师杰弗里·派瑞(Geoffrey Perry)曾经教授他的学生,如何通过俄国轨道卫星来获得遥感勘测信息。从 20 世纪 60 年代起，派瑞的学生一直用一个简单的出租车收音机来监测俄国空间信号，并利用这些数据来计算宇宙飞船的位置和轨道。

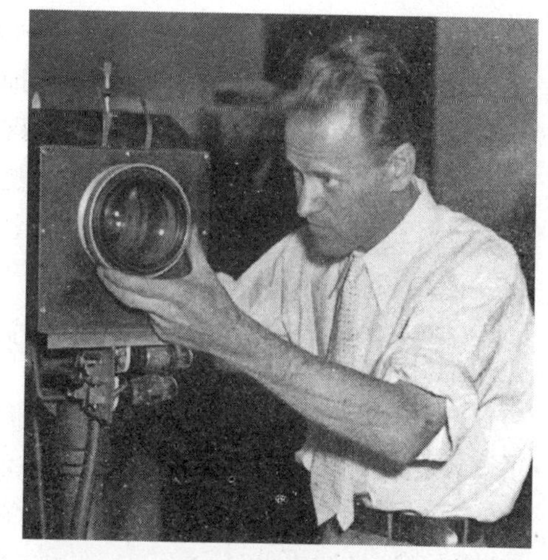
斐洛·范斯沃兹在电视的发展中起到了重要作用。

谁是电视的创始人?

许多年来，一些人提出了电视这个想法(19世纪80年代被叫做"用电来看")。还有些人对电视部件的发明作出了大量贡献。例如，在1897年，菲迪南德·布劳恩(Ferdinand Braun,1850—1918)发明了最早的阴极射线示波器，这是所有电视接收器的基本组成部分。1907年，鲍利斯·若森(Boris Rosing)建议用布劳恩的阴极射线管(显像管)来接收影像。第二年,阿兰·坎贝尔·斯文顿(Alan Campbell Swinton)提出了类似的建议。然而,被称作"电视之父"的却是一个出生在俄国的美国人,叫弗拉基米尔·兹沃尔金(Vladimir K. Zworykin,1889—1982)。兹沃尔金曾是罗晶的学生。他创造了一种可以扩大电子束的实用方法,从而使亮/黑模式产生更好的图像。1923年,他获得光电摄像管(未来电视显像管)的专利。1924年,他获得描计器(电视机显像管)的专利。两项发明都依靠电子流在荧光屏上扫描和创造影像。截止到1938年,加入了新的、更为敏感的光电池后,兹沃尔金展示了他的第一个真实模型。

另一位电视之父是美国人斐洛 T. 范斯沃兹(Philo T. Farnsworth,1906—1971),他是第一个提出用电子播送图片的人。1922年,他提出装置的基本设计,并和他的高中老师一起进行了探讨。这证明他的设想比兹沃尔金的设想早一年，同时也在解决范斯沃兹和他的竞争者之间关于美国无线电公司的专利权之争中起到关键作用。范斯沃兹最终授权企业生产电视机,让其他人改进并发展了他的基本创意。

在整个20世纪早期,人们继续致力于不同的改进电视的方法。最著名的人物是约翰·洛吉·贝尔德(John Logie Baiird,1888—1946)。1936年,他用机械化扫描装置传输了第一张可识别的人脸部图片。然而,设计上的局限性,使图片质量无法得到进一步改进。

降雨对电视接收卫星信号有何影响?

引入的微波信号易被雨水和湿气吸收,严重的暴风雨可使信号减少10分贝。如果电视设备不能妥善处理这种信号的减弱,图像有可能出现短暂的消失现象。即使是中度的降雨也能使信号减弱,致使一些接收器产生噪音。另一个和雨相关的问题是，固有的噪音温度使噪音变得更大。处于绝对零度(0℉，-459℉或-273℃)以上的任何物体都有其固有的噪音温度。物体自身的分子(热)运动产生波包，波包释放时，固有噪音温度就产生了。这些波包的频率范围很广，其中有一些波包的频率符合卫星的接收要求。温暖的地球有着较高的噪音温度，结果雨水也随之有了较高的噪音温度。

收听电视广播的碟形卫星天线是如何命名的?

"地面电台"这个术语指用来完成整个卫星接受或转播的工作电台，包括天线、电子器件和所有相关的接收和转播卫星信号的必要装置。地面电台形式多样，从简单的、便宜的、单向接收的，并且个人消费者有能力购买的地面通讯站，到复杂的、商业性的双向信息通讯站，应有尽有。信号通过天线接收，并汇聚到喇叭天线和低噪音扬声器上。这些信号被光缆重新传送到降频转换器后，进入卫星接收器/调制器。

在20世纪70年代后期，卫星电视得到广泛应用。装有碟形卫星天线的有线电视台接收信号，通过同轴电缆传送给用户。泰勒·霍华德(Taylor Howard)于1976年设计了第一台个人使用的碟形卫星天线设备。1984年，有50万台设备，最近几年在全世界范围内已经增加到370万台。

平面显示器和传统显示器有什么不同?

二者的不同之处在于，平面显示器不用阴极射线管。阴极射线管显示器已遍布全世界——通过电子射线轰击荧光屏工作。电子照射屏幕上的荧光体，使之变成红色、绿色和蓝色，生成图像。相反，平面显示器利用电极板、晶体或乙烯基聚合物产生小点，构成图像。平面显示器并不是一个新概念。早在数十年前，LCD(液晶显示器)手表和计算器就已经使用以晶体为基础的平面显示器了。笔记本计算机所用的最新平面显示器是等离子显示器(PDP)。有的等离子显示器很宽，1米以上，却只有几厘米厚。PDP显示屏由3种主要颜色的图像元素组成，电极板后面的电极产生电荷，生成紫外线。这些射线照亮各种图像元素，形成图像。

什么是高清电视?

电视图像显示的效果受到组成图像的线条数量及每条线上图像元素数量的限制。图像元素的数量在很大程度上取决于电子光束的宽度。为了获得近似35毫米摄影的高品质图像，HDTV(高清晰度电视)——一个新的电视系统，将采用比现在电视系统多1倍的扫描线及更小的图像元素。现在，美国和日本的电视有525行扫描线，欧洲的有625行。1968年，日本广播公司NHK开始研究高清电视。直到现在，日本人通常被认为是高清晰度电视的先驱。事实上，真正的创始者是RCA（美国无线电公司）的奥托·斯卡德（Otto Schade）。他在第二次世界大战末期就开始进行此项研究。斯卡德领先于他的时代。数十年后，电视接收管和其他元件才用于他的研究。

在获得美国联邦通讯委员会（FCC）及其他国家管理委员会的技术标准认可后，高清电视开始应用于商业广播。然而，更为迫切的是技术问题——高清电视需要传送5倍于现有电视频道的数据。解决这一问题的方法之一是信号压缩，将高清电视要求的30兆赫频宽压缩到现在电视广播应用的6兆赫频宽。日本人和欧洲人探究了应用波状发射的模拟系统，而美国则在数字传播系统的基础上，发展自己的高清电视。1994年，詹尼斯（Zenith）研发的数字信号转播系统应用后，电视业才将这个障碍清除。

尽管播放区域有限，且价格高昂，但是高清电视节目和电视机装置都已经投入使用，使公众现在能够欣赏高清晰电视。几乎遍布所有大型城市的130个市场，通过450个转播台的数字服务，为公众提供节目。在高清电视覆盖不到的地方，客户可以订购卫星服务，但是要求使用专门的碟形卫星天线和接收器。高清电视机已经可以买到，但是与所有新技术一样，其价格仍然很高。初级型号约需2 000美元左右，宽屏的价格近5 000美元。

碟形卫星天线能够漆成不同的颜色吗？

尽管没有规定，碟式卫星天线只要保持生产过程中所应遵循的标准，就可以漆成不同的颜色，但需使用不具反光性的漆。有金属光泽的漆或抛光漆可能会使太阳光在天线顶端聚集反射，从而导致性能问题。只能使用“聚乙烯磨砂”末道漆。这种漆对阳光反射较小，由其导致的微波吸收和反射问题最少。最后要注意的是，上漆时必须尽可能地保持漆面光滑平整，因为任何漆块或漆斑都可能导致反射问题。

水下潜水艇如何进行通讯？

工作中的潜水艇遇到特殊情况时，根据探测情况的重要程度，可以使用从极高频到极低频率，通过无线电进行通讯联系。当潜水艇执行重要的探测任务时（如在战争中），很少发送远程无线电高频信号。而利用超高频（SHF）、过高频（UHF）或者很高频（VAF）通过卫星与合作的飞机、水面上的船只或岸上进行双向通信联系确是很安全的。但这三种频率都要求潜水艇配有水上天线或者水面浮标。

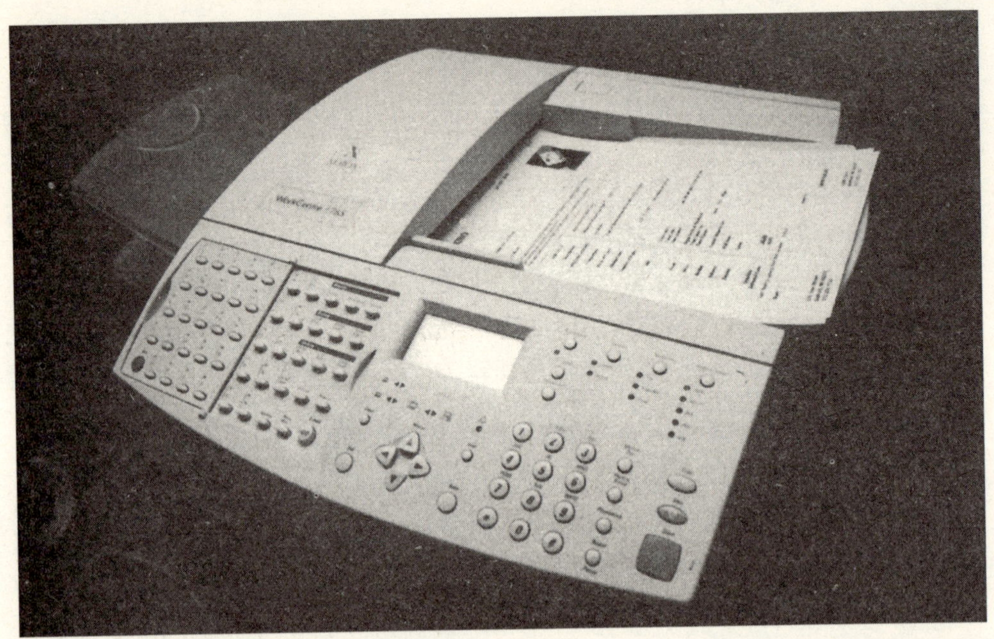

传真机通过电话线进行异地信息传输。

电信、记录、互联网等

第一颗商业通讯卫星是何时投入使用的?

1960年,第一颗通讯卫星"回声1号"发射成功。两年后,即1962年7月10日,第一颗商业赞助的人造卫星"通讯卫星1号"(Telstar)(由美国电话电报公司投资)发射进入近地轨道。这也是第一颗真正的通讯卫星,不仅能转播数据和声音,还能转播电视节目。从美国到英国的第一次转播,播出了美国国旗在微风中迎风招展的画面。第一颗商业卫星(其运作过程就像做生意)"早鸟号"有240条电话线路,于1965年6月10日投入正常使用。它也是第一颗为国际通讯卫星组织(Intelsat)发射的卫星,目前仍在使用中。这个系统归成员国所有,各成员国依据各国享有的年通讯量,来承担卫星的运转费用。

传真机是如何工作的?

传真机(Telefacsimile,也拼作 telefax,facsimile 或 fax)可以通过电话线将图表和文本信息传送到异地。传真机利用数字或模拟扫描仪,将黑白图像转化为电信号,再通过电话线传送到指定的接收器。接收器将接收到的信号转化回原来的图像资料并打印出来。从广义上讲,传真机终端只不过是一台用来传送、接收图表影像的复印机。

1842年，苏格兰的亚历山大·贝恩(Alexander Bein)发明了传真机。他的原始装置和1848年弗雷德理克·贝克维尔(Frederick Bakewell)发明的扫描系统一起演化为现代传真机的几种版本。1924年，传真机首次用电话线将照片从克利兰夫传送到纽约，这对新闻事业的发展很有裨益。

传真机和录音电话能用同一条电话线工作吗?

大多数传真机都有一个接口。通过接口，传真机可以和录音电话一起工作。在没有人接听的情况下，传真机“接听”打进来的电话，并将之发送到录音电话。当信息被录音时，传真机会等待电话机的工作指令。如果听到指令，就把传真发出去。否则，录音电话会继续正常工作。装有嵌入式录音电话的传真机则不需要这种接口。

光纤电缆是如何进行工作的?

光纤电缆由许多镀膜玻璃或塑料纤维的细线构成。镀膜的玻璃和塑料纤维叠加成镀层传输光，由于采用低折射率的原料，内部的光达到完全折射。光一旦进入纤维层，内部的镀层可以使光束避免以“之”字形进入玻璃核，因而可避免光的损失。玻璃纤维通过将光导入没有明显弯曲的内部，来实现信息或图像的传播。传播距离从短到长不等，最长可达1.3万英里(20 917米)。光波的模式形成了携带信息的代码。光束在接收端再转成电流并被解码。光导纤维的用途包括电信、医用光纤观测仪，如观察内部器官的内腔镜和纤维内窥镜，飞行器或航天器上的光纤信息装置、汽车照明系统的光纤连接系统等。

光纤电缆带宽更大，能够比金属电缆携带更多的数据。因为光纤电缆建立在光束的基础上，传播不受噪音的影响，在消失前也可传播更远距离。光纤电缆比金属电缆更细。光纤电缆采用数字代码，而不是用金属电缆所用的模拟信号传输数据。计算机数字化后，与光导纤维有着天然的共生关系。光纤电缆最主要的弊端是成本。光纤电缆比传统的金属电缆昂贵得多。

什么是克拉克带?

1945年，著名的科学家、科幻小说家阿瑟·克拉克(Arthur C. Clarke，1917—)预言，在正对着地球赤道上方22 248英里(35 803千米)的高度，人造地球卫星以与地球同样的旋转速度沿着地球运行。结果，在地球表面的任意一点上观看到的人造卫

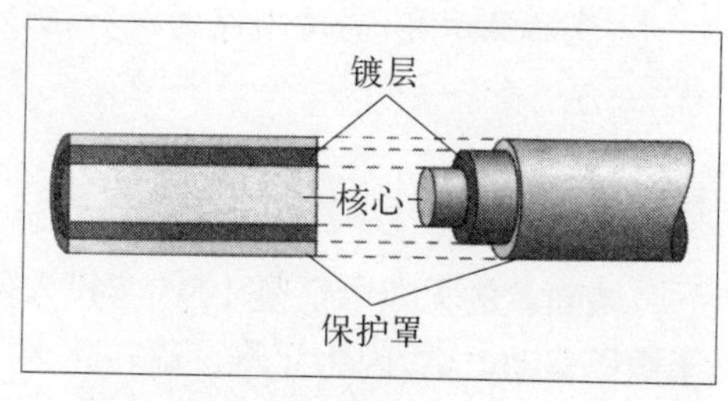

光纤电缆的横截面。

星都是静止的。这个赤道带就像土星环一样,被亲切地称为“克拉克带”。

“模拟”和“数字”的区别是什么?

模拟(模糊)这个词源于“相似物”,意指一些和其他事物相似的事物。一座高山的图片是对这座山的再现。如果照片用的是传统的彩色胶片,它就叫做模拟图画,它的特征是在纸上表现为不同的颜色和不同的颜色范围。然而,如果摄影师用数码摄像机拍照,图像就是数字的,作为一系列数字存储在照相机的存储器中。数字图像的颜色是分离的。在通讯系统和计算机中,模拟的特征是在一定范围内持续不断的变量。与此不同的是,数字的特点是几个瞬间的测量数据的集合。因此,数字表现得更加精确。通常的模拟媒介包括录音(音乐)、盒式磁带录像机和 VCR 录像带(电影)。数字媒介包括光盘、只读存储器和 DVD 电影。

手机类型是如何演变的?

第一部同时也是最古老的手机是固定在汽车上的, 并以汽车的电池为能源。此外,还需要一副置于汽车外面的天线。第二种是可移动的或袋装的手机。它们实质上都是自备电池的移动电话,持有者可以把它们从车上拆下来,装在包里携带着。可是,这类手机大部分重约 5 磅(2.25 千克),在携带方面并不实用。第三种是便携式移动电话。外形上和无线电话机相似。便携机通常不到 1 磅重,功能多种多样,也是最贵的一种,但它的送话器功能不如车载手机和移动电话,因而一些类型的手机有配件,可提高送话器的功能。尽管大家都知道,手机可导致健康问题或分散司机的注意力,但手机比以往任何时候都流行。2000 年,大约 1 亿美国人在日常生活中使用手机。

什么是虚拟现实?

虚拟现实将计算机技术与艺术成像结合在一起,使用户体验到身临其境的感觉。虚拟现实融入了几种不同的技术,包括利用激光创建三维成像的全息摄影术、液晶显示屏、高清晰度电视和在计算机终端连接各种显示器的多媒体技术。

最新款的无线电话是什么?

最新款的无线电话是 1995 年投入使用的 PCS(个人通讯服务)电话。这类电话属于数码移动电话,因为它将言语转化为一连串数字,从而使传输更加清晰且不易被窃听,提高了安全性。它也支持计算机一体化。用户能够发送和接收电子邮件,浏览网页。它是便携式电话,因为在美国任何一个发达地区随处可见的金属塔上的天线,使得手机在一定地理范围内能够拨打或接听所有的电话。通过微波射线传送信号,无线电话公司能以同样频率将信号发送到不同的电话中(除了附近的电话),因为每一个话机都很小,因此仅需要有限范围内的信号。当用户穿过该信号区时,信号就会切换到下一个手机信号发射塔。

什么是杜比降噪系统?

磁带的磁作用会产生背景噪音,这是磁带放音的一个缺点。杜比降噪系统以其美国发明者 R. M. 杜比(R. M. Dolby,1933—)的名字命名,被广泛地用于处理磁作用产生的噪音。在电流通过时,电路在信号到达磁头前自动增强,淹没噪音。回放时,信号降到正常水平,噪音也同时减小,直至消失。

什么是数字音频磁带?

数字音频磁带(DAT)是磁录音的新概念,以二进制代码为基础,给每种声音一个数值。在回放过程中,数值重新组合,重组声音与原始声音极为相似,人的耳朵无法分辨。这种磁带翻版好到美国唱片公司的人游说立法者,要求阻止在美国销售数字音频磁带,否则就是对非法 CD 复制的一种鼓励。

光盘是如何制成的?

CD 母碟指涂有抗蚀护膜的光学平板玻璃光盘。抗腐蚀膜是一种化学制剂,可以阻止溶解玻璃的腐蚀剂渗透其中。母碟被放置在转盘上,将被录制的数字信号输送给激光器,激光器随着二进制的开关信号而闭合或开启。当激光器开启时,它将燃烧掉光盘上少量的抗蚀护膜。光盘转动时,磁头在磁盘上移动,在抗蚀护膜的表面留下螺旋形延伸的“燃烧”轨迹。录音完成后,将玻璃母碟放置在化学蚀刻液中,这个过程仅除去抗蚀护膜层被“燃烧”掉部分的玻璃。螺旋轨迹现在包含一系列长度不同、深度固定的小凹槽。播放刻录的光盘时,激光束扫描 3 英里(5 千米)播放的磁轨,并将 CD 盘上的“凹槽”和“平地”转化为二进制代码。光敏二极管将这些转化为编码的电脉冲线。1982 年 10 月,第一批光盘投入市场。这些光盘是由荷兰的菲利浦公司和日本的索尼公司在 1978 年生产制造的。

什么是光盘的寿命周期?

尽管制造者声称,光盘能用 20 年,美国国家档案记录署近期声明,光盘更为精确

光盘的平均预期使用寿命为 3—5 年。

的使用寿命应该是 3—5 年。影响其寿命的主要问题是，用来记录数据的铝基质很容易被氧化。

什么是信息高速公路?

信息高速公路是由美国前副总统阿尔·戈尔(AL Gore，1948—　)创造的术语，指在不久的将来，它将成为一种电子通讯网络，能够便携地连接所有的用户，并提供各种类型的电子服务，包括购物、电子银行、教育、医学诊断、电视会议和游戏。起初在国家范围内实施，最终成为全球网络。

信息高速公路的确切形式还存有争议。目前主要存在两种观点，一种观点将信息高速公路看成是更为复杂的互联网形式，其主要目的是通过全球电子邮件网络来收集和交换书面信息。另一种观点围绕创建增强的交互式电视网络。如有需要，这种网络能够提供视频服务。

什么是互联网?

互联网是世界上最大的计算机网络。它通过网络和共享软件中的电线或电话线，将计算机终端连接起来。有了合适的装备，个人便可以通过各种联网的计算机，访问大量的信息，搜索数据库，或和世界各地装有合适设备的人进行通讯。

为了和其他研究员共享信息，美国国防部高级研究项目局在20世纪60年代晚期,开创了互联网。使用网络的科学家和学术研究人员发现了它的巨大价值,促使互联网飞速发展起来。尽管它出身如此,互联网的所有权和运作经费与美国政府或其他任何组织或机构无关。网络协会的一群志愿者为其提供日常操作和技术标准等。

哪种技术最能保证互联网发送信息的安全性?

公共钥匙密码是确保互联网安全传送信息的一种手段。系统利用组合“钥匙”对信息进行加密和解密。一把是公开的“公共钥匙”;另一把是保密的“私人钥匙”。有一种运算法可以用来解密每把“私人钥匙”发送信息的人利用公共钥匙加密信息,接收信息的人用私人钥匙来解密信息。

系统的保密程度取决于“钥匙”的大小:128位的加密术比40位的强大约3 078倍。同任何代码一样,无论加密码多么复杂,对秘密部分进行保密是保障信息安全的重要部分。

互联网有守护神吗?

罗马天主教会的保护神是所有生命形式的保护者。从动物(阿西西的圣弗朗西斯),到图书管理员(圣徒杰罗姆),再到前南斯拉夫(圣徒西利尔和美多迪乌斯),万物都有守护神。互联网的守护神是塞维尔的圣徒伊西多尔。塞维尔的圣徒伊西多尔完全胜任互联网守护神的任务,因为他热爱信息。他曾写过名为《词源学》的知识百科全书,以及有关语法、天文学、地理、历史和神学的书籍。

有多少人使用互联网?

根据《新闻周刊》统计,到2000年为止,在56个国家中,约有2.59亿—3亿人以某种方式使用互联网。美国约有1.11亿用户,紧随其后的是日本,大约有1 800万,英国约有1 400万。到2005年,互联网的用户将达到10亿。

什么是网丛?

网丛(Netplex)指的是美国首府华盛顿周围的一个区域,该区域已成为世界数据通讯产业的中心和互联网的聚集地。网丛的业务包括建立和经营光纤网络,向公司和个人销售网络联接,或者提供其他的服务。网丛作为“技术中心”,可以与加利福尼亚的硅谷或北卡罗来纳州的研究三角园区相媲美，该地区汇集了许多电信和计算机工业公司。

计 算 机

什么是算法?

算法是解决一个问题的一组清晰定义的规则和指令。它未必只用于计算机,算法也可以是解决任何特定类型问题的按步进行的过程。刻写在一块碑上的几乎有4 000年之久的巴比伦筑堤计算就是一个算法,就像计算机程序那样,包括解决问题的一步一步的程序。

这一术语源自一位名叫穆罕默德·伊本·穆萨·艾尔·哈瓦利兹米(Muhammad ibn Musa al Kharizmi,约780—约850)的巴格达数学家,他把包括0在内的印度数字和小数计算介绍到西方。当他的教科书在12世纪被翻译成拉丁文时,用阿拉伯(印度)数字做计算的技巧就被认为是算法而变成广为人知。

查尔斯·巴贝奇设计出"分析机"——建立了产生今天现代计算机的科学。

谁发明了计算机?

计算机由计算机械发展而来。用于计算的最早的机械装置之一是算盘,它在今天仍然被广泛地使用。算盘由一个框子框起来,框里有很多平行的棍,在棍上串着算珠。算盘于公元前2000年起源于埃及,大约1 000年后,传到东方。大约公元300年时传到欧洲。1617年,约翰·纳皮尔(John Napier,1550—1617)发明了"纳皮尔骨"——用一些刻有标记的象牙片来表示数的倍数。17世纪中期,布雷兹·帕斯卡(Blaise Pascal,1623—1662)制成一台能进行加法和减法运算的简单机械。用重复的相加来做乘法是由戈特弗里德·威廉·莱布尼茨(Gottfried Wilhelm Leibniz,1646—1716)在1694年发明的分步鼓或轮机器的特征。1823年,英国具有远见卓识的查尔斯·巴贝奇(Charles Babbage,1792—1871)说服英国政府资助"分析机",

这将成为一台能做任何种类计算的机器。机器由蒸汽驱动，但最重要的创新是，整个操纵程序被存储在穿孔带上。巴贝奇生前没能完成机器的制造，因当时的技术水平还不能有效支持他的设计。1991 年，在多伦·斯维德（Doron Swade）领导下的一组人员，在伦敦科学博物馆以巴贝奇的工作为基础，建造了“分析机”（有时叫“差分机”）。机器有 10 英尺（3 米）宽，6.5 英尺（2 米）高，重 3 吨，能计算直至 31 位数的等式。这项壮举证明，巴贝奇领先于他的时代。但这项设备并不实用，因为要得出一个计算结果，人们必须得转动曲柄数百次。而现代计算机利用电子运算，可以以接近光速的速度运行。

最早可编程的电子计算机是有 1 500 个真空管的“巨人”计算机，它是以英国数学家阿兰·M. 图灵（Alan M. Turing，1912—1954）的概念为基础，由马克斯·纽曼（Max Newman，1897—1985）系统阐明，T. H. 弗劳尔斯（T. H. Flowers）建造的。1943 年，英国政府利用这台计算机，破译了编码机“谜（Enigma）”生成的德国密码。

穿孔卡片的第一个主要应用是什么？

穿孔卡片曾经是程序设计或对机器给出指令的一种方法。1801 年，约瑟夫·马利·杰卡德（Joseph Marie Jacquard，1752—1834）建造了一台能自动编织图案的设备。用穿了孔的卡片来引导织机中的线，从而建立织品中预定的图模。图案是由卡片中孔的排列来决定的，经过专门的织机，随着金属钩针穿过打的孔，抓住并拖出特定的织线，就把图案编织到织物中去了。

19 世纪 80 年代，赫尔曼·霍勒瑞斯（Herman Hollerith，1860—1929）正是使用穿孔卡片的思想给机器以指令。他造了一台穿孔卡制表机，能在 6 个星期内把 1890 年美国人口普查收集的数据进行处理（是以前编制速度的 3 倍）。在机器读出器中的金属探针，穿过大小如同美钞的卡片上打的孔，暂时接通电路，因而产生的脉冲前进到分别表示诸如收入及家庭大小等细目的窗口。也可以把分类器设计成能按孔穴的模式（在人口普查统计中的一种重要的辅助手段）来进行分类处理。后来，霍勒瑞斯创建了制表机器公司（Tabulating Machines Co.），该公司于 1924 年更名为 IBM。当 IBM 采用 80 列穿孔卡（规格：73/8×31/4 英寸[18.7×8.25 cm]和 0.007 英寸[0.17mm]厚）时，事实上，工业标准就这么确定下来了，并已持续使用了数十年。

第五代计算机是什么？其他四代呢？

在过去的仅仅几十年中，计算机的发展是如此之快，以至于要用“代”来描述这些重要的进程。

第一代计算机——是一个庞然大物，使用真空管、磁鼓记忆装置，用机器代码编程作为最基本的技术。1951 年投入使用的 Univax 1 就是这些早期以真空管为基础的电子计算机之一。第一代开始于第二次世界大战末期,结束于1957年。

第二代计算机——用离散的晶体管作为基本技术。在1958—1963年这段时期内,晶体固态元件取代了真空管,磁芯存储器存储信息。这个时期包括高级计算机程序语言的发展。

第三代计算机——是具有集成电路、半导体存储器和磁盘存储器的计算机。新的操作系统、小型机系统、虚拟内存和分时操作等是1963—1971年这段时期取得的进步。

第四代计算机——以计算机使用微处理器和大规模集成电路作为基本技术,使大部分人可以使用计算机。网络工作、改进的存储器、数据库管理系统和高级的编程语言,成为从1971年至20世纪80年代末这段时期的标志。

第五代计算机——计算机以知识为基础,使用推理得出合理的结论,而且通过智能用户界面和用户互动,实施如言语识别、自然语言的机器翻译、机器人操作这些功能。20世纪80年代早期以来,美国和欧洲,特别是在日本,使用人工智能的计算机一直在研制中。1991年,日本开始了崭新的为期10年的初步行动,研究神经网络。这将转变传统定义的第五代计算机的发展方向。

"请勿折叠、卷曲或毁损"的来源是什么?

这是IBM穿孔卡片上的题字。办公室工作人员在整理文件和图表等时,常常将这些文件、图表等钉在一起,或者折叠在一起,或者将它们刺穿在钉子上。因为霍勒瑞斯穿孔卡阅读器只能扫描精确设计排列的统一的矩形孔,所以对卡片的任何物理性破坏,都会造成卡片无法使用。20世纪50年代和60年代,当穿孔卡片广泛应用时,厂商在每一个卡片上印上警告。IBM的警告"请勿折叠、卷曲或毁损"最为有名。1964年,在伯克利(Berkeley)的加利福尼亚大学的学生革命,使用这个短语作为权威和严格管理的象征。

很多人听说过第一台大型电子计算机埃尼阿克,那么曼妮阿科指的是什么呢?

MANIAC(mathematical analyzer, numerator, integrator, and computer,数学分析器,分子,积分器和计算机)是1948—1952年期间,在尼古拉斯·C.麦特坡拉斯(Nicholas C. Metropolis, 1915—1999)领导下的洛斯·阿拉莫斯(Los Alamos)科学实验室制造的。它是约翰·冯·诺依曼(John von Neumann, 1909—1957)领导的高级研究协会(IAS)制造的高速计算机中几个不同版本之一。它的制造主要是为了应用开发原子能源,特别是氢弹的研制利用。

它起源于对埃尼阿克(电子数字计算器和计算机)(ENIAC)——第一个全面运行的大规模电子数字计算机的研制。埃尼阿克在1943—1946年间建造于宾夕法尼亚大学的摩尔电器工程学院。建造者为约翰·普雷斯伯·艾克特(John Presper Eckert Jr.,1919—1995)和约翰·威廉·莫齐利(John William Mauchly,1907—1980),实际上是埃尼阿克引领了计算机的现代时代。

什么是专家系统?

专家系统是一种软件,它可以分析特殊领域内的复杂问题,并且推荐可能的解决办法。这种办法是基于它先前的编程。开发专家系统的人首先要分析指定领域中人类专家的行为,然后将研究结果的所有明确规则输入到系统中。专家系统用于设备的修复、保险规划、培训、医疗诊断和其他一些领域。

第一个计算机游戏是什么?

尽管计算机并不是为了玩游戏而发明的,但是可以用计算机玩游戏的想法却很快就出现了。1950年,阿兰·图灵(Alan Turing)提出了一个非常著名的名为"模仿游戏"的游戏。1952年,位于圣莫尼卡(Santa Monica)的兰德空防实验室(Rand Air Defense Lab)创作了第一批军事模拟游戏。1953年,阿瑟·塞缪尔(Arthur Samuel)创制了适用于新版IBM701的象棋程序。从这些游戏开始,计算机游戏现在已发展成为数十亿美元的产业。

第一个成功的大型电玩是什么?

乓(Pong)——一种简单的电子版的网球游戏——是第一个成功的大型电玩。虽然它在1972年首次投入市场,实际上早在14年前,即1958年,威廉·海金博塞姆(William Higinbotham)就发明了乓。当时他是布鲁克海文国家实验室仪器设计的负责人。发明这个游戏的目的是为了给参观实验室的人增添乐趣。游戏非常受欢迎,参观者要玩游戏的话,得排几个小时的队。两年后,海金博塞姆拆除了这个游戏系统。他认为这个游戏系统小得不值一提,所以没有申请专利。1972年,阿塔里(Atari)出售了乓——海金博塞姆游戏的电子版。马格纳沃克斯(Magnavox)出售了奥德塞,一种可以在家里电视上玩的版本。

什么是"土耳其人"?

土耳其人(Turk)是一个著名的玩国际象棋的自动机器的名字。自动机器如机器人，是一个根据指令能够活动、就像出于自身力量活动的机械设备。1770年，维也纳帝国法庭的一名叫沃尔夫冈·冯·坎比林（Wolfgang von Kempelen）的公务员发明了一种会下国际象棋的机器。这个长着胡子、人一般大小的木制机器人，裹着穆斯林的头巾，穿着长袍和裤子，坐在桌子后面。他一手擎着一根土耳其烟斗，暗示着他刚刚抽完了赛前的一袋烟。他的内脏填满了齿轮、滑轮和凸轮。机器人看起来像一个精明的国际象棋手，战败了所有人类最优秀的棋手，使旁观者目瞪口呆。然而，这却是一场闹剧：它是由隐藏在机器内的人偷偷地操作的。之所以起名为土耳其人，是因为其大胆创新的全套装配。土耳其人被看做是工业革命的先驱，因为它使能完成复杂任务的设备产生巨大变动。历史学家争论说，土耳其人激发起人们发明其他早期设备的灵感，如功能强大的织布机和电话。它甚至是人工智能和计算机化概念的雏形。今天，计算机国际象棋游戏是如此复杂，以至于能够打败世界上最好的国际象棋大师。1997年5月，国际象棋计算机"深蓝"是IBM公司RS/6000 SP依靠32位处理器为主频512的超级并行处理机，平均每秒可计算棋局变化2亿步。"深蓝"打败了国际象棋世界冠军盖瑞·卡斯帕罗夫（Garry Kasparov）。

20世纪80年代"苹果"公司引进的微型计算机的名字是什么？

"苹果"公司引进的微型计算机的名字叫丽萨（Lisa）。丽萨有一个图形用户界面和一个鼠标器，是麦金塔微型计算机的前身。

什么是硅（芯）片？

硅（芯）片是一块几乎纯净的硅片，通常面积小于1平方厘米，厚约半毫米。它包含了成百上千个微电子电路元件，主要是装配在硅片表面下的各层中并互连在一起的晶体管。这些元件能完成控制、逻辑和存储功能。在芯片的表面上有由细金属丝构成的格网。这些金属丝用于和其他设备进行电连接。硅（芯）片是由两位研究者：杰克·基尔比（Jack Kilby）（1958年，得克萨斯仪表公司[Texas Instruments]）和罗伯特·诺伊斯（Robert Noyce，1927—　）（1959年，仙童半导体公司[Fairchild Semiconductor]）分别独立研制。

硅（芯）片对当今大多数计算机操作是必不可少的，许许多多其他设备，包括计算器、微波炉、汽车诊断设备和VCR等也同样需要它们。

芯片的尺寸是什么？

SSI——小规模集成电路

MSI——中规模集成电路
LSI——大规模集成电路
VLSI——超大规模集成电路
ULSI——极大规模集成电路
GSI——千兆集成电路

一个单个芯片所承载的元件数量不固定。ULSI 的一个芯片可装有数百万个元件。工业发展的长期目标——GSI 的一个芯片上将有可能承载 10 亿个元件。

能不能研发出一种装置来取代芯片?

1948 年晶体管引进时,它们比高温易碎的真空电子管要求更少的能源,使电子设备变得更小,运行速度更快,并且具有更高的可靠性,而且产生更少的热量。这些进展使计算机更为经济实用,同时也使便携式收音机更加实用。可是,较小的元件更难用金属线连接在一起,而人工接线则既昂贵又容易出错。

20 世纪 60 年代早期,芯片上的电路使厂商有可能建造具有更大动力、更高速度和更强的存储效能,但需要更少电量、产生更小热量的设备。几乎在整个 20 世纪 70 年代,厂商每年都可以在不增大芯片的情况下,使芯片上的元件数量翻一番。尽管元件还在不断变小,但芯片却不能总以同样的比率缩小,因为芯片的大小变化越来越有限。

研究者正在调查研究用于制造芯片的不同材料。砷化镓在生产中很难处理,但是它能极大地提升转换速度。有机聚合体生产起来可能更便宜,能够用于制造液晶和其他平面显示器。不幸的是,有机聚合体没有硅材料那样的导电能力。其他一些研究者正在研究混合集成电路芯片,可能会将有机聚合体和硅的优点结合起来。研究者还对光集成片进行了初级阶段的研究。光集成片可以使用光而不是电流来工作。光集成片将产生很少或者不产生热量,能够进行更快的转换,而且避免产生噪音。

什么是碳纳米管?

碳纳米管是极细小的圆柱体结构,当两个碳电极之间产生电弧时,科学家能够制造出这种结构。一个格子上的碳原子形成几纳米长的微小的管(纳米是一米的十亿分之一)。科学家将其定位,使它们充当传送器。纳米管的优点是,它们比现在计算机芯片上使用的晶体管小 100 倍。碳纳米管最终可能会取代标准的计算机芯片,使计算机体积更小,性能更好。

什么是摩尔定律?

英特尔公司的创建人之一——戈登·摩尔(Gordon Moore),是一位优秀的微芯片生产商。他在 1965 年观察到,每个微芯片可容纳的晶体管的数目,每隔约 18 个月便会增加 1 倍,性能也将提升 1 倍。报刊新闻等称之为“摩尔定律”。尽管这种日益增长的趋势不能永久持续下去,但历史表明,微芯片的技术进步的确与摩尔的预言一致。

硬盘和软盘有何不同?

两种盘都利用表面的磁性记录来录制、访问和取消数据,其过程和录音带录制、播放和消除声音和图像极为相似。悬在正在转动的磁盘上的读头/写头,由中央处理器(CPU)指定到数据要求存储或者将被录制的区域。硬盘用表面涂着一层氧化铁的刚性铝盘存储数据。硬盘存储容量比数个软盘的存储量都要大(10 到数百兆字节)。微型计算机上的大部分硬盘都是固定的(内置于计算机),有些则是可移动的。微型机和大型机都有固定的和可移动的硬盘(在组件中叫磁盘包或磁盘存储器)。软盘也叫塑料磁盘,由敷有磁性材料涂层的软塑胶制造而成,包在一个不能移动的塑料保护壳内。软盘的存储量从 10 万字节到 2 兆多字节不等。软盘一般用于小型计算机和微型机算计中。

硬盘除了比软盘存储更多的数据外,对所存数据还能提供更快的访问速度。硬盘每分钟转 2 400—3 600 转,而且会不停地旋转下去(除了手提计算机。为了相对延长电池的寿命,硬盘只有在使用时才会转动)。超速硬盘在硬盘的每一个磁道上都有一个分开的读头/写头。这样,在指定磁头到想要的磁道时,就不会浪费时间。访问所需的磁区只需要几毫秒的时间。除非有数据传输要求,否则软盘不转动。软盘的转动速度仅仅只有每分钟 300 转左右。

一张软盘能保存多少数据?

就存储容量而言,3 种常用尺寸的软盘(塑料软盘)变化很大。

外壳的大小(英寸)	存储能力
8	100 000—500 000 字节
5.25	100 000—1.2 兆字节
3.5	400 000—2 兆字节以上

一张 8 英寸或 5 英寸盘片被封装在一个塑料的保护封套内,它不能防止软盘的弯曲和折叠。软盘的部分表面暴露在外,并能被指印或灰尘所污染。3.5 英寸软盘上的罩壳是硬塑料的,包含一个活动磁盘防护器,保护磁盘表面。但当软盘插入到驱动

器中时,磁盘表面就露了出来。这种保护作用和扩大了的数据存储容量,使3.5英寸磁盘成为当今最为流行的软盘。但是由于计算机计算能力和存储能力不断增强,计算机文件也随之变大,古老的软盘最终将让位给具有更大存储能力的媒介。最新研发的便携式存储器是录像带盘,它们的存储能力高达250兆字节。可以重写的CD和DVD盘可容纳600兆字节或更多的数据。不久,人们将在贮藏柜或抽屉里发现无用的软盘。这些软盘也许存储着重要的信息。但因为没有软驱读取它们,所以被弃之不用。案卷保管员将这种现象称之为“淘汰”,并鼓励人们将重要信息“迁徙”到新的存储媒介上。

为什么计算机软盘必须格式化?

一张磁盘必须首先组织好,以使数据能写在磁盘上,并从磁盘上把数据检索出来。在软盘或硬盘上的数据都被安排在同轴磁道上。保存数据块的扇区占据了磁道的弧形段。大多数软磁盘是软扇区的,为记录扇区标识就必须格式化。这样,为了检索能对数据块进行标号。软磁盘的硬扇区使用物理标记来标识扇区。这些标记不能改变,所以磁盘不能重新格式化。组织和标号扇区的方法支配了系统的兼容性:对DOS计算机格式化的磁盘只能用于其他的DOS机器;对麦金塔(Macintosh)格式化的磁盘只能用于其他麦金塔机器。格式化抹去了在磁盘上任何预先存在的数据。在初始化之前,硬磁盘驱动器也被格式化,并且应该得到保护,这样它们就不会被无缘无故地重新格式化了。现在的大多数磁盘都是预先格式化好的。

谁发明了计算机鼠标?

计算机“鼠标器”是一个手持输入设备。当鼠标在一个平面表面上移动时,导致光标在显示屏上按相应路线移动。鼠标器的雏形是1968年在旧金山秋季联合计算机会议(FJCC)上,由道格拉斯·英格哈特(Douglas C. Englehart)示范演示的输入控制台的一部分。鼠标器在1984年由苹果计算机公司(Apple Computer)Macintosh机所推广,它使得和计算机的通信变得更简单、更灵活,这是历经15年献身于探索的结果。

它的实际外观是一个小的四边形的框体,带着悬挂得像个尾巴的电线,这使人想起“鼠标器”这个非正式名字,但很快就成为正式名字了。

什么是霍伯规则?

霍伯(Hopper)规则指电荷在1纳秒(1秒的10亿分之一)时间内行进1英尺。这是为方便计算机程序员而编制的许多规则之一。它同时也被看成是计算机可能的速度的最基本的限制,即在电子电路中,信号不能移动得比这个速度更快了。

汇编语言和机器语言是同一回事吗?

虽然这两个术语常常可以互相交换使用，但汇编语言是机器语言的一个更为“用户友好”的翻译。机器语言是由中央处理器(CPU)识别的由一批二进制位模式组成的指令。每一特定的CPU设计都有它自己特有的机器语言。通常一台微型计算机的CPU的机器语言大约包含75条指令。大型计算机的CPU的机器语言可能包含数百条指令。这些指令中的每一条都以1和0的模式告诉CPU去实现一项专门的操作。

汇编语言是计算机CPU的机器语言中每条指令的符号助记名的集合。像机器语言那样,汇编语言和特定的CPU设计密切相连。以汇编语言进行程序设计需要精通CPU的结构,而且用汇编语言编写的程序是难于维护并需要大量的文件编制的。

20世纪80年代后期研制的计算机C语言,现在已被频繁地用于替代汇编语言。C语言是一种高级程序设计语言。由于它的函数结构,对于几乎所有的计算机,从微型计算机到大型计算机,都能把C语言编译成机器语言。

世界上第一个程序员是谁?

根据历史记载,英国著名诗人拜伦勋爵(Lord Byron)的女儿阿达·洛夫雷斯(Ada Lovelace),即洛夫雷斯伯爵夫人(Countess Lovelace),是第一个为查尔斯·巴贝奇(Charles Babbage,1792—1871)发明的“分析机”编写程序的人。分析机采用穿孔卡片把指令存到存储库中。机器根据指令自动运算,最后打印出结果来。她与巴贝奇的研究工作以及她撰写的关于“分析机”可能性的论文,使她成为编程艺术和科学的“守护神”。“Ada(阿达)”编程语言就是美国国防部为纪念这位世界上第一位程序员而命名的。在现代时期,这一荣誉归于美国海军准将格雷斯·莫瑞·霍波(Commodore Grace Murray Hopper,1906—1992),她为马克I(Mark I)计算机编写了第一套程序。

编程语言的发展阶段是什么?

计算机科学家用下面的缩写词给计算机语言的发展进程或演化进行阶段划分:

1GL——第一阶段的语言称作“机器语言”,是程序员为处理器开展任务而写的一套指令。它通常以二进制的形式出现。写作1和0。

2GL——第二阶段的语言称为“汇编语言”。组译器将汇编语言转成处理器可执行的机器语言。

3GL——第三阶段语言称为“高级编程语言”。Java和C++属于第三阶段的语言。

汇编程序将高级语言转译成机器语言，常常按如下格式书写：

```
If (chLetter ≧'B')
Console. WriteLine ("usage: one argument");
Return 1; // sample code
```

4GL——第四阶段的语言和普通的语言很相似。关联式数据库使用这种语言。例如：

```
FIND All Titles FROM Books WHERE Title begins with "Handy"
```

5GL——第五阶段语言使用图表设计界面，允许第三、第四阶段的编译程序来转译。这和 HTML 文本编辑很类似，因为它允许拖放图标和直观阶层的显示。

谁创造了计算机语言COBOL?

COBOL(面向商业的通用语言，Common Business Oriented Language)是专门为商业用途设计的一种著名的计算机语言，它是由一个小组在 1960 年为几个计算机制造商和五角大楼创造的。和 COBOL 相连的最著名的人是当时的海军上尉格雷斯·莫瑞·霍波(Grace Murray Hopper，1906—1992)，她对美国海军的 COBOL 标准化工作作出了重要贡献。COBOL 擅长商业上最常用的数据处理——对庞大的数据文件进行简单的算术运算。因为它的语法结构非常像英语，也因为对一种类型计算机用 COBOL 书写的程序无需进行变换，就可以在很多其他种类的计算机上运行，导致 COBOL 语言能持久地生存下去。

谁发明了PASCAL计算机语言?

瑞士计算机程序员尼克拉斯·沃斯(Niklaus Wirth，1934—　)发明了 PASCAL 计算机语言。

"位"和"字节"有什么不同?

一个字节是计算机存储器的一个普通单位，它表示诸如一个字母("A")、一个数字("2")、一个符号("$")、一个十进制小数点或一个空格那样的一个单个字符的等价物。它通常等价于 8 个"数据位"和一个"奇偶校验位"。一位(一个二进制数)是数字计算机中的最小信息单位，等价于一个"0"或"1"。奇偶校验位用于校验组成字节的位中的差错。虽然每个字节为 8 个数据位是最普通的大小，但计算机制造商可以自由确定位的不同个数作为一个字节。每个字节 6 个数据位是另一种常用的大小。

“启动”计算机意味着什么?

“启动”(Booting)计算机的意思是启动它,也就是打开启动操作系统。这个术语源于靴带,因为靴带可以让一个人独立拉起靴子,而无需他人帮忙。完成这个过程的命令嵌在只读存储器(ROM)芯片上,当微机打开或者重新启动时,就会自动执行。在大型机或微型机中,这个过程通常牵涉操作者的大量输入。计算机冷启动打开计算机的电源,热启动指电源没有断开的情况下,重新启动操作系统。

当计算机不用时应该关机吗?

个人计算机(PC)消耗很多电。一台计算机平均耗电 120 瓦,一台监视器平均耗电 150 瓦。如果一台计算机每天运行 4 小时,平均每千瓦时花费 8.5 美分,你可以做如下计算,看看运行一台 PC 机要花费多少钱:

(120+150)瓦×4 小时/天×365 天/年/1 000
=394 千瓦时×8.5 美分//小时
=$33.51/年

很多地方都感到能源紧张,但是当你用这个数字乘以全美国数百万台个人计算机时,你就感到这不足为奇了。虽然在工作日内,关闭个人计算机一两个小时并不是一项节约能源效果良好的举动,但是如果让中央处理器(CPU)运行的同时,关闭监视器一两个小时,却可以使 PC 机节省相当大一部分能源。为了节约能源和延长计算机的使用寿命,CPU 和监视器在每天工作日结束时和周末前都要关闭。

如何正确地面对计算机显示屏?

正确地面对计算机对于防治健康问题,如腕管综合病症和背痛很重要。你应该这样坐着:眼睛离显示器 18—24 英寸(45—61 厘米),离显示器中心往上 6—8 英寸(15—20 厘米)。手应该和胳膊平行,或稍低于胳膊。

正确的姿势也是必需的。必须坐直,保持脊柱直直的。坐在椅子上时,膝盖应平于或低于大腿。双脚着地。胳膊放在桌子上或者椅子扶手上,但是确保不得懒散。如果必须弯腰或者向前倾,应该弯腰。

程序错误一词的起源是什么?

程序错误(bug)这个俚语术语用来描述计算机程序出现的问题和缺陷。它可能起源于 20 世纪 40 年代早期,当时哈佛大学的计算机先驱格雷斯·莫瑞·霍波(Grace

Murray Hopper,1906—1992)发现一只死蛾子,这只蛾子导致她正在工作的机器出现瘫痪。当她用镊子除去蛾子,别人问她在做什么时,她答道:“我在除去机器上的虫子(bug)”。蛾子的尸体被摁在了记录本的业面上,和计算机故障日志记录本一起保存在弗吉尼亚海军博物馆。

故障这一术语的起源是什么?

故障(glitch)是计算机中一连串事件的突然中断或者缺失,如给处理器发布的命令。机器的稳定性可能修复,也可能不能修复。故障一词来源于德语 glitschen,意思是“滑脱”。或者来源依地语 glitshen,意思是滑动或打滑。

一个小的故障可以导致网络系统出现一连串的级联错误。例如,1997 年,弗吉尼亚州的一个小型互联网服务供应商在无意中,向主网操作者(主网是局部的或地方性网络可以接入信息、进行相互连接的主干网络通路)提供了错误的路由器(路由器是这样一个途径,网络通过它决定向下一个站点传送信息的位置)信息。因为许多其他的互联网服务供应商依赖主干网络供应,这个小失误影响到全球,导致网络出现暂时故障。

什么是计算机病毒,它是如何传播的?

计算机病毒和生物病毒有明显相似之处。计算机“病毒”是一种程序,它能寻找其他程序,并通过在程序内部复制自身而传染病毒。当程序被执行时,嵌入在程序内的病毒也被执行,这样就繁殖了“传染”。正常情况下用户是看不见病毒的。然而,病毒在没有帮助的情况下是不能传染其他计算机的。当用户使用计算机进行通讯联系时,常常是当他们买卖程序时,它才会传播。病毒有可能只是复制自己,而程序可以正常运行。然而,在悄无声息地繁殖了一段时间后,病毒通常开始做其他的事情——可能插入“逗人喜爱的”信息,或者破坏用户的全部文件。计算机“蠕虫病毒”和“逻辑炸弹”都是常见的病毒,但是它们并不像病毒那样在程序内复制自身。逻辑炸弹可以进行即时破坏活动——毁掉数据,在数据文件中插入无用的信息,或者重新格式化硬盘。蠕虫病毒可以立即或者隔一段时间以后更改程序或数据库。

在 20 世纪 90 年代,计算机病毒、蠕虫病毒和逻辑炸弹已经成为非常严重的问题,特别是在 IBM PC 机和 Macintosh 机用户中。专门检测病毒软件和“接种”软件的生产已经成为一种产业。

什么是模糊搜索?

模糊搜索是一些软件程序的特征,这些程序允许用户对指定的文本进行类似的而不是绝对相同的文本搜索。当不知道准确拼写时，它可以搜到结果，或者可以帮助用户获得与搜索主题大致相关的信息。

什么是杂乱输入和杂乱输出？

GiGO 尽管和计算机语言的名称很相似，但它并不是一种计算机语言。GiGo 是一个人“放进去什么就取出什么”这一自明之理的首字母缩写：GiGO 表示成语“垃圾进，垃圾出（Garbage In，Garbage Out）”。这是一个计算机黑客用语，用以指人们输入不准确的信息时，就会得到不准确的结果。

什么是像素？

像素（译自英文 pixel）是图像和元素（picture and element）的简称，是视频显示屏幕上最小的元素。一个显示屏包含成千上万个像素，每一个像素都是由一个或更多的点或者一串点组成。在黑白显示屏上，一个像素就是一个点。像素开或关时，就创造出了图像和背景的两种颜色。一些黑白显示屏可以由能源控制，根据像素对光的不同敏感性，产生一系列由明到暗的影子。在彩色显示屏上，一个像素包括红、绿和蓝 3 种色彩的点。最简单的显示屏一个点只有一种颜色，但是较复杂的显示屏幕的像素由各种不同颜色的一串点构成。这些更为复杂的显示屏能够显示大量的颜色和不同的强度。在彩色显示屏上，全部闭合掉 3 种颜色就产生黑色，全部开通 3 种颜色就产生白色，所有颜色的强度相等时就产生了灰色。

最合算的显示器是黑白显示器，每个像素只有一位，只有开通或闭合两档。高分辨率的彩色显示器能使用上百万个像素，每个彩色点占据 4 个字节的存储器，将需要许多兆字节来显示图像。

DOS代表什么？

DOS 代表“磁盘操作系统”（Disk Operating System），它是一个程序，控制着数据在计算机硬盘或软盘之间的传送。它经常和主操作系统结合在一起。这种操作系统最初是在西雅图计算机产品公司（Seattle Computer Products）研制成功的，并称之为 SCP-DOS。当 IBM（国际商用机器公司）决定制造个人计算机并需要一个操作系统时，在和微软公司（Microsoft）达成生产真正的操作系统的协议后，IBM 选择了 SCP-DOS。在微软公司，SCP-DOS 发展成为 MS-DOS，而 IBM 更愿意把它称为 PC-DOS（个人计算机）。最终人们把它简单地称之为 DOS。

什么是电子邮件?

电子邮件,也叫 Email 或 e-mail,利用通讯设备来传送信息。许多系统利用计算机作为发送和接收界面,但是传真通讯也是 Email 的一种形式。用户可以将信息发送给一个接收者,也可以发送给许多接收者。不同的系统对发送、接收、处理文本和地址提供不同的选择。例如,一条信息可以被"挂号"。这样,当接收者看到信息时(尽管没有办法知道接收者是不是确实读了该信息),发送者都会得到通知。许多系统允许信息的转递。信息通常存储在网络服务器或计算机主机上的模拟"邮箱"中。如果接收者登录系统,一些系统还会通告进来的邮件。一个组织(例如公司、大学或者专业机构)能够提供电子邮件设备。国家和国际网络也可以提供。为了使用电子邮件,发送者和接收者都必须有同一系统或者由网络连接的不同系统的账号。

谁发送了第一个电子邮件?

20 世纪 70 年代早期,计算机工程师雷·汤姆林森(Ray Tomlinson)注意到,在同一主机上工作的人们能相互留信息。于是他设想,如果信息能够发送到不同的主机上,这个通讯系统将非常有用。因此他使用文件传送协议和收发特征,在一周左右的时间里,编写了一个软件程序。这个程序使人们能够通过阿帕网(Arpanet,后来成为互联网)将信息从一个主机发送到另一个主机。为了确保信息发送到正确的系统,他采用了 @ 符号,因为这个符号是最没有歧义的一个键盘符号,而且非常简短。到 2001 年 4 月为止,hotmail——只是几个电子邮件供应者之一——已拥有 7 000 万用户,并且每天还会增加约 10 万个电子邮件账户。

什么是黑客?

黑客是熟练的计算机用户。这个术语原来指技艺娴熟的程序员,特别是熟悉机器编码、精通机器原理及其操作系统的人。这个名字产生于这样一个事实:一位优秀的程序员总是能够删掉一个不满意的系统,直到系统能运行。

这个术语后来指其主要兴趣是解除密码系统的计算机使用者。这个词就这样获得了贬义,意思是一个人故意地、有时不惜以犯罪手段,干涉利用电话线所能获得的数据。这种黑客活动使人们大大加强了传送数据的安全防卫。"黑客之道"指的是信息共享是人类交易的正当方式。的确,黑客通过发送信息,把他们的智慧传给了软件世界。来自公司外部的黑客的恶意攻击,平均每次使公司损失大约 56 000 美元。

什么是不完善的系统?

一个不完善的系统(kludge,kluge)是一种马马虎虎的、不成熟的、拖拖拉拉的解决问题的方法。它可以指任何临时凑合的解决方法,也可以指任何设计糟糕的产品,或者指由于时间久了,难以操作的产品。

谁创造了"技术的咿呀学语"这个词?

约翰·A.巴瑞(John A. Barry)用"技术的咿呀学语(technobabble)"这个词来表示不加区分地到处滥用计算机术语，特别是当这一术语用于与技术根本没有一点关系的情形。他于20世纪80年代早期首先使用了这个词。

操作系统Linux是如何得名的?

Linux的名字是它的主要程序员芬兰的林纳斯·托瓦兹(Linus Torvalds,1970—)的名字和UNIX操作系统相结合而得名的。Linux(读作短音/i/)是一个公共资源计算机操作系统,可与功能更强大、更具扩张性的、通常代价不菲的UNIX系统相比,它们在形式和功能上都相似。Linux允许用户在他们的家庭计算机上运行可靠又丰富的开放源码软件资源工具和界面,包括功能强大的万维网实用工具,如受欢迎的阿帕切(Apache)服务器。任何用户都可以免费下载Linux,或者花很少的钱买个Linux盘。陶维尔德研制出了系统的核心——或者说是系统的心脏——"就是为了有趣"，并且将它免费发送给全世界，因而其他程序员能够对它进行进一步的研究开发。这个世界欣然接受了Linux,使陶维尔德成了民族英雄。

"开放源码软件"背后的理念是什么?

开放源码软件是指其代码(控制操作的规则)可供用户修改的计算机软件。与之不同的是,私有代码的软件卖主遮蔽了代码,使用户看不见,因此不能操作(盗窃)软件。命名为开放源代码并不一定是免费的。作者可以收取使用费,虽然有些收取的只是象征性的费用。根据免费软件基金会的规定,"免费软件(Free software)"是个自由的问题,而不是价格的问题。如果要理解这个概念,你应该想到"自由演讲"中的"自由",而不是"免费啤酒"中的"免费"。"免费软件是用户运行、复制、分发、研究、改变和改进软件的自由。"尽管有这项声明,但大多数软件还是免费使用的。开放源码软件通常在"非盈利版权"这一概念而不是"著作权"法的保护下。非盈利版权并不意味着将资源发布给公共领域,也不像联邦版权法一样,意味着绝对禁止复制。根据免费软件基金会的规定,非盈利版权是一种保护性措施,保证任何重新发布软件、无论是否修改的人“一定自由地进一步复制和共享”。开放源码已经演变成一种共享、合作和共同创新运动。许多人认为，在目前激烈的软件私有化过程中，这些实行开放源码软件的想法是十分必要的。

谁发明了万维网?

蒂姆·伯纳斯-李(Tim Berners-Lee，1955—　)被认为是电子万维网(WWW)的发明者。万维网是一个通过浏览器浏览、经互联网传输的相互连接的大量超文本文档的集合。互联网是20世纪60、70年代由美国国防部高级研究计划署研发的全球计算机网络(因此又称为“Arpanet”)。互联网在灾难性事件(如原子爆炸)发生的情况下，将能提供大量的通讯。灾难性事件可能会摧毁一项链接或一台计算机，但不能毁掉整个网络。浏览器是用来翻译超文本文件的。超文本文件通常用超文本链接标示语言(HTML)写成，因此它可以在计算机的显示器上读出来。最初在1990和1991年，伯纳斯-李将工具和协议发布到网上，互联网和古腾堡发明的印刷机一起被认为人类通讯史上最伟大的成就。

搜索引擎是如何工作的?

互联网搜索引擎和图书馆专用的计算机上的卡片目录相似。可以通过和互联网连接的网络浏览器浏览。搜索引擎根据要求的密码或搜索者传送的文字模式要求，在互联网上提供超链接的站点列表。互联网目录服务用不同的方法收集源信息，也能提供同样的服务。互联网目录服务使人们浏览网页站点，利用主题或者其他的目录将它们组织成分层级索引。搜索引擎使用叫做“蜘蛛”或者“马胃蝇蛆”的计算机软件，寻找到网页，做出详细目录，并自动做网页索引。蜘蛛扫描每个网页的文字内容和文字出现的频率，并将这些信息存储在数据库中。用户提交文字或者术语时，搜索引擎从数据库中找到一列站点，并将它们根据搜索术语的相关性排列出来。

杂货店的顾客是如何参与到数据筛选的?

今天许多杂货店提供免费卡，这个卡使价格即时下调，其作用就像一张塑料的、可再次使用的优惠券一样。唯一麻烦的是，顾客必须填写一些统计信息，如年龄和性别，并且签上名字。每一次降价销售和顾客使用该卡的细节(包括购买日期、时间和项目名称)都存储在数据库中。杂货店利用“数据筛选”优化促销活动，决定它的存货展出。数据筛选，如其名字所暗示的，是一种计算机统计技术。计算机详细审查大量数据来提取模式，识别关系，进行预测。例如，如果模式显示，周末下午 3 点之前，26—35 岁的男性顾客购买尿布；而大部分葡萄酒都是 3 点之后被 46—55 岁的男性购买的。这样，商店就可以把尿布移到白天客流量明显多的地方，把商品移到同样年龄段顾客购买的近处。接着下午 3 点之后，商店可以把尿布移出来，把葡萄酒与 46—55 岁年龄段男性顾客同时购买的其他商品一起，移到同样显著的位置。

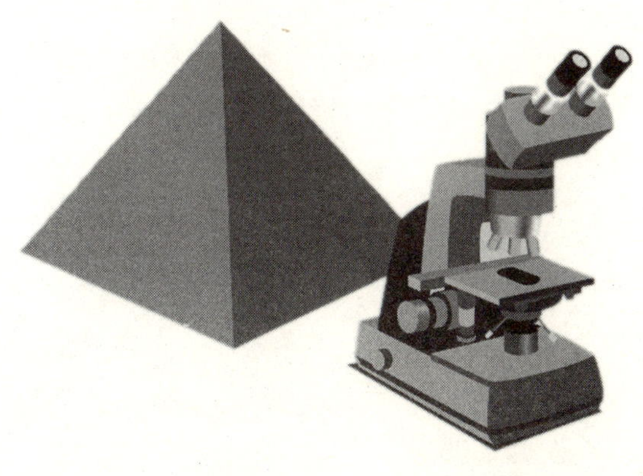

基础科学

数　字

何时何地出现数字和计数的概念?

成年人(包括某些高等动物)不需要任何训练就能够识别数字1—4,而对于大于4的数字则需要学习。计数需要一套命名及记录数字的处理方法。早期的人们最初用手指及脚趾计数,后来改用贝壳和鹅卵石。公元前4000年,埃兰(Elam,今波斯湾沿岸伊朗附近)的计数者开始使用未烧制的黏土代币来替代鹅卵石。每个黏土代币代表计数系统的一种顺序。木棍状的代表数字1,块状的代表数字10,小球状的代表数字100,等等。在同一时期,南部美索不达米亚(Mesopotamia)的苏美尔陶土文明也创建了同样的计数系统。

代表零的符号是何时开始使用的?

令人感到意外的是,代表零的符号比其他数字概念出现得晚。例如,古希腊人发明出逻辑和几何概念,为整个数学学科奠定了基础,但他们的概念中没有代表零的符号。印度数学家们被认为是零符号的最早发明者。公元870年,在瓜利奥尔(Gwalior)

的一个石碑上发现了零符号的记载。事实上，在那以前，零符号就已经出现了。追溯到公元7世纪，在柬埔寨、苏门答腊岛和邦加岛的石碑上就有了关于零符号的记载。尽管没有文字记录表明1247年之前的中国是否有零符号，但一些历史学家认为它起源于中国，通过中印半岛传到印度。

什么是完全数？

完全数是指包含1在内的所有真因子（小于该数字的除数）之和等于该数本身的数。数字6是最小的完全数，其因子1、2、3相加等于6。接下来的3个完全数分别是28、496和8 126。奇数完全数是不存在的。已知的最大的完全数是发现于2001年的$2^{13\,466\,916}(2^{13\,466\,917}-1)$。

什么是罗马数字？

罗马数字是指用来代表数字的符号。它由7个基本符号构成：Ⅰ(1)、V(5)、X(10)、L(50)、C(100)、D(500)、M(1 000)。有时，在数字上画条横线表示这个数增大1 000倍。将一个小数放在大数左边，则表示用大数减该小数来构成数字。这种数字表示法经常用于有4和9的数字。例如，4可以表示为Ⅳ，9表示为IX，40为XL，90为XC。

什么是斐波那契数列？

斐波那契数列是一个整数数列，从第三个数开始，每个数等于前两个数之和。例如，1，1，2，3，5，8，13，21…（1+1=2，1+2=3，2+3=5，3+5=8，5+8=13，8+13=21等）。莱昂纳多·斐波那契（Leonardo Fibonacci）在他1202年出版并亲自修订的名著《珠算原理》一书中，首次记述了这个数列。

目前已知的最大质数是多少？

质数是只能被1和它自身整除的正整数。2、3、5、7、11、13、17、19都是质数。质数亦称“素数”。古希腊数学家欧几里得（Eulid，约公元前300—275）证明，最大的质数是不存在的，因为任何关于最大质数的定义都会产生矛盾。如果存在最大质数（P），把1与所有包括P在内的质数的乘积相加，1+（1×2×3×5×…×p）就会得到另一个质数，因为所得质数不可能被任何已知的质数整除。2001年，加拿大的迈克尔·卡梅伦（Michael Cameron）发现了世界上已知的最大素数（第39个）：$2^{13466917}-1$。该素数由大约400万位数字组成，若手写需要3周时间才能写完。第39个素数是被称为梅尔森质数的一组特殊质数序列中的数字之一。梅尔森质数是以最先致力于该领域研究的法国传教士马林·梅尔森(Marin Mersenne,1588—1648)的姓氏命名的。

质数数列没有确定的公式。从欧几里得时代起，数学家一直致力于找到一个公式,但都以失败告终。为了找到新的位数最多的质数,在 1996 年 1 月编制的"互联网梅森素数大搜索"(GIMPS)项目的帮助下,第 39 个素数在一台个人计算机上被发现。GIMPS 依赖于全世界各地的成千上万台小型个人计算机的计算。有兴趣者可通过点击 http://www.mersenne.org/prime.htm 来参加该搜索项目。

《圣经》中所提到的最大数是多少?

《圣经》的《历代记》第二章 14:9 中专门提到的最大数字是一千千,即 100 万。

米制中如何表示大的数量和小的数量?

下表所列前缀可在米制中与常规单位连用,例如,centi+meter=centimeter,表示 1 米的 1%。

前　缀	幂	数　字
Exa-(兆兆兆)	10^{18}	1 000 000 000 000 000 000
Peta-(皮)	10^{15}	1 000 000 000 000 000
Tera-(万亿)	10^{12}	1 000 000 000 000
Giga-(十亿)	10^{9}	1 000 000 000
Mega-(一百万)	10^{6}	1 000 000
Myria-(一万)	10^{5}	100 000
Kilo-(千)	10^{3}	1 000
Hecto-(一百)	10^{2}	100
Deca-(十)	10^{1}	10
Deci-(十分之一)	10^{-1}	0.1
Centi-(百分之一)	10^{-2}	0.01
Milli-(千分之一)	10^{-3}	0.001
Micra-(百万分之一)	10^{-6}	0.000 001
Nano-(十亿分之一)	10^{-9}	0.000 000 001
Pico-(兆分之一)	10^{-12}	0.000 000 000 001
Femto-(千万亿分之一)	10^{-15}	0.000 000 000 000 001
Atto-(百亿亿分之一)	10^{-18}	0.000 000 000 000 000 001

数字10为何如此重要?

原因之一在于米制是以10为基础的。出于对测量标准化的需要，在18世纪末出现了米制，而此前的测量标准取决于当时统治者的偏好，经常变化无常。但是，早在米制出现之前，数字10就已非常重要了。公元2世纪，来自朱迪亚(古代巴勒斯坦南部地区)的新毕达哥拉斯人尼各马可认为，10是个完美的数字，在人类的手指和脚趾的创造中，已经体现了这个数字被赋予的神圣。毕达哥拉斯学派认为，10是最先诞生的数字，其他数字由其派生而来。10从不改变，是解决所有问题的基础。非洲西部的牧羊人用表示10的染色贝壳来数羊群的数量，10渐渐成为计数制的基础。一些学者认为，10成为基数更多是出于简单、方便的原因。因为用手指很容易数出10，而且以10为基数的加、减、乘、除法易于记忆。

特别大的数是什么?

特别大的数列表如下：

名　　称	幂	0的个数	1 000后3个0的组数
Billion(十亿)	10^{9}	9	2
Trillion(万亿)	10^{12}	12	3
Quadrillion(亿亿)	10^{15}	15	4
Quintillion(千之六次幂)	10^{18}	18	5
Sextillion(千的七乘方)	10^{21}	21	6
Septillion(千的八乘方)	10^{24}	24	7
Octillion(千的九次方)	10^{27}	27	8
Nonillion(万的九次方)	10^{30}	30	9
Decillion(千的11乘方)	10^{33}	33	10
Undecillion(后面有36个零)	10^{36}	36	11
Duodecillion	10^{39}	39	12
Tredecillion	10^{42}	42	13
Quattuor-decillion	10^{45}	45	14
Quindecillion	10^{48}	48	15
Sexdecillion	10^{51}	51	16
Septen-decillion	10^{54}	54	17
Octodecillion	10^{57}	57	18
Novemdentillion	10^{60}	60	19

续 表

名　　称	幂	0 的个数	1 000 后 3 个 0 的组数
Vigintillion	10^{63}	63	20
Centillion	10^{303}	303	100

英、法、德使用一套完全不同的方法来命名超过 100 万以上的单位。除美国以外，很少国家使用单位古戈尔(googol)和古戈尔普勒克斯(googolplex)。

古戈尔有多大?

古戈尔是指 10^{100}(即 1 后有 100 个 0)。同其他数字名称不同的是，古戈尔与其他任何计数进制无关。1938 年，美国数学家爱德华·卡斯纳(Edward Kasner)首先使用这个术语。当时，他正在寻找一个表示这个巨大数字的术语，于是让其 9 岁的侄子米尔顿·西罗蒂(Milton Sirotta)给起了个名字。古戈尔普勒克斯是指 10^{googol}，就是 10 后有古戈尔个 0。流行的网页搜索引擎 google.com 就是以古戈尔命名的。

什么是无理数?

实数中，不能精确表示为两个整数之比的数称为无理数。能够精确表示为两个整数之比的数称为有理数。例如，1/2(50%)是有理数。1.618 03(θ)、3.141 59(π)、1.414 21($\sqrt{2}$)为无理数。据历史记载，公元前 6 世纪，当毕达哥拉斯发现 2 的平方根不能用小数来表示时，他就首先使用了无理数这一术语。

什么是虚数?

虚数是负数的平方根。因为平方是指两个相等的数的乘积是正数，所以一个数与它本身相乘不可能得到负实数。符号 i 用来表示虚数。

π 的小数点后30位数字是多少?

圆周率(π)是指平面上圆的周长与直径之比，常用来计算圆面积(πr^2)、圆柱体体积($\pi r^2 h$)或圆锥体体积。圆周率被称为超越数(transcendental number)，是一个有精确值的无理数，不能表示为两个整数的比值。理论上，圆周率是个无穷小数，但通常接近 3.141 6。英国数学家威廉·琼斯(William Jones)使用希腊符号 π 来表示圆周率。精确到小数点后 30 位时，π 的值为 3.141 592 653 589 793 238 462 643 383 279。1989 年，纽约哥伦比亚大学的乔治(George)和大卫·查德诺夫斯基(David Chudnovsky)利用IBM3090型主机和CRAY-2型超级计算机进行了两次运算，得出π值小数点后的1 011 961 691位数。1991年,他们计算出π值小数点后的2 260 321 336位数。1999年,东京大学的廉正蒲田(Yasumasa Kanada)计算出小数点后的206 158 430 000位数。数学家们还用二进制形式(0和1)来计算圆周率。科林·珀西瓦尔(Colin Percival)以及25位西蒙弗雷泽大学的教授花费13 500小时计算出了小数点后5兆位的二进制数字。

为什么7被看做是神奇的数字?

在传说和神话故事中,所有数字都被赋予特定的性质和能量。7有着巨大能量，具有魔力,是个幸运数字。它有着神奇的心理力量,是个探索内在真理的神秘数字。认为7蕴藏巨大能量的说法起源于月亮周期。月亮有4个阶段,每阶段持续7天。苏美尔人按照月亮制定历法,规定7天为1周,至于为何把第7天作为每周的最后一天却不得而知。地球上的生命周期也是按7来划分阶段的。而且,众所周知,人类生长的每个阶段都是7年,彩虹有7种颜色,音阶有7个音调。据说,第7个儿子生的第7子具有惊人的魔力和心理力量。尤其在爱情和金钱方面,数字7也是公认的幸运数字。在旧约和新约中,数字7有着突出的地位。例如,上帝在第7天休息;在约瑟夫(Joseph)的故事中,埃及有7年饥荒和7年丰收;上帝建议约书亚(Joshua)让7个祭司拿7个羊角,在第7天围绕耶利哥城(Jericho)7次;所罗门(Solomon)用7年时间建立寺庙;主祷文中有7个祈求。

自然界中反映数字与数学概念的例子有哪些?

数字和数学在世界中无处不在,一些数字尤为显著。数字6广泛地存在于自然界中,通常每片雪花有6个边,每个蜂巢都是六角形。逐渐减少的弧线型鹦鹉螺壳室符合黄金分割和斐波那契数列的繁殖螺线。与许多植物、花籽和茎的排列一样,松果也符合斐波那契数列。在海岸线、血管和山脉的结构中,可以明显地看到分形几何。

数　学

算术与数学有何不同?

算术研究的是正整数(1,2,3,4,5,…)的加、减、乘、除运算以及运算结果的日常应用,数学是研究结构、排列和量的学科。传统上认为数学包括 3 个领域:代数、解析和几何。由于各领域间的相互影响,其分界线已逐渐消失。

戈特弗里德·威廉·莱布尼兹对微积分学科的建立和发展作出了重要贡献。

谁创立了微积分?

德国数学家戈特弗里德·威廉·莱布尼兹(Gottfried Wihelm Leibniz)于 1684 年发表了第一篇关于微积分的论文。大多数历史学家认为,艾萨克·牛顿(Isaac Newton)早在 8 或 10 年前就已创建了微积分,但是他的著作发表得太迟了。微积分的创建标志着高等数学的开始,为科学家和数学家解决先前极为复杂的难题提供了工具。

历史上最经久流传的数学著作是哪部?

《几何原本》(约公元前 3 世纪)是一部最负盛名、最有影响力的数学著作。在这部著作中,古希腊数学家欧几里得(Euclid)总结了古代学者们获得的几何知识,并且涵盖了许多自己的创新。《几何原本》共有 13 卷,前 6 卷包括平面几何,第 7—9 卷涉及算术和数字理论,第 10 卷涉及无理数,11—13 卷讲述立体几何。在阐述理论的过程中,欧几里得使用合成法,通过逻辑推理,从已知理论推出未知理论。几个世纪以来,这种方法成为科学探索的标准程序。《几何原本》比其他任何著作对科学思维产生的影响都更加深远。

有没有可能数到无穷大?

答案是否定的。非常大的有穷数不同于无穷数。无穷数可被定义为没有界限或无限。任何能够数得出的数或者一个数后接数十亿位零所表达的数字都是有穷数。

算盘已被使用了多久? 现在仍在使用吗?

算盘是从早期的计数板发展起来的。板上有孔,孔中装有用来计算的鹅卵石和珠子。据美索不达米亚(Mesopotamia)文献记载,这种计数板可追溯到大约公元前 3500 年。现今使用的珠子算盘至少可以追溯到 15 世纪的中国。在使用笔纸计算的十进制

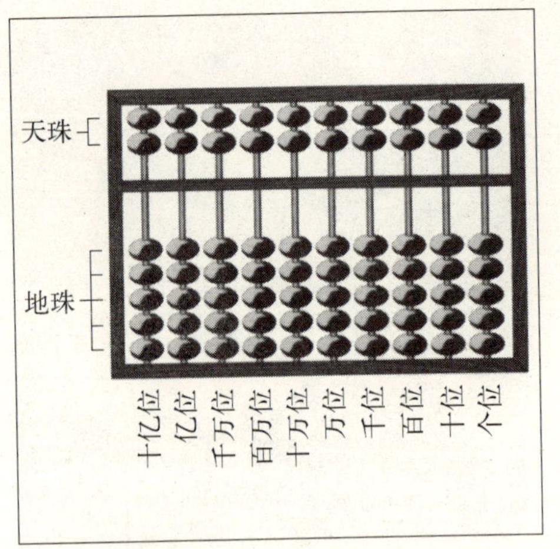

中国算盘。

方法之前，算盘是计算乘除法必不可少的工具。在没有现代计算工具的许多国家以及中国、日本等有着长久使用算盘历史的国家中，算盘仍在使用。在20世纪70年代，大部分日本店主用算盘来合计顾客的账单。尽管计算器现在被广泛使用，许多人仍然偏爱用算盘来核对数据。有的厂商甚至设计出了一种带有微型嵌入式算盘的计算器。

算盘比计算器运算得快吗?

1946年，美国公司的东京员工赞助了一场由一位日本算盘专家与一位美国会计之间的比赛，该美国会计使用了当时最先进的电子加法器。最后证明，使用算盘的人除了计算巨大数字乘法较慢，进行其他计算都更快一些。尽管当今的电子计算器比1946年的加法机使用起来速度更快，操作更容易，一些没被记录在案的比赛仍然表明，算盘使用高手在进行加减运算时仍然比电子计算器的使用者运算得快。而且，与计算器相比，算盘能够进行位数更多的数字乘除法运算。

什么是纳皮尔棒?

16世纪，苏格兰数学家曼彻斯顿的约翰·纳皮尔(John Napier，1550—1617)创造了一种简化乘除运算的方法，即使用10的指数。纳皮尔把这种方法称为对数(常表示为log)。这种方法将乘法简化为加法，除法简化为减法。例如，100(10^2)的对数是2；1 000(10^3)的对数是3；100乘以1 000，即100×1 000=100 000，可以通过将它们的对数相加来计算：log[(100)(1 000)]=log(100)+log(1 000)=2+3=5=log(100 000)。1614年，纳皮尔在《神妙的对数规则之描述》(*A Description of the Admirable Table of Logarithms*，1614)中公布了他的方法。1617年，他又公布了使用一种装置来按照对数原理计算乘除法的方法。这种装置由一个框内的一些棒子组成，棒上标着1—9的数字。这种用具被称为“纳皮尔骨”或“纳皮尔棒”(Napier's bones或Napier's rods)。

什么是奎茨奈颜色棒?

奎茨奈棒是帮助青年学生独立发现基本数学原理的一种教学方法。这种方法由比利时的一位中学教师埃米尔·奎茨奈（Emile-Georges Cuisenaire）创立，它由10个不同颜色、不同长度、易于操作的木棒组成。奎茨奈棒用来帮助学生理解数学原理，而不仅仅是记忆数学原理，还可用来说明结合性、交换性和分配性等基本数学特性。

苏格兰数学家约翰·纳皮尔，发明了“纳皮尔骨”用以按对数原理进行计算的装置。

什么是计算尺？发明者是谁？

直到1974年，大部分的建筑、桥梁、汽车、飞机和道路的工程设计计算都依赖于计算尺来完成。计算尺是带有可以移动的对数标度的工具。对数是由曼彻斯顿的男爵约翰·纳皮尔（John Napier）于1614年创立的。计算尺能快速地进行乘、除、平方根运算或找到一个数的对数。1620年，英格兰伦敦格雷欣学院的埃德蒙·甘特（Edmund Gunter，1581—1626）发明了一种使用单个对数刻度的计算工具。1621年，英国圣公会牧师威廉·奥特雷德（William Oughtred，1574—1660）制作了第一把直计算尺。这种直计算尺由两个一同计算使用的对数刻度表组成。1630年，他以前的学生理

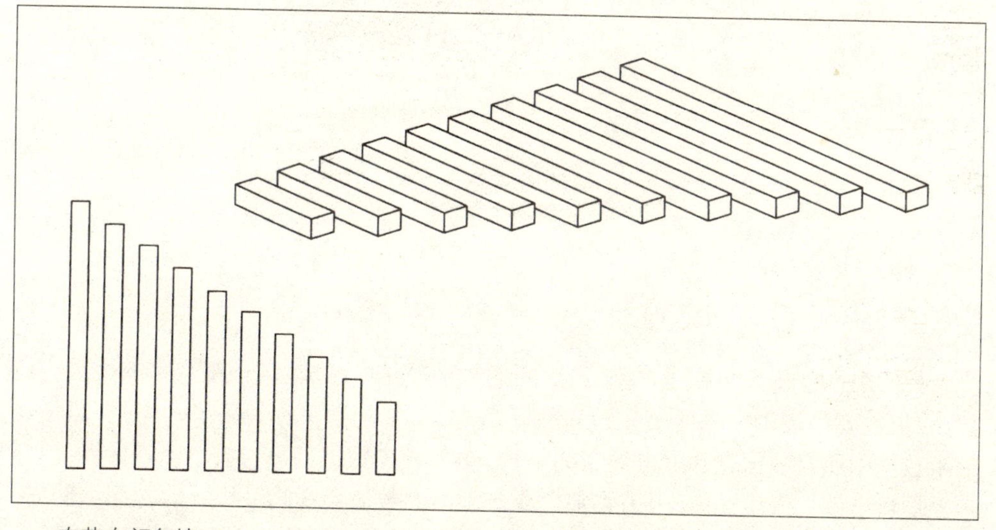

奎茨奈颜色棒。

查·德拉曼(Richard Delamain)发表了描述圆形计算尺的文章(大约于同时期获得了专利),比奥特雷德论述的他自己的发明的文章早3年出版(至少有一种观点认为德拉曼在1620年已出版)。奥特雷德指责德拉曼剽窃,但有证据表明两人的发明都是独立完成的。

现存最早的直计算尺可追溯到1654年,这种直尺采用了现代设计中能在一个固定杆上滑动的游标。到17世纪末,在许多行业(如石工业、木工业及税收等)中出现了专用算尺。彼得·马克·罗吉特(Peter Mark Roget,1779—1869)于1814年发明了双对数计算尺,可用来计算数的方根或幂。罗吉特最著名的是他编著的《英语单词和词组词典》。1967年,惠普公司(也称作HP)制造出第一台便携式计算机。此后10年中,计算尺就只是在科学知识的藏书中出现了。

如何使用舍九法来检验加法或乘法的结果?

舍九法是以整个数字的9的余数为依据(一个数中所有数字的总和被9除的余数)。以乘法为例,首先将被乘数和乘数的所有数字分别相加,如下所示,所得的和分别为13和12。如果结果大于9(>9),那么将所得结果中数字再次相加,直到最终结果小于9(<9)。下例所示,再次相加的结果分别为4和3。被乘数的余数乘以乘数的余数(4×3),将所得乘积的数字相加,最后得到一个小于或等于9的数(≤)。在乘法所得结果中重复舍九过程,所得结果一定与刚刚计算过的结果相等。下例所示为3。若两个结果不同,则最初的乘法结果不正确。“舍九法”也可应用于检验加法结果的正误。

```
   328—>13—>4
   624—>12—>3
  1312          12—> 3
  656
 1968
204672—>21—> 3
```

中位数与平均数有何不同?

把一组数字按大小顺序排列,最中间的数字就是中位数。若该组数字的个数为偶数,中位数就是最中间的两个数的和除以2。算术平均数又称为简单平均数,是指在一组数据中所有数据之和除以数据的个数。虽然较少数据的平均数很容易计算,但算术平均数会使人产生误解,因为非常大或非常小的数值会影响平均数的含义。例如,在职业足球队中,如果一名球员是一位薪水很高的超级球星,那么队员的平均工资会与实际差距很大，可能会远远高于其他任何一名队员的工资。在一组数据中这种情况经常出现。

111222234455667 的中位数是中间数字 3，算术平均数为所有数据之和除以该数据串个数，51÷15=3.4。在这串数字中 2 出现频率最高。

何时 0 × 0 = 1？

阶乘就是某一数字与所有小于该数的自然数的乘积。用符号 n！表示。例如 5！（5 的阶乘）等于 5×4×3×2×1=120。出于完整性考虑，0！规定为 1，即 0×0=1。

平方根的概念是何时产生的？

一个数的平方根是指某个自乘结果等于该实数的数字。例如，25 的平方根是 5（5×5=25）。平方根的概念存在了几千年，但其如何被发现仍不为人所知。早期的数学家用不同方法计算平方根。公元前 1900 年—公元前 1600 年，巴比伦黏土书写板上记载着整数 1—30 的平方和立方。大约公元前 1700 年，早期的埃及人已经开始使用平方根了。在古希腊时期（公元前 600 年—公元前 300 年），平方根的运算有所改进。16 世纪时，法国数学家笛卡儿（René Descartes）率先使用平方根符号 $\sqrt{\ }$，并把它叫做根号。

什么是维恩图？

维恩图是用来说明集合之间关系的图形，它用圆来表示不同集合元素的逻辑关系，并且用了逻辑算子（计算机领域被称为“布尔算子”）“和”（and）、“或”（or）和“非”（not）。1881 年，约翰·维恩（John Venn，1834—1923）在他的《符号逻辑》一书中首次使用了维恩图。在这本著作中，维恩解释并改正了乔治·布尔（George Boole，1815—1864）和奥古斯特斯·狄摩根（Augustus de Morgan，1806—1871）著作中的一些含混概念。虽然人们没有广泛接受他对布尔著作所进行的修改，但这种新的图表法被认为是一种进步。维恩用阴影来表示包含和不包含的关系。以刘易斯·凯罗尔（Lewis Carroll）这一名字而为世人所瞩目的查尔斯·道奇（Charles Dodgson），用封闭图表代表全集，从而改进了维恩图。

常见的体积公式有哪些？

常见的体积公式如下：

球体体积：体积=4/3 乘以 π 乘以半径的立方

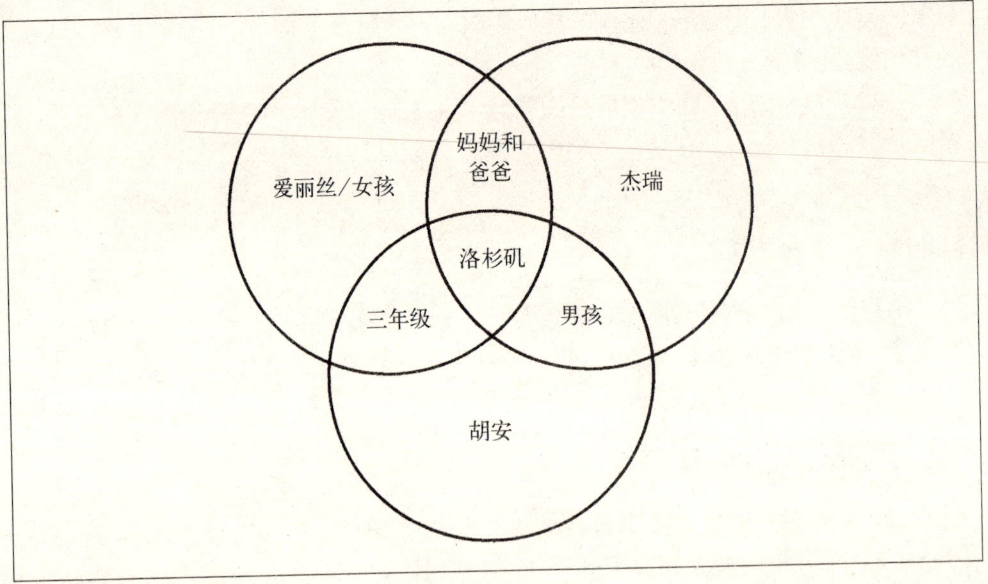

维恩图实例图。

$V=4/3\times\pi r^3$

椎体体积:体积=1/3 乘以底面积乘以高

$V=1/3bh$

柱体体积:体积=底面积乘以高

$V=Ah$

圆柱体体积(底面为圆形):体积=π 乘以底面半径的平方乘以高

$V=\pi r^2h$

正方体体积:体积=边长的立方

$V=S^3$

圆锥体体积:体积=1/3 乘以 π 乘以底面半径的平方乘以高

$V=1/3\pi r^2h$

长方体体积:体积=长乘以宽乘以高

$V=lwh$

一英亩正方形的边长为多少英尺?

一英亩是指边长为 208.7 英尺(64 米)的正方形。

常用的面积公式有哪些？

常用的面积公式如下：

长方形面积：面积=长乘以宽

$A=lw$

面积=底乘以高

$A=ab$

圆面积：面积=π 乘以半径的平方

$A=\pi r^2$ 或 $A=1/4\pi d^2$

三角形面积：面积=1/2 底乘以高

$A=1/2ab$

球的表面积：面积=4 乘以 π 乘以半径的平方

$A=4\pi r^2$ 或 $A=\pi d^2$

正方形面积：面积=长乘以宽，或边长的平方

$A=s^2$

正方体的表面积：面积=边长平方乘以 6

$A=6s^2$

椭圆形面积：面积=长轴乘以短轴乘以 0.785 4

谁发现了三角形面积公式？

海伦·亚历山大（Heron of Alexandria，公元前 1 世纪）在数学史上以提出计算三角形面积的海伦公式而闻名。设三角形 3 条边长分别为 a, b, c。s 代表周长的一半，A 为三角形的面积，则有 $A=\sqrt{s[(s-a)(s-b)(s-c)]}$。海伦用文字叙述了这一公式。那些保护并传播希腊数学的阿拉伯数学家们公认，海伦公式早由阿基米得（Archimedes，大约公元前 287—212 年）发现，但对这一公式的证明则最早出现在海伦所著的《度量论》中。

帕斯卡三角形有何应用？

帕斯卡三角形是由若干数字组成的一个列阵，其中每个数字都等于它上面左右两数之和。表示帕斯卡三角的三角形大同小异，但下图是最常见的形式：

法国数学家、科学家布莱兹·帕斯卡（1623—1662）揭示了帕斯卡三角形中每两个数之间的关系。

					1					
				1		1				
			1		2		1			
		1		3		3		1		
	1		4		6		4		1	
1		5		10		10		5		1

帕斯卡三角是用来确定二项式（相加的两个数字）高次乘方的数字系数。当二项式进行高次乘方运算时，结果就会扩展，需要使用三角中某一行中的数字。例如，$(a+b)^1=a^1+b^1$，使用了帕斯卡三角第二行中的系数。$(a+b)^2=a^2+2ab+b^2$应用了帕斯卡三角中再下一行的系数。三角的第一行看作$(a+b)^0$。虽然可直接计算系数，但是帕斯卡三角在计算高次乘方系数时非常简单，它不需要把各项系数乘出来。二项式系数在计算概率方面十分有用。帕斯卡是促进概率论发展的先驱之一。与许多其他数学上的发展一样，有证据显示，这种三角在中国很早就出现了。大约公元1100年，中国数学家贾宪撰写了关于二项式展开式系数的列表体系。最早出版的记载此三角形的著作是刘汝偕编著的《如积释锁》。

古希腊难题中的"化圆为方"指什么？

这个问题是，用一把直尺和一只圆规画一个与某个圆形面积相同的正方形。古希腊人一直未能解决这个难题，这是因为德国数学家费迪南·冯林德曼（Ferdinand von Lindemann，1852—1939）在1882年已经证明了"化圆为方"是不可能的。

什么是勾股定理？

在直角三角形中（两边相交呈90°），斜边是正对直角的边。勾股定理又称毕达哥拉斯原理，规定在一个直角三角形中，斜边长的平方等于两条直角边边长的平方之和（$h^2=a^2+b^2$）。如果边长为：$h=5$英寸，$a=4$英寸，$b=3$英寸，那么

$$h=\sqrt{a^2+b^2}=\sqrt{4^2+3^2}=\sqrt{16+3}=\sqrt{25}=5。$$

该定理以希腊哲学家、数学家毕达哥拉斯（约公元前580—500年）命名。在客观世界中的数字功能意义理论及音调的数字理论都归功于毕达哥拉斯。毕达哥拉斯没留下任何著作，毕达哥拉斯原理实际上是由他的一个门徒系统阐述的。

什么是柏拉图体?

柏拉图体即5个正多面体:正四面体、正六面体或立方体、正八面体、正十二面体和正二十面体。虽然从毕达哥拉斯时代起(约公元前500年),人们就已开始研究这些正多面体,但是柏拉图在大约公元前400年,首次对其进行了详细描述,所以将其命名为柏拉图立方体。古希腊人赋予柏拉图体神秘的意义:正四面体代表火,正二十面体代表水,立方体代表地球,正八面体代表空气;十二面体对应黄道十二宫,这个多面体代表整个宇宙。

"砌平面"的含义是什么?

"砌平面"是一种数学表达法,用来描述由无限个多边形拼接在一起,覆盖整个平面的镶嵌图案("棋盘形格局")的形成过程。棋盘形格局是在设计被褥、楼板面层和卫生间瓷砖中常见的图样。

什么是黄金分割?

黄金分割又称为神圣分割。把一条线段分割为两部分,并且全长与较长部分之比等于较长部分与较短部分之比,比率大约是1.618 03:1,数字1.618 03被称为黄金数。黄金数是两个相连的斐波那契数比值的极限,比如:21/13,34/21。黄金矩形是指长宽之比符合黄金分割率的矩形。古希腊人认为黄金矩形能够令人愉悦。许多著名的画家、建筑师在他们的绘画和建筑设计中都应用了黄金矩形。其中最著名的例子是希腊的帕台农神庙。

什么是麦比乌斯带?

麦比乌斯带是指一个单侧曲面,通常将一个长方形纸的一端固定,另一端扭转半周(180°),再把这两端连接,得到的曲面就是麦比乌斯带。沿着纸带的中心剪成两半,就会得到一个扭转了4个半周的纸带。表示单侧曲面特性的麦比乌斯带是由德国数学家奥古斯特·费迪南德·麦比乌斯(August Ferdinand Mobius,1790—1868)设计的,但他的论文直到他逝世后才被发现并出版。另外一位19世纪的德国数学家

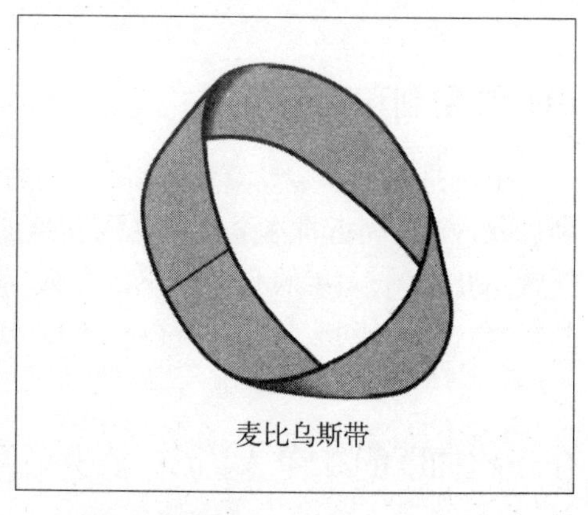

麦比乌斯带。

乔恩·本尼迪克特·里斯汀(Johann Benedict Listing)在同一时期独立阐明了这个概念。

70规则有何应用?

这个规则是用来估计某一定量以规定百分比增长，增值一倍所用时间的快速计算方法。规则使用70除以这个增长百分比。例如,如果某一定数量的钱按6%的利率用来投资,这笔钱将用70÷6=11.7年时间增值一倍。

什么是分形几何?

分形几何是指因不规则而不能被传统几何术语所描述的点的集合，但所有点都有一定程度的自身相似性,即局部与整体相似。分形几何被广泛地应用在处理压缩数据和自然界中如海岸线和山川等混沌物体的图像。科学家们运用分形几何来更好地理解降雨趋势、云块和波浪图形以及植被分布。此外,分形几何还被用来创建计算机生成的艺术。

桥牌游戏有多少种玩法?

粗略估计,桥牌游戏大概有54×10^{27}种不同玩法。

如何计算增量百分比?

为了得出增量百分比,将增量除以基数,再乘以100%。例如,工资从1万涨到1.2万的增量百分比为(2 000÷10 000)×100%=20%。

单利和复利有什么区别?

单利是指仅本金计算利息,每一期的利息收入在下一期,但不做为本金产生新的利息收入。复利指将本金所产生的利息加入本金再计算利息所得的利息收入。例如,投资100美元,一年的利率为5%,那么年终将得到5美元的单利。相同数额如按照复利来算(按月份利滚利),则将得到5.12美元的利息。

在随机抽取的30个人当中,至少有两人出生日期相同的几率是多少?

30人的小组中至少有两个人的出生日期相同的几率为70%。

什么是大数法则?

这个令人费解的统计学法则是由哈佛大学的珀西·迪尔考尼斯（Persi Diaconis，1945— ）和弗瑞德瑞克·蒙氏勒(Frederick Mosteller，1916—)共同提出来的。阐释如下：只要实例足够多，任何看似不可能的事都可能发生。因此，只要时间充足或范围足够大，看起来令人惊异的巧合事实上是能够发生的。例如，一位来自新泽西州的妇女在4个月中，中了两次彩票。媒体将这件事当作几率为$1/17\times10^{12}$的令人难以置信的新闻进行报道。然而，当统计学家们抛开这些，关注6个月内美国彩民的中奖几率时，结果大幅度降到1/30。实验人员认为，偶然性常出现在统计工作中，但是有些偶然性是有隐藏原因的，并非偶然。许多碰运气的事情都只是几率事件罢了。

什么是柯尼斯堡桥难题?

柯尼斯堡城位于普鲁士普雷格尔河旁。在河中的两个小岛由7座桥相连。到了18世纪，柯尼斯堡的居民们曾努力尝试每座桥只过一次走遍整个城镇，这种尝试慢慢地成为一种传统。但是没人成功过，于是有人质疑这样做成功的可能性。1736年，列昂纳德·欧勒(Leonhard Euler，1707—1783)证明了这种想法是不可能实现的。欧勒的证明对数学界的两个新领域的发展影响很大。其一是主要研究曲线连接点的网络问题的图形理论，其二是主要研究不受长度限制的物体的形状的拓扑学。

柯尼斯堡桥难题示意图。

在一场棒球比赛中，三垒打出现的几率有多少？

在一场棒球比赛中，不出现三垒打的几率与出现三垒打的几率比为 1 400:1。

什么是芝诺悖论？

埃利亚的芝诺(Zeno of Elea，约公元前 490—425 年)是希腊的哲学家、数学家，他因提出有关运动的连续性的悖论而著名。该悖论的其中一种为：假如一个物体以恒定速度从点 0 到点 1 直线移动，那么该物体一定先完成路程的 1/2，然后完成剩下的 1/2，即总路程的 1/4，接着再完成剩下的 1/2 即总路程的 1/8，以此类推，该物体将永远地运动下去。所以得出的结论是：该物体永远都到达不了终点 1。因为总有路程未走完，该运动是不可能完成的。通过另外一种方式看这个悖论，芝诺用了一个寓言来讲述一个行动迟缓的人与阿克琉斯(Achilles，速度是前者的 100 倍)赛跑的故事。这个人在阿克琉斯前 10 杆起跑，在相同时间段内，他总是前进阿克琉斯跑的路程的 1/100。理论上，阿克琉斯不可能超过他。英国的数学家、作家查尔斯·道奇(Charles Dodgson，1832—1898)即刘易斯·凯罗尔，利用阿克琉斯和行动迟缓的人来阐释他所说的无穷数的悖论。

专业术语和理论

科学与技术的不同之处是什么？

科学是人类了解世界的一个过程。对于能源、空间和物质本质的研究都属于科学范畴。工程学运用这种知识制定计划来达到目的。技术是实施这些计划的工具或工序。

哪本书被视作最伟大、最具影响的科学著作？

艾萨克·牛顿(Isaac Newton)于 1687 年所著的《自然哲学的数学原理》(简称为《原理》)被视作最伟大、最具影响的科学著作。牛顿花了 18 个月时间完成的《原理》一书对他的理论做了总结式概括，并几乎涉及了现代科学的每个领域。牛顿发现了万有引力，并阐释了受重力影响的行星运动与行星质量成反比。牛顿运用重力解释了潮汐现象及行星、卫星和彗星的运动。他还向世人说明了旋转物体(如地球)的两极扁平的原因。首次出版发行的《原理》只有 500 册。

第一份用英语写的技术报告的名称是什么?

1391年,杰弗里·乔叟(Geoffrey Chaucer)所著的《论星盘》(*Treatise on the Astrolabe*)是第一份用英语写的技术报告。

哪篇科学文章的作者最多?

文章"正负电荷碰撞在生产中所产生的左右交叉式不对称的首次测量"发表在《物理评论快报》上。文章用两页纸,列出了406位作者。

哪篇科学期刊文章被引用的频率最高?

被引用频率最高的科学文章是由罗利(O. H. Lowry)和他的同事于1951年在《生物化学杂志》上发表的"用福林酚试进行蛋白质测量"一文。从这篇文章第一次发表到20世纪90年代中期为止,已被引用了超过24.5万次。

美国第一个重要的科学学会的名称是什么?

美国第一个重要的科学学会是美国哲学协会,它是由美国著名的科学家、国务活动家本杰明·富兰克林(Benjamin Franklin)于1743年在宾夕法尼亚州的费城创建的。

第一个国家科学院是什么?

1863年3月3日,美国总统亚伯拉罕·林肯签署国会法令,建立了美国国家科学院。它规定:"当政府的任何部门有需要的时候,科学院要对任意科学学科进行调查、研究、试验、报道。由此产生的经费采用专项划拨的方式,但需无偿为美国政府提供服务。"它的第一任院长是亚历山大·达拉斯·贝克里(Alexander Dallas Backe)。如今,科学院和其姊妹机构——1964年成立的国家工程学院和1970年成立的医学研究院——在提供科学、技术及国家福利咨询等方面起到了重要的作用。

在总统伍德罗·威尔逊(Woodrow Wilson)的要求下,美国国家科学院于1916年成立了美国国家科学研究委员会,其目的是促进政府、教育、工业和其他科研机构间的合作;鼓励对自然现象的研究;增加科研在美国工业发展、国防、国家安全和福利上的应用。

国家科学院、国家工程学院和国家医学研究院通过世界上最重要的咨询机构之一——国家科学研究委员会来工作。在1 000多个委员会工作的1万多位科学家、工程师、工业家、医疗卫生及其他专业人士,组成了国家研究委员会。

在美国成立的第一个国家科学协会的名称是什么?

美国第一个国家科学协会——美国科学促进会(AAAS),于1848年9月20日在宾夕法尼亚州的费城建立,其目的是“以各种方式促进科学发展”。它的第一任会长是威廉·查尔斯·瑞德菲尔德(William Charles Redfield)。

诺贝尔奖获得者中最年轻和最年长的人是谁?

最年轻的诺贝尔奖得主是威廉·劳伦斯·布拉格爵士(Sir William Lawrence Bragg)。1915年,25岁的威廉和他的父亲威廉·亨利·布拉格爵士(Sir William Henry Bragg)分享了诺贝尔物理学奖。有3位得主在80多岁时获奖,他们分别是:1978年获得诺贝尔物理学奖的彼得·列昂尼多维奇·卡皮察(Pyotr Leonidovich Kapitsa),已达84岁高龄;1987年获得诺贝尔化学奖的查尔斯·佩德森(Charles J. Pedersen),83岁高龄;1979年获得诺贝尔化学奖的乔治·维提希(Georg Witting),82岁。

是否有多次获得诺贝尔奖的得主?

共有4位得主多次获得诺贝尔奖。他们是玛丽·居里(Marie Curie)(1903年获得物理学奖,1911年获化学奖);约翰·巴丁(John Bardeen)(1965年和1972年两度获得诺贝尔物理学奖);莱纳斯·鲍林(Linus Pauling)(1954年获得诺贝尔化学奖,1962年获得诺贝尔和平奖);弗雷德里克·桑格(Frederick Sanger)(1958年和1980年两次获得诺贝尔化学奖)。

什么是高科技?

该专业术语出现在20世纪70年代末,主要用于非专业媒介(与科学、医学 、技术媒介相对)。它最初被应用于最前沿、“最热门”的科技领域中,比如:医学研究、遗传学、自动化、通讯技术和计算机等。通常用来区分满足社会信息需要的信息业和满足物质需要的传统重工业。到20世纪80年代中期,该术语变得包罗万象,主要应用于完成日常工作的电子学(尤其是电子计算机)。

动素是如何定义的?

美国工程师弗兰克·吉尔布雷斯(Frank Bunker Gilbreth,1868—1924)是现代运动研究之父,他将工人的手的基本动作定义为“动素”(Therbligs,大体上是Gilbreth的逆向书写)。他得出结论,所有操作都由17个分解动作组成。这17个分解动作分别是寻找、选择、握取、伸手、移动、持住、放手、定位、预定位、检查、装配，拆卸、使用、延迟、故延、计划和克服疲劳的休息。

吉尔布雷斯创立了许多现代管理技术的概念，并且获得了许多建筑行业的发明专利。在时间和动作研究方面，他运用了轮转全景照相机或“运动参数记录器”。一架普通照相机和一个小灯泡就可显示运动的路径。这种光图像显示了所有影响工人熟练程度的停顿或不良习惯。

混沌学这一新学科的含义是什么？

混沌或混沌行为是指一种系统的最终状态对其初期形态非常敏感的表现方式。混沌学是研究混沌运动的一门新学科。即使混沌行为在数学意义上是确定的，但同时也是不可预测的，无法与随机过程区分开。混沌学研究自然界中许多系统的复杂的、超常规的行为，比如，不断变化的天气形态、湍急的水流、摆动的钟摆。科学家们曾认为，他们能对这些系统做出精确预测，但最终发现，初始条件的微小差异就可导致结果的巨大差异。混沌系统确实遵循某种规则，数学家已经用等式说明了这一点，但混沌学向人们展示了预测混沌系统长期行为的难度。

日全食如何证实了爱因斯坦的广义相对论？

爱因斯坦在系统阐述广义相对论时提出，在像太阳一样巨大的物体附近，空间会发生弯曲，而空间弯曲时，可使掠过的光线发生倾斜。例如，在发生日食时，看起来在太阳边缘附近的星光已发生了 1.75 秒的偏转。英国天文学家亚瑟·爱丁顿（Arthur Eddington）在 1919 年 5 月 29 日发生的日食期间证实了爱因斯坦的假设。人们对爱丁顿的发现成果的关注帮助树立了爱因斯坦在科学界的威望。

什么是奥克姆剃刀？

奥克姆剃刀是一种科学学说，内容为“如无必要，勿增实体”。它提出，一个问题应该用最基本的、最简单的词语来陈述。用科学术语来说，它认为应该选择符合问题实际情况的最简单的理论。英国哲学家、神学家威廉·奥克姆（William Occam，1284？—1347？）概括了该条法则。奥克姆剃刀法则还被称为俭省原则或节约原则。

译者的话

科学技术已成为现代人们生活的基础，如何才能真正地感知和了解这神奇的世界，探知生活中一些纷繁复杂、趣味横生的自然常识和科学技术，匹兹堡科学技术部主任詹姆斯·E. 博比克编著的机敏问答《科学》一书将以问答的模式解读这些知识。自然界神奇奥妙，科学技术迅猛进步，人们怎样才能简明扼要地去了解一些问题的基本概念和基本原理，这就需要一部涉及知识广泛的书籍来解读。机敏问答《科学》一书可以说是一部百科科普读物，书中汇集精选了1 700多个最让人感兴趣的自然知识和科技方面的问题。它能够帮助人们用科学的观念去了解和认识客观世界。

本书所涉及专业知识非常广泛，所以译者本人在译著该书时，也从中学习和了解到大量的知识，开阔了视野。正因为本书所涉及知识非常广泛，译者在翻译过程中也得到了一些专业人士的帮助，在此表示感谢。参与翻译、修改和校对的人员有：礼长智、礼宏智、由洋、郎井成、陈静、郎淑芝、范修海、郎井武、王桂华、冯雨、王庆利、陈明哲、陈重辰、吕智新、礼建奇、礼香凝、张丹丹、陈艳新、原松、魏振华、刘婷、陈立静、刘冬云、王萍、刘威总经理及属下的设计人员。

因本书涉及的学科和内容极为广泛，不足或错误之处，仍属难免，祈望读者批评指正。

郎淑华

2008年冬于沈阳